TEMPFER

1956

Ouvrage donné en prime par le journal la PATRIE.

LA

GRANDE FLIBUSTE

PAR

GUSTAVE AIMARD

PREMIÈRE ET DEUXIÈME SÉRIES

PARIS
AUX BUREAUX DE LA PATRIE
RUE DU CROISSANT, 12.

1860.

Ouvrage donné en prime par le journal LA PATRIE

LA GRANDE-FLIBUSTE

PAR

GUSTAVE AIMARD

PREMIÈRE ET DEUXIÈME SÉRIE

PARIS
AUX BUREAUX DE LA PATRIE

LA

GRANDE FLIBUSTE.

PAR

GUSTAVE AIMARD.

1860

Imp. Schiller aîné.

LA GRANDE FLIBUSTE

PREMIÈRE SÉRIE.

LE SEIGNEUR DES EAUX.

I.

Dès les premiers jours de la découverte de l'Amérique, ses plages lointaines sont devenues le refuge et le rendez-vous des aventuriers de toutes sortes dont l'audacieux génie, étouffé par les entraves de la vieille civilisation européenne, cherchait à prendre son essor.

Les uns demandaient au Nouveau-Monde la liberté de conscience, le droit de prier Dieu à leur guise; d'autres, brisant leurs épées pour en faire des poignards, assassinaient des nations entières pour voler leur or et s'enrichir de leurs dépouilles; d'autres enfin, natures indomptables, cœurs de lions dans des corps de fer, ne reconnaissant aucun frein, n'acceptant aucunes lois et confondant le mot liberté avec le mot licence, formèrent presqu'à leur insu cette formidable association des *Frères de la Côte*, qui fit un instant trembler l'Espagne pour ses possessions et avec laquelle Louis XIV, le roi soleil, ne dédaigna pas de traiter.

Les descendans de ces hommes extraordinaires existent toujours en Amérique, et lorsque quelque soudain cataclysme révolutionnaire jette, après une lutte de quelques instans sur ses plages, les natures étranges que le flot populaire a brusquement fait monter à la surface, elles vont instinctivement se ranger autour des petits-fils des grands aventuriers, dans l'espoir de tenter, eux aussi, des choses extraordinaires à leur suite.

A l'époque où je me trouvais en Amérique, le hasard me rendit témoin de l'une des plus audacieuses entreprises qui aient été conçues et exécutées par ces hardis aventuriers. Ce coup de main jeta un tel éclat, que, pendant quelques mois, il occupa la presse et éveilla la curiosité et les sympathies du monde entier.

Des raisons, que nous laissons au lecteur le soin d'apprécier, nous ont engagé à changer les noms des personnages qui ont joué les principaux rôles dans ce drame étrange, tout en narrant les faits avec la plus grande exactitude historique.

Il y a une dizaine d'années environ, la découverte des riches placers de la Californie éveilla subitement les instincts aventureux de milliers d'hommes jeunes et intelligens, qui, abandonnant patrie et famille, s'élancèrent pleins d'enthousiasme vers le nouvel Eldorado, où la plupart ne devaient rencontrer que la misère et la mort, après des souffrances et des déboires sans nombre.

La route est longue d'Europe en Californie. Beaucoup d'individus s'arrêtèrent à mi-chemin, les uns à Valparaiso, les autres au Callao, quelques-uns à Mazatlan ou à San-Blas, la plupart enfin atteignirent San-Francisco.

Il n'entre pas dans le cadre que nous nous sommes tracé de revenir sur les détails, trop connus maintenant, des déceptions de toutes sortes dont furent assaillis les malheureux émigrans dès le premier pas qu'ils firent sur cette terre, où ils s'étaient figuré n'avoir qu'à se baisser pour ramasser l'or, ainsi que l'on dit vulgairement, à pleines mains.

C'est à Guaymas, six mois après la découverte des placers, que nous prions le lecteur de nous suivre.

Déjà, dans un précédent ouvrage, nous avons parlé de la Sonora; mais comme l'histoire que nous nous proposons de narrer se passe tout entière dans cette province éloignée du Mexique, nous compléterons la description que nous n'avons alors que légèrement esquissée.

Le Mexique est sans contredit le plus beau pays du monde, tous les climats s'y trouvent réunis. Sa superficie actuelle est immense; elle n'a pas moins de 575,080 kilomètres. Malheureusement sa population, loin d'être en rapport avec son territoire, ne s'élève à peine qu'à 7,200,000 habitans, parmi lesquels s'en trouvent près de cinq millions appartenant aux races indiennes ou mélangées.

La confédération mexicaine comprend le district fédéral de Mexico, vingt et-un Etats et trois territoires ou provinces n'ayant pas d'administration intérieure indépendante.

Nous ne dirons rien du gouvernement, par la raison toute simple que jusqu'à présent l'état normal de cette magnifique et malheureuse contrée a toujours été l'anarchie.

Cependant le Mexique semble être une république fédérative, au moins de nom, bien que le seul et véritable pouvoir reconnu soit le sabre.

Le premier des sept Etats situés sur l'Océan atlantique est l'Etat de Sonora. Cet Etat s'étend du nord au sud, entre le Rio-Gilo et le Rio-Mayo; il est séparé à l'est de l'Etat de Chihuahua par la Sierra-Verde, et à l'ouest il est baigné par la mer Vermeille ou mer de Cortez, ainsi que la plupart des cartes espagnoles s'obstinent encore aujourd'hui à la nommer.

L'Etat de Sonora est un des plus riches du Mexique, à cause des nombreuses mines d'or dont son sol est émaillé; malheureusement ou heureusement, suivant le point de vue auquel on voudra se placer, la Sonora est sans cesse sillonnée par d'innombrables tribus indiennes, contre lesquelles ses habitans doivent incessamment lutter; aussi les guerres continuelles avec ces hordes sauvages, le frottement qui en est la conséquence, le mépris de la vie et l'habitude de verser le sang humain sous le premier prétexte venu, ont-ils imprimé aux Sonoriens et donné à leurs mœurs une allure fière et décidée, un cachet de noblesse et de grandeur qui les sépare entièrement des autres Etats et les fait partout reconnaître au premier coup d'œil.

Malgré la grande étendue de son territoire et de son long cordon de côtes, le Mexique ne possède, en réalité, que deux ports véritables sur l'Océan Pacifique.

Ces deux ports sont Guaymas et Acapulco.

Les autres ne sont, en fait, que des rades foraines dans lesquelles les navires redoutent de chercher un abri, surtout lorsque le terrible *cordonazo* souffle impétueusement du sud-ouest et bouleverse le golfe de Californie.

Nous ne parlerons ici que de Guaymas.

Cette ville, fondée depuis quelques années seulement à l'embouchure du fleuve San-José, semble appelée à devenir bientôt un des principaux ports du Pacifique.

La position militaire de Guaymas est admirable.

Comme toutes les villes de l'Amérique espagnole, ses maisons sont basses, peintes en blanc et à toits plats; seul, le fort placé à la cime d'un roc, et dans lequel se rouillent quelques canons sur des affûts rongés par le soleil, est d'une teinte jaunâtre qui se marie avec la nuance d'ocre de la grève, où viennent mourir parmi les pousses vigoureusement serrées des mangliers, dont elles vivifient les rameaux échevelés, les lames rosées de la mer Vermeille; derrière la ville s'élèvent comme d'imposans créneaux les croupes escarpées de hautes montagnes aux flancs sillonnés de ravines profondes par le passage des eaux des époques diluviennes, et dont les crêtes brunes se perdent dans les nuages.

Malheureusement, nous sommes contraint d'avouer que ce port, malgré son titre ambitieux de ville, n'est encore qu'une misérable bourgade sans église et sans auberge, ce qui ne veut pas dire qu'il n'y ait pas de cabarets; au contraire, et cela se conçoit dans un port situé aussi près de San-Francisco, ils y pullulent.

L'aspect de Guaymas est triste; on sent que, malgré les efforts des Européens et des aventuriers pour galvaniser cette population, la longue tyrannie espagnole qui, pendant trois siècles, a pesé sur elle, l'a sinon complétement atrophiée, mais du moins plongée dans une dégradation et une infériorité morales telles, qu'il lui faudra bien des années encore pour s'en relever.

Le jour où commence notre histoire, vers deux heures de l'après-midi, malgré le soleil incandescent dont les rayons pesaient d'aplomb sur la ville, Guaymas, d'ordinaire si calme à cette heure, où tous les habitans, vaincus par la chaleur, dorment au fond de leurs maisons, présentait un aspect animé qui aurait surpris l'étranger que le hasard aurait amené en ce moment, et lui aurait immanquablement fait supposer qu'il allait assister à l'un des mille pronunciamientos qui éclosent chaque année dans ce malheureux pays.

Cependant il n'en était rien.

L'autorité militaire, représentée par le général San Benito, gouverneur de Guaymas, était ou semblait satisfaite du gouvernement.

Les contrebandiers, les leperos et les hiaquis, continuaient à vivre à peu près en bonne intelligence sans trop se plaindre du pouvoir.

D'où provenait donc l'agitation extraordinaire qui régnait dans la ville ?

Quelle raison assez forte tenait éveillée toute cette indolente population et lui faisait oublier sa sieste ?

Depuis trois jours la ville était en proie à la fièvre de l'or.

Le gouverneur, se rendant aux supplications de plusieurs négocians considérables, avait autorisé pour cinq jours une *feria de plata*, littéralement, une foire à l'argent.

Des jeux, tenus par des personnes de distinction, étaient ouverts au public dans les principales maisons.

Mais ce qui imprimait à cette fête un cachet d'étrangeté impossible à rencontrer ailleurs, c'est que sur les places et dans toutes les rues étaient installées en plein air des tables de *monté*, sur lesquelles ruisselait l'or, et où quiconque possédait un réal vaillant avait le droit de le risquer, sans distinction de caste ni de couleur.

Au Mexique, tout se fait autrement que dans les autres pays, tout sort de la loi commune. Les habitans de cette contrée, sans souvenirs du passé, qu'ils veulent oublier, sans foi dans l'avenir, auquel ils ne croient pas, ne vivent que pour le présent et mènent l'existence avec cette fiévreuse énergie particulière aux races qui sentent leur fin prochaine.

Les Mexicains ont deux goûts prononcés qui les gouvernent entièrement : le jeu et l'amour. Nous disons goût et non passion, parce que les Mexicains ne sont susceptibles d'aucun de ces grands mouvemens de l'âme qui surexcitent les facultés, dominent la volonté et ébranlent l'économie humaine en développant une puissance d'action énergique et forte.

Les groupes étaient nombreux et animés autour des tables de *monté*. Cependant tout se passait avec un ordre et une tranquillité que rien ne venait troubler jamais, bien que nul agent du pouvoir ne circulât dans les rues pour maintenir la bonne intelligence et surveiller les joueurs.

A la moitié environ de la calle de la Merced, l'une des plus belles de Guaymas, en face d'une maison de belle apparence, était installée une table recouverte d'un tapis vert et surchargée d'onces d'or, derrière laquelle se tenait un homme d'une trentaine d'années, à la figure fine et matoise, qui, un jeu de cartes à la main et le sourire aux lèvres, conviait par les plus engageantes paroles les nombreux spectateurs qui l'entouraient à tenter la fortune.

— Allons, caballeros, disait-il d'une voix mielleuse, en promenant un regard provocateur sur les misérables, fièrement drapés dans des guenilles, qui le considéraient d'un air presque indifférent, je ne puis gagner toujours, le sort va changer, je suis sûr ; voyez, il y a cent onces ; qui les tient?

Il se tut.

Nul ne répondit.

Le banquier, sans se décourager, et faisant glisser dans ses doigts une ruisselante cascatelle d'onces dont les fauves reflets étaient capables de donner le vertige au cœur le plus éprouvé :

— C'est un beau denier, cent onces, caballeros ; avec cela, l'homme le plus laid est certain de séduire la plus belle. Voyons, qui les tient?

— Bah! fit un lepero avec une moue dédaigneuse; qu'est-ce que cela, cent onces? Si vous ne m'aviez pas gagné jusqu'à mon dernier tlaco, Tio-Lucas, je vous les tiendrais, moi.

— Je suis désespéré, seigneur Cucharès, répondit en s'inclinant le banquier, que la veine vous ait été si contraire; je serais heureux si vous daigniez me permettre de vous prêter une once.

— Plaisantez-vous? dit le lepero en se redressant avec orgueil. Gardez votre or, Tio Lucas, je sais la façon de m'en procurer autant que j'en voudrai, quand bon me semblera ; mais, ajouta-t-il en s'inclinant avec la plus exquise politesse, je ne vous en suis pas moins reconnaissant de votre offre généreuse.

Et il tendit au banquier, par-dessus la table, une main que celui-ci serra avec effusion.

Le lepero profita de l'occasion pour enlever, de la main qui était libre, une pile d'une vingtaine d'onces placée à sa portée.

Tio-Lucas dissimula une grimace; mais il feignit de n'avoir rien vu.

Après cet échange mutuel de bons procédés, il y eut un instant de silence.

Les spectateurs n'avaient rien perdu de ce qui venait de se passer; aussi attendaient-ils curieusement le dénouement de cette scène.

Ce fut le senor Cucharès qui le premier entama de nouveau l'entretien.

— Oh! s'écria-t-il tout à coup en se frappant le front, je crois, par Nuestra Senora de la Merced, que je perds la tête!

— Pourquoi donc, caballero? demanda le Tio-Lucas, visiblement inquiet de cette exclamation.

— Carac! c'est bien simple, reprit l'autre; ne vous ai-je pas dit tout à l'heure que vous m'aviez gagné tout mon argent?

— Vous me l'avez dit, en effet, ces caballeros l'ont entendu comme moi; jusqu'au dernier ochavo, ce sont vos propres expressions.

— Je me le rappelle parfaitement, voilà ce qui me rend furieux.

—Comment! s'écria le banquier avec un feint étonnement, vous êtes furieux de ce que je vous ai gagné?

— Eh non! ce n'est pas cela.

— Qu'est-ce donc alors?

— Caramba! c'est que je me suis trompé et qu'il me reste encore quelques onces.

— Pas possible!

— Voyez plutôt.

Le lepero fouilla dans sa poche, et avec une effronterie sans pareille, il étala aux yeux du banquier l'or qu'il venait à l'instant de lui voler.

Celui-ci ne sourcilla pas.

— C'est incroyable, dit-il.

— Hein? fit le lepero en fixant sur lui un œil étincelant.

— Oui, il est incroyable que vous, senor Cucharès, vous ayez ainsi manqué de mémoire.

—Enfin, puisque je me suis souvenu, tout peut se réparer, nous allons poursuivre notre jeu.

— Fort bien; va pour cent onces alors, n'est-ce pas?

— Du tout, je ne possède pas cette somme.

— Bah! cherchez bien!

— C'est inutile, je sais que je ne l'ai pas.

— Ceci est on ne peut plus contrariant.

— Pourquoi donc?

— Parce que je me suis juré de ne pas jouer moins.

— Ainsi, vous ne voulez pas me tenir vingt onces?

— Je ne le puis; il n'en manquerait qu'une des cent, que je ne tiendrais pas.

— Hum! fit le lepero, dont les sourcils se froncèrent... est-ce une insulte, Tio Lucas?

Le banquier n'eut pas le temps de répondre. Un homme d'une trentaine d'années, monté sur un magnifique cheval noir, s'était depuis quelques secondes arrêté devant la table, écoutant, en fumant nonchalamment son pasillo, la discussion du banquier et du lepero.

— Va pour cent onces! dit-il en s'ouvrant avec le poitrail de son cheval, un chemin jusqu'auprès de la table, sur laquelle il laissa tomber une bourse pleine d'or.

Les deux interlocuteurs levèrent subitement la tête.

— Voilà les cartes, cavaliero, s'empressa de dire le banquier, heureux de cet incident qui le débarrassait provisoirement d'un dangereux adversaire.

Cucharès leva les épaules avec dédain et regarda le nouveau venu.

— Oh! s'écria-t-il d'une voix étouffée, *el Tigrero* viendrait-il pour Anita? Je le saurai.

Et il se rapprocha tout doucement de l'étranger, auprès duquel il se trouva bientôt.

Celui-ci était un cavalier de haute mine, au teint olivâtre, au regard magnétique et à la physionomie franche et décidée.

Son costume, de la plus grande richesse, ruisselait d'or et de diamans.

Il portait, légèrement incliné sur l'oreille gauche, un feutre de vison à larges ailes, dont la forme était entourée d'une golilla d'or fin; son dolman, de drap bleu, brodé en argent, laissait voir une chemise de batiste d'une blancheur éblouissante, sous le col de laquelle passait une cravate de crêpe de Chine attachée par un anneau de diamans; ses calzoneras, serrées aux hanches par une ceinture de soie rouge à franges d'or galonnées et garnies de deux rangs de boutons en diamans, étaient ouvertes sur le côté et laissaient flotter son *calzon* de dessous; des *botas vaqueras* en cuir gauffré, richement brodées, attachées au-dessous du genou par une jarretière de tissu d'argent; sa *manga*, reluisante d'or, était coquettement relevée sur son épaule droite.

Son cheval, à la tête petite et aux jambes fines comme des fuseaux, était splendidement accoutré; *los armas de aqua le zarape*, attaché sur sa croupe, et sa magnifique anguera garnie de chaînettes d'acier, lui complétaient un harnachement dont on ne peut en Europe se faire une idée.

Comme tous les Mexicains d'une certaine classe, lorsqu'ils voyagent, l'étranger était armé de pied en cap, c'est-à-dire qu'en sus du lasso attaché à sa selle et du fusil placé en travers de ses arçons, il avait encore une longue épée au côté et une paire de pistolets à la ceinture, sans compter le couteau dont on voyait le manche damasquiné en argent sortir de l'une de ses bottes *vaqueras*.

Enfin, tel que nous venons de le présenter, cet homme était le type complet du Mexicain de la Sonora, toujours prêt à la paix comme à la guerre, ne redoutant pas plus l'une qu'il ne méprisait l'autre.

Après s'être poliment incliné devant Tio Lucas, il prit les cartes que celui-ci lui offrait, et les retourna un instant entre ses doigts en regardant autour de lui.

— Eh! fit-il en jetant un regard amical au lepero, vous êtes ici, compadre Cucharès?

— Pour vous servir, don Martial, répondit l'autre en portant la main à l'aile délabrée de son feutre.

L'étranger sourit.

— Veuillez être assez bon pour tailler à ma place tandis que j'al'umerai mon pasillo.

— Avec plaisir! s'écria le lepero.

El Tigrero ou don Martial, comme il plaira au lecteur de le nommer, sortit un *mechero* d'or de sa poche et battit impassiblement le briquet, tandis que le *lepero* tirait les cartes.

— Senor, dit celui-ci d'une voix piteuse.

— Eh bien?

— Vous avez perdu.

— Bon. Tio Lucas, prenez cent onces dans ma bourse.

— Je les ai, Seigneurie, répondit le banquier; vous plaît-il de jouer encore?

— Certes! mais plus de misères, hein? j'aimerais assez à intéresser la partie.

— Je tiendrai ce qu'il plaira à votre Seigneurie d'exposer, répondit le banquier, dont l'œil expert avait, au fond de la bourse de l'étranger, découvert, parmi une assez forte quantité d'onces, une quarantaine de diamans de la plus belle eau.

— Hum! êtes-vous réellement homme à tenir ce que je voudrais?

— Oui.

L'étranger le regarda fixement.

— Même si je jouais mille onces d'or (1)?

— Je tiendrai le double, si votre seigneurie ose le jouer, dit imperturbablement le banquier.

Un sourire méprisant plissa une seconde fois les lèvres hautaines du cavalier:

— J'ose toujours, dit-il.

— Ainsi, deux mille onces?

— C'est convenu.

— Taillerai-je? demanda timidement Cucharès.

(1) Environ 82.000 fr.

— Pourquoi pas? répondit l'autre d'un ton léger.

Le *lepero* saisit les cartes d'une main tremblante d'émotion.

Il y eut un frémissement d'intérêt parmi les joueurs qui entouraient la table.

A ce moment, une fenêtre s'ouvrit à la maison devant laquelle Tio-Lucas avait établi son *monte*, et une ravissante jeune fille s'accouda négligemment sur le balcon en regardant d'un air distrait dans la rue.

L'étranger se tourna vers le balcon, et, se haussant sur ses étriers:

— Salut à la belle Anita, dit-il en ôtant son chapeau et saluant profondément.

La jeune fille rougit, lui lança un regard expressif sous ses longs cils de velours, mais elle ne répondit pas un seul mot.

—Vous avez perdu, seigneurie, dit le Tio Lucas avec un accent joyeux qu'il ne put complétement dissimuler.

— Fort bien, répondit l'étranger sans même le regarder, fasciné qu'il était par la charmante apparition du balcon.

— Vous ne jouez plus?

— Au contraire. Je double.

— Hein! fit le banquier en reculant malgré lui d'un pas à cette proposition.

— Je me trompe, j'ai une autre proposition à vous faire.

— Laquelle, seigneurie?

— Combien avez-vous là, fit-il en désignant la table d'un geste dédaigneux.

— Mais... au moins sept mille onces.

—Pas davantage?... hum! c'est peu.

Les assistans regardaient avec une stupeur mêlée d'effroi cet homme extraordinaire qui jouait des onces et des diamans comme d'autres jouaient des ochavos.

La jeune fille devint pâle; elle jeta un regard suppliant à l'étranger.

— Ne jouez plus, murmura-t-elle d'une voix tremblante:

— Merci, s'écria-t-il, merci, senorita, vos beaux yeux me porteront bonheur; je donnerais tout l'or qui est sur cette table pour la fleur de suchil que vous tenez à la main, et que vos lèvres ont effleurée.

— Ne jouez plus, don Martial, répéta la jeune fille, en se rejetant vivement en arrière, et en refermant la fenêtre.

Mais, soit hasard, soit toute autre raison, sa main laissa échapper la fleur de suchil.

Le cavalier fit bondir son cheval, la rattrapa au vol et la cacha dans son sein, après l'avoir baisée avec passion à plusieurs reprises.

—Cucharès, dit-il au lepero, retournez une carte.

Celui-ci obéit.

— *Seis de copas*, dit-il.

— *Voto à brios!* s'écria l'étranger, la couleur du cœur, nous devons gagner. Tio-Lucas, je vous joue sur cette carte tout l'or amoncelé sur votre table.

Le banquier pâlit, il hésita ; les assistans avaient les yeux fixés sur lui.

— Bah ! fit-il au bout d'une minute, il est impossible qu'il gagne. J'accepte, seigneurie, dit-il.

— Comptez la somme que vous avez.

— C'est inutile, seigneurie, il y a neuf mille quatre cent cinquante onces d'or (1).

A l'annonce de ce chiffre formidable, les assistans poussèrent une exclamation d'admiration et de convoitise à la fois.

— Je vous croyais plus riche, dit ironiquement l'étranger. Enfin, va pour neuf mille quatre cent cinquante onces.

—Cette fois, taillerez-vous, seigneurie ?

— Non; il est incontestable pour moi que vous allez perdre, Tio-Lucas. Je veux que vous soyez bien convaincu que je gagne loyalement. Pour cela, faites-moi le plaisir de tailler vous-même ; vous serez ainsi, ajouta-t-il avec ironie, l'artisan de votre ruine et n'aurez de reproches à adresser à personne.

Les assistans trépignaient de plaisir en voyant la façon chevaleresque dont agissait l'étranger. En ce moment, la rue était littéralement pleine de monde, que l'attrait de cette partie étrange avait rassemblé de tous les coins de la ville.

Un silence de mort planait sur cette foule anxieuse, tant était grand l'intérêt que chacun prenait au dénoûment heureux ou malheureux de cette partie grandiose et jusque-là sans exemple.

Le banquier essuya la sueur qui perlait sur son front livide, et d'une main tremblante il saisit la première carte.

Quelques secondes, il la balança entre le pouce et l'index avec une hésitation manifeste.

— Allez donc, lui cria en ricanant Cucharès.

Tio-Lucas laissa machinalement tomber la carte en détournant la tête.

— *Seis de copas* ! s'écria le lepero d'une voix stridente.

Le banquier poussa un hurlement de douleur.

— J'ai perdu! murmura-t-il.

— J'en étais sûr, dit le cavalier toujours impassible. Cucharès, ajouta-t-il, portez cette table et l'or qu'il y a dessus à dona Anita ; je vous attends ce soir où vous savez.

Le lepero s'inclina respectueusement, et aidé par deux vigoureux gaillards, il exécuta l'ordre qu'il venait de recevoir et entra dans la maison pendant que l'étranger s'éloignait à toute bride et que Tio-Lucas, revenu du rude coup qu'il venait de recevoir, tordait philosophiquement une cigarette en répétant à ceux qui voulaient à toute force lui donner des consolations :

— J'ai perdu, c'est vrai, mais contre un bien beau joueur et sur un bien beau coup. Puis, plus tard j'aurai ma revanche.

Bah ! lorsque sa cigarette fut faite, le pauvre banquier décavé l'alluma et s'en alla d'un pas tranquille.

La foule n'ayant plus de prétexte pour rester là, ne tarda pas à se dissiper à son tour.

II.

Guaymas est une ville toute nouvelle, construite un peu au jour le jour, selon le caprice des émigrans, que nulle loi n'est venue contraindre à des alignemens, souvent monotones et toujours ennuyeux. Du reste, hâtons-nous de dire que, à part quelques maisons auxquelles on puisse réellement appliquer ce nom, les autres ne sont que d'affreux bouges, bâtis en pisé et déplorablement sales.

Calle de la Merced, la principale, ou, pour être plus vrai, la seule rue de la ville, car les autres ne sont que des cloaques, s'élevait une maison à un étage, garnie d'un balcon et ornée d'un péristyle soutenu par quatre piliers, comme les autres habitations de Guaymas. Elle était recouverte d'une couche de chaux d'une éblouissante blancheur, et son toit était plat.

Le propriétaire de cette maison était un des plus riches *mineros* de la Sonora, possesseur d'une dizaine de mines, toutes en exploitation; il se livrait en sus à l'élève des bestiaux, et possédait plusieurs *haciendas* dispersées dans la province, et dont la plus petite avait au moins autant d'étendue que l'un de nos départemens de France.

Je suis certain que si don Sylva de Torrès avait voulu liquider sa fortune et se rendre compte un jour de ce qu'il possédait, il aurait réalisé plusieurs centaines de millions.

Don Sylva de Torrès était venu depuis quelques mois habiter Guaymas, où il ne faisait ordinairement que de fort courtes

(1) Environ 784,350 fr. de notre monnaie. (Historique.)

apparitions, et encore à de très longs intervalles.

Cette fois, contrairement à ses habitudes, il avait amené avec lui sa fille Anita ; aussi, toute la population de Guaymas était-elle en proie à la plus grande curiosité et tous les regards étaient-ils fixés sur l'hôtel de don Sylva, tant la conduite de l'*haciendero* paraissait extraordinaire.

Renfermé dans sa demeure, dont les portes ne s'ouvraient que devant quelques privilégiés, don Sylva laissait marcher les bavardages sans paraître s'en soucier le moins du monde, poursuivant, selon toute apparence, la réalisation de certains projets dont l'importance l'empêchait de s'occuper de ce que l'on disait et pensait de lui.

Bien que les Mexicains soient excessivement riches et qu'ils aiment à se faire honneur de leurs richesses, ils n'ont aucune idée du comfortable ; chez eux règne la plus grande incurie. Leur luxe, s'il est permis d'employer cette expression, est brutal sans discernement comme sans valeur réelle.

Ces hommes, habitués pour la plupart à la rude vie des déserts américains, à lutter continuellement contre les intempéries d'un climat souvent mortel et les aggressions incessantes des Indiens qui les cernent de toutes parts, campent plutôt qu'ils n'habitent dans les villes, croyant avoir tout fait lorsqu'ils ont follement prodigué l'or et les diamans.

Les habitations mexicaines sont là pour prouver la justesse du jugement que nous portons. A part l'inévitable piano européen qui se prélasse dans un angle de tous les salons, on ne rencontre que quelques *butacas* incommodes, des tables mal équarries, de mauvaises gravures enluminées, pendues le long des murs blanchis à la chaux, et voilà tout.

La demeure de don Sylva ne différait en aucune façon des autres, et comme partout, pour rentrer à l'écurie en revenant de l'abreuvoir, les chevaux du maître étaient contraints de traverser, tout ruisselans d'eau, le salon, que leurs pieds avaient à demi décarrelé et où ils laissaient de larges traces de leur passage.

Au moment où nous introduisons le lecteur dans la maison de don Sylva de Torrès, deux personnes, un homme et une femme, étaient assis et causaient, ou du moins échangeaient à longs intervalles quelques paroles dans le salon.

Ces deux personnages étaient don Sylva et sa fille Anita.

Le croisement des races espagnole et indienne a produit le plus beau type plastique qui se puisse voir.

Don Sylva, bien qu'il fût âgé de près de cinquante ans, en paraissait quarante à peine; sa taille était haute, bien prise ; sa démarche noble, son visage sévère, mais empreint d'une grande douceur. Il portait le costume mexicain dans sa plus rigoureuse exactitude, mais les vêtemens qui le couvraient étaient d'une richesse que certes peu de ses compatriotes auraient pu, non pas surpasser, mais seulement égaler.

Anita, couchée sur un canapé, à demi enfouie dans des flots de soie et de gaze, comme un colibri caché dans de la mousse, était une charmante enfant de dix-huit ans au plus, dont les yeux noirs, pudiquement voilés par de longs cils de velours, étaient pleins de voluptueuses promesses que ne démentaient pas les contours onduleux et serpentins de son corps délicieusement modelé. Ses moindres gestes avaient une grâce et une majesté que complétait le ravissant sourire de ses lèvres de corail. Son teint, légèrement doré par le soleil américain, donnait à son visage une expression impossible à rendre, et enfin toute sa personne exhalait un suave parfum d'innocence et de candeur qui attirait la sympathie et inspirait l'amour.

Comme toutes les Mexicaines dans l'intérieur de leurs maisons, elle ne portait qu'une légère robe de mousseline brochée; son *rebozo* était jeté négligemment sur ses épaules, et une profusion de fleurs de jasmin s'étalait dans sa chevelure d'un noir bleuâtre, qu'elle embaumait.

Anita semblait rêveuse; parfois l'arc de ses sourcils se fronçait sous l'effort de la pensée qui l'obsédait; son sein se soulevait, et son pied mignon, chaussé de pantoufles fourrées de duvet de cygne, frappait impatiemment le sol.

Don Sylva de Torrès, lui aussi, paraissait mécontent ; après avoir jeté un regard sévère à sa fille, il se leva, et s'approchant d'elle :

— Vous êtes une folle, Anita ; votre action est extravagante ; une jeune fille bien née ne doit, dans aucun cas, agir ainsi que vous venez de le faire...

La jeune Mexicaine ne répondit que par une moue significative et un imperceptible haussement d'épaules.

Son père continua.

— Surtout, dit-il en appuyant sur chaque syllabe, dans votre position vis-à-vis du comte de Lhorailles.

La jeune fille se redressa comme si un serpent l'eût piquée, et fixant un regard interrogateur sur le visage impassible de l'hacendero,

— Je ne vous comprends pas, mon père, répondit-elle.

— Vous ne me comprenez pas, Anita? je ne puis le croire. N'ai-je pas formellement promis votre main au comte?

— Qu'importe, si je ne l'aime pas? Voulez-vous donc me condamner à être malheureuse toute ma vie?

— C'est au contraire votre bonheur que j'ai recherché dans cette union. Je n'ai que vous, Anita, pour me consoler de la perte douloureuse de votre mère bien-aimée. Pauvre enfant, vous êtes encore, grâce à Dieu, à cet âge béni du ciel où le cœur s'ignore lui-même et où les mots bonheur et malheur n'ont aucune signification. Vous n'aimez pas le comte, dites-vous; tant mieux! votre cœur est libre, et lorsque plus tard vous aurez été à même d'apprécier les nobles qualités de celui que je vous donne pour mari, alors vous me remercierez d'avoir exigé ce mariage qui aujourd'hui vous cause un si grand chagrin.

— Mais, mon père, fit vivement la jeune fille d'un air dépité, mon cœur n'est pas libre, vous le savez bien.

— Je sais, dona Anita de Torrès, reprit sévèrement l'haciendero, qu'un amour indigne de vous et de moi ne peut entrer dans votre cœur. Par mes aïeux, je suis Cristiano Vieso, et si quelques gouttes de sang indien se trouvent dans mes veines, je n'en ai que plus profondément gravé dans l'âme ce que je dois à la mémoire de mes ancêtres. Notre premier aïeul, Antonio de Sylva, lieutenant de Hernando Cortez, épousa, il est vrai, une princesse mexicaine de la famille de Moctecuzoma, mais tous nos autres ascendans sont Espagnols.

— Ne sommes-nous donc pas Mexicains, mon père?

— Hélas! pauvre enfant, qui peut dire qui nous sommes et ce que nous sommes? Notre malheureux pays, depuis qu'il a secoué le joug espagnol, se débat convulsivement et s'épuise sous les efforts incessans d'ambitieux de bas étage qui d'ici à peu d'années lui auront ravi jusqu'à cette nationalité que nous avons eu tant de peine à conquérir; ces luttes honteuses nous rendent la risée des autres peuples, et surtout font la joie de nos avides voisins, qui, l'œil invariablement fixé sur nous, se préparent à s'enrichir de nos dépouilles dont ils ont happé quelques bribes en nous enlevant plusieurs de nos riches provinces.

— Mais, mon père, je suis femme, moi, par conséquent en dehors de la politique; je n'ai rien à voir avec les *gringos*.

— Plus que vous ne croyez, ma fille. Je ne veux pas qu'à un jour donné les immenses propriétés que mes ancêtres et moi nous avons acquises à force de travail deviennent la proie de ces hérétiques maudits. Voilà pourquoi, afin de les sauvegarder, j'ai résolu de vous faire épouser le comte de Lhorailles. Il est Français, il appartient à l'une des plus nobles familles de ce pays; de plus, c'est un beau et hardi cavalier de trente ans à peine, qui joint aux qualités physiques les qualités morales les plus précieuses; il appartient à une nation forte et respectée, qui sait, en quelque coin du monde qu'ils se trouvent, protéger ses nationaux. En l'épousant, ta fortune est à l'abri de tout revers politique.

— Mais je ne l'aime pas, mon père.

— Niaiserie, chère enfant. Ne parlons plus de cela; je veux bien oublier la folie dont il y a quelques instans tu t'es rendue coupable, mais à la condition que tu oublieras ce Martial.

— Jamais! s'écria-t-elle avec résolution.

— Jamais? c'est bien long, ma fille. Vous réfléchirez, j'en suis sûr. Du reste, quel est cet homme? d'où sort-il? le savez-vous? On le nomme Martial el Tigrero, voto à dios! Ce n'est pas un nom cela! Cet homme vous a sauvé la vie en arrêtant votre cheval qui s'était emporté? eh bien! après, est-ce une raison pour devenir amoureux de vous et vous de lui? Je lui ai offert une magnifique récompense qu'il a refusée avec le plus suprême dédain; tout est dit; qu'il me laisse tranquille; je n'ai et ne veux rien avoir de plus à démêler avec lui.

— Je l'aime! mon père, reprit encore la jeune fille.

— Tenez, Anita, vous m'impatienteriez si je ne me contraignais pas; assez sur ce sujet, et préparez-vous à recevoir convenablement le comte de Lhorailles. J'ai juré que vous seriez son épouse, et, Cristo! cela sera quand je devrais vous traîner de force à l'autel.

L'hacendero prononorça ces paroles avec une telle résolution dans la voix et un si ferme accent, que la jeune fille comprit que mieux valait pour elle paraître céder et cesser une discussion qui ne pouvait que s'envenimer et avoir peut-être de graves conséquences; elle baissa la tête et se tut, tandis que son père marchait à grands pas d'un air mécontent dans le salon.

La porte s'entr'ouvrit, et un *peon* passa discrètement la tête par l'entrebâillement.

— Que voulez-vous? demanda don Sylva en s'arrêtant.

— Seigneurie, répondit cet homme, un caballero, suivi de quatre autres portant une table couverte de pièces d'or, demande à parler à la senorita.

L'hacendero lança à sa fille un regard d'une expression indéfinissable.

Dona Anita baissa la tête avec confusion.

Don Sylva réfléchit un instant, puis son visage s'éclaira :

— Faites entrer, dit-il.

Le peon se retira, mais il revint au bout de quelques minutes, précédant notre ancienne connaissance Cucharès, toujours drapé dans son zarapé en loques et guidant les quatre leperos portant la table.

En entrant dans le salon, Cucharès se découvrit respectueusement, salua avec courtoisie l'hacendero et sa fille, et d'un geste enjoignit aux porteurs de poser la table au milieu de la pièce :

— Senorita, dit-il d'un ton mielleux, le senor don Martial, fidèle à l'engagement qu'il a pris vis-à-vis de vous, vous supplie humblement de recevoir le gain fait par lui au monté comme un faible témoignage de son dévouement et de son admiration.

— Drôle ! s'écria avec colère don Sylva en faisant un pas vers lui, savez-vous bien en présence de qui vous vous trouvez ?

— Mais en présence de dona Anita et de son respectable père, répondit imperturbablement le coquin en se drapant majestueusement dans ses guenilles, et je n'ai pas, que je sache, manqué au respect que je dois à l'un ou à l'autre.

— Retirez-vous sur-le-champ en enlevant cet or, dont ma fille n'a que faire.

— Vous me pardonnerez, seigneurie; j'ai reçu l'ordre d'apporter ici cet or ; avec votre permission je l'y laisserai; don Martial ne me pardonnerait pas d'agir autrement.

— Je ne connais pas don Martial, ainsi qu'il vous plaît de nommer l'homme qui vous envoie, et je ne veux avoir rien de commun avec lui.

— C'est possible, seigneurie ; cela ne me regarde pas, vous vous expliquerez avec lui si bon vous semble ; pour moi, maintenant que ma mission est remplie, je vous baise les mains.

Et après s'être de nouveau incliné devant les deux personnages, le lepero sortit majestueusement, suivi, à pas comptés, par ses quatre acolytes.

— Voyez! s'écria don Sylva avec violence, voyez, ma fille, à quel affront m'expose votre folie !

— Un affront! mon père, répondit-elle timidement; je trouve au contraire que don Martial agit en véritable caballero, et qu'il me donne une grande preuve d'amour ; cette somme est immense.

— Ah ! dit don Sylva avec colère, c'est ainsi que vous le prenez! eh bien! moi aussi je vais agir en caballero, *voto a brios!* vous allez voir. A moi, quelqu'un !

Plusieurs peons entrèrent.

— Ouvrez les fenêtres ! commanda-t-il.

Les domestiques obéirent.

Le rassemblement n'était pas encore dissipé, et bon nombre d'individus continuaient à stationner devant la maison ou à rôder aux environs.

L'hacendero se pencha en dehors. D'un geste il demanda le silence.

Instinctivement la foule se tut et se rapprocha, devinant qu'il allait se passer quelque chose d'intéressant pour elle.

— *Senores caballeros y amigos,* dit l'hacendero d'une voix forte, un homme que je ne connais pas a osé offrir à ma fille l'or gagné par lui au monté. Dona Anita méprise de tels présens, surtout venant d'un homme avec lequel elle ne veut entretenir aucunes relations amicales ou autres. Elle me prie de vous distribuer cet or, auquel elle ne veut toucher en aucune façon ; elle désire faire éclater ainsi en présence de tous le mépris que lui inspire l'homme qui a osé lui faire une telle insulte.

Le discours improvisé par l'hacendero fut couvert des applaudissemens frénétiques des leperos et autres mendians réunis, dont les yeux étincelaient de convoitise.

Anita sentait des larmes brûlantes inonder ses paupières, et malgré les efforts inouïs auxquels elle se condamnait pour demeurer impassible, son cœur était près de se briser.

Sans se préoccuper de sa fille, don Sylva ordonna à ses domestiques de jeter les onces dans la rue.

Alors une pluie d'or commença littéralement à tomber sur les misérables qui se ruaient avec une ardeur sans nom sur cette manne d'une nouvelle espèce.

La calle de la Merced offrait alors le plus singulier spectacle qui se puisse imaginer.

L'or pleuvait, pleuvait toujours ; il semblait inépuisable.

Les misérables se précipitaient comme des *coyotes* à la curée sur le précieux métal, renversant et foulant aux pieds les plus faibles d'entre eux.

Au plus beau moment de cette averse, un cavalier apparut en courant à toute bride.

Etonné, confondu par ce qu'il voyait, un instant il s'arrêta pour regarder autour de lui; puis il éperonna son cheval, et, à force de distribuer des coups de chicote à droite et à gauche, il parvint à fendre la foule amoncelée et roulant comme une mer en furie d'un bout à l'autre de la rue, et il atteignit la maison de l'haciendero, dans laquelle il entra.

— Voici le comte de Lhorailles, dit laconiquement don Sylva à sa fille.

En effet, au bout d'un instant, le comte entra dans le salon.

— Ah çà! cria-t-il en s'arrêtant sur le seuil de la porte, quelle singulière idée avez-vous donc, don Sylva? Sur mon âme, vous vous divertissez à jeter des millions par la fenêtre pour le plus grand divertissement des leperos et autres coquins de même sorte!

— Ah! c'est vous, senor comte, répondit tranquillement l'haciendero; soyez le bienvenu; je suis à vous dans un instant, encore ces quelques poignées, et c'est fini.

— A votre aise, dit en riant le comte; j'avoue que le caprice est original; et s'approchant de la jeune fille, qu'il salua avec la plus exquise politesse, daignerez-vous, senorita, continua-t-il, me donner le mot de cette énigme, qui, je l'avoue, m'intéresse au dernier point?

— Demandez à mon père, senor, répondit-elle avec une certaine sécheresse qui rendait toute conversation impossible.

Le comte feignit de ne pas remarquer cette nuance; il s'inclina en souriant, et se laissant tomber sur une *batacca* :

— J'attendrai, dit-il nonchalamment. Rien ne me presse.

L'haciendero, en disant à sa fille que le mari qu'il lui destinait était un beau cavalier, ne l'avait nullement flatté. Le comte Maxime Gaetan de Lhorailles était un homme de trente ans au plus, d'une taille svelte, dégagée, un peu au-dessus de la moyenne. Ses cheveux blonds le faisaient reconnaître pour un fils du Nord; ses traits étaient beaux, son regard expressif, ses mains et ses pieds dénotaient la race; tout en lui sentait le gentilhomme de bonne souche, et si don Sylva ne s'était pas plus trompé au moral qu'il ne l'avait fait au physique, le comte de Lhorailles était réellement un cavalier accompli.

Enfin l'haciendero épuisa tout l'or que Cucharès lui avait apporté; il fit à son tour voler la table dans la rue, ordonna de refermer les fenêtres, et vint en se frottant les mains s'asseoir auprès du comte.

— Là! dit-il d'un air joyeux, voilà qui est fait; maintenant je suis tout à vous.

— D'abord un mot.

— Dites.

— Excusez-moi; vous savez que je suis étranger, et comme tel avide de m'instruire.

— Je vous écoute.

— Depuis que j'habite le Mexique, j'ai vu quantité de coutumes extraordinaires; je devrais être blasé sur l'imprévu; cependant je vous avoue que ce que je viens de voir passe pour moi tout ce que j'avais remarqué jusqu'à présent. Je désirerais être fixé, et savoir si c'est une coutume dont je ne me doutais pas jusqu'à présent.

— De quoi parlez-vous donc?

— Eh! mais de ce que vous faisiez lorsque je suis arrivé, de cet or que vous semiez à pleines mains en rosée bienfaisante sur les bandits de toute espèce rassemblés devant votre maison; vilaines plantes, soit dit entre nous, pour les arroser ainsi.

Don Sylva se mit à rire.

— Non, ce n'est pas une coutume, répondit-il.

— Fort bien. Ainsi, vous vous donniez le passe-temps royal de jeter un million à la canaille? Peste! don Sylva, il faut être riche comme vous l'êtes pour se permettre une telle fantaisie.

— Ce n'est pas ce que vous croyez.

— Cependant j'ai vu pleuvoir les onces.

— En effet, mais elles ne m'appartenaient pas.

— De mieux en mieux, cela se complique; vous augmentez considérablement ma curiosité.

— Je vais la satisfaire.

— Je suis tout oreilles, car cela devient intéressant pour moi comme un conte des Mille et une nuits.

— Hum! fit l'haciendero en hochant la tête, cela vous intéresse plus que vous ne le supposez peut-être.

— Il serait possible?

— Vous allez en juger.

Dona Anita était au supplice; elle ne savait quelle contenance tenir. Comprenant que son père allait tout divulguer au comte, elle ne se sentit pas le courage d'assister à cette révélation et se leva en chancelant.

— Messieurs, dit-elle d'une voix faible, je me sens indisposée; soyez assez bons pour me permettre de me retirer.

— En effet, s'écria le comte en s'élançant vers elle et lui offrant le bras pour la soutenir, vous êtes pâle, dona Anita. Permettez-moi de vous accompagner jusqu'à votre appartement.

— Je vous remercie, caballero ; je suis assez forte pour m'y rendre seule, et, tout en vous étant reconnaissante de votre offre, dispensez-moi de l'accepter.

— Comme il vous plaira, senorita, fit le comte intérieurement piqué de ce refus.

Don Sylva eut, une seconde, la pensée d'ordonner à sa fille de demeurer ; mais, la pauvre enfant lui jeta un regard si désespéré, qu'il ne se sentit pas le courage de lui imposer une plus longue torture.

— Allez, mon enfant, lui dit-il.

La jeune fille se hâta de profiter de la permission; elle s'élança hors du salon et se réfugia dans sa chambre à coucher, où elle se laissa tomber sur un siége en fondant en larmes.

— Qu'a donc dona Anita? demanda le comte avec intérêt dès qu'elle fut sortie.

— Des vapeurs, la migraine, que sais-je? répondit l'haciendero en haussant les épaules; toutes les jeunes filles sont ainsi; dans quelques instans, elle n'y pensera plus.

— Tant mieux! je vous avoue que j'étais inquiet.

— Maintenant que nous sommes seuls, ne voulez-vous pas que je vous donne le mot de l'énigme qui semblait tant vous intriguer?

— Au contraire, parlez sans plus attendre, j'ai de mon côté plusieurs choses importantes à vous annoncer.

III.

A cinq kilomètres environ de la ville s'élève le village de San-José de Guaymas, vulgairement nommé le *Rancho*.

Ce *pueblo* misérable se compose seulement d'une place de médiocre grandeur, coupée à angle droit par deux rues bordées de mâsures délabrées, habitées par les Indiens hiaquis, dont un grand nombre s'engage chaque année à Guaymas pour travailler comme ouvriers du port, charpentiers, commissionnaires,etc.,et tous ces aventuriers sans aveu dont pullulent les plages du Pacifique depuis la découverte des placers de la Californie.

La route qui conduit de Guaymas à San-José est tracée à travers une plaine aride et sablonneuse, où ne poussent que quelques nopals et quelques cactus rabougris, dont les branches désolées sont couvertes de poussière et font la nuit l'effet de blancs fantômes,

Le soir du jour où commence cette histoire, un cavalier enveloppé dans un zarapé relevé jusqu'aux yeux, suivait cette route, et se dirigeait au galop vers le Rancho.

Le ciel, d'un bleu foncé, était émaillé d'étoiles brillantes; la lune, parvenue au tiers de sa course, éclairait la plaine silencieuse et allongeait indéfiniment les grandes ombres des arbres sur la terre nue.

Le cavalier, sans doute pressé d'atteindre le but d'une course qui n'était pas sans péril à cette heure avancée, excitait incessamment de la voix et de l'éperon sa monture, qui ne paraissait pas cependant avoir besoin de ces exhortations sans cesse renouvelées.

Le cavalier avait presque traversé les landes incultes et était sur le point de s'engager dans les bois épais d'arbres du Pérou qui avoisinent le Rancho, lorsque tout à coup son cheval fit un bond de côté et s'arqueboula fortement sur les quatre pieds en reculant et couchant les oreilles.

Un bruit sec annonça que le cavalier avait armé ses pistolets; puis, cette précaution prise à tout hasard, il jeta un regard investigateur autour de lui.

— Ne craignez rien, caballero! cria une voix franche et sympathique; seulement obliquez un peu à droite, si cela vous est égal.

L'inconnu regarda et vit presque sous les pieds de sa monture un homme agenouillé et tenant dans ses mains la tête d'un cheval gisant en travers de la route.

— Que diable faites-vous là? dit-il.

— Vous le voyez, répondit l'autre avec tristesse, je fais mes adieux à mon pauvre compagnon ; il faut avoir vécu longtemps au désert pour comprendre le prix d'un ami comme celui-là.

— C'est vrai, fit l'étranger; et mettant immédiatement pied à terre: Est-il donc mort? ajouta-t-il.

— Non, pas encore; mais, malheureusement, il n'en vaut guère mieux.

Et il soupira.

L'étranger se pencha sur l'animal, dont le corps était agité de frémissemens nerveux, lui écarta les paupières et le considéra attentivement.

— Votre cheval a un coup de sang, dit-il au bout d'un instant; laissez-moi faire.

— Oh! s'écria l'autre, croyez-vous pouvoir le sauver?

— Je l'espère, répondit laconiquement le premier interlocuteur.

— *Carao*! si vous faites cela, ce sera entre nous à la vie et à la mort. Ce pauvre Negro, mon vieux compagnon de courses!

Le cavalier baigna les tempes et les naseaux du cheval avec un peu d'eau mélangée de rhum ; au bout de quelques minutes, l'animal sembla se ranimer ; son œil voilé et terne devint brillant et il essaya de se relever.

— Tenez-le ferme, dit le médecin improvisé.

— Soyez tranquille. Là, là ! ma bonne bête ; là, Négro, mon garçon, *quieto*, *quieto*, c'est pour ton bien, fit-il en le caressant.

L'intelligent animal semblait comprendre ; il tournait la tête vers son maître et lui répondait par des hennissemens plaintifs.

Le cavalier, pendant ce temps-là, avait fouillé dans sa ceinture, et se courbant de nouveau sur le cheval :

— Surtout tenez ferme ! recommanda-t-il de nouveau.

— Qu'allez-vous faire ?

— Je vais le saigner.

— Oui, c'est cela, je le savais ; mais malheureusement je n'osais me hasarder à le saigner moi-même de crainte de le tuer en voulant le sauver.

— Y êtes-vous ?

— Allez.

Soudain l'animal fit un brusque mouvement causé par le froid de la blessure, mais son maître le serra de façon à neutraliser ses efforts.

Il y eut pour les deux hommes une minute d'anxiété : le sang ne sortait pas ; enfin une goutte noirâtre apparut à l'endroit de la piqûre, puis une seconde, remplacée bientôt par une troisième, et un long jet de sang noir et écumeux s'élança au dehors.

— Il est sauvé ! s'écria le cavalier en essuyant sa lancette et la remettant dans sa trousse.

— Je vous revaudrai celle-là, foi de Belhumeur ! dit avec émotion le maître du cheval ; vous m'avez rendu un de ces services qui ne s'oublient pas.

Et par un mouvement irrésistible il tendit la main à l'homme qui s'était si providentiellement trouvé sur sa route. Celui-ci répondit franchement à cette chaleureuse étreinte. Désormais tout était dit entre eux : ces deux hommes, qui quelques instans auparavant ne se connaissaient pas, ignoraient l'existence l'un de l'autre, étaient amis, liés par un de ces services qui dans les pays américains ont une immense valeur.

Cependant le sang perdait peu à peu sa teinte noirâtre, il devenait vermeil et coulait avec abondance ; la respiration du cheval haletante, et saccadée, était devenue facile et régulière. Le premier inconnu fit la saignée copieuse ; puis lorsqu'il jugea le cheval en bonne voie, il arrêta le sang.

— Maintenant, dit-il, que comptez-vous faire ?

— Ma foi, je n'en sais rien ; votre aide m'a déjà été si utile que je ne veux agir que d'après vos conseils.

— Où alliez-vous lorsque cet accident vous est arrivé ?

— Au Rancho.

— C'est aussi là que je me rends ; nous n'en sommes qu'à quelques pas, vous monterez en croupe derrière moi, nous conduirons votre cheval en bride, et nous partirons si vous le voulez.

— Je ne demande pas mieux. Vous croyez que mon cheval ne pourrait pas me porter ?

— Peut-être le ferait-il, car c'est une noble bête, mais cela serait imprudent et vous risqueriez de le perdre ; mieux vaut, croyez-moi, employer le moyen que je vous ai indiqué.

— Oui, mais je crains...

— Quoi donc ? interrompit l'autre vivement, ne sommes-nous pas amis ?

— C'est juste. J'accepte.

Le cheval se releva assez lestement, et les deux hommes qui s'étaient si singulièrement rencontrés se mirent en route tous deux, ainsi que cela avait été convenu, montés sur le même animal.

Une vingtaine de minutes plus tard ils atteignirent les premières maisons du Rancho.

A l'entrée du village, le maître du cheval arrêta sa monture et se tournant vers son compagnon :

— Où voulez-vous descendre ? lui demanda-t-il.

— Cela m'est égal, répondit l'autre ; je saurai toujours me reconnaître. Allons d'abord où vous allez.

— Ah ! fit le cavalier en se grattant la tête, c'est que moi je ne vais nulle part.

— Comment ! vous n'allez nulle part ?

— Ma foi non. Vous me comprendrez dans un instant. Je suis aujourd'hui même débarqué à Guaymas ; le Rancho n'est pour moi que la première étape d'un voyage que j'entreprends dans le désert, et qui probablement doit être bien long.

Aux reflets de la lune, dont un rayon jouait en ce moment sur le visage de l'étranger, son compagnon considéra quelques secondes sa physionomie noble et pensive, où la douleur avait creusé déjà de profonds sillons.

— De sorte, lui dit-il enfin, que tous les logemens vous seront bons ?

— Une nuit est bientôt passée. Je ne demande qu'un abri pour mon cheval et pour moi.

— Eh bien! si vous voulez me laisser vous servir de guide à mon tour, avant dix minutes vous aurez cela.

— J'accepte.

— Je ne vous promets pas un palais, je vous conduirai dans un *pulqueria* où moi-même j'ai l'habitude de descendre, lorsque le hasard m'amène dans le pays. Vous trouverez la société un peu mélangée, mais que voulez-vous, à la guerre comme à la guerre, et, ainsi que vous l'avez dit vous-même, une nuit est bientôt passée.

— A la grâce de Dieu! et en route.

Passant alors ses bras sous ceux de son compagnon, le nouveau guide saisit les rênes du cheval et le dirigea vers une maison située aux deurs tiers environ de la rue où ils se trouvaient et dont les fenêtres mal jointes flamboyaient dans la nuit comme les bouches d'une fournaise, tandis que des cris, des rires, des chants et des grincemens aigres et saccadés de *jarabès* indiquaient que si le reste du pueblo était plongé dans le sommeil, là, du moins, on veillait.

Les deux inconnus s'arrêtèrent devant la porte de cette auberge de bas étage.

— Votre parti est-il bien pris? demanda le premier à l'autre.

— Parfaitement, répondit celui-ci.

Le guide frappa alors à tour de bras sur la porte vermoulue.

On fut assez longtemps à répondre; enfin une voix rauque cria de l'intérieur, tandis que le plus grand silence succédait comme par enchantement au vacarme qui avait régné jusqu'alors.

— *Quien vive*?

— *Gente de paz!* répondit l'étranger.

— Hum! fit la voix; ce n'est pas un nom, cela. Quel temps fait-il?

— Un pour tous, tous pour un; le *cormuel* soufle à décorner les bœufs sur la cîme du Cerro-del-Huerfano.

La porte s'ouvrit immédiatement; les voyageurs entrèrent.

D'abord ils ne purent rien distinguer au milieu de l'atmosphère épaisse et fumeuse de la salle et marchèrent au hasard.

Le compagnon du premier cavalier était bien connu dans cet antre, car le maître de la maison et plusieurs autres personnes s'empressaient à l'envi autour de lui.

— Caballeros, dit-il en désignant la personne qui le suivait, ce senor est mon ami; je vous prie d'avoir pour lui les plus grands égards.

— Il sera traité comme vous-même, Belhumeur. Vos chevaux ont été conduits au corral, où on les a mis à même d'une botte d'alfalfa. Quant à vous, la maison vous appartient, vous pouvez en disposer à votre gré.

Pendant cet échange de complimens, les étrangers étaient parvenus à se frayer un chemin au milieu de la foule, ils avaient traversé la salle et avaient à grand'peine réussi à s'asseoir dans un coin devant une table sur laquelle l'hôte avait lui-même placé du pulque, du mezcal, du chinquirito, du refino de Catalogne et du vin de Xérès.

— Caramba! senor Huespee, s'écria en riant celui qu'à plusieurs reprises déjà on avait nommé Belhumeur, vous êtes généreux aujourd'hui.

— Ne voyez-vous pas que j'ai un angelito, répondit l'autre gravement.

— Ainsi, votre fils Pedrito...

— Il est mort! Je tâche de bien recevoir mes amis, afin de mieux fêter l'entrée au ciel de mon pauvre enfant, qui, n'ayant jamais péché, est un ange auprès de Dieu!

— C'est très juste, fit Belhumeur, en trinquant avec ce père si peu désolé.

Celui-ci vida d'un trait son gobelet de refino et s'éloigna.

Les étrangers, accoutumés déjà à l'atmosphère dans laquelle ils se trouvaient, jetèrent alors un regard autour d'eux.

La salle de la pulqueria offrait un aspect des plus curieux.

Au milieu, une dizaine d'individus à mines patibulaires, couverts de haillons et armés jusqu'aux dents, jouaient avec fureur au monté. Particularité assez étrange, mais qui cependant ne semblait étonner aucun des honorables joueurs, un long poignard était planté dans la table à la droite du banquier, et deux pistolets reposaient à sa gauche. A quelques pas de là, des hommes et des femmes plus qu'à moitié ivres dansaient en chantant avec des gestes lubriques et des cris furieux aux sons aigres de deux ou trois *vihuelas* et *perabés*. Dans l'angle le plus apparent de la salle, une trentaine de personnes étaient réunies autour d'une table, au milieu de laquelle un jeune enfant de cinq ans au plus était assis sur un siége de cannes. Cet enfant présidait la réunion; il portait ses plus beaux habits, avait une couronne de fleurs sur la tête, et une profusion de fleurs jonchaient la table autour de lui.

Mais hélas! le front de cet enfant était pâle, ses yeux vitreux, son teint plombé, marqué de taches violettes; son corps avait cette raideur des cadavres; il était mort:

c'était l'angelito dont le digne pulquero fêtait l'entrée au ciel.

Des femmes, des hommes et des enfans buvaient et riaient en rappelant à la pauvre mère qui faisait d'héroïques efforts pour ne pas fondre en larmes, l'intelligence précoce, la bonté et la gentillesse de la pauvre petite créature qu'elle venait de perdre.

— Tout cela est hideux, murmura le premier voyageur avec un geste de dégoût.

— N'est-ce pas? répondit l'autre; ne nous en occupons pas davantage, isolons-nous au milieu de ces coquins qui ne songent déjà plus à nous, et causons.

— Je le veux bien, mais nous n'avons malheureusement rien à nous dire.

— Peut-être, et d'abord il faut que nous nous connaissions.

— C'est vrai.

— Vous voyez bien! Je vais vous donner l'exemple de la confiance et de la franchise.

— Bon! après ce sera mon tour.

Belhumeur jeta un regard sur l'assemblée : l'orgie avait repris avec une nouvelle force ; il était évident que nul ne songeait à eux. Il appuya les deux coudes sur la table, se pencha vers son compagnon et commença :

— Ainsi que vous le savez déjà, puisque vous l'avez plusieurs fois entendu prononcer, mon cher compagnon, mon nom est Belhumeur; je suis Canadien, c'est-à-dire presque Français. Des circonstances trop longues à vous raconter en ce moment, mais que je vous dirai quelque jour, m'ont amené tout jeune dans ce pays. Vingt ans de ma vie se sont écoulés à parcourir le désert dans tous les sens; il n'y a pas un ruisseau perdu, une sente ignorée, que je ne connaisse. Je pourrais, si je le voulais, vivre tranquille et sans souci d'aucune sorte auprès d'un ami bien cher, d'un ancien compagnon, retiré dans une magnifique hacienda qu'il possède à quelques lieues d'Hermosillo; mais l'existence du coureur des bois a des charmes que ceux-là seuls qui l'ont menée peuvent comprendre; elle les entraîne toujours malgré eux à la reprendre.

Je suis jeune encore, à peine ai-je quarante-cinq ans. Un ancien ami à moi, un Indien, un chef nommé la Tête-d'Aigle, m'a proposé de l'accompagner dans une excursion qu'il voulait faire en Apacheria; je me suis laissé tenter, j'ai dit au revoir à ceux que j'aime, et qui vainement ont cherché à me retenir, et libre de tous liens, sans regret du passé, heureux du présent et sans soucis de l'avenir, je me suis gaiement élancé en avant, emportant avec moi ces richesses inestimables du chasseur : un cœur fort, un caractère gai, de bonnes armes et un cheval habitué comme son maître à la bonne, à la mauvaise fortune, et me voilà. Maintenant, compagnon, vous me connaissez comme si nous étions liés depuis dix ans.

L'autre avait attentivement écouté ce récit, fixant sur le hardi aventurier qui se tenait souriant devant lui, un regard pensif ; il considérait avec intérêt cet homme, au visage loyal, aux traits accentués, dont la physionomie respirait la franchise rude et noble de l'homme réellement bon et grand.

Lorsque Belhumeur se tut, il demeura quelques instans sans répondre, plongé sans doute dans de profondes et sérieuses réflexions; puis, lui tendant par-dessus la table une main blanche, fine et délicate, il lui répondit d'une voix émue, dans le meilleur français qui se soit jamais parlé dans ces régions lointaines :

— Je vous remercie de la confiance que vous m'avez témoignée, Belhumeur; mon histoire n'est pas plus longue, mais elle est plus triste que la vôtre; la voici en quelques mots.

— Eh! s'écria le Canadien en serrant vigoureusement la main qui lui était tendue, seriez-vous donc Français, par hasard?

— Oui, j'ai cet honneur.

— Pardieu! j'aurais dû m'en douter, reprit-il joyeusement; quand je songe que depuis une heure nous sommes là bêtement à baragouiner de l'espagnol au lieu de causer dans notre langue, car enfin je suis du Canada, moi, et les Canadiens sont les Français d'Amérique, n'est-ce pas?

— Vous avez raison.

— Ainsi c'est convenu, plus d'espagnol entre nous?

— Non, du français toujours.

— Bravo! à votre santé, mon brave compatriote; et maintenant, ajouta-t-il en reposant brusquement son verre sur la table après l'avoir vidé, voyons votre histoire, je vous écoute.

— Je vous l'ai dit, elle n'est pas longue.

— C'est égal, allez toujours, je suis certain qu'elle m'intéressera énormément.

Le Français étouffa un soupir.

— Moi aussi j'ai fait la vie de coureur des bois, dit-il; moi aussi, j'ai éprouvé les charmes enivrans de cette existence fiévreuse, pleine de péripéties émouvantes, jamais les mêmes. Bien loin du pays où nous sommes, j'ai parcouru de vastes déserts, d'immenses forêts vierges où avant moi nul homme n'avait laissé l'empreinte de ses pas. Comme vous, un ami m'accompagnait dans mes courses aventureuses, soutenant mon courage, relevant mon énergie par sa gaîté inépuisable et son amitié à toute épreuve. Hélas! cette époque fut la plus heureuse de ma vie!

Je devins amoureux d'une femme, cette femme je l'épousai. Dès qu'il me vit riche et entouré d'une famille, mon ami me quitta. Je n'avais plus qu'à me laisser vivre, disait-il, il me devenait inutile. Son départ fut mon premier chagrin, chagrin dont jamais je ne me suis consolé, que chaque jour rendit plus cuisant, et qui aujourd'hui me tourmente comme un remords. Hélas! où est-il maintenant ce cœur fort, cet ami dévoué que je trouvais toujours debout entre le danger et moi, qui m'aimait comme un frère, et pour lequel j'éprouvais une affection filiale? Hélas! il est mort peut-être!

En prononçant ces dernières paroles, le Français avait laissé tomber sa tête dans ses mains, et s'était abandonné au flot d'amères pensées qui montaient de son cœur à chaque souvenir qu'il rappelait.

Belhumeur lui lança un regard mélancolique, et lui serrant la main :

— Courage, frère, lui dit-il d'une voix basse et sympathique.

— Oui, reprit le Français, c'est ainsi qu'il me parlait lorsque abattu par la douleur, je sentais l'espoir me manquer; courage, frère, me disait-il de sa rude voix en me posant la main sur l'épaule, et je me sentais galvanisé par cet attouchement, je me redressais aux accens de cette voix chérie, prêt à recommencer la lutte, car je me sentais plus fort. Plusieurs années se passèrent au milieu d'un bonheur que rien ne vint troubler. J'avais une femme que j'adorais, des enfans charmans pour lesquels je faisais des rêves d'avenir; enfin, rien ne me manquait, rien que mon pauvre compagnon, dont, malgré toutes mes recherches depuis qu'il m'avait quitté, il m'avait été impossible d'avoir de nouvelles. Maintenant mon bonheur est évanoui pour toujours, ma femme, mes enfans sont morts, lâchement massacrés, pendant leur sommeil, par les Indiens qui s'étaient emparés de mon hacienda. Seul je demeurai vivant au milieu des ruines fumantes de cette demeure où s'étaient, pour moi, écoulés de si heureux jours. Tout ce que j'avais aimé était à jamais enseveli sous les décombres; mon cœur se brisa, je ne voulus pas survivre à tout ce qui m'était cher; un ami, le seul qui m'était resté fidèle, me sauva; il m'emmena de force dans sa tribu : c'était un Indien. Là, à force de soins et de dévouement, il me rappela à la vie et me rendit, sinon l'espoir d'un bonheur désormais impossible pour moi, du moins la force de lutter bravement contre le sort, dont les coups ont été pour moi si rudes. Il est mort il y a quelques mois à peine. Avant de fermer les yeux, pour jamais il me fit jurer de faire ce qu'il me demanderait; je le lui promis. « Frère, me dit-il alors, tout homme doit marcher dans la vie vers un but quelconque; dès que je serai mort, mets-toi à la recherche de cet ami dont depuis si longtemps tu es séparé; tu le retrouveras, j'en ai la conviction. Il te tracera une ligne de conduite. » Deux heures plus tard, le digne chef mourut dans mes bras. Aussitôt que son corps eut été rendu à la terre, je me suis mis en route. Aujourd'hui même, comme je vous l'ai dit, je suis arrivé à Guaymas. Mon intention est de m'enfoncer immédiatement dans le désert; si mon pauvre ami existe encore, c'est là seulement que je dois le retrouver.

Il y eut un long silence.

Enfin, Belhumeur reprit la parole.

— Hum! tout cela est fort triste, compagnon, je dois en convenir, fit-il en hochant la tête; vous vous lancez dans une entreprise désespérée où les chances de réussite sont presque nulles; un homme est un grain de sable perdu dans le désert; qui sait, en supposant qu'il existe encore, en quel endroit il est en ce moment, et si, pendant que vous le chercherez d'un côté, il ne sera pas d'un autre? Cependant, j'ai une proposition à vous faire qui, je le crois, ne peut que vous être avantageuse.

— Cette proposition, mon ami, avant que vous me la disiez, je la connais déjà. Je vous en remercie et je l'accepte, répondit vivement le Français.

— Ainsi, c'est convenu. Nous partons ensemble; vous venez avec moi dans l'Apacheria?

— Oui.

— Parbleu! j'ai de la chance. A peine me suis-je séparé du Cœur-Loyal, que Dieu place sur mes pas un ami aussi précieux que lui.

— Quel est ce Cœur-Loyal dont vous me parlez.

— Cet ami avec lequel j'ai si longtemps vécu, et que vous connaîtrez un jour. Alors à la grâce de Dieu! A la pointe du jour nous nous mettrons en route.

— Quand vous voudrez.

— J'ai donné rendez-vous à la Tête-d'Aigle, à deux journées d'ici. Je me trompe fort, ou il doit déjà m'attendre.

— Mais qu'allez-vous faire en Apacheria?

— Je ne le sais pas; la Tête-d'Aigle m'a prié de l'accompagner, j'y vais; j'ai pour précepte de ne jamais demander à mes amis plus qu'ils ne veulent me dire de leurs secrets; de cette façon, eux et moi nous sommes plus libres.

— Parfaitement raisonné, mon cher Belhumeur; mais puisque nous devons vivre longtemps ensemble, du moins je l'espère...

— Moi aussi.

— Il est bon, continua le Français, que vous sachiez mon nom, que j'ai oublié de vous dire jusqu'à présent.

— Que cela ne vous inquiète pas, je saurai bien vous en donner un si par hasard vous avez des raisons pour garder l'incognito.

— Je n'en ai aucune; je me nomme le comte Louis de Prébois-Crancé.

Belhumeur se leva comme poussé par un ressort, ôta vivement son bonnet de fourrure, et s'inclinant respectueusement devant son nouvel ami :

— Pardonnez-moi, monsieur le comte, dit-il, la façon un peu libre dont je vous ai parlé; si j'avais su avec qui j'avais l'honneur d'être, certes je n'aurais pas pris d'aussi grandes libertés.

— Belhumeur, Belhumeur, fit le comte avec un sourire triste en lui saisissant vivement la main, est-ce donc ainsi que doit commencer notre liaison? Il n'y a ici que deux hommes prêts à partager la même vie, courir les mêmes dangers, affronter les mêmes ennemis; laissons aux sots habitans des villes ces distinctions stupides qui n'ont pour nous aucune signification; soyons franchement et loyalement frères. Je ne veux être pour vous que Louis, votre bon compagnon, votre ami dévoué, de même que vous n'êtes pour moi que Belhumeur, le rude coureur de bois.

Le visage du Canadien s'épanouit de plaisir à ces paroles.

— Bien parlé, dit-il gaîment, bien parlé, sur mon âme. Je ne suis qu'un pauvre chasseur ignorant, et, ma foi, pourquoi le cacherais-je? ce que vous venez de me dire m'est allé tout droit au cœur! Vive Dieu! je suis à vous, Louis, à la vie et à la mort, et j'espère vous prouver bientôt, compagnon, que j'ai une certaine valeur.

— J'en suis convaincu; maintenant, nous nous entendons bien, n'est-ce pas?

— Pardieu!

En ce moment, il se fit dans la rue un bruit tellement intense qu'il domina celui de la salle; comme cela arrive toujours en pareille circonstance, les aventuriers réunis dans la pulqueria se turent d'un commun accord, afin de prêter l'oreille. On distinguait des cris, des cliquetis de sabre, des trépignemens de chevaux, le tout dominé par intervalle par des détonations d'armes à feu.

— *Caraï*! s'écria Belhumeur, on se bat dans la rue.

— J'en ai peur, répondit flegmatiquement le pulquero plus qu'à moitié ivre, en avalant un verre de refino.

Soudain des coups de pommeau de sabre et de crosse de pistolets résonnèrent vigoureusement sur les ais mal joints de la porte, et une voix forte cria avec colère :

— Ouvrez, au nom du diable! sinon je jette cette misérable porte en bas.

IV.

Avant d'expliquer au lecteur la cause du tapage infernal qui était soudain venu troubler la tranquillité des gens rassemblés dans la pulqueria, nous sommes contraint de faire quelques pas en arrière.

Trois ans environ avant l'époque où se passe notre histoire, par une froide et pluvieuse nuit de décembre, huit hommes, semblant par le costume et les manières appartenir à la haute société parisienne, étaient réunis dans un élégant cabinet du café Anglais.

La nuit était avancée; les bougies, aux deux tiers consumées, ne répandaient qu'une lueur triste; la pluie fouettait les vitres et le vent sifflait avec des mugissemens lugubres.

Les convives, assis autour de la table devant les reliefs d'un splendide souper, paraissaient, malgré eux, s'être laissé envahir par la tristesse morne qui planait sur la nature, et, à demi renversés sur le dossier de leurs siéges, les uns sommeillaient et les autres, perdus dans leurs pensées, ne portaient aucune attention à ce qui se passait autour d'eux.

La pendule placée sur la cheminée sonna lentement trois heures; à peine le dernier coup eut-il fini de résonner sur le timbre, que les claquemens répétés du fouet d'un postillon et les grelots des chevaux se firent entendre sous les fenêtres du cabinet donnant sur le boulevard.

La porte s'ouvrit, un garçon parut.

—La chaise de poste que M. le comte de Lhorailles a demandée attend, dit-il.

— Merci, répondit un des convives, en congédiant le garçon d'un geste.

Celui-ci salua et sortit en fermant la porte derrière lui.

Les quelques mots prononcés par cet homme avaient rompu le charme qui enchaînait les convives; tous se redressèrent comme s'ils se réveillaient en sursaut, et se tournant vers un jeune homme d'une trentaine d'années, assis au milieu d'eux :

—Ainsi, lui dirent-ils tous, c'est bien vrai, tu pars ?

— Je pars, répondit-il avec un signe de tête affirmatif.

— Mais où vas-tu, enfin ? on ne quitte pas ainsi, sans dire gare, son pays et ses amis, reprit un des convives.

Celui à qui cette question était adressée sourit tristement.

Le comte de Lhorailles était un beau gentilhomme aux traits expressifs, au regard énergique, à la lèvre dédaigneuse, appartenant à la plus ancienne noblesse, et dont la réputation était parfaitement établie parmi les lions de l'époque.

Il se leva, et jetant un regard circulaire sur les convives :

— Messieurs, dit-il, je comprends ce que ma conduite a d'étrange pour vous ; vous avez droit à une explication de ma part ; cette explication, je ne demande pas mieux que de vous de la donner. Du reste, c'est dans ce but, croyez-le bien, que je vous ai convoqués à assister aujourd'hui au dernier repas que nous devons faire ensemble; l'heure du départ a sonné, la chaise de poste attend, demain je serai loin de Paris, dans huit jours j'aurai quitté la France pour ne plus y revenir; écoutez-moi donc.

Les convives firent un mouvement marqué en regardant attentivement le comte.

— Ne vous impatientez pas, messieurs, dit-il, l'histoire que je veux vous conter ne sera pas longue, c'est la mienne. En deux mots, la voici :

Je suis complétement ruiné; il me reste à peine quelques billets de mille francs, avec lesquels à Paris je ne pourrais que mourir de faim, et finir avant un mois par me brûler la cervelle, triste perspective qui n'a rien d'attrayant pour moi, je vous assure. D'un autre côté, j'ai aux armes une adresse tellement malheureuse que, sans qu'il y ait de ma faute, je jouis, à tort ou à raison, d'une réputation de duelliste qui me pèse horriblement, surtout depuis ma déplorable affaire avec ce pauvre vicomte Morsens, que j'ai été obligé malgré moi de tuer, afin de lui fermer la bouche et de mettre un terme à ses calomnies. Bref, pour les raisons que j'ai eu l'honneur de vous dire, et pour un nombre infini d'autres qu'il est inutile que vous sachiez, et qui, j'en suis convaincu, vous intéresseraient fort peu, la France m'est devenue antipathique, et cela à un tel point, que j'ai la plus grande hâte de la quitter. Maintenant, un dernier verre de champagne et adieu à tous !

— Un instant ! répondit le convive, qui déjà avait parlé, vous ne nous avez pas dit, comte, dans quel pays vous avez l'intention d'aller.

— Ne le devinez-vous pas? en Amérique. On m'accorde assez généralement du courage, de l'intelligence, eh bien ! je vais dans le pays où, si j'en crois ce qu'on en rapporte, ces deux qualités suffisent pour faire la fortune de celui qui les possède. Avez-vous d'autres questions à m'adresser, baron? ajouta-t-il en se tournant vers son interlocuteur.

Celui-ci, avant de répondre, demeura quelques minutes plongé dans de sérieuses réflexions. Enfin, il releva la tête et fixa sur le comte un regard froid et profond.

— Est-ce bien sérieusement que vous partez, mon ami? lui dit-il.

— Bien sérieusement.

— Me le jurez-vous sur l'honneur ?

— Oui, sur l'honneur, je vous le jure.

— Et vous êtes réellement résolu à vous créer, en Amérique, une position au moins égale à celle que vous aviez ici ?

— Oui, s'écria-t-il vivement, par tous les moyens possibles.

— C'est bien. A votre tour, écoutez-moi, comte, et si vous voulez faire votre profit de ce que je vais vous révéler, peut-être, si Dieu vous vient en aide, réussirez-vous à accomplir les projets insensés que vous avez formés.

Tous les convives se rapprochèrent avec curiosité; le comte lui-même se sentit intéressé malgré lui.

Le baron de Spurtzheim était un homme de quarante-cinq ans environ ; son teint hâlé, ses traits fortement accentués, et son regard empreint d'une expression indéfinissable, lui donnaient un cachet d'étrangeté qui échappait à l'analyse du vulgaire et le faisait, aux yeux de la foule et même de beaucoup d'esprits d'élite, considérer comme un homme réellement remarquable.

On ne connaissait du baron que sa colossale fortune, qu'il dépensait royalement; mais quant à ses antécédens, tout le monde les ignorait, bien qu'il fût reçu dans la meilleure société.

Seulement, on disait vaguement qu'il avait fait de longs voyages, et avait, pendant plusieurs années, habité l'Amérique; mais rien n'était plus incertain que ces on-dit, et ils n'auraient pas suffi pour lui faire ouvrir les salons du noble faubourg, si l'ambassadeur d'Autriche, sans cependant jamais s'expliquer sur son compte, ne lui avait chaleureusement, à son insu, servi de caution dans plusieurs circonstances délicates.

Le baron s'était lié plus intimement avec le comte qu'avec ses autres compagnons de plaisirs; il semblait lui porter un certain intérêt et plusieurs fois même, devinant la position gênée de son ami, il avait cherché par des voies détournées à lui venir en aide.

Le comte de Lhorailles, bien qu'il fût trop orgueilleux pour accepter ces offres, en avait gardé une grande reconnaissance au baron, et lui avait, sans y songer, laissé prendre sur lui une certaine influence.

— Parlez, mais soyez bref, mon cher baron, dit M. de Lhorailles; vous savez que la chaise m'attend.

Sans répondre, le baron tira le cordon de la sonnette.

Le garçon parut.

— Renvoyez le postillon et dites-lui qu'il revienne à cinq heures du matin. Allez.

Le garçon s'inclina et sortit.

Le comte, de plus en plus étonné des façons d'agir de son ami, ne fit cependant pas la moindre observation; il se versa un verre de champagne qu'il vida d'un trait, croisa les bras, s'appuya sur le dossier de son siége et attendit.

— Maintenant, messieurs, dit le baron de sa voix railleuse et incisive, puisque notre ami de Lhorailles nous a conté son histoire et que nous en sommes aux confidences, pourquoi ne vous conterais-je pas la mienne? Le temps est affreux, il pleut à torrens; ici, nous sommes chaudement, nous avons du champagne et des regalias, deux excellentes choses lorsqu'on n'en abuse pas; qu'avons-nous de mieux à faire? rien, n'est-ce pas? Ecoutez-moi donc, car je crois que ce que je vous dirai vous intéressera d'autant plus que certains d'entre vous ne seront pas fâchés, j'en suis convaincu, de savoir enfin à quoi s'en tenir sur mon compte.

La plupart des convives éclatèrent de rire à cette boutade; lorsque leur hilarité fut calmée, le baron commença.

— Quant à la première partie de mon histoire, dit-il, je serai aussi bref que le comte. Dans le siècle où nous vivons, les gentilshommes se trouvent si naturellement hors la loi, par la faute de nos préjugés de race et de notre éducation, que tous nous devous fatalement faire de la vie un rude apprentissage, en mangeant sans savoir comment, en quelques années à peine, la fortune paternelle. Ce fut ce qui m'arriva, comme à vous tous, messieurs. Mes ancêtres avaient, au Moyen-Age, été un peu barons pillards; bon sang ne peut mentir. Lorsque mes dernières ressources furent à peu près épuisées, mes instincts se réveillèrent, et mes regards se fixèrent sur l'Amérique; en moins de dix ans j'y ai amassé la colossale fortune que j'ai aujourd'hui le bonheur insigne, non pas de dissiper, la leçon a été trop rude et j'en ai profité, mais de dépenser en votre honorable compagnie, tout en ayant soin de conserver intact mon capital.

— Mais, s'écria le comte avec impatience, comment avez-vous amassé cette colossale fortune, ainsi que vous la nommez vous-même?

— Quarante millions à peu près, répondit froidement le baron.

Un frisson de convoitise fit tressaillir l'assemblée.

— Fortune colossale, en effet, reprit le comte; mais, je le répète, comment l'avez-vous gagnée?

— Si je n'avais eu l'intention formelle de vous le révéler, croyez bien, cher, que je n'aurais pas abusé de votre patience pour vous narrer les pauvretés que vous venez d'entendre.

—Nous écoutons! s'écrièrent les convives.

Le baron promena lentement son regard froid sur les assistans.

— Avant tout, buvons un verre de champagne au succès de notre ami, fit-il de son ton sarcastique.

Les verres furent emplis, choqués et vidés en un clin d'œil, tant était grande la curiosité des convives.

Après avoir reposé son verre devant lui, le baron alluma un regalia, et se tournant vers le comte :

— C'est particulièrement à vous que je m'adresse maintenant, mon ami, dit-il; vous êtes jeune, entreprenant, doué d'une santé de fer et d'une volonté énergique; il est incontestable pour moi que si la mort ne vient pas contrarier vos projets, vous réussirez, quelles que soient les entreprises que vous formiez, ou le but que vous vous donniez. Dans la vie que vous entreprenez, la principale cause de succès, je dirai presque la seule, c'est de connaître à fond le terrain sur lequel on veut manœuvrer et la société dans laquelle on se propose d'entrer. Si à mon début dans la vie d'aventure, j'avais eu comme vous le bonheur de rencontrer un ami qui eût consenti à m'initier aux mystères de ma nouvelle existence, ma fortune eût été faite cinq ans plus tôt. Ce que nul n'a fait pour moi, je veux le faire pour vous; peut-être plus tard serez-vous reconnaissant des renseignemens que je vous aurai donnés, et qui vous auront appris à vous diriger dans le dédale inextricable où vous allez entrer. D'abord posez-vous bien en principe ceci : les peuples au milieu desquels vous allez vivre sont vos ennemis naturels; c'est donc un combat de chaque jour, de chaque heure, que vous aurez à soutenir; tous les moyens doivent vous être bons pour sortir victorieux de la lutte. Mettez de côté vos préceptes d'honneur et de délicatesse; en Amérique, ce ne sont que de vains mots, inutiles même à faire des dupes, par la raison toute simple que nul n'y croit. Le seul dieu de l'Amérique, c'est l'or; pour acquérir de l'or, l'Américain est capable de tout, mais cela non comme dans notre vieille Europe sous des dehors honnêtes et par des moyens détournés, mais franchement, en face, sans pudeur et sans remords. Ceci posé, votre ligne est toute tracée : pas de projet, si extravagant qu'il paraisse, qui n'offre dans ce pays des chances de réussite, puisque les moyens d'exécution sont immenses et presque sans contrôle possible. L'Américain est l'homme du monde qui ait le mieux compris la force de l'association ; aussi est-ce le levier au moyen duquel tous les projets s'exécutent. Arrivant là-bas, seul, sans ami, sans connaissance, quelque intelligent, quelque déterminé que vous soyez, vous êtes perdu, parce que vous vous trouvez seul en face de tous.

— C'est vrai, murmura le comte avec conviction.

— Patience! répondit le baron avec un sourire; croyez-vous donc que je veuille vous envoyer au combat sans cuirasse? non, non, je vais vous en donner une, et précieusement trempée, je vous l'assure.

Tous les assistans considéraient avec étonnement cet homme, qui, en quelques minutes, avait, à leurs yeux, grandi de cent coudées. Le baron feignit de ne pas s'apercevoir de l'impression qu'il produisait, et, au bout d'un instant, il continua, en appuyant sur chaque mot, comme s'il avait voulu les graver plus profondément dans la mémoire du comte.

— Retenez bien ce que je vais vous dire; il est de la plus grande importance pour vous de ne pas en oublier un mot, mon ami; de cela dépend positivement le succès de votre voyage dans le Nouveau-Monde.

— Parlez, je ne perds pas une syllabe, interrompit le comte avec une espèce d'impatience fébrile.

— Lorsque les étrangers commencèrent à affluer en Amérique, il se forma une société de hardis compagnons, sans foi ni loi, sans pitié comme sans faiblesse, qui, reniant toutes les nationalités, puisqu'ils étaient sortis de tous les peuples, ne reconnaissaient qu'un gouvernement, celui qu'ils instituèrent eux-mêmes sur l'île de la Tortue, rocher imperceptible perdu au milieu du grand Océan; gouvernement monstrueux, puisque la violence en était la base, et qu'il n'admettait que la raison du plus fort. Ces hardis compagnons, liés entre eux par une charte partie draconnienne, se donnaient le nom de Frères de la Côte, et se divisaient en deux classes : les boucaniers et les flibustiers.

Les boucaniers, errans dans les forêts vierges, chassaient les taureaux, tandis que les flibustiers écumaient les mers, attaquant tous les pavillons, pillant tous les navires sous prétexte de faire la guerre aux Espagnols, mais en réalité dépouillant les riches au profit des pauvres, seul moyen qu'ils eussent trouvé de rétablir l'équilibre entre les deux classes. Les Frères de la Côte se recrutaient sans cesse de tous les mauvais sujets sans aveu du vieux monde, devinrent puissans, si puissans même que les Espagnols tremblèrent pour leurs possessions, et qu'un glorieux roi de France ne dédaigna pas de traiter avec eux et de leur envoyer un ambassadeur; puis, par la force même des circonstances, comme toutes les puissances issues de l'anarchie, et qui, par conséquent, ne possèdent en elles aucun principe de vitalité, lorsque les nations maritimes eurent reconnu leurs forces, les Frères de la Côte s'amoindrirent peu à peu et finirent par disparaître entièrement. Pour les avoir forcés à rentrer dans l'obscurité, on crut, non pas les avoir vaincus, mais les avoir anéantis; il n'en était rien, ainsi que vous allez le voir. Je vous demande pardon pour ce long et fastidieux exorde, mais il était indispensable, afin que vous compprissiez bien ce qui me reste à vous expliquer.

— Il est près de quatre heures et demie, observa le comte, il nous reste au plus quarante minutes.

— Ce temps, quelque court qu'il soit, me

suffira, reprit le baron; je reprends. Les Frères de la Côte n'étaient pas anéantis, ils s'étaient transformés, se pliant avec une adresse inouïe aux exigences du progrès qui menaçait de les dépasser; ils avaient changé de peau: de tigres, ils s'étaient faits renards. Les Frères de la Côte étaient devenus les *Dauph'yeers*; au lieu d'aller hardiment, comme jadis, sauter, la dague et la hache au poing, à l'abordage des navires ennemis, ils se firent petits et creusèrent des mines souterraines; aujourd'hui les Dauph'yeers sont les maîtres et les rois du Nouveau-Monde; ils ne sont nulle part et sont partout; ils règnent; leur influence se fait sentir dans tous les rangs de la société; à tous les degrés de l'échelle on les trouve sans les voir jamais. Ce sont eux qui ont détaché les Etats-Unis de l'Angleterre; le Pérou, le Chili et le Mexique de l'Espagne. Leur pouvoir est immense, d'autant plus immense qu'il est occulte, ignoré et presque nié, ce qui montre leur force. Etre niée, pour une société secrète, voilà où est la véritable puissance; il ne se fait pas une révolution en Amérique, sans que l'influence des Dauph'yeers ne se produise victorieuse et fière, soit pour la faire triompher, soit pour l'annihiler. Ils peuvent tout, ils sont tout; hors de leur cercle, rien n'est possible: voilà ce que, par la force du progrès, sont en moins de deux siècles devenus les Frères de la Côte, les Dauph'yeers!... c'est-à-dire le pivot autour duquel tourne, sans s'en douter, le Nouveau-Monde. Misérable sort que celui de cette magnifique contrée d'être condamnée en tout temps, depuis sa découverte, à subir la tyrannie des bandits de toute espèce qui semblent s'être donné la mission de l'exploiter sous toutes les formes, sans que jamais elle puisse parvenir à s'en affranchir!

Il y eut un assez long silence; chacun réfléchissait à ce qu'il venait d'entendre; le baron lui-même avait laissé tomber sa tête dans ses mains, et semblait perdu dans le monde d'idées qui l'avaient réveillé et qui maintenant l'assaillaient en foule, rappelant en lui des souvenirs pleins de douleur et d'amertume.

Un roulement lointain de voiture qui se rapprochait rapidement rappela le comte de Lhorailles à la gravité de la situation présente.

— Voici ma chaise, fit-il, je vais partir, et je ne sais rien.

— Patience, répondit le baron, dites adieu à vos amis et partons.

Subissant malgré lui l'influence de cet homme singulier, le comte lui obéit sans songer à lui adresser la moindre observation.

Il se leva, embrassa chacun de ses anciens amis, échangea avec eux de chaleureuses poignées de main, reçut leurs souhaits de bonne réussite, et quitta le cabinet suivi par le baron.

La chaise de poste attendait en face du café. Les jeunes gens avaient ouvert les fenêtres du cabinet et faisaient de nouveaux signes d'adieu à leur ami.

Le comte jeta un long regard sur le boulevard: la nuit était sombre, bien que la pluie ne tombât plus, le ciel était noir, les becs de gaz scintillaient faiblement dans le lointain comme des étoiles perdues dans la brume.

— Adieu! murmura le gentilhomme d'une voix étouffée, adieu! qui sait si jamais je reviendrai.

— Courage! fit une voix sévère à son oreille.

Le jeune homme tressaillit, le baron était à ses côtés.

— Venez, mon ami, lui dit-il en l'aidant à monter dans la voiture, je vous accompagne jusqu'à la barrière.

Le comte monta en chancelant et se laissa tomber sur un coussin.

— Route de Normandie! cria le baron au postillon en fermant la portière.

Le postillon fit claquer son fouet, la chaise de poste s'ébranla et partit au galop.

— Adieu! adieu! crièrent les jeunes gens penchés aux fenêtres du café Anglais.

Pendant assez longtemps les deux hommes demeurèrent silencieux; enfin le baron prit la parole.

— Gaëtan! dit-il.

— Que me voulez-vous? répondit celui-ci.

— Je n'ai pas fini de vous conter mon histoire.

— C'est vrai, murmura-t-il distraitement.

— Ne voulez-vous pas que je la termine?

— Parlez, mon ami.

— Comme vous me dites cela, cher! votre esprit voyage dans les espaces imaginaires; vous songez à ceux que vous quittez, sans doute.

— Hélas! murmura le comte avec un soupir, je suis seul sur la terre. Que puis-je regretter? je n'ai ni parens ni amis.

— Ingrat! fit le baron d'un ton de reproche.

— C'est vrai; pardonnez-moi, cher, je ne songeais pas à ce que je disais.

— Je vous pardonne, mais à la condition que vous m'écouterez.

— Je vous le promets.

— Mon ami, ces Dauph'yeers dont je vous ai parlé, si vous voulez réussir, leur amitié et leur protection vous sont indispensables.

— Hélas! comment puis-je obtenir cette amitié et cette protection, moi, misérable inconnu? Maintenant je tremble en songeant à ce pays dans lequel j'avais rêvé de me créer un si bel avenir; le bandeau qui couvrait mes yeux est tombé; je vois l'extravagance de mes projets et l'espoir m'abandonne.

— Déjà! s'écria sévèrement le baron. Enfant sans énergie, qui renonce à la lutte avant même de l'avoir engagée! Homme sans force et sans courage! Cette protection et cette amitié qui vous sont indispensables, si vous le voulez, moi je vous donne les moyens de les obtenir.

—Vous! s'écria le comte en tressaillant.

— Oui, moi! Croyez-vous donc que je me serais amusé à torturer votre âme pendant deux heures, à jouer avec vous comme un jaguar avec un agneau, pour le plaisir banal de railler? Non, Gaëtan. Si vous avez eu cette pensée, vous avez eu tort; je vous aime. Lorsque j'ai connu votre projet, j'ai applaudi du fond du cœur à cette résolution qui vous réhabilitait dans mon esprit; lorsque cette nuit vous nous avez franchement avoué votre position et expliqué vos projets, je me suis retrouvé en vous, mon cœur a tressailli, pendant une minute j'ai été heureux, et alors j'ai juré de vous ouvrir la voie si large, si grande et si belle, que si vous ne réussissiez pas, c'est que vous-même ne voudriez pas réussir.

— Oh! fit énergiquement le comte, je puis succomber dans la lutte qui commence aujourd'hui entre moi et l'humanité tout entière, mais ne craignez rien, mon ami, je tomberai noblement et en homme de cœur.

— J'en suis persuadé, mon ami; je n'ai plus que quelques mots à vous dire. Moi aussi j'ai été dauph'yeers, je le suis encore; c'est grâce à mes frères que j'ai conquis la fortune que je possède. Prenez ce portefeuille, mettez à votre cou cette chaînette à laquelle pend un médaillon; puis, quand vous serez seul, vous lirez les instructions contenues dans le portefeuille et vous agirez comme elles vous enseigneront de le faire. Si vous les suivez de point en point, je vous garantis le succès: voilà le cadeau que je vous réservais et que je ne voulais vous donner que lorsque nous serions seuls.

— Oh! mon Dieu! s'écria le comte avec effusion.

— Nous voici à la barrière, dit le baron en arrêtant la voiture; séparons-nous. Adieu, mon ami, courage et volonté! Embrassez-moi. Surtout souvenez-vous du portefeuille et du médaillon.

Les deux hommes restèrent longtemps serrés dans les bras l'un de l'autre; enfin le baron se dégagea par un vigoureux effort, ouvrit la portière et sauta sur le trottoir.

— Adieu! cria-t-il une dernière fois, adieu, Gaëtan! souvenez-vous...

La chaise de poste s'était élancée à fond de train sur la grande route.

Chose étrange, les deux hommes murmurèrent le même mot en secouant la tête avec découragement dès qu'ils se trouvèrent seuls, l'un marchant à grands pas sur le trottoir, l'autre affaissé sur les coussins de la voiture.

Ce mot était:

— Peut-être!

C'est que, malgré tous leurs efforts pour chercher à se tromper eux-mêmes, ils n'espéraient ni l'un ni l'autre.

V.

Maintenant quittons l'ancien monde, et faisant une enjambée immense, d'un seul bond transportons-nous dans le nouveau.

Il existe en Amérique une ville qui ne peut être comparée à nulle autre du globe entier.

Cette ville, c'est Valparaiso!

Valparaiso! ce nom résonne à l'oreille charmée comme les notes douces et suaves d'un chant d'amour.

Ville coquette, rieuse et folle, mollement couchée comme une nonchalante créole autour d'une baie délicieuse, à la base de trois majestueuses montagnes, baignant insoucieusement le bout de ses pieds roses et mignons dans les flots azurés de l'océan Pacifique, et voilant son front rêveur dans les nuages gonflés de tempêtes qui s'échappent du cap Hor et roulent avec un bruit sinistre à la cime des Cordilières pour lui former une splendide auréole.

Bien qu'elle s'élève sur la côte chilienne, cette cité étrange n'appartient en fait à aucun pays et ne reconnaît aucune nationalité, ou, pour mieux dire, dans son sein elle les admet toutes.

A Valparaiso, se sont donné rendez-vous les aventuriers de tous les pays; toutes les langues s'y parlent, tous les commerces y sont exploités; sa population est le composé le plus bizarre des personnalités les plus excentriques, accourues des points les plus éloignés des cinq parties du monde pour venir se mettre à l'affût de la fortune dans cette ville, sentinelle avancée de la civilisation transatlantique, et dont l'influence occulte gouverne les républiques hispano-américaines.

Valparaiso, comme presque tous les grands centres commercans de l'Amérique du Sud, est un amas de bouges informes et de palais magnifiques appuyés les uns contre les autres, et pendant en longues grappes sur les flancs abruptes de ses trois montagnes.

A l'époque où se passe l'histoire que nous allons raconter, les rues étaient étroites, sales, privées d'air et de soleil; le pavage, parfaitement ignoré, en faisait de véritables cloaques, dans lesquels les piétons entraient jusqu'au genou, lorsque les pluies diluviennes de la saison d'hiver avaient détrempé le sol, ce qui rendait indispensable l'usage du cheval, même pour les courses les plus courtes.

Des miasmes délétères s'échappaient incessamment de ces bourbiers, grossis par les immondices de toute espèce que le nettoyage quotidien des habitations y accumulait, sans que jamais personne songeât à assainir ces foyers permanens de fièvres pernicieuses.

Aujourd'hui, dit-on, cet état de choses a changé, et Valparaiso ne se ressemble plus à lui-même; nous voulons le croire, quoique l'incurie du Sud américain, bien connue de nous, nous engage à beaucoup de circonspection à cet égard.

Dans une des rues les plus sales et les plus mal famées de Valparaiso s'élevait une maison que nous demandons au lecteur la permission de décrire en quelques mots.

Nous sommes contraint tout d'abord d'avouer que si l'architecte chargé de la construire s'était montré plus que sobre dans la distribution des ornemens, il l'avait parfaitement édifiée pour l'industrie des différens propriétaires qui dans l'avenir devaient la posséder les uns après les autres.

C'était une échoppe bâtie en torchis : sa façade donnait sur la rue de la Merced; le côté opposé plongeait sur la mer, au-dessus de laquelle, au moyen de pilotis, elle s'avançait à une certaine distance.

Cette maison était habitée par un aubergiste. Au rebours des constructions européennes, qui se rétrécissent au fur et à mesure qu'elles s'élèvent au dessus du sol, celle-ci allait s'élargissant si bien que le haut était vaste et éclairé, tandis que la boutique et les autres pièces du bas étaient étroites et sombres.

Le propriétaire actuel avait habilement profité de cette disposition architecturale pour faire pratiquer dans l'épaisseur du premier au second étage une pièce à laquelle on arrivait par un escalier tournant caché dans le mur.

Cette pièce était construite de telle façon que les moindres bruits de la rue arrivaient clairs et distincts aux oreilles des personnes qui s'y trouvaient, tout en étouffant ceux qu'elles-mêmes pouvaient faire, si intenses qu'ils fussent.

Le digne aubergiste, possesseur de cette maison, avait naturellement une clientèle un peu mélangée de gens de toute espèce : contrebandiers, rateros-filous et autres, dont les façons risquaient de lui attirer des difficultés fâcheuses avec la police chilienne; en conséquence, une baleinière constamment amarrée à un anneau planté au-dessous d'une fenêtre donnant sur la mer, offrait provisoirement un abri assuré aux consommateurs de l'établissement, lorsque par hasard les agens de l'autorité avaient la velléité de pousser une reconnaissance dans cet antre.

Cette maison se nommait et se nomme probablement encore aujourd'hui, si un tremblement de terre ou un incendie n'a pas fait disparaître cette hideuse tanière de la surface du terrain de Valparaiso, la *Locanda del Sol.*

Sur une plaque de fer pendue à une tringle et grinçant au moindre vent, était peinte, tant bien que mal, par un artiste du cru, une large face rouge entourée de rayons orange, dont la prétention était sans doute de donner l'explication de la légende mentionnée ci-dessus.

Le senor Benito Sarzuela, maître de la locanda del Sol, était un grand gaillard sec, maigre, à la face anguleuse, au regard sournois, métis croisé d'arançais, de nègre et d'espagnol, dont le moral répondait parfaitement au physique, c'est-à-dire qu'il réunissait en lui les vices des trois races, rouge, noire et blanche auxquelles il appartenait, sans posséder une seule de leurs vertus, et qu'à l'ombre d'un métier avoué et presque honnête il en faisait clandestinement une vingtaine, dont le plus innocent l'aurait conduit aux *presidios* (bagne) pour toute sa vie, s'il avait été découvert.

Deux mois environ après les événemens que nous avons rapportés dans notre précédent chapitre, vers onze heures du soir, par une nuit froide et brumeuse, le senor Benito Sarzuela était mélancoliquement assis derrière son comptoir, contemplant d'un œil désolé la salle déserte de son établissement.

Le vent soufflant avec violence faisait grincer sur sa tringle, avec des plaintes sinistres, l'enseigne du *Meson*, et de lourds nuages noirs venant du sud roulaient pesamment dans le ciel en laissant par intervalle tomber de larges gouttes de pluie sur le sol détrempé par de précédens orages.

— Allons, murmura à demi-voix d'un air piteux le malheureux hôtelier, encore une journée qui finit aussi mal que les autres, *sangre de Dios!* Depuis quelques jours, je n'ai plus de chance ; si cela continue encore seulement une semaine, je suis un homme ruiné.

En effet, par un hasard singulier, depuis un mois environ, la locanda del Sol était complétement déchue de son ancienne splendeur, sans que son propriétaire sût à quelle raison attribuer ce revirement malheureux.

On n'entendait plus dans la vaste salle affectée aux buveurs retentir le choc des verres et le bris des vitres et des pots que, dans la chaleur de leurs discussions, les bruyans consommateurs faisaient jadis si prestement voler en éclats.

Triste envers des choses humaines, le trop plein avait tout à coup été remplacé par le vide le plus complet.

On aurait dit que la peste régnait dans cette maison abandonnée : les bouteilles demeuraient méthodiquement rangées sur leurs rayons, et c'était à peine si, pendant le cours de la journée qui venait de s'écouler, un ou deux passans étaient entrés boire un verre de *pisco*, qu'ils avaient payé au plus vite, tant ils avaient hâte de sortir de ce repaire, malgré tous les efforts d'amabilité et toutes les agaceries de l'hôtelier, qui avait cherché vainement à les retenir afin de causer des affaires publiques et surtout pour égayer sa solitude.

Après les quelques mots que nous lui avons entendu prononcer, le digne don Benito se leva nonchalamment et se prépara, tout en maugréant, à fermer son établissement, afin, faute de mieux, de faire une économie de luminaire, lorsque tout-à-coup un individu entra, puis deux, puis trois, puis six, puis dix, puis enfin un nombre si considérable que le haciendero renonça à les compter.

Ces hommes étaient tous enveloppés dans de grands manteaux; ils avaient la tête couverte de chapeaux dont les larges ailes rabattues avec soin sur les yeux les rendaient complétement méconnaissables.

La salle se trouva bientôt encombrée de consommateurs buvant et fumant sans prononcer un mot.

Chose extraordinaire, bien que toutes les tables fussent garnies, il régnait un si religieux silence parmi ces buveurs étranges, qu'on distinguait parfaitement le bruit de la pluie tombant au-dehors, et le pas des chevaux des serenos qui résonnait sourdement sur les cailloux ou dans les mares boueuses qui couvraient le sol.

L'hôtelier, agréablement surpris de ce retour imprévu de fortune, s'était joyeusement mis en devoir de servir ses pratiques inattendues; mais alors il arriva une chose singulière et à laquelle le senor Sarzuela était fort loin de s'attendre; bien que le proverbe dise qu'abondance de biens ne nuit pas, et que les proverbes soient la sagesse des nations, il se trouva que l'affluence des gens qui paraissaient s'être donné rendez-vous chez lui devint en peu de temps si considérable, et prit des proportions si gigantesques que l'hôtelier finit par s'en effrayer lui-même ; car son auberge, vide un instant auparavant, se trouva si remplie qu'il ne sut bientôt plus où placer les arrivans qui entraient sans discontinuer. Du reste, la foule, après avoir envahi la grande salle avait, comme une mer qui monte toujours, débordé dans la salle y attenant; puis elle avait escaladé les escaliers et s'était répandue dans les étages supérieurs, qu'elle avait de même encombrés.

Au premier coup de onze heures plus de deux cents consommateurs peuplaient la locanda del Sol.

Le locandero, avec cette finesse qui était un des points les plus saillans de son caractère, comprit alors que quelque chose d'extraordinaire allait se passer et que sa maison allait probablement en être le théâtre.

Alors un tremblement convulsif s'empara de lui, la peur le saisit aux cheveux, et il chercha dans sa tête le moyen qu'il pourrait employer pour se débarrasser de ces hôtes sinistres et silencieux.

En désespoir de cause, il se leva d'un air qu'il affecta de rendre le plus résolu possible, et s'avança vers la porte comme pour clore son établissement.

Les consommateurs, toujours muets comme des poissons, ne firent pas un geste pour se retourner; ils feignirent au contraire de ne rien voir.

Don Benito sentit son frissonnement redoubler.

Soudain la voix d'un sereno, s'élevant dans le silence, lui fournit le prétexte qu'il cherchait vainement, en criant en passant devant la locanda :

— *Ave Maria purissima! Las onze han dado y llure!*

Bien qu'accompagnée de modulations capables de faire pleurer un matou, cette phrase sacramentelle du sereno ne produisit absolument aucune impression sur les pratiques de l'hôtelier.

La force de la terreur lui rendant enfin un peu de courage, le senor Sarzuela se décida à interpeller directement ces obstinés consommateurs; à cet effet, il se campa délibérément au milieu de la salle, mit le poing sur la hanche, et relevant la tête :

— Senores caballeros! dit-il d'une voix qu'il cherchait vainement à rendre ferme, mais dont il ne put parvenir à cacher le tremblement, il est onze heures; les règlemens de police me défendent de rester ouvert plus longtemps; veuillez, je vous prie, vous retirer sans retard, afin que je ferme mon établissement.

Cette harangue, dont il s'était promis le plus grand succès, produisit un effet tout contraire à celui qu'il en attendait.

Les inconnus frappèrent vigoureusement sur la table avec leurs gobelets, en criant tous ensemble :

— A boire!

L'hôtelier fit un bond en arrière à cet effroyable vacarme.

— Cependant, caballeros, hasarda-t-il au bout d'un instant, les règlemens de police sont sévères; il est onze heures, et...

Il ne put en dire davantage; le vacarme recommença avec plus d'intensité cette fois, et les consommateurs crièrent de nouveau d'une voix de tonnerre :

— A boire!

Alors il s'opéra dans l'esprit de l'hôtelier une réaction facile à comprendre : croyant deviner que c'était à lui personnellement qu'on en voulait, persuadé que ses intérêts étaient en jeu, l'homme poltron disparut pour faire place à l'avare menacé dans ce qu'il a de plus cher, sa propriété.

— Ah! s'écria-t-il avec une exaspération fébrile, c'est ainsi! Eh bien! nous allons voir si je suis maître chez moi. Je vais chercher l'alcade!

Cette menace de la justice dans la bouche du digne Sarzuela parut tellement saugrenue à l'assemblée, que les consommateurs partirent, avec un ensemble qui faisait leur éloge, d'un éclat de rire homérique au nez du pauvre homme. Ce fut le coup de grâce : la colère de l'hôtelier se changea en folie furieuse, et il se précipita tête baissée vers la porte, au milieu des éclats de rire et des huées inextinguibles de ses persécuteurs.

Mais à peine avait-il franchi le seuil de sa maison, qu'un nouvel arrivant l'arrêta sans façon par le bras et le rejeta brusquement dans la salle, en lui disant avec un accent goguenard :

— Quelle mouche vous pique, notre hôte? Etes-vous fou de sortir tête nue par un temps pareil, au risque de gagner une pleurésie?

Puis pendant que le locandero, terrifié et confondu par cette rude secousse, cherchait à reprendre son équilibre et à rétablir un peu d'ordre dans ses idées, l'inconnu, sans plus de cérémonie que s'il se fût trouvé dans sa propre maison, avait, aidé par quelques consommateurs auxquels il avait fait un signe, placé les volets aux fenêtres, fermé, verrouillé et cadenassé la porte aussi bien et avec autant de soin que Sarzuela lui-même en apportait à cette délicate besogne.

— Là! maintenant, voilà qui est fait, dit l'étranger en se tournant vers l'hôtelier ahuri, causons, voulez-vous, compadre? Ah çà, est-ce que vous ne me reconnaissez pas? ajouta-t-il en retirant son chapeau et montrant une tête fine et intelligente sur laquelle s'épanouissait en ce moment un sourire railleur.

— Oh! el senor don Gaetano, fit Sarzuela, que cette rencontre fut loin de flatter et qui dissimula une horrible grimace.

— Silence! fit l'autre. Venez.

D'un geste, il emmena l'hôtelier dans un coin de la salle, et se penchant à son oreille :

—Avez-vous des étrangers dans votre maison? lui demanda-t-il à voix basse.

— Voyez, fit-il avec un geste piteux en désignant ses pratiques qui buvaient toujours; cette légion de démons a envahi mon établissement il y a une heure; ils boivent bien, c'est vrai; mais ils ont des mines suspectes fort peu rassurantes pour un honnête homme.

— Raison de plus pour que vous n'ayez rien à craindre. Du reste, ce n'est pas d'eux qu'il s'agit. Je vous demande si vous avez des locataires étrangers; quant à ceux-ci, vous les connaissez probablement aussi bien, si ce n'est mieux que moi.

— Du haut en bas de ma maison je n'ai pas d'autres personnes que ces caballeros, que, dites-vous, je connais. C'est possible, mais comme depuis qu'ils sont ici, grâce à la façon dont ils sont *embossés*, il m'a été impossible d'apercevoir le bout de leur nez, je n'ai pu en aucune façon les reconnaître.

— Vous êtes un niais, cher ami; ces individus qui vous intriguent tant sont tous des Dauph'yeers.

— Vraiment? s'écria l'hôte ébahi; alors pourquoi donc cachent-ils leur visage?

— Ma foi, maître Sarzuela, je crois que c'est que probablement ils ne se soucient pas de le laisser voir.

Et, riant au nez de l'hôtelier décontenancé, l'étranger fit un signe.

Deux hommes se levèrent, se précipitèrent sur le pauvre diable, et avant même qu'il devinât ce qu'on lui voulait, il se trouva garrotté si bel et si bien qu'il était dans l'impossibilité de faire un geste.

— Ne craignez rien, maître Sarzuela, il ne vous sera fait aucun mal, continua l'étranger. Seulement nous avons besoin de causer sans témoin, et comme vous êtes assez bavard de votre nature, nous prenons nos précautions : voilà tout. Ainsi, soyez tranquille, dans quelques heures vous serez libre. Allons! vivement, vous autres, continua-t-il en s'adressant à ses hommes, bâillonnez-le, mettez-le sur son lit, et fermez la porte à double tour. Au revoir, mon digne hôte, surtout soyez patient.

Les ordres de l'étranger avaient été ponctuellement exécutés : le malheureux Sarzuela, ficelé et bâillonné, fut chargé sur les épaules de deux de ses agresseurs, emporté de la salle, monté dans sa chambre, jeté sur son lit et enfermé en un clin d'œil, sans même qu'il songeât à essayer la moindre résistance.

Nous le laisserons se livrer aux réflexions nullement couleur de rose qui probablement l'assaillirent en foule dès qu'il se trouva seul, face à face avec son désespoir, et nous rentrerons dans la grande salle de la locanda où nous attendent des personnages beaucoup plus intéressans pour nous que le pauvre hôtelier.

Les Dauph'yeers, aussitôt qu'ils s'étaient vus maîtres de l'hôtellerie, avaient en un tour de main rangé les tables contre le mur, les unes sur les autres de façon à débarrasser le centre de la salle, puis ils avaient aligné des bancs sur lesquels enfin ils s'étaient assis.

La locanda *del Sol* avait en quelques minutes, grâce aux changemens qu'on lui avait fait subir, été complétement métamorphosée en club.

Le dernier arrivé des consommateurs de Sarzuela, celui qui avait donné l'ordre de le bâillonner et de le garrotter, jouissait, selon toutes les apparences, d'une certaine influence sur l'honorable compagnie réunie en ce moment dans la salle basse de l'hôtellerie. Dès que le maître de la maison eut disparu, il se débarrassa de son manteau, fit un signe pour demander le silence, et prenant la parole en excellent français :

— Frères, dit-il d'une voix claire et sonore, merci de votre exactitude!

Les Dauph'yeers lui rendirent poliment son salut.

— Messieurs, continua-t-il, nos projets marchent; bientôt, je l'espère, nous atteindrons le but auquel nous tendons depuis si longtemps, de sortir de l'obscurité dans laquelle nous croupissons, pour conquérir notre place au soleil. L'Amérique est une merveilleuse terre, où toutes les ambitions peuvent se satisfaire. J'ai, ainsi que je m'y étais engagé la première fois que j'ai eu l'honneur de vous réunir, il y a quinze jours, fait toutes les démarches nécessaires; nous avons réussi. Vous avez bien voulu me nommer directeur du mouvement mexicain; merci, frères. Une concession de trois mille acres de terrain m'a été accordée à Guetzalli, dans la haute Sonora. Le premier pas est fait. La Capilla, mon lieutenant, est parti hier pour le Mexique, afin de prendre possession du territoire concédé. J'ai aujourd'hui une autre demande à vous adresser. Vous tous qui m'écoutez ici êtes Européens ou Américains du Nord; vous me comprendrez. Depuis assez longtemps, spectateurs en apparence désintéressés des drames sans fin des républiques américaines, les Dauph'yeers, ces successeurs des Frères de la Côte, assistent impassibles aux reviremens subits et aux révolutions sans pudeur des anciennes colonies espagnoles. L'heure est venue de nous jeter dans la lutte; j'ai besoin de cent cinquante hommes dévoués. Guetzalli leur servira d'abri provisoire. Bientôt je leur dirai ce que j'attends de leur courage; seulement tâchez de faire ce que je veux tenter. L'entreprise que je médite et dans laquelle je périrai peut-être, est toute dans l'intérêt de l'association; si je réussis, chacun de ceux qui y auront pris part aura un large bénéfice et une position splendide, assurée. Vous connaissez l'homme qui m'a servi d'introducteur auprès de vous, votre confiance lui était acquise; la médaille qu'il m'a donnée et que voilà, vous prouve qu'il répond entièrement de moi : voulez-vous à votre tour vous fier à moi comme lui s'y est fié? Sans vous je ne puis rien faire. J'attends votre réponse.

Il se tut.

Les assistans commencèrent alors à discuter vivement entre eux, bien qu'à voix basse, pendant assez longtemps; enfin le silence se rétablit, un homme se leva.

— Monsieur le comte Gaëtan de Lhorailles, dit-il, nos frères me chargent de vous répondre en leur nom. Vous vous êtes présenté à nous appuyé par la recommandation d'un homme dans lequel nous avons la plus entière confiance; votre conduite nous a semblé confirmer de tous points cette recommandation; les cent cinquante hommes que vous demandez sont prêts à vous suivre n'importe où vous les conduirez, persuadés qu'ils ne peuvent que gagner à seconder vos projets. Moi, Diégo Léon, je m'inscris en tête de la liste.

— Et moi!

— Et moi!

— Et moi!

S'écrièrent à l'envi les Dauph'yeers.

Le comte fit un signe, le silence se rétablit.

— Frères, je vous remercie, dit-il. C'est à Valparaiso que reste le noyau de notre association, c'est à Valparaiso que je prendrai, quand il le faudra, les hommes résolus dont j'aurai besoin par la suite. Aujourd'hui, cent cinquante hommes me suffisent. Si mes projets réussissent, qui sait ce que nous réserve l'avenir? J'ai écrit de ma main une charte-partie dont toutes les conditions seront rigoureusement remplies par moi et par vous, je n'en doute pas. Lisez et signez; dans deux jours, je pars pour Quay; mais dans six semaines je donne rendez-vous à ceux d'entre vous qui veulent me suivre, et alors je leur communiquerai mes desseins dans les plus grands détails.

— Capitaine de Lhorailles, répondit Diégo Léon, vous n'avez, dites-vous, besoin que de cent cinquante hommes. Tirez les donc au sort, car tous veulent vous suivre.

— Merci encore une fois, mes braves compagnons; croyez-moi, chacun aura son tour; le projet que j'ai formé est grandiose et digne de vous; choisir serait faire des jaloux entre hommes qui tous se valent; Diego Léon, je vous charge de tirer au sort les noms de ceux qui doivent m'accompagner.

— Cela sera fait, répondit Diégo Léon, Béarnais méthodique et compassé, ancien brigadier aux spahis, vieux soldat à cheval sur la discipline.

— Maintenant, mes amis, un dernier mot: souvenez-vous que dans six semaines, je vous attends à Guetzalli, de là à la grâce de Dieu, l'étoile des Dauph'geers ne nous faillira pas! Buvons, frères, buvons au succès de notre entreprise.

— Buvons! s'écrièrent tous les Frères de la Côte électrisés.

Alors le vin et l'eau-de-vie coulèrent à flots.

La nuit entière se passa dans une orgie dont les proportions, vers le matin, devinrent gigantesques. Le comte de Lhorailles, grâce au talisman que, en le quittant, lui avait donné le baron, s'était, aussitôt son arrivée en Amérique, trouvé à la tête d'hommes résolus et sans scrupules, avec l'aide desquels, pour une intelligence comme la sienne, il était facile d'accomplir de grandes choses.

Deux mois après la réunion à laquelle nous avons fait assister le lecteur, le comte et ses cent cinquante Dauph'yeers étaient réunis à la colonie de Guetzalli, cette magnifique concession que, grâce à des influences occultes, M. de Lhorailles s'était fait donner.

Sans que l'on pût deviner à quoi attribuer ce qui lui arrivait, le comte semblait jouer de bonheur, tout lui réussissait; les projets en apparence les plus fous étaient par lui menés à bonne fin; sa colonie prospérait et prenait des proportions qui ravissaient d'aise le gouvernement mexicain.

M. de Lhorailles, avec ce tact et cette connaissance du monde qu'il possédait à fond, avait su faire taire les jaloux et les envieux; il s'était créé un cercle d'amis dévoués et de connaissances utiles, qui, dans maintes circonstances, avaient plaidé en sa faveur et l'avaient appuyé de leur crédit.

On jugera du chemin qu'il était parvenu à faire en si peu de temps, trois ans à peine, quand nous dirons qu'au moment où nous le mettons en scène, il avait enfin presque atteint le but de ses constans efforts; il allait réellement se poser dans l'opinion et conquérir un rang honorable dans la société en épousant la fille de don Sylva de Torrès, un des plus riches hacenderos de la Sonora, et grâce à l'influence de son futur beau-père, il venait de recevoir le brevet de capitaine d'une compagnie franche, destinée à repousser les incursions des Apaches et des Comanches, sur le territoire mexicain, et le droit de former cette compagnie d'Européens, seulement si bon lui semblait.

Nous retournerons maintenant dans la maison de don Sylva de Torrès, que nous avons quittée presque au moment où le comte de Lhorailles y entrait.

VI.

Lorsque la jeune fille avait quitté le salon pour se retirer dans sa chambre à coucher, le comte de Lhorailles l'avait suivie d'un long regard, semblant ne rien comprendre à la conduite extraordinaire de sa fiancée, surtout dans la situation où ils se trouvaient placés l'un vis-à-vis de l'autre par suite du mariage qui devait avant peu les lier pour la vie; mais après quelques minutes de réflexions, le comte secoua la tête comme pour chasser les idées tristes dont il était assailli, et se tournant vers son futur beau-père :

— Causons d'affaires, lui dit-il ; voulez-vous ?

— Avez-vous donc quelque chose de nouveau à m'apprendre ?

— Beaucoup de choses.

— Intéressantes ?

— Vous en jugerez.

— Voyons donc. Je suis impatient de les connaître.

— Procédons par ordre. Vous savez, mon ami, pourquoi j'avais quitté Guetzalli ?

— Parfaitement. Eh bien ! avez-vous réussi ?

— Comme je m'y attendais. Grâce à certaines lettres dont j'étais porteur et surtout grâce à votre bienveillante recommandation, le général Marcos a été charmant pour moi. La réception qu'il a bien voulu me faire a été des plus affectueuses ; bref, il m'a donné carte blanche, m'autorisant à lever non seulement cent cinquante hommes, mais même le double si je le jugeais nécessaire.

— Oh ! oh ! c'est magnifique, cela.

— N'est-ce pas? Il m'a dit de plus, que dans une guerre comme celle que j'allais entreprendre, car ma chasse aux Apaches est une véritable guerre, il me laissait libre d'agir à ma guise, ratifiant d'avance tout ce que je ferais, persuadé, ajouta-t-il, que ce serait toujours pour l'intérêt et la gloire du Mexique.

— Allons, je suis heureux de ce résultat ! Maintenant, quelles sont vos intentions?

— Je suis résolu d'abord, en vous quittant, de me rendre à Guetzalli, dont je suis absent depuis près de trois semaines. J'ai besoin de revoir ma colonie, afin de voir si tout marche à mon gré et si mes hommes sont heureux. D'un autre côté, je ne serais pas fâché, avant que de m'éloigner peut-être pour longtemps avec la plus grande partie des forces dont je dispose, de mettre mes colons à l'abri d'un coup de main en faisant exécuter autour de la concession certains ouvrages en terre suffisans pour repousser un assaut des sauvages. Ceci est d'autant plus important que Guetzalli doit toujours demeurer en quelque sorte mon quartier général.

— C'est juste, et vous partez?

— Ce soir même.

— Si tôt?

— Il le faut. Vous savez vous-même combien le temps nous presse.

— En effet. N'avez-vous rien de plus à me dire ?

— Pardonnez-moi, j'ai à vous adresser une question que, exprès, j'ai conservée pour la dernière.

— Vous y attachez donc un grand intérêt?

— Un immense.

— Oh ! oh ! je vous écoute alors, mon ami; parlez vite.

— Lors de mon arrivée en ce pays, à l'époque où les entreprises que depuis j'ai, grâce à Dieu, menées à bonne fin, n'étaient encore qu'à l'état de projet, vous avez bien voulu, senor don Sylva, mettre à ma disposition, non seulement votre crédit, qui est immense, mais encore vos richesses, qui sont incalculables.

— C'est vrai, dit en souriant le Mexicain.

— J'ai largement usé de vos offres, puisant souvent dans votre coffre-fort, et me servant de votre crédit chaque fois que l'occasion s'en présentait; permettez-moi donc maintenant de régler avec vous la seule partie de ma dette que je puisse acquitter, me reconnaissant d'avance incapable de solder l'autre. Voici, ajouta-t-il en prenant un papier dans un portefeuille, un bon de cent mille piastres payable à vue sur Walter Blount et compagnie, banquiers à Mexico. Je suis heureux, croyez-le bien, don Sylva, de pouvoir liquider aussi promptement cette dette, non pas que...

— Pardon, interrompit vivement l'haciendero, en repoussant d'un geste le papier que lui présentait le comte, nous ne nous entendons plus du tout, il me semble.

— Comment cela ?

— Je m'explique : à votre arrivée à Guaymas, vous vous êtes présenté chez moi, monsieur le comte, porteur d'une lettre de recommandation pressante d'un homme avec lequel, sans avoir jamais été intimement lié, j'ai eu cependant, il y a quelques années, de fort grandes obligations. Le baron de Spurtzheim vous adressait à moi, plutôt comme un fils chéri que comme un ami auquel on s'intéresse. Je vous ai ouvert ma maison à deux battans. Je devais le faire. Puis, lorsque je vous ai connu, que j'ai pu apprécier ce qu'il y avait de grand et de noble dans votre caractère, alors nos relations, d'abord un peu froides, sont devenues plus étroites, plus intimes; je vous ai offert la main de ma fille, que vous avez acceptée.

— Avec bonheur ! s'écria le comte.

— Fort bien, reprit l'haciendero en souriant; l'argent que je pouvais recevoir d'un étranger, argent qu'il me devait légitimement, cet argent appartient à mon gendre. Déchirez donc ce papier, je vous prie, mon cher comte, et ne songeons plus à cette misère.

— Eh! fit vivement le comte d'un ton chagrin, voilà justement ce qui me tourmente; je ne suis pas votre gendre encore, et, vous l'avouerai-je? je crains de ne le devenir jamais.

— Et qui peut vous faire supposer cela? N'avez-vous pas ma promesse? La parole de don Sylva de Torrès, monsieur le comte de Lhorailles, est une garantie que nul n'a jamais osé mettre en doute.

— Aussi n'ai-je aucunement cette pensée; ce n'est pas de vous que j'ai peur.

— Et de qui donc?

— De dona Anita.

— De ma fille?

— Oui.

— Oh ! oh! mon ami, vous allez vous expliquer, n'est-ce pas, car je vous avoue que je ne vous comprends pas du tout, s'écria don Sylva, qui se leva promptement et se mit à arpenter la salle avec agitation.

— Mon Dieu! mon ami, je suis désespéré d'avoir soulevé cet incident. J'aime dona Anita; l'amour, vous le savez, est ombrageux: bien que toujours ma fiancée ait été aimable, bonne et gracieuse pour moi, cependant, vous l'avouerai-je, je crois qu'elle ne m'aime pas.

— Vous êtes fou, don Gaëtano; les jeunes filles ne savent ni ce qu'elles aiment, ni ce qu'elles n'aiment pas. Ne vous embarrassez pas de ces enfantillages; je vous ai promis qu'elle serait votre femme, et cela sera.

— Cependant, si elle en aimait un autre, je ne voudrais pas...

— Quoi! allons donc, cela n'a pas le sens commun. Anita n'aime personne autre que vous, j'en suis sûr; et tenez, voulez-vous être rassuré tout d'un coup? vous partez ce soir même, m'avez-vous dit, pour Guetzalli?

— Ce soir même, oui.

— Fort bien; faites préparer des appartemens pour ma fille et pour moi; dans quelques jours nous vous rejoindrons dans votre hacienda.

— Il serait possible ! s'écria le comte avec joie.

— Demain, au point du jour, nous partirons; ainsi hâtez-vous.

— Oh ! mille fois merci.

— Bien, vous voilà rassuré maintenant?

— Je suis le plus heureux des mortels.

— Tant mieux.

Les deux hommes échangèrent encore quelques mots et se séparèrent en se promettant de nouveau de bientôt se rejoindre.

Don Sylva, habitué à commander despotiquement dans son intérieur et à ne laisser jamais discuter ses volontés, fit dire à sa fille, par une camérière, qu'elle eût à se préparer à partir le jour suivant au lever du soleil, pour un assez long voyage, certain de son obéissance.

Cette nouvelle fut un coup de foudre pour la jeune fille.

Elle se laissa aller à demi évanouie sur un siége et fondit en larmes; il était évident pour elle que ce voyage n'était qu'un prétexte pour la séparer de celui qu'elle aimait, et la livrer sans défense au pouvoir de l'homme qu'elle abhorrait et dont on prétendait faire son époux.

La pauvre enfant demeura ainsi pendant de longues heures, affaissée sur elle-même, en proie à un violent désespoir, ne songeant pas à chercher un repos impossible, car dans l'état où elle se trouvait, elle savait que le sommeil ne parviendrait pas à clore ses paupières gonflées de larmes et rongées de fièvre.

Peu à peu les bruits de la ville s'étaient éteints les uns après les autres, tout dormait ou semblait dormir; la maison de don Sylva était plongée dans une obscurité complète; seule, une faible lueur brillait comme une étoile au travers des vitres de la fenêtre de la jeune fille, et montrait que là du moins on veillait.

En ce moment, deux ombres se dessinèrent timides et craintives sur le mur de la rue opposé à la maison de l'haciendero; deux hommes, enveloppés de longs manteaux, s'arrêtèrent et examinèrent la fenêtre faiblement éclairée, avec cette attention qui n'appartient qu'aux voleurs et aux amoureux.

Les deux hommes dont nous parlons appartenaient incontestablement à cette deuxième catégorie d'individus.

— Hum ! fit le premier d'une voix brève et contenue; ainsi, tu es certain de ce que tu avances, Cucharès?

— Comme de mon salut éternel, senor

don Martial, répondit le drôle sur le même ton; l'Anglais maudit est entré dans la maison pendant que je m'y trouvais; don Sylva paraissait être au mieux avec cet hérétique endiablé.

Nous ferons observer en passant que pour les Mexicains, il y a quelques années, et peut-être en est-il encore ainsi, tous les étrangers étaient anglais, n'importe à quelle nation ils appartinssent, et par conséquent hérétiques; ils se trouvaient ainsi tout naturellement faire partie, sans s'en douter, des hommes que ce n'est pas un crime de tuer, et dont, au contraire, l'assassinat était presque considéré comme une action méritoire.

Nous devons ajouter, à la louange des Mexicains, que, chaque fois que l'occasion s'en présentait, ils tuaient les Anglais avec une ardeur qui prouvait en faveur de leur piété bien entendue.

Don Martial reprit :

— Parole de Tigrero, déjà deux fois cet homme s'est trouvé sur ma route, et je l'ai épargné; mais qu'il prenne garde à une troisième rencontre !

— Oh ! fit Cucharès, le révérend fray Becchico dit qu'on gagne de belles indulgences en *coupant* un Anglais. Je n'ai pas encore eu la chance d'en rencontrer un, bien que je *doive* environ huit morts. J'ai bien envie de me donner celui-là; ce sera toujours autant de gagné.

— Garde-t-en bien, sur ta vie, picaro, cet homme m'appartient.

— Alors n'en parlons plus, répondit-il en étouffant un soupir, je vous le laisserai, je vous le laisserai. C'est égal, ça me chiffonne, bien que la nina paraisse le détester cordialement.

— As-tu la preuve de ce que tu avances?

— Quelle preuve meilleure que celle de la répulsion qu'elle montre dès qu'il paraît, et de la pâleur qui subitement, sans cause apparente, couvre alors son visage ?

— Oh ! je donnerais mille onces pour savoir à quoi m'en tenir.

— Qui vous en empêche ? Tout le monde dort, nul ne vous verra ; l'étage n'est pas haut : une quinzaine de pieds tout au plus. Je suis certain que dona Anita sera heureuse de causer avec vous.

— Oh ! si je le croyais ! murmura-t-il avec hésitation en jetant à la dérobée un regard sur la fenêtre toujours éclairée.

— Qui sait? elle vous attend peut-être !

— Tais-toi, misérable !

— Dame, écoutez donc, si ce que l'on dit est vrai, la pauvre enfant doit être dans un grand embarras, pour ne pas dire mieux, et elle a probablement grand besoin de secours.

— Que dit-on? voyons, parle, sois bref.

— Une chose bien simple : que dona Anita de Torrès épousera d'ici huit jours l'Anglais don Gaetano.

— Tu mens, drôle ! s'écria le Tigrero avec une colère mal contenue; je ne sais ce qui me retient de te renfoncer dans la gorge avec mon poignard les odieuses paroles que tu viens de prononcer.

— Vous auriez tort, reprit l'autre sans se déconcerter; je ne suis qu'un écho, qui répète ce qu'il entend dire, rien de plus. Vous seul dans tout Guaymas ignorez cette nouvelle. Après tout, il n'y a rien d'étonnant à cela, puisque vous n'êtes de retour que de ce soir dans la ville, après une absence de plus d'un mois.

— C'est juste; mais que faire ?

— Carac! suivre le conseil que je vous donne.

Le Tigrero jeta un long regard sur la fenêtre, et baissa la tête d'un air irrésolu.

— Que dira-t-elle en me voyant? murmura-t-il.

— Caramba ! fit le lepero d'un ton de sarcasme, elle dira : Soyez le bien-venu, alma mia. C'est clair, carac ! Don Martial, êtes-vous donc devenu un enfant timide qu'un regard de femme fasse trembler? L'occasion n'a que trois cheveux, en amour comme en guerre; il faut la saisir quand elle se présente, on risque sans cela de ne la retrouver jamais.

Le Mexicain s'approcha du lepero à le toucher, et plongeant son regard dans ses yeux de chat tigre :

— Cucharès, lui dit-il d'une voix basse et concentrée, je me fie à toi. Tu me connais; souvent je te suis venu en aide ; si tu trompais ma confiance, je te tuerais comme un coyote.

Le Tigrero prononça ces paroles avec un tel accent de sourde fureur, que le lepero, qui connaissait l'homme en face duquel il se trouvait, pâlit malgré lui et sentit un frisson de terreur agiter ses membres.

— Je vous suis dévoué, don Martial, répondit-il d'une voix qu'il chercha vainement à rassurer; quoi qu'il arrive, comptez sur moi : que faut-il faire ?

— Rien, attendre, veiller, et au moindre bruit suspect, à la première ombre ennemie qui paraîtra dans l'obscurité, m'avertir.

— Comptez sur moi, allez à vos affaires; je suis sourd et muet, et pendant votre absence je veillerai sur vous comme un fils sur son père.

— Bien ! fit le Tigrero.

Il se rapprocha de quelques pas, défit la reata enroulée à ses hanches et la prépara dans sa main droite, puis il leva les yeux, calcula la distance, et faisant tournoyer avec force la reata autour de sa tête, il la lança sur le balcon de dona Anita.

Le nœud coulant de la reata se prit dans un crampon de fer et demeura solidement fixé au balcon.

— Souviens-toi ! dit le Tigrero en se tournant vers Cucharès.

— Allez, répondit celui-ci en s'appuyant contre la muraille et croisant une jambe sur l'autre, je réponds de tout.

Le Mexicain se contenta, ou du moins parut se contenter de cette assurance ; il saisit la reata, et, prenant son élan en bondissant sur place comme une de ces panthères que, si souvent, il avait poursuivies dans les savanes, il s'enleva à la force des poignets, et, en quelques secondes, il atteignit le balcon.

Il l'enjamba et s'approcha de la fenêtre.

Dona Anita dormait, à demi couchée sur un fauteuil.

La pauvre enfant, pâle et défaite, les yeux gonflés de larmes, avait été vaincue par le sommeil, qui jamais ne perd ses droits sur les natures jeunes et vigoureuses. Sur ses joues marbrées les pleurs avaient tracé un long sillon humide encore. Martial regardait d'un œil attendri celle qu'il aimait, sans oser s'approcher. Surprise ainsi pendant son sommeil, la jeune fille lui apparaissait plus belle; une auréole de pureté et de candeur semblait planer au-dessus d'elle, veiller sur son repos et la faire sainte et inattaquable.

Après une longue et voluptueuse contemplation, le Tigrero se décida enfin à s'avancer.

La fenêtre, poussée seulement, car la jeune fille ne croyait pas sans doute s'endormir ainsi, s'ouvrit au moindre effort de don Martial; il fit un pas et se trouva dans la chambre.

A la vue de cette chambre de jeune fille si calme et si pure, un respect religieux s'emparera du Tigrero; il sentit son cœur battre à rompre sa poitrine, et tout chancelant, fou d'amour et de crainte, il alla tomber agenouillé auprès de celle qu'il aimait.

La jeune fille ouvrit les yeux.

— Oh ! s'écria-t-elle en apercevant don Martial, béni soit Dieu ! puisqu'il vous envoie à mon secours.

Le Tigrero la contemplait l'œil humide et la poitrine haletante.

Mais tout à coup la jeune fille se redressa, le souvenir lui revenait, avec lui cette pudeur craintive innée chez toutes les femmes.

— Sortez ! s'écria-t-elle en reculant jusqu'au fond de la chambre, sortez, caballero. Comment êtes-vous ici ? qui vous a conduit près de moi? Répondez, mais répondez donc !

Le Tigrero baissa humblement la tête.

— Dieu, fit il d'une voix inarticulée, Dieu seul m'a conduit auprès de vous, senorita, vous-même l'avez dit ! Oh ! pardonnez-moi d'avoir osé vous surprendre ainsi. J'ai commis une grande faute, je le sais, mais un malheur vous menace, je le sens, je le devine; vous êtes seule, sans appui, et je suis venu pour vous dire : Madame, je suis bien infime, bien indigne de vous servir, mais vous avez besoin d'un cœur ferme et dévoué, me voilà ! prenez mon sang, prenez ma vie, je serais si heureux de mourir pour vous ! Au nom de Dieu, senora, au nom de ce que vous aimez le plus au monde, ne repoussez pas ma prière; mon bras, mon cœur sont à vous, disposez-en.

Ces paroles avaient été prononcées d'une voix entrecoupée par le jeune homme, agenouillé au milieu de la chambre, les mains jointes et fixant sur dona Anita ses yeux dans lesquels il avait fait passer son âme tout entière.

La fille de l'haciendero laissa tomber son regard clair sur le jeune homme, et sans détourner la tête, continuant toujours à le fixer, elle se rapprocha de lui à petits pas, hésitant et frémissant malgré elle ; lorsqu'elle fut arrivée auprès de lui, elle demeura un instant indécise ; enfin, elle lui appuya ses deux mains blanches et mignonnes sur les épaules et approcha son doux visage si près du sien, que le Tigrero sentit sur son front la fraîcheur de son haleine embaumée, tandis que ses longues tresses noires et parfumées le caressaient doucement.

— Ainsi, lui dit-elle d'une voix harmonieuse, vous m'aimez, don Martial?

— Oh ! murmura le jeune homme, presque fou d'amour à ce contact délicieux.

La Mexicaine se pencha vers lui encore davantage, et effleurant de ses lèvres roses le front moite du Tigrero :

— Maintenant, lui dit-elle en bondissant en arrière par un mouvement ravissant de biche effarouchée, tandis que son visage s'empourprait sous l'effort qu'elle avait fait pour vaincre sa pudeur, maintenant défendez-moi, don Martial, car devant Dieu, qui nous voit et nous juge, je suis votre femme !

Le Tigrero se redressa sous la brûlure corrosive de ce baiser. Le front radieux, les yeux étincelans, il saisit le bras de la jeune fille, et l'attirant vers un angle de la chambre où se trouvait une statue de la Vierge devant laquelle brûlait de l'huile parfumée.

— A genoux ! senorita, dit-il d'une voix inspirée, et lui-même s'inclina.

La jeune fille lui obéit.

— Sainte mère des douleurs, reprit don Martial, *nuestra Senora de la Soledad*, divin secours des affligés, toi qui sondes les cœurs, tu vois la pureté de nos âmes, la sainteté de notre amour. Devant toi je prends pour épouse dona Anita de las Torrès. Je jure de la défendre et de la protéger envers et contre tous, dussé-je perdre la vie dans la lutte que j'entame aujourd'hui pour le bonheur de celle que j'aime et qui, à compter d'aujourd'hui, est bien réellement ma fiancée.

Après avoir, d'une voix ferme et brève, prononcé ce serment, le Tigrero se tourna vers la jeune fille.

— A vous, maintenant, senorita, lui dit-il.

La jeune fille joignit les mains avec ferveur, et levant ses yeux pleins de larmes vers la sainte image :

— Nuestra Senora de la Soledad, dit-elle d'une voix brisée par l'émotion, toi mon unique protectrice depuis le jour de ma naissance, tu sais si je te suis dévouée; je jure que tout ce que cet homme a dit est la vérité; je le prends pour époux devant toi, et jamais je n'en aurai d'autre.

Ils se relevèrent.

Dona Anita entraîna le Tigrero vers le balcon.

— Partez, lui dit-elle, la femme de don Martial ne doit pas être soupçonnée ; partez, mon époux, mon frère ; l'homme auquel on veut me livrer se nomme le comte de Lhorailles. Demain, au point du jour, nous nous mettons en route probablement pour le rejoindre.

— Et lui ?

— Il est parti cette nuit ?

— Où va-t-il ?

— Je l'ignore.

— Je le tuerai, moi.

— Au revoir, don Martial, au revoir.

— Au revoir, dona Anita, prenez courage, je veille sur vous.

Et après avoir imprimé un dernier et chaste baiser sur le front pur de la jeune fille, il enjamba le balcon, et se suspendant à la reata, il se laissa glisser dans la rue.

La fille de l'haciendero dénoua le nœud coulant, se pencha au dehors, et suivit des yeux le Tigrero autant de temps qu'elle put l'apercevoir ; puis elle referma la fenêtre.

— Hélas ! hélas ! murmura-t-elle, en étouffant un soupir, qu'ai-je fait !... Sainte Vierge, vous seule pouvez me rendre le courage qui m'abandonne !

Elle laissa tomber le rideau qui voilait la fenêtre, et se retourna pour aller s'agenouiller devant la Vierge ; mais soudain elle recula en poussant un cri de terreur.

A deux pas d'elle, don Sylva de Torrès se tenait, les sourcils froncés, le visage sévère.

— Dona Anita, ma fille, dit-il d'une voix lente et saccadée, j'ai tout vu, tout entendu ; épargnez-vous donc, je vous prie, une dénégation inutile.

— Mon père !... balbutia la pauvre enfant d'une voix brisée.

— Silence ! reprit-il, il est trois heures du matin. Nous partons au lever du soleil ; préparez-vous dans quinze jours à épouser don Gaetano de Lhorailles.

Et sans daigner ajouter un mot, il sortit à pas lents en refermant avec soin la porte derrière lui.

Dès quelle fut seule, la jeune fille pencha le corps en avant comme pour écouter, promena un œil hagard autour d'elle, fit quelques pas en chancelant, porta par un geste nerveux les mains à sa gorge contractée, poussa un cri déchirant et tomba à la renverse sur le parquet.

Elle était évanouie.

VII.

Il était environ huit heures du soir lorsque le comte de Lhorailles avait quitté la demeure de don Sylva de Torrès. La feria de Plata était alors dans toute sa splendeur : les rues de Guaymas étaient encombrées d'une foule joyeuse et bigarrée : les cris, les chants et les rires s'élevaient de tous les côtés; des monceaux d'or empilés sur les tables de monté jetaient leurs reflets jaunâtres et enivrans aux lueurs éclatantes des lumières qui brillaient à toutes les portes et à toutes les fenêtres; çà et là, des bouffées de *vihuelos* et de *jarabès* s'échappaient des pulquerias envahies par les buveurs. Le comte, coudoyé et coudoyant, traversait aussi vite que cela lui était possible les groupes épais qui à chaque instant lui barraient le passage; mais la conversation qu'il avait eue avec don Sylva l'avait mis de trop joyeuse humeur pour qu'il songeât à se fâcher des nombreuses bourrades qu'à chaque instant il recevait.

Enfin, après des difficultés sans nombre

et avoir employé le double et même le triple de temps qu'il eût mis dans toute autre circonstances, il atteignit, vers dix heures du soir, la maison où il logeait.

Il lui avait fallu près de deux heures pour faire environ six cents pas.

En arrivant au meson, le comte alla d'abord visiter dans le coral son cheval, auquel il donna lui-même deux bottes d'alfalfa; puis, après avoir recommandé qu'on l'éveillât à une heure du matin, si par hasard, ce qui n'était pas probable, il n'était pas debout, il se retira dans son *cuarto* afin de prendre quelques heures de repos.

Le comte avait l'intention de partir à une heure du matin afin d'éviter la chaleur du jour et de voyager plus tranquillement.

Et puis, après sa longue conversation avec don Sylva, le noble aventurier n'était pas fâché de se retrouver seul afin de récapituler dans son esprit tout ce qui lui était arrivé d'heureux pendant la soirée qui venait de s'écouler.

Depuis qu'il avait mis le pied en Amérique, le comte de Lhorailles jouait — pour nous servir d'un terme familier—d'un bonheur insolent : tout lui réussissait, tout arrivait au gré de ses désirs; en quelques mois le bilan de sa fortune se résumait ainsi : une colonie fondée sous les plus heureux auspices, et déjà en voie de progrès et d'amélioration; tout en conservant bien intacte sa nationalité, c'est à dire sa liberté d'action et une neutralité inviolable, il était au service du gouvernement mexicain, capitaine d'une compagnie franche de cent cinquante hommes dévoués, avec lesquels il pouvait presque, sinon faire, du moins tenter les entreprises les plus folles; en dernier lieu, il était sur le point d'épouser la fille d'un homme vingt fois millionnaire, autant qu'il lui avait été possible d'en juger, et, ce qui ne gâtait rien à l'affaire, sa fiancée était charmante.

Malheureusement ou heureusement, suivant le point de vue où il plaira au lecteur de se placer, pour juger notre héros, cet homme blasé par les excentricités énervantes de la vie parisienne ne sentait plus battre son cœur sous l'effort d'aucune émotion de joie, de douleur ou de crainte : tout était mort chez lui.

Il était bien l'homme qu'il fallait pour réussir dans le pays où le hasard l'avait jeté. Dans le grand duel de la vie qu'il avait commencé en Amérique, il avait un avantage immense sur ses adversaires, celui de ne se laisser jamais diriger par la passion, et par conséquent, grâce à son inaltérable sang-froid, de pouvoir déjouer les piéges incessamment tendus sous ses pas et dont il triomphait sans paraître s'en apercevoir.

Après ce que nous avons dit, nous n'avons pas besoin d'ajouter qu'il n'aimait pas la femme dont il recherchait la main; elle était jeune et belle, tant mieux; elle eût été vieille et laide, il l'eût acceptée de même. Que lui importait à lui? il ne recherchait qu'une chose dans ce mariage, une position brillante et enviée.

Bref, chez le comte de Lhorailles tout était calcul.

Nous nous sommes trompé en affirmant que le comte de Lhorailles n'avait pas de côté faible: il était ambitieux!

Cette passion, une des plus violentes de toutes celles dont Dieu a affligé le genre humain, était peut-être le seul point par lequel le comte tînt encore à la société.

L'ambition était chez lui portée à un tel point, depuis quelques mois surtout, elle avait pris de si immenses développemens, qu'il lui aurait tout sacrifié.

Maintenant, quel était le but de l'ambition de cet homme? quel avenir rêvait-il? C'est ce que probablement plus tard nous pourrons dans les plus grands détails expliquer au lecteur.

Le comte se coucha; c'est-à-dire qu'après s'être enveloppé avec soin dans son zarapé, il s'étendit sur le cadre à fond de cuir qui, dans tout le Mexique, remplace les lits, dont l'existence est complétement ignorée.

Aussitôt couché, il s'endormit avec cette conscience de l'aventurier dont chaque heure est prise d'avance, et qui, n'ayant que peu d'instans à se livrer au repos, se hâte d'en profiter et dort, comme disent les Espagnols, à *pierna suelta*, ce que nous pouvons traduire à peu près par dormir à poings fermés.

A une heure du matin, ainsi qu'il se l'était promis, le comte se réveilla, alluma le *cebo* qui lui servait de luminaire, remit un peu d'ordre dans sa toilette, visita avec soin ses pistolets et sa carabine, s'assura que son sabre sortait facilement du fourreau; puis ces divers préparatifs, indispensables à tout voyageur soucieux de sa sécurité, terminés, il ouvrit la porte du Cuarto et se dirigea vers le coral.

Son cheval mangeait à pleine bouche et terminait gaîment son alfalfa; le comte lui donna une mesure d'avoine qu'il lui vit broyer avec de petits hennissemens de plaisir; ensuite il lui mit la selle.

Au Mexique surtout, les cavaliers, quelle que soit la classe de la société à laquelle ils appartiennent, ne laissent jamais à d'autres qu'eux le soin de panser leur monture; car, dans ces contrées à demi sauvages encore, presque toujours le salut du cavalier dépend de la vigueur et de la vitesse de son cheval.

La porte du meson n'était que poussée, afin que les voyageurs pussent s'en aller quand bon leur semblerait, sans déranger personne ; le comte alluma son cigare, se mit en selle et prit au grand trot la route de Guaymas au Rancho.

Rien n'est aussi agréable qu'un voyage de nuit au Mexique. La terre, rafraîchie par la brise nocturne et arrosée par l'abondante rosée, exhale des senteurs âcres et parfumées dont les émanations bienfaisantes rendent au corps toute sa vigueur et à l'esprit sa lucidité.

La lune, sur le point de disparaître, déversait à profusion ses rayons obliques qui allongeaient démesurément l'ombre des arbres épars çà et là sur le chemin et les faisait, dans les ténèbres, ressembler à une légion de spectres décharnés.

Le ciel, d'un bleu sombre, était plaqué d'un nombre infini d'étoiles brillantes, au milieu desquelles scintillait l'éblouissante Croix du Sud, à laquelle les Indiens ont donné le nom de *Poron Chayké*. Le vent soufflait doucement au travers des branches dans lesquelles la hulotte bleue faisait entendre par intervalles les notes mélodieuses de son chant mélancolique, auquel se mêlait parfois, dans les profondeurs du désert, le rugissement grave du conguar, le miaulement saccadé de la panthère ou de l'once, et les abois rauques des coyotes en quête d'une proie.

Le comte, à son départ de Guaymas, avait pressé le pas de son cheval; mais, subjugué malgré lui par les attraits irrésistibles de cette délicieuse nuit d'automne, il ralentit insensiblement le pas de sa monture et s'abandonna au flot de pensées qui montaient incessamment à son cerveau et le plongeaient dans une douce rêverie.

Le descendant d'une vieille et hautaine race franque, seul dans ce désert, repassait dans son esprit les splendeurs de son nom éclipsées depuis si longtemps, et son cœur se gonflait de joie et d'orgueil en songeant qu'à lui était réservée peut-être la tâche de réhabiliter ceux dont il descendait, et de reconstituer pour toujours, cette fois, la fortune de sa famille, dont il avait été un si mauvais gardien.

Cette terre qu'il foulait aux pieds devait lui rendre au centuple ce qu'il avait perdu et dissipé follement ; le moment était arrivé où, libre enfin de toutes entraves, il allait réaliser ces plans d'avenir depuis si longtemps gravés dans sa tête.

Il marchait ainsi, voyageant dans le pays des chimères, et tellement absorbé par ses pensées, qu'il ne s'occupait plus de ce qui se passait autour de lui.

Les étoiles commençaient à pâlir dans le ciel et à s'éteindre les unes après les autres. L'aube traçait une ligne blanche qui prenait peu à peu des teintes rougeâtres dans les lointains obscurs de l'horizon; à l'approche du jour, l'air devenait plus frais; alors le comte, réveillé pour ainsi dire par l'impression glaciale produite sur lui par l'abondante rosée du désert, ramena en frissonnant les plis de son zarapé sur ses épaules, et repartit au galop en lançant un regard vers le ciel et en murmurant :

— Oh ! je réussirai quand même!

Orgueilleux défi auquel le ciel sembla vouloir immédiatement répondre.

Bien que le jour fût sur le point de se lever, et justement pour cela, la nuit, à cause de sa lutte avec le crépuscule, était devenue plus sombre, comme cela arrive toujours pendant les quelques minutes qui précèdent l'apparition du soleil.

Les premières maisons du Rancho de San José commençaient à dessiner dans la brume leurs blanches silhouettes perdues dans un flot de vapeurs, à peu de distance devant lui, lorsque le comte entendit ou crut entendre derrière lui résonner sur les cailloux du chemin le pas pressé de plusieurs chevaux.

En Amérique, la nuit, sur une route solitaire, la présence de l'homme annonce toujours ou presque toujours un danger.

Le comte s'arrêta et prêta l'oreille; le bruit se rapprochait rapidement.

Le Français était brave, dans maintes circonstances il l'avait prouvé; seulement il ne se souciait nullement d'être assassiné au coin d'un chemin, et de mourir misérablement dans une embuscade.

Il regarda autour de lui, afin de se rendre bien compte des chances de salut qui s'offraient à lui, au cas probable où les survenans seraient des ennemis.

La plaine était nue et plate, pas un arbre, pas un fossé, pas un accident de terrain derrière lequel il fût possible de se retrancher.

A deux cents pas en avant s'élevaient, ainsi que nous l'avons dit, les premières maisons du Rancho.

Le parti du comte fut pris en un instant. Il enfonça les éperons dans les flancs de son cheval et s'élança à toute bride dans la direction de San-José.

Il sembla au comte que les étrangers avaient imité son mouvement et pressé, eux aussi, l'allure de leurs chevaux.

Quelques minutes s'écoulèrent ainsi, pendant lesquelles le bruit devint de plus en plus distinct; il fut alors évident pour le Français que c'était à lui qu'on en voulait et que les étrangers, quels qu'ils fussent, le poursuivaient.

Il jeta un regard en arrière, et aperçut deux ombres encore éloignées qui tombaient rapidement sur lui, entraînées par une course effrénée.

Cependant le comte était parvenu au Rancho; rassuré par le voisinage des maisons, et ne se souciant pas de fuir un péril peut-être imaginaire, il fit une volte, se campa fièrement en travers de la rue, saisit un pistolet de chaque main et attendit.

Les étrangers accouraient toujours, sans ralentir la rapidité de leur marche; bientôt ils ne se trouvèrent plus qu'à vingt pas environ du comte.

— Qui vive ! s'écria-t-il d'une voix haute et ferme.

Les inconnus ne répondirent pas et parurent redoubler de vitesse.

— Qui vive ! reprit le comte, arrêtez ou je fais feu !

Il prononça ces mots d'un accent si déterminé, sa contenance était tellement intrépide, qu'après quelques secondes d'hésitation les inconnus s'arrêtèrent.

Ils étaient deux.

Le jour, qui commençait à poindre faiblement, permit au comte de les distinguer parfaitement; ils étaient revêtus du costume mexicain, mais chose étrange dans ce pays, où ordinairement, dans des circonstances semblables, les bandits se soucient fort peu de laisser voir leurs traits, les étrangers étaient masqués.

— Holà ! mes maîtres, cria le comte, que signifie cette poursuite obstinée?

— C'est que probablement nous avions intérêt à vous atteindre, répondit une voix sourde avec sarcasme.

— Est-ce donc à moi que vous en voulez?

— Oui, si vous êtes l'étranger qui se nomme le comte de Lhorailles.

— Je suis effectivement le comte de Lhorailles, dit-il sans hésiter.

— Bon! alors nous allons nous entendre.

— Je ne demande pas mieux, bien qu'à vos allures suspectes vous me paraissiez des bandits: si c'est à ma bourse que vous en voulez, prenez-la et retirez-vous, je suis pressé.

— Gardez votre bourse, caballero; c'est votre vie et non votre argent que nous prétendons vous prendre.

— Ah! ah! c'est un guet-apens suivi d'un assassinat, alors.

— Vous vous trompez, on vous propose un combat loyal.

— Hum! fit le comte, un combat loyal, deux contre un, est à mon avis un peu disproportionné, il me semble.

— Vous auriez raison s'il devait en être ainsi, répondit fièrement celui qui jusque-là s'était chargé de la parole, mais mon compagnon se contentera seulement d'assister au combat sans y prendre autrement part.

Le comte réfléchit.

— Pardieu! dit-il enfin, l'aventure est extraordinaire! Un duel au Mexique et avec un Mexicain!... voilà une chose qui jusqu'à présent ne s'est jamais vue!

— C'est vrai, caballero, mais il y a commencement à tout.

— Assez de plaisanteries; je ne demande pas mieux que de me battre, et j'espère vous prouver que je suis un homme résolu; mais avant que d'accepter votre proposition, je ne serais pas fâché de savoir pourquoi vous voulez m'obliger à me battre avec vous.

— A quoi bon?

— Comment à quoi bon? mais pour le savoir, corbleu! Vous comprenez que je ne puis perdre mon temps à prêter le collet à toutes les mauvaises têtes que je rencontrerai sur ma route et auxquelles il viendra la fantaisie de se couper la gorge avec moi.

— Qu'il vous suffise de savoir que je vous hais.

— Caramba! je me doute suffisamment de cela; mais puisque vous semblez tenir à ce que je ne voie pas votre visage, je désirerais moi pouvoir vous reconnaître un jour.

— Assez de paroles, reprit l'inconnu avec hauteur, le temps s'envole; nous n'avons que trop discuté déjà.

— Eh bien! mon maître, puisqu'il en est ainsi, préparez-vous; je vous avertis que, seul, je prétends vous charger tous deux: un Français n'est nullement embarrassé de tenir tête à deux bandits mexicains.

— Comme bon vous semblera.

— En avant!

— En avant!

Les trois cavaliers piquèrent leurs chevaux et se chargèrent; lorsqu'ils se rencontrèrent, ils échangèrent des coups de pistolets et mirent le sabre en main.

La lutte fut courte, mais acharnée; un des inconnus, blessé légèrement, fut emporté par son cheval, et disparut dans un tourbillon de poussière. Le comte, légèrement effleuré par une balle, sentait sa colère se changer en fureur, et redoublait d'efforts pour s'emparer de son ennemi, ou du moins pour le mettre hors de combat; mais il avait devant lui un rude adversaire, un homme d'une adresse surprenante et d'une force au moins égale à la sienne.

Cet homme, dont il voyait les yeux briller comme des charbons ardens à travers les trous de son masque, tournait autour de lui avec une rapidité extrême, faisant exécuter à son cheval les voltes les plus audacieuses, l'attaquant sans cesse de la pointe ou du tranchant du sabre, tout en se mettant d'un bond hors de la portée de ses coups.

Le comte s'épuisait vainement contre cet ennemi infatigable; ses mouvemens commençaient à perdre de leur élasticité, sa vue se troublait, la sueur perlait à ses tempes. Son adversaire silencieux augmentait encore la rapidité de ses attaques; l'issue du combat n'était plus douteuse, lorsque tout à coup le Français sentit un nœud coulant tomber sur ses épaules, et avant qu'il songeât seulement à s'en débarrasser, il fut brusquement enlevé de sa selle et si rudement renversé sur le sol, qu'il demeura presque évanoui et dans l'impossibilité de faire un mouvement.

Le deuxième inconnu, après une course folle de quelques minutes, avait enfin réussi à maîtriser son cheval; il était revenu en toute hâte sur le lieu du combat, sans que les deux hommes, acharnés l'un contre l'autre, s'aperçussent de sa présence; alors jugeant qu'il était temps de terminer la lutte, il avait pris sa reata et lacé le comte.

Dès qu'il vit son ennemi à terre, l'inconnu sauta à bas de son cheval et courut vers lui.

Son premier soin fut de délivrer le Français du nœud coulant qui l'étranglait, puis il chercha à lui faire reprendre ses esprits, ce qui ne fut pas long,

— Ah! fit le comte avec un sourire amer en se relevant et croisant les bras sur sa poitrine, voilà ce que vous appelez un combat loyal?

— Vous êtes seul cause de ce qui arrive, répondit impassiblement l'autre, puisque vous n'avez pas consenti à accepter mes propositions.

Le Français dédaigna de discuter. Il se contenta de hausser les épaules de dédain.

— Votre vie m'appartient, continua son adversaire.

— Oui, par un guet-apens; mais que m'importe! assassinez-moi et finissons-en.

— Je ne veux pas vous tuer.

— Que voulez-vous alors?

— Vous donner un avis.

— A moi?

— A vous.

Le comte ricana.

— Vous êtes fou, mon cher.

— Pas autant que vous le croyez. Ecoutez attentivement ce que j'ai à vous dire.

— Quand ce ne serait que dans l'espoir d'être promptement délivré de votre présence en consentant à ce que vous demandez, je le ferais.

— C'est bien, senor *conde* de Lhorailles. Votre arrivée en ce pays est cause du malheur de deux personnes.

— Allons donc, vous vous riez de moi.

— Je parle sérieusement. Don Sylva de las Torrès vous a promis la main de sa fille.

— Que vous importe?

— Répondez.

— Au fait, pourquoi le cacherais-je?

— Dona Anita ne vous aime pas.

— Qu'en savez-vous? demanda le comte avec un sourire railleur.

— Je le sais; je sais aussi qu'elle en aime un autre.

— Voyez-vous cela?

— Et que cet autre l'aime.

— Tant pis pour lui, car je ne la lui céderai pas, je vous le jure.

— Vous vous trompez, senor conde, vous la lui céderez, ou vous mourrez.

— Ni l'un ni l'autre! s'écria l'impétueux Français, parfaitement remis du choc brutal qu'il avait reçu. Je vous répète que j'épouserai dona Anita. Si elle ne m'aime pas, ce dont je doute, eh bien! c'est un malheur; j'espère que, plus tard, elle changera d'opinion à mon égard; ce mariage me convient et nul ne parviendra à le rompre.

L'inconnu l'avait écouté en proie à une émotion violente; ses yeux lançaient des éclairs et il frappait du pied avec fureur; cependant il fit un effort pour dominer le sentiment qui l'agitait et répondit d'une voix lente et ferme:

— Prenez garde à ce que vous ferez, caballero; j'ai juré de vous avertir, et je vous avertis loyalement, bravement! Dieu veuille que mes paroles trouvent de l'écho dans votre cœur, et que vous suiviez le conseil que je vous donne!.. La première fois que le hasard nous replacera en présence, un de nous deux mourra.

— Je prendrai mes précautions, soyez tranquille; seulement vous avez tort de ne pas profiter, pour me tuer, de l'occasion qui se présente aujourd'hui, car vous ne la retrouverez plus.

Les deux étrangers s'étaient remis en selle.

—Comte de Lhorailles, dit encore l'inconnu en se penchant vers le Français pour la dernière fois, prenez garde, j'ai sur vous un grand avantage : je vous connais, et vous vous ne me connaissez pas ; il me sera toujours facile, quand je le voudrai, de vous atteindre! Nous sommes fils d'Indiens et d'Espagnols; nous autres, nous avons la haine vivace, prenez garde!

Après avoir fait au comte un salut ironique, il éclata d'un rire moqueur, éperonna son cheval et partit avec une rapidité vertigineuse, suivi par son silencieux compagnon.

Le comte les regarda s'éloigner d'un air pensif; lorsqu'ils eurent disparu dans l'ombre, il hocha la tête à plusieurs reprises, comme pour secouer les pensées sinistres qui l'assaillaient malgré lui, puis il ramassa son sabre et ses pistolets abandonnés sur le sol, prit la bride de son cheval et s'avança à pas lents vers la pulqueria, auprès de laquelle la lutte avait eu lieu.

La lumière qui filtrait entre les planches mal jointes de la porte, les chants et les rires qui retentissaient à l'intérieur, lui faisaient supposer qu'il trouverait dans cette maison un abri provisoire.

— Hum! murmura-t-il à mi-voix tout en marchant, ce bandit a raison, il me connaît, et moi il m'est impossible de le retrouver. Vive Dieu! me voilà une belle et bonne haine sur les bras! Bah! ajouta-t-il, qu'importe! j'étais trop heureux, il me manquait un ennemi! Sur mon âme! on aura beau faire, et quand même l'enfer se liguerait contre moi, je jure que rien ne pourra me faire renoncer à la main de dona Anita.

En ce moment il se trouva devant la pulqueria, à la porte de laquelle il frappa.

Fort peu patient de sa nature et aigri encore par l'accident qui lui était arrivé et la lutte terrible qu'il avait soutenue, le comte allait mettre à exécution sa menace de jeter bas la porte, lorsqu'elle s'ouvrit enfin.

— *Valga me Dios*! s'écria-t-il avec colère, est-ce donc ainsi que vous laissez assassiner les gens devant vos maisons, sans leur venir en aide?

— Oh! oh! s'écria le pulquero d'un ton animé, y a-t-il donc quelqu'un de mort?

— Non, grâce à Dieu, reprit le comte, mais peu s'en est fallu que je ne fusse tué.

— Oh! fit le pulquero nonchalamment, si l'on se dérangeait pour tous ceux qui crient à l'aide la nuit, on aurait fort à faire, et puis c'est fort dangereux à cause de la police.

Le comte haussa les épaules et entra en tirant son cheval après lui; la porte fut refermée immédiatement.

M. de Lhorailles ignorait qu'au Mexique celui qui reconnaît un cadavre, ou se porte partie civile contre l'assassin, est obligé de faire tous les frais d'une justice énormément coûteuse d'abord, et qui ensuite n'aboutit jamais à donner satisfaction à la victime.

Dans toutes les provinces mexicaines, on est tellement convaincu de la vérité de ce que nous avançons, que dès qu'un assassinat est commis chacun se sauve, sans songer à porter secours à la victime ; ce qui, le cas de mort échéant, occasionnerait de grands désagréments à l'individu charitable qui se serait arrêté pour la soulager.

En Sonora, on fait mieux encore : aussitôt qu'une rixe éclate et qu'un homme tombe, on ferme toutes les portes.

VIII.

Ainsi que don Sylva de Torrès l'avait annoncé à sa fille, au point du jour tout était prêt pour le départ.

Au Mexique et surtout dans la Sonora, où presque partout les routes ne brillent le plus souvent que par leur absence, la manière de voyager diffère entièrement de celle qui est adoptée en Europe.

Là, pas de voitures publiques, pas de relais de poste ; le seul moyen de transport connu et pratiqué est le cheval.

Un voyage de quelques jours seulement entraîne des soins et des tracas interminables ; il faut tout emporter avec soi, parce que l'on est certain de ne rien trouver sur sa route; lits, tentes, vivres, jusqu'à l'eau, l'eau surtout, tout doit être transporté à dos de mules. Sans ces précautions indispensables, on courrait le risque de mourir de faim ou de soif et de coucher à la belle étoile.

Il faut encore se munir d'une escorte considérable et surtout bien armée, afin de repousser les attaques des bêtes fauves, des indiens et surtout des voleurs, dont, grâce à l'anarchie dans laquelle est plongé ce malheureux pays, toutes les routes du Mexique pullulent.

Ainsi, d'après ce qu'on vient de lire, il est

facile de comprendre le vif désir qu'avait don Sylva de quitter Guaymas le plus tôt possible, puisque, ainsi que nous l'avons dit, au point du jour tout était prêt pour le départ.

La cour de la maison ressemblait à une hôtellerie; quinze mules chargées de ballots attendaient, pendant qu'on s'occupait à préparer le palanquin dans lequel dona Anita devait faire la route.

Une quarantaine de chevaux, sellés, bridés, le mousqueton pendu au trousquin, les pistolets aux arçons, étaient attachés à des anneaux scellés dans le mur, et un peon tenait en main un superbe coureur magnifiquement harnaché, destiné à don Sylva, et qui piaffait en rongeant son frein d'argent qu'il couvrait d'écume.

C'était un tohu-bohu et un vacarme assourdissant de cris, de rires et de hennissemens.

Dans la rue, une foule de gens, au milieu desquels se trouvaient confondus Cucharès et don Martial, de retour déjà de leur expédition au Rancho, regardaient avec curiosité ce départ auquel ils ne pouvaient rien comprendre, à une époque aussi avancée de l'année, si peu propice au séjour de la campagne, et faisant des commentaires à perte de vue sur ce voyage qui leur semblait extraordinaire.

Parmi tous ces individus réunis par le hasard ou la curiosité, se trouvait un homme, un Indien évidemment, qui, appuyé nonchalamment en apparence contre un pan de mur, ne perdait pas de vue la porte de la maison de don Sylva, et suivait avec un intérêt évident tous les mouvemens des nombreux serviteurs de l'haciendero.

Cet homme, jeune encore, paraissait être un Indien hiaqui, bien qu'un observateur, après lui avoir fait subir un sérieux examen, eût assuré le contraire : il y avait dans le front large de cet homme, dans son œil dont il cherchait vainement à tempérer l'éclat, dans sa bouche hautaine et surtout dans l'élégance native de ses membres vigoureux qui semblaient taillés sur le modèle de l'Hercule grec, quelque chose de fier, de résolu et d'indépendant qui dénotait plutôt l'orgueilleux Comanche et le féroce Apache que le stupide Hiaqui; mais, dans cette foule, nul ne songeait à s'occuper de cet Indien, qui, de son côté, se gardait bien d'attirer l'attention et se faisait, au contraire, le plus petit possible.

Les Hiaquis sont accoutumés à venir à Guaymas se louer comme ouvriers ou hommes de peine; aussi la présence d'un Indien n'a-t-elle rien qui soit extraordinaire et n'est-elle pas remarquée.

Enfin, à huit heures du matin à peu près, don Sylva de Torrès donnant la main à sa fille vêtue d'un délicieux costume de voyage, parut sous le péristyle de sa maison.

Dona Anita était pâle comme un linceul; ses traits tirés, ses yeux rougis témoignaient des souffrances de la nuit et de la contrainte qu'elle était en ce moment même obligée de s'imposer pour ne pas fondre en larmes aux yeux de tous.

A sa vue, don Martial et Cucharès échangèrent un rapide regard, tandis que l'Indien dont nous avons parlé plus haut laissait errer sur ses lèvres un sourire d'une expression indéfinissable.

A l'arrivée de l'haciendero, le silence se rétablit comme par enchantement; les *arrieros* coururent se placer à la tête de leurs mules; les domestiques, armés jusqu'aux dents, se mirent en selle, et don Sylva, après s'être d'un coup d'œil assuré que tout était prêt et que ses ordres avaient été ponctuellement exécutés, fit entrer sa fille dans le palanquin, où elle se pelotonna immédiatement comme un bengali dans un nid de feuilles de roses.

Sur un signe de l'haciendero, les mules, attachées à la queue les unes des autres, commencèrent à sortir de la maison derrière la *nana*, dont elles suivaient le grelot, et escortées par les péons.

Avant que de monter à cheval don Sylva, se tourna vers un vieux domestique qui, son chapeau de paille à la main, se tenait respectueusement près de lui.

—Adieu, no Pelucho, lui dit-il; je vous confie la maison, faites bonne garde, et ayez soin de tout ce qui s'y trouve. Du reste, je vous laisse Pedrito et Florentio, qui vous aideront, et auxquels vous donnerez les ordres nécessaires pour que tout aille bien en mon absence.

— Vous pouvez être tranquille, mi amo, répondit le vieillard en saluant son maître; grâce à Dieu ce n'est pas la première fois que vous me laissez seul ici, et je crois toujours m'être bien acquitté de mes devoirs.

— Vous êtes un bon serviteur, no Pelucho, répondit don Sylva en souriant, je n'ai que des complimens à vous faire, aussi je pars on ne peut plus tranquille.

— Que Dieu vous bénisse! mi amo, ainsi que la Nina, reprit le vieil homme en se signant.

— Au revoir, no Pelucho, dit alors la jeune fille en se penchant hors du palanquin, je sais que vous êtes soigneux de tout ce qui m'appartient.

Le vieillard s'inclina avec un mouvement de joie.

Don Sylva donna l'ordre du départ, et toute la caravane s'ébranla dans la direction du Rancho de San José.

Il faisait une de ces magnifiques matinées comme l'on n'en trouve que dans ces régions bénies; l'orage de la nuit avait entièrement balayé le ciel, qui était d'un bleu mat; le soleil, déjà assez haut sur l'horizon, répandait à profusion ses chauds rayons tamisés par les vapeurs odoriférantes qui s'exhalaient du sol; l'atmosphère, imprégnée de senteurs âcres et pénétrantes, était d'une transparence inouïe, un léger souffle de vent rafraîchissait l'air par intervalles; des troupes d'oiseaux, brillant de mille couleurs, volaient dans toutes les directions,et les mules suivant le grelot de la *Regna Madrina* (la jument marraine), trottaient excitées par les chants des arrieros.

La caravane marchait ainsi gaiement au milieu des sables de la plaine, soulevant autour d'elle des flots de poussière, et formant un long serpent aux mille ondulations dans les détours sans fin de la route. Une avant-garde de dix domestiques explorait les environs, surveillant les buissons et les dunes mouvantes. Don Sylva fumait un cigare en causant avec sa fille, et une arrière-garde composée de vingt hommes résolus fermait la marche, et assurait la sécurité du convoi.

Nous le répétons, dans ces pays où la police est nulle, et par conséquent la surveillance impossible, un voyage de quatre lieues, — car le Rancho de San-José n'était qu'à cette distance de Guyamas — est une chose aussi sérieuse, et exige autant de précautions que chez nous un voyage de cent lieues, les ennemis que l'on peut rencontrer,et avec lesquels on est exposé à chaque instant à avoir maille à partir, voleurs indiens ou bêtes fauves, étant trop nombreux, trop déterminés et trop avides de pillage et de meurtre, pour que l'on puisse, de gaîté de cœur, se résoudre à confier sa vie seulement à la vitesse de son cheval.

L'on était déjà loin de Guaymas, dont les blanches maisons avaient depuis longtemps disparu derrière les plis sans nombre du terrain, lorsque le *capataz* quittant la tête de la caravane où il était resté jusqu'à ce moment, tourna bride et vint au galop auprès du palanquin, où se trouvait toujours don Sylva de Torres.

— Eh bien! Blas, dit celui-ci, qu'avons-nous de nouveau? est-ce que tu as aperçu quelque chose d'inquiétant devons nous?

— Rien, seigneurie, répondit le capataz; tout va bien, et dans une heure au plus tard nous serons au Rancho.

— D'où provient alors la hâte que tu as mise à te rendre auprès de moi?

— Oh! mon Dieu, seigneurie, pas grand' chose, une idée qui m'est passée par la tête, quelque chose que je veux vous faire voir.

— Ah! ah! fit don Sylva, quoi donc, mon garçon?

— Regardez, Seigneurie, reprit le capataz en étendant le bras dans la direction du sud-ouest.

— Eh! qu'est-ce que cela signifie? Voilà un feu, si je ne me trompe.

— C'est un feu, en effet, Seigneurie; regardez par ici. Et il montra l'est-sud-ouest.

— En voilà un autre. Qui diable a allumé ces feux sur ces pointes escarpées, et dans quelle intention peut-on l'avoir fait?

— Oh! c'est bien facile à comprendre, allez, Seigneurie.

— Tu trouves, mon garçon? Eh bien! alors, tu vas me l'expliquer, n'est-ce pas?

— Je ne demande pas mieux. Tenez, dit-il en désignant le point où se trouvait allumé le premier feu, cette colline est le Cerro del Gigante.

— En effet.

— Et celle ci, continua le capataz en désignant le second feu, est le cerro de San Xavier.

— Je crois que oui.

— Moi, j'en suis sûr.

— Eh bien?

— Eh bien! comme il est prouvé qu'un feu ne peut pas s'allumer tout seul, et que par une chaleur de quarante degrés l'on ne s'amuse pas à allumer un brasier sur une montagne...

— Tu conclus de cela?

— Je conclus que ces feux ont été allumés par des voleurs ou des Indiens qui ont eu vent de notre départ.

— Tiens! tiens! tiens! c'est plein de logique, ce que tu dis-là, mon ami; continue ton explication, elle m'intéresse au dernier point.

Le capataz ou majordome de don Sylva était un grand gaillard d'une quarantaine d'années, taillé en hercule, et dévoué corps et âme à son maître, qui avait en lui la plus grande confiance. Aux paroles bienveillantes de l'haciendero, le digne homme s'inclina avec un sourire de satisfaction.

— Oh! maintenant, fit-il, je n'ai pas grand'chose à dire, sinon que par ce signal les ladrones quelconques qui nous serveillent savent que don Sylva de Torrès et sa fille ont quitté Guaymas, pour se rendre au Rancho de San-José.

— Ma foi, tu as raison, j'avais oublié tous ces détails-là, moi; je ne songeais plus aux oiseaux de proie de toute sorte qui nous guettent au passage. Eh bien! au bout du compte, qu'est-ce que cela nous fait que des bandits se mettent à nos trousses? nous ne nous cachons pas, notre départ a eu lieu devant assez de personnes pour que nul ne l'ignore; nous sommes assez nombreux pour ne redouter aucune insulte; mais si quelques-uns de ces picaros osent nous attaquer, cascaros! ils trouveront à qui parler, j'en suis convaincu. Poussons donc en avant sans soucis, Blas, mon garçon, il ne peut rien nous arriver de désagréable.

Le capataz salua son maître et fut au galop se replacer à la tête de la caravane.

Une heure plus tard, sans autre accident, la caravane atteignit le Rancho.

Don Sylva se tenait à la portière droite du palanquin, parlant à sa fille, qui ne lui répondait que par monosyllabes, malgré les efforts continuels qu'elle faisait pour cacher sa tristesse aux yeux clairvoyans de son père, lorsque l'haciendero s'entendit appeler à plusieurs reprises : il détourna vivement la tête et poussa une exclamation de surprise en reconnaissant le comte de Lhorailles dans l'homme qui l'interpellait ainsi.

— Comment! senor conde, vous ici! s'écria-t-il; par quel singulier hasard vous rencontrai-je si près du port, vous qui deviez avoir pris cette nuit une si grande avance sur moi?

En apercevant le comte, la jeune fille s'était sentie rougir, et s'était vivement rejetée en arrière en laissant retomber les rideaux du palanquin.

— Oh! répondit le comte en s'inclinant avec courtoisie, depuis hier au soir il m'est arrivé certaines choses que je vous raconterai, don Sylva; choses qui vous surprendront, j'en suis convaincu; mais à présent ce n'est pas le moment d'entamer une telle histoire.

— Comme vous le jugerez convenable, mon ami. Ah! ça, que faites-vous, partez-vous? restez-vous?

— Je pars! je pars! En m'arrêtant ici, mon but était seulement de vous attendre; si vous y consentiez, nous voyagerions ensemble : au lieu de vous précéder à Guetzalli, nous y arriverions de compagnie, voilà tout.

— Je ne demande pas mieux. En route, ajouta-t-il en faisant un signe au capataz.

Celui-ci, voyant son maître en conversation avec le comte, avait fait halte. La caravane repartit

Le Rancho de San-José fut bientôt traversé; ce fut alors seulement que le voyage commença réellement.

Ce désert s'étendait devant les voyageurs, s'allongeant en plaines sablonneuses sans fin, où, sur le sol jaunâtre, une longue ligne tortueuse formée par les os blanchis des mules et des chevaux qui ont succombé, montre la route qu'il faut suivre pour ne pas s'égarer.

A deux cents pas environ en avant de la caravane, un homme trottait nonchalamment accroupi sur un âne étique, se dandinant à droite et à gauche à moitié endormi par les rayons incandescens du soleil qui tombaient verticalement sur sa tête nue.

— Eh! fit don Sylva en apercevant cet homme, Blaz, appelez l'Indien qui marche là-bas, ces diables de Peaux-Rouges connaissent à fond le désert, celui-là nous servira de guide; de cette façon, nous ne craindrons plus de nous égarer, car si nous nous trompons, nous sommes certains qu'il nous remettra dans la bonne route.

— Vous avez raison, observa le comte; dans ces sables maudits, on n'est jamais sûr de sa direction.

— Allez là-bas, reprit don Sylva.

Le capataz mit son cheval au galop. Arrivé à une courte distance du voyageur solitaire, il forma une espèce de porte-voix avec ses mains.

— Holà, Josè! s'écria-t-il.

Au Mexique, tous les Indiens *martos* ou civilisés se nomment Josè et répondent à cette appellation devenue pour eux générique. L'Indien ainsi hélé se retourna.

— Que voulez-vous? dit-il d'un air nonchalant.

Cet homme était celui que nous avons vu à Guaymas surveiller si attentivement les préparatifs du départ de l'haciendero.

Etait-ce le hasard qui l'amenait en cet endroit? C'est ce que nul n'aurait pu dire.

Blaz Vasquez était ce qu'on appelle au Mexique *hombre de a caballo* rompu depuis longtemps aux ruses indiennes comme à la chasse des bêtes fauves. Il jeta sur le voyageur un regard profondément inquisiteur, que celui-ci supporta avec une aisance parfaite. La tête craintivement baissée, les mains appuyées sur le cou de l'âne, ses jambes nues pendantes à droite et à gauche, il offrait le type complet de l'Indien mauso et presque abruti par la fréquentation vicieuse des blancs.

Le capataz secoua la tête d'un air mécontent ; son examen était loin de le satisfaire ; cependant, après une minute d'hésitation, il reprit l'interrogatoire :

— Que fais-tu seul sur cette route, José ? lui demanda-t-il.

— Je viens del Puerto, où je m'étais loué en qualité d'ouvrier charpentier ; j'y suis resté un mois, et comme j'ai réuni la petite somme que je désirais posséder, je suis parti hier pour retourner dans mon village.

Tout cela était on ne peut plus vraisemblable ; la plupart des Indiens hiaquis agissent ainsi ; et puis dans quel intérêt cet homme l'aurait-il trompé ? il était seul, sans armes ; la caravane, au contraire, était nombreuse et composée d'hommes dévoués ; nul danger n'était donc à redouter.

— Et as tu gagné beaucoup d'argent ? reprit le capataz.

— Oui, fit l'Indien d'un air de triomphe, cinq piastres et puis trois autres encore.

— Oh ! oh ! José, te voilà riche.

Le hiaqui sourit d'un air équivoque.

— Oui, dit-il, le Tiburon a de l'argent.

— Tu te nommes le Tiburon ? reprit le capataz avec défiance, c'est un vilain nom.

— Pourquoi cela ? les visages pâles ont donné ce nom à leur fils rouge, il le trouve beau puisqu'il leur vient d'eux et il le garde.

— Ton village est-il loin d'ici ?

— Si j'avais un bon cheval j'y arriverais dans trois jours ; le village de ma tribu est entre le Gila et Guetzalli.

— Est-ce que tu connais Guetzalli ?

L'Indien haussa les épaules avec dédain.

— Les Peaux-Rouges connaissent tous les territoires de chasse du Gila, dit-il.

En ce moment la caravane rejoignit les deux interlocuteurs.

— Eh bien ! Blaz, demanda don Sylva. Qui est cet homme ?

— Un Indien hiaqui ; après avoir gagné une petite somme au Puerto, il retourne à son village.

— Peut-il nous être utile ?

— Je le crois. Sa tribu, dit-il, est campée entre le Gila et la colonie de Guetzalli.

— Ah ! ah ! fit le comte en s'approchant. Appartiendrait-il à la tribu du Cheval blanc ?

— Oui, dit l'Indien.

— Oh ! alors je réponds de cet homme, fit vivement le comte, ces Indiens sont très doux ce sont de pauvres diables fort misérables, ils meurent à peu près de faim et souvent je les emploie dans l'hacienda.

— Ecoute, reprit don Sylva en frappant amicalement sur l'épaule du Peau-Rouge, nous nous rendons à Guetzalli.

— Bien.

— Il nous faut un guide fidèle et dévoué.

— Le Tiburon est pauvre, il n'a qu'un âne bien faible pour qu'il puisse marcher aussi vite que ses frères pâles.

— Que cela ne t'embarrasse pas, ajouta l'haciendero ; je vais te donner un cheval comme jamais tu n'en as monté, et si tu nous sers honnêtement, en arrivant à l'hacienda, j'ajouterai dix piastres à celles que tu possèdes déjà. Cela te convient-il ?

L'œil de l'Indien étincela de convoitise à cette proposition.

— Où est le cheval ? demanda-t-il.

— Le voilà, répondit le capataz en désignant un superbe coureur amené par un péon.

Le Peau-Rouge lui jeta un regard de connaisseur.

— Ainsi, tu acceptes ? dit l'haciendero.

— J'accepte, répondit-il.

— Alors descends de ton âne, et partons.

— Je ne puis pas abandonner mon âne ; c'est une bonne bête, qui m'a rendu des services.

— Que cela ne t'inquiète pas, il viendra avec les mules de charge.

L'Indien fit un geste d'assentiment et ne répliqua rien ; en quelques secondes il se fut accommodé sur le cheval, et la caravane se remit en marche.

Seul, le capataz ne semblait pas avoir grande confiance dans le guide si singulièrement rencontré.

— Je le surveillerai, dit-il à mi-voix.

La marche continua ainsi toute la journée sans nouvel incident ; le lendemain on atteignit le rio Gila.

Les rives du rio Gila contrastent par leur fertilité avec l'aridité désolée des plaines qui les environnent ; le voyage de don Sylva, bien que repris au moment où le soleil, arrivé à son zénith, lance perpendiculairement ses rayons brûlans, ne fut plus qu'une agréable promenade de quelques lieues sous les ombrages épais de bois touffus qui croissent à l'aventure avec une force de sève inconnue à nos climats.

Il était à peu près trois heures lorsque les voyageurs aperçurent à cinquante pas devant eux la colonie de Guetzalli, fondée par le comte de Lhorailles, et qui, bien qu'elle ne comptât encore que quelques mois, avait pris déjà des développemens considérables.

Cette colonie se composait d'une hacienda, autour de laquelle étaient groupées les cabanes des travailleurs; nous la décrirons en quelques mots.

L'hacienda s'élevait sur une presqu'île de près de trois lieues de tour, couverte de bois et de pâturages, où paissaient en liberté plus de quatre mille têtes de bétail, qui le soir rentraient dans des parcs attenant à l'habitation, entourée par le fleuve qui lui formait une ceinture de fortifications naturelles; la langue de terre, large de huit mètres au plus, qui la rattache à la terre ferme, était bouchée par une batterie de cinq pièces de canon de gros calibre, entourée d'un vaste fossé rempli d'eau.

L'habitation, entourée de hautes murailles crénelées et bastionnées aux angles, était une espèce de forteresse capable de soutenir un siége en règle, grâce à huit pièces de canon qui, braquées aux quatre bastions, en défendaient les approches; elle se composait d'un vaste corps de logis élevé d'un étage avec les toits en terrasse, ayant dix fenêtres de façade et flanqué à droite et à gauche de deux bâtimens faisant retour en avant, dont l'un servait de magasin pour les grains, les herbes, et l'autre était destiné à l'habitation du capataz et des nombreux employés de l'hacienda.

Un large perron garni d'une double rampe en fer curieusement travaillée, et surmonté d'une *waranda*, donnait accès dans les appartemens du comte, meublés avec ce luxe simple et pittoresque qui distingue les fermes espagnoles de l'Amérique.

Entre l'habitation et le mur d'enceinte percé en face du perron et garni d'une porte de cèdre de cinq pouces d'épaisseur doublée de fortes lames de fer, s'étendait un vaste jardin anglais parfaitement dessiné, et tellement touffu et accidenté qu'à quatre pas de distance il était impossible de rien voir. L'espace laissé libre derrière la ferme était réservé pour les parcs ou corales dans lesquels chaque soir on enfermait les bestiaux, et à une espèce de large cour où chaque année, à une certaine époque, on avait l'habitude de faire la *matanza del gonado* (l'abattage du bétail).

Rien de pittoresque comme l'aspect de cette maison blanche dont le faîte apparaissait au loin, à moitié caché par les branches des arbres formant une rideau de feuillage qui reposait agréablement la vue.

Des fenêtres du premier étage, le regard planait sur la plaine d'un côté, et de l'autre sur le rio Gila, qui, tel qu'un large ruban d'argent, se déroulait en formant les plus capricieux détours, et allait se perdre à une distance infinie dans les lointains bleuâtres de l'horizon.

Depuis que les Apaches avaient failli surprendre l'hacienda, un *mirador* avait été construit sur le toit du principal corps de logis, et dans ce mirador se tenait jour et nuit une sentinelle chargée de surveiller les environs, et d'avertir, au moyen d'une corne de bœuf, de l'approche de tout étranger qui se dirigeait vers la colonie.

Du reste, un poste de six hommes gardait la batterie de l'isthme, dont les canons étaient prêts à tonner à la moindre alerte.

Aussi la caravane était-elle encore loin de l'hacienda, que déjà sa venue avait été signalée, et que le lieutenant du comte, vieux soldat d'Afrique, à cheval sur la discipline, et nommé Martin Leroux, se tenait derrière la batterie pour interroger les arrivans dès qu'ils seraient à portée de voix.

Don Sylva connaissait parfaitement la consigne établie dans l'hacienda, consigne commune du reste à tous les établissemens des blancs; car dans les postes des frontières, où l'on est exposé aux déprédations continuelles des Indiens, on est forcé de se tenir sans cesse sur ses gardes.

Mais une chose que ne pouvait pas comprendre le Mexicain, c'est que le lieutenant du comte, qui devait l'avoir parfaitement reconnu, ne lui eût pas ouvert immédiatement les portes.

Il en fit même l'observation.

— Il aurait eu tort, répondit le comte, la colonie de Guetzalli est une place de guerre; la consigne doit être la même pour tous; de son observation stricte et entière dépend le salut général. Martin m'a reconnu depuis longtemps déjà, j'en suis convaincu, mais il peut supposer que je suis prisonnier des Indiens, et qu'en me laissant libre en apparence, ils ont l'intention de surprendre la colonie. Soyez convaincu que mon brave lieutenant ne nous livrera passage qu'à bon escient et lorsqu'il sera certain que nos vêtemens européens ne recouvrent pas des peaux rouges.

— Oui, murmura don Sylva à part lui, tout cela est juste; les Européens prévoient tout: oh! ils sont nos maîtres!

La caravane ne se trouvait plus qu'à une vingtaine de pas de l'hacienda.

— Je crois, observa le comte, que si nous ne voulons pas recevoir une grêle de balles, nous ferons bien de nous arrêter.

— Comment! s'écria don Sylva avec étonnement, ils tireraient?

— Parfaitement.

Les deux hommes arrêtèrent leurs chevaux et attendirent qu'on les interrogeât.

— Qui vive! cria en français une voix forte, partant de derrière la batterie.

— Eh bien! qu'en pensez-vous maintenant? dit le comte à l'haciendero.

— C'est inouï, observa celui-ci.

— Amis! répondit le comte, « Lhorailles et Franchise. »

— Tout est bien. Ouvrez, commanda la voix, ce sont des amis, et Dieu veuille que nous en recevions souvent de pareils.

Les peones baissèrent le pont-levis, seul passage par lequel on pouvait s'introduire dans l'hacienda.

La caravane entra; le pont-levis fut immédiatement relevé derrière elle.

— Vous m'excuserez, capitaine, dit Martin le Roux en s'approchant respectueusement du comte; mais bien que je vous eusse parfaitement reconnu, nous vivons dans un pays où, à mon avis, on ne saurait user de trop de prudence.

— Vous avez fait votre devoir, lieutenant, je n'ai que des félicitations à vous adresser. Qu'avons-nous de nouveau?

— Pas grand'chose, une troupe de chasseurs, que j'ai envoyée dans la plaine, m'a dit avoir découvert un feu abandonné; je crois que les Indiens rôdent autour de nous.

— Nous veillerons.

— Oh! je fais bonne guette, surtout maintenant; nous approchons du mois que les Comanches appellent si audacieusement la lune du Mexique; je ne serais pas fâché, s'ils osent s'adresser à nous, de leur donner une leçon qui leur profite dans l'avenir.

— Je partage entièrement votre avis; redoublons de vigilance, et tout ira bien.

— Vous n'avez pas d'autres ordres à me donner?

— Non.

— Alors je me retire. Vous savez, capitaine, que vous vous reposez sur moi des détails intérieurs, je dois donc être un peu partout.

— Allez, lieutenant, que je ne vous retienne pas.

Le vieux soldat salua son chef et se retira en faisant de la main un signe amical au capataz, qui le suivit ainsi que les peones de don Sylva et les mules de charge.

Le comte conduisit ses hôtes dans le corps de logis destiné aux visiteurs et les installa dans un appartement confortablement meublé.

— Reposez-vous, don Sylva, dit-il à l'haciendero; vous et dona Anita, devez être fatigués du voyage; demain, si vous me le permettez, nous causerons de nos affaires.

— Quand vous le désirerez, mon ami.

Le comte salua ses hôtes et se retira. Depuis qu'il avait rencontré la jeune fille, il n'avait pas échangé une parole avec elle.

Dans la cour, M. de Lhorailles trouva l'Indien hiaqui fumant et se promenant nonchalamment comme un flâneur; il alla vers lui.

— Tiens, lui dit-il, voilà les dix piastres que l'on t'a promises.

— Merci, dit l'Indien en les prenant.

— Maintenant, que vas-tu faire?

— Me reposer jusqu'à demain; puis rejoindre les hommes de ma tribu.

— Tu es donc bien pressé de les voir?

— Moi? pas du tout.

— Reste ici alors.

— Pourquoi faire?

— Je te le dirai, peut-être d'ici à quelques jours aurai je besoin de toi.

— Serai-je payé?

— Grassement, cela te convient-il.

— Oui.

— Ainsi tu restes?

— Je reste.

Le comte s'éloigna sans remarquer l'étrange expression du regard que l'Indien jeta sur lui.

IX.

A environ trois portées de fusil de l'hacienda, dans un fourré de lentisques, de nopals et de mesquites mélangés de quelques cèdres-acajous, de cotonniers sauvages et d'arbres du Pérou, une heure avant le coucher du soleil, un cavalier mit pied à terre, entrava son cheval, magnifique mustang à l'œil étincelant et à la fière encolure; puis, après avoir jeté autour de lui un regard investigateur, satisfait probablement du silence profond et de la tranquillité qui régnaient à cet endroit, il fit ses dispositions pour camper.

Cet homme avait passé la moitié de la vie; c'était un guerrier indien de haute taille, revêtu du costume comanche dans toute sa pureté. Bien qu'il parût avoir soixante ans, il semblait doué d'une grande vigueur, et aucun signe de décrépitude ne se laissait voir sur ses membres musculeux et sur son visage aux traits intelligents; la plume d'aigle plantée au milieu de sa touffe de guerre le faisait reconnaître pour un chef.

Cet homme était la Tête-d'Aigle, le chef comanche avec lequel le lecteur a fait connaissance dans un précédent ouvrage (1).

(1) Voir les *Trappeurs de l'Arkansas*.

Après avoir placé son rifle auprès de lui, il ramassa du bois sec et alluma du feu; ensuite il jeta quelques mètres de tasajo sur les charbons avec plusieurs tortilla de maïs, et tous ces préparatifs d'un souper confortable terminés, il remplit son calumet, s'accroupit auprès du feu et se mit à fumer avec ce calme placide qui, dans aucune circonstance, n'abandonne les Indiens.

Deux heures s'écoulèrent ainsi paisiblement, sans que rien vint troubler le repos dont jouissait le chef.

La nuit avait succédé au jour, l'obscurité avait envahi le désert, et avec elle le silence de la solitude commençait à régner dans les mystérieuses profondeurs de la prairie.

L'Indien demeurait toujours immobile, se contentant parfois de tourner la tête vers son cheval, qui broyait gaîment les pois grimpans et les jeunes pousses des arbres.

Cependant la Tête-d'Aigle releva soudain la tête, pencha le corps en avant, et, sans se déranger autrement, il étendit la main vers son rifle tandis que le mustang finissait de manger, couchait les oreilles et hennissait avec force.

Pourtant la forêt semblait toujours aussi calme; il fallait toute la finesse d'ouïe de l'Indien pour avoir saisi dans le silence un froissement suspect.

Au bout d'un instant, les sourcils froncés du chef se détendirent; il reprit sa pose nonchalante, et portant l'index de chaque main à sa bouche, il imita avec une perfection rare, pendant deux ou trois minutes, les modulations harmonieuses du centzonlle, le rossignol mexicain; le cheval avait de son côté repris son repas interrompu.

A peine quelques minutes s'étaient-elles écoulées, que le cri de l'épervier d'eau s'éleva à deux reprises dans la direction de la rivière.

Bientôt un bruit de chevaux se fit entendre, mêlé à des craquemens de branches et des froissemens de feuillage, et deux cavaliers parurent.

Le chef ne se retourna pas pour savoir qui ils étaient: il les avait reconnus probablement et savait qu'eux seuls, ou du moins un des deux, devait le venir joindre.

Ces deux cavaliers étaient don Luis et Belhumeur.

Ils entravèrent leurs chevaux auprès de celui du chef, s'étendirent devant le feu, et, sur l'invitation muette de l'Indien, ils attaquèrent vigoureusement le souper préparé en leur faveur.

La veille, les deux hommes étaient partis du Rancho et avaient voyagé sans perdre un instant pour rejoindre le chef.

Le comte de Lhorailles leur avait offert, dans la pulqueria, de voyager avec eux; mais Belhumeur avait décliné cette offre. Ignorant pour quelle cause le chef indien lui avait donné rendez-vous, il ne se souciait pas de mêler un étranger dans les affaires de son ami.

Pourtant les trois hommes s'étaient séparés dans d'excellens termes, et le comte avait fortement engagé don Luis et le Canadien à lui faire visite à Guetzalli, offre à laquelle ils avaient répondu évasivement.

Singulier effet de la sympathie: l'effet produit par le comte sur les deux aventuriers lui avait été si défavorable, que ceux-ci, bien qu'en lui répondant avec la plus grande politesse, n'avaient pas jugé convenable de se faire connaître, et avaient usé de la plus grande retenue à son égard, poussant la prudence jusqu'à lui laisser ignorer leur nationalité, en continuant à causer avec lui en espagnol, bien qu'au premier mot qu'il avait prononcé, ils l'eussent reconnu pour Français.

Lorsqu'ils eurent terminé leur repas, Belhumeur bourra sa pipe et avança la main vers le brasier pour prendre un charbon.

— Attendez! dit vivement le chef.

Ce mot était le premier que prononçait l'Indien; jusqu'à ce moment les trois hommes n'avaient pas échangé une parole.

Belhumeur le regarda.

— Hein? fit-il; que se passe-t-il donc de nouveau?

— Je ne le sais pas encore, répondit le chef; j'ai entendu des froissemens suspects dans les fourrés, et à une grande distance de moi, sous le vent, plusieurs bisons qui paissaient tranquillement ont pris soudain la fuite, sans cause apparente.

— Hum! reprit le Canadien, ceci devient sérieux. Qu'en pensez vous, Louis?

— Dans les déserts, répondit lentement celui-ci, tout a une cause, rien n'arrive par hasard; je crois, sauf meilleur avis, que nous ferons bien de veiller. Et tenez, ajouta-t-il en levant la tête et désignant à ses amis plusieurs oiseaux qui passaient rapidement au-dessus d'eux, avez-vous souvent vu à cette heure une volée de condors planer dans l'air?

Le chef secoua la tête.

— Il y a quelque chose, murmura-t-il; les chiens apaches sont en chasse.

— C'est possible, fit Belhumeur.

— Avant tout, observa le Français, éteignons le feu ; sa lueur, si faible qu'elle soit, pourrait nous trahir.

Ses compagnons suivirent son conseil, et le feu fut éteint en un clin d'œil.

— Mon frère le visage pâle est prudent, dit avec courtoisie le chef; il connaît le désert; je suis heureux de le voir auprès de moi.

Don Luis remercia gracieusement le chef.

— Maintenant, continua Belhumeur, nous sommes à peu près invisibles; nul danger imminent ne nous menace. Tenons conseil.

— Le chef a le premier eu vent du péril, c'est à lui à nous mettre au fait de ce qu'il a observé.

L'Indien s'enveloppa dans sa pessada; les trois hommes se rapprochèrent de façon à parler à voix basse, et le conseil commença.

— Depuis ce matin, au lever du soleil, dit la Tête-d'Aigle, je marche dans la prairie; j'avais hâte d'atteindre le lieu du rendez-vous, et j'ai coupé en droite ligne afin d'arriver plus tôt. Tout le long de la route j'ai rencontré les traces évidentes du passage d'une troupe nombreuse; les pistes étaient larges, pleines, comme les fait un détachement de guerriers assez considérable pour ne pas craindre d'être aperçu; ces traces ont continué ainsi assez longtemps, puis tout à coup, brusquement, elles ont disparu, et il m'a été impossible de les retrouver.

— Diable! diable! murmura le Canadien, ceci est louche.

—Dans les premiers momens je ne m'étais que négligemment occupé de cette trace, mais plus tard l'inquiétude m'est venue, et voilà pourquoi je vous en ai parlé.

— Quelle raison vous a rendu inquiet?

— Je crois, et au besoin j'affirmerais que l'expédition dont j'ai découvert le passage se dirige contre la grande hutte des visages pâles de Guetzalli.

— Qui vous le fait supposer? demanda Louis.

— Ceci : à l'heure où l'alligator quitte la vase de la rive pour se replonger dans le Gila, un bruit de chevaux que j'entendis à une courte distance m'obligea, afin de ne pas être découvert, à me cacher dans un fourré de mangliers et de floripondios; lorsque je fus à l'abri d'une surprise, je regardai : une troupe de visages pâles passa à une portée de flèche de moi, se dirigeant vers Guetzalli.

— Je sais ce que c'est, fit Belhumeur; après?

— J'ai reconnu, malgré le soin avec lequel il avait cherché à se rendre méconnaissable, l'homme qui servait de guide à cette caravane; alors j'ai deviné le projet infernal formé par les chiens apaches.

— Et cet homme, quel est-il?

— Cet homme, mon frère le connaît : c'est Wah-sho-chegorah —l'Ours-Noir — le principal chef de la tribu du Corbeau blanc.

— Si vous ne vous êtes pas trompé, chef, il va se passer avant peu ici des choses horribles; l'Ours-Noir est l'ennemi implacable des blancs.

— Voilà pourquoi j'en ai parlé à mon frère. Après cela, que nous importe? dans le désert chacun a assez à faire de veiller sur soi-même, sans aller encore s'occuper des autres.

Le Canadien secoua la tête.

— Oui, ce que vous dites est vrai, répondit-il; nous devrions peut-être abandonner les habitans de l'hacienda à leur sort, et ne pas nous mêler de choses qui peuvent nous causer de grands ennuis.

— Avez-vous donc l'intention d'agir ainsi? demanda vivement le Français.

— Je ne dis pas cela positivement, reprit le Canadien, mais le cas est difficile; nous aurons affaire à de nombreux ennemis.

— Oui, mais ceux que l'on veut surprendre sont nos compatriotes.

— C'est vrai, voilà ce qui pour moi embrouille la question ; je ne me soucie pas de voir scalper ces malheureux. D'un autre côté, nous risquons, en nous jetant inconsidérément dans la bagarre, d'être nous-mêmes victimes de notre dévoûment.

— Pourquoi réfléchir ainsi?

— Pardieu! afin de peser le pour et le contre; il n'y a rien que je déteste comme de me lancer dans une entreprise dont je n'ai pas d'avance calculé toutes les conséquences; lorsque j'y suis, cela m'est égal.

Don Luis ne put s'empêcher de rire de ce singulier raisonnement.

— J'ai mon projet, reprit le Canadien au bout d'un instant. La nuit ne se passera pas sans que nous apprenions quelque chose de nouveau; rapprochons-nous du bord de la rivière; je me trompe fort, ou c'est là que bientôt nous obtiendrons les renseignemens dont nous avons besoin pour fixer nos indécisions et prendre un parti. Nos chevaux ne craignent rien ici, nous pouvons les laisser; d'ailleurs ils nous embarrasseraient.

Les trois hommes s'étendirent alors sur le sol et commencèrent à ramper silencieusement dans la direction indiquée par Belhumeur.

La nuit était magnifique, la lune brillante et l'atmosphère si transparente qu'en rase campagne on aurait distingué les objets à une grande distance.

Les trois aventuriers ne quittèrent pas le couvert, mais arrivés sur la lisière de la forêt ils se blottirent dans un fourré presque inextricable, et attendirent avec cette patience caractéristique des coureurs des bois.

Le silence qui planait sur le désert était si complet que les bruits les plus faibles étaient perceptibles; une feuille tombant dans l'eau, un caillou se détachant de la rive, le murmure lent et continu du fleuve coulant sur un lit de gravier, le froissement de l'aile du hibou voletant de branche en branche étaient les seules rumeurs saisissables.

Déjà, depuis plusieurs heures, les trois hommes étaient là, impassibles et veillant, l'œil et l'oreille au guet, le doigt sur la détente du rifle, de crainte de surprise, rien encore n'était venu corroborer les soupçons de la Tête-d'Aigle et les prévisions de Belhumeur, lorsque Louis sentit le bras du chef s'appuyer doucement sur son épaule en lui désignant la rivière; le Français se releva sur les genoux et regarda.

Un mouvement presque imperceptible agitait la surface du fleuve, comme si un alligator eût nagé entre deux eaux.

— Oh! oh! murmura Belhumeur, je crois que voilà ce que nous attendons.

Une masse noire apparut bientôt, flottant plutôt que nageant sur l'eau, et avançant par un mouvement imperceptible vers l'endroit où les chasseurs se tenaient en embuscade.

Au bout de quelques instans, cette masse, quelle qu'elle fût, s'arrêta, et le cri du chien des prairies se fit entendre à deux reprises.

Aussitôt le hurlement du coyote éclata avec force si près des trois hommes que, malgré eux, ils tressaillirent, et un homme se suspendant par les mains, se laissa tomber, d'un chêne-acajou, à trois pas à peine de l'endroit où ils se trouvaient.

Cet homme portait le costume mexicain.

— Venez, chef, dit-il à mi-voix, sans cependant s'aventurer sur la plage, venez; nous sommes seuls.

L'individu sortit de l'eau en rampant et rejoignit l'homme qui l'attendait.

— Mon frère parle trop haut, dit-il; dans le désert, on n'est jamais seul; les feuilles ont des yeux et les arbres des oreilles.

— Bah! ce que vous me dites là n'a pas le sens commun; qui diable voulez-vous qui nous espionne? A part vos guerriers qui sont probablement cachés aux environs, nul ne peut nous voir ni nous entendre.

L'Indien secoua la tête.

Maintenant qu'il était sur le sol, à quelques pas seulement des aventuriers, Belhumeur reconnut que la Tête-d'Aigle ne s'était pas trompé et que c'était bien réellement l'Ours-Noir.

Les deux hommes demeurèrent un instant silencieux en face l'un de l'autre.

Ce fut le Mexicain qui se décida à parler le premier.

— Vous avez bien manœuvré, chef, dit-il d'une voix insinuante; je ne sais pas comment vous vous y êtes pris, mais vous êtes parvenu à vous introduire dans la place?

— Oui, répondit l'Indien.

— Maintenant, nous n'avons plus à prendre que nos derniers arrangemens; vous êtes un grand chef dans lequel j'ai la plus entière confiance; voilà ce que je vous ai promis; je ne devrais vous payer qu'après, mais je ne veux pas que le moindre nuage s'élève entre nous.

L'Indien repoussa d'un geste la bourse que lui tendait son interlocuteur.

— L'Ours-Noir a réfléchi, dit-il froidement.

— A quoi? s'il vous plaît.

— Un guerrier n'est pas une femme pour perdre ses paroles; ce que mon frère pâle avait offert à l'Ours-Noir, le chef apache le refuse.

— Ce qui veut dire?

— Que tout est rompu.

Le Mexicain réprima avec peine un geste de désappointement.

— Ainsi, dit-il, vous n'avez pas prévenu vos guerriers; lorsque je vous en donnerai l'ordre, vous n'attaquerez pas l'hacienda?

— L'Ours-Noir a prévenu ses guerriers, il attaquera les visages pâles.

— Que m'avez-vous donc dit il y a un instant? je vous avoue que je ne vous comprends plus, chef.

— Parce que le visage pâle ne veut pas comprendre: l'Ours-Noir attaquera l'hacienda, mais pour son propre compte.

— Cela était convenu entre nous, il me semble.

— Oui, mais l'Ours-Noir a vu l'oiseau qui chante, sa hutte est vide, il veut y mettre la jeune vierge pâle.

— Misérable! s'écria le Mexicain avec colère, est-ce ainsi que vous me trahissez?

— En quoi ai-je trahi le visage pâle? répondit l'Indien, toujours impassible; il m'a offert un marché, je le refuse, je ne vois rien là que de loyal.

Le Mexicain se mordit les lèvres de rage; il était pris et n'avait rien à répondre.

— Je me vengerai! fit-il en frappant du pied.

— L'Ours-Noir est un chef puissant; il se rit des croassemens des corbeaux; le visage pâle ne peut rien contre lui.

D'un geste prompt comme la pensée, le Mexicain se précipita sur l'Indien, le saisit à la gorge, et, dégainant son poignard, il le leva pour l'en frapper.

Mais l'Apache surveillait avec soin les mouvemens de son adversaire; par un geste non moins rapide, il se débarrassa de son étreinte, et d'un bond il se trouva hors de son atteinte.

— Le visage pâle a osé toucher un chef, dit-il d'une voix rauque, il mourra.

Le Mexicain haussa les épaules et saisit les pistolets passés à sa ceinture.

Il était impossible de deviner comment aurait fini cette scène, si un nouvel incident ne fût venu tout à coup en changer complétement la face.

Du même arbre où, quelques minutes auparavant, était caché le Mexicain, un second individu s'élança subitement, vint choquer contre l'Apache, le renversa sur le sol et le réduisit à la plus complète immobilité avant que celui-ci, surpris par cette attaque soudaine, pût faire un geste pour se défendre.

— Ah! ça, murmura Belhumeur avec un rire étouffé, il y a donc une légion de diables dans ce cèdre-acajou!

Le Mexicain et l'homme qui était si à propos venu à son secours avaient en un tour de main solidement attaché l'Indien avec une reata.

— Maintenant vous êtes en mon pouvoir, chef, dit le Mexicain, il faudra bien que vous consentiez à faire ce que je voudrai.

L'Apache ricana et poussa un sifflement aigu.

A ce signal, une cinquantaine de guerriers indiens apparurent comme s'ils étaient sortis de terre tout à coup, et cela si vivement que les deux blancs furent en un clin-d'œil enveloppés d'un cercle infranchissable.

— Diable! fit à part lui Belhumeur, cela se complique. Comment vont-ils s'en tirer?

— Et nous? lui souffla Louis à l'oreille.

Le Canadien lui répondit par ce mouvement d'épaule qui, dans toutes les langues, signifie: A la grâce de Dieu! et se remit à regarder, intéressé au dernier point par les péripéties inattendues de cette scène.

— Cucharès! cria le Mexicain à son compagnon, tiens bien ce drôle, et, au moindre mouvement suspect, tue-le comme un chien.

— Soyez calme, don Martial, répondit le lepero en sortant de sa botte vaquera un couteau dont la lame effilée lança un éclair bleuâtre aux rayons de la lune.

— Que décide l'Ours-Noir? reprit le Tigrero en s'adressant au chef étendu à ses pieds.

— La vie d'un chef t'appartient, chien des visages pâles; prends-la, si tu l'oses! répliqua l'Apache avec un sourire de mépris.

— Je ne te tuerai pas, non parce que j'ai peur, car ce sentiment m'est inconnu, fit le Mexicain, mais parce que je dédaigne de verser le sang d'un ennemi sans défense, quand même cet ennemi est comme toi un coyote immonde.

— Tue-moi, te dis-je, si tu le peux; mais ne m'insulte pas. Hâte-toi, mes guerriers peuvent perdre patience, te sacrifier à leur colère, et tu mourrais sans vengeance.

— Tu railles; tes guerriers ne feront pas un geste tant que je te tiendrai ainsi, tu le sais bien. Je préfère t'offrir la paix.

— La paix! dit le chef, et un éclair passa dans son regard; à quelles conditions?

— Deux seules.

— Cucharès, débarrasse cet homme de la reata; seulement, surveille-le.

Le lépero obéit.

— Merci, dit le chef en se relevant sur les genoux; parle, je t'écoute, mes oreilles sont ouvertes. Quelles sont ces conditions?

— D'abord, mon compagnon et moi nous serons libres de nous retirer où bon nous semblera.

— Bon; ensuite?

— Ensuite, tu t'engages à demeurer avec tes guerriers et à ne plus retourner dans l'hacienda sous le déguisement que tu avais pris, au moins d'ici à vingt-quatre heures.

— C'est tout?

— C'est tout.

— Ecoute-moi, à ton tour, face pâle. J'accepte tes conditions, mais je veux te dire les miennes.

— Parle.

— Je ne rentrerai dans l'hacienda que la plume d'aigle dans ma touffe de guerre, à la tête de mes guerriers, et cela avant que le soleil se soit trois fois couché derrière les hautes cîmes des montagnes du Jour.

— Tu te vantes, Apache; il t'est impossible de t'introduire dans l'hacienda autrement que par trahison.

— Nous verrons. Et souriant d'un air sinistre, il ajouta: L'oiseau qui chante ira dans la hutte d'un chef apache faire cuire son gibier.

Le Mexicain haussa les épaules avec dédain.

— Essaie de prendre l'hacienda et de t'emparer de la jeune fille, dit-il.

— J'essaierai. Ta main !

— La voilà.

Le chef se tourna vers ses guerriers, en tenant serrée dans la sienne la main du Tigrero.

— Frères! dit-il d'une voix haute avec un accent de majesté suprême, ce visage pâle est l'ami de l'Ours-Noir, que nul ne l'inquiète.

Les guerriers s'inclinèrent respectueusement et s'écartèrent à droite et à gauche, pour livrer passage aux deux blancs.

— Adieu, dit l'Ours-Noir, en saluant son ennemi, dans vingt-quatre heures je me mettrai sur ta piste.

— Tu te trompes, chien d'Apache, répondit dédaigneusement don Martial, c'est moi qui me mettrai sur la tienne.

—Bon! nous sommes certains de nous rencontrer alors, répliqua l'Ours-Noir.

Et il s'éloigna d'un pas lent et ferme suivi de ses guerriers, dont les pas ne tardèrent pas à s'éteindre dans les lointains de la forêt.

—Ma foi, don Martial, dit le lepero, je crois que vous avez eu tort de laisser aussi facilement échapper ce chien indien.

Le Tigrero haussa les épaules.

— Ne fallait il pas sortir du guépier dans lequel nous nous étions fourrés, répondit-il. Bah ! ce n'est que partie remise; allons retrouver nos chevaux.

—Un instant encore, si vous le permettez, dit Belhumeur en sortant de sa cachette et s'avançant avec aisance ainsi que ses deux compagnons.

— Qu'est-ce que c'est que cela? s'écria Cucharès en reprenant son couteau, tandis que don Martial armait froidement ses pistolets.

— Cela? caballero, reprit paisiblement Belhumeur, mais vous le voyez bien, il me semble.

— Je vois trois hommes.

— En effet, vous ne vous trompez nullement, trois hommes qui ont assisté invisibles à la scène que vous avez si bravement terminée; trois hommes qui se tenaient prêts à vous venir en aide s'il y en avait eu besoin, et qui maintenant encore vous offrent de faire cause commune avec vous pour empêcher le sac de l'hacienda, que les Apaches veulent piller; cela vous convient-il?

— C'est selon, fit le Tigrero; encore faut-il que je sache quel intérêt vous engage à agir ainsi?

—Celui de vous être agréable d'abord, reprit poliment Belhumeur, et ensuite le désir de sauver les chevelures des pauvres diables menacés par ces damnés Peaux-Rouges.

— J'accepte alors de grand cœur l'offre que vous me faites.

— Veuillez donc nous suivre à notre campement, afin que nous discutions notre plan de campagne.

Dès que Cucharès avait reconnu que les hommes arrivés d'une si étrange façon se présentaient définitivement en amis, il avait replacé son couteau dans sa botte et était allé chercher les chevaux, laissés à une courte distance. Il arriva sur ces entrefaites, conduisant les deux animaux en main, et les cinq hommes se dirigèrent vers le campement.

— Prenez garde, dit Belhumeur à don Martial, vous vous êtes fait cette nuit un ennemi implacable. Si vous ne vous hâtez pas de le tuer, un jour ou l'autre l'Ours-Noir vous tuera : les Apaches ne pardonnent pas une insulte.

— Je le sais, aussi je prendrai mes précautions, soyez tranquille.

— Cela vous regarde. Peut-être aurait-il mieux valu s'en débarrasser, au risque de ce qui serait arrivé après.

— Pouvais je me douter que j'avais des amis si près de moi ? Oh ! si je l'avais su !

—Enfin ce qui est fait est fait, il n'y a pas à y revenir.

— Croyez-vous que cet homme tiendra scrupuleusement les conditions qu'il a acceptées.

— Vous ne connaissez pas l'Ours-Noir; cet homme a des sentimens élevés, il a une façon à lui de comprendre le point d'honneur. Vous avez vu que pendant toute votre discussion, il a dédaigné de ruser avec vous; ses paroles ont toujours été franches.

— En effet.

— Soyez donc certain qu'il tiendra ce qu'il a promis.

L'entretien fut interrompu. Don Martial était subitement devenu pensif, les menaces du guerrier apache lui donnaient fort à réfléchir.

On arriva au campement.

La Tête-d'Aigle s'occupa immédiatement à allumer du feu.

— Que faites-vous? lui fit observer Belhumeur. Vous allez révéler notre présence.

— Non, répondit l'Indien en secouant la tête, l'Ours-Noir s'est éloigné avec ses guerriers; ils sont loin à présent, à quoi bon prendre des précautions inutiles?

Bientôt, le feu pétilla, les cinq hommes

s'accroupirent joyeusement autour, allumèrent leurs pipes et se mirent à fumer.

— C'est égal, reprit le Canadien au bout d'un instant, sans le sang-froid à toute épreuve que vous avez montré, je ne sais pas comment vous vous en seriez tiré.

— Voyons maintenant comment nous pourrons déjouer les plans de ces démons, fit le Mexicain.

— C'est bien simple, dit Louis : un de nous se présentera demain à l'hacienda, et il avertira le propriétaire de ce qui s'est passé cette nuit; celui-ci se mettra sur ses gardes, et tout sera dit.

— Oui, je crois que ce moyen est bon, et que nous devons l'employer, fit Belhumeur.

— Cinq hommes ne sont rien contre cinq cents, observa la Tête-d'Aigle; il faut prévenir les visages pâles.

— Ce conseil est en effet celui que nous devons suivre, dit le Tigrero; mais quel est celui de nous qui consentira à se rendre à l'hacienda? Mon compagnon ni moi ne pouvons nous y présenter.

— Allons, je crois deviner qu'il y a là-dessous une histoire d'amour, observa finement le Canadien, et je comprends qu'il vous soit difficile de....

— A quoi bon discuter plus longtemps? interrompit Louis; demain, au lever du soleil, je me rendrai à l'hacienda, et je me charge d'expliquer au propriétaire, dans tous ses détails, quel est le danger qui le menace.

— Bien, voilà qui est convenu, cela arrange tout, dit Belhumeur.

— Alors, de notre côté, lorsque nos chevaux seront reposés, mon compagnon et moi, nous vous quitterons pour retourner à Guaymas.

— Non pas, s'il vous plaît, dit le Français; il me semble qu'il est d'abord convenable que vous sachiez à quoi vous en tenir, et connaissiez le résultat de la mission dont je me charge; cela vous regarde encore plus que nous, je suppose.

Le Mexicain réprima un vif mouvement de contrariété.

— Vous avez raison, répondit-il, je n'y songeais pas. J'attendrai donc votre retour.

Les chasseurs échangèrent encore quelques mots entre eux, puis ils s'enveloppèrent dans leurs couvertures, s'étendirent sur le sol et ne tardèrent pas à s'endormir.

Le plus profond silence régna dans la clairière, éclairée faiblement par les reflets rougeâtres du feu mourant.

Depuis deux heures environ, les aventuriers étaient plongés dans le sommeil, lorsque les branches d'un buisson s'écartèrent doucement, et un homme parut.

Il s'arrêta un instant, sembla prêter l'oreille, puis il se dirigea en rampant sans produire le moindre bruit vers l'endroit où reposait paisiblement le Tigrero.

Arrivé auprès de lui et à la lueur du brasier il fut facile de reconnaître l'Ours-Noir. Le chef apache sortit de sa ceinture son couteau à scalper et le posa doucement sur la poitrine du Tigrero; puis jetant un dernier regard autour de lui pour s'assurer que les cinq hommes dormaient toujours, il s'éloigna avec les mêmes précautions et disparut bientôt au milieu du buisson, qui se referma sur lui.

X.

Au premier cri du maukawis, c'est-à-dire au lever du soleil, les aventuriers se réveillèrent.

La nuit avait été tranquille, ils avaient dormi sans que rien fût venu troubler leur repos; seulement, glacés par la rosée abondante qui, pendant leur sommeil, avait traversé leurs couvertures, ils se hâtèrent de se lever, afin de rétablir la circulation et de réchauffer leurs membres engourdis.

Au premier mouvement que fit don Martial, un couteau tomba de dessus lui sur le sol. Le Mexicain le ramassa et poussa un cri d'étonnement, et presque de frayeur, en le montrant à ses compagnons.

L'arme trouvée si inopinément était un couteau à scalper dont la lame était encore maculée de larges plaques sanglantes.

Nous savons comment ce couteau avait été placé sur la poitrine du Tigrero.

— Qu'est-ce que cela signifie? s'écria-t-il en agitant l'arme avec colère.

La Tête-d'Aigle s'en saisit et l'examina attentivement.

— Ooah! fit-il avec étonnement, l'Ours-Noir s'est introduit parmi nous pendant notre sommeil.

Les chasseurs ne purent réprimer un mouvement d'effroi.

— Ce n'est pas possible! observa Belhumeur.

L'Indien secoua la tête, et montrant l'arme :

— Voilà, continua-t-il, le couteau à scalper du chef apache, le *totem* de la tribu est gravé sur le manche.

— C'est vrai!

— L'Ours-Noir est un chef renommé; son cœur est grand à contenir un monde. Contraint de remplir les engagemens qu'il a pris, il a voulu prouver à son ennemi qu'il était maître de sa vie, et que lorsque cela lui conviendrait, il saurait la lui ravir: voilà ce que signifie ce couteau placé pendant son sommeil sur la poitrine du *Yorri* (Espagnol).

Les aventuriers étaient confondus de tant d'audace; ils frémissaient en songeant qu'ils avaient été à la merci du chef, qui avait dédaigné de les tuer et s'était contenté de les défier; le Mexicain surtout, malgré son courage, se sentait frissonner à cette pensée.

Le Canadien fut le premier qui recouvra son sang-froid.

— Canario! s'écria-t-il, ce chien apache a bien fait de nous avertir; maintenant nous nous tiendrons sur nos gardes.

— Hum! fit Cucharès en passant les mains dans sa chevelure épaisse et ébouriffée, je ne me soucie nullement d'être scalpé, moi.

— Bah! répondit Belhumeur, on en réchappe quelquefois.

— C'est possible, mais je ne tiens pas à en faire l'essai.

—Maintenant que le jour est entièrement levé, observa Louis, je crois que le moment est venu de me rendre à l'hacienda; qu'en pensez-vous?

— Nous n'avons pas un instant à perdre pour déjouer les plans de l'ennemi, appuya don Martial.

— D'autant plus que nous avons à prendre certaines mesures sur lesquelles il est bon d'être fixé le plus tôt possible, fit Belhumeur.

L'Indien et le Lepero se contentèrent de donner leur assentiment par un signe.

— Maintenant, convenons d'un rendez-vous, reprit Louis; vous ne pouvez m'attendre ici, où les Indiens sauraient beaucoup trop facilement nous trouver.

— Oui, répondit Belhumeur d'un air pensif; mais je ne connais pas le pays où nous sommes, et je serais fort embarrassé de choisir un poste convenable.

— J'en connais un, moi, dit la Tête-d'Aigle; je vous y conduirai; notre frère pâle nous y rejoindra.

—Fort bien, mais pour cela encore faut-il que je connaisse l'endroit.

— Que mon frère ne s'occupe pas de cela. En quittant la grande hutte, je serai près de lui.

— Alors, tout va bien. Au revoir.

Louis sella son cheval et s'éloigna au galop dans la direction de l'hacienda, éloignée de deux à trois portées de fusil au plus de l'endroit où il se trouvait.

Le comte de Lhorailles se promenait d'un air soucieux dans la salle basse qui servait de vestibule au corps de logis principal de l'hacienda.

Malgré lui, sa rencontre avec le Mexicain le préoccupait vivement; il désirait avoir avec dona Anita, devant son père, une explication franche, qui dissipât ses doutes ou du moins lui donnât la clé du mystère qui l'enveloppait.

Une autre circonstance assombrissait encore son humeur et redoublait ses inquiétudes.

Au point du jour, Diégo-Léon, un de ses lieutenans, lui avait annoncé que le guide indien amené par lui la veille avait disparu pendant la nuit sans laisser de traces.

La position devenait grave : la lune du Mexique approchait; ce guide était évidemment un espion indien chargé de s'assurer de la force de l'hacienda et des moyens de la surprendre.

Les Apaches et les Comanches ne devaient pas être loin, et peut-être se tenaient-ils déjà aux aguets dans les hautes herbes de la prairie, attendant le moment favorable pour fondre sur leurs implacables ennemis.

Le comte ne se dissimulait pas que, si la position était difficile, il en était cause lui-même.

Investi par le gouvernement d'un commandement important, chargé spécialement de protéger les frontières contre les incursions indiennes, il n'avait encore fait aucun mouvement et n'avait d'aucune façon cherché à remplir le mandat que non seulement il avait accepté, mais encore qu'il avait lui-même sollicité.

La lune du Mexique commençait dans un mois; il fallait absolument, avant cette époque, frapper un coup décisif, qui inspirât aux Indiens une terreur salutaire, les empêchât de se réunir et déjouât ainsi leurs projets.

Le comte réfléchissait ainsi depuis assez longtemps, oubliant dans sa préoccupation les hôtes qu'il avait amenés dans son habitation, et dont il n'avait pas encore songé à s'informer, lorsque son vieux lieutenant parut devant lui.

— Que voulez-vous, Martin? lui demanda-t-il.

— Excusez-moi de vous déranger, capitaine; Diégo Léon, de garde avec huit hommes à la batterie de l'Isthme, me fait dire à l'instant qu'un cavalier demande à être introduit auprès de vous pour affaire sérieuse.

— Quel homme est-ce?

— Un blanc, bien vêtu, monté sur un excellent cheval.

— Hum ! il n'a rien dit de plus?

—Pardon; il a ajouté ceci : Vous direz à celui qui vous commande que je suis un des hommes qu'il a rencontrés au rancho de San-Josè.

Le visage du comte se dérida :

— Qu'il vienne, dit-il, c'est un ami.

Le lieutenant se retira.

Dès qu'il fut seul, le comte recommença sa promenade.

— Que peut me vouloir cet homme? murmure-t-il, lorsqu'au Rancho j'ai offert à lui et à son ami de m'accompagner ici, tous deux ont refusé ! Quelle raison les a fait si promptement changer d'avis? Bah ! à quoi bon chercher, ajouta-t-il en entendant le pas d'un cheval résonner dans le patio intérieur. Je vais le savoir.

Presque aussitôt don Luis parut, conduit par le lieutenant, qui, sur un signe du comte, sortit immédiatement.

— Quel heureux hasard, dit gracieusement M. de Lhorailles, me procure l'honneur d'une visite à laquelle j'étais si loin de m'attendre?

Don Luis rendit poliment le salut qui lui était fait et répondit :

— Ce n'est pas un heureux hasard qui m'amène, et Dieu veuille que je ne sois pas un émissaire de malheur!

Ces mots firent froncer le sourcil au comte.

— Que voulez-vous dire, senor ? demanda-t-il avec inquiétude, je ne vous comprends pas.

— Vous allez me comprendre. Mais parlons français, si vous y consentez, nous pourrons plus facilement nous entendre, dit-il, en abandonnant l'espagnol, dont jusque là il s'était servi.

— Eh quoi ! s'écria le comte avec étonnement, vous parlez français, monsieur ?

— Oui, monsieur, répondit Louis, d'autant plus que j'ai l'honneur d'être votre compatriote. Bien que, ajouta-t-il avec un soupir étouffé, il y ait près de dix ans que j'ai quitté notre pays, c'est toujours pour moi une joie bien grande lorsqu'il m'est possible de parler ma langue.

L'expression du visage du comte avait complétement changé en écoutant ces paroles.

— Oh ! reprit-il avec effusion, laissez-moi serrer votre main, monsieur ; deux Français qui se rencontrent sur cette terre lointaine sont frères; oublions un instant l'endroit où nous sommes et parlons de la France, cette chère patrie dont nous sommes si éloignés et que nous aimons tant.

— Hélas ! monsieur, répondit Louis avec une émotion contenue, je serais heureux d'oublier quelques instans ce qui nous entoure pour réveiller les souvenirs de notre commune patrie ; malheureusement le moment est grave, de grands dangers vous menacent, et le temps que nous perdrions ainsi pourrait causer d'épouvantables malheurs.

— Vous m'effrayez, monsieur. Que se passe-t-il donc? qu'avez-vous de si terrible à m'annoncer ?

— Ne vous l'ai-je pas dit, monsieur? je suis un messager de mauvaises nouvelles.

— Qu'importe! dites par vous, elles seront les bien venues; dans la situation où je me trouve placé dans ce désert, ne dois-je pas toujours m'attendre à une catastrophe?

— J'espère pouvoir vous aider à prévenir le péril qui plane aujourd'hui sur vous.

— Merci, d'abord, pour votre fraternelle démarche, monsieur ; maintenant, parlez, je vous écoute; quoi que vous m'appreniez, je saurai l'entendre.

Don Luis, sans révéler au comte sa rencontre avec le Tigrero, selon ce qui avait été convenu, lui apprit comment il avait surpris un colloque entre son guide et plusieurs guerriers apaches, embusqués aux environs de l'hacienda, et le projet formé par eux de surprendre la colonie.

— Maintenant, monsieur, ajouta-t-il, c'est à vous de juger de la gravité de ces nouvelles et des dispositions que vous avez à prendre afin de déjouer les projets des Indiens.

— Je vous remercie, monsieur; lorsque mon lieutenant, quelques minutes avant votre arrivée, m'a appris la disparition du guide, j'ai compris immédiatement que j'avais eu affaire à un espion ; ce que vous m'annoncez change mes soupçons en certitude. Comme vous me le dites, il n'y a pas un instant à perdre, et je vais immédiatement aviser à prendre les dispositions nécessaires.

Et s'approchant d'une table il frappa.

Un peon entre.

— Le premier lieutenant, dit-il.

Au bout de quelques minutes celui-ci arriva.

— Lieutenant, lui dit M. de Lhorailles, vous allez prendre vingt cavaliers avec vous et battre tous les environs à trois lieues à la ronde, j'apprends à l'instant que les Indiens sont embusqués près d'ici.

Le vieux soldat s'inclina sans répondre et se disposa à obéir.

— Un instant! s'écria Louis, en l'arrêtant d'un geste, un mot encore.

— Hein, fit Martin Leroux en se retournant avec étonnement, vous parlez donc français à présent?

— Comme vous voyez, répondit Louis en souriant.

— Vous désiriez faire une observation, demanda le comte.

— Depuis bien longtemps j'habite l'Amérique; j'ai vécu au désert, je connais les Indiens avec lesquels j'ai appris à lutter de ruses. Si vous me le permettez, je vous donnerai quelques conseils qui, je le crois, pourront vous être utiles dans les circonstances présentes.

— Pardieu! s'écria le comte, parlez-nous, cher compatriote, vos conseils seront fort avantageux pour nous, j'en suis convaincu.

En ce moment, don Sylva entra dans la salle.

— Eh! continua le comte, venez, mon ami, nous avons grand besoin de vous; votre connaissance des mœurs indiennes nous sera d'un grand secours.

— Que se passe-t-il donc? demanda l'haciendero en saluant courtoisement à la ronde.

— Il se passe que nous sommes menacés d'une attaque des Apaches.

— Oh! oh! ceci est grave, mon ami; que comptez-vous faire?

— Je ne le sais encore. J'avais donné l'ordre à don Martin, mon lieutenant, de faire une battue aux environs; mais monsieur, qui est un de mes compatriotes, et que j'ai l'honneur de vous présenter, semble être d'un avis contraire.

— Le caballero a raison, répondit le Mexicain en s'inclinant devant don Luis; mais d'abord êtes-vous certain de cette attaque?

— Monsieur est venu exprès pour m'avertir.

— Alors il n'y a plus de doutes à conserver : il faut au plus vite prendre les dispositions nécessaires. Quelle est l'opinion du caballero?

— Il allait l'émettre à l'instant où vous êtes entré.

— Alors que je ne dérange pas votre conférence; j'écoute. Parlez, monsieur.

Don Luis s'inclina et prit la parole.

— Caballero, fit-il en se tournant vers don Sylva, ce que je vais dire est pour les senores français principalement, qui, habitués aux guerres européennes et à la manière de combattre des blancs, ignorent, j'en suis convaincu, la tactique indienne.

— C'est vrai, observa le comte.

— Bah! fit Leroux en tordant ses longues moustaches avec suffisance, nous l'apprendrons.

— Prenez garde que ce ne soit à vos dépens! continua don Luis. La guerre indienne est une guerre toute de ruses et d'embûches. Jamais l'ennemi qui vous attaque ne se met en ligne devant vous : il reste constamment caché, employant pour vaincre tous les moyens, surtout la trahison. Cinq cents guerriers apaches, commandés par un chef intrépide, auraient raison, dans la prairie, de vos meilleurs soldats, qu'ils décimeraient, sans que ceux-ci pussent jamais les atteindre.

— Oh! oh! murmura le comte. Est-ce donc leur seule manière de combattre?

— La seule, appuya l'haciendero.

— Hum! fit Leroux, c'est, il me semble, assez semblable à la guerre d'Afrique.

— Pas autant que vous le supposez. Des Arabes se laissent voir, au lieu que les Apaches, je vous le répète, ne se découvrent qu'à la dernière extrémité.

— Ainsi mon projet de pousser une reconnaissance au dehors...

— Est impraticable pour deux raisons : ou vos cavaliers, bien qu'entourés d'ennemis, n'en découvriraient pas un seul, ou ils seraient attirés dans une embuscade, où, malgré des prodiges de valeur, ils périraient jusqu'au dernier.

— Tout ce que dit monsieur est de la plus grande justesse; il est facile de reconnaître qu'il a une grande expérience des guerres indiennes et qu'il s'est souvent mesuré avec les *Indios bravos*.

— Cette expérience m'a coûté mon bonheur, tous ceux que j'aimais ont été massacré par ces féroces ennemis, répondit tristement don Luis; redoutez le même sort, si vous n'avez pas la plus grande prudence. Je sais combien il répugne au caractère chevaleresque de notre nation de suivre une pareille marche, mais, à mon avis, c'est la seule qui offre quelques chances de salut.

— Nous avons ici plusieurs femmes, des enfans, votre fille, don Sylva; il faut absolument la mettre à l'abri, non seulement de tout danger, mais encore lui épargner la moindre inquiétude. Je me range donc à l'avis de monsieur, et suis déterminé à n'agir qu'avec la plus grande circonspection.

— Je vous en remercie pour ma fille et pour moi.

— Maintenant, monsieur, vous à qui nous devons déjà de si bons conseils, ne nous laissez pas ainsi, complétez votre œuvre. A ma place, que feriez vous?

— Monsieur, répondit gaîment Louis, voici mon avis : les Apaches vous attaqueront pour certaines raisons que je sais et dont il est inutile que je vous entretienne ; ils font de la réussite de cette attaque un point d'honneur ; retranchez-vous donc ici du mieux que vous pourrez. Vous avez une garnison considérable, composée d'hommes éprouvés, vous avez en conséquence presque toutes les chances pour vous.

— J'ai cent soixante-dix Français résolus, qui tous ont fait la guerre.

— Derrière de bonnes murailles, bien armés, c'est plus qu'il ne vous faut.

— Sans compter quarante péones habitués à la chasse aux Indiens, et que j'ai amenés avec moi, observa don Sylva.

— Ces hommes sont ici en ce moment ? demanda vivement don Luis.

— Oui, monsieur.

— Oh ! cela simplifie singulièrement la question ; si vous voulez me croire, ce sont au contraire maintenant les Indiens qui ont tout à redouter.

— Expliquez-vous.

— Il est évident que vous serez attaqués par le fleuve ; peut-être, afin de diviser vos forces, les Indiens simuleront-ils une attaque du côté de l'isthme ; mais ce point est trop formidablement défendu pour qu'ils se hasardent à essayer de l'enlever ; je le répète donc, tout l'effort de l'ennemi se portera du côté du fleuve.

— Je vous ferai observer, monsieur, dit le lieutenant, que dans ce moment le fleuve est rendu impraticable à la navigation à cause des milliers de troncs d'arbre enlevés par les ouragans dans les montagnes et qu'il charrie dans son cours.

— Je ne sais pas si le fleuve est oui ou non praticable pour la navigation, répondit don Luis avec fermeté ; mais ce dont je suis convaincu, c'est que les Apaches vous attaqueront de ce côté.

—Dans tous les cas, et afin de ne pas être pris au dépourvu, on ôtera deux des pièces de la batterie de l'isthme, où il en restera encore quatre, ce qui est plus que suffisant, et on les établira de façon à prendre le fleuve en enfilade, en ayant soin de les masquer. Vous m'entendez, Leroux ; faites monter aussi une couleuvrine sur la plate-forme du mirador, de là nous dominerons le cours du Gila. Allez, et que ces ordres soient immédiatement exécutés.

Le vieux soldat se leva sans répliquer, afin d'exécuter ce que son chef avait commandé.

— Vous voyez, messieurs, continua le comte dès que son lieutenant se fut retiré, que je mets de suite à profit les conseils que vous voulez bien me donner ; je reconnais mon inexpérience complète de cette guerre indienne, et je vous réitère que je suis heureux d'être aussi bien appuyé.

— Monsieur a tout prévu, dit l'haciendero ; comme lui je crois que la partie de l'hacienda qui regarde le fleuve est la plus exposée.

— Un dernier mot, reprit don Luis.

— Parlez, parlez, monsieur.

— N'avez-vous pas dit, caballero, que vous aviez amené avec vous quarante peones, rompus aux guerres indiennes, et que ces hommes étaient encore ici ?

— Oui, je l'ai dit, et c'est l'exacte vérité.

— Fort bien. Je crois, remarquez bien, caballero, que ceci est une simple observation ; je crois, dis-je, que ce serait un coup de maître et qui vous assurerait incontestablement la victoire, de placer vos ennemis entre deux feux.

— En effet, s'écria le comte. Mais comment faire ? vous-même nous avez dit, il n'y a qu'un moment, que ce serait une imprudence insigne d'envoyer au-dehors un détachement battre l'estrade.

— Je l'ai dit et je le répète, les herbes et les bois sont en ce moment peuplés d'yeux fixés sur cette hacienda, qui ne laisseront sortir personne sans le voir.

— Eh bien ?

— Ne vous ai-je pas dit que cette guerre était une guerre de ruse et d'embûches ?

— En effet ; mais je ne comprends pas, je vous l'avoue, où vous voulez en venir.

— C'est cependant excessivement simple : vous allez me comprendre en deux mots.

— Je ne demande pas mieux.

— Senor caballero, reprit don Luis en se tournant vers don Sylva, comptez-vous demeurer ici ?

— Oui, pour certaines raisons intimes, je dois y faire un assez long séjour.

— Je n'ai nullement, senor, croyez le bien, l'intention de m'immiscer dans vos affaires. Ainsi, vous restez ici ?

— Oui.

— Parfait. Avez-vous parmi vos peones un homme dévoué, sur lequel vous puissiez compter comme sur vous-même ?

— *Cascaras !* je le crois bien : j'ai Blaz Vasquez.

— Sans indiscrétion, soyez assez bon pour me dire ce que c'est que Blaz Vasquez, ainsi que vous le nommez, et que je n'ai nullement l'honneur de connaître.

— Blas Vasquez est mon capataz, un hombre de caballo sur lequel, dans l'occasion, je puis compter comme sur moi-même.

— Eh bien ! tout est pour le mieux alors, et cela simplifie singulièrement la question.

— Je n'y suis plus du tout, moi, dit le comte.

— Vous allez voir, reprit Louis.

— Je ne demande pas mieux.

— Votre capataz, auquel vous donnerez vos instructions, se mettra à la tête des peones d'ici à une heure,et prendra ostensiblement la route de Gueymas ; mais arrivé à deux ou trois lieues d'ici, dans un endroit dont nous conviendrons, il arrêtera sa troupe, et le reste nous regarde, mes amis et moi.

— Oui, je comprends votre projet; les peones cachés par vos soins, attaqueront les Indiens par derrière, lorsque le combat sera engagé entre nous et eux.

— C'est effectivement mon projet.

— Mais les Apaches ?

— Eh bien !

— Croyez-vous qu'ils laisseront ainsi, sans l'inquiéter, s'éloigner une troupe de blancs?

— Les Indiens sont trop fins pour s'y opposer. A quoi leur servirait d'attaquer cette troupe qui n'emmène avec elle aucun bagage? le combat ne leur profiterait pas et ferait deviner leur position. Non, non, soyez tranquille, caballero, ils ne bougeront pas; ils ont, ou du moins, ignorant que vous êtes prévenu, ils croient avoir trop d'intérêt à demeurer invisibles.

— Et vous, que comptez-vous faire?

— Moi, les Indiens m'ont vu incontestablement me diriger de ce côté; ils savent que je suis ici ; si je sortais avec vous, ce serait tout dénoncer. Je partirai seul, comme je suis venu, et cela dans un instant.

— Ce plan est tellement simple et bien conçu qu'il doit réussir. Recevez nos remercîmens, monsieur, et veuillez nous dire votre nom afin que nous connaissions l'homme auquel nous sommes redevables d'un aussi grand service.

— A quoi bon, monsieur ?

— Je joins, caballero, mes instances à celles de don Gaetano, mon ami, afin d'obtenir que vous nous révéliez le nom d'un homme dont le souvenir restera gravé dans nos cœurs.

Don Luis hésita , sans pouvoir s'expliquer la raison qui le poussait à agir ainsi ; il lui répugnait de rompre vis-à-vis du comte de Lhorailles l'incognito qui le cachait.

Les deux hommes insistèrent cependant auprès de lui avec tant de politesse, que, n'ayant pas de raisons sérieuses à donner pour rester inconnu, il se laissa vaincre par leurs prières, et consentit à avouer son nom.

— Caballeros, dit-il enfin, je suis le comte Louis-Edouard-Maxime de Prébois-Crancé.

—Nous sommes amis? n'est-ce pas, monsieur le comte, lui dit de Lhorailles en lui tendant la main.

— Ce que je fais en est, je crois, une preuve, monsieur, répondit celui-ci en s'inclinant avec courtoisie, mais sans serrer la main tendue vers lui.

— Je vous remercie, reprit le comte sans paraître remarquer le mouvement de retraite de Louis. Comptez-vous bientôt nous quitter.

— Je dois vous laisser à vos urgentes occupations. Si vous me le permettez, je prendrai à l'instant congé de vous?

— Pas sans avoir déjeuné, au moins?

— Vous m'excuserez! Le temps nous presse. J'ai des amis que j'ai quittés depuis plusieurs heures déjà, et qui doivent être inquiets de ma longue absence.

— Vous sachant auprès de moi, monsieur, c'est impossible, dit le comte d'un air piqué.

— Ils ignorent si je suis arrivé ici sans encombre.

— C'est différent, je ne vous retiens plus; encore une fois, merci, monsieur.

— J'ai agi selon ma conscience, monsieur, vous ne me devez donc aucun remerciement.

Les trois hommes sortirent de la salle et se dirigèrent vers la batterie de l'isthme en causant de choses indifférentes; à moitié chemin à peu près, ils rencontrèrent don Blaz, le capataz; don Sylva lui fit signe de le joindre, et, lorsqu'il fut près de lui, en deux mots il le mit au fait des événemens qui se préparaient, et du rôle qu'il devait y jouer.

— Voto à Dios! s'écria joyeusement le capataz; je vous remercie, don Sylva, de cette bonne nouvelle. Nous allons donc en découdre enfin avec ces chiens apaches ! Caraï ! ils verront beau jeu, je vous jure.

— Je m'en rapporte entièrement à vous, Blas.

— Mais à quel endroit dois-je attendre ce caballero.

— C'est juste ! nous n'avons pas fixé le lieu du rendez-vous.

— En effet. A trois lieues d'ici à peu près, sur la route de Guaymas, à un endroit où le chemin fait un coude, il y a une colline isolée qu'on nomme, je crois, *el Pau de Azucar* ; vous pouvez vous embusquer là sans craindre d'être découvert. Je vous y joindrai avec mes amis.

— C'est convenu; vers quelle heure environ ?

— Je ne saurais le préciser, cela dépendra des circonstances.

Quelques minutes plus tard, don Luis reprenait le chemin de la prairie, tandis que le comte de Lhorailles et les deux Mexicains s'occupaient à activer les préparatifs d'une sérieuse défense de l'hacienda.

— Il est étrange, murmurait à part lui don Luis tout en galopant, que cet homme, qui est mon compatriote et pour lequel, avant peu, je vais sans doute exposer ma vie, ne m'inspire aucune sympathie.

Soudain son cheval fit un écart; le Français, brusquement enlevé à ses réflexions, releva la tête.

La Tête-d'Aigle était devant lui.

XI.

Après sa visite aux chasseurs, l'Ours-Noir s'était mis en route à la tête de ses guerriers pour se rendre à une île peu éloignée, nommée Chole-Heckel, qui était un des postes avancés des Apaches, sur la frontière mexicaine.

L'Ours-Noir atteignit l'île au point du jour.

En cet endroit, le rio Gila a sa plus grande largeur; chacun des bras formés par l'île est à peu près de deux kilomètres.

L'île qui s'élève au milieu de l'eau, comme une corbeille de fleurs, a trois kilomètres de long environ, sur la moitié d'un de large, et n'est qu'un immense bouquet d'où s'exhalent les plus suaves odeurs et les chants mélodieux des oiseaux qui babillent en nombre incalculable sur toutes les branches des arbres dont elle est couverte.

Eclairé ce jour-là par les splendides rayons d'un puissant soleil, ce lieu avait un aspect étrange et inusité qui saisissait fortement l'imagination.

Aussi loin que la vue pouvait s'étendre dans l'île et sur les deux rives du Gila, on apercevait des tentes en peaux de bison, ou des huttes de feuillage, pressées les unes contre les autres, et dont les couleurs bizarres frappées par le soleil fatiguaient les yeux.

De nombreuses pirogues faites de peaux de cheval cousues ensemble et rondes pour la plupart, ou bien creusées dans des troncs d'arbres, sillonnaient le fleuve dans tous les sens.

Les guerriers mirent pied à terre et rendirent la liberté à leurs chevaux, qui allèrent immédiatement se confondre avec une multitude d'autres.

Le chef s'engagea au milieu des huttes devant lesquelles flottaient au vent les banderoles de plumes et les scalps des guerriers renommés, passant parmi les femmes qui préparaient le repas du matin.

Mais l'Ours-Noir avait été reconnu aussitôt son arrivée, et chacun se rangeait sur son passage en s'inclinant avec respect devant lui. Une chose que ne pourra croire un Européen, c'est ce respect que, sans exception, tous les Indiens professent pour leurs chefs. Pour ceux qui ont conservé les coutumes de leurs pères et, dédaignant la civilisation européenne, ont continué à errer libres dans les savanes, ce respect s'est changé en fanatisme et presque en adoration.

Le cercle d'or orné de deux cornes de bison, placé sur le front de l'Ours-Noir, le faisait reconnaître de tous, et à son passage éclatait la joie la plus vive.

Il parvint enfin au bord du fleuve; arrivé là, il fit signe à un homme qui pêchait à peu de distance dans une pirogue; celui-ci se rendit avec empressement à l'injonction qui lui était faite, et le chef passa dans l'île.

Une hutte en branchages avait été préparée pour lui.

Il est probable que des sentinelles invisibles guettaient son arrivée; au moment où il mit pied à terre, un chef nommé la Petite-Panthère se présenta devant lui.

— Le grand chef est bien venu parmi ses fils, dit-il en s'inclinant avec courtoisie devant l'Ours-Noir; mon père a-t-il fait un bon voyage ?

— J'ai fait un bon voyage, je remercie mon frère.

— Si mon père y consent, je le conduirai au *jacal* (hutte en roseaux) construit pour le recevoir.

— Marchons! dit le chef.

La Petite-Panthère s'inclina une seconde fois, et guida le chef à travers un sentier tracé au milieu des buissons, et bientôt ils arrivèrent à un jacal qui, dans l'esprit des Indiens, par sa grandeur, l'éclat des couleurs dont il était peint et la propreté, devait résumer l'idéal du confortable.

— Mon père est chez lui, dit la petite Panthère, en soulevant respectueusement la *fressada* (couverture de laine) qui fermait le jacal, et en s'effaçant pour laisser passer l'Ours-Noir.

Celui-ci entra.

— Que mon frère me suive, dit-il.

La Petite-Panthère entra derrière lui et laissa retomber le rideau.

Cette habitation ne différait en rien de celles des autres Indiens; un feu brûlait au milieu; l'Ours-Noir fit signe à l'autre chef de s'asseoir sur un crâne de bison; il en prit un lui-même et s'assit auprès du feu.

Après un moment de silence, employé par les deux chefs à fumer gravement, l'Ours-Noir s'adressa à la Petite-Panthère.

— Les chefs de toutes les tribus de notre nation sont-ils réunis dans l'île de Chole-Heckel, ainsi que j'en avais donné l'ordre?

— Ils sont tous réunis.

— Quand doivent-ils se rendre dons mon jacal?

— Ceci dépend de mon père; ils attendent son bon plaisir.

L'Ours-Noir recommença à fumer silencieusement; un laps de temps assez long s'écoula ainsi :

— Il ne s'est rien passé de nouveau pendant mon absence? demanda l'Ours-Noir en secouant la cendre de son calumet sur l'ongle du pouce de sa main gauche.

— Trois chefs des Comanches des prairies se sont présentés, envoyés par leur nation, pour traiter avec les Apaches.

— Ooah! fit le chef; sont-ce des guerriers renommés?

— Ils ont de nombreuses queues de loup à leurs *mocksens* (chaussures), ils doivent être vaillans.

L'Ours-Noir baissa la tête affirmativement.

— L'un, dit-on, est le Moqueur, continua la Petite-Panthère.

— Mon frère est-il certain de ce qu'il m'annonce? demanda vivement le chef.

— Les guerriers comanches ont refusé de dire leurs noms, quand on leur a appris l'absence de mon père. Ils ont répondu que c'était bien et qu'ils attendraient son retour.

— Bon! Ce sont des chefs. En quel lieu se tiennent-ils?

—Ils ont allumé un feu autour duquel ils campent.

— Très bon. Le temps est précieux; mon frère préviendra les chefs apaches que je les attends auprès du feu du conseil.

La Petite-Panthère se leva sans répondre et sortit du jacal.

Pendant une heure environ, le chef indien demeura seul, plongé dans ses pensées; au bout de ce temps, on entendit au dehors le bruit de la marche de plusieurs hommes qui s'approchaient; le rideau du jacal fut soulevé par la Petite-Panthère, qui se présenta.

— Eh bien? lui dit l'Ours-Noir.

— Les chefs attendent.

— Qu'ils viennent.

Les chefs parurent.

Ils étaient dix environ, chacun avait revêtu ses plus beaux ornemens, ils étaient peints et armés en guerre.

Ils entrèrent silencieusement et se rangèrent autour du feu après avoir respectueusement salué le grand chef et baisé le bas de sa robe.

Aussitôt que tous les chefs furent réunis dans l'intérieur du *toldo*, une troupe de guerriers apaches se plaça à l'extérieur, afin d'éloigner les curieux et d'assurer le secret de la délibération des chefs.

L'Ours-Noir, malgré son empire sur lui-même, ne put retenir un mouvement de joie à l'aspect de tous ces hommes qui lui étaient entièrement dévoués, et avec le secours desquels il se croyait certain d'accomplir ses projets.

— Que mes frères soient les bienvenus! dit-il en les invitant d'un geste à prendre place sur les crânes de bisons rangés autour du feu; je les attendais avec impatience.

Les chefs s'inclinèrent et s'assirent. Alors le porte-pipe entra et présenta le calumet à chaque guerrier, qui tira une ou deux bouffées de tabac. Lorsque cette cérémonie fut terminée et le porte-pipe sorti, la délibération commença.

— Avant tout, dit l'Ours-Noir, je dois vous rendre compte de ma mission. L'Ours-Noir l'a remplie complétement; il est entré dans la case des blancs; il l'a visitée dans ses plus grands détails, il connaît le nombre des visages pâles qui la défendent, et lorsque l'heure sera venue d'y conduire ses guerriers, l'Ours-Noir saura retrouver la route.

Les chefs s'inclinèrent avec satisfaction.

— Cette grande case des blancs, continua l'Ours-Noir, est le seul obstacle sérieux que nous rencontrerons sur notre route, dans la nouvelle expédition que nous entreprenons.

—Les Yoris sont des chiens sans courage. Les Apaches leur donneront des jupons et leur feront préparer leur gibier, dit en ricanant la Petite-Panthère.

L'Ours-Noir secoua la tête.

— Les visages pâles de la grande case de Guetzalli ne sont pas des Yoris, fit-il; un chef les a vus, ce sont des hommes. Ils ont pour la plupart les yeux bleus et les cheveux couleur de maïs mûr; ils paraissent fort braves : que mes frères soient prudens!

— Et mon père ne sait pas quels sont ces hommes ? demanda un chef.

—L'Ours-Noir l'ignore; on lui a dit là-bas, près du grand lac Salé, qu'ils habitaient un pays très loin d'ici vers le soleil levant : voilà tout.

— Ces hommes n'ont donc ni arbres, ni fruits, ni bisons dans leur pays, qu'ils prétendent nous voler les nôtres ?

— Les visages pâles sont insatiables, reprit l'Ours-Noir; ils oublient que de même qu'aux autres hommes le Grand-Esprit ne leur a donné qu'une bouche et deux mains; tout ce qu'ils voient, ils le convoitent; le Vacondah, qui aime ses fils rouges, les a fait naître dans une contrée riche et les a comblés de ses dons; les visages pâles sont jaloux et cherchent continuellement à les voler et à les déposséder; mais les Apaches sont des guerriers braves, ils sauront défendre leurs territoires de chasse et empêcher qu'ils soient foulés par ces vagabonds venus de l'autre côté du lac Salé sur des cases flottantes de la *grande médecine* (1).

Les chefs applaudirent chaleureusement ce discours, qui exprimait si bien les sentimens qui les agitaient et l'animosité dont ils étaient animés contre la race blanche, cette race conquérante et envahissante qui les rejette continuellement dans le désert, ne leur laissant même plus l'espace nécessaire pour respirer et vivre tranquilles à leur guise.

— La grande nation des Comanches des lacs, celle qui s'intitule la reine des prairies, a député vers notre nation trois guerriers renommés. J'ignore le but de cette ambassade, qui, je le crois, ne peut être que pacifique. Vous plaît-il, chefs de ma nation, de les recevoir et de les admettre à fumer le calumet de paix avec nous autour du feu du conseil?

— Mon père est un guerrier très sage, répondit la Petite-Panthère ; il sait, quand il le veut, deviner les pensées les plus cachées dans le cœur de ses ennemis ; ce qu'il fera sera bien fait ; les chefs de sa nation seront toujours heureux de régler leur conduite d'après les conseils qu'il daignera leur donner.

L'Ours-Noir jeta un regard circulaire sur l'assemblée, afin de s'assurer si la Petite-Panthère avait bien exprimé la volonté générale.

Les membres du conseil baissèrent silencieusement la tête en signe d'acquiescement.

Le chef sourit avec orgueil de se voir si bien compris par ses compagnons, et s'adressant à la Petite-Panthère :

— Que mes frères les chefs comanches soient introduits, dit-il.

Ces mots furent prononcés avec une majesté égale à celle d'un roi européen siégeant dans son parlement.

La Petite-Panthère sortit, afin d'aller exécuter l'ordre qu'il avait reçu.

Pendant son absence, qui fut assez longue, pas un mot ne fut échangé entre les chefs; assis sur les crânes de bisons, les coudes sur les genoux, le menton dans la paume des mains, ils demeurèrent immobiles et silencieux, les yeux obstinément baissés, plongés en apparence dans de profondes réflexions.

La Petite-Panthère rentra enfin précédant les trois guerriers comanches.

A leur arrivée, les chefs apaches se levèrent et les saluèrent cérémonieusement.

Les Comanches rendirent le salut avec une courtoisie non moins grande, mais sans répondre autrement, et attendirent qu'on leur adressât la parole.

Les guerriers comanches étaient jeunes, bien découplés; ils avaient la tournure martiale, l'œil franc et le front pensif. Dans leur costume national, la tête haute, fièrement campés sur la hanche droite, ils avaient quelque chose de noble et de loyal qui éveillait la sympathie. L'un surtout, le moins âgé des trois — il avait à peine vingt-cinq ans — devait être, à en juger par l'apparence, un homme supérieur; les lignes sévères de son visage, l'éclat de son regard, l'élégance et la majesté de sa démarche, le faisaient, au premier abord, reconnaître pour un homme d'élite.

Celui-là se nommait le Moqueur; ainsi qu'il était facile de le deviner à la touffe de plumes de condor fichée dans sa touffe de guerre, c'était un des principaux chefs de la nation.

Les chefs apaches attachèrent sur les arrivans, sans paraître les voir, ce regard profondément inquisiteur que possèdent à un degré si éminent les Indiens.

Les Comanches, bien qu'ils devinassent la force du regard qui pesait sur eux, ne firent pas un geste, ne laissèrent échapper aucun mouvement qui pût déceler qu'ils se savaient le point de mire de tous les assistans.

Machiavel, tout auteur du *Prince* qu'il soit, n'était, comparé aux Peaux-Rouges, qu'un enfant en fait de politique. Ces pauvre sauvages, ainsi que les nomment ceux qui ne les connaissent pas, sont les diplo-

(1) Termes employés par les Indiens pour désigner tout ce qu'ils ne peuvent expliquer.

mates les plus rusés et les plus roués qui existent.

Après un instant, l'Ours-Noir fit un pas au devant des chefs comanches, s'inclina vers eux, et leur tendant la main droite, la paume en avant :

— Je suis heureux de recevoir sous mon totem, au milieu de mon peuple, mes frères les Comanches des lacs; ils prendront place au feu du conseil et fumeront avec leurs frères le calumet de paix.

— Qu'il en soit ainsi, répondit le Moqueur d'une voix austère; ne sommes-nous pas tous enfans de Vaconda?

Et, sans ajouter un mot, il alla, suivi par les deux autres chefs, s'asseoir auprès du feu du conseil côte à côte avec les Apaches.

La conversation fut une autre fois interrompue. Chacun fumait.

Enfin, lorsque les tuyaux des calumets ne continrent plus que des cendres, l'Ours-Noir se tourna avec un sourire courtois vers le Moqueur.

—Mes frères les Comanches des lacs poursuivent les bisons non loin d'ici sans doute, et alors la pensée leur est venue de visiter leurs frères apaches. Je les en remercie.

Le Moqueur s'inclina.

— Les Comanches des lacs sont loin encore à la poursuite des antilopes sur le Del Norte ; le Moqueur et quelques guerriers dévoués de sa tribu qui l'accompagnent sont les seuls campés sur ces territoires de chasse.

— Le Moqueur est un chef renommé dans la prairie, répondit gracieusement l'Apache; l'Ours-Noir est heureux de l'avoir vu. Un aussi grand guerrier que mon frère ne se dérange pas ainsi sans motif plausible.

— L'Ours-Noir a deviné; le Moqueur est venu pour renouer avec ses frères apaches les nœuds étroits d'une amitié loyale. Pourquoi, au lieu de nous disputer un territoire sur lequel nous avons des droits égaux, ne le partagerions-nous pas entre nous ? Les hommes rouges doivent-ils donc s'entre-détruire ? Ne vaudrait-il pas mieux enterrer, auprès du feu du conseil, la hache de guerre à une telle profondeur, que lorsqu'un Apache rencontrerait un Comanche, il ne verrait plus en lui qu'un frère bien aimé? Les visages pâles, qui, à chaque lune, envahissent davantage nos possessions, ne nous font-ils pas une guerre assez acharnée, sans que nous leur donnions raison par nos discussions intestines ?

L'Ours-Noir se leva, et étendant le bras avec autorité :

—Mon frère le Moqueur a raison, dit-il, un seul sentiment doit nous guider désormais, le patriotisme; mettons de côté toutes nos haines mesquines, pour ne songer qu'à une seule chose, la liberté! Les visages pâles sont dans la plus profonde ignorance de nos projets; pendant quelques jours que j'ai passés à Guaymas, j'ai été à même de m'en convaincre; ainsi, notre invasion subite sera pour eux un coup de foudre qui les glacera d'épouvante; ils seront déjà à demi vaincus à notre approche.

Il se fit un silence solennel.

Le Moqueur promena alors sur l'assemblée un regard calme et fier, et s'écria :

— C'est la lune du Mexique qui commence dans vingt-quatre heures. Guerriers Peaux-Rouges, la laisserons-nous passer sans tenter un de ces hardis coups de main dont nous avons l'habitude tous les ans à pareille époque? Il est surtout une propriété sur laquelle nous devons passer comme un ouragan : cette propriété, fondée par des visages pâles, autres que les Yoris, est pour nous une menace permanente. Je ne ruserai pas avec vous, chefs apaches; je viens franchement vous offrir, si vous voulez attaquer Guetzalli, l'appui de quatre cents guerriers comanches à la tête desquels je me mettrai.

A cette proposition, un frémissement de plaisir fit tressaillir l'assemblée.

— J'accepte avec joie la proposition de mon frère ! s'écria l'Ours-Noir. Je dispose à peu près du même nombre de guerriers; nos deux troupes suffiront, je l'espère, pour ruiner de fond en comble l'établissement des visages pâles. Demain, au lever de la lune, nous nous mettrons en route.

Les chefs se retirèrent.

L'Ours-Noir et le Moqueur demeurèrent seuls.

Ces deux chefs jouissaient d'une réputation égale, tous deux étaient adorés de leurs compatriotes. Ils s'examinèrent donc avec curiosité, car jusqu'à ce moment ils avaient toujours été ennemis et n'avaient jamais eu l'occasion de se voir.

—Je remercie mon frère de son offre cordiale, dit le premier l'Ours-Noir. Dans les circonstances où nous sommes, son secours sera pour nous très avantageux; mais une fois la victoire décidée, les dépouilles seront partagées également entre les deux nations.

Le Moqueur s'inclina.

— Quel plan a formé mon frère? demanda-t-il ?

— Un plan fort simple. Les Comanches sont de redoutables cavaliers; avec mon frère à leur tête, ils doivent être invincibles. Dès que la lune brillera dans le ciel, le Moqueur s'élancera avec ses guerriers et se dirigera vers Guetzalli, en ayant soin d'incendier la campagne en avant de son détachement, afin d'élever un rideau de fumée qui dissimule ses mouvemens et empêche de compter ses guerriers. Si, ce qui n'est pas probable, les visages pâles avaient placé des vedettes en avant de leur grande case pour annoncer l'arrivée de l'expédition, mon frère tâchera de s'emparer de ces vedettes, qui toutes seront tuées immédiatement, afin d'éviter qu'elles donnent l'alarme.

Dans cette expédition, de même que dans toutes celles qui l'ont précédée et que nous faisons chaque année, tout ce qui appartient aux visages pâles, cases, jacals, maisons, est brûlé; les bestiaux sont enlevés et expédiés sur l'arrière. Arrivé devant Guetzalli, mon frère s'embusquera le plus commodément qu'il pourra et attendra le signal que je lui ferai parvenir pour attaquer les visages pâles.

— Bon. Mon frère est un chef prudent, il réussira ; je ferai de point en point ce qu'il vient de me dire; et lui, que fera-t-il pendant que j'exécuterai cette partie du plan général?

L'Ours-Noir eut un sourire d'une expression indéfinissable.

— Il verra, dit-il en posant la main sur l'épaule du Comanche; qu'il laisse agir un chef; je lui promets une belle victoire.

— Bon, répondit le Comanche; mon frère est le premier de sa nation, il sait comment il doit se conduire ; les Apaches ne sont pas des femmes. Je vais rejoindre mes guerriers.

—Bon, mon frère a compris; demain, au lever de la lune.

Le Moqueur s'inclina et les deux chefs se séparèrent, en apparence les meilleurs amis du monde.

Quelques minutes plus tard, la plus grande animation régnait dans le camp des Apaches. Les femmes abattaient les tentes et chargeaient les mules, les enfans laçaient et sellaient les chevaux, enfin on faisait les préparatifs d'un départ précipité.

XII.

Le lendemain, au lever de la lune, ainsi que cela avait été convenu, le Moqueur ordonna à son détachement de se mettre en marche.

Bientôt, un parti de cavaliers qui s'était lancé en avant des éclaireurs, jeta des brandons enflammés dans les broussailles; au bout de quelques minutes, un immense rideau de flammes monta vers le ciel et voila complétement l'horizon.

Les Comanches avaient exécuté les ordres du chef apache avec une rapidité et une intelligence telles qu'en moins d'une demi-heure tout était consumé.

L'Ours-Noir, retranché dans l'île avec son détachement de guerre, n'avait pas fait un mouvement. Les traces laissées par les Comanches étaient, hélas! bien visibles, car cette campagne, le matin encore si belle, si riche et si luxuriante, était à présent morne, triste et désolée; plus de verdure, plus de fleurs, plus d'oiseaux cachés sous la feuillée et babillant à qui mieux mieux!

Le projet des Indiens aurait obtenu une réussite complète, grâce à leur plan de campagne, et les colons de Guetzalli auraient été surpris, si d'autres hommes que Belhumeur et ses amis s'étaient rencontrés sur la route de l'armée indienne.

Le Canadien veillait.

A la première fumée qui s'éleva dans le lointain, il comprit l'intention des Peaux-Rouges, et, sans perdre un instant, il expédia la Tête-d'Aigle à la colonie, afin d'informer le comte de ce qui se passait.

Cependant, derrière l'incendie, les Comanches arrivaient ventre à terre, détruisant et foulant sous les pieds de leurs chevaux ce que, par hasard, le feu avait épargné.

La nuit était entièrement venue lorsque le Moqueur arriva en vue de la colonie. Supposant que, grâce à la rapidité de sa marche, les blancs n'auraient pas eu le temps de se mettre sur la défensive, il embusqua une partie de sa troupe, se plaça à la tête du reste, et s'avança en rampant avec toutes les précautions usitées en pareil cas, vers la batterie de l'isthme.

Personne ne paraissait; les talus et les retranchemens semblaient abandonnés; le Moqueur poussa son cri de guerre, se releva subitement, et, bondissant comme un jaguar, suivi de ses guerriers, il gravit les retranchemens; mais, au moment où les Comanches se préparaient à sauter dans l'intérieur, une effroyable décharge, tirée à bout portant, coucha par terre près de la moitié du détachement indien; ceux qui survécurent prirent la fuite.

Les Comanches avaient un grand désavantage sur les blancs; ils ne possédaient pas d'armes à feu. La mousqueterie les décimait sans qu'ils pussent répondre autrement qu'en lançant leurs flèches et leurs javelots, ou bien des pierres avec leurs frondes.

Reconnaissant alors, bien qu'un peu tard pour lui, que les Français étaient sur leurs gardes, le Moqueur, désespéré de l'échec qu'il avait éprouvé et des pertes sérieuses qu'il avait faites, ne voulut pas affaiblir davantage, par des tentatives inutiles, la confiance de ses guerriers. il cacha son détachement sous le couvert de la forêt vierge et résolut d'attendre, pour faire un mouvement, le signal de l'Ours-Noir.

. . . .

Don Luis avait suivi la Tête-d'Aigle. L'Indien, après plusieurs détours, l'amena presque en face de la batterie de l'isthme, à l'entrée d'un fourré épais de cactus, d'aloës et de floripondios.

— Mon frère peut mettre pied à terre, dit-il au Français, nous sommes arrivés.

— Arrivés, où cela? demanda Louis en regardant vainement autour de lui.

Sans répondre, le chef prit le cheval et l'emmena; Louis, pendant ce temps, furetait de tous les côtés, mais ses recherches n'aboutirent à rien.

— Eh bien! lui demanda la Tête-d'Aigle en revenant, mon frère a-t-il trouvé?

— Ma foi, non, chef, et j'y renonce.

L'Indien sourit.

— Les visages pâles ont des yeux de taupes, dit-il.

— C'est possible; dans tous les cas, je vous serais reconnaissant de me prêter les vôtres.

— Bon, mon frère verra.

La Tête d'Aigle s'allongea sur le sol, Louis l'imita; tous deux alors se glissèrent en rampant dans le fourré. Au bout d'un quart-d'heure de cet exercice plus que fatigant, l'Indien s'arrêta.

— Que mon frère regarde, dit-il.

Ils se trouvaient dans une étroite clairière, ménagée au milieu de cet inextricable fouillis de branches d'arbres et de buissons, complétée par une profusion de lianes si bien enchevêtrées les unes dans les autres, qu'à moins d'une attention profonde et soutenue, il était impossible de soupçonner cette cachette.

Belhumeur et les deux Mexicains attendaient en fumant philosophiquement le retour de l'envoyé.

— Soyez le bien venu, s'écria le Canadien dès qu'il l'aperçut; comment trouvez-vous notre cachette? charmante, n'est-ce pas? C'est la Tête-d'Aigle qui l'a trouvée; ces diables d'Indiens ont un flair particulier pour dresser des embuscades; nous sommes aussi en sûreté ici que dans la cathédrale de Quebec.

Pendant ce flot de paroles, auquel il n'avait répondu que par une chaleureuse étreinte de la main droite, Louis s'était confortablement installé auprès de ses compagnons, et avait de fort bon appétit commencé à faire honneur aux provisions que ceux-ci lui avaient réservées.

— Mais où sont nos chevaux? demanda-t-il.

— Ici, à deux pas, introuvables pour d'autres que pour nous.

— Fort bien; mais avons-nous la faculté de les avoir aussi vite qu'il le faudra?

— Pardieu!

— C'est que nous en aurons probablement besoin bientôt.

— Ah! ah! mais, ajouta-t-il en se reprenant, je bavarde, je bavarde, et je ne remarque pas que vous devez avoir une faim canine; finissez de manger, nous causerons ensuite.

— Oh! je puis fort bien répondre tout en mangeant.

— Non, non, chaque chose en son temps; terminez votre déjeuner, nous vous écouterons ensuite.

Lorsque Louis eut fini de manger, il rendit compte, dans les plus grands détails, de la façon dont il s'était acquitté de sa mission.

— Tout cela est fort bien, dit Belhumeur dès qu'il eut terminé son rapport; je crois que nous pouvons désormais être rassurés sur le sort de nos compatriotes, surtout avec le secours des quarante peones du capataz, qui prendront l'ennemi entre deux feux.

— Oui, mais où s'embusqueront-ils?

— Cela regarde la Tête-d'Aigle. Le chef connaît à fond ce pays, il y a longtemps chassé, et je suis convaincu qu'il trouvera aux Mexicains un poste convenable; qu'en dites-vous, chef?

— Il est facile de se cacher dans la prairie, dit laconiquement l'Indien.

— Oui, observa don Martial, mais il y a une chose à laquelle vous ne songez pas.

— Laquelle?

— Je suis un habitant des frontières, habitué de longue main à la tactique indienne; les Apaches n'arriveront que précédés par un rideau de fumée, la plaine ne sera bientôt qu'une immense nappe de flamme, au milieu de laquelle nous nous débattrons vainement, et qui finira pas nous engloutir, si nous ne prenons pas les précautions nécessaires.

— C'est vrai, le cas est sérieux. Malheureusement, je ne vois qu'un moyen de se soustraire au danger qui nous menace, et ce moyen, nous ne pouvons l'employer.

—Quel est-il?

— Pardieu! ce serait de nous sauver.

— J'en connais un autre, moi, observa la Tête-d'Aigle.

— Vous, chef? Alors vous allez nous en faire part, n'est-ce pas?

— Que les visages pâles écoutent! Le rio Gila, comme tous les autres grands fleuves, entraîne dans son cours des arbres morts, et cela parfois en si grande quantité qu'ils finissent en certains endroits par obstruer complétement le passage; avec le temps, ces arbres se serrent les uns contre les autres, leurs branches s'entrelacent; puis viennent des herbes qui les lient encore plus étroitement et les cimentent; le sable, la terre s'amoncèlent sur ces énormes radeaux, sur lesquels poussent des herbes et qui de loin ressemblent à des îles, jusqu'à ce qu'arrive un orage ou une forte crue du fleuve, qui déracine le radeau, l'emporte au loin, le disjoint peu à peu et finit par l'anéantir.

— Oui, je sais cela. J'ai souvent eu des exemples de ce que vous nous dites en ce moment, chef, répondit Belhumeur. Ces radeaux finissent par avoir si bien l'apparence d'îles, que l'homme le plus habitué à la vie du désert et aux grands spectacles de la nature, y est souvent trompé lui-même. Je comprends tout ce que votre idée a d'avantageux pour nous; malheureusement je ne vois pas comment il nous sera possible de la mettre à exécution.

— De la façon la plus simple; l'œil de l'Indien est bon; il voit tout à deux portées de flèche. Au-dessus de la grande case des visages pâles, mon frère n'a-t-il pas vu un petit ilot éloigné de cinquante pas au plus du rivage?

— En effet, s'écria Belhumeur, ce que vous dites est parfaitement juste; je me rappelle maintenant cet îlot, auquel je ne songeais plus du tout.

— D'après la position qu'il occupe, il n'a rien à redouter de l'incendie, observa Louis; et s'il est assez considérable pour nous contenir tous, il nous sera excessivement utile en formant un poste avancé.

—Nous n'avons pas un instant à perdre, il faut en prendre immédiatement possession, le reconnaître, et lorsque nous serons certains qu'il nous offre toutes les garanties nécessaires, nous y conduirons les peones.

— En route, alors, et sans plus tarder, dit le Tigrero en se levant.

Les autres l'imitèrent, et les cinq hommes abandonnèrent la clairière.

Après avoir pris leurs chevaux, ils se dirigèrent vers l'îlot, guidés par la Tête-d'Aigle.

Le chef indien ne les avait pas trompés; avec ce coup-d'œil infaillible que possèdent ses compatriotes, il avait tout reconnu et sainement jugé de l'endroit qu'il avait si adroitement choisi.

Autre considération fort avantageuse pour les aventuriers: une ligne épaisse de paludiers bordait la rive du fleuve et s'avançait assez loin dans le courant pour diminuer la distance qui séparait l'île de la terre ferme, en formant une défense naturelle aux hommes cachés dans les hautes herbes; car il était de toute impossibilité que les Indiens pussent s'embusquer dans les paludiers pour inquiéter leurs ennemis, qui, eux au contraire, leur feraient beaucoup de mal.

Cet îlot, nous lui conserverons ce nom, bien qu'il ne fût en réalité qu'un radeau, était couvert d'une herbe drue, forte et serrée, haute de près de deux mètres, au milieu de laquelle hommes et chevaux disparaissaient complétement. Lorsque la reconnaissance fut terminée, Belhumeur et les deux Mexicains s'installèrent au centre, où ils placèrent leur bivouac, tandis que Louis et la Tête-d'Aigle regagnaient le rivage, afin d'aller à la rencontre du capataz et de ses gens.

Don Martial ne se souciait pas de les accompagner; il craignait, aussi près de la colonie, d'être reconnu par don Sylva, et préférait garder le plus longtemps possible un incognito nécessaire pour la réussite de ses projets ultérieurs.

Louis, après lui avoir offert de l'accompagner, n'insista pas et parut admettre son refus sans discussion.

La vérité était que le comte éprouvait sans pouvoir se l'expliquer, une espèce de répulsion pour cet homme, dont les manières cauteleuses et les hésitations continuelles l'avaient fort mal disposé en sa faveur.

La Tête-d'Aigle et Louis, certains que l'Ours-Noir s'était définitivement éloigné avec son détachement sans laisser d'espions dans la prairie, jugèrent inutile de faire faire aux Mexicains un long et fatigant trajet avant de les conduire au rendez-vous; en conséquence, ils s'embusquèrent dans les broussailles, à la pointe de l'isthme, afin de guetter leur sortie et de les amener immédiatement au rendez-vous.

Cependant la nouvelle apportée par le comte de Prébois-Crancé avait mis tout sans dessus dessous dans la colonie de Guetzalli. Bien que depuis la fondation de l'hacienda (grande ferme), les Indiens eussent cherché déjà à inquiéter les Français, les diverses tentatives qu'ils avaient faites n'avaient été que peu importantes, et c'était la première fois qu'en réalité les Français allaient avoir sérieusement à lutter contre leurs féroces voisins.

Le comte de Lhorailles avait avec lui environ deux cents Dauph'yeers, venus de Valparaiso, Gayaquil, Callao, enfin des différens ports du Pacifique, amplement fournis d'aventuriers de toute sorte.

Ces bonnes gens étaient un composé assez singulier de toutes les nationalités qui peuplent les deux hémisphères du globe; cependant les Français y dominaient. Demi-bandits, demi-soldats, ces hommes de sac et de corde, avaient dans le chef qu'ils avaient librement choisi, la confiance la plus entière et la foi la plus grande.

La nouvelle de l'attaque préméditée par les Apaches fut reçue de la garnison avec des cris de joie et d'enthousiasme. C'était une partie de plaisir pour ces aventuriers de faire le coup de fusil, afin, comme ils le disaient naïvement dans leur pittoresque langage, de se dérouiller un peu. Ils désiraient surtout faire voir aux Apaches la différence qui existe entre les colons créoles que depuis un temps immémorial ils ont pris l'habitude de tuer et de piller, avec des Européens qu'ils ne connaissaient pas encore.

Le comte n'eut donc aucune recommandation à leur faire pour les engager à tenir ferme; il fut au contraire obligé de réprimer leur ardeur et de les prier d'être prudens, en leur promettant que bientôt il leur procurerait l'occasion de se rencontrer en rase campagne avec les Peaux-Rouges.

On n'a pas oublié sans doute que le gouvernement mexicain avait accordé au comte de Lhorailles la concession de la colonie de Guetzalli, à la condition expresse de faire aux Apaches et aux Comanches une chasse sérieuse qui les rejetât à tout jamais loin des frontières mexicaines, qu'ils désolaient périodiquement depuis si longtemps.

C'est à cette condition de son traité avec le gouvernement que M. de Lhorailles faisait allusion à ses soldats.

Dès que toutes les dispositions de défense furent prises, c'est-à-dire que les postes furent assignés à chacun, les armes et les munitions distribuées, le comte s'en rapporta pour les détails à ses deux lieutenans, le Basque Diégo Léon et Martin Leroux, deux anciens soldats, sur lesquels il croyait pouvoir compter; puis il songea à Blaz Vasquez et à ses peones.

Il fallait, au cas probable où les Indiens auraient laissé des espions autour de la colonie, leur persuader que cette troupe se retirait réellement : pour cela, plusieurs mules furent chargées de provisions comme pour un long voyage; puis le capataz, bien endoctriné, se mit en tête de sa troupe et sortit de la colonie la carabine sur la hanche.

Le comte, don Sylva et les autres habitans suivirent du regard le petit détachement avec un intérêt facile à comprendre et prêts à le soutenir s'il était attaqué.

Mais rien ne bougea dans la prairie : le calme et le silence continuèrent à régner, et bientôt les Mexicains disparurent au milieu des hautes herbes.

— Je ne comprends rien à la tactique des Indiens, murmura don Sylva d'un air rêveur. Pour avoir laissé passer aussi tranquillement cette troupe, il faut qu'ils machinent quelque fourberie qui leur offre une grande chance de réussite.

— Nous saurons bientôt à quoi nous en tenir, répondit le comte; du reste, nous sommes prêts à les recevoir; je suis seulement désolé que dona Anita se trouve ici, non pas qu'elle coure le moindre danger, mais le bruit du combat l'effraiera.

— Non, seigneur comte, dit dona Anita, qui sortait de la maison en ce moment; ne craignez rien de pareil de ma part : je suis une vraie Mexicaine et non une de vos petites maîtresses européennes que la moindre chose fait évanouir ou tomber en défaillance. Souvent, dans des circonstances plus graves encore que celle-ci, j'ai entendu résonner à mon oreille le cri de guerre des Apaches sans cependant éprouver cette grande inquiétude que vous semblez aujourd'hui redouter pour moi.

Après avoir prononcé ces paroles avec cet accent hautain et profondément méprisant que les femmes savent si bien employer vis-à-vis de l'homme qu'elles n'aiment pas, dona Anita parla devant le comte sans lui jeter un regard et alla prendre le bras de son père.

Le Français ne répondit rien; il mordit ses lèvres jusqu'au sang et s'inclina en feignant de ne pas comprendre l'épigramme qui lui était lancée; il se réservait d'avoir plus tard une explication avec la jeune fille; car, bien qu'il n'aimât pas sa fiancée, ainsi que cela arrive toujours en pareil cas, il ne lui pardonnait pas d'être aimée par un autre et surtout de n'avoir pour lui que de l'indifférence; mais les événemens qui depuis deux jours s'étaient précipités avec une rapidité extrême, l'avaient empêché jusqu'alors de demander à dona Anita cette conversation suprême.

La fille de l'haciendero (grand fermier) était une Mexicaine-Indienne doublée d'Andalouse de pied en cap, tout feu et passion, n'obéissant qu'aux mouvemens précipités de son cœur. Aimant avec toutes les forces de son âme, sauvegardée par son amour pour don Martial, elle avait jugé le comte de Lhorailles de sangfroid ; elle avait, sous l'épiderme du gentilhomme, deviné le spéculateur; aussi son parti avait-il été pris immédiatement, sans arrière-pensée, de se mettre dans l'impossibilité absolue de devenir sa femme. Entamer une lutte ouverte avec son père...elle connaissait trop bien, pour s'y risquer, le vieux sang espagnol qui bouillait dans ses veines: la force des femmes, c'est la faiblesse apparente ; leur moyen de défense, la ruse. Aussi Indienne qu'Espagnole, elle choisit la ruse, cette arme terrible de la femme, et qui la fait quelquefois si redoutable.

XIII.

Blas Vasquez, le capataz (majordome) de don Sylva, avait vu naître dona Anita; sa femme lui avait servi de nourrice : c'est-à-dire qu'il était dévoué à la jeune fille, que sur un signe d'elle il aurait vendu son âme au démon.

Lorsque le comte de Prébois Crancé était venu à l'hacienda, cette visite avait fort intrigué la jeune fille; après le départ du Français, elle demanda d'un air indifférent au capataz des renseignemens que celui-ci ne vit aucun inconvénient à lui donner, d'autant plus que, bientôt, chacun devait, dans la colonie, connaître les nouvelles apportées par le comte; seulement, ce que personne ne pouvait savoir, et ce que dona Anita devina avec cet instinct du cœur qui ne trompe jamais, ce fut la présence du Tigrero parmi les chasseurs embusqués aux environs de l'hacienda.

En se séparant d'elle à Guaymas, don Martial lui avait dit qu'il veillerait constamment sur elle, et saurait la soustraire au sort dont on la menaçait; d'après cela, il était évident qu'il devait l'avoir suivie; s'il l'avait suivie, comme elle n'en doutait pas, il devait incontestablement faire partie des hommes de cœur qui en ce moment se dévouaient à son salut, tout en cherchant à sauver la colonie.

La logique du cœur est la seule qui soit positive et ne se trompe jamais; nous avons vu que dona Anita, éclairée par la passion, avait raisonné juste.

Lorsque la jeune fille eut obtenu du capataz tous les renseignemens qu'elle désirait:

—Don Blas, lui dit-elle, il est probable que si la colonie est attaquée, après les services que vous aurez été à même de nous rendre, et lorsque mon père et don Gaetano n'auront plus besoin de vous et de vos hommes ici, vous recevrez l'ordre de retourner à Guaymas?

— C'est probable, oui, senorita, répondit le brave homme.

— Il vous sera facile alors de me rendre un service, n'est-ce pas? reprit-elle en le regardant avec son plus charmant sourire.

— Ne savez-vous pas, senorita, que je me jetterais dans le feu?

— Je ne veux pas mettre votre amitié à une si dure épreuve, mon bon Blas; cependant, je vous remercie des sentimens que vous me témoignez.

—Que puis-je faire pour vous être agréable?

— Oh! une chose bien facile.

— Ah!

— Mon Dieu, oui; vous savez, fit-elle légèrement, que depuis fort longtemps, à tort ou à raison, j'ai la fantaisie de mettre comme tapis de pied dans ma chambre à coucher, deux peaux de jaguar?

— Non, répondit-il naïvement, je ne le savais pas.

— Ah!... eh bien! je vous l'apprends; ainsi maintenant vous le savez.

— Et je ne l'oublierai pas, senorita, soyez tranquille.

— Je vous remercie; mais ce n'est pas de cela positivement qu'il s'agit.

— De quoi donc?

—Mais de me procurer les peaux de jaguar, je suppose.

— C'est juste; eh bien! aussitôt libre de mes actions, rapportez-vous-en à moi.

— Il est inutile que vous vous exposiez, pour satisfaire un caprice, à devenir la proie de ces horribles animaux.

— Ah! senorita! fit-il d'un ton de reproche.

— Non; j'ai un moyen de me les procurer beaucoup plus facile.

— Ah! très bien; voyons-le.

— Il vient d'arriver à Guaymas, il y a quelques jours à peine, un tigrero renommé.

— Don Martial Asuzena? interrompit-il vivement.

— Vous le connaissez?

— Qui ne connaît pas don Martial, le Tigrero.

— Cela va tout seul alors.

— Comment cela ?

— De sa dernière chasse dans les prairies de l'ouest, ce tigrero a, dit-on, rapporté plusieurs magnifiques peaux de jaguars qu'il consentirait, je n'en doute pas, à céder pour un bon prix.

— J'en suis convaincu.

— Voici, dit-elle, en tirant de son sein un petit billet cacheté avec soin, un mot que vous remettrez à cet homme. Je lui écris la façon dont je veux que les peaux soient préparées, et le prix que je compte en donner. Voici de l'argent, ajouta-t-elle en lui remettant une bourse. Vous arrangerez tout cela comme vous l'entendrez.

— Il n'était pas besoin d'écrire, observa le capataz.

— Pardonnez-moi, mon ami; vous avez à songer à tant de choses, qu'une futilité pareille serait, j'en suis certaine, sortie de votre tête.

— Après cela, c'est possible; de cette façon, tout est bien mieux.

— N'est-ce pas? Ainsi, c'est convenu, vous ferez ma commission?

— En doutez-vous?

— Non, mon ami. Ah ! un mot encore. Ne parlez de rien à mon père; vous savez comme il est bon; il voudrait me faire ce cadeau, et je tiens à payer cette bagatelle sur mes économies de jeune fille.

Le capataz se mit à rire d'un air entendu. Le digne homme était heureux d'être de moitié dans un secret, si mince qu'il fût, avec son enfant chérie, ainsi qu'il nommait sa jeune maîtresse.

— C'est convenu, dit-il, je serai muet.

La jeune fille lui fit un signe d'amitié, et se retira joyeuse.

Que signifiait cette lettre? pourquoi l'écrivait-elle?

Nous le saurons bientôt.

La journée s'écoula tout entière à l'hacienda sans nouveaux incidens; seulement le comte de Lhorailles chercha à plusieurs reprises à avoir avec la jeune fille une conversation que celle-ci mit constamment tous ses soins à éviter.

Blaz Vasquez prit en sortant de l'hacienda la route de Guaymas, et, faisant doubler le pas à ses cavaliers, de crainte de surprise, il se plaça en tête de sa troupe.

A peine avait-il disparu aux yeux des habitans de la colonie et s'était il, l'espace de vingt minutes environ, enfoncé dans les hautes herbes, que soudain deux hommes, bondissant au milieu du sentier, arrêtèrent leurs chevaux à dix pas en face de lui.

De ces deux hommes, l'un était un Indien, tout le faisait voir; l'autre, le capataz le reconnut du premier coup d'œil, c'était l'homme qui le matin était venu à l'hacienda.

Vasquez commanda d'un geste à la troupe de faire halte, et s'avançant seul au-devant des étrangers :

— Par quel hasard vous rencontrai-je ici, senor Francès? dit-il, nous sommes encore bien loin du rendez vous que vous-même m'avez assigné.

Et il salua avec courtoisie.

Don Luis lui rendit son salut.

— Nous sommes loin en effet du rendez-vous, répondit-il; mais comme nous n'avons reconnu aucune piste des Apaches dans la prairie, nous avons jugé inutile de vous obliger à une longue traite; je suis envoyé pour vous guider vers l'embuscade que nous avons choisie.

— Vous avez eu raison. Avons-nous longtemps à marcher?

— Non, un quart d'heure à peine; nous allons à cet îlot que vous devez apercevoir d'ici, en vous haussant sur vos étriers, ajouta-t-il, en étendant le bras dans la direction de l'île.

— Eh ! fit le capataz, le poste est bien choisi : de là on commande le fleuve.

— Aussi, est-ce pour cela que nous nous sommes établis dans cette position.

— Veuillez donc nous servir de guide, sénor Francès, nous vous suivons.

Le détachement se remit en marche. Ainsi que l'avait annoncé don Luis, un quart d'heure plus tard, le capataz et ses quarante peones étaient campés sur l'îlot avec les cinq aventuriers, et si bien masqués par les herbes et les paludiers, que des deux rives du fleuve, il était impossible de les apercevoir.

Aussitôt que le capataz eut rempli ses devoirs de chef de détachement, il vint s'asseoir au feu du bivouac auprès de ses nouveaux amis, auxquels don Louis le présenta.

La première personne que Blas aperçut fut don Martial le Tigrero.

A sa vue, il ne put retenir un mouvement de surprise.

— *Caspita !* s'écria-t-il en éclatant de rire, la rencontre est singulière.

— Comment cela? demanda le Mexicain assez contrarié de cette reconnaissance, sur laquelle il ne comptait pas, car il ne se croyait pas connu du capataz.

— N'êtes-vous pas don Martial Asuzena le

Tigrero (chasseur de tigres)? continua Blas Vasquez.

— En effet, répondit don Martial de plus en plus inquiet.

— Ma foi ! il m'aurait été assez difficile de vous rencontrer à Guaymas, et certes, je ne m'attendais pas à vous trouver ici.

— Expliquez-vous, je vous prie ; je ne comprends rien à vos paroles.

— Je suis chargé d'une commission pour vous de la part de ma jeune maîtresse.

— Que voulez-vous dire ? s'écria le Tigrero, dont le cœur palpitait.

— Ce que je dis, pas autre chose ; dona Anita veut vous acheter, à ce qu'il paraît, deux peaux de jaguar.

— A moi ?

— Parfaitement.

Don Martial le regardait d'un air tellement effaré, que le capataz se remit à rire de plus belle ; ce rire réveilla le jeune homme et lui fit soupçonner que tout cela cachait un mystère, et que s'il continuait à paraître ainsi étonné, il éveillerait des soupçons chez le digne homme, qui probablement n'avait pas le mot de l'énigme.

— En effet, dit-il, comme s'il cherchait à se souvenir, je crois me rappeler qu'il y a quelque temps...

— Là ! interrompit le capataz, vous voyez bien ; du reste, j'étais chargé de vous remettre une lettre aussitôt que je vous rencontrerais.

— Une lettre ? de qui ?

— Eh ! mais de ma maîtresse, je suppose.

— De dona Anita ?

— Et de qui donc ?

— Donnez, donnez vite ! s'écria le Tigrero avec agitation.

Le capataz la lui présenta ; don Martial la lui arracha plutôt qu'il ne la lui prit des mains, en rompit le cachet d'une main tremblante et la dévora des yeux.

Lorsqu'il en eut achevé la lecture, il la cacha dans sa poitrine.

— Eh bien ! lui demanda le capataz, que vous dit ma maîtresse ?

—Pas autre chose que ce que vous m'avez dit vous-même, répondit le Tigrero d'une voix mal assurée.

Blaz Vasquez secoua la tête.

— Hum ! cet homme me cache certainement quelque chose, murmura-t-il. Dona Anita m'aurait-elle trompé ?

Cependant le Tigrero marchait avec agitation, semblant rouler quelqu'important projet dans sa tête ; enfin il s'approcha de Belhumeur, qui fumait silencieusement, et se penchant à son oreille, il prononça quelques mots à voix basse auxquels le Canadien répondit par un signe d'assentiment ; un éclair de joie illumina le visage sombre du Tigrero, qui fit signe à Cucharès de le suivre, et quitta le bivouac.

Quelques minutes plus tard, don Martial et le Lepero, tous deux à cheval, traversaient à la nage l'espace qui les séparait de la terre ferme.

Le capataz les aperçut au moment où ils allaient aborder.

Il poussa un cri d'étonnement.

— Eh ! mais, s'écria-t-il, le Tigrero nous quitte, il me semble ; où donc va-t-il ?

Belhumeur regarda le Mexicain de son air moitié figue et moitié raisin, et lui répondit avec un accent railleur :

— Qui sait ? peut-être va-t-il porter la réponse à la lettre qu'il a reçue par votre entremise.

—Ça ne serait pas impossible, reprit d'un air pensif le capataz, qui ne savait pas si bien dire.

En ce moment le soleil se couchait dans des flots de pourpre et d'or bien loin à l'horizon derrière la cime neigeuse des hautes montagnes de la Sierra-Madre ; la nuit n'allait pas tarder à envelopper la terre de son noir linceul.

. . . .

Les événemens se multiplièrent tellement pendant le cours de cette nuit, que nous sommes contraint, afin de faire marcher de front les divers incidens qui la remplirent, de passer incessamment d'un personnage à un autre.

Don Martial était riche, très riche même ; avide d'émotions, doué d'un caractère remuant et d'instincts belliqueux, il n'avait embrassé la profession de *tigrero* qu'afin de se donner à lui-même un prétexte plausible et un but sérieux à ses courses incessantes dans le désert, que sa vie entière s'était écoulée à parcourir dans tous les sens.

Les *tigreros* sont ordinairement des coureurs des bois ou des chasseurs émérites qui, pour une certaine rétribution et une prime sur chaque peau, s'engagent avec un *haciendero* pour tuer les bêtes fauves qui désolent son troupeau.

Ce que les autres faisaient pour de l'argent, lui, il l'accomplissait par goût et simplement pour son plaisir ; aussi était-il fort aimé sur les frontières et surtout fort recherché par tous les *hacienderos*, qui, à côté de l'adroit et intrépide chasseur, trouvaient encore en lui non seulement le bon compagnon mais aussi le *caballero*.

Don Martial avait, pour la première fois,

vu dona Anita à l'époque où le hasard de son existence aventureuse l'avait amené dans une *hacienda* appartenant à don Sylva, et où, dans l'espace d'un mois, il avait abattu une dizaine de bêtes fauves.

Comme le *Tigrero* épiait constamment la jeune fille, qu'il n'avait pu voir sans en devenir éperdûment amoureux, il se trouva qu'un jour où le cheval que montait dona Anita s'était emporté, il se rencontra à propos assez près d'elle pour la sauver, au risque de périr lui-même.

Ce fut à propos de cet événement que, pour la première fois, la jeune fille le remarqua et lui adressa la parole. On sait le reste.

Après avoir lu la lettre de dona Anita, don Martial avait quitté l'île en compagnie de Cucharès.

Cette détermination avait rendu le *Lepero* maussade; il maudissait intérieurement la folie qu'il avait faite de s'attacher à un homme comme celui qu'il suivait en ce moment l'oreille basse, et qui pouvait, d'un instant à l'autre, l'exposer à recevoir une flèche canelée au travers du corps sans bénéfice aucun et sans prétexte valable. Cependant Cucharès n'était pas homme à garder longtemps rancune au Tigrero. Il comprit qu'il fallait qu'il eût de bien fortes raisons pour quitter, à l'entrée de la nuit, un bivouac à l'abri des insultes des sauvages, renoncer au concours des chasseurs et se mettre à errer sans but apparent dans le désert; il brûlait de connaître ces raisons, mais il savait que don Martial était peu causeur, qu'il n'aimait pas surtout qu'on cherchât à découvrir ses secrets, et comme malgré toute sa forfanterie il avait intérieurement pour le Tigrero un grand respect, mêlé à une forte dose de crainte, il ajourna à un instant plus propice les nombreuses questions qu'il voulait lui faire.

Les deux hommes marchaient donc ainsi côte à côte, silencieusement, et laissant les rênes flotter sur le cou des chevaux, chacun réfléchissant à part soi; seulement Cucharès remarqua que le Tigrero, au lieu de s'enfoncer sous le couvert de la forêt, s'obstinait au contraire à suivre le bord de l'eau et à maintenir son cheval le plus près possible de la rive.

Cependant l'obscurité s'épaississait rapidement autour d'eux: les objets éloignés commençaient à se confondre avec les masses d'ombres de l'horizon, et bientôt ils se trouvèrent au milieu de complètes ténèbres.

Depuis quelque temps déjà le *Lepero* cherchait, soit en toussant, soit en poussant des exclamations, à attirer sans pouvoir y parvenir l'attention de son compagnon; mais lorsqu'il reconnut que la nuit était complétement devenue noire et que le *Tigrero* ne semblait pas s'en occuper et continuait à marcher toujours, il s'enhardit enfin à lui adresser la parole.

— Don Martial? dit-il.

— Hein? répondit insoucieusement celui-ci.

— Ne trouvez-vous pas qu'il serait temps de vous arrêter un peu?

—Pour quoi faire?

—Comment! pour quoi faire? répondit le *Lepero* avec un bond d'étonnement.

— Oui, nous ne sommes pas arrivés encore.

— Nous allons donc quelque part?

— Pourquoi aurions-nous quitté nos amis, sans cela?

— C'est juste. Mais où allons-nous? voilà ce que je voudrais savoir.

— Bientôt vous le saurez.

— Je vous avoue que cela me fera plaisir.

Il y eut un silence, pendant lequel ils continuèrent à avancer.

Ils avaient laissé à deux portées de fusil environ derrière eux la colline de Guetzalli, et avaient atteint une espèce de crique qui, à cause des sinuosités du fleuve, se trouvait presque en parallèle avec le derrière de l'*hacienda*, dont la masse sombre et imposante s'élevait devant eux, et les abritait de son ombre.

Don Martial s'arrêta.

— Nous sommes arrivés, dit-il.

—Enfin! murmura le *Lepero* avec un soupir de satisfaction.

— Je veux dire, reprit le *Tigrero*, que la partie la plus facile de notre expédition est terminée.

— Nous faisons donc une expédition?

—Pardieu! croyez-vous donc, mon cher, que c'est pour mon plaisir uniquement que je me promène ainsi à la belle étoile le long des rives du Gila?

— Cela m'étonnerait aussi.

— Maintenant notre expédition va réellement commencer.

— Bon!

— Seulement, je dois vous avertir qu'elle est assez dangereuse; du reste, j'ai compté sur vous.

— Je vous remercie, répondit Cucharès en faisant une grimace qui avait la prétention de ressembler à un sourire.

La vérité était que le *Lepero* aurait préféré que son ami ne lui donnât pas cette marque de confiance.

Don Martial continua.

— Nous allons là, dit-il, en étendant le bras dans la direction du fleuve.

—Comment, là? à l'*hacienda?*

—Oui!

— Vous voulez donc nous faire écharper?

— Comment cela?

— Croyez-vous que nous atteindrons l'*hacienda* sans être découverts?

— C'est ce que nous allons tenter.

— Oui, et comme nous ne réussirons pas, ces démons de Français, qui sont aux aguets, nous prendront pour des sauvages et nous fusilleront bel et bien.

— C'est une chance à courir.

— Merci! je préfère rester ici; car, je l'avoue, je ne suis pas encore assez fou pour aller, de gaieté de cœur, me jeter dans la gueule du loup; allez-y si bon vous semble; pour moi, je reste ici.

Le *Tigrero* ne put réprimer un sourire.

— Le danger n'est pas aussi grand que vous le supposez, dit-il; nous sommes attendus à l'*hacienda* par quelqu'un qui aura sans doute éloigné les sentinelles de l'endroit où nous aborderons.

— C'est possible, mais je préfère ne pas en faire l'expérience; car une balle ne pardonne pas; avec cela que ces diables de Français tirent juste à faire frémir.

Le *Tigrero* ne répondit pas, il ne sembla même pas avoir entendu l'observation de son compagnon; son esprit était ailleurs. Le corps penché en avant, il écoutait.

XIV.

Depuis quelques minutes, le désert prenait une apparence singulière; il se réveillait, des bruits sans nom sortaient des profondeurs des fourrés et des clairières; des animaux de toutes sortes s'élançaient du couvert et passaient éperdus auprès des deux hommes sans les voir; les oiseaux, réveillés dans leur premier sommeil, s'élevaient en poussant des cris aigus, et volaient en longs cercles dans les airs; sur le fleuve on voyait les silhouettes des bêtes fauves qui nageaient vigoureusement pour atteindre l'autre rive. Evidemment il se passait quelque chose d'extraordinaire.

Par intervalles, des crépitemens secs et des pétillemens, suivis de mugissemens sourds comme ceux d'une eau qui monte, s'élevaient dans le silence, et d'instans en instans devenaient plus intenses.

A l'extrême limite de l'horizon, une large bande d'un rouge sanglant, s'élargissant de minute en minute, répandait sur le paysage une lueur de pourpre et d'or qui lui donnait une apparence fantastique.

Déjà, à deux reprises différentes, d'énormes nuages de fumée, pailletés d'étincelles, avaient passé en tourbillonnant au dessus de la tête des deux hommes.

— Ah çà! que se passe-t-il donc? s'écria tout à coup le *lepero*; voyez donc nos chevaux, don Martial.

En effet, les nobles bêtes, le cou allongé, les oreilles couchées, aspiraient l'air avec force, frappant du pied et cherchant à échapper à leurs cavaliers.

— Ce qu'ils ont, *caspita*! répondit tranquillement le *Tigrero*, ils sentent le feu, voilà tout.

— Comment, le feu! Vous croyez que le feu est à la prairie?

— Je ne le crois pas, j'en suis sûr; il ne tient qu'à vous de le voir comme moi.

— Hum! Qu'est-ce que cela signifie?

— Pas grand'chose, c'est une des ruses habituelles des Indiens; nous sommes à la lune des Comanches, ne le savez-vous pas?

— Permettez: je ne suis pas un coureur des bois, moi; je vous avoue que tout cela m'effraie extrêmement, et que je donnerais quelque chose de grand cœur pour en être hors.

Le *lepero* fit un geste.

— Vous êtes un enfant, reprit en riant don Martial; il est évident que ce sont les Indiens qui, pour dissimuler leur nombre, ont incendié la prairie; ils viennent derrière le feu, et bientôt vous entendrez résonner leur cri de guerre au milieu des tourbillons de flamme et de fumée qui s'approchent incessamment et ne tarderont pas à vous envelopper de toutes parts. En demeurant ici vous courez trois risques inévitables: être rôti, scalpé ou tué, choses fort peu gracieuses et qui, je n'en doute pas, vous sourient médiocrement. Croyez-moi, venez avec moi; si vous êtes tué, eh bien! que voulez vous, c'est une chance à courir. Voyons, descendez-vous? le feu nous gagne; bientôt il ne sera plus temps. Que faites-vous?

— Je vous suis, répondit le *lepero* d'une voix dolente; il le faut bien! J'étais fou, le diable m'emporte, de quitter Guaymas où j'étais si heureux, où je vivais à ne rien faire, pour venir me fourrer dans de pareils guêpiers. Je vous affirme bien par exemple que si j'en réchappe, celui qui m'y reprendra sera bien fin.

— Bah! bah! on dit toujours cela; hâtons-nous, le temps presse.

En effet, le désert, dans un espace de plusieurs lieues, brûlait comme le cratère d'un volcan immense ; les flammes ondulaient et couraient comme les flots de la mer, tordant et coupant les arbres les plus gros comme des fétus de paille.

De l'épais rideau de fumée couleur de cuivre rouge qui précédait l'incendie, s'échappaient à chaque instant des bandes de coyotes, de bisons et de jaguars qui, affolés de terreur, se précipitaient dans le fleuve en poussant des mugissemens et des cris assourdissans.

Don Martial et le *Lepero* mirent leurs chevaux à la nage.

Les nobles bêtes, poussées par leur instinct, s'élancèrent dans la direction de l'autre rive du fleuve.

Cette partie du désert formait un étrange contraste avec celle que les deux hommes abandonnaient; celle-ci paraissait une fournaise immense où tout était rumeurs, vagues, cris de détresse, d'angoisse et de terreur; mer de feu, avec sa houle et ses lames grandioses, dont la dévorante activité engloutissait tout sur son passage, franchissant les vallons, escaladant les montagnes, et, du même coup réduisant en cendres impalpables les produits du règne végétal et ceux du règne animal.

Le Gila, à cette époque de l'année, gonflé par les pluies qui tombent dans la sierra, atteint une largeur double de celle qu'il a pendant l'été; son courant est fort et souvent dangereux à cause de sa rapidité; mais au moment où les deux aventuriers le traversaient, les nombreux animaux qui, en masse serrée, cherchaient en même temps à le franchir, avaient si bien rompu sa force, qu'ils exécutèrent la traversée d'une rive à l'autre dans un espace de temps comparativement fort court.

— Eh! observa Cucharès au moment où les chevaux prenaient pied et commençaient à gravir la berge, ne m'aviez-vous pas dit, don Martial, que nous nous rendions à l'*hacienda*? Nous n'en prenons pas le chemin, il me semble.

— Il vous semble mal, compagnon; souvenez-vous de ceci : au désert, il faut toujours avoir l'air de tourner le dos au but que l'on veut atteindre, sous peine de n'arriver jamais.

—Ce qui veut dire?...

— Que nous allons entraver nos chevaux sous ce bouquet de mesquites et de cèdres-acajous, où ils seront parfaitement en sûreté, et que nous allons nous diriger vers l'*hacienda*.

Le *Tigrero* mit immédiatement pied à terre, conduisit son cheval sous l'abri des grands arbres, lui retira la bride afin qu'il pût brouter, l'entrava avec soin, et retourna vers la plage.

Cucharès, avec cette résolution du désespoir qui, dans certaines circonstances, ressemble à s'y méprendre à du courage, avait de point en point imité les mouvemens de son compagnon. Le digne *lepero* avait définitivement pris un parti héroïque : persuadé intérieurement qu'il était perdu, il se laissait aller à la volonté de sa bonne ou de sa mauvaise étoile, avec ce fanatisme des métis qui ne peut être comparé qu'à celui des Orientaux.

Nous l'avons dit, ce côté du fleuve était plongé dans l'ombre et le silence, les aventuriers étaient donc provisoirement à l'abri de tout péril.

— Mais, fit encore le *Lepero*, la course est un peu longue d'ici à l'*hacienda*; je ne pourrai jamais nager jusques là.

— Patience; nous trouverons, j'en suis certain, si nous prenons la peine de chercher un peu, les moyens de l'abréger. Eh! tenez, fit-il au bout d'un instant, que vous disais-je?

Le *Tigrero* montrait du doigt au *Lepero* une pirogue amarée à un piquet dans une petite anse de la côte.

— Les colons viennent souvent pêcher ici, continua-t-il, ils ont plusieurs pirogues cachées ainsi d'espace en espace. Nous prendrons celle-ci, et en quelques minutes nous serons rendus. Savez-vous manœuvrer une pagaie?

— Oui, lorsque je n'ai pas peur.

Don Martial le regarda quelques secondes, puis lui posant rudement la main sur l'épaule :

— Ecoutez, Cucharès, mon ami, lui dit-il d'une voix brève, je n'ai pas le temps de discuter avec vous; j'ai des raisons extrêmement sérieuses d'agir ainsi que je le fais; il me faut de votre part un concours dévoué, sans arrière-pensée ni hésitation; tenez-vous pour averti. Vous me connaissez, au premier mouvement suspect, je vous fais sauter la cervelle comme à un coyote. Maintenant, aidez-moi à parer cette pirogue, et partons vivement.

Le *lepero* comprit; il se résigna. En quelques minutes la pirogue fut prête et les deux hommes dedans.

Le trajet qu'ils avaient à faire pour atteindre les derrières de l'*hacienda* n'était pas très long, mais il était hérissé de dangers : d'abord, à cause de la force du courant, qui entraînait avec lui un nombre considérable de souches et d'arbres morts, pour la plupart encore garnis de leurs branches, et qui, flottant à moitié submergés dans la rivière, risquaient à chaque pas de faire chavirer la frêle embarcation ; puis les animaux qui continuaient à fuir l'incendie, traversaient le fleuve en troupes serrées, et si la pirogue se trouvait prise au milieu d'une de ces *manadas* affolées de terreur, elle serait inévitablement broyée ainsi que ceux qu'elle portait: le moindre danger que couraient les aventuriers était de recevoir une balle des sentinelles embusquées dans les épais taillis qui défendaient l'approche de la colonie du côté du fleuve. Mais ce danger n'était rien, comparativement aux autres que nous avons d'abord signalés: tout portait à supposer que les Français, mis en éveil par les lueurs blafardes de l'incendie, dirigeraient tous leurs regards du côté de la terre ferme. Du reste, don Martial se croyait assuré de n'avoir rien à redouter des sentinelles, qui avaient dû être éloignées.

Sur un signe de don Martial, le *lepero* prit ses pagaies. Ils partirent.

L'incendie s'éloignait rapidement dans la direction de l'ouest, continuant toujours ses ravages.

La pirogue avançait lentement et avec précaution, au milieu des obstacles sans nombre qui, à chaque instant, entravaient sa marche.

Cucharès, pâle comme un cadavre, les cheveux hérissés, les yeux agrandis par la terreur, pagayait avec frénésie, tout en recommandant avec ferveur son âme à tous les saints de l'innombrable légende espagnole, convaincu plus que jamais qu'il ne sortirait pas sauf de l'entreprise dans laquelle il s'était, à son avis, lancé si maladroitement.

Du reste, la position était grave, il fallait toute la résolution dont était doué le *Tigrero*, et surtout la surexcitation que lui causait le but qu'il voulait atteindre, pour que lui-même ne se laissât pas aller à partager la frayeur qui s'était emparée de son compagnon.

Plus ils avançaient, plus les obstacles croissaient devant eux; obligés à des détours continuels, à cause des arbres qui leur barraient continuellement le passage, ils ne faisaient pour ainsi dire que tourner sur eux-mêmes, contraints de repasser dix fois à la même place et de veiller de tous côtés à la fois, afin de ne pas être chaviré tout à coup par les obstacles visibles ou invisibles qui se dressaient devant eux.

Depuis deux heures environ, ils faisaient cette pénible navigation ; ils approchaient insensiblement de l'*hacienda*, dont la masse noire se dessinait sur le ciel étoilé. Soudain, un cri terrible, poussé par un nombre considérable de voix, traversa l'espace, et une décharge d'artillerie et de mousqueterie éclata comme un tonnerre.

— Sainte Vierge ! s'écria Cucharès en abandonnant les pagaies et en joignant les mains, nous sommes perdus !

— *Caraï !* dit le *Tigrero*, au contraire, nous sommes sauvés ! Les Indiens attaquent la colonie, tous les Français sont aux retranchemens, nul ne songe à nous surveiller. Hardi ! mon garçon, encore un coup de pagaie et tout est fini.

— Dieu vous entende ! murmura le *lepero*, en se remettant à pagayer d'une main tremblante.

— Eh ! l'attaque est sérieuse, il paraît. Tant mieux! plus on se battra là-bas, moins on fera attention à nous ici ; avançons toujours.

Du côté de l'isthme on entendait le bruit du combat, qui, à chaque instant, devenait plus fort.

Les deux aventuriers, perdus dans l'ombre, pagayeaient silencieusement, s'approchant insensiblement de l'*hacienda*.

Don Martial jeta un regard interrogateur autour de lui; tout était silencieux dans cette partie du fleuve éloigné, à peine d'une demi-portée de pistolet de l'*hacienda*. Rien ne donnait à supposer qu'on les eût aperçus.

Le *Tigrero* se pencha sur son compagnon.

— Assez, lui dit-il à voix basse, nous sommes arrivés.

— Comment ! arrivés, répéta le *lepero* d'un air effaré, nous sommes encore loin !

— Non ; à l'endroit où nous nous trouvons, quoi qu'il arrive, vous n'avez rien à redouter de qui que ce soit ; restez dans la pirogue, amarrez-la contre une des souches qui vous entourent, et attendez-moi.

— Mais vous ?

— Moi, je vais vous quitter pour une heure ou deux; surtout veillez avec soin. Si vous aperceviez quelque chose de nouveau, vous imiteriez le cri de la poule d'eau à deux reprises différentes ; vous me comprenez ?

— Parfaitement. Mais si un danger sérieux nous menaçait, que devrais-je faire ?

Le *Tigrero* réfléchit un instant.

— Quel danger peut vous menacer ici ? dit-il.

— Je l'ignore ; mais les Indiens sont des

démons incarnés; avec eux, il faut tout prévoir.

— Vous avez raison. Eh bien ! au cas où un danger sérieux nous menacerait, mais dans ce cas-là seulement, vous m'entendez, après avoir fait votre signal, vous accosterez avec la pirogue à cette pointe que vous voyez d'ici : ce sont des paludiers au milieu desquels vous serez complètement à l'abri et où je vous rejoindrai immédiatement.

— C'est entendu. Mais vous, comment saurai-je où vous trouver ?

— J'imiterai deux fois le cri du chien des prairies. Maintenant, soyez prudent.

— Rapportez-vous-en à moi.

Le *Tigrero* se débarrassa des vêtemens qui pouvaient le gêner, tels que son *zarape* et ses *botas vaqueras*, ne garda sur lui que son pantalon et sa veste, passa son couteau dans sa ceinture, attacha ses pistolets, son rifle et sa cartouchière en un seul paquet et imita à s'y méprendre le chant du *maukawès*. Bientôt un chant semblable s'éleva du rivage ; alors le *Tigrero*, après avoir fait une dernière recommandation à son compagnon, assujettit solidement ses armes sur sa tête et se laissa doucement couler dans l'eau. Le *Lepero* l'aperçut bientôt nageant silencieusement et vigoureusement dans la direction de l'*hacienda* ; mais peu à peu, il se perdit dans l'éloignement et ne tarda pas à se confondre avec les ténèbres de la rive.

Dès qu'il fut seul, Cucharès, sans se rendre bien compte de la raison qui le poussait à agir ainsi, commença par visiter avec soin ses armes, dont il changea les amorces, afin d'être prêt à tout événement et de ne pas risquer d'être pris au dépourvu ; puis, rassuré par le calme qui régnait aux environs, il se coucha, malgré les recommandations du *Tigrero*, dans le fond de la pirogue, et se prépara à dormir.

Les bruits du combat avaient diminué peu à peu, et ils avaient fini par s'éteindre entièrement; on n'entendait plus ni cris ni coups de feu ; les Indiens, repoussés par les colons, avaient renoncé à leur attaque. Les lueurs de l'incendie devenaient de moins en moins vives; le désert semblait être complétement retombé dans son silence et sa solitude habituelle.

Le *lepero*, couché sur le dos dans le fond de la pirogue, regardait les étoiles brillantes qui scintillaient dans le bleu du ciel. Doucement bercé par la houle, il se laissait aller à rêver insoucieusement; ses yeux se fermaient par intervalle; enfin, il était arrivé à ce point qui n'est ni la veille ni le sommeil, et n'allait probablement pas tarder à s'endormir, lorsqu'au moment où il s'abandonnait et avant de fermer définitivement les yeux, il jetait par acquis de conscience un dernier regard déjà voilé par le sommeil, sur le paysage, il tressaillit, réprima avec peine un cri de frayeur et se redressa si vivement qu'il manqua de faire chavirer la pirogue.

Cucharès avait eu une vision affreuse; il se frotta vigoureusement les yeux afin de s'assurer qu'il était bien éveillé, et regarda de nouveau.

Ce qu'il avait pris pour une vision était bien réel; il avait bien vu.

Nous avons dit que le fleuve charriait un nombre considérable de souches et d'arbres morts encore chargés de leurs branches. Depuis quelque temps, une quantité énorme de ces arbres s'était réunie et agglomérée autour de la pirogue sans que le *lepero* pût attribuer une raison plausible à ce fait singulier, d'autant plus que ces arbres, qui, par la force des lois naturelles, devaient suivre le courant et descendre avec lui, le coupaient au contraire dans toutes les directions, et, au lieu de tenir le milieu du fleuve, tendaient à se rapprocher incessamment de la rive où s'élevait l'*hacienda*.

Chose plus extraordinaire encore, la marche de ces bois flottans était si bien réglée, que tous se dirigeaient vers le même point, c'est-à-dire l'extrémité de l'isthme, le derrière de l'*hacienda;* puis, fait effrayant, Cucharès voyait briller des yeux flamboyans, se dessiner des têtes hideuses, des profils affreux, au milieu de ce fouillis de branches, de souches et d'arbres entrelacés.

Il n'y avait pas à en douter, chaque arbre recélait au moins un Apache; les Indiens ayant échoué d'un côté dans leur tentative, cherchaient à surprendre la colonie par le fleuve et venaient à la nage, cachés par les arbres, au milieu desquels ils étaient embusqués.

La position du *lepero* était perplexe. Jusqu'à ce moment, les Indiens, tout à l'exécution de leur projet, n'avaient sans doute pas fait attention à la pirogue, ou s'ils l'avaient vue ils avaient pensé qu'elle appartenait à quelqu'un des leurs; mais à chaque instant l'erreur pouvait être découverte, le *lepero* le reconnut, et alors, il le savait trop bien, il était perdu sans rémission.

Déjà, à deux ou trois reprises différentes, des mains s'étaient pendant quelques secondes posées sur les bords de la frêle embarcation, sans que, par un hasard providentiel, les maîtres de ces mains eussent songé à jeter un regard dans l'intérieur de la pirogue.

Toutes ces réflexions et bien d'autres encore, le pauvre Cucharès les faisait couché en apparence fort confortablement au fond de la pirogue, doucement balancé par les flots, et voyant défiler au dessus de sa tête les étoiles brillantes du firmament. Les traits crispés par la terreur, la face blémie, tenant convulsivement serrée dans chaque main la crosse d'un pistolet, se recommandant mentalement à son saint patron, il attendait la catastrophe que chaque minute qui s'écoulait rendait plus imminente.

Il n'attendit pas longtemps.

XV.

Parmi les nations indomptées qui errent dans les vastes déserts compris dans le delta formé par le rio Gila, le rio del Norte et le Colorado, deux se sont arrogé la souveraineté sur les autres · ces deux nations sont les Apaches et les Comanches.

Ennemies irréconciliables, sans cesse en guerre l'une contre l'autre, ces deux nations se réunissent cependant et s'unissent dans une haine commune contre les blancs ou tout ce qui appartient à cette race abhorrée.

Excellens cavaliers, intrépides chasseurs, guerriers cruels et sans pitié, les Comanches et les Apaches sont pour les habitans du nouveau Mexique de redoutables voisins. Chaque année, à la même époque, ces féroces guerriers s'élancent au nombre de plusieurs milliers du fond de leurs déserts, franchissent les fleuves à gué ou à la nage et envahissent, sur plusieurs points, les frontières mexicaines, brûlant, saccageant tout ce qui se trouve sur leur passage, emmenant les femmes et les enfans en esclavage, et répandant la terreur et la désolation à plus de dix et quelquefois vingt lieues dans l'intérieur du territoire civilisé.

A l'époque de la domination espagnole, il n'en était pas ainsi. De nombreuses missions, des *presidios*, des postes établis de distance en distance et des corps de troupes, spécialement chargés de ce service, disséminés sur toute la frontière, repoussaient les attaques des Indiens, les refoulaient dans leurs déserts et les contenaient dans les limites de leurs territoires de chasse; mais depuis la proclamation de leur indépendance, les Mexicains ont eu si fort à faire à s'entre-tuer et à s'entre-déchirer au moyen de révolutions sans but et sans moralité, que les postes ont été rappelés, les missions saccagées, les *presidios* abandonnés, et les frontières se sont gardées comme elles l'ont pu, c'est-à-dire pas du tout. Alors, il en est résulté que les Indiens se sont peu à peu rapprochés, ont de nouveau franchi les rivières, et ne trouvant aucune résistance sérieuse devant eux, par la raison toute simple que le gouvernement de Mexico défend, sous les peines les plus graves, de donner des armes à feu aux Indiens civilisés, qui seuls auraient pu combattre avantageusement contre les envahisseurs, ceux-ci ont reconquis en quelques années à peine ce qu'il avait fallu à l'Espagne avec sa puissance des siècles pour leur faire perdre. Il résulte de tout cela que les terres les plus fertiles et les meilleures du monde restent en friche, que l'on ne peut faire un pas dans ces malheureuses contrées sans rencontrer des ruines encore fumantes, et que l'audace des sauvages s'est si bien accrue, que maintenant ils ne se donnent même pas la peine de cacher leurs expéditions, que chaque année ils les font à la même époque, le même mois, presque le même jour, et que ce mois est appelé par eux en dérision *la lune du Mexique*, c'est-à-dire lune pendant laquelle on pille les Mexicains.

Tous les faits que nous rapportons ici seraient le comble de la bouffonnerie s'ils n'étaient le comble de l'atrocité.

L'Ours-Noir avait formé la grande confédération dont nous avons parlé précédemment, dans le but de se relever aux yeux de ses compatriotes, que plusieurs expéditions malheureuses avaient considérablement refroidis à son égard. Comme tous les chefs indiens importans, il était ambitieux; déjà il avait réussi à détruire certaines peuplades et à les fondre dans sa nation; il n'aspirait à rien moins qu'à réduire les Comanches et à les obliger à reconnaître sa suzeraineté; entreprise difficile, pour ne pas dire impossible, car la nation comanche est à juste titre reconnue pour la plus belliqueuse et la plus redoutable du désert : cette nation qui s'intitule elle-même orgueilleusement la reine des prairies, ne souffre qu'à peine la présence des Apaches sur le terrain qu'elle considère comme lui appartenant et formant ses territoires de chasse. Les Comanches ont sur les autres Indiens des prairies un avantage immense, avantage qui fait leur force et les rend si terribles aux nations contre lesquelles ils combattent. Grâce au soin qu'ils ont pris de ne jamais boire de liqueurs spiritueuses, ils ont échappé à l'abrutissement général et à la plupart des maladies qui déciment les autres Indiens, et ils se sont conservés vigoureux et intelligens.

Le Moqueur, pas plus que l'Ours-Noir, ne croyait à la durée de l'alliance jurée entre les deux nations : la haine qu'il portait aux Apaches avait d'ailleurs de trop profondes racines pour qu'il le désirât. Mais la fondation de la colonie de Guetzalli par les Français, en établissant en permanence des blancs sur un territoire qu'ils considéraient comme leur appartenant, était une menace trop sérieuse pour les Comanches et les autres indiens bravos, pour qu'ils ne cherchassent pas par tous les moyens à se débarrasser de ces voisins redoutables. Ils avaient donc pour un moment fait taire devant l'intérêt général leurs vieilles rancunes et leurs inimitiés particulières, et s'étaient réunis pour cela, mais pour cela seulement. Il était tacitement convenu entre eux que, les étrangers expulsés, chacun serait libre d'agir à sa guise.

Nous avons vu de quelle façon le Moqueur avait commencé les hostilités ; l'Ours-Noir avait un projet qu'il mûrissait depuis longtemps déjà, sans avoir encore eu en son pouvoir les moyens de le mettre à exécution. Ne sachant où trouver les renseignemens nécessaires pour l'expédition qu'il voulait tenter, il était allé à Guaymas; le *Tigrero*, en lui proposant de s'introduire en qualité de guide dans la colonie, lui avait fourni sans s'en douter le prétexte qu'il cherchait; aussi, pendant le peu d'heures qu'il avait passées dans l'*hacienda* n'avait-il pas perdu son temps, et avec cette astuce particulière aux Indiens, avait-il reconnu dans les plus grands détails tous les points faibles de la place.

Une autre raison était venue encore éperonner son désir de s'emparer de l'*hacienda* : de même que tous les Peaux-Rouges, son rêve depuis longtemps était d'avoir dans sa hutte une femme blanche; la fatalité, en jetant sur sa route dona Anita, avait subitement ravivé l'espoir secret qu'il caressait, et lui avait fait supposer qu'il posséderait enfin la femme qu'il cherchait depuis si longtemps sans la pouvoir rencontrer.

Que l'on ne croie pas que l'Ours-Noir aimait dona Anita ; non, il voulait une femme blanche, voilà tout; il était humilié de savoir que les autres chefs de sa nation avaient des esclaves de cette couleur, tandis que lui seul n'en avait pas. Dona Anita eût été laide, il aurait de même essayé de s'en emparer ; elle était belle, tant mieux; et encore nous ajouterons que le chef apache ne la trouvait pas belle : au point de vue de ses idées indiennes, la jeune femme était tout au plus passable ; la seule chose qu'il prisait en elle, c'était sa couleur.

L'Ours-Noir, placé avec ses principaux guerriers sur la pointe de l'île, demeura silencieux, les bras croisés sur la poitrine, les yeux fixés dans l'espace jusqu'au moment où les premières lueurs de l'incendie allumé par le Moqueur colorèrent l'horizon de reflets sanglans.

— Mon frère le Moqueur est un chef expérimenté, dit-il, et un allié fidèle; il a bien rempli la mission dont il s'était chargé ; il enfume en ce moment les chiens faces pâles; ce que les Comanches ont commencé, les Apaches le finiront.

— L'Ours-Noir est le premier guerrier de sa nation, répondit la Petite-Panthère; qui oserait lutter avec lui?

Le sachem indien sourit à cette flatterie.

— Si les Comanches sont des antilopes, les Apaches sont des loutres; ils savent quand il veulent nager dans les eaux aussi bien que marcher sur la terre et voler dans les airs; les visages pâles ont vécu; le Grand-Esprit est en moi, c'est lui qui me dicte les paroles que souffle ma poitrine.

Les guerriers s'inclinèrent.

L'Ours-Noir reprit après un instant de silence :

— Qu'importe aux guerriers apaches les tubes enflammés des visages pâles! N'ont-ils pas de longues flèches cannelées et des cœurs intrépides? Mes fils me suivront, et nous prendrons les chevelures de ces chiens pâles pour les attacher à la crinière de nos chevaux, et leurs femmes seront nos esclaves.

Des cris de joie et d'enthousiasme accueillirent ces paroles.

— Le fleuve charrie de nombreux troncs d'arbres; mes fils ne sont pas des femmes, pour se fatiguer inutilement; ils se placeront sur ces arbres morts et se laisseront dériver au courant jusqu'à la grande hutte des faces pâles. Que mes fils se préparent : l'Ours-Noir partira à la seizième heure, alors que la hulotte bleue aura chanté deux fois et que le walkon aura fait entendre son cri aigu. J'ai dit. Deux cents guerriers suivront l'Ours-Noir.

Les chefs s'inclinèrent respectueusement devant le sachem et le laissèrent seul.

Celui-ci s'enveloppa dans sa robe de bison, s'accroupit auprès d'un brasier brûlant devant lui, alluma son calumet au moyen d'une baguette-médecine garnie de grelots et de plumes, et demeura silencieux, les yeux fixes sur la lueur qui grandissait toujours à l'horizon.

L'île où le chef apache avait établi son camp n'était qu'à peu de distance de la colonie française; le projet de se laisser dériver au courant n'avait rien de fort périlleux pour ces hommes habitués à tous les exercices du corps et qui nageaient comme des poissons, et il avait l'immense avantage de dissimuler complétement l'approche des guerriers cachés par l'eau et les branches, et qui, à un moment donné, fondraient comme une tourbe de vautours affamés sur la colonie.

L'Ours-Noir était tellement convaincu de la réussite de ce stratagème, qu'une cervelle indienne était seule capable de concevoir, qu'il ne voulait avec lui qu'une troupe de deux cents guerriers d'élite, jugeant inutile d'en emmener davantage contre des ennemis surpris à l'improviste, et qui, obligés de se défendre contre les Comanches du Moqueur, seraient attaqués par derrière et massacrés avant même d'avoir eu le temps de se reconnaître.

La nuit vient rapidement et tombe presque tout à coup dans ces contrées où le crépuscule a à peine la durée d'un éclair; bientôt tout fut ténèbres; seulement, dans le lointain, une large bande d'un rouge cuivré dénonçait la marche de l'incendie à la suite duquel, comme une tourbe de loups hideux, marchaient les Comanches galoppant sur cette terre chaude encore, et foulant du pied de leurs chevaux les tisons et les charbons à peine éteints et pas encore refroidis.

Lorsque l'Ours-Noir jugea que le moment était venu, il éteignit son calumet, secoua paisiblement la cendre du fourneau et fit un geste compris immédiatement par la Petite-Panthère, qui se tenait aux aguets pour exécuter les ordres qu'il plairait au chef de lui donner.

Presqu'immédiatement parurent les deux cents guerriers choisis par le sachem pour cette expédition.

C'étaient tous des hommes d'élite; armés du casse-tête et de la lance, ils avaient leur bouclier rejeté sur le dos.

Après un moment de silence employé par le chef à passer une espèce d'inspection de ses guerriers,

— Nous allons partir, dit-il d'une voix profonde; les visages pâles que nous sommes destinés à combattre ne sont pas des Yoris; on les dit très braves; mais les Apaches sont les guerriers les plus braves du monde; nul ne peut lutter contre eux. Mes fils se feront tuer, mais ils seront vainqueurs.

— Les guerriers se feront tuer, répondirent les Indiens d'une seule voix.

— Ooah ! reprit l'Ours-Noir, mes fils ont bien parlé, l'Ours-Noir a confiance en eux. Le Wacondah (Grand-Esprit) ne les abandonnera pas ; il aime les hommes rouges. Maintenant, mes fils vont réunir les arbres morts flottant sur le fleuve et s'abandonner au courant avec eux. Le cri du condor leur servira de signal pour fondre sur les visages pâles.

Les Indiens se mirent immédiatement en devoir d'exécuter l'ordre du chef. Chacun, à l'envi l'un de l'autre, chercha à rapprocher les troncs d'arbre ou les souches ; en quelques instans, un nombre considérable se trouva réuni auprès de la pointe de l'île. L'Ours-Noir jeta un dernier regard autour de lui, fit un geste pour ordonner le départ, et, le premier, il se laissa glisser dans l'eau et s'abandonna sur un arbre ; tous les autres le suivirent instantanément sans la moindre hésitation.

Les Apaches avaient manœuvré si habilement en amenant les troncs d'arbre sur la rive de l'île, ils avaient si bien choisi leur position, que, lorsqu'après s'être placés dessus, ils les lancèrent de nouveau, les arbres reprirent presque aussitôt le courant et commencèrent à suivre tout doucement le fil de l'eau, dérivant d'une manière imperceptible dans la direction de la colonie où ils voulaient aborder.

Cependant, cette navigation essentiellement excentrique ne laissait pas que de présenter de graves inconvéniens et de sérieux dangers à ceux qui l'entreprenaient.

Les Indiens abandonnés sans pagaie sur les arbres étaient contraints de se laisser emporter par le courant, ne réussissant qu'avec des efforts infinis à se maintenir dans une position convenable : comme tout bois flottant au gré des flots, les arbres exécutaient un continuel mouvement de rotation sur eux-mêmes, ce qui obligeait ceux qui les montaient à employer toutes leurs forces et toute leur adresse pour ne pas être submergés à chaque seconde; puis, autre difficulté, il fallait absolument plonger dans le fleuve, afin d'imprimer aux arbres la direction convenable et les faire dévier de façon à atteindre la colonie au lieu de suivre le courant, c'est à dire le milieu du fleuve. Il y avait encore un autre inconvénient qui n'était pas le moins grave de tous, c'est que les arbres sur lesquels se trouvaient les Apaches en rencontraient d'autres sur leur route, avec lesquels ils choquaient, ou bien leurs branches respectives s'enchevêtraient si bien les unes dans les autres, qu'il devenait positivement impossible de les séparer et qu'il fallait bon gré mal gré les entraîner avec soi; si bien qu'au bout d'une demi-heure à peine on aurait cru voir sur le fleuve naviguer un immense radeau qui en tenait toute la largeur.

Les Indiens sont tenaces lorsqu'ils ont entrepris une expédition; ils n'y renoncent que lorsqu'il leur est irrévocablement prouvé que la réussite est impossible; sans cela ils résistent quand même. Ce fut ce qui arriva dans cette circonstance: plusieurs hommes furent noyés, d'autres blessés si grièvement qu'ils furent contraints malgré eux de gagner le rivage Cependant, les autres tinrent bon, et, encouragés par leur chef, qui ne cessait de leur faire entendre sa voix, ils continuèrent à descendre le fleuve.

Déjà, depuis longtemps, l'île d'où ils étaient partis avait disparu au loin derrière eux dans les méandres formés par le cours irrégulier du fleuve, la pointe sur laquelle s'élevaient les bâtimens de la colonie apparaissait à peu de distance, et la noire silhouette de l'*hacienda* se découpait capricieusement sur l'azur du ciel, à une portée de flèche environ de l'endroit qu'ils avaient atteint, lorsque l'Ours-Noir, qui se trouvait en avant, et dont l'œil perçant interrogeait incessamment l'espace dans toutes les directions, aperçut à quelques brasses en avant de lui une pirogue qui se balançait gracieusement, attachée à un fouillis d'arbres morts.

Cette pirogue sembla immédiatement suspecte au défiant Indien; il ne lui parut pas naturel qu'à une heure aussi avancée de la nuit, une embarcation quelconque se trouvât ainsi amarrée et abandonnée au large; mais l'Ours-Noir était un homme d'une décision prompte, que rien n'embarrassait et qui, en toutes choses, prenait rapidement son parti. Après avoir attentivement examiné cette mystérieuse pirogue toujours stationnaire non loin de lui, il se pencha vers la Petite-Panthère, qui, accroché au même arbre, se tenait prêt à exécuter ses ordres, et plaçant son couteau dans ses dents, le chef abandonna son point d'appui et plongea.

Il se releva auprès de la pirogue, la saisit brusquement, la fit pencher de son côté et sauta dans l'intérieur sur la poitrine de Cucharès, qu'il prit à la gorge.

Ce mouvement fut exécuté si rapidement, que le *lepero* ne put se servir de ses armes, et se trouva complétement à la merci de son ennemi, avant même qu'il se fût bien rendu compte de ce qui lui arrivait.

— Oeh! s'écria l'Indien avec surprise en le reconnaissant, que fait donc là mon frère?

De son côté, le *lepero* avait reconnu le chef; sans qu'il sût pourquoi cela lui avait rendu un peu de courage,

— Vous le voyez bien, répondit-il, je dors.

— Ooah! mon frère a eu peur du feu, voilà pourquoi il s'est établi sur le fleuve.

— Juste! vous avez deviné du premier coup, chef, j'ai eu peur du feu.

— Bon, reprit l'Apache avec un sourire railleur qui n'appartenait qu'à lui; mon frère n'est pas seul; ou est le Gros-Bison?

— Hein! le Gros-Bison, je ne le connais pas, chef, je ne sais même point de qui vous voulez parler.

— Tous les visages pâles ont la langue menteuse; pourquoi mon frère ne dit-il pas la vérité?

— Je ne demande pas mieux que la dire; seulement je ne vous comprends pas.

— L'Ours-Noir est un grand guerrier apache; il sait parler la langue de sa nation, mais il connaît mal celle des Yoris.

— Ce n'est pas cela que je veux dire; vous vous exprimez fort bien en castillan; seulement vous me parlez d'une personne que je ne connais pas.

— Ooah! serait-il possible? répondit l'Indien avec un feint étonnement. Mon frère ne connaît-il pas le guerrier avec lequel il se trouvait il y a deux jours?

— Ah! j'y suis maintenant: c'est de don Martial que vous voulez parler; oui, certes, je le connais.

— Bon, répondit le chef; je savais bien que je ne me trompais pas; et en ce moment pourquoi mon frère n'est-il pas avec lui?

—Dame! probablement parce que je suis ici, fit le *lepero* en ricanant.

— C'est vrai, mais comme je suis pressé, moi, et que mon frère ne veut pas me répondre, je vais le tuer.

En disant cela d'un ton qui n'admettait pas de tergiversation possible, l'Ours-Noir leva son poignard; le *lepero* comprit que s'il ne faisait pas les volontés de l'Indien il était perdu, son hésitation cessa comme par enchantement.

— Que voulez-vous de moi? dit-il.

— La vérité.

— Interrogez!

— Mon frère répondra?

— Oui.

— Bon. Où est le Gros-Bison?

— Là! fit-il en étendant le bras dans la direction de l'*hacienda*.

— Depuis longtemps?

— Depuis plus d'une heure.

— Pour quelle raison y est-il allé?

— Vous le devinez bien.

— Oui. Sont-ils ensemble?

— Ils doivent y être, puisque c'est elle qui l'a appelé.

— Ooah! Et quand doit-il revenir.

— Je ne sais pas.

— Il ne l'a pas dit à mon frère?

— Non.

— Reviendra-t-il seul?

— Je l'ignore.

L'Indien lui lança un regard qui semblait vouloir fouiller le fond de son cœur; le *lepero* fut impassible, il avait *loyalement* dit tout ce qu'il savait.

— Bon, reprit le chef au bout d'un instant; le Gros-Bison n'est-il pas convenu d'un signal avec son ami, afin de le rejoindre quand cela lui plaira?

— En effet.

— Quel est ce signal?

A cette question, une idée singulière traversa le cerveau de Cucharès. Les *leperos* appartiennent à une race étrange qui n'a d'analogie dans le monde qu'avec les lazzaroni de Naples: prodigues et avares à la fois, cupides et désintéressés, d'une témérité extrême et d'une lâcheté sans bornes, ces hommes sont le composé le plus bizarre et le plus étrange qui se puisse imaginer de tout ce qui est bon et de tout ce qui est mauvais; chez eux tout est heurté, tronqué, imparfait; rien ne se fait que par bonds sous l'impression du moment, sans réflexion comme sans passion; railleurs éternels, ils ne croient à rien et ils croient à tout; pour les résumer en un mot, leur vie n'est qu'une antithèse continuelle, et pour une gaminerie qui peut leur coûter la vie, ils sacrifieront de gaîté de cœur leur ami le plus dévoué, de même qu'ils le sauveront.

Cucharès personnifiait complétement cette race excentrique des *leperos*. Bien que le poignard du chef apache fût à deux pouces de sa poitrine, et qu'il sût pertinemment que son féroce ennemi ne lui ferait pas grâce, il se résolut tout à coup à lui jouer un tour, et à lui servir, coûte que coûte, un plat de son métier. Nous n'ajouterons pas que peut-être son amitié pour don Martial plaidait à son insu pour lui dans son cœur, nous le répétons, le *lepero* n'a d'amitié pour personne, pas même pour lui, et son cœur n'existe qu'à l'état de viscère.

— Le chef veut connaître ce signal? dit-il.

— Oui, répondit l'Apache.

Cucharès, avec le plus beau sangfroid du monde, imita alors le cri de la poule d'eau.

— Silence! s'écria l'Ours-Noir, ce n'est pas cela.

— Pardon, répondit le *lepero* en ricanant, peut-être l'ai-je mal fait, et il recommença.

L'Indien, outré de l'impudence de son ennemi, se précipita sur lui, résolu à en finir par un coup de poignard.

Mais, aveuglé par la fureur, il calcula mal la portée de son élan, imprima un mouvement trop brusque à la pirogue; la frêle embarcation, dont l'équilibre fut dérangé, chavira, et les deux ennemis roulèrent dans le fleuve.

XVI.

Une fois dans l'eau, le *lepero*, qui nageait comme une loutre, ne perdit pas la tête, et glissa entre deux eaux, en se dirigeant vers l'*hacienda* aussi vite que ses forces le lui permettaient.

Mais s'il nageait bien, l'Ours-Noir nageait au moins aussi bien que lui; le premier mouvement de surprise passé, le chef s'orienta et retrouva presqu'immédiatement la trace de son ennemi.

Alors commença entre ces deux hommes une lutte d'adresse et de forces; peut-être se serait-elle terminée à l'avantage du blanc, qui avait une grande avance sur son adversaire, si plusieurs guerriers, témoins de ce qui s'était passé, ne s'étaient aussi jetés à la nage et n'avaient coupé la retraite au fugitif.

Cucharès vit que la fuite était impossible; alors, sans chercher à continuer plus longtemps une lutte sans but désormais, il se dirigea vers un arbre après lequel il se cramponna, et il attendit avec un magnifique sangfroid ce qui allait arriver.

L'Ours-Noir ne tarda pas à le rejoindre. Le chef ne témoigna aucune mauvaise humeur pour le tour que le *lepero* lui avait joué.

— Ooah! dit-il seulement en saisissant les branches de l'arbre, mon frère est un guerrier; il a la finesse de l'opossum.

— A quoi cela me sert-il, répondit insoucieusement Cucharès, puisque je ne puis parvenir à sauver ma chevelure?

— Peut-être, répondit l'Indien; que mon

frère me dise en quel lieu se trouve le Gros-Bison ?

— Je vous l'ai déjà dit, chef.

— Oui ; mon frère m'a dit que son ami était dans la grande hutte des visages pâles, mais il ne m'a pas dit dans quel endroit.

— Hum ! Et si je vous désigne cet endroit, serai-je libre ?

— Oui ; si mon frère n'a pas la langue fourchue, s'il me dit la vérité, dès que nous mettrons le pied sur la rive, il sera libre d'aller où bon lui semblera.

— Triste faveur ! murmura le *lepero* en secouant la tête.

— Eh bien ! reprit le chef, que fait mon frère ?

— Ma foi ! répondit Cucharès, en prenant tout d'un coup son parti, j'ai fait pour don Martial tout ce qu'il m'était humainement possible de faire ; maintenant il est averti, qu'il s'arrange, chacun pour soi, je dois sauver ma peau. Tenez, chef, suivez bien la direction de mon doigt : vous voyez d'ici, sur cette pointe qui avance, ces paludiers ?

— Je les vois.

— Eh bien ! derrière ces paludiers vous rencontrerez celui auquel vous donnez le nom de Gros-Bison.

— Bon, l'Ours-Noir est un chef, il n'a qu'une parole, le visage pâle sera libre.

— Merci.

La conversation, sans but désormais entre les deux hommes, fut brusquement interrompue, d'autant plus que les Apaches approchaient rapidement du rivage.

Les Indiens avaient laissé aller à la dérive la plupart des arbres auxquels ils s'étaient maintenus accrochés jusque-là, et s'étaient réunis par grappes de dix ou douze sur un petit nombre des plus gros.

L'*hacienda* était silencieuse ; pas une lumière ne brillait, tout était calme ; on aurait dit une habitation abandonnée.

Cette tranquillité si profonde excita les soupçons de l'Ours-Noir ; cette immobilité lui sembla présager une tempête prochaine. Il voulut, avant de se risquer à tenter un débarquement, s'assurer positivement par lui-même de ce qu'il avait à redouter ; il modula le cri de l'iguane et plongea en se dirigeant vers le rivage.

Les Apaches comprirent l'intention de leur chef, ils s'arrêtèrent.

Au bout de quelques instans, ils le virent ramper sur le sable de la grève. L'Ours-Noir fit quelques pas sur la plage ; il ne vit rien, n'entendit rien ; alors, complétement rassuré, il retourna au bord de l'eau et donna le signal du débarquement.

Les Apaches quittèrent les arbres et se mirent à la nage ; Cucharès profita du moment de désordre occasionné par cette manœuvre pour disparaître, ce qui lui fut facile ; en ce moment, personne ne songeait à lui.

Cependant les Apaches formés sur une seule ligne, nageaient vigoureusement ; en quelques minutes, ils atteignirent la plage et prirent pied. Alors ils s'élancèrent en courant vers le haut de la rive, qu'ils gravirent rapidement.

— Feu ! cria tout à coup une voix de stentor.

Une effroyable décharge éclata presqu'à bout portant.

Les Apaches répondirent par des hurlemens de rage, et surpris par ceux-là mêmes qu'ils se flattaient de surprendre, ils se précipitèrent contre eux en brandissant leurs armes.

. . . .

Nous retournerons maintenant auprès des chasseurs, que nous avons négligés trop longtemps ; car pendant les événemens que nous avons rapportés, ils n'étaient pas, tant s'en faut, demeurés inactifs.

Après le départ des deux Mexicains, Belhumeur et ses amis étaient restés un instant silencieux.

Le Canadien jouait du bout du pied avec des charbons qui, du centre du brasier, avaient roulé sur le sol ; en fait, il était préoccupé. Le comte de Prébois-Crancé, le coude sur le genou et le menton dans la main, considérait d'un œil distrait les étincelles qui pétillaient, brillaient et s'éteignaient tour à tour ; seul, la Tête-d'Aigle, drapé dans sa robe de bison, fumait son calumet indien avec ce visage impassible et cette apparence calme et reposée qui n'appartiennent qu'à sa race.

— Quoi qu'il en soit, dit tout à coup le Canadien, répondant aux idées qui le tourmentaient intérieurement, et pensant tout haut, plutôt que dans le but de renouer la conversation, la conduite de ces deux hommes me paraît extraordinaire, pour ne pas dire autre chose.

— Soupçonneriez-vous une trahison de leur part ? demanda Louis en relevant la tête.

— Dans le désert, il faut toujours soupçonner une trahison, dit péremptoirement Belhumeur, surtout de la part de compagnons de hasard.

— Cependant ce *Tigrero*, ce don Martial, — c'est ainsi, je crois, qu'on le nomme, — a l'œil bien franc, mon ami, pour être un traître.

— C'est vrai ; pourtant convenez que depuis que nous l'avons rencontré, sa conduite a été bien louche.

— Je vous l'accorde; mais vous savez aussi bien que moi que la passion aveugle un homme. Je le crois amoureux.

— Moi aussi. Cependant remarquez, je vous prie, que dans toute cette affaire, qui le regarde spécialement, entre parenthèse, et dans laquelle nous ne nous sommes jetés que pour lui rendre service en négligeant nos propres occupations, toujours il s'est mis en arrière, semblant craindre surtout de paraître.

En ce moment Blas Vasquez, après avoir installé les peones à peu de distance et les avoir postés de façon à demeurer invisibles, revint s'asseoir au brasier.

— Là! dit-il, tout est prêt; les Apaches peuvent, quand bon leur semblera, nous venir attaquer.

— Un mot, *capataz*, fit Belhumeur.

— Deux, si cela vous plaît.

— Connaissez-vous l'homme auquel vous avez remis une lettre tout à l'heure?

— Pourquoi cela?

— Pour que vous me renseigniez sur son compte.

— Personnellement je ne le connais que fort peu; tout ce que je puis vous dire, c'est qu'il jouit d'une excellente réputation dans toute la province, et qu'il passe généralement pour un *caballero* et un galant homme.

— C'est quelque chose, murmura le Canadien en hochant la tête; malgré cela je ne sais pourquoi, mais son départ précipité m'inquiète fort.

— Ooh ! fit tout à coup la Tête-d'Aigle en retirant de ses lèvres le tuyau du calumet et en penchant la tête en avant, tout en recommandant d'un geste le silence à ses compagnons.

Tous demeurèrent immobiles, les yeux fixés sur le chef indien.

— Qu'y a-t-il? demanda enfin Belhumeur.

— Le feu ! répondit lentement celui-ci. Les Apaches arrivent, ils brûlent la prairie devant eux.

— Comment! se récria Belhumeur en se levant et en regardant de tous les côtés, je ne vois nulle trace de feu.

— Non, pas encore; mais le feu arrive, je le sens.

— Hum ! si le chef le dit, cela doit être vrai ; c'est un guerrier trop expérimenté pour se tromper : que faire ?

— Nous n'avons ici rien à redouter de l'incendie, observa le *capataz*.

— Nous, non ! s'écria vivement le comte; mais les habitans de l'*hacienda?*

—Pas davantage, reprit Belhumeur; voyez, tous les arbres ont été coupés et déracinés à une trop grande distance de la colonie pour que le feu puisse l'atteindre : ce n'est qu'un stratagème, afin de pouvoir arriver jusqu'ici sans être comptés.

—Cependant je suis de l'avis de ce caballero, fit le *capataz* ; nous ferons bien, je crois, d'avertir à l'*hacienda*.

— Il y a encore autre chose de plus urgent à faire, dit le comte, c'est d'expédier un batteur d'estrade adroit afin de savoir positivement à qui nous avons affaire, quels sont nos ennemis et s'ils sont nombreux.

— L'un n'empêche pas l'autre, reprit Belhumeur ; dans un cas comme celui qui se présente, deux précautions valent mieux qu'une. Voici mon avis : la Tête-d'Aigle va reconnaître l'ennemi, tandis que nous, nous nous ren irons à l'*hacienda*.

— Tous? observa le *capataz*.

— Non; votre position ici est sûre, vous êtes à même, en cas d'attaque sérieuse, de nous rendre de grands services; don Luis et moi nous irons seuls à la colonie. Souvenez-vous que vous ne devez vous montrer sous aucun prétexte. Quoi qu'il arrive, attendez l'ordre d'agir; est-ce bien convenu?

— Allez, caballeros, je ne tromperai pas votre confiance.

—Bien. Maintenant, à l'œuvre. Vous, chef, je n'ai aucune recommandation à vous faire; vous nous trouverez à l'*hacienda* si vous apprenez quelque chose d'important.

Sur ce, ces hommes, habitués de longue main à agir sans perdre un temps précieux en paroles inutiles, se séparèrent ; don Luis et Belhumeur regagnèrent la terre ferme du côté de l'*hacienda* tandis que le chef indien dirigeait son cheval du côté opposé.

Blas Vasquez demeura seul avec ses peones.

Seulement, comme Blas Vasquez était habitué de longue date aux guerres indiennes et qu'il comprenait la responsabilité qui allait, à partir de cet instant, peser sur lui, il comprit qu'il lui fallait redoubler de vigilance; en conséquence il posa des sentinelles sur tous les points, leur recommanda la surveillance la plus grande et revint se coucher auprès du brasier, s'enveloppa dans sa *fressada* et s'endormit tranquille, certain que ses factionnaires veilleraient attentivement à tout ce qui se passerait sur la terre ferme.

Nous abandonnerons un instant le comte

de Prébois Crancé et Belhumeur, pour suivre la Tête-d'Aigle.

La mission dont s'était chargé, ou plutôt dont ses amis avaient chargé le chef, n'était rien moins que facile; mais la Tête-d'Aigle était un homme expérimenté, au fait de toutes les ruses indiennes, et doué de ce flegme inaltérable qui, dans les grandes circonstances de la vie, entre pour beaucoup dans le succès. Après s'être séparé de ses compagnons, il alla au pas de son cheval jusqu'au bord de l'eau, et lorsqu'il fut arrivé à l'endroit où il voulait traverser la rivière, son plan était clair et lucide dans sa tête.

Le chef, au lieu de passer du côté du fleuve par lequel l'ennemi, précédé de l'incendie, devait venir, traversa sur l'autre rive. Aussitôt qu'il eut atteint le rivage, il laissa son cheval reprendre haleine quelques minutes, le bouchonna avec soin, puis sautant d'un bond sur la peau de panthère qui lui servait de selle, il s'élança à fond de train dans la direction du camp ennemi.

Cette course furieuse dura deux heures. La nuit avait depuis longtemps déjà succédé au jour, les lueurs blafardes de l'incendie servaient de phare au chef et lui indiquaient dans les ténèbres le chemin qu'il lui fallait suivre.

Au bout de ces deux heures, l'Indien se trouva juste en face de la pointe la plus avancée de l'île, où les Apaches étaient en ce moment occupés à réunir les bois flottans destinés à leur servir pour la surprise qu'ils méditaient contre la colonie.

La Tête-d'Aigle s'arrêta.

Sur sa droite, bien loin derrière lui, l'incendie flamboyait à l'horizon; autour de lui tout était obscurité et silence.

Longtemps l'Indien considéra attentivement l'île; un pressentiment secret l'avertissait que là était pour lui le danger.

Cependant, après avoir mûrement réfléchi, le chef se résolut à s'avancer encore de quelques pas et à retraverser la rivière à la pointe opposée de cette île, qui lui était d'autant plus suspecte qu'elle paraissait plus calme.

Cependant, avant de mettre ce projet à exécution, une inspiration subite éclaira son esprit; il mit pied à terre, cacha son cheval dans un fourré, se débarrassa de son rifle et de sa robe de bison; puis, après avoir d'un regard perçant cherché à sonder les ténèbres qui l'enveloppaient, il s'étendit sur le sol et gagna, en rampant au milieu des herbes, le bord de la rivière; il se mit doucement dans l'eau, et tantôt en nageant avec précaution, tantôt en plongeant, il se dirigea vers l'île, qu'il ne tarda pas à atteindre.

Mais à l'instant où il prenait pied sur le sable et allait se redresser, un bruit presque imperceptible frappa son oreille, et il lui sembla remarquer sur l'eau, tout auprès de lui, un mouvement de remou extraordinaire; la Tête-d'Aigle plongea de nouveau et s'éloigna du rivage, sur lequel il était sur le point de monter.

Soudain, à l'instant où il reparaissait à la surface pour reprendre une provision d'air, il vit étinceler deux yeux ardens en face de lui; il reçut un coup violent dans la poitrine, tournoya sur lui même, étourdi par cette attaque subite, et sentit une main nerveuse lui serrer la gorge comme dans des tenailles de fer.

L'instant était suprême: la Tête-d'Aigle comprit qu'à moins d'un effort désespéré, il était perdu; il le tenta. Saisissant à son tour l'ennemi inconnu qui le tenait à la gorge, il l'enlaça avec la vigueur du désespoir.

Alors commença une lutte horrible et silencieuse dans le fleuve, lutte sinistre où chacun voulait tuer son adversaire, sans songer à repousser ses atteintes. L'eau, troublée par les efforts des deux combattans, bouillonnait comme si des alligators eussent été aux prises. Enfin un corps sanglant et défiguré remonta inerte à la surface et flotta; puis, au bout de quelques secondes, une tête, décomposée par les émotions terribles de ce combat, apparut au-dessus de l'eau, lançant à droite et à gauche des regards effarés.

A la vue du cadavre de son ennemi, le vainqueur eut un rire diabolique; il se dirigea vers lui, le saisit par sa touffe de guerre, et, tout en nageant d'une main, il l'entraîna avec lui non pas vers l'île, mais du côté de la terre ferme.

La Tête-d'Aigle avait vaincu l'Apache qui l'avait attaqué d'une façon si imprévue.

Le chef atteignit le rivage, mais il n'abandonna pas le cadavre, qu'il continua, au contraire, à traîner jusqu'à ce qu'il fût complément hors de l'eau; alors il lui enleva la chevelure, passa ce hideux trophée à sa ceinture et remonta sur son cheval.

L'Indien avait deviné la tactique des Apaches: l'attaque dont il avait failli être victime lui avait révélé le stratagème qu'ils méditaient; il était inutile qu'il poussât plus loin son exploration sur l'île. Seulement, comme s'il avait abandonné au courant le cadavre de son ennemi il aurait inévitablement été s'échouer au milieu de ses frères et aurait révélé la présence d'un espion, il avait eu soin de le conduire jusqu'au rivage où personne, à moins d'un hasard impossible, ne le découvrirait avant le lever du soleil.

Les quelques minutes de repos qu'il avait données à son cheval avaient suffi pour lui rendre toute sa vigueur ; le chef aurait pu retourner auprès de ses amis, car ce qu'il avait découvert était pour eux d'une importance immense ; mais Belhumeur lui avait surtout recommandé de s'assurer de la force et de la composition du détachement de guerre qui marchait contre la colonie; la Tête-d'Aigle avait à cœur d'accomplir sa mission ; et puis le combat qu'il avait soutenu, et dont par un prodige il était sorti vainqueur, lui avait causé une certaine surexcitation qui le poussait à tenter l'aventure jusqu'au bout.

Il prit quelques feuilles pour arrêter le sang d'une blessure légère qu'il avait reçue au bras gauche, les assujétit avec un morceau d'écorce, et il poussa de nouveau son cheval dans le fleuve.

Mais cette fois, comme il n'avait rien à examiner et qu'il tenait à ne pas être découvert, il eut soin de passer à une assez grande distance de l'île.

Sur l'autre bord, grâce au soin pris par les Indiens de tout brûler, la piste était large, parfaitement visible, malgré les ténèbres, et le chef n'eut aucune peine à la suivre.

Le feu mis par les Indiens n'avait pas causé autant de ravages qu'on aurait pu le supposer. Toute cette partie de la prairie, à part quelques bouquets de peupliers disséminés de loin en loin, à de longues distances, n'était couverte que de hautes herbes déjà à moitié brûlées par les chauds rayons du soleil d'été.

Ces herbes sans consistance s'étaient enflammées rapidement en produisant ce que désiraient les incendiaires, c'est à dire beaucoup de fumée, mais n'échauffant qu'à peine la terre, ce qui avait permis aux Peaux-Rouges de marcher rapidement sur la colonie.

Grâce à la rapidité vertigineuse de sa course et aux quelques heures que ceux qui le précédaient avaient été contraints de perdre, le chef arriva presqu'en même temps qu'eux devant l'*haccienda*, c'est à dire qu'il les rejoignit au moment où, après avoir tenté un assaut inutile contre la batterie de l'isthme, ils fuyaient éperdus, poursuivis par la mitraille qui les décimait, d'autant plus que maintenant qu'ils avaient tout brûlé, ils n'avaient plus d'arbres pour s'abriter; cependant la plus grande partie parvint à échapper au massacre, grâce à la vitesse de leurs chevaux.

XVII.

La Tête-d'Aigle se trouva inopinément, au moment où il y songeait le moins, au milieu des fuyards. Dans le premier instant chacun était trop pressé de songer à son salut pour s'occuper de lui et le reconnaître; le chef en profita pour se jeter vivement de côté et se cacher derrière un rocher, où il s'abrita.

Mais il se passa alors une chose étrange : à peine le chef s'était-il soustrait à la vue des fuyards et les avait-il examinés un instant, qu'un sourire d'une expression indéfinissable plissa ses lèvres; il éperonna son cheval et le fit bondir au milieu des Indiens, en poussant à deux reprises différentes un cri rauque d'une modulation saccadée et vibrante.

A ce cri, les Indiens s'arrêtèrent dans leur fuite, et se précipitant de toutes parts vers celui qui l'avait poussé, ils se rangèrent tumultueusement autour du chef avec l'expression d'une crainte superstitieuse et d'une obéissance passive et respectueuse.

La Tête-d'Aigle promena son regard hautain sur la foule qui se pressait à ses cotés et qu'il dominait de toute la tête.

— Ooah! dit-il enfin d'une voix gutturale avec un accent d'amer reproche; les Comanches sont-ils donc devenus des antilopes timides, qu'ils fuient comme des chiennes apaches devant les balles des visages pâles?

— La Tête-d'Aigle! la Tête d'Aigle! s'écrièrent avec une joie mêlée de honte les guerriers en baissant les yeux sous le regard étincelant du chef.

— Pourquoi mes fils ont-ils abandonné sans l'ordre d'un sachem les territoires de chasse du del Norte? Sont-ils donc maintenant les *rustreros* des Apaches?

Un murmure étouffé parcourut les rangs à ce reproche sanglant du chef.

— Un sachem a parlé, reprit durement la Tête-d'Aigle; n'y a-t-il pas ici un chef pour lui répondre? Les Comanches des lacs n'ont-ils plus de chefs pour les commander?

Un guerrier fendit alors les rangs pressés des Comanches, s'approcha de la Tête-d'Aigle, et courbant respectueusement le front jusques sur le cou de son cheval.

— Le Moqueur est un chef, dit-il d'une voix douce et harmonieuse.

Le visage de la Tête-d'Aigle se dérida, ses

traits perdirent instantanément leur expression de fureur; il jeta sur le chef qui lui avait répondu un regard empreint de tendresse, et lui tendant la main droite la paume en avant :

— Ooh! dit-il, mon cœur est joyeux de voir mon fils le Moqueur. Les guerriers camperont ici pendant que deux chefs tiendront conseil.

Et faisant au chef un geste impérieux, il s'éloigna avec lui, suivi du regard par les Peaux-Rouges, qui se hâtèrent d'obéir à l'ordre qu'il avait si péremptoirement donné.

La Tête-d'Aigle et le Moqueur s'écartèrent assez pour que leurs paroles ne fussent pas entendues.

—Tenons conseil, dit le chef en s'asseyant sur un tertre et faisant signe au Moqueur de prendre place à ses côtés.

Celui-ci obéit sans répondre.

Il y eut un assez long silence entre les deux Indiens, qui évidemment, malgré l'indifférence qu'ils affectaient, s'examinaient l'un l'autre attentivement.

Enfin la Tête-d'Aigle prit la parole d'une voix lente et accentuée :

— La Tête-d'Aigle est un guerrier renommé dans sa nation, dit-il; il est le premier *sachem* des Comanches des Lacs; son *totem* abrite sous son ombre immense et protectrice les fils innombrables de la grande tortue sacrée, *Chemiin-Antou*, dont l'écaille resplendissante soutient le monde, depuis que le *Wacondah* a précipité dans l'espace le premier homme et la première femme après leur faute. Les paroles que souffle la poitrine de la Tête-d'Aigle sont celles d'un *Sagamore*; sa langue n'est point fourchue : le mensonge n'a jamais souillé ses lèvres. La Tête-d'Aigle a servi de père au Moqueur; c'est lui qui lui a appris à dompter un cheval, à percer de ses flèches l'antilope rapide, ou à étouffer dans ses bras l'ours monstrueux. La Tête-d'Aigle aime le Moqueur, qui est le fils de la sœur de sa troisième femme; la Tête-d'Aigle a donné place au feu du conseil au Moqueur; il en a fait un chef, et lorsqu'il s'est absenté des villages de sa nation, il lui a dit : « Mon fils commandera mes guerriers, il les guidera à la chasse, à la pêche et à la guerre. » Ces paroles sont-elles vraies? la Tête-d'Aigle ment-il?

— Les paroles de mon père sont vraies, répondit le chef en s'inclinant; la sagesse parle par sa bouche.

Pourquoi donc alors mon fils s'est-il allié avec les ennemis de sa nation pour combattre les ennemis de son père le sachem?

Le chef baissa la tête avec confusion.

— Pourquoi, sans consulter celui qui toujours l'a aidé et soutenu de ses conseils, a-t-il entrepris une guerre injuste?

— Une guerre injuste! répliqua le chef avec une certaine animation.

— Oui, puisqu'elle est faite en compagnie des ennemis de notre nation.

— Les Apaches sont des Peaux-Rouges.

— Les Apaches sont des chiens lâches et voleurs, dont j'accrocherai les langues menteuses.

— Mais les visages pâles sont les ennemis des Indiens!

— Ceux que mon fils a attaqués cette nuit ne sont pas des Yorris, ils sont amis de la Tête-d'Aigle.

— Mon père pardonnera au Moqueur; il l'ignorait.

— Le Moqueur l'ignorait-il en effet, et serait-il réellement dans l'intention de réparer la faute qu'il a commise?

— Le Moqueur a trois cents guerriers sous son totem; la Tête-d'Aigle est venu : ils sont à lui.

— Bien; je vois que toujours le Moqueur est mon fils bien-aimé. Avec quel chef avait-il fait alliance? Ce ne peut être avec l'Ours-Noir, l'ennemi implacable des Comanches, celui qui, il y a quatre lunes, a brûlé deux villages de ma nation.

— Un nuage avait passé sur l'esprit du Moqueur, sa haine pour les blancs l'avait rendu aveugle, la sagesse lui a fait défaut : c'est avec l'Ours-Noir qu'il s'est allié.

— Ooah! la Tête-d'Aigle a eu raison de retourner vers les villages de ses pères. Mon fils obéira-t-il au *sachem?*

— Quoi qu'il ordonne, j'obéirai.

— Bon! que mon fils me suive!

Les deux chefs se levèrent.

La Tête-d'Aigle se dirigea vers l'isthme, en agitant sa robe de bison de la main droite, en signe de paix; le Moqueur le suivait à quelques pas derrière.

Les Comanches voyaient avec étonnement leurs *sachems* demander à parlementer avec les *Yorris*; mais, habitués à obéir à leurs chefs sans discuter les ordres qu'il leur plaisait de leur donner, ils ne témoignaient aucune colère de cette démarche, dont cependant ils ne comprenaient pas le but.

Les sentinelles placées derrière la batterie de l'isthme distinguèrent facilement, aux rayons de la lune, les mouvemens pacifiques des Indiens, et les laissèrent approcher jusqu'au bord du fossé.

— Un sachem veut entretenir le chef des visages pâles, dit alors la Tête-d'Aigle.

— Bien, répondit-on en espagnol, de l'intérieur; attendez un instant, on va le prévenir.

Les deux chefs comanches s'inclinèrent, et croisant les bras sur la poitrine, ils attendirent.

Le comte de Prébois Crancé et Belhumeur avaient eu avec don Sylva de Torrès et M. de Lhorailles une longue conversation dans laquelle ils leur avaient révélé de quelle façon ils avaient appris que les Indiens les voulaient attaquer, le nom de l'homme qui les avait si bien instruits, et la conduite singulière de cet homme qui, après les avoir en quelque sorte obligés à se mêler d'une affaire dangereuse qui ne les regardait nullement, les avait sans aucune raison valable abandonnés tout à coup, sous le prétexte futile de retourner à Guaymas, où, disait-il, des causes importantes réclamaient sa présence dans le plus bref délai.

Ces nouvelles avaient vivement impressionné les deux hommes; don Sylva surtout n'avait pu réprimer un mouvement de colère en apprenant que cet individu n'était autre que don Martial; il devina aussitôt le but du *Tigrero*, qui, sans doute, croyait dans la bagarre pouvoir enlever dona Anita. Cependant, don Sylva ne voulut pas faire part de ses soupçons à son gendre futur, se réservant, s'il le fallait, de l'instruire au dernier moment, mais résolu de surveiller attentivement sa fille, car ce départ précipité de don Martial lui semblait cacher un piége.

Belhumeur expliqua ensuite au comte la position dans laquelle il avait placé le capataz et ses peones, et la mission dont la Tête-d'Aigle s'était chargé, mission dont probablement il viendrait bientôt rendre compte à l'*hacienda* même.

M. de Lhorailles remercia chaleureusement ces deux hommes, qui, sans le connaître, lui rendaient de si éminens services; il leur fit offrir les rafraîchissemens dont ils pouvaient avoir besoin, et les quitta pour aller donner à son lieutenant l'ordre de le prévenir dès qu'un Indien se présenterait en parlementaire.

De son côté, don Sylva s'éloigna dans le but ostensible d'aller rassurer sa fille, mais en réalité afin d'aller lui-même, pour plus de sûreté, passer une inspection des sentinelles placées sur les derrières de l'*hacienda*.

Lorsque les Comanches attaquèrent l'isthme, les Français, mis sur leurs gardes, les reçurent si chaudement que dès la première attaque les Indiens reconnurent la vanité de leur tentative et se retirèrent en désordre.

M. de Lhorailles causait encore avec don Luis et Belhumeur des diverses péripéties du combat et s'étonnait de l'absence prolongée de don Sylva, qui depuis une heure avait disparu, sans qu'on retrouvât ses traces, lorsque le lieutenant Leroux entra dans la salle où causaient les trois hommes.

— Que voulez-vous? lui demanda le comte.

— Capitaine, répondit-il, deux Indiens attendent sur le bord du fossé l'autorisation d'être introduits.

— Deux? fit Belhumeur.

— Deux, oui.

— C'est étrange, reprit le Canadien.

— Que faire? reprit le comte.

— Aller nous-mêmes les reconnaître.

Ils se dirigèrent vers la batterie.

— Eh bien? fit M. de Lhorailles.

— Eh bien! monsieur le comte, l'un de ces hommes est certainement la Tête-d'Aigle; quant à l'autre, je ne le connais pas.

— Et votre avis est?

— De les introduire. Puisque cet Indien, qui paraît être un chef, vient en compagnie de la Tête-d'Aigle, il ne peut être qu'un ami.

— Soit donc.

Le comte fit un signe; on abaissa le pont-levis et les deux chefs entrèrent.

Les sachems indiens saluèrent les assistans avec cette dignité naturelle qui les distingue, puis la Tête-d'Aigle, sur l'invitation de Belhumeur, rendit compte de sa mission.

Les Français l'écoutaient avec une attention mêlée d'admiration, non-seulement pour l'adresse qu'il avait déployée, mais encore pour le courage dont il avait fait preuve.

— Maintenant, continua le chef en terminant son rapport, le Moqueur a compris l'erreur à laquelle l'avait entraîné une haine aveugle; il rompt l'alliance qu'il avait contractée avec les Apaches, et est résolu d'obéir en tout à son père la Tête-d'Aigle, afin de racheter sa faute. La Tête-d'Aigle est un sachem, sa parole est de granit; il met trois cents guerriers comanches à la disposition de ses frères les visages pâles.

Le comte de Lhorailles regarda le Canadien avec hésitation : connaissant la fourberie des Indiens, il lui répugnait de se confier à eux.

Belhumeur haussa imperceptiblement les épaules.

— Le grand chef pâle remercie mon frère la Tête-d'Aigle, dit-il; il accepte son offre avec joie. Toujours sa main sera ouverte, et son cœur pur pour les Comanches. Le détachement de guerre de mon frère sera divisé en deux parties : l'une, sous le commandement du Moqueur, s'embusquera de l'autre côté du fleuve, afin de couper la retraite aux Apaches ; l'autre entrera dans l'*hacienda* avec la Tête-d'Aigle, afin de soutenir les visages pâles ; des guerriers yorris sont cachés dans l'îlot, à deux portées d'arc de la grande hutte ; ils accompagneront le Moqueur.

— Bon, répondit la Tête-d'Aigle, il sera fait ainsi que le désire mon frère.

Les deux chefs prirent congé et se retirèrent.

Belhumeur expliqua alors au comte les arrangemens qu'il avait pris avec le sachem comanche.

— Diable ! fit M. de Lhorailles, je vous avoue que je n'ai pas la moindre confiance dans les Indiens. Vous savez que la trahison est leur arme favorite.

— Vous ne connaissez pas les Comanches, surtout vous ne connaissez pas la Tête-d'Aigle. Je prends sur moi la responsabilité de tout.

— Agissez-donc à votre guise ; je vous dois trop pour contrecarrer vos intentions, surtout lorsque vous croyez agir dans mon intérêt.

Belhumeur alla lui-même avertir le capataz du changement survenu dans les dispositions de défense.

Le Moqueur et cent cinquante guerriers accompagnés des quarante peones traversèrent aussitôt la rivière et furent s'embusquer dans les paletuviers de la rive opposée, prêts à paraître au premier signal.

Une dizaine de Français, la Tête-d'Aigle et la seconde troupe indienne furent laissés à la défense de l'isthme, côté par lequel on était presque certain de ne pas être attaqué ; tous les autres colons se disséminèrent dans les épais fourrés qui masquaient les derrières de l'hacienda, avec ordre de demeurer invisibles jusqu'au commandement de feu ; puis, lorsque tout fut réglé, que toutes les dispositions furent prises, le comte de Lhorailles et ses compagnons attendirent, le cœur palpitant, l'assaut des Apaches.

Leur attente ne fut pas de longue durée. Nous avons vu plus haut de quelle façon l'Ours-Noir avait été reçu.

Le chef apache était brave comme un lion ; ses guerriers étaient des hommes d'élite. Le choc fut terrible ; les Peaux-Rouges ne reculèrent pas d'un pouce ; sans cesse repoussés, ils revenaient sans cesse à la charge, combattant avec cette énergie du désespoir qui centuple les forces, luttant corps à corps contre les Français, qui, malgré leur bravoure, leur discipline et la supériorité de leurs armes, ne parvenaient pas à les faire plier.

Le combat avait dégénéré en un horrible carnage, où l'on se prenait corps à corps, se poignardant et s'assommant sans lâcher prise. Belhumeur vit qu'il fallait tenter un coup décisif pour en finir avec ces démons, qui semblaient invincibles et invulnérables. Il se pencha à l'oreille de Louis, qui combattait à ses côtés, et lui dit quelques mots ; le Français se débarrassa de l'ennemi contre lequel il luttait et s'éloigna en courant.

Quelques minutes plus tard, le cri de guerre des Comanches se fit entendre strident et terrible, et les guerriers peaux-rouges bondirent comme des jaguars sur les Apaches, en brandissant leurs casse-têtes et leurs longues lances.

Dans le premier moment, l'Ours-Noir crut que c'était un secours qui lui arrivait, et que la colonie était prise et au pouvoir de ses alliés ; mais cet espoir n'eut que la durée de l'éclair. Alors la démoralisation s'empara des Apaches, le trouble se mit parmi eux ; ils hésitèrent, faiblirent, et tout à coup ils tournèrent le dos et se précipitèrent dans le fleuve en abandonnant sur le terrain plus des deux tiers de leurs compagnons.

Les colons se contentèrent de tirer quelques volées de mitraille sur les fuyards, certains qu'ils n'échapperaient pas à l'embuscade qui leur était tendue.

En effet, bientôt on entendit retentir les fusils des *peones* mêlés au cri de guerre des Comanches.

Dans cette malheureuse expédition, l'Ours-Noir, en moins d'une heure, avait perdu l'élite des guerriers les plus renommés de sa nation ; le chef, couvert de blessures et accompagné seulement d'une dizaine d'hommes, échappa à grand'peine au massacre.

La victoire des Français était complète. Pour longtemps la colonie, grâce à ce glorieux fait d'armes, se trouvait à l'abri des attaques des Peaux-Rouges.

Lorsque le combat fut terminé, ce fut en vain que l'on chercha partout don Sylva et sa fille ; tous deux avaient disparu sans qu'il fût possible de savoir comment ni de quelle façon.

Cet événement mystérieux et inexplicable consterna les habitans de la colonie et changea en douleur la joie du triomphe, car la même pensée était subitement venue à tous :

— Don Sylva et sa fille ont été enlevés par l'Ours-Noir.

Lorsque M. de Lhorailles, après les plus grandes recherches, fut contraint de reconnaître que l'*haciendero* et sa fille avaient été enlevés sans laisser la moindre trace de leur passage, il voua aux Apaches une haine terrible et jura de les poursuivre sans trêve ni merci, jusqu'à ce qu'il eût retrouvé celle qu'il considérait déjà comme sa femme et dont la perte brisait d'un seul coup le brillant avenir qu'il avait rêvé.

XVIII.

A l'époque reculée où les Aztèques, guidés par le doigt de Dieu, marchaient, sans le savoir eux-mêmes, à la conquête du plateau d'Anahua, dont ils devaient plus tard faire le puissant empire du Mexique, bien que leurs yeux fussent constamment fixés vers cette terre inconnue, but constant de leur convoitise, cependant ils s'arrêtaient souvent dans leur migration, comme si tout à coup la fatigue les eût pris, et l'espoir d'arriver leur faisait subitement défaut.

Alors, au lieu de camper simplement aux places où ces défaillances s'emparaient d'eux, ils s'installaient comme s'ils n'eussent plus eu l'intention de pousser plus loin, et bâtissaient des villes.

Après tant de siècles écoulés, lorsque leurs fondateurs ont à jamais disparu de la surface du globe, les ruines imposantes de ces villes disséminées sur un espace de plus de mille lieues font encore aujourd'hui l'admiration des voyageurs assez hardis pour braver des dangers sans nombre afin de les contempler.

La plus singulière de ces ruines est, sans contredit, celle qui est connue sous le nom de *Casa-Grande de Moctecuzoma*, qui s'élève à deux kilomètres environ des rives fangeuses du rio Gila, dans une plaine inculte et inhabitée, sur la lisière du terrible désert de sable nommé le Del-Norte.

Le site où est bâtie cette maison est plat de tous côtés.

Les ruines qui formaient la ville s'étendent à plus de quatre kilomètres vers le midi ; dans les autres directions, tout le terrain est semé de morceaux de vases de toutes sortes, pots, assiettes, etc.; beaucoup de ces débris sont peints de diverses couleurs, soit en blanc ou en bleu, en jaune ou en rouge, ce qui, entre parenthèse, est un signe évident que non-seulement cette ville était importante, mais encore habitée par des Indiens autres que ceux qui rôdent actuellement dans cette contrée, puisque ceux-ci ignorent complétement l'art de confectionner ces poteries.

La maison est un carré long parfaitement orienté aux quatre vents cardinaux.

Tout autour sont des murs qui indiquent une enceinte renfermant non-seulement cette maison, mais d'autres édifices dont les traces sont encore distinctes, car un peu en arrière il existe une construction ayant un étage et divisée en plusieurs parties.

L'édifice est bâti en terre, et, d'après ce que l'on voit, en murs de torchis et en blocs de différentes grandeurs; il avait trois étages au-dessus du sol; mais depuis longtemps la charpente intérieure a disparu.

Les salles, au nombre de cinq à chaque étage, n'étaient éclairées, à en juger par ce qui reste, que par les portes et des trous ronds pratiqués dans les murailles qui regardent le nord et le sud.

C'était par ces ouvertures que l'homme Amer, *el hombre Amargo*, ainsi que les Indiens nomment le souverain aztèque, regardait le soleil à son lever et à son coucher afin de le saluer.

Un canal, presqu'à sec maintenant, arrivait de la rivière et servait à fournir de l'eau à la ville.

Aujourd'hui ces ruines sont tristes et désolées ; elles s'émiettent lentement sous les efforts incessans du soleil, dont les rayons incandescens les calcinent, et servent de refuge aux hideux vautours fauves et aux urubus, qui y ont élu leur domicile.

Les Indiens évitent avec soin de fréquenter ces parages sinistres, dont une superstitieuse terreur, que cependant ils ne peuvent expliquer, les éloigne malgré eux.

Aussi le guerrier comanche, sioux, apache ou pawnie, que les hasards de la chasse ou toute autre cause fortuite auraient amené aux environs de cette ruine redoutée, dans la nuit du quatrième au cinquième jour de la lune des cerises. — *Champascia-oni*, c'est-à-dire un mois environ après les événemens que nous avons rapportés dans le précédent chapitre, se serait-il enfui de toute la vitesse de son cheval, en proie à la plus folle terreur au spectacle étrange qui se serait soudain offert à ses yeux.

Sur le ciel d'un bleu profond, parsemé d'un semis éblouissant d'étoiles, le vieux palais des rois aztèques dessinait sa gigantesque silhouette, laissant ruisseler par toutes les ouvertures rondes ou carrées, pratiquées par les hommes et le temps dans ses murs délabrés, des flots d'une lumière rougeâtre, tandis que des chants, des cris et des rires s'élevaient incessamment du sein de ses chambres en ruine, et allaient troubler dans leurs repaires les bêtes fauves surprises de ces bruits, qui rompaient, d'une façon aussi insolite, le silence du désert. Dans les ruines, aux rayons blafards de la lune, on pouvait distinguer des ombres d'hommes et de chevaux groupés autour d'énormes brasiers disséminés çà et là, tandis qu'une dizaine de cavaliers bien armés, appuyés sur de longues lances, se tenaient immobiles comme des statues équestres de bronze à l'entrée de la maison.

Si, à l'intérieur des ruines, tout était bruit et lumière, à l'extérieur tout était ombre et silence.

Cependant la nuit s'écoulait, la lune avait parcouru déjà les deux tiers de sa course, les brasiers mal entretenus s'éteignaient les uns après les autres; la vieille maison continuait seule à flamboyer dans l'obscurité comme un phare sinistre.

En ce moment, le bruit sec et régulier du trot d'un cheval sur le sable résonna dans le lointain.

Les sentinelles placées en vedette à l'entrée de la maison relevèrent avec effort leurs têtes alourdies par le sommeil et le froid piquant des premières heures matinales, et dirigèrent leurs regards dans la direction où le bruit de pas se faisait entendre.

Un cavalier venait d'apparaître à l'angle de la route conduisant aux ruines.

L'inconnu, sans se préoccuper de ce qu'il voyait, continuait à s'avancer résolûment vers la maison.

Il franchit l'enceinte des ruines, et arrivé à dix pas environ des sentinelles, il s'arrêta, mit pied à terre, jeta la bride sur le cou de son cheval, et sans plus s'en embarrasser, se dirigea d'un pas ferme vers les sentinelles, qui l'attendaient toujours, muettes et immobiles.

Mais lorsqu'il ne fut plus qu'à deux longueurs d'épée du groupe, toutes les lances se baissèrent subitement, se réunirent sur sa poitrine et une voix rauque cria :

— Halte.

L'inconnu s'arrêta sans répondre.

— Qui êtes-vous? que demandez-vous? reprit le cavalier.

— Je suis *costeno* (1); j'ai fait une longue route afin de voir votre chef, auquel je désire parler, répondit l'étranger.

(1) Des provinces situées sur la côte, par opposition à celles de l'intérieur.

Aux lueurs pâles et tremblotantes de la lune, le cavalier chercha vainement à distinguer les traits de l'inconnu; mais cela lui fut impossible, tant celui-ci était embossé avec soin dans son manteau.

— Quel est votre nom? dit-il d'un ton de mauvaise humeur lorsqu'il eut reconnu que tous ses efforts étaient inutiles.

— A quoi bon? Votre chef ne me connaît pas, mon nom ne lui apprendrait rien.

— Peut-être; du reste, cela vous regarde; conservez votre incognito si cela vous convient. Seulement, vous trouverez bon que je ne vous laisse pas pénétrer jusqu'au capitaine : il est en ce moment en train de souper avec ses officiers, et certes il ne se dérangera pas au milieu de la nuit pour parler à un inconnu.

L'étranger ne put dissimuler un vif mouvement de contrariété.

— Peut-être vous dirai-je à mon tour, reprit-il au bout d'un instant, écoutez, vous êtes un ancien soldat, n'est-ce pas?

— Je le suis encore, répondit le cavalier en se redressant avec orgueil.

— Bien que vous parliez parfaitement l'espagnol, je crois cependant vous reconnaître pour Français.

— J'ai cet honneur.

L'étranger sourit intérieurement. Il tenait son homme; il avait trouvé son côté faible.

— Je suis seul, reprit il, vous avez je ne sais combien de compagnons, laissez-moi parler à votre capitaine. Que craignez-vous?

— Rien, mais ma consigne est formelle, je ne puis la violer.

— Nous sommes au fond d'un désert, à plus de cent lieues de toute habitation civilisée, dit l'inconnu avec insistance, vous comprenez qu'il a fallu des raisons bien fortes et bien graves pour m'engager à braver les périls sans nombre du long voyage que j'ai fait afin de causer quelques instans avec le comte de Lhorailles. Me ferez-vous échouer au port, lorsqu'il ne me faut qu'un peu de complaisance de votre part pour me faire obtenir ce que je désire?

Le cavalier hésita; les raisons objectées par l'étranger l'avaient à demi convaincu; cependant, après quelques secondes de réflexion, il reprit en hochant la tête :

— Non, c'est impossible; le capitaine est sévère, je ne me soucie pas de perdre mes galons de maréchal des logis; tout ce que je puis faire pour vous, c'est de vous permettre de camper ici à la belle étoile avec nos hommes; demain il fera jour, le capitaine sortira, vous lui parlerez, et vous vous arrangerez comme vous voudrez, cela ne me regardera plus.

— Hum ! fit l'étranger en réfléchissant, c'est bien long.

— Bah ! reprit gaiement le soldat, une nuit est bientôt passée ; aussi c'est de votre faute, vous avez des façons mystérieuses à faire frémir ; que diable ! on dit son nom !

— Mais je vous répète que jamais votre capitaine ne l'a entendu prononcer.

— Bah ! qu'est-ce que cela vous fait ? un nom est toujours un nom.

— Ah ! fit tout à coup l'étranger, je crois avoir trouvé un moyen de tout arranger.

— Voyons votre moyen ; s'il est bon je l'emploierai.

— Il est excellent.

— Tant mieux ! J'écoute.

— Allez dire à votre capitaine que l'homme qui lui a tiré il y a un mois un coup de pistolet au Rancho de Guaymas est ici et désire lui parler.

— Hein ?

— Est-ce que vous ne m'avez pas entendu ?

— Parfaitement, au contraire.

— Eh bien ! alors...

— Dame ! entre nous, je vous avoue que la recommandation me semble vaine.

— Vous croyez ?

— Parbleu ! il a manqué d'être assassiné par vous. Comment ! c'est vous ?

— Ma foi, oui, moi et un autre.

— Je vous en fais mon compliment.

— Merci ; eh bien ! vous n'allez pas ?

— Hein ! je vous avoue que j'hésite.

— Vous avez tort ; le comte de Lhorailles est un homme brave, d'une loyauté à toute épreuve ; il ne peut avoir gardé qu'un bon souvenir de notre rencontre.

— Après tout, c'est possible ; et puis, vous êtes un étranger ; je m'en voudrais de vous refuser un service d'aussi peu d'importance ; j'y vais, attendez ici et ne vous impatientez pas ; je ne vous réponds pas du succès, par exemple.

— Moi, j'en suis sûr.

— Enfin.

Le vieux soldat mit pied à terre en haussant les épaules, et entra dans la maison.

L'étranger semblait ne pas douter de la réussite de l'ambassade du sous-officier, car aussitôt qu'il eut disparu, il se rapprocha de la porte.

Au bout de quelques minutes, le sous-officier revint.

— Eh bien ! demanda l'étranger, que vous a répondu le capitaine ?

— Il s'est mis à rire, et m'a donné l'ordre de vous introduire.

— Vous voyez bien que j'avais raison.

— C'est vrai ! mais c'est égal, c'est tout de même une drôle de recommandation qu'une tentative d'assassinat !

— Une rencontre ! observa l'inconnu.

— Je ne sais pas si vous lui donnez ici ce nom-là, mais en France nous nommons cela un guet-apens. Allons ! venez.

L'étranger ne répondit rien ; il se contenta de lever les épaules et suivit le digne soldat.

Dans une salle immense, dont les murs délabrés menaçaient ruine, et à laquelle l'azur du ciel pailleté d'étoiles servait de dôme, quatre hommes aux traits énergiques et aux yeux brillans comme des éclairs, étaient assis autour d'une table servie avec le luxe le plus délicat et le confortable le plus sensuel.

Ces quatre hommes étaient le comte de Lhorailles et les officiers formant son état-major, c'est-à-dire les lieutenans Diégo Léon, Martin Leroux, et l'ancien capataz de don Sylva de Torrès, Blas Vasquez.

Le comte de Lhorailles était, avec sa compagnie franche, campé depuis cinq jours dans la *Casa-Grande* de Moctecuzoma

Après l'attaque de la colonie par les Apaches, le comte, dans l'espoir de retrouver sa fiancée disparue d'une façon si mystérieuse pendant le combat et enlevée, selon toutes les probabilités, par les Indiens, avait pris immédiatement la résolution d'exécuter les ordres que depuis longtemps déjà le gouvernement lui avait donnés, et auxquels, jusque-là, il avait toujours différé d'obéir, sous des prétextes plus ou moins plausibles, mais au fond parce qu'il ne se souciait nullement, tout brave qu'il était, de se mesurer avec les Peaux-Rouges, si redoutables et si difficiles à vaincre, surtout lorsqu'on les attaque sur leur propre territoire.

Le comte avait réuni cent vingt Français de la colonie, auxquels le capataz, qui, lui aussi, brûlait de retrouver et de délivrer son maître et sa jeune maîtresse, joignit trente peones résolus, ce qui fit monter l'effectif de la petite troupe à cent cinquante cavaliers bien armés et aguerris.

Le comte avait offert aux chasseurs, dont le secours lui avait été si précieux précédemment, de l'accompagner ; il aurait été heureux de posséder, non-seulement des compagnons aussi intrépides, mais encore des guides aussi sûrs que ceux-là pour le conduire sur la piste des Indiens, qu'il était résolu à forcer jusques dans leurs derniers retranchemens ; mais le comte Louis et ses deux amis, sans autrement motiver leur refus que par la nécessité de continuer leur voyage sans retard, avaient pris congé de M. de Lhorailles, sans rien vouloir écouter, et en refusant péremptoirement les offres brillantes qui leur étaient faites.

Le comte avait été contraint de se contenter du *capataz* et de ses peons; malheureusement ces hommes étaient des *costenos*, c'est-à-dire des habitans du littoral, connaissant fort bien la côte, mais d'une ignorance complète pour tout ce qui avait rapport à *tierra a dentro*, c'est-à-dire les contrées de l'intérieur.

C'était donc sous la conduite de ces guides inexpérimentés que le comte avait quitté Guetzalli pour se diriger vers l'Apacheria.

L'expédition avait commencé sous d'heureux auspices : deux fois les Peaux-Rouges avaient été surpris par les Français, à peu de jours de distance, et massacrés sans pitié.

Le comte n'avait pas voulu faire de prisonniers afin d'imprimer la terreur au cœur de ces sauvages barbares; tous les Indiens tombés vivans entre les mains des Français avaient été fusillés, puis pendus aux arbres par les pieds.

Cependant, après ces deux rencontres si désastreuses pour eux, les Indiens avaient paru se tenir pour avertis, et malgré tous les efforts du comte, il lui avait été impossible de les joindre de nouveau.

La justice sommaire exercée par le comte semblait avoir non-seulement atteint, mais encore dépassé le but qu'il se proposait, puisque tout à coup les Indiens s'étaient faits invisibles.

Pendant trois semaines environ, le comte avait cherché leurs traces sans pouvoir les découvrir ; enfin, la veille du jour où nous avons repris notre récit, sept à huit cents chevaux, libres en apparence, car suivant l'habitude indienne, leurs cavaliers, couchés sur leurs flancs, étaient presque invisibles, entrèrent vers le milieu de la journée dans les ruines, et se précipitèrent vers la Casa-Grande avec une effrayante vélocité.

Une décharge de mousqueterie partie de derrière les barricades établies à la hâte, mit le désordre dans leurs rangs, sans cependant ralentir leur course, et ils tombèrent comme la foudre sur les Français.

Les Apaches s'étaient redressés. A demi nus, leurs têtes chargées de plumes, leurs longs manteaux de bison flottant au vent, gouvernant les chevaux avec les genoux, les guerriers indiens avaient une apparence belliqueuse capable d'inspirer la terreur aux hommes les plus résolus. Les Français les reçurent intrépidement, bien qu'ils fussent assourdis par les cris horribles que poussaient leurs ennemis et aveuglés par les longues flèches barbelées qui pleuvaient comme grêle autour d'eux.

Mais les Apaches, pas plus que les Français, ne voulaient une escarmouche. D'un commun accord, ils se précipitèrent les uns sur les autres à l'arme blanche.

Au milieu des guerriers indiens, à son long panache et aux plumes d'aigle plantées dans sa touffe de guerre, il était facile de reconnaître l'Ours-Noir. Le chef excitait les siens à venger leurs précédentes défaites en s'emparant de la Casa-Grande. Alors s'engagea un de ces terribles combats des frontières américaines, dans lesquels on ne fait pas de prisonniers, et qui, pour l'acharnement qu'y mettent les deux partis et les cruautés dont ils se rendent coupables, rendent toute description impossible. Les *bolas perdidios* (1), la baïonnette et la lance étaient les seules armes que l'on employait. Ce combat, pendant lequel les Indiens étaient incessamment renforcés, durait depuis deux heures déjà, et les défenseurs de la *poblacion del Sur* (quartier du Sud) se faisaient résolûment tuer sans reculer d'un pouce.

Commençant à espérer que les Indiens, fatigués d'une si longue lutte et d'une défense si acharnée, ne tarderaient pas à se retirer, car ils semblaient mollir, les Français redoublaient leurs efforts, déjà prodigieux, lorsque tout à coup les cris :

— Trahison ! trahison ! se firent entendre derrière eux.

Le comte et le *capataz*, qui combattaient comme des lions au premier rang des volontaires et des peones, se retournèrent.

La position était critique ; les Français se trouvaient littéralement pris entre deux feux.

La Petite-Panthère, à la tête d'une cinquantaine de guerriers, avait tourné la position et s'était introduit dans l'intérieur des barricades.

Ces Indiens, ivres de joie d'avoir si bien réussi, faisaient main basse sur tout ce qui se trouvait à leur portée, en poussant des hurlemens de triomphe.

Le comte jeta un long regard sur le champ de bataille ; sa détermination fut prise en une seconde.

---

(1) Instrument de combat composé de deux boules de plomb placées aux deux extrémités d'une courroie.

Il dit deux mots au *capataz*, qui se remit à la tête des combattans, les avertit de ce qu'ils avaient à faire et guetta le moment favorable d'exécuter ce dont il venait de convenir avec son chef.

Cependant le comte n'avait pas perdu de temps de son côté; s'emparant d'un baril de poudre, il planta au milieu un bout de chandelle allumée et le jeta à la volée au plus épais des rangs des Indiens, au milieu desquels il éclata presque immédiatement en leur causant un mal effroyable.

Les Apaches épouvantés se ruèrent en désordre dans toutes les directions pour éviter d'être atteints par les débris de cette bombe d'une nouvelle espèce.

Profitant adroitement de l'instant de répit que leur donnait la terreur causée aux assaillans par l'envoi du baril, les aventuriers, sur l'ordre du *capataz*, firent volte-face et se précipitèrent au pas de course sur les Apaches de la Petite-Panthère, qui ne se trouvaient plus qu'à quelques mètres d'eux et arrivaient en renversant tout sur leur passage et en faisant tournoyer leurs terribles casse-têtes.

Le lieu n'était pas propice pour les Indiens,qui, resserrés dans une espèce d'étroit boyau, ne pouvaient faire convenablement manœuvrer leurs chevaux.

La Petite-Panthère et ses Apaches s'élancèrent en rugissant.

Les Français, aussi braves et aussi adroits que leurs adversaires, attendirent intrépidement, la baïonnette croisée, le choc de cette terrible avalanche qui tombait sur eux avec une rapidité vertigineuse.

Les Peaux-Rouges furent culbutés. Alors la déroute commença ; les Apaches se mirent à fuir dans toutes les directions.

Le comte les fit poursuivre par quelques peones.

Vers le soir, ceux-ci revinrent.

Les Apaches s'étaient ralliés, et ils étaient entrés dans le désert.

XIX.

Le comte, bien que satisfait de la victoire qu'il avait remportée, car la perte de l'ennemi avait été immense, ne la considérait cependant pas comme décisive puisque l'Ours-Noir lui avait échappé, et qu'il n'avait pu retrouver ceux qu'il avait juré de sauver.

Il donna l'ordre à sa *cuadrilla* (troupe) de se préparer à marcher en avant, et commanda de prendre toutes les précautions nécessaires à une course dans le désert.

Le lendemain, les Français devaient abandonner définitivement leur position de la *Cassa-Grande*.

Le comte fêtait avec ses officiers la victoire remportée la veille, et les faisait boire au succès de l'expédition que l'on allait tenter le lendemain.

Excité par les nombreuses libations qu'il avait faites, par les nombreux toasts qu'il avait portés et surtout par l'espoir d'une réussite complète avant peu de temps, le comte se trouvait dans les meilleures dispositions pour écouter le singulier message dont le vieux sous-officier s'était chargé à son corps défendant.

— Et quel homme est-ce que cet individu? demanda-t-il lorsque l'autre se fut tant bien que mal acquitté de sa commission.

— Ma foi, capitaine, répondit le sous-officier, autant que j'ai pu le voir, il m'a semblé un gaillard assez jeune, bien découplé, et surtout doué d'une assurance rare, pour ne pas dire plus.

M. de Lhorailles réfléchit un instant.

— Faut-il le fusiller ? demanda le soldat, qui prit ce silence pour une condamnation.

— Peste ! comme vous y allez, Boilaud! fit le comte en riant et en relevant la tête. Non ! non ! c'est une bonne fortune pour nous que l'arrivée de ce drôle. Amenez-le au contraire ici avec tous les égards et toute la politesse possible.

Le sergent salua et se retira.

— Messieurs, dit le comte, vous vous rappelez le guet-apens dont j'ai failli être victime ; un certain mystère, dont jusqu'à présent je n'ai jamais pu soulever le voile, a toujours entouré cette affaire. L'homme qui demande à me parler vient, j'en ai le pressentiment, dans le but de me faire des révélations qui nous donneront la clé de bien des choses qui sont restées pour moi inexplicables.

— Signor comte, observa le *capataz*, prenez garde; vous ne connaissez pas encore le caractère des gens de ce pays; cet homme vient peut-être, au contraire, pour vous faire tomber dans quelque piége.

— Dans quel but?

— *Quien Sabe*! répondit Blas Vasquez, en employant cette locution qui, en espagnol, a la prétention de tout signifier, et qu'il est impossible de bien traduire dans notre langue.

— Bah ! bah ! fit le comte, rapportez-vous en à moi, don Blas, pour démasquer ce drôle, si, ce que je ne suppose pas, c'est un espion.

Le *capataz* se contenta de hausser imperceptiblement les épaules; le comte était un de ces hommes dont l'esprit tranchant et hautain rendait toute discussion impossible.

Les Européens, et surtout les Français, en Amérique, sont doués vis-à-vis des indigènes, blancs, métis ou Peaux-Rouges, d'un dédain et d'un mépris qui éclate dans toutes leurs actions et dans tous leurs actes; persuadés qu'ils sont intellectuellement fort au-dessus des habitans des pays dans lesquels ils se trouvent, ils ont pour eux une pitié offensante et se plaisent à les tourner continuellement en ridicule, se moquant soit de leurs coutumes, soit de leurs croyances, et ne leur accordent tout au plus, dans leur for intérieur, qu'un instinct un peu plus développé que celui des animaux.

Cette opinion est non seulement injuste, mais elle est encore entièrement fausse. Les *Hispanos* américains sont malheureusement, il est vrai, fort arriérés comme civilisation, industrie, arts mécaniques, etc.; le progrès chez eux est lent, parce qu'il est incessamment entravé par les superstitions qui forment le fond de leurs croyances; mais il ne faut pas rendre responsables ces peuples d'un état de choses dont ils ont hâte de sortir et dont les Espagnols sont seuls coupables, à cause du système d'oppression abrutissante et d'abjection infime dans lesquelles ils les tenaient : la lourde tyrannie qui, pendant plusieurs siècles, a pesé sur eux, en les rendant entièrement esclaves de maîtres hautains et implacables, leur a donné le caractère des esclaves, la fourberie et la lâcheté.

A part quelques exceptions fort honorables, la masse de la population indienne surtout, car les blancs ont, depuis quelques années, marché à pas de géant et fait des progrès sensibles dans la voie de la civilisation, la masse de la population indienne, disons-nous, est fourbe, rusée, lâche et méchante.

Aussi, il arrive toujours inévitablement ceci lorsqu'un Européen et un Indien métis se trouvent en présence : c'est que malgré l'intelligence dont il se flatte, le blanc est dupé par l'Indien.

Il est si bien reconnu comme article de foi, dans l'Amérique espagnole, que les métis et les Indiens sont de pauvres créatures sans raison, douées tout au plus de l'intelligence nécessaire pour vivre au jour le jour, que les blancs s'intitulent orgueilleusement *gente de razon* (hommes raisonnables).

Nous devons ajouter qu'après un séjour de quelques années en Amérique, les opinions des Européens à l'égard des métis se modifient et finissent par changer complétement au fur et à mesure qu'ils se trouvent à même de juger sainement les gens avec lesquels ils sont en rapport, par une connaissance plus approfondie du pays. Mais le comte de Lhorailles n'en était pas encore là; il ne voyait dans un Indien ou dans un métis qu'un être à peu près dépourvu de raison, et agissait avec lui suivant ce principe erroné.

Cette croyance devait avoir plus tard pour le comte des conséquences fort graves.

M. de Lhorailles avait remarqué le haussement d'épaules du *capataz*; il se préparait à lui répondre, lorsque le sergent reparut suivi de l'étranger, sur lequel tous les yeux se fixèrent immédiatement.

L'étranger soutint sans se troubler le feu croisé des regards dirigés sur lui, et tout en demeurant parfaitement *embossé* dans les larges plis de son manteau, il salua les assistans avec une désinvolture sans égale.

L'apparition de cet homme dans la salle du festin avait causé aux convives une impression de malaise qu'ils ne purent s'expliquer, mais qui les rendit subitement muets.

Ce silence qui menaçait de se prolonger, commençait à devenir embarrassant pour tout le monde; M. de Lhorailles le comprit. Gentilhomme jusqu'au bout des ongles, c'est à dire habitué à dominer immédiatement les positions les plus exceptionnelles et les plus difficiles, il se leva, s'avança le sourire aux lèvres vers l'étranger, lui tendit la main, et se tournant vers ses officiers:

— Messieurs, dit-il avec une inflexion de voix impossible à rendre, et en s'inclinant courtoisement, permettez-moi de vous présenter ce *caballero* dont, jusqu'à présent, j'ignore le nom, mais qui, d'après ce qu'il a dit lui-même, est un de mes ennemis les plus intimes.

— Oh! seigneur comte, fit l'inconnu d'une voix étouffée.

— Vive Dieu! j'en suis ravi, s'écria le comte avec vivacité; ne vous en défendez donc pas, mon cher ennemi, et veuillez prendre place à mes côtés.

— Votre ennemi, je ne l'ai jamais été, seigneur comte; la preuve c'est que j'ai fait deux cents lieues afin de vous demander un service.

— Il vous est octroyé dès à présent. Ainsi, à demain les affaires sérieuses; goûtez ce champagne, je vous prie.

L'inconnu s'inclina, saisit le verre et saluant les convives :

— *Senores*, dit-il, je bois à l'heureuse issue de votre expédition.

Et portant le verre à ses lèvres, il le vida d'un trait.

— Vous êtes un charmant compagnon, monsieur; je vous remercie de votre toast, il est de bon augure pour nous.

— Commandant, soyez donc assez bon, fit le lieutenant Martin, pour nous mettre le plus tôt possible au courant de vos piquantes relations avec ce *caballero.*

— Ce serait avec plaisir, senores; seulement, je prierai d'abord ce caballero, maintenant qu'il est, ainsi qu'il semblait si vivement le désirer, arrivé jusqu'à moi; je le prierai, dis-je, de vouloir bien rompre un incognito qui a duré trop longtemps déjà, et de nous faire connaître son nom, afin que nous sachions qui nous avons l'honneur de recevoir.

L'inconnu se mit à rire, et laissant tomber le pan de son manteau, qui jusque là avait caché son visage,

— Avec le plus grand plaisir, caballeros, répondit-il; mais je crois que mon nom, pas plus que mon visage, ne vous apprendra rien. Nous ne nous sommes rencontrés qu'une fois, senor *conde*, et lors de cette entrevue la nuit était trop noire et la conversation trop vive entre mon compagnon et moi pour que mes traits, si vous les avez entrevus, soient restés bien profondément gravés dans votre mémoire.

— En effet, senor, répondit le comte qui l'avait curieusement et attentivement examiné, je dois avouer que je ne me souviens nullement de vous avoir vu déjà.

— J'en étais sûr.

— Alors, s'écria avec feu le comte, pourquoi vous obstiner à cacher aussi minutieusement votre visage?

— Eh! monsieur le comte, j'avais peut-être mes raisons pour en agir ainsi; qui sait si un jour vous ne regretterez pas de m'avoir fait rompre un incognito que j'avais probablement intérêt à conserver?

Ces paroles furent prononcées avec un ton de sarcasme mêlé de menace que chacun devina, malgré l'apparente insouciance de l'inconnu.

— Peu importe, senor, dit le comte avec hauteur, je suis un de ces hommes dont l'épée soutient les paroles; maintenant, sans plus d'ambages et de faux fuyans, veuillez me dire votre nom?

— Lequel voulez-vous savoir, *caballero?* est-ce mon nom de guerre, mon nom d'aventure, mon nom de....

—Dites celui qu'il vous plaira! s'écria le comte avec violence, pourvu que vous nous en appreniez un.

L'étranger se leva, et promenant un regard hautain autour de lui :

— Je vous ai dit en entrant dans cette salle, *caballero*, fit-il d'une voix ferme, que j'avais fait deux cents lieues afin de vous demander un service; je vous ai trompé, je n'attends rien de vous, ni service ni faveur; c'est moi, au contraire, qui veux vous être utile; je suis venu pour cela et pas pour autre chose. Qu'est-il besoin que vous sachiez qui je suis, que vous connaissiez mon nom, puisque je ne serai pas votre obligé, mais que vous, au contraire, serez le mien?

— Raison de plus, *caballero*, pour que vous vous démasquiez; je veux bien respecter la qualité d'hôte que vous usurpez ici, pour ne pas vous contraindre par la force à faire ce que je vous demande; mais retenez bien ceci: je suis résolu, quoi qu'il arrive, à ne rien entendre et à vous prier de vous retirer immédiatement si vous refusez plus longtemps d'accéder à mes désirs.

— Vous vous en repentiriez, *senor conde*, reprit l'étranger avec un sourire sardonique. Un mot encore, un seul: je consens à me faire connaître, mais à vous en particulier, d'autant plus que ce que j'ai à vous dire ne doit être entendu que de vous.

— Pardieu! s'écria le lieutenant Martin, cela passe toute croyance, et cette insistance est extraordinaire.

— Je ne sais si je me trompe, s'écria finement le *capataz*, mais je crois être certain que je suis pour beaucoup dans le mystère dont ce caballero s'entoure, et que s'il redoute quelqu'un ici, c'est moi.

— Vous avez deviné, senor don Blas, répondit l'étranger en s'inclinant; vous voyez que je vous connais. Eh bien! vous me connaissez aussi, si ce n'est pas de visage, heureusement pour moi en ce moment, c'est de nom et de réputation. Eh bien! à tort ou à raison, je suis convaincu que si je prononçais ce nom devant vous, vous engageriez votre ami à ne pas m'écouter.

— Et alors qu'arriverait-il? interrompit le *capataz*.

— Un grand malheur probablement, dit l'inconnu d'une voix ferme; vous voyez que quoi que vous sembliez en penser, j'agis franchement avec vous. Je ne demande au senor comte que dix minutes d'entretien, puis après il fera du secret que je lui confierai et des nouvelles que je lui apporte ce que bon lui semblera.

Il y eut un instant de silence.

M. de Lhorailles examinait le visage impassible de l'étranger, tout en réfléchissant profondément.

Enfin l'inconnu se leva, et s'inclinant devant le comte :

— Que dois-je faire, *senor*, dit-il, demeurer ou partir?

M. de Lhorailles lui lança un regard perçant, que l'autre supporta sans manifester la moindre émotion.

— Demeurez, dit-il.

— Bien, répondit l'inconnu, et il se rassit sur sa *butaca*.

— Messieurs, continua le comte en s'adressant à ses convives, vous avez entendu; veuillez m'excuser pour quelques minutes.

Les officiers se levèrent et se retirèrent sans répondre.

Le *capataz* sortit le dernier, après avoir dirigé sur l'inconnu un de ces regards qui fouillent le cœur d'un homme jusque dans ses plus cachés replis.

Mais de même que celui du comte, ce regard s'émoussa sur le visage froid et impassible de l'étranger.

— Maintenant, *senor*, reprit M. de Lhorailles en s'adressant à son hôte dès que la porte fut refermée, nous sommes seuls, j'attends l'accomplissement de votre promesse.

— Je suis prêt à vous satisfaire.

— Comment vous nommez-vous? qui êtes-vous?

— Pardon, monsieur, répondit l'étranger avec une aisance railleuse, si nous procédons ainsi, ce sera fort long, et puis vous n'apprendrez rien ou du moins fort peu de chose.

Le comte réprima avec peine un geste d'impatience.

— Procédez alors comme bon vous semblera, dit-il.

— Bon ! de cette façon nous ne tarderons pas à nous entendre.

— J'écoute.

— M'y voilà, *senor*. Vous êtes étranger dans ce pays ; arrivé depuis quelques mois à peine, vous n'en connaissez encore ni le caractère des habitans, ni les mœurs, ni les usages. Fort des connaissances acquises par vous dans votre patrie, vous avez cru, en arrivant parmi nous, que tout se ferait au gré de vos désirs, parce que, pensiez-vous, votre intelligence est bien supérieure à la nôtre : vous avez agi en conséquence.

— Au fait senor, au fait, interrompit le comte violemment.

— J'y arrive, monsieur. Vous vous êtes, grâce à des protecteurs puissans, trouvé de prime-abord placé dans une situation exceptionnelle. Vous avez fondé une magnifique colonie dans la plus riche province du Mexique, sur la frontière du désert ; vous avez demandé alors et obtenu du gouvernement le grade de capitaine, avec le droit de lever une compagnie franche, composée seulement de vos compatriotes, spécialement destinée à faire la chasse aux Apaches, Comanches, etc.; cela se comprend, nous sommes si poltrons, nous autres Mexicains!

— Senor, senor, je vous ferai observer que tout ce que vous me dites là est au moins inutile, s'écria le comte avec colère.

— Pas autant que vous le supposez, reprit l'autre toujours impassible ; mais tranquillisez-vous, j'ai fini, et j'arrive au point qui vous intéresse particulièrement; je voulais seulement vous faire voir que si vous ne me connaissez pas, moi je vous connais, en revanche, beaucoup plus que vous ne le croyiez.

Le comte, pour ne pas s'emporter, frappait du poing sur la table, et agitait convulsivement sa jambe droite rejetée sur la gauche.

— Je reprends, continua l'inconnu. Certes, en débarquant au Mexique, vous ne comptiez pas, si grande que fût votre ambition, conquérir en aussi peu de temps une position aussi brillante. La fortune facile est mauvaise conseillère, le trop d'hier n'est plus l'assez d'aujourd'hui. Lorsque vous avez vu que tout vous réussissait, vous avez voulu, par un coup de maître, couronner votre œuvre et vous placer pour toujours à l'abri des revers inattendus de cette fortune aujourd'hui votre esclave, mais qui demain peut subitement vous tourner le dos. Je ne vous blâme pas : c'était agir en joueur émérite, et, joueur moi-même, je sais apprécier chez les autres cette qualité que je ne possède pas.

— Oh! fit le comte.

— M'y voilà, patience; alors vous avez regardé autour de vous et vos yeux sont tombés naturellement sur don Sylva de Torrès. Ce caballero réunissait toutes les qualités que vous cherchiez dans un beau-père, car ce que vous vouliez, c'était contracter un riche mariage. Eh! vous ne m'interrompez plus maintenant; il paraît que le récit que je vous fais de votre propre histoire commence à vous intéresser. Don Sylva est bon, crédule, de plus il est colossalement riche, même pour ce pays, où les fortunes sont si grandes; de plus, dona Anita, sa fille, est charmante; bref, vous vous êtes introduit chez don Sylva; vous lui avez demandé la main de sa fille et il vous l'a accordée; le mariage devrait même à présent être fait depuis déjà un mois. Veuillez maintenant, caballero, redoubler d'attention car j'entre dans la partie la plus intéressante de mon récit.

— Continuez, senor, vous voyez que je mets à vous écouter toute la patience désirable.

— Vous serez récompensé de cette complaisance, caballero, soyez tranquille, fit l'inconnu avec une nuance de raillerie insaisissable.

— J'ai hâte que vous terminiez, senor.

— M'y voici : malheureusement pour vos projets, caballero, dona Anita n'avait pas été consultée par son père pour le choix d'un époux; depuis longtemps déjà elle aimait en secret un jeune homme qui lui avait, dans une certaine circonstance, rendu un important service.

— Le nom de cet homme, vous le savez, n'est ce pas?

— Oui, senor.

— Dites-le-moi.

— Pas encore; cet homme l'aimait aussi. Les deux jeunes gens se virent à l'insu de don Sylva et se jurèrent un amour éternel, lorsque dona Anita fut, d'après l'ordre de son père, contrainte de vous considérer comme son fiancé. Elle feignit de se soumettre, car elle n'osait résister en face à son père; mais elle avertit celui qu'elle aimait, et tous deux, après avoir renouvelé leurs serments d'amour, avisèrent au moyen de rompre ce fatal mariage.

Le comte s'était levé depuis quelques minutes, il marchait à grands pas dans la salle. A ces derniers mots, il s'arrêta devant l'étranger.

— Ainsi, dit-il d'une voix sombre, le guet apens du rancho...

— Etait un moyen employé par l'amoureux pour se débarrasser de vous, oui, *senor*, répondit paisiblement l'inconnu.

— Cet homme n'est donc alors qu'un misérable assassin? reprit-il avec mépris.

— Vous vous trompez, caballero ; il ne voulait que vous obliger à vous retirer; la preuve c'est que votre vie était entre ses mains et qu'il n'a pas voulu la prendre.

— Enfin! s'écria le comte, assassin ou non, vous allez me dire son nom maintenant, n'est-ce pas, car vous avez fini, je suppose?

— Pas encore. Après la rencontre du *rancho* vous vous êtes dirigé vers votre *hacienda*, accompagné de votre futur beau-père et de votre fiancée; là encore, sans vous donner un instant de répit, la haine de l'amoureux de dona Anita vous a poursuivi, les Apaches vous ont attaqué.

— Eh bien !

— Eh bien! faut-il donc tout vous expliquer? Ne comprenez-vous pas que cet homme était de connivence avec les Peaux-Rouges?

— Et dona Anita le savait?

— Je ne l'affirmerai pas, mais c'est probable.

— Oh!

— N'est-ce pas, que c'était bien joué?

Le comte se mordit les lèvres jusqu'au sang pour ne pas éclater.

— Et vous savez par qui dona Anita a été enlevée?

— Je le sais.

— Ce n'est pas par les Peaux-Rouges?

— Non.

— C'est par cet homme, alors?

— Par cet homme, oui.

— Mais son père, don Sylva de Torrès, a été enlevé aussi?

— Je le sais; mais lui, il n'y a pas mis la moindre bonne volonté, je vous le certifie.

— Où est don Sylva en ce moment?

—Tranquille dans sa maison de Guaymas.

— Sa fille est-elle avec lui?

— Non.

— Elle est avec cet homme, n'est-ce pas?

— Vous êtes sorcier.

—Et vous savez dans quel lieu ils se trouvent?

— Je le sais.

Prompt comme l'éclair, le comte bondit sur l'étranger, le saisit au collet de la main gauche, et lui appuyant un pistolet sur la poitrine :

— Maintenant, misérable, s'écria-t-il d'une voix rauque, tu vas me dire où ils sont!

— Est-ce à ce jeu-là que nous jouons! s'écria l'inconnu; à votre aise, *caballero*.

Puis, écartant vivement son manteau, il dirigea vers la poitrine du comte deux pistolets qu'il tenait aux poings.

XX.

Le mouvement de l'étranger avait été si rapide que le comte n'avait pu le prévenir. D'ailleurs, un revirement subit venait de s'opérer dans son esprit. Abaissant son arme et la repassant à sa ceinture :

—Je suis fou, murmura-t-il ; pardonnez-moi ce mouvement de colère.

— De grand cœur! répondit l'inconnu en posant tranquillement ses pistolets sur la table auprès lui.

— Pardon, encore une fois; maintenant que je réfléchis à ce que vous m'avez dit, je crois effectivement que votre intention est de m'être utile.

L'inconnu fit un geste affirmatif.

— Mais il y a une chose que je ne m'explique pas.

— Laquelle ?

— La façon dont vous avez appris tous ces détails.

—Bien simplement.

— Je vous serai obligé de me le dire.

— Avec plaisir, *caballero*. Deux hommes vous ont attaqué au *rancho?*

— Oui.

— Je suis celui qui vous a renversé.

— Ah! fit le comte avec une singulière intonation dans la voix.

— En un mot, je me nomme Cucharès; je suis *lepero*, c'est à dire que j'aime mieux le soleil que l'ombre, le repos que le travail, et un coup de couteau à donner, quand il est convenablement payé, qu'une bonne action à faire lorsqu'elle ne rapporte rien; me comprenez-vous?

— Parfaitement.

— Ainsi, nous pourrons nous entendre?

—Je le crois.

— Hum! moi aussi, voilà pourquoi je suis venu.

— Encore une question.

— Faites.

— Mais, en ce moment, vous trahissez vos amis?

— Moi! lesquels?

— Ceux que vous avez servis jusqu'à présent.

— Un homme comme moi, caballero, n'a pas d'amis, il n'a que des cliens.

—Cliens ou amis, vous les trahissez.

— Peuh! nous avons terminé nos comptes; ils ne me doivent plus rien, ni moi non plus; nous sommes quittes. Voyez-vous, caballero, dans toute affaire, il y a deux faces, toutes les deux bonnes à exploiter pour un homme habile. J'ai tiré tout ce que je pouvais de la première; eh bien! à présent, je veux essayer la seconde.

Le comte écoutait le lepero développer cette étrange théorie avec un étonnement mêlé de terreur; un cynisme si cru et si éhonté l'épouvantait malgré lui; et cependant M. de Lhorailles n'avait pas l'épiderme sensible.

— Nous disons donc que vous venez pour me rendre un service.

Le lepero sourit.

— Entendons-nous, répondit-il. J'ai dit cela pour ne pas effaroucher la conscience des caballeros qui se trouvaient ici lorsque je suis entré; mais, de vous à moi, je serai plus franc.

— Ce qui veut dire ?...

— Que je suis venu pour le vendre.

— Soit.

— Je vous le vendrai cher.

— Soit!

— Très cher!

— Peu importe, s'il en vaut la peine.

— Allons! s'écria joyeusement le lepero, vous êtes l'homme que je croyais en effet trouver. Eh bien! rapportez-vous-en à moi.

— Il le faut bien, puisque je ne puis faire autrement.

— Que voulez-vous? le monde est ainsi : aujourd'hui c'est moi, demain ce sera vous. Bah! pour quelques milliers de piastres, il ne faut pas les regretter.

— Et, d'abord, le nom de mon rival?

— Ce nom-là vous coûtera cinquante onces, ce n'est certes pas trop cher.

— Les voilà, dit le comte en les alignant sur la table.

Le lepero les fit immédiatement disparaître au fond de ses larges poches.

— Votre rival, caballero, se nomme don Martial; il est tigrero, et, de plus, fort riche.

— Je crois avoir entendu prononcer ce nom par don Sylva.

— C'est probable; don Sylva ne peut pas le souffrir, surtout depuis que don Martial a sauvé la vie de dona Anita.

— En effet, je me rappelle cette particularité; don Sylva m'en a plusieurs fois parlé. Maintenant, comment don Martial a-t-il enlevé la jeune fille?

— Bien facilement, d'autant plus quelle ne demandait pas mieux que de le suivre. Pendant votre combat contre les Apaches, il a placé dona Anita dans une pirogue où j'avais déjà descendu son père garrotté et bâillonné; puis nous nous sommes éloignés tous les quatre; toute la nuit nous avons navigué sur la rivière, afin de ne pas laisser de traces de notre fuite; au point du jour, nous avions fait quinze lieues. Nous ne craignions plus d'être découverts, nous avons abordé sur la terre ferme; des Indiens *mauzos* (1) nous ont vendu des chevaux; don Martial m'a chargé de reconduire le père de la jeune fille à Guaymas, je me suis acquitté de cette

(1) Indiens civilisés.

commission difficile à mon honneur. Don Sylva ne voulait pas me suivre; enfin, je suis parvenu à l'amener jusque dans sa maison; je l'ai laissé là, et j'ai rejoint don Martial, qui m'avait chargé de lui porter certaines choses, et qui m'attendait dans un endroit convenu entre nous.

— Ah! fit le comte, et pourquoi vous êtes-vous séparés?

— Mon Dieu! caballero, nous nous sommes séparés comme cela arrive aux meilleurs amis, par suite d'un malentendu.

— Très bien! Il vous a chassé.

— A peu près, je suis forcé d'en convenir.

— Il y a longtemps que vous l'avez quitté?

Le lepero cligna l'œil droit.

— Non, répondit-il.

— Pouvez-vous me conduire où il se trouve en ce moment?

— Oui, quand vous voudrez.

— Fort bien. Est-ce loin?

— Non; mais, pardon, caballero, tranchons de suite la question, voulez-vous?

— Voyons?

— Combien me donnez-vous pour savoir dans quel endroit don Martial et dona Anita se sont réfugiés?

— Deux cents onces.

— Donnez?

— Les voilà.

Le comte prit plusieurs poignées d'or dans une cassette en fer placée dans un angle de la salle et les donna au lepero.

— Il y a plaisir à traiter avec vous, dit Cucharès en envoyant ces onces rejoindre les premières avec une dextérité peu commune. Là, vous voyez bien que j'avais raison lorsque je vous disais que je voulais vous rendre un service?

— C'est vrai, je vous remercie.

— Ils sont à la mission de San-Francisco. Maintenant je vous demande la permission de vous quitter.

— Pas encore.

— Pourquoi donc?

— Pour deux raisons: la première parce que, malgré toute la confiance que j'ai en vous, rien ne me prouve jusqu'à présent que vous m'ayez dit la vérité.

— Oh! fit le lepero avec un geste de dénégation.

— Je me trompe, je le sais bien; mais que voulez-vous? je suis fort méfiant de ma nature.

— Bien, je resterai. Mais, quelle est votre seconde raison?

— La voici: J'ai, à mon tour, un service à vous demander.

— En payant?

— Bien entendu.

— J'écoute.

— Je vous donne cent onces si vous voulez me conduire auprès de mon rival.

— *Canarios!* s'écria le lepero.

— Cent onces, reprit le comte.

— J'entends bien. Cent onces, c'est joli! mais, voyez-vous, caballero, moi, je suis *costeno*, de plus *lepero*. Cette vie du désert ne convient pas à mon tempérament, elle nuit à ma santé. Je me suis juré de ne pas la continuer plus longtemps: la route est difficile d'ici à la mission de San-Francisco; il faut entrer dans le grand désert. Non, toutes réflexions faites, c'est impossible.

— C'est fâcheux, répondit froidement le comte.

— Oui.

— Parce que, continua-t-il, je vous aurais donné non pas cent onces, mais deux cents.

— Hein? fit l'autre en dressant les oreilles.

— Mais comme vous refusez, car vous refusez, n'est-ce pas? je vais être, à mon grand regret, contraint de vous fusiller.

— Plait-il? s'écria le lepero avec un mouvement d'effroi.

— Dame! reprit le comte avec bonhomie, écoutez donc, mon cher, vous êtes très adroit en affaires, et qui sait, comme vous avez déjà trouvé deux faces à celle-ci, j'ai une peur énorme que vous n'en trouviez une troisième.

Et avant que Cucharès pût s'y opposer, par un mouvement brusque il s'empara des pistolets qui étaient sur la table.

Le lepero pâlit.

— Permettez, permettez, caballero, dit-il d'une voix mal assurée; puisque vous le désirez si vivement, je serais désespéré de ne pas vous être agréable; j'accepte les deux cents onces.

— Allons donc! s'écria le comte; moi aussi je savais bien que nous finirions par nous entendre.

Il alla prendre l'argent dans la cassette; mais, comme il tournait le dos au lepero, il ne put voir le singulier sourire qui plissa ses lèvres; sans cela il n'aurait pas chanté si haut victoire.

Le récit du lepero, vrai quant au fond, était complétement faux et erroné par la forme. Du reste, peut-être avait-il intérêt à tromper le comte de Lhorailles: c'est ce dont le lecteur jugera lorsqu'il aura lu ce qui va suivre.

Après avoir, ainsi que nous l'avons vu,

miraculeusement échappé aux Apaches, entre les mains desquels il était si malheureusement tombé, Cucharès avait filé entre deux eaux et avait regagné le large. En remontant à la surface, afin de reprendre respiration, il jeta un regard autour de lui : il était seul.

Le lepero étouffa un cri de joie, et après une minute de réflexion il nagea vigoureusement dans la direction des palétuviers, où don Martial, averti par le signal qu'il avait été contraint de faire, l'attendait sans doute déjà depuis quelque temps.

Il arriva en quelques brassées au milieu des mangliers, parmi lesquels il disparut; mais là un autre bonheur l'attendait : la pirogue chavirée et abandonnée à elle-même était venue s'échouer avec d'autres bois flottans contre le tronc d'un arbre.

Cucharès sortit de l'eau et parvint facilement à vider la pirogue et à la remettre à flot. Ces embarcations sont tellement légères que rien n'est plus aisé que de les vider; elles sont construites dans ces régions avec l'écorce du bouleau, que les Indiens enlèvent au moyen d'eau chaude.

A peine avait-il touché la terre qu'une ombre se pencha vers lui et murmura à son oreille :

— Tu as bien tardé.

Le lepero fit un mouvement d'effroi, mais il reconnut don Martial; en deux mots, il le mit au courant de ce qui lui était arrivé,

— Tout est pour le mieux, puisque vous voilà, répondit le Tigrero; cachez-vous dans les mangliers, et, sous aucun prétexte, ne bougez pas avant mon retour.

Et il s'éloigna rapidement.

Cucharès obéit avec d'autant plus d'empressement, qu'il entendait non loin de lui le bruit du combat acharné que se livraient en ce moment les Français et les Apaches.

Don Martial, le poignard à la main, afin d'être prêt à tout événement, avait glissé comme un fantôme jusqu'au massif de floripondios où dona Anita l'attendait toute tremblante.

Sur le point d'écarter les branches qui le séparaient de la jeune fille, il s'arrêta, la poitrine haletante, les sourcils froncés : elle n'était pas seule.

Sa voix, saccadée par l'émotion ou la colère, s'élevait brève et impérieuse; elle parlait à quelqu'un.

Mais à qui? quel était l'homme qui était parvenu à la découvrir dans ce lieu retiré où elle se croyait si bien cachée, et qui, selon toute probabilité, voulait la contraindre à le suivre?

Le Tigrero prêta l'oreille.

Bientôt il fit un geste de colère et de menace; il avait reconnu la voix de l'homme avec lequel parlait dona Anita : cet homme était son père.

Tout était perdu.

L'*haciendero* cherchait à entraîner sa fille du côté des bâtimens, en employant les raisons de sûreté et de prudence les plus convaincantes. Il paraissait ne pas se douter du motif qui avait amené sa fille en cet endroit.

Dona Anita refusait de s'éloigner, alléguant le danger d'être rencontrée par un Indien maraudeur et de tomber ainsi dans le péril qu'elle voulait à toute force éviter.

Don Martial se frappa le front : un sourire singulier plissa ses lèvres, son œil lança un éclair, et il s'éloigna rapidement du côté du rivage.

Cependant le combat continuait toujours. Parfois il semblait se rapprocher, des cris de malédiction se faisaient entendre; parfois, un fulgurant éclair traversait l'espace, et un crépitement de balles retentissait, avec ce bruit sec et sifflant qui imprime la terreur aux guerriers novices.

— Au nom du ciel! ma fille chérie, reprit don Sylva avec insistance, venez, nous n'avons pas un instant à perdre: dans quelques secondes peut-être la retraite nous sera coupée; venez, je vous en supplie.

— Non, mon père, répondit-elle en secouant la tête, je suis résignée, quoi qu'il arrive; je vous le répète, je ne bougerai pas d'ici.

— Mais c'est de la folie, cela! s'écria l'*haciendero* avec douleur, vous voulez donc mourir, alors?

— Que m'importe! fit-elle avec tristesse; de toutes les façons ne suis-je pas condamnée? Dieu m'est témoin, mon père, que pour échapper à l'hymen qui se prépare pour moi, je préférerais mourir!

— Ma fille, au nom du ciel!...

— Que vous importe, mon père, que je tombe aujourd'hui entre les mains des sauvages payens, puisque demain vous me livrerez vous-même, de vos propres mains, au pouvoir d'un homme que je déteste?

— Ne parlez pas ainsi, ma fille. D'ailleurs le moment est assez mal choisi, il me semble, pour une discussion comme celle-ci. Venez, les cris redoublent, bientôt il sera trop tard.

— Partez, si cela vous convient, mon père, répondit-elle résolûment; moi, je reste, quoi qu'il arrive.

— Puisqu'il en est ainsi, que vous vous

obstinez à me résister, j'emploierai la force pour vous contraindre à m'obéir.

La jeune fille embrassa vivement le tronc d'un cèdre-acajou du bras gauche, et lançant à son père un regard rempli d'une expression de volonté implacable :

— Faites, si vous l'osez, mon père! s'écria-t-elle; seulement je vous avertis qu'au premier pas que vous ferez vers moi, il arrivera cela même que vous voulez éviter; je pousserai des cris si perçans qu'ils parviendront aux oreilles des païens, qui accourront ici.

Don Sylva s'arrêta en hésitant; il connaissait le caractère ferme et déterminé de sa fille; il savait qu'elle mettrait immédiatement sa menace à exécution.

Quelques minutes s'écoulèrent, pendant lesquelles le père et la fille demeurèrent face à face, se mesurant de l'œil, mais ne prononçant pas un mot, ne faisant pas un geste.

Soudain les branches s'écartèrent avec fracas et livrèrent passage à deux hommes, ou plutôt à deux démons, qui, d'un bond de panthère s'élancèrent sur l'haciendero, le renversèrent sur le sol. Avant que don Sylva eût pu, à la pâle lueur des étoiles, reconnaître les ennemis qui l'attaquaient si inopinément, il était garrotté, bâillonné, et un mouchoir, entortillé autour de sa tête lui enlevait complétement la vue des objets extérieurs et l'empêchait de savoir non-seulement ce qu'on voulait faire de lui, mais encore ce qui arrivait à sa fille.

Celle-ci, à la brusque apparition, avait poussé un cri d'effroi immédiatement étouffé par la prudence : elle avait reconnu don Martial.

— Silence! dit rapidement le *Tigrero* à voix basse, je n'avais que ce moyen d'en finir. Venez, venez; votre père, vous le savez, est sacré pour moi.

La jeune fille ne répliqua pas.

Sur un signe de don Martial, Cucharès avait saisi don Sylva, l'avait chargé sur ses épaules et s'était dirigé vers les palétuviers.

— Où allons-nous? demanda dona Anita d'une voix tremblante.

— Là où nous pourrons être heureux ensemble, répondit doucement le Tigrero, en l'enlevant par un mouvement passionné, et la portant en courant jusqu'à la pirogue.

Dona Anita ne résista pas, elle sourit et jeta son bras droit au cou de son amant, afin de conserver l'équilibre dans cette espèce de course au clocher au milieu des palétuviers, où don Martial sautait intrépidement de branche en branche, s'accrochant aux lianes, et encourageant du geste et du regard son précieux fardeau.

Cucharès avait placé don Sylva au fond de la barque, et les pagaies aux mains il attendait impatiemment l'arrivée du *Tigrero*, car le bruit du combat semblait redoubler d'intensité, bien qu'au nombre des coups feu et aux cris que l'on entendait, il fût facile déjà de reconnaître que l'avantage resterait aux Français.

— Que faisons-nous? demanda Cucharès.

— Gagnons le milieu de la rivière, et descendons le courant.

— Mais nos chevaux? observa le *lepero*.

— Sauvons-nous d'abord, nous songerons aux chevaux ensuite. Il est évident que les blancs sont vainqueurs. Dès que le combat sera terminé, le comte de Lhorailles fera chercher dans toutes les directions sa fiancée et son beau-père; il est important de ne pas laisser de traces, sans cela tout est perdu. Les Français sont des démons, ils nous retrouveraient.

— Cependant, je crois... observa timidement Cucharès.

— En route! s'écria le Tigrero d'un ton péremptoire en poussant d'un vigoureux coup de pied la pirogue au large.

Ils partirent.

Les premiers instans du voyage furent silencieux; chacun réfléchissait à part soi à la position étrange dans laquelle il était placé.

Don Martial avait assumé une immense responsabilité, en jouant pour ainsi dire sur un coup de dé le bonheur de celle qu'il aimait et le sien, et puis, plus que tout, l'haciendero, étendu au fond de la barque, lui donnait à réfléchir; la position était grave, la solution difficile.

Dona Anita, la tête basse, le regard distrait, laissait toute songeuse sa main mignonne tremper dans l'eau qui passait rapide le long de la pirogue.

Cucharès, tout en pagayant avec fureur, pensait que la vie qu'il menait n'avait rien que de fort désagréable, et qu'à Guaymas il était beaucoup plus heureux, lorsque la tête à l'ombre et les pieds au soleil, étendu sous le porche de l'église, il faisait nonchalamment la sieste, rafraîchi par la brise de la mer et doucement bercé par le mystérieux murmure de la houle sur les galets.

Quant à don Sylva de Torrès, lui, il ne réfléchissait pas; en proie à une de ces rages sourdes qui, si elles se continuaient longtemps, aboutiraient pour ceux qui les subissent tout droit à la folie, il mordait avec frénésie le bâillon qui lui fermait la bouche et se tordait dans ses liens sans pouvoir les rompre.

Les bruits divers du combat s'affaiblirent peu à peu et finirent par cesser complétement.

Pendant quelque temps encore les voyageurs demeurèrent silencieux, absorbés non seulement par leurs pensées, mais encore en proie à cette mélancolie douce et rêveuse, produite sur les natures nerveuses par ce calme solennel et cette harmonie saisissante du désert, dont il n'est donné à aucune plume humaine d'exprimer la majestueuse et sublime grandeur.

XXI.

Les étoiles commençaient à pâlir dans le ciel, une ligne couleur d'opale se dessinait vaguement à l'horizon, les alligators pesans sortaient de la vase et se mettaient en quête de leur repas du matin, le hibou perché sur les arbres de la rive saluait le lever prochain du soleil, les coyotes filaient par bandes effarées sur la grève, en poussant leurs rauques glapissemens, les bêtes fauves regagnaient leurs tanières ignorées d'un pas hâtif et lourd de sommeil : le jour n'allait pas tarder à paraître. Dona Anita se pencha coquettement sur l'épaule de don Martial.

— Où allons-nous ainsi? lui demanda-t-elle d'une voix douce et résignée.

—Nous fuyons, répondit-il laconiquement.

— Voilà six heures au moins que nous descendons ainsi le fleuve, portés par le courant et aidés par vos quatre pagaies vigoureusement manœuvrées ; ne sommes-nous donc pas hors d'atteinte?

— Si, depuis longtemps; ce n'est pas la crainte des Français qui me tourmente en ce moment...

— Qu'est-ce donc, alors?

Le *Tigrero* lui montra d'un geste don Sylva, qui, à bout de force et de colère, avait enfin reconnu tacitement son impuissance et avait fini par s'endormir épuisé au fond de la barque.

— Hélas! dit-elle, vous avez raison; cela ne peut durer ainsi, mon ami, cette position est intolérable.

— Si vous consentez à me laisser agir à ma guise, avant un quart d'heure votre père me remerciera.

— Ne savez-vous pas que je suis toute à vous?

— Merci! dit-il en se tournant vers Cucharès.

Il lui murmura quelques mots à voix basse à l'oreille.

— Eh! eh! c'est une idée, fit le lepero en riant.

Cinq minutes plus tard la pirogue abordait.

Don Sylva, enlevé délicatement par les deux hommes, fut transporté sur le rivage sans s'éveiller.

— A vous maintenant Nina, dit don Martial à la jeune fille, il faut pour le succès de la ruse que je médite que vous consentiez à vous laisser attacher à ce mezquite.

— Faites, mon ami.

Le *Tigrero* la prit dans ses bras vigoureux, la transporta à terre et en un clin-d'œil il l'eut solidement attachée par la ceinture à un tronc d'arbre.

— Maintenant, dit-il rapidement, souvenez-vous de ceci : votre père et vous, vous avez été enlevés dans l'*hacienda* par des Apaches; le hasard nous a fait vous rencontrer, et...

— Vous nous sauvez, n'est-ce pas? fit-elle en souriant.

— Juste; seulement poussez des cris aigus comme si vous étiez en proie à la plus grande frayeur. Vous comprenez, n'est-ce pas ?

— Parfaitement.

La scène fut jouée suivant ce programme. La jeune fille jeta des cris étourdissans auxquels répondirent les deux aventuriers, en déchargeant leurs rifles et leurs pistolets, puis ils se précipitèrent vers l'*haciendero*, qu'ils se hâtèrent de débarrasser de ses liens, et auquel ils rendirent non-seulement l'usage de ses membres, mais encore celui de ses yeux et de sa langue.

Don Sylva se releva à demi et jeta un regard autour de lui ; il aperçut attachée, échevelée, à un arbre, sa fille, que deux hommes se hâtaient de délivrer. L'*haciendero* leva les yeux au ciel et adressa mentalement au Tout-Puissant une prière d'actions de grâces.

Aussitôt que dona Anita fut libre, elle courut vers son père, se jeta dans ses bras, et, tout en l'embrassant, cacha son front, rougissant de honte peut-être de cette supercherie indigne, dans le noble sein du vieillard.

—Pauvre chère enfant! murmura-t-il avec des larmes dans la voix. C'est pour toi, pour toi seule, que j'ai tremblé pendant le cours de l'horrible nuit qui vient de s'écouler.

La jeune fille ne répondit pas, elle se sentit frappée au cœur par ce reproche.

Don Martial et Cucharès, jugeant le moment favorable, s'approchèrent alors, tenant à la main leurs rifles fumans.

A leur vue, en les reconnaissant, un nuage passa sur le visage de l'*haciendero* ; un soupçon vague le mordit au cœur. Il promena un instant son regard inquisiteur des deux hommes à la jeune fille, et se leva, les sourcils froncés et la lèvre frémissante sans prononcer une parole.

Le Tigrero fut gêné malgré lui par ce silence auquel il était loin de s'attendre. Après le service qu'il était censé avoir rendu à don Sylva, il fut contraint de prendre le premier la parole.

— Je suis heureux, dit-il d'une voix embarrassée, de m'être si à-propos rencontré ici, don Sylva, puisque j'ai pu vous ravir aux mains des Peaux-Rouges !

— Je vous remercie, senor don Martial, répondit sèchement l'*haciendero*;je ne devais pas attendre moins de votre prud'hommie. Il était écrit, à ce qu'il paraît, qu'après avoir sauvé la fille, vous deviez aussi sauver le père. Vous êtes destiné, je le vois, à être le libérateur de toute ma famille ; recevez mes sincères remercîmens.

Ces paroles furent prononcées avec un accent railleur qui transperça le *Tigrero* comme une flèche ; il ne trouva pas un mot à répondre, et s'inclina gauchement, afin de cacher son embarras.

— Mon père, dit dona Anita d'une voix caressante, don Martial a risqué sa vie pour nous.

— Ne l'en ai-je pas remercié? reprit-il. L'affaire a été chaude, à ce qu'il paraît ; mais les païens se sont sauvés bien vite; n'ont-ils eu personne de tué ?

En disant cela, l'*haciendero* regarda avec affectation autour de lui.

Don Martial se redressa.

— Senor don Sylva de Torrès, fit-il d'une voix ferme, puisque le hasard nous a placés encore une fois face à face, laissez moi vous dire que peu d'hommes vous sont aussi dévoués que moi.

— Vous venez de me le prouver, caballero.

— Laissons cela ! reprit-il vivement; maintenant que vous êtes libre de vos actions, que vous pouvez agir à votre guise, parlez, commandez, que voulez-vous ? Qu'exigez-vous de moi? je suis prêt à faire tout ce qu'il vous plaira, afin de vous prouver combien je serais heureux de vous être agréable.

— Voilà un langage que je comprends, caballero, et auquel je répondrai avec franchise. Des raisons importantes me contraignent à retourner à la colonie française de Guetzalli, où je me trouvais lorsque les païens m'ont si traîtreusement enlevé.

— Quand voulez-vous partir ?

— Tout de suite, si cela est possible.

— Tout est possible, caballero. Je vous ferai seulement observer que nous sommes à près de trente lieues de cette *hacienda* ; que le pays où nous nous trouvons est désert, qu'il nous sera fort difficile de trouver des chevaux, et que malgré toute notre bonne volonté, nous ne pouvons faire cette route à pied.

— Surtout ma fille, n'est-ce pas? reprit-il avec un sourire sardonique.

— Oui, répondit le Tigrero, surtout la *senorita*.

— Comment faire alors, car il faut absolument que je retourne là-bas, avec ma fille, ajouta-t-il en appuyant avec intention sur ces deux mots, et cela le plus tôt possible.

Le Tigrero mentait en assurant à don Sylva qu'il se trouvait à trente lieues de la colonie : il n'en était tout au plus qu'à quinze; mais dans un pays comme celui-là, où les routes n'existent pas, quinze lieues sont presque infranchissables pour un homme qui n'est pas rompu à la vie du désert et accoutumé à en supporter les fatigues. Don Sylva, bien que n'ayant jamais voyagé que dans d'excellentes conditions, c'est-à-dire avec tout le comfort qu'il est possible de se procurer dans ces régions éloignées, savait, du moins par théorie, sinon par pratique, toutes les difficultés qui, à chaque pas, surgiraient devant lui, et combien d'empêchemens viendraient entraver sa marche. Sa résolution fut prise presque immédiatement.

Don Sylva, ainsi que bon nombre de ses compatriotes, était doué d'un entêtement rare : lorsqu'il avait formé un projet ou arrêté quoi que ce fût dans sa tête, plus les obstacles qui s'opposaient à l'exécution de ce projet étaient grands, plus il y tenait, et plus il brûlait de le mener à bonne fin.

— Ecoutez, dit-il à don Martial, je veux être franc avec vous : je ne vous apprends rien de nouveau, n'est-ce pas, en vous annonçant le mariage de ma fille avec le comte de Lhorailles ? Il faut que ce mariage s'accomplisse, je l'ai juré, et cela sera, quoi qu'on dise et quoi qu'on fasse pour l'empêcher. Maintenant je vais mettre à l'épreuve le dévoûment dont vous vous vantez envers moi.

— Parlez, senor.

— Vous allez envoyer votre compagnon du comte de Lhorailles ; il lui portera un mot qui calmera son inquiétude et lui annoncera ma prochaine arrivée.

— Bien.

— Le ferez-vous?

— A l'instant.

— Merci. Maintenant, quant à ce qui vous regarde personnellement, je vous laisse libre de nous quitter ou de nous suivre, à votre volonté; mais d'abord il nous faut des chevaux, des armes et surtout une escorte. Je ne me soucie nullement de retomber entre les mains des païens; peut-être n'aurais-je pas le bonheur de leur échapper cette fois aussi facilement.

— Restez ici; dans deux heures, je reviendrai avec des chevaux; quant à une escorte, je tâcherai de vous en procurer une; cependant, je n'ose m'y engager formellement. Puisque vous me le permettez, je vous accompagnerai jusqu'à ce que vous ayez rejoint le *conde*. J'espère, pendant le temps que j'aurai le bonheur de passer auprès de vous, parvenir à vous prouver que vous vous êtes trompé sur moi.

Ces paroles furent prononcées avec un accent si vrai, que l'*haciendero* se sentit ému.

— Quoi qu'il arrive, dit-il, je vous remercie; vous ne m'en aurez pas moins rendu un service immense dont je vous serai éternellement reconnaissant.

Don Sylva déchira une feuille de son carnet, écrivit quelques mots au crayon, plia la page et la remit au Tigrero.

— Etes-vous sûr de cet homme? lui demanda-t-il.

— Comme de moi-même, répondit évasivement don Martial; soyez certain qu'il verra le *condé*.

L'*haciendero* fit un geste de satisfaction, le Tigrero s'approcha de Cucharès.

— Tiens, lui dit-il à voix haute en lui remettant le papier, il faut que dans deux jours tu remettes ceci au chef de Guetzalli... Tu m'as entendu?

— Oui, répondit le Lepero.

— Pars et que Dieu te garde de mauvaise rencontre. Dans un quart d'heure derrière ce morne, ajouta-t-il rapidement à voix basse.

— Convenu, fit l'autre en s'inclinant.

— Prends cette pirogue, continua le Tigrero.

Si l'*haciendero* avait pu concevoir des soupçons ils se dissipèrent lorsqu'il vit Cucharès sauter dans la pirogue, saisir les pagaies et s'éloigner sans échanger un signe avec le Tigrero et même sans détourner la tête.

— Voici la première partie de vos instructions remplie, dit le Tigrero en revenant auprès de don Sylva; maintenant je vais m'acquitter de la seconde; prenez mes pistolets et mon machete; en cas d'alerte vous pourrez vous défendre. Je vous laisse ici; surtout ne vous éloignez pas; dans deux heures au plus tard je vous rejoindrai.

— Savez-vous donc où trouver des chevaux?

— Ignorez-vous que le désert est mon domaine? répondit-il avec un sourire mélancolique; je suis ici chez moi, bientôt vous en aurez la preuve. Au revoir.

Et il s'éloigna à grands pas dans une direction opposée à la pirogue.

Lorsqu'il eut disparu aux regards de don Sylva, derrière un massif d'arbres et de broussailles, le Tigrero fit un brusque crochet sur la droite et revint en courant sur ses pas.

Cucharès, nonchalamment assis à terre, fumait une cigarette en l'attendant.

— Pas de mots, des faits, dit le Tigrero; le temps nous presse;

— J'écoute.

— Vois-tu ce diamant, et il lui montra une bague qui nouait sa cravate.

— Il vaut six mille piastres, dit le lepero en l'examinant en connaisseur.

Don Martial le lui tendit.

— Je te le donne, fit-il.

L'autre le prit et le serra.

— Que faut-il faire?

— D'abord me remettre la lettre.

— La voilà.

Don Martial s'en saisit et la déchira en morceaux impalpables.

— Ensuite? reprit Cucharès.

— Ensuite, je tiens un autre diamant semblable à ta disposition; tu me connais?

— Oui, j'accepte.

— Mais à une condition.

— Je la connais, dit-il avec un geste significatif.

— Tu acceptes toujours?

— Parfaitement.

— C'est convenu.

— Plus jamais il ne vous chagrinera.

— Bien; mais tu comprends, il me faut des preuves.

— Vous les aurez.

— Alors au revoir.

— Au revoir.

Les deux complices se séparèrent fort satisfaits l'un de l'autre; ils s'étaient compris à demi-mot.

Nous avons vu comment Cucharès s'était acquitté de la mission dont l'avait chargé don Sylva de Torrès.

Don Martial, après sa courte conversation avec Cucharès, s'occupa de trouver des chevaux.

Deux heures plus tard il était de retour; non seulement il amenait d'excellentes montures, mais encore il avait embauché deux *peones* ou soi-disant tels, pour servir d'escorte.

L'*haciendero* comprit toute la délicatesse du procédé de don Martial, et bien que la tournure et l'air de ses défenseurs ne fussent pas complétement orthodoxes, il remercia chaleureusement le Tigrero de la peine qu'il s'était donnée pour satisfaire ses désirs, et rassuré sur les éventualités du voyage, il déjeuna de bon appétit d'un quartier de daim, arrosé de *pulqué*, que don Martial s'était procuré; puis, lorsque le repas fut terminé, la petite troupe, bien armée, se mit résolûment en route dans la direction de la colonie de Guetzalli, où don Sylva comptait, si rien ne venait contrarier ses calculs, arriver sous trois jours.

XXII.

La frontière mexicaine jusqu'aux anciennes missions des jésuites, aujourd'hui abandonnées et tombant en ruines, forme la lisière de la grande prairie du rio Gila ou de l'Apacheria, qui s'étend jusqu'au sinistre désert *del Norte*.

Dans cette partie de la prairie, la nature étale avec coquetterie cette surabondance de séve et cette richesse de produits que l'on chercherait vainement autre part.

Guetzalli avait été construit par le comte de Lhorailles, sur les ruines d'une mission jadis florissante des révérends pères jésuites, mais que le décret d'expulsion qui les avait frappés avait fait abandonner.

Sans entrer ici dans aucune discussion pour ni contre l'ordre de Jésus, nous dirons en passant que ces religieux ont rendu d'immenses services en Amérique; que toutes les missions qu'ils avaient fondées au désert prospéraient; que les Indiens accouraient, dans des proportions énormes, se ranger sous leurs lois paternelles, et que telles missions, dont nous pourrions au besoin citer le nom, comptaient jusqu'à soixante mille néophytes; que, pour preuve de la bonté de leur système, lorsqu'on leur intima l'ordre d'abandonner leur mission aux mains d'autres religieux et de se retirer, leurs prosélytes les prièrent, poussés par leur seule volonté, de résister à cet injuste ostracisme, en leur offrant, avec des larmes de douleur, de les défendre quand même envers et contre tous.

Les jésuites ont d'autant plus de droit à la justice tardive que nous essayons de leur faire rendre aujourd'hui, qu'après les nombreuses années qui se sont écoulées depuis leur départ, bien que tous les hommes qu'ils étaient parvenus, au prix de travaux incessans, à faire entrer dans le giron de l'Eglise, soient retournés à la vie sauvage, le souvenir des bienfaits des pieux missionnaires est encore palpitant dans le cœur des Indiens, et forme le soir, autour des feux de campement, le fond de toutes les conversations, tant la mémoire du peu de bien qu'on leur a fait est demeurée gravée dans le cœur de ces hommes primitifs.

Don Sylva de Torrès voulait regagner le plus tôt possible, et par la voie la plus directe, la colonie de Guetzalli; malheureusement il lui fallait traverser pour ainsi dire, à vol d'oiseau, une étendue considérable de terrains où aucune route n'était tracée; de plus, à cause de son ignorance topographique de la prairie, il était contraint de se fier à don Martial, guide fort bon sous tous les rapports, dont il ne mettait nullement en doute la sagacité et les connaissances approfondies de la vie du désert, mais auquel, sans se rendre précisément compte de la raison qui le poussait, il n'accordait qu'une fort médiocre confiance.

Cependant le Tigrero, en apparence du moins, faisait preuve du plus grand dévoûment pour l'haciendero, le conduisant par les sentes les plus battues, lui faisant éviter les passages difficiles, et veillant avec un soin et une sollicitude sans égale, à la sûreté de la petite troupe.

Chaque soir, au coucher du soleil, la caravane campait au sommet d'un monticule découvert d'où la vue portait de tous les côtés à une grande distance, afin d'éviter les surprises.

Le soir du quatrième jour, après une marche fatigante, sur un sol convulsionné, ils atteignirent une colline où don Martial proposa de camper.

L'haciendero accepta cette demande avec d'autant plus de plaisir, que, peu habitué à voyager de cette façon, il éprouvait une lassitude extrême. Après un repas frugal, composé de tortillas de maïs et de frijoles saupoudrés de pimens enragés et arrosés de pulque, don Sylva, sans même songer à fumer sa cigarette, ce à quoi il ne manquait jamais après avoir mangé, s'enveloppa avec soin dans dans son *zarape* (manteau), s'allongea sur le sol, la plante des pieds exposée au feu, et s'endormit presque immédiatement d'un sommeil de plomb.

Don Martial et la jeune fille demeurèrent quelques instans silencieux en face l'un de l'autre, les yeux fixés sur l'*haciendero* et épiant avec inquiétude les phases de son sommeil. Enfin, lorsque le *Tigrero* fut persuadé que don Sylva dormait réellement, il se pencha vers la jeune fille et murmura d'une voix douce à son oreille :

— Pardon, dona Anita, pardon!

— Pardon ! et pourquoi? répondit-elle d'un air étonné.

— Hélas ! c'est pour moi que vous souffrez !

— Egoïste ! fit-elle avec un sourire enchanteur, n'est-ce donc pas pour moi aussi, puisque je vous aime?

— Oh ! merci, s'écria-t-il ; vous me rendez le courage que je sentais faiblir dans mon cœur. Hélas ! comment tout cela finira-t-il?

— Bien, j'en suis convaincue, fit-elle avec vivacité ; il n'y a que patience à avoir; mon père, croyez-le bien, ne tardera pas à revenir sur votre compte.

Le Tigrero sourit tristement.

— Je ne puis cependant, dit-il, vous promener indéfiniment ainsi dans la prairie.

— C'est vrai, reprit-elle avec accablement. Que faire ?

— Je ne sais. Depuis deux jours nous ne faisons que tourner autour de la colonie, dont nous ne sommes éloignés que de trois lieues à peine, sans que je puisse me résoudre à y entrer.

— Hélas ! murmura la jeune fille.

— Ah! continua-t-il avec une certaine animation dans le regard, pourquoi cet homme est-il votre père, dona Anita?

— Ne parlez pas ainsi, mon ami ! s'écria-t-elle vivement en lui posant sa main mignonne sur la bouche, comme pour l'empêcher de parler ; pourquoi désespérer ? Dieu est bon, il ne nous faillira pas; nous ne savons pas ce qu'il nous réserve ; plaçons notre confiance en lui.

— Cependant, répondit-il en secouant la tête, notre position n'est pas tenable. Marcher davantage à l'aventure est impossible. Votre père, malgré son ignorance du pays, finira par s'apercevoir que je le trompe, et alors je serai perdu sans ressources dans son esprit. D'un autre côté, entrer à la colonie, c'est vous replacer entre les mains de l'homme que l'on veut vous contraindre à épouser, vous remettre sous le joug abhorré de cet homme; je ne puis me résoudre à commettre cette action honteuse. Oh! je donnerais avec joie dix ans de ma vie pour savoir ce que je dois faire.

En ce moment, comme si le ciel eût entendu ses paroles et se fût chargé d'y répondre immédiatement, le Tigrero, dont les yeux étaient fixés machinalement sur la prairie, plongée à cet instant dans d'épaisses ténèbres, vit à peu de distance, au milieu des hautes herbes, un point lumineux s'élever dans l'espace à deux reprises différentes, en traçant dans l'air des arabesques et des paraboles étranges. Au même instant, l'oreille exercée de don Martial perçut ou crut percevoir le hennissement étouffé d'un cheval.

— C'est extraordinaire, murmura-t-il comme se parlant à lui-même ; qu'est-ce que cela signifie? serait-ce un signal? Cependant nous sommes seuls ici ; dans toute la journée qui vient de s'écouler, je n'ai relevé aucune trace ni aucune piste; cependant, cette lueur qui s'est montrée et a disparu presque immédiatement, ce hennissement...

— Qu'avez-vous, mon ami ? lui demanda dona Anita avec sollicitude; vous paraissez inquiet; quelque danger nous menacerait-il? Parlez ; vous le savez, je suis courageuse, et puis, près de vous, que puis-je craindre? Ne me cachez rien. Il se passe quelque chose d'extraordinaire, n'est-ce pas?

— Eh bien! oui, répondit-il, prenant résolûment son parti; il se passe, en effet, quelque chose d'extraordinaire; mais rassurez-vous, je ne crois pas que vous ayez rien à redouter.

— Mais qu'y a-t-il donc? Je n'ai rien vu, moi !

— Tenez, regardez, lui dit-il vivement, en étendant le bras.

La jeune fille regarda avec attention et vit ce que le *Tigrero* avait aperçu déjà quelques instans auparavant, une lueur qui brillait comme un point rougeâtre dans les ténèbres en décrivant des lignes entrelacées.

— C'est évidemment un signal reprit le *Tigrero;* quelqu'un est caché là.

— Attendez-vous donc quelqu'un? lui demanda-t-elle.

— Personne, et pourtant je ne sais pourquoi, mais il me semble que c'est à moi seul que ce signal s'adresse.

— Cependant, réfléchissez que nous sommes dans la prairie, et probablement, sans nous en douter, entourés de détachemens de chasseurs indiens; peut-être correspondent-ils entre eux au moyen de cette lueur que deux fois déjà nous avons vue briller devant nos yeux?

— Non, dona Anita, vous vous trompez; nous ne sommes pas, en ce moment du moins, entourés de partis indiens, nous sommes seuls, bien seuls.

— Comment pouvez-vous le savoir, mon ami, puisque vous ne nous avez pas quittés un instant pour aller à la découverte?

— Dona Anita, ma bien-aimée, répondit-il d'une voix sévère; la prairie est un livre où Dieu a écrit son secret en lettres ineffaçables, où l'homme habitué à la vie du désert sait lire couramment; le vent qui passe dans les branches, l'eau qui murmure sur le sable de la rive, l'oiseau qui vole dans l'air, le daim ou le bison qui paissent l'herbe touffue, l'alligator paresseusement vautré dans la vase, sont pour moi autant d'indices certains auxquels je ne saurais me méprendre. Depuis deux jours, nous n'avons rencontré aucune trace ni aucune piste indienne, les bisons et les autres animaux que nous avons aperçus paissaient tranquilles et sans méfiance; le vol des oiseaux était régulier, les alligators disparaissaient presque dans la vase qui les recouvrait. Tous ces animaux sentent l'approche de l'homme et surtout de l'Indien à une distance considérable, et aussitôt qu'ils l'ont éventé, ils détalent avec une rapidité vertigineuse, tant le roi de la création leur inspire de terreur. Je vous le répète, nous sommes seuls ici, bien seuls; c'est donc à moi que s'adresse ce signal. Et tenez, le voici qui recommence.

— C'est vrai, fit-elle, je le vois.

— Il faut que je sache ce que cela veut dire! s'écria-t-il en saisissant son rifle.

— Oh! don Martial, je vous en supplie, prenez garde! soyez prudent. Songez à moi, ajouta-t-elle avec angoisse.

— Rassurez-vous, dona Anita, je suis un trop vieux coureur des bois pour me laisser tromper par une ruse grossière. A bientôt.

Et sans écouter davantage la jeune fille, qui cherchait encore par ses prières et ses larmes à le retenir, il s'élança sur la pente de la colline, qu'il descendit rapidement, bien qu'avec la plus grande prudence.

Arrivé dans la prairie, le Tigrero s'arrêta un instant afin de s'orienter.

La caravane était campée à deux portées de flèche du Gila, presque en face d'une grande île qui n'est, en réalité, qu'un rocher affectant à peu près la forme humaine, et que les Apaches nomment *le maître de la vie de l'homme*.

Dans leurs excursions sur le territoire mexicain, les Peaux-Rouges ne manquent jamais de s'arrêter sur cette île pour y déposer des offrandes, cérémonie qui consiste à jeter dans l'eau, en dansant, du tabac, des cheveux et des plumes d'oiseau.

Ce rocher, qui offre de loin l'aspect le plus curieux et le plus saisissant, est percé de deux excavations qui ont chacune plus de douze cents pas de long sur quarante de large, et dont le sommet est en forme d'arche.

Ce qui avait excité la curiosité du Tigrero et l'avait poussé à tenter l'entreprise et à s'assurer de la signification du signal qu'il avait aperçu, c'est qu'il avait reconnu qu'il partait de cette île, fait extraordinaire qu'il ne s'expliquait d'aucune façon, d'autant plus qu'il savait pertinemment que les Indiens avaient pour le rocher une vénération jointe à une terreur superstitieuse si grande, que jamais un guerrier indien, quelque brave qu'il fût, n'aurait osé y passer la nuit. C'était surtout la connaissance de cette particularité qui l'avait engagé à approfondir le mystère qu'il soupçonnait.

Des herbes hautes et touffues croissaient à profusion jusqu'au bord de la rivière. Dissimulé encore par des paletuviers, des mangles épais et enchevêtrés les uns dans les autres dans un désordre et un tohu-bohu inextricable, le Tigrero se glissa avec précaution jusqu'à la rive; dès qu'il l'eut atteinte, il se suspendit à une branche et se laissa glisser si doucement dans l'eau, que son immersion n'occasionna aucun bruit.

Alors tenant son rifle élevé au-dessus de l'eau, afin de le préserver de l'humidité, il nagea d'une main dans la direction de l'île.

La distance était courte, le Tigrero nageait vigoureusement, il atteignit bientôt l'endroit où il voulait aborder.

Dès qu'il fut sur l'île, il se glissa en rampant dans les broussailles, prêtant l'oreille au moindre bruit et cherchant à sonder les ténèbres.

Il ne vit rien, n'entendit rien; alors il se releva et marcha vers une des grottes, à l'entrée de laquelle, de l'endroit où il se trouvait, il distinguait la lueur d'un feu. Auprès se tenait un homme accroupi, la tête sur la paume des mains, fumant aussi tranquillement que s'il se fût trouvé assis dans une pulqueria de Guaymas.

Don Martial, après avoir pendant une minute attentivement examiné cet homme, retint avec effort un cri de joie, et marcha vers lui sans plus se cacher.

Il avait reconnu son affidé Cucharès le *lepero*.

Au bruit des pas du Tigrero, Cucharès se retourna.

— Eh! arrivez donc, don Martial, s'écria-t-il, voilà plus d'une heure que je me tue à vous faire tous les signaux que je puis inventer, sans que vous daigniez me répondre.

— Eh! mon cher, répondit joyeusement le Tigrero, si j'avais pu soupçonner que ce fût vous, il y a longtemps déjà que je serais ici, mais j'étais si loin de vous attendre...

— Au fait, vous avez raison, et dans le pays où nous nous trouvons, il vaut mieux être trop prudent que pas assez.

— Ah! çà, il y a donc du nouveau? reprit le *Tigrero* en s'asseyant devant le feu, afin de sécher ses vêtemens.

— *Caspitte!* s'il y a du nouveau! serais-je ici sans cela?

— C'est juste; vous êtes un bon compagnon, je vous remercie d'être venu; vous savez que j'ai bonne mémoire?

— Je le sais.

— Au fait, voyons, qu'avez-vous à m'apprendre; j'ai hâte de connaître vos nouvelles, et d'abord, avant tout, une question?

— Faites.

— Sont-elles bonnes?

— Excellentes; vous allez en juger.

— *Caraï!* puisqu'il en est ainsi, prenez cette bague, que je ne devais vous remettre qu'après que notre affaire serait terminée; mais soyez tranquille, quand nous règlerons nos comptes, je saurai trouver encore quelque chose qui vous plaira.

L'œil du Lepero brilla de joie et d'avarice; il saisit la bague, qu'il envoya rejoindre celle que quelques jours auparavant il avait reçue.

— Merci, dit-il; Dieu me garde! il y a plaisir à traiter avec vous : vous ne lésinez pas, au moins!

— Maintenant, les nouvelles.

— Les voici, elles sont courtes, mais bonnes. El senor conde, désespéré de la disparition de sa fiancée qu'il croit avoir été enlevée par les Apaches, s'est mis à la tête de sa compagnie, a quitté l'hacienda, et à l'heure qu'il est il parcourt la prairie dans tous les sens à la poursuite de l'Ours-Noir.

— Vive Dieu! cette nouvelle est la plus heureuse que vous puissiez me donner. Et vous, que comptez-vous faire?

— Eh! n'est il pas convenu entre nous que *el conde*...

— Certes! interrompit vivement le Tigrero; mais pour cela il faut le rencontrer, ce qui maintenant n'est pas, je crois, très facile.

— Au contraire.

— Comment cela?

— Eh! seigneur don Martial, me feriez-vous l'injure de me prendre pour un *pavo* (dindon)?

— Nullement, compadre; cependant...

— Cependant vous le croyez, eh bien vous vous trompez, caballero, je ne suis pas fâché de vous l'apprendre; pendant les quelques heures que j'ai passées à l'hacienda, j'ai questionné, je me suis informé, et comme je m'annonçais en qualité de porteur d'un billet très pressé pour *el senor conde*, nul n'a fait de difficultés pour me répondre. Il paraît que les Apaches, au lieu de pousser en avant, ont été si bien battus par les Français, pour lesquels, entre parenthèse, ils ont contracté une frayeur énorme, se retirent sur le désert del Norte, afin de regagner leurs villages; *el conde* les poursuit, n'est-ce pas?

— Oui, vous me l'avez dit.

— Eh bien! selon toute probabilité, il n'osera s'aventurer dans le désert.

— Naturellement, fit en frissonnant le Tigrero, malgré tout son courage.

— Fort bien! alors il ne peut s'arrêter qu'à un seul endroit.

— A la Casa-Grande! s'écria vivement don Martial.

— Juste! je suis donc certain de le rencontrer là.

— Corps du Christ! allez-vous donc vous y rendre?

— Je me mettrai en route aussitôt après votre départ.

Le Tigrero le considéra avec étonnement :

— Tudieu! s'écria-t-il au bout d'un moment, vous êtes un rude homme, Cucharès; je suis heureux de voir que je ne me suis pas trompé sur votre compte.

— Que voulez-vous, répondit avec modestie le coquin, tout en clignant son œil gris avec malice; les relations que j'ai entamées avec vous me sont si agréables, que je n'ai la force de rien vous refuser.

Les deux hommes se mirent à rire de cette saillie d'un goût assez équivoque.

— Maintenant que tout est bien convenu entre nous, reprit don Martial, quittons-nous.

— Comment êtes-vous venu ici?

— Vous le voyez, il me semble, à la nage. Et vous?

— Sur mon cheval. Je vous offrirais bien de vous mettre en terre ferme, mais nous n'allons pas du même côté.

— Quant à présent, non.

— Comptez-vous donc aller par là bientôt?

— Probablement, fit-il avec un sourire équivoque.

— Oh! oh! nous nous reverrons bientôt, alors.

— Je l'espère.

— Tenez ! don Martial, maintenant que vos vêtemens sont secs, je serais fâché que vous les mouilliez une seconde fois ; je crois avoir aperçu une pirogue ici près, vous savez que les Indiens en cachent partout.

Le *Tigrero* entra dans la grotte et découvrit en effet une pirogue avec ses pagaies placée soigneusement en équilibre contre les parois ; il s'en empara sans scrupule et la chargea sur ses épaules.

— Ah çà ! dit-il encore, pourquoi diable m'avez-vous donné rendez-vous ici ?

— Afin de ne pas être dérangé, donc ; auriez-vous été satisfait que quelqu'un entendît notre entretien ?

— Non, j'en conviens. Allons, au revoir.

— Au revoir.

Les deux hommes se séparèrent, Cucharès pour commencer un long voyage, et don Martial pour rejoindre son campement.

Ils s'étaient trompés en supposant que personne n'avait entendu leur entretien.

A peine avaient-ils quitté l'île, en s'éloignant chacun dans une direction différente, que d'un massif de dahlias et de floripondios qui poussait à l'entrée de la grotte, une tête hideuse s'avança avec précaution, regardant à droite et à gauche avec soin ; puis au bout d'un instant les branches s'écartèrent davantage, le corps suivit la tête, et un Indien apache, peint et armé en guerre, apparut.

Cet Indien était l'Ours-Noir.

— Ooh ! murmura-t-il avec un geste de menace, les faces pâles sont des chiens, les guerriers apaches suivront leur piste !

Puis, après être resté quelques minutes les yeux fixés sur le ciel plaqué d'étoiles brillantes, il entra dans la grotte.

Cependant le Tigrero avait rejoint son camp.

Dona Anita, inquiète d'une si longue absence, l'attendait en proie à l'anxiété la plus vive.

— Eh bien ! lui demanda-t-elle en accourant vers lui dès qu'elle l'aperçut.

— Bonnes nouvelles, répondit-il.

— Oh ! j'ai eu bien peur !

— Je vous remercie. Il est arrivé ce que je prévoyais : le signal était pour moi.

— Ainsi...

— J'ai trouvé un ami qui m'a donné les moyens de sortir de la fausse position dans laquelle nous sommes.

— De quelle façon ?

— Ne vous inquiétez de rien, vous dis-je, dormez tranquille et laissez-moi faire.

La jeune fille s'inclina avec soumission, et malgré la curiosité qui la dévorait, elle se retira, sans interroger davantage don Martial, dans le *jacal* (cabane) de branchage préparé pour elle.

Don Martial, au lieu de se livrer au sommeil, s'assit sur le sol, croisa ses bras sur la poitrine, s'adossa à un arbre, et jusqu'au point du jour, il demeura immobile plongé dans de profondes et mélancoliques réflexions.

Au lever du soleil, le *Tigrero* secoua l'engourdissement de la nuit, et appela ses compagnons.

Dix minutes plus tard la petite troupe se mit en marche.

— Oh ! oh ! fit l'*haciendero*, vous êtes bien matinal aujourd'hui, don Martial ?

— N'avez-vous pas remarqué que nous n'avons pas déjeuné avant de partir, ainsi que nous le faisons chaque jour ?

— Parbleu !

— Savez-vous pourquoi ? c'est que nous déjeunerons à Guetzalli, où nous arriverons dans deux heures au plus tard.

— Ah ! caramba ! s'écria l'haciendero, vous me faites plaisir en m'apprenant cela.

— N'est-ce pas ?

— Ma foi, oui.

Dona Anita, en l'entendant parler ainsi, avait lancé à don Martial un regard de douleur ; mais elle lui vit un visage si tranquille, un sourire si gai, qu'elle se sentit subitement rassurée, soupçonnant intérieurement que les réticences du Tigrero à son égard cachaient quelque surprise agréable qu'il lui voulait faire.

Ainsi que don Martial l'avait annoncé, deux heures plus tard ils arrivèrent effectivement à la colonie.

Dès qu'ils eurent été reconnus par les sentinelles, le pont-levis de l'isthme fut abaissé, et ils entrèrent dans l'hacienda, où ils furent reçus avec tous les égards et toutes les prévenances imaginables.

Dona Anita, les yeux constamment fixés sur le Tigrero, rougissait et pâlissait successivement, ne comprenant rien à son impassibilité et à sa parfaite tranquillité.

Ils mirent pied à terre dans la seconde cour devant la porte d'honneur.

— Où est donc le comte de Lhorailles, demanda l'haciendero étonné que son gendre futur, non seulement ne fût pas venu au-devant de lui, mais encore ne se trouvât pas là pour le recevoir.

— M. le comte sera désespéré lorsqu'il apprendra votre arrivée ici, de ne pas s'être trouvé présent, répondit le majordome en se confondant en excuses.

— Est-il donc absent?

— Oui, seigneur.

— Mais il sera bientôt de retour?

— Je ne le pense pas; le capitaine est parti à la poursuite des sauvages à la tête de toute sa compagnie.

Cette nouvelle fut un coup de foudre pour don Sylva.

Le Tigrero et dona Anita échangèrent un regard de bonheur.

XXIII.

Le grand désert del Norte est le Sahara américain, plus étendu, plus redoutable que le Sahara africain.

Là, pas de riantes oasis ombragées par de beaux arbres et rafraîchies par de jaillissan tes fontaines.

Sous un ciel de cuivre jaune s'étendent d'immenses plaines couvertes de sable d'un gris sale; dans toutes les directions, les horizons succèdent aux horizons; du sable, toujours du sable; du sable fin, impalpable, ressemblant plutôt à de la poussière humaine que le vent soulève en longs tourbillons, dont l'aspect désolant, varie incessamment au gré de la tempête qui creuse des vallées et élève des montagnes chaque fois que le redoutable *cordonnazo* bouleverse ce sol déchiré.

Des roches grisâtres, couvertes par places d'un lichen brûlé, montrent parfois leur tête chenue au milieu de ce chaos, qui depuis la création n'a pas changé d'aspect.

Le bison, l'ashata, l'antilope rapide fuient ce désert, où leurs pieds ne poseraient que sur un sol mouvant; seulement, des vautours à l'œil sanglant et sinistre volent par troupes dans ces régions, en quête d'une proie bien rare; car ce désert est si horrible, que les Indiens eux-mêmes ne s'y hasardent qu'en tremblant, et le traversent avec une vélocité extrême lorsqu'ils regagnent leurs villages après une expédition sur le territoire mexicain; et cependant, quelle que soit la rapidité de leur course, leur trace reste marquée d'une manière indélébile par les squelettes des mules et des chevaux qu'ils sont contraints d'abandonner, et dont les os blanchissent dans ce lugubre cercueil jusqu'à ce que l'ouragan, de nouveau déchaîné, recouvre tout d'un linceul de sable.

Seulement, comme le doigt de Dieu est partout inscrit, au désert surtout plus profondément qu'ailleurs, à de longs intervalles, chose étrange! à demi enfouis dans le sable, au milieu des rochers amoncelés sans ordre, surgissent des arbres vigoureux, au tronc énorme, au feuillage épais, qui semblent offrir au voyageur un repos sous leur ombre.

Mais ces arbres ne verdissent la plaine que fort loin les uns des autres; jamais il n'en pousse deux ensemble dans le même endroit.

Ces arbres, vénérés des Indiens et des coureurs des bois, sont la signature de Dieu sur le désert, la preuve de sa sollicitude et de son inépuisable bonté.

Mais, nous le répétons, à part ces quelques jalons perdus comme des points imperceptibles dans l'immensité, il n'y a ni végétaux, ni animaux dans le del Norte: du sable, toujours du sable.

La Casa-Grande de Moctecuzoma, où campait en ce moment la compagnie franche du comte de Lhorailles, s'élevait et s'élève probablement encore aujourd'hui à l'extrême limite de la prairie, à deux lieues au plus de la lisière du désert.

La ligne de démarcation était nettement et brutalement tirée entre les deux régions.

D'un côté, une végétation luxuriante, riche de force et surabondante de séve; des plaines verdoyantes, couvertes d'une herbe drue, haute et serrée, au milieu desquelles paissaient des animaux de toutes sortes; des chants d'oiseaux, des sifflemens de reptiles, des bruissemens de bisons, enfin la vie grande, vigoureuse, joyeuse surtout, s'exhalant par tous les pores de cette nature bénie.

De l'autre, un silence de mort, un horizon grisâtre, une mer de sable, dont les flots tourmentés se pressaient de toutes parts comme pour envahir la prairie; pas la plus maigre broussaille, rien, ni ronces, ni mousse: du sable!

Après sa conversation avec Cucharès, le comte avait rappelé ses lieutenans et s'était remis à boire et à rire en leur compagnie.

A une heure assez avancée de la nuit on se leva de table pour se livrer au sommeil.

Cucharès, lui, ne dormit pas, il songea. Nous savons maintenant, à peu près du moins, dans quel but il avait rejoint le comte à la Casa-Grande.

Au lever du soleil les trompettes sonnèrent la diane.

Les soldats se levèrent du sol où ils avaient dormi, secouèrent le froid de la nuit et s'occupèrent activement du pansage des chevaux et des préparatifs du repas du matin.

Le camp prit en quelques minutes cette animation joyeuse et goguenarde qui caractérise les Français quand ils sont en expédition.

Dans la grande salle de la Casa-Grande, le comte et ses lieutenans, assis sur des crânes desséchés de bisons, tenaient conseil : la discussion était animée.

— Dans une heure, dit le comte, nous nous mettrons en route: nous avons vingt mules chargées de vivres, dix pour transporter l'eau, huit chargées de munitions de guerre; nous n'avons donc rien à redouter.

— C'est vrai jusqu'à un certain point, *senor conde*, observa le capataz.

— Comment cela?

— Nous n'avons pas de guides.

— A quoi bon des guides? s'écria violemment le comte; nous n'avons besoin que de suivre la trace des Apaches, il me semble.

Blas Vasquez hocha la tête.

— Vous ne connaissez pas le del Norte, seigneurie, dit-il nettement.

— En effet, voici la première fois que le hasard m'amène de ce côté.

— Je prie Dieu que ce ne soit pas la dernière.

— Que voulez-vous dire? fit le comte avec un secret tressaillement.

— *Senor conde*, le *del Norte* n'est pas un désert, c'est un gouffre de sables mouvans; au moindre souffle d'air, dans ces régions désolées, le sable se soulève, tourbillonne et engloutit hommes et chevaux, sans laisser de traces: tout disparaît à jamais enseveli dans un suaire de sable.

— Oh! oh! fit le comte en réfléchissant.

— Croyez-moi, *senor conde*, continua le capataz, ne vous aventurez pas avec vos braves soldats dans cet implacable désert; aucun de vous n'en sortirait.

— Cependant les Apaches sont des hommes aussi; ils ne sont ni plus braves ni mieux montés que nous, n'est-ce pas?

— En effet.

— Eh bien! ils traversent le del Norte du nord au sud, de l'est à l'ouest, enfin, et cela non pas une fois dans une année, non pas dix, mais continuellement, chaque fois que la fantaisie leur en prend.

— Savez-vous à quel prix, *senor conde*? avez-vous compté les cadavres qu'ils abandonnent tout le long de la route, lugubres jalons marquant leur passage? Et puis, vous ne pouvez vous comparer aux païens, le désert pour eux n'a pas conservé de secrets, ils le connaissent dans ses plus mystérieuses profondeurs.

— Ainsi, s'écria le comte, avec impatience, vous concluez?

— Je conclus qu'en vous amenant ici, et en vous attaquant il y a deux jours, les Apaches vous ont tendu un piége; ils veulent vous entraîner à leur suite dans le désert, certains non-seulement que vous ne les atteindrez pas, mais encore que vous et tous vos hommes y laisserez vos os.

— Cependant vous conviendrez avec moi, mon cher don Blas, qu'il est fort extraordinaire que parmi vos peones, il ne se trouve pas un homme capable de nous guider dans ce désert. Ce sont des Mexicains, que diable!

— Oui, seigneurie; mais j'ai eu déjà plusieurs fois l'honneur de vous faire observer que tous ces hommes sont des *costenos*, c'est-à-dire des habitans du littoral; jamais ils ne sont venus aussi loin dans l'intérieur des terres.

— Comment faire alors? dit le comte avec hésitation.

— Retourner à la colonie, reprit le capataz; je ne vois pas d'autre moyen.

— Et don Sylva, et dona Anita, nous les abandonnerons donc?

Blas Vasquez fronça le sourcil, son front se plissa. Il répondit d'une voix grave et d'un accent ému :

— Seigneurie, je suis né sur les terres de la famille de Torrès; nul plus que moi n'est dévoué corps et âme aux personnes dont vous avez prononcé le nom. Mais à l'impossible nul n'est tenu. Entrer dans le désert dans les conditions où nous sommes, ce serait tenter Dieu; nous ne devons pas compter sur un miracle, un miracle seul pourrait nous ramener ici sains et saufs.

Il y eut un silence; ces paroles avaient produit sur l'esprit du comte une impression qu'il cherchait vainement à surmonter; le lepero devina son hésitation, il s'approcha.

— Pourquoi, dit-il d'une voix câline, ne m'avez-vous pas averti que vous manquiez de guide, *senor conde*?

— A quoi bon?

— Au fait, c'est vrai, ce n'était pas la peine, puisque je me suis engagé à vous conduire auprès de don Sylva; vous l'avez sans doute oublié.

— Vous connaissez donc la route?

— Eh! autant que peut la connaître un homme qui deux fois seulement l'a parcourue.

— Vive Dieu! s'écria le comte, maintenant nous pouvons pousser en avant, aucune raison ne peut nous arrêter davantage. Diego Leon, faites sonner le boute-selle, et vous, compagnon, soyez-nous bon guide, et vous aurez des preuves de ma reconnaissance.

— Oh! rapportez-vous-en à moi, seigneurie, répondit le lepero avec un rire équivoque, je vous certifie que vous arriverez où je dois vous conduire.

— Je n'en demande pas davantage.

Blas Vasquez, avec cet instinct de méfiance inné chez les âmes loyales, éprouvait à son insu pour le lepero une répugnance invincible; cette répugnance s'était révélée en lui dès le premier moment de l'apparition de Cucharès dans la salle la nuit précédente. Pendant qu'il parlait à M. de Lhorailles, il l'examinait avec soin. Lorsqu'il se tut, il fit un signe au comte. Celui-ci s'approcha de lui.

Le capataz l'amena dans un angle éloigné de la salle, et se penchant à son oreille :

— Prenez garde, lui dit-il à voix basse, cet homme vous trompe.

— Vous le savez ?

— Non, mais j'en suis sûr.

— Comment cela ?

— Quelque chose me le dit.

— Avez-vous des preuves ?

— Aucune.

— Allons, vous êtes fou, don Blas, la crainte trouble vos sens.

— Dieu veuille que je me trompe !|

— Ecoutez, rien ne vous oblige à nous suivre. Restez ici à nous attendre ; de cette façon, quoi qu'il arrive, vous échapperez aux dangers qui, à votre avis, nous menacent.

Le capataz se releva avec une majesté suprême.

— Assez, don Gaetan, dit-il froidement. J'ai agi, en vous avertissant, comme me le commandait ma conscience. Vous ne voulez pas tenir compte de mes avis, vous êtes libre; j'ai rempli mon devoir ainsi que je devais le faire. Vous voulez marcher en avant ! je vous suivrai, et j'espère vous prouver bientôt que, si je suis prudent, je sais aussi quand il le faut être aussi brave que qui que ce soit.

— Merci, lui répondit le comte en lui serrant affectueusement la main ; je savais que vous ne m'abandonneriez pas.

En ce moment un grand bruit se fit entendre au dehors, et le lieutenant Diégo Léon entra précipitamment.

— Qu'avez-vous donc, lieutenant ? lui demanda sévèrement le comte; d'où vient ce visage effaré ? Pourquoi entrez-vous ainsi ?

— Capitaine, répondit le lieutenant d'une voix haletante, la compagnie est révoltée.

— Hein ? comment dites-vous cela, monsieur ? mes cavaliers se révoltent ?

— Oui, capitaine.

— Ah ! fit-il en mordant sa moustache ; et pourquoi se révoltent-ils, s'il vous plaît ?

— Parce qu'ils ne veulent pas entrer dans le désert.

— Ils ne veulent pas? reprit le comte en pesant sur chaque syllabe, êtes-vous sûr de ce que vous m'annoncez là, lieutenant?

— Je vous le jure, capitaine, et tenez, écoutez-les.

En effet, des cris et des jurons, une rumeur toujours grandissante, et qui commençait à prendre des proportions formidables, s'élevaient au dehors.

— Oh! oh! cela devient sérieux, il me semble, reprit le comte.

— Beaucoup plus que vous ne le supposez, capitaine; la compagnie, je vous le répète, est complétement mutinée, les rebelles ont chargé les armes, ils entourent la maison en proférant des menaces contre vous; ils disent qu'ils veulent vous parler, et qu'ils sont certains d'obtenir ce qu'ils désirent de gré ou de force.

— Je suis curieux de voir cela, dit le comte, toujours impassible, en faisant un pas vers la porte.

— Arrêtez, capitaine! s'écrièrent les officiers en se précipitant au devant de lui. Nos hommes sont exaspérés, il pourrait vous arriver malheur.

— Allons donc, messieurs! répondit-il en les écartant froidement du geste, vous êtes fous; ils ne me connaissent pas bien encore. Je veux montrer à ces bandits que je suis digne de les commander.

Et sans écouter aucune prière, il sorut lentement de la salle, d'un pas ferme et tranquille.

Voici ce qui s'était passé :

Les peones de Blas Vasquez avaient, depuis quelques jours que la compagnie bivouaquait dans les ruines de la ville, raconté aux cavaliers français, en les embellissant encore, de lugubres et sombres histoires sur le désert, rapportant sur ces régions maudites des détails capables de faire dresser les cheveux sur la tête de l'homme le plus brave. Malheureusement, ainsi que nous l'avons dit, la compagnie était campée à deux lieues à peine de l'entrée du del Norte; les sinistres horizons du désert ajoutaient encore, par leur effrayante mise en scène, à l'effet des terribles récits des peones.

Tous les soldats du comte de Lhorailles étaient des Dauph'yeers français, pour la plupart gens de sac et de corde, braves, mais comme tous les Français, faciles à entraîner soit en avant, soit en arrière, et aussi résolus pour le bien que pour le mal. Depuis qu'ils se trouvaient sous les ordres du comte de Lhorailles, bien que dans certaines occasions ils l'eussent vu marcher intrépidement au combat, ils ne lui obéissaient qu'avec une certaine répugnance.

Le comte de Lhorailles avait de grands torts à leurs yeux: d'abord celui d'être comte; ensuite ils le trouvaient trop poli, sa voix était trop douce, ses manières trop délicates et trop efféminées; ils ne pouvaient se figurer que ce gentilhomme si bien mis, si bien ganté, fût capable de leur faire accomplir de grandes choses; ils auraient voulu pour chef un homme d'une forte carrure, au parler rude, aux manières brutales, avec lequel ils auraient vécu pour ainsi dire sur un pied d'égalité.

Le matin, le bruit s'était répandu que le camp allait être levé pour entrer dans le désert et se mettre à la poursuite des Apaches.

Aussitôt les groupes s'étaient formés, les commentaires avaient commencé, les têtes s'étaient échauffées peu à peu; bientôt la résistance s'était sourdement organisée, et lorsque le lieutenant Diego Leon était venu officiellement donner l'ordre de lever le camp, il avait été accueilli par des rires, des sifflets et des quolibets; on s'était moqué de lui, on l'avait hué; bref, il avait été contraint de reculer devant l'émeute et de retourner auprès du capitaine pour lui faire son rapport.

Un officier, dans une circonstance semblable, a un tort très grand de manquer de sang-froid et d'abandonner la place à l'émeute; il doit se faire tuer plutôt que de reculer d'un pas.

Dans une révolte, une concession en amène forcément une autre; alors il arrive inévitablement ceci: les rebelles se comptent, et en même temps comptent leurs chefs; ils reconnaissent l'immense supériorité que la force brutale leur donne sur eux, et immédiatement ils abusent de la position que la faiblesse ou l'inertie de leurs chefs leur a faite, non pas pour demander une simple modification, mais toujours pour exiger un changement radical.

Ce fut ce qui arriva dans cette circonstance; dès que le lieutenant se fut éloigné, son départ fut immédiatement considéré comme un triomphe. Les soldats commencèrent à pérorer, influencés, comme toujours, par ceux d'entre eux dont les langues étaient les plus déliées; il ne s'agissait déjà plus de ne pas entrer dans le désert, mais de nommer d'autres officiers et de retourner sur-le-champ à la colonie; tout l'état-major devait être changé, et les chefs choisis à l'élection parmi les soldats qui inspireraient le plus de confiance à leurs camarades.

L'effervescence était arrivée à son apogée: les soldats brandissaient leurs armes avec fureur, en proférant les plus affreuses menaces contre le comte et ses lieutenans.

Tout à coup la porte s'ouvrit, et le comte parut.

Il était pâle, mais calme; il promena un regard assuré sur la foule mutinée qui hurlait autour de lui.

— Le capitaine! voilà le capitaine! crièrent des soldats.

— Tuons-le! reprirent d'autres.

— A mort! à mort! hurlèrent-ils en chœur.

Chacun se précipita sur lui en brandissant des armes et proférant des injures.

Le comte ne recula pas; au contraire, il fit un pas en avant.

Il avait à la bouche une fine cigarette de paille de maïs dont il tirait la fumée avec la régularité d'un dandy faisant sa sieste.

Rien n'impose aux masses révoltées comme le courage froid et sans emphase.

Il y eut un temps dans la révolte.

Le capitaine et ses soldats s'examinaient comme deux tigres qui mesurent leurs forces avant de se précipiter l'un sur l'autre pour s'entre-déchirer.

Le comte profita de la seconde de silence qu'il avait obtenue pour prendre la parole.

— Que demandez-vous? dit-il d'une voix calme, en retirant paisiblement sa cigarette de sa bouche et en suivant du regard le léger nuage de fumée bleuâtre qui montait en tournoyant vers le ciel.

A cette question de leur capitaine, le charme fut rompu; les cris et les hurlemens recommencèrent avec une intensité plus grande qu'auparavant; les révoltés s'en voulaient à eux-mêmes de s'être laissé dompter un moment par la contenance ferme de leur chef.

Tous parlaient à la fois; ils entouraient le comte de tous les côtés, le tirant dans tous les sens, afin de l'obliger à les écouter.

Le comte, pressé, serré, bousculé par tous ces drôles, qui avaient oublié toute discipline et étaient sûrs de l'impunité, dans ce pays où la justice n'existe que de nom, ne se décontenança pas, son sang-froid demeura le même. Il laissa pendant quelques minutes ces hommes hurler à leur aise, les yeux injectés de sang et l'écume à la bouche, et lorsqu'il eut jugé que cela avait assez duré, il reprit, d'une voix aussi calme et aussi tranquille que la première fois :

— Mes amis, il est impossible que nous causions plus longtemps ainsi ; je ne puis rien comprendre à ce que vous dites. Chargez un de vos camarades de me faire, en votre nom, vos réclamations. Si elles sont justes, j'y ferai droit ; soyez tranquilles.

Après avoir prononcé ces paroles, le comte appuya l'épaule contre la porte de la maison, se croisa les bras sur la poitrine, et se remit à fumer paisiblement, indifférent en apparence à ce qui se passait autour de lui.

Le sang-froid et la fermeté déployés par M. de Lhorailles depuis le commencement de cette scène avaient déjà porté leurs fruits; il avait reconquis de nombreux partisans parmi ses soldats ; ces hommes, bien qu'ils n'osassent pas encore avouer hautement la sympathie qu'ils éprouvaient pour leur chef, appuyèrent chaudement la proposition qu'il leur avait faite.

— Le capitaine a raison, dirent-ils ; il est impossible, si nous continuons à lui corner tous à la fois un tas de sottises aux oreilles, qu'il comprenne nos raisons.

— Il faut être juste aussi, reprirent d'autres, comment voulez-vous que le capitaine nous fasse justice, si nous ne lui expliquons pas clairement ce que nous voulons ?

L'émeute avait fait un pas rétrograde immense ; elle ne parlait plus déjà de déposer ses chefs, elle se bornait à demander justice à son capitaine ; donc, tacitement elle le reconnaissait toujours.

Enfin, après des pourparlers sans nombre entre les mutins, un d'entre eux fut désigné pour prendre la parole au nom de tous.

Cet individu, était un petit homme trapu, aux épaules carrées, aux membres fortement attachés, à la figure chafouine éclairée par deux petits yeux gris pétillans de malice et de méchanceté ; un assez mauvais drôle en somme, type de l'aventurier de bas étage, pour lequel tout se résume par le vol et l'assassinat.

Cet homme, dont le nom de guerre était Curtius, était Parisien, enfant du faubourg Saint-Marceau. Ancien soldat, ancien matelot, il avait fait tous les métiers, excepté peut-être celui d'honnête homme. Depuis son arrivée à la colonie, il s'était distingué par son esprit d'insubordination, sa brutalité et surtout sa jactance; il se vantait de *devoir huit morts*, c'est-à-dire, dans le langage du pays, d'avoir commis huit assassinats. Il inspirait une terreur instinctive à ses camarades.

Lorsqu'il eut été désigné pour porter la parole, d'un coup de poing il jeta son chapeau sur le coin de l'oreille, comme on dit vulgairement, et s'adressant à ses compagnons :

— Vous allez voir comme je vais le rouler, dit-il.

Et il s'avança en se dandinant insolemment vers le capitaine, qui le regardait s'approcher avec un sourire d'une expression indéfinissable.

Soudain, il se fit un grand silence dans cette foule, les cœurs battaient avec force, les visages étaient anxieux ; chacun devinait instinctivement qu'il allait se passer quelque chose de décisif et d'extraordinaire.

Lorsque Curtius ne fut plus qu'à deux pas du capitaine, il s'arrêta, et le toisant avec insolence :

— Pour lors, dit-il, capitaine, voilà l'affaire, les cam...

Mais le comte ne lui donna pas le temps de continuer ; tirant vivement un pistolet de sa ceinture, il le lui appuya sur le front et lui fit sauter la cervelle.

Le bandit roula dans la poussière, le crâne fracassé.

Le comte replaça son pistolet à sa ceinture, et relevant froidement la tête :

— Il y a-t-il encore quelqu'un, dit-il d'une voix ferme, qui ait des observations à faire ?

Nul ne souffla ; les bandits étaient subitement devenus des agneaux.

Ils demeuraient silencieux et repentans devant leur chef.

Le comte sourit avec mépris.

— Relevez cette immondice, dit-il en poussant dédaigneusement le cadavre du pied; nous sommes des Dauph'yeers, nous autres, malheur à celui de nous qui n'accomplira pas les clauses de notre charte-partie! je le tuerai comme un chien ; que ce misérable soit pendu par les pieds, afin que son cadavre immonde devienne la proie des vautours. Dans dix minutes, le boute-selle sonnera; tant pis pour celui qui ne sera pas prêt.

Après cette foudroyante allocution, le comte rentra dans la maison d'un pas aussi ferme qu'il en était sorti.

L'émeute était dominée, les bêtes féroces avaient reconnu la griffe de fer sous le gant de velours ; elles étaient domptées pour toujours, et désormais elles se feraient tuer sans hasarder une plainte.

— C'est égal, disaient les soldats entre

eux, c'est un rude homme tout de même; il n'a pas froid aux yeux.

Alors chacun s'occupa avec empressement des préparatifs du départ.

Dix minutes après, ainsi qu'il l'avait annoncé, le capitaine reparut; la compagnie était à cheval, rangée en ordre de bataille, prête à se mettre en marche.

Le capitaine sourit et donna l'ordre de partir.

— Hum! murmura Cucharès à part lui, quel dommage que don Martial ait de si beaux diamans. Après ce que j'ai vu, je lui aurais manqué de parole avec plaisir.

Bientôt, toute la compagnie franche, à la tête de laquelle s'était placé son capitaine, avait disparu dans le del Norte.

XXIV.

L'haciendero et sa fille avaient quitté la colonie de Guetzalli sous l'escorte de don Martial et des quatre peones que celui-ci avait pris à son service.

La petite troupe s'avançait vers l'ouest, direction dans laquelle la compagnie franche de M. de Lhorailles avait marché à la poursuite des Apaches.

Don Sylva avait d'autant plus de hâte de rejoindre les Français, qu'il savait que leur expédition n'avait d'autre but que de le délivrer lui et sa fille, des mains des Peaux-Rouges.

Le voyage était triste et silencieux. Au fur et à mesure que les voyageurs s'approchaient du désert, le paysage prenait une grandeur sombre propre aux contrées primitives qui influait à leur insu sur leur esprit et les plongeait dans une mélancolie qu'ils étaient impuissans à surmonter.

Plus de huttes, plus de jacals, plus de voyageurs rencontrés au bord du chemin et vous saluant au passage d'un affectueux souhait de bon voyage, mais des terrains bouleversés, des forêts impénétrables peuplées de bêtes fauves dont les yeux étincelaient comme des charbons ardens au milieu des fouillis de lianes, de hautes herbes et de buissons enchevêtrés les uns dans les autres.

Parfois la piste des Français se laissait voir sur le sol foulé par un grand nombre de chevaux, puis tout à coup le terrain changeait d'aspect, et toute trace disparaissait.

Chaque soir, après une battue faite par le Tigrero afin d'éloigner les bêtes féroces, le camp était dressé sur le bord d'un ruisseau, les feux allumés, une hutte en branchages était construite à la hâte pour abriter dona Anita contre le froid de la nuit; puis, après un maigre repas, chacun s'enveloppait dans ses fressadas et ses zarapés et s endormait jusqu'au jour.

Les seuls incidens qui venaient parfois rompre la monotonie de cette vie étaient la découverte d'un elkou, d'un daim à la poursuite duquel se lançaient à toute bride don Martial et ses peones, jusqu'à ce que le pauvre animal fût forcé et tué après une course qui souvent durait plusieurs heures.

Mais pas de ces douces causeries, de ces confidences qui font paraître le temps moins long et supporter, sans y songer, les ennuis d'une route interminable. Les voyageurs se tenaient vis-à-vis les uns des autres dans une réserve qui, non seulement éloignait toute intimité, mais encore toute confiance. Ils ne se parlaient que lorsque les circonstances les y obligeaient absolument, et alors ils n'échangeaient que les paroles strictement indispensables.

C'est que de ces trois personnes deux avaient pour la troisième un secret qui leur pesait et dont elles rougissaient intérieurement.

L'homme-nature, essentiellement incomplet, n'est ni entièrement bon ni entièrement mauvais, et la plupart du temps, les actes qu'il commet sous l'étreinte de fer de la passion ou de l'intérêt personnel, plus tard, lorsque le sang-froid lui est revenu et qu'il mesure de l'œil le gouffre au fond duquel il a roulé, il les regrette, surtout lorsque sa vie, sans avoir cependant été exemplaire, a du moins jusque là été exempte d'actions répréhensibles au point de vue de la morale.

Telle était en ce moment la situation de don Martial et de dona Anita. Tous les deux avaient été entraînés par leur mutuel amour à commettre une faute qu'ils regrettaient amèrement; car, nous le consignons ici, afin de ne pas laisser s'égarer l'opinion du lecteur sur le caractère de ces personnages, leur cœur était bon, et lorsque, dans un moment de folie, ils avaient concerté et exécuté leur fuite, ils étaient loin de prévoir les conséquences fatales qu'amènerait à sa suite cette démarche sans issue possible.

Don Martial surtout, à la suite des ordres qu'il avait donnés à Cucharès et devant la résolution inébranlable de l'haciendero de rejoindre le comte de Lhorailles, comprenait clairement combien sa position se faisait à chaque instant plus difficile et dans quelle impasse il s'était engagé.

Ainsi les deux amans, liés fatalement entre eux par le secret de leur fuite, gardaient cependant l'un vis à vis de l'autre le secret des remords qui les dévoraient; ils sentaient à chaque pas que le terrain sur lequel ils marchaient était miné, et que d'une minute à l'autre il s'enfoncerait sous leurs pieds.

Dans une semblable situation, la vie devenait intolérable, puisqu'il n'y avait plus communion ni de pensées, ni de sentimens entre ces trois personnages. Un choc était imminent entre eux ; il arriva peut-être plus tôt que tous trois ne s'y attendaient, par la force même des circonstances dans lesquelles ils se trouvaient si violemment enlacés.

Après un voyage de quinze jours environ, pendant lequel il ne leur arriva aucun incident digne d'être noté, don Martial et ses compagnons, se guidant tantôt sur les renseignemens qu'ils avaient recueillis à l'hacienda, tantôt sur la trace même laissée par les gens à la piste desquels ils s'étaient mis, atteignirent enfin les ruines de la ville, où s'élève la Casa-Grande de Moctecuzoma, et qui marque l'extrême limite des pays habitables avant d'atteindre le grand désert del Norte.

Il était six heures du soir à peu près à l'instant où la petite troupe entrait dans les ruines; le soleil, déjà au-dessous de l'horizon, n'éclairait plus la terre que par ces rayonnemens changeans, derniers reflets qui brillent longtemps encore après qu'il a disparu.

Marchant à une légère distance l'un de l'autre, don Sylva et le Tigrero jetaient autour d'eux des regards scrutateurs, n'avançant qu'avec prudence et le doigt sur la détente du rifle, dans ce dédale inextricable si favorable à une embuscade indienne et qui pouvait recéler tant de piéges.

Ils arrivèrent enfin auprès de la *Casa-Grande*, sans que rien d'extraordinaire se fût offert à leurs yeux.

La nuit était déjà presque tombée, les objets commençaient à se confondre dans l'ombre. Don Martial, qui se préparait à mettre pied à terre, s'arrêta subitement en poussant un cri d'étonnement et presque d'effroi.

— Qu'y a-t-il? demanda vivement don Sylva en se retournant et en se rapprochant du Tigrero.

— Regardez, répondit celui-ci en étendant le bras dans la direction d'un bouquet d'arbres rabougris qui avaient poussé au hasard à quelques pas entre les fentes des arbres.

La voix humaine possède une faculté étrange sur les animaux, celle de leur inspirer une crainte et un respect invincibles. Aux quelques mots échangés par les deux hommes, des cris rauques et confus répondirent aussitôt et sept ou huit vautours fauves s'élevèrent du milieu du bouquet d'arbres et commencèrent à voler lourdement au dessus de la tête des voyageurs, en formant de larges cercles dans l'air et en continuant leur infernale musique.

— Mais je ne vois rien, reprit don Sylva, il fait noir comme dans un four.

— C'est vrai; cependant si vous regardiez mieux l'objet que je vous indique, vous le reconnaîtriez facilement.

Sans répondre, l'haciendero poussa son cheval.

— Un homme pendu par les pieds! s'écria-t-il en s'arrêtant avec un geste d'horreur et de dégoût. Que s'est-il donc passé ici ?

— Qui sait ? Cet individu n'est pas un sauvage, sa couleur et son costume ne permettent pas le plus léger doute à cet égard; cependant cet homme a sa chevelure, ce ne sont donc pas les Apaches qui l'ont tué ; qu'est-ce que cela signifie ?

— Une révolte peut-être, hasarda l'haciendero.

Don Martial devint pensif ; ses sourcils se froncèrent.

— Ce n'est pas possible! murmura-t-il.

Puis il reprit au bout d'un instant :

— Entrons dans la maison; ne laissons pas dona Anita seule plus longtemps ; notre absence doit l'étonner, et pourrait, si nous la prolongions plus longtemps, l'inquiéter. Lorsque le camp sera établi, je verrai, je chercherai, et je serai bien malheureux si je ne trouve pas le mot de l'énigme sinistre qui se présente si singulièrement à nous.

Les deux hommes s'éloignèrent et rejoignirent dona Anita, qui les attendait arrêtée à quelques pas sous la garde des peones.

Quand les voyageurs eurent mis pied à terre et franchi le seuil de la casa, don Martial alluma plusieurs torches de bois d'*ocote*, afin de se diriger dans les ténèbres, et guida ses compagnons vers la grande salle, où déjà une fois nous avons conduit nos lecteurs.

Ce n'était pas la première fois que le Tigrero visitait ces ruines : souvent, pendant ses longues chasses dans les prairies de l'Ouest, elles lui avaient offert un refuge; aussi en connaissait-il les plus cachés recoins.

C'était lui qui avait insisté auprès de ses compagnons pour qu'ils dirigeassent leurs pas vers la Casa-Grande de Moctecuzoma, persuadé que là seulement le comte de Lhorailles pouvait trouver un bivouac commode et sûr pour sa compagnie.

La grande salle, au milieu de laquelle une table était encore dressée, présentait des traces non équivoques du passage récent de plusieurs individus, et du séjour assez prolongé qu'ils avaient fait en ce lieu.

— Vous voyez, dit-il à l'haciendero, que je ne me suis pas trompé : ceux que nous cherchons se sont arrêtés ici.

— C'est vrai ; pensez-vous qu'ils soient partis depuis longtemps?

— Je ne saurais vous le dire encore, mais pendant que vous vous installerez et qu'on préparera le repas du soir, je vais jeter un coup-d'œil au dehors; à mon retour je compte être plus heureux et pouvoir satisfaire votre curiosité.

Et fichant dans un crampon de fer scellé au mur la torche qu'il tenait à la main, le Tigrero sortit de la maison.

Dona Anita s'était laissée aller toute pensive sur une espèce de tabouret grossier qui se trouvait par hasard auprès de la table.

Aidé par les peones, l'haciendero s'occupa activement à tout installer pour la nuit; les chevaux furent dessellés, entrés dans une espèce de corral clos de murs, dont ils ne pouvaient sortir, et mis à même d'une ample provision d'alfalfa ; les malles furent déchargées, les ballots transportés dans la grande salle, où on les empila, après en avoir ouvert un pour en tirer les vivres nécessaires, puis on alluma un brasier énorme, au-dessus duquel on suspendit un quartier de daim.

Lorsque ces divers préparatifs furent terminés, l'haciendero s'assit sur un crâne de bison , alluma une cigarette de paille de maïs, et se mit à fumer, tout en jetant par intervalle un douloureux regard à sa fille, toujours plongée dans ses tristes réflexions.

L'absence de don Martial fut assez longue; elle dura près de deux heures. Au bout de ce temps, on entendit les sabots de son cheval résonner au dehors sur le sol pierreux des ruines, et il reparut.

— Eh bien? lui demanda don Silva.

— Mangeons d'abord, répondit le Tigrero en désignant la jeune fille d'un geste que son père comprit.

Le repas fut ce qu'il devait être entre gens préoccupés et fatigués d'une longue journée de marche, c'est à dire court. Du reste, à part le quartier de daim rôti, il ne se composait que de *ceience*, de tortillas de maïs et de *frijoles con aji*.

Dona Anita effleura quelques cuillerées de confitures de *tamarindos* du bout des lèvres ; puis, après avoir salué les assistans, elle se leva et se retira dans un petit cabinet contigu à la grande salle, où on lui avait installé tant bien que mal un lit fait avec les armes d'eau et les fourrures de son père, et dont on avait fermé l'entrée en suspendant devant le seuil, pour remplacer la porte absente une *fressada* de cheval attachée à des clous plantés dans le mur

— Vous autres, dit le Tigrero en s'adressant aux peones, faites bonne garde si vous voulez conserver vos chevelures. Je vous avertis que nous sommes en pays ennemi, et que si vous vous endormez, probablement vous le paierez cher.

Les peones assurèrent le Tigrero qu'ils redoubleraient de vigilance, et sortirent afin d'exécuter les ordres qu'ils venaient de recevoir.

Les deux hommes demeurèrent seuls en face l'un de l'autre.

— Eh bien? reprit don Sylva en adressant de nouveau à son compagnon la même question que déjà il lui avait faite, avez-vous appris quelque chose?

— Tout ce qu'il était possible d'apprendre, don Sylva, répondit brusquement le Tigrero; s'il en était autrement, je serais un triste chasseur, et depuis longtemps les jaguars et les tigres auraient eu de moi bon marché.

— Les renseignemens que vous vous êtes procurés nous sont-ils favorables?

— C'est selon vos intentions ; les Français sont venus ici, où ils ont bivouaqué quelques jours. Pendant leur séjour dans les ruines, ils ont été vigoureusement attaqués par les Apaches, que cependant ils sont parvenus à repousser. Maintenant, il est probable, bien que je ne puisse l'affirmer, que, pour une cause que j'ignore, les soldats de la compagnie se sont révoltés, et que le pauvre diable que nous avons vu pendu à un arbre comme un fruit trop mûr, a payé pour tout le monde, ainsi que cela arrive généralement.

—Je vous remercie de ces renseignemens, qui me prouvent que nous ne nous sommes pas trompés, et que nous avons suivi la bonne piste ; maintenant, vous est-il possible de compléter ces renseignemens, en me faisant connaître si les Français ont quitté depuis longtemps les ruines, et dans quelle direction ils ont marché après être partis d'ici?

— Ces questions sont fort simples à résoudre : la compagnie franche a quitté hier, quelques instans après le lever du soleil, son bivouac, pour entrer dans le désert.

— Dans le désert! s'écria l'*haciendero* en laissant tomber ses bras avec abattement.

Il y eut un silence de quelques instans, pendant lequel les deux hommes réfléchirent chacun de leur côté. Enfin, don Sylva reprit la parole.

— C'est impossible, dit-il.

— Cependant, cela est.

— Mais c'est une imprudence sans nom, presque de la folie!

— Je ne dis pas le contraire.

— Oh! les malheureux!

— Le fait est que s'ils en réchappent, c'est que Dieu fera un miracle en leur faveur.

— Je le crois comme vous, mais maintenant c'est un fait accompli auquel nos récriminations ne changeront rien; ainsi, don Sylva, je crois que le plus sage est de ne plus y penser et de les laisser se tirer de là comme ils le pourront.

— Est-ce donc votre avis?

— Parfaitement, répondit le Tigrero avec insouciance.

— Ainsi, votre avis est?...

— Mon avis, interrompit-il brusquement, est de demeurer ici deux ou trois jours, afin d'être à l'affût de ce qui pourra arriver; puis, si, au bout de trois jours, nous n'avons rien vu ni entendu de nouveau, de remonter à cheval, de reprendre la route que nous avons suivie jusqu'à présent, et de retourner à Guetzalli, sans nous arrêter même pour tourner la tête en arrière, afin d'arriver plus vite et de sortir plus tôt de ces horribles parages.

L'haciendero secoua la tête en homme qui vient de prendre une résolution irrévocable.

— Alors vous partirez seul, don Martial, fit-il sèchement.

— Hein? s'écria celui-ci en le regardant bien en face, que voulez-vous dire?

— Je veux dire que je ne reprendrai pas le chemin que j'ai suivi jusqu'à présent, que je ne retournerai pas en arrière, que je ne fuirai pas, en un mot.

Don Martial fut abasourdi par cette réponse.

— Que comptez-vous donc faire?

— Ne le devinez-vous pas? Pourquoi sommes-nous venus jusqu'ici? dans quel but voyageons-nous depuis si longtemps?

— Mais, don Sylva, la question est changée maintenant. Vous me rendrez la justice de reconnaître que je vous ai suivi sans observations, que j'ai été pour vous un bon guide pendant le cours de ce voyage.

— Je le reconnais, en effet; maintenant expliquez-moi franchement votre pensée.

— Ma pensée, la voilà, don Sylva: tant que nous n'avons fait qu'errer dans les prairies, au risque d'être dévorés par les bêtes fauves, j'ai courbé la tête sans chercher à m'opposer à vos desseins, parce que je reconnaissais tacitement que vous agissiez ainsi que vous deviez le faire; aujourd'hui même, si vous et moi étions seuls, je m'inclinerais sans murmurer devant la ferme résolution qui vous anime. Mais réfléchissez que vous avez avec vous votre fille, que vous la condamnez à subir des tortures sans nom dans le désert affreux où vous la contraignez à vous suivre, et qui probablement vous dévorera tous deux.

Don Sylva ne répondit pas.

Le Tigrero continua.

— Notre troupe est faible; à peine avons-nous pour quelques jours de vivres, et, vous le savez, une fois dans le del Norte, plus d'eau, plus de gibier. Si pendant notre excursion nous sommes assaillis par un temporal, nous sommes perdus, perdus sans ressources, sans espoir!

— Tout ce que vous me dites est juste, je le sais; je ne puis cependant suivre vos conseils. Écoutez-moi à votre tour, don Martial: le comte de Lhorailles est mon ami, bientôt il sera mon gendre; je ne dis pas cela pour vous chagriner, mais seulement afin que vous compreniez bien ma position vis-à-vis de lui. C'est à cause de moi, afin de me sauver des mains de ceux qu'il croit m'avoir enlevé ainsi que ma fille, que, sans calcul, sans hésitation, poussé seulement par la noblesse de son cœur, il est entré dans le désert; puis-je le laisser périr sans chercher à lui porter secours? N'est-il pas étranger au Mexique, notre hôte, en un mot? mon devoir est de le sauver, je le tenterai, quoi qu'il arrive.

— Puisqu'il en est ainsi, don Sylva, je ne chercherai pas plus longtemps à combattre une résolution si fermement arrêtée. Je ne vous dirai pas que l'homme que vous donnez pour époux à votre fille est un aventurier sans aveu chassé de son pays à cause de sa mauvaise conduite, et qui, dans le mariage qu'il veut contracter, ne voit qu'une chose, la fortune immense que vous possédez. Toutes ces choses et bien d'autres encore, j'aurais beau vous en donner les preuves, vous ne me croiriez pas, car vous ne verriez dans les faits que je mettrais sous vos yeux que l'action d'un rival; n'en parlons donc plus. Vous voulez entrer dans le désert, je vous suivrai; quoi qu'il arrive, vous me trouverez à vos côtés, prêt à vous défendre et à vous aider. Mais puisqu'enfin l'heure des explications franches a sonné, je veux qu'il ne reste plus aucun nuage entre nous ; que vous connaissiez bien l'homme avec lequel vous allez tenter le coup désespéré que vous méditez, afin que vous ayez pleine et entière confiance en lui.

L'haciendero le regarda avec étonnement.

En ce moment, le rideau du réduit où se tenait dona Anita se souleva ; la jeune fille parut, elle s'avança lentement dans la salle, s'agenouilla devant son père, et se tournant vers le Tigrero :

— Maintenant, parlez, don Martial, dit-elle; peut-être mon père me pardonnera-t-il en me voyant implorer ainsi son pardon.

— Votre pardon ? dit l'haciendero, dont les yeux erraient de sa fille à l'homme qui se tenait devant lui, le front rougissant et la tête basse ; qu'est-ce que cela signifie ? quelle faute avez-vous donc commise ?

— Une faute dont je suis seul coupable, don Sylva, et dont seul je dois porter le châtiment ; je vous ai indignement trompé, c'est moi qui ai enlevé votre fille !

— Vous! s'écria l'haciendero avec un éclair de fureur ; ainsi j'ai été votre jouet, votre dupe!

— La passion ne raisonne pas ; je ne dirai qu'un mot pour ma défense : j'aime votre fille ! Hélas! don Sylva, je reconnais maintenant combien j'ai été coupable; la réflexion, bien que tardive, est venue enfin, et comme dona Anita qui pleure à vos pieds, je m'humilie devant vous, et je vous crie : Pardonnez-moi !

— Pardon, mon père ! dit faiblement la jeune fille.

L'*haciendero* fit un geste.

— Oh ! reprit vivement le Tigrero, soyez généreux, don Sylva; ne nous repoussez pas! Notre repentir est vrai, il est sincère. J'ai à cœur de réparer le mal que j'ai fait ; j'étais fou alors, la passion m'aveuglait; ne m'accablez pas.

— Mon père, continua dona Anita d'une voix pleine de larmes, je l'aime! Cependant, lorsque nous avons quitté la colonie, nous aurions pu fuir, vous abandonner; nous ne l'avons pas voulu, la pensée ne nous en est pas venue un instant; nous avons eu honte de notre faute. Nous voici tous deux prêts à vous obéir et à exécuter sans murmurer les ordres qu'il vous plaira de nous donner ; ne soyez pas inflexible, mon père, pardonnez-nous!

L'haciendero se redressa.

— Vous le voyez, dit-il sévèrement, je ne puis hésiter plus longtemps : il faut que je sauve à tout prix le comte de Lhorailles ; sinon je serai votre complice.

Le Tigrero marchait avec agitation dans la salle, ses sourcils étaient froncés, son visage d'une pâleur mortelle.

— Oui, dit-il d'une voix saccadée, oui, il faut le trouver; qu'importe ce que je deviendrai après? Pas de lâche faiblesse ! J'ai commis une faute, je saurai en subir toutes les conséquences.

— Aidez-moi franchement et loyalement dans mes recherches, et je vous pardonnerai, dit don Sylva d'une voix grave ; mon honneur est compromis par votre faute, je le remets entre vos mains.

— Merci, don Sylva, vous n'aurez pas à vous en repentir, répondit noblement le Tigrero.

L'haciendero releva doucement sa fille, la serra sur sa poitrine, l'embrassa à plusieurs reprises.

— Ma pauvre enfant, lui dit-il, je te pardonne. Hélas! qui sait si dans quelques jours je n'aurai pas, moi aussi, à réclamer de toi mon pardon pour toutes les souffrances que je t'aurai infligées? Va te reposer, la nuit s'avance, et tu dois avoir besoin de repos.

— Oh ! que vous êtes bon et que je vous aime, mon père! s'écria-t-elle avec effusion. Ne craignez rien, quelques douleurs que l'avenir me prépare, je les supporterai sans me plaindre; maintenant je suis heureuse, vous m'avez pardonné.

Don Martial suivit la jeune fille du regard.

— Quand comptez-vous vous mettre en marche ? dit-il en étouffant un soupir.

— Demain, si cela est possible.

— Demain soit, à la grâce de Dieu !

Après avoir causé encore pendant quelque temps, afin de prendre leurs dernières dispositions, don Sylva s'enveloppa dans ses couvertures et ne tarda pas à s'endormir. Quant au Tigrero, il sortit de la maison afin de s'assurer que les peones veillaient avec soin à la la sûreté commune.

—Pourvu que Cucharès n'ait pas accompli mes ordres ! murmura-t-il.

XXV.

Le lendemain, au point du jour, la petite troupe quittait la *Casa-Grande* de Moctecuzoma; deux heures plus tard, elle entrait dans le del Norte.

A la vue du désert, un effroyable serrement de cœur s'empara de la jeune fille; un pressentiment secret sembla l'avertir qu'il lui serait fatal. Elle se retourna, jeta un regard triste sur les sombres forêts qui, derrière elle, verdissaient à l'horizon, et ne put réprimer un soupir.

La température était tiède, le ciel bleu, pas un souffle de vent ne courait dans l'air; on apercevait encore sur le sable les traces profondes des chevaux de la compagnie franche du comte de Lhorailles.

— Nous sommes sur la bonne voie, observa l'haciendero, leur piste est visible.

— Oui, murmura le Tigrero, et elle le restera jusqu'à ce que le temporal se déchaîne.

— Alors, reprit dona Anita, que Dieu nous vienne en aide!

— Amen! s'écrièrent en se signant tous les voyageurs, répondant instinctivement à cette voix secrète que chacun a au fond du cœur et qui leur prédisait un malheur.

Quelques heures s'écoulèrent.

Le temps restait beau; parfois, à une grande hauteur au-dessus de leur tête, les voyageurs voyaient passer des volées innombrables d'oiseaux qui se dirigeaient vers les régions chaudes, ou *las tierras calientes*, ainsi que l'on dit dans le pays, et se hâtaient de traverser le désert.

Mais, partout et toujours, on ne voyait qu'un sable gris et terne ou de sombres rochers bizarrement entassés les uns au dessus des autres comme ces ruines sans nom d'un monde inconnu et antédiluvien que parfois on rencontre dans les hautes solitudes.

La caravane, lorsque venait le soir, campait à l'abri d'un bloc de granit, allumant un maigre feu, suffisant à peine pour se garantir du froid glacial qui, dans ces régions, pèse la nuit sur la nature.

Don Martial voltigeait sans cesse sur les flancs de la petite troupe, tantôt à droite, tantôt à gauche, en avant, en arrière, veillant sur sa sûreté avec une sollicitude filiale; ne demeurant jamais un instant en repos, malgré les instances de don Sylva et les prières de la jeune fille.

— Non! répondait-il toujours; de ma vigilance dépend votre sécurité. Laissez-moi agir à ma guise; je ne me pardonnerais pas de vous avoir laissé surprendre.

Cependant peu à peu les traces laissées derrière elle par la compagnie franche étaient devenues moins visibles et avaient fini par disparaître tout à fait.

Un soir, au moment où les voyageurs établissaient leur camp sous un immense bloc de rocher qui formait une espèce d'auvent au-dessus de leur tête, l'haciendero montra à don Martial une légère vapeur blanchâtre qui se détachait vigoureusement sur le bleu du ciel.

— L'éther perd son azur, dit-il, nous allons probablement avoir bientôt un changement de temps. Dieu veuille que ce ne soit pas un ouragan qui nous menace!

Le Tigrero secoua la tête.

— Non, dit-il, vous vous trompez; vos yeux ne sont pas, ainsi que les miens, accoutumés à interroger le ciel; ce n'est pas un nuage.

— Qu'est-ce donc, alors?

— La fumée d'un feu de fiente de bison allumé par des voyageurs; nous avons des voisins.

— Oh! fit l'haciendero, serions-nous sur la piste de nos amis que, depuis si longtemps, nous avons perdus?

Don Martial garda le silence; il examinait minutieusement cette fumée, vapeur presqu'imperceptible qui se confondait bientôt avec l'azur du ciel. Enfin il répondit:

— Cette fumée ne me présage rien de bon. Nos amis, ainsi que vous les nommez, sont Français, c'est-à-dire profondément ignorans de la vie du désert; s'ils étaient près de nous, il nous serait aussi facile de les voir que d'apercevoir ce rocher qui est là bas; ils auraient allumé non pas un feu, mais dix, mais vingt brasiers, dont les flammes, et surtout la fumée épaisse, nous auraient immédiatement révélé leur présence; ils ne choisissent pas leur bois, eux; sec ou mouillé, peu leur importe; ils ignorent l'importance qu'il y a, dans le désert, à découvrir son ennemi sans laisser soupçonner sa présence.

— Vous concluez de cela?

— Je conclus que le feu que vous avez découvert a été allumé par des sauvages ou au moins par des coureurs des bois aguerris aux choses de la vie indienne. Tout le fait supposer; voyez vous-même, qui, sans en avoir une grande expérience, connaissez cependant un peu l'existence du désert, vous l'avez pris pour un nuage; tout observateur superficiel aurait commis la même erreur que vous, tant la gerbe est fine, déliée, onduleuse et tant sa couleur se marie bien avec toutes ces vapeurs que le soleil pompe incessamment et qui s'élèvent de terre. Les hommes, quels qu'ils soient, qui ont allumé ce feu, n'ont rien laissé au hasard; ils ont tout calculé, tout prévu; ou je me trompe, ou ce sont des ennemis.

— A quelle distance les supposez-vous de nous?

— A quatre lieues, au plus; qu'est-ce que

quatre lieues dans le désert, lorsqu'il est si facile de les parcourir en ligne droite?

— Ainsi, votre avis serait...? fit l'haciendero.

— Pesez bien mes paroles, don Sylva; surtout, je vous en prie, ne leur donnez pas une interprétation autre que celle que je prétends leur donner. Par un prodige dont il existe peu d'exemples dans les fastes du del Norte, voici près de trois semaines que nous le parcourons dans tous les sens sans que rien, jusqu'à présent, soit venu nous troubler; voilà huit jours déjà que nous errons à l'aventure à la recherche d'une piste qu'il nous est impossible de retrouver.

— C'est vrai.

— J'ai fait alors ce raisonnement, que je crois juste, et que vous approuverez, j'en suis convaincu. Les Français n'ont qu'accidentellement pris la résolution d'entrer dans le désert; ils ne l'ont fait que pour se mettre à la poursuite des Apaches. N'est-ce pas votre avis?

— Oui.

— Fort bien. En conséquence, ils ont dû le traverser en ligne directe. Le temps qui nous a favorisés les a favorisés de même; leur intérêt, le but qu'ils voulaient atteindre, tout enfin exigeait qu'ils déployassent la plus grande célérité dans leur marche. Une poursuite, vous le savez comme moi, est une course, un assaut de vitesse, où chacun cherche à arriver le premier.

— Ainsi vous supposez..., interrompit don Sylva.

— Je ne suppose pas, je suis convaincu que, depuis longtemps déjà, les Français ne sont plus dans le désert et qu'ils courent maintenant dans les prairies de l'Apacheria; ce feu que nous avons aperçu en est, pour moi, une preuve convaincante.

— Comment cela?

— Vous allez me comprendre: les Apaches ont tout intérêt à éloigner les Français de leurs territoires de chasse; désespérés de les voir hors du désert, il est probable qu'ils ont allumé ce feu afin de les tromper et de les obliger à y rentrer.

L'*haciendero* demeura rêveur. Les raisons que lui donnait don Martial lui semblaient justes; il ne savait à quoi se déterminer.

— Enfin, dit-il au bout d'un instant, que concluez-vous de tout cela?

— Que nous aurions tort, répondit résolûment don Martial, de perdre davantage notre temps ici à chercher des gens qui n'y sont plus et à courir le risque d'être enveloppés par une tempête que chaque heure qui s'écoule rend plus imminente dans une contrée comme celle-ci, continuellement bouleversée par des ouragans terribles.

— Ainsi, vous retourneriez sur vos pas?

— Loin de là; je pousserais en avant, au contraire, j'entrerais le plus tôt possible dans l'Apacheria, car je suis convaincu que je serais bientôt sur la trace de nos amis.

— Oui, ceci me semble assez juste; seulement nous sommes loin encore des prairies.

— Pas autant que vous le supposez; mais quant à présent, restons-en là de notre conversation; je veux aller à la découverte, ce feu m'intrigue plus que je ne saurais dire, je vais l'examiner de près.

— Soyez prudent.

— Ne s'agit-il pas de votre salut? répondit le Tigrero en jetant un doux et triste regard à dona Anita.

Il se leva, sella son cheval en un tour de main, et après s'être orienté, il partit au galop.

— Brave cœur! murmura dona Anita en le voyant disparaître dans le brouillard.

L'haciendero soupira sans répondre et laissa tomber sa tête pensive sur sa poitrine.

Don Martial s'éloignait rapidement à la lueur tremblante de la lune qui répandait sur le paysage désolé du désert ses rayons blafards et fantastiques. Parfois il rencontrait de lourds rochers posés en équilibre, muettes et sinistres sentinelles dont l'ombre gigantesque tigrait au loin le sable grisâtre; ou bien c'étaient de gigantesques ahuehuetts dont les branches décharnées étaient chargées de cette mousse épaisse nommée barbe d'Espagnol, qui tombait en longs festons et semblait s'agiter au souffle léger de la brise.

Après une heure et demie de marche à peu près, le Tigrero arrêta sa monture, mit pied à terre et regarda attentivement autour de lui.

Bientôt il eut trouvé ce qu'il cherchait; à peu de distance de lui, le vent et la pluie avaient creusé un ravin assez profond; il y fit descendre son cheval, l'attacha solidement à une énorme pierre, lui serra les naseaux afin de l'empêcher de hennir, et jetant son rifle sur son épaule, il s'éloigna.

De l'endroit où il se trouvait en ce moment le feu était visible, le sillon rouge qu'il traçait dans l'air se détachait vigoureusement dans l'obscurité.

Autour du feu se tenaient immobiles et recueillies plusieurs ombres que du premier coup d'œil le Tigrero reconnut pour des Indiens.

Le Mexicain ne s'était pas trompé, son

expérience ne lui avait pas fait défaut, c'étaient bien des Peaux-Rouges qui campaient là, dans le désert, à peu de distance de sa troupe.

Mais quels étaient ces Indiens? étaient-ils amis ou ennemis? Voilà ce qu'il fallait absolument savoir.

Ce n'était pas chose facile sur ce terrain plat et entièrement dénudé, où il était presque impossible de s'avancer sans être aperçu, car les Indiens sont comme des bêtes fauves, ils ont le privilége de voir la nuit; dans les ténèbres, leurs prunelles métalliques se dilatent comme celles des tigres, et ils distinguent aussi facilement leurs ennemis au milieu des plus épaisses ténèbres que par le plus éblouissant soleil.

Cependant don Martial ne se rebuta pas.

Non loin de la halte des Peaux-Rouges se trouvait un bloc énorme de granit, au pied duquel trois ou quatre ahuehuetls avaient poussé, et avaient fini, avec le temps, par si bien enchevêtrer leurs rameaux les uns dans les autres, qu'ils formaient, à une certaine hauteur, sur les flancs du roc, un inextricable fourré.

Le Mexicain s'étendit sur le sol, et doucement, pouce à pouce, ligne par ligne, en s'aidant des genoux et des coudes, il se glissa du côté du rocher, en profitant habilement de l'ombre nettement dessinée sur le sol par le roc lui-même et les arbres qui poussaient auprès.

Il fallut au Tigrero près d'une demi-heure pour parcourir les 40 mètres à peu près qui le séparaient du rocher.

Il l'atteignit enfin; alors il s'arrêta afin de reprendre haleine et poussa un soupir de satisfaction.

Le reste n'était plus rien : il ne craignait plus maintenant d'être vu, grâce au rideau de branches qui le dérobait aux regards des Indiens, mais seulement d'être entendu.

Après s'être reposé quelques secondes, il recommença à ramper, s'élevant peu à peu sur le flanc abrupte du rocher; enfin il se trouva au niveau du fourré de branches, au milieu duquel il se glissa et où il disparut sans qu'il fût possible de deviner sa présence en ce lieu.

De la cachette qu'il avait si heureusement atteinte, non seulement il planait sur le camp indien, mais encore il les entendait parfaitement causer entre eux.

Il est inutile de faire remarquer que don Martial comprenait et parlait parfaitement tous les idiomes des Peaux-Rouges, dont les nombreuses tribus parcourent les vastes solitudes du Mexique.

Ces Indiens, le Tigrero les reconnut immédiatement; c'étaient des Apaches.

Ainsi toutes ses prévisions s'étaient réalisées.

Autour d'un feu de fiente de bison, qui produisait une grande flamme tout en ne laissant échapper qu'un léger filet d'une fumée presque imperceptible, plusieurs chefs étaient gravement accroupis sur leurs talons et fumaient leurs calumets, tout en se chauffant, car le froid était vif.

Don Martial distingua au milieu d'eux l'Ours-Noir.

Le visage du sachem était sombre; il semblait en proie à une sourde colère; souvent il relevait la tête avec inquiétude, et fixant son regard perçant sur l'espace, il interrogeait les ténèbres. Un bruit de pas se fit entendre, et un Indien entra à cheval dans la partie éclairée du camp.

Après avoir mis pied à terre, cet Indien s'approcha du feu, s'accroupit auprès de ses compagnons, alluma son calumet, et se mit à fumer, le visage impassible, bien qu'à la poussière qui le couvrait et au mouvement précipité de sa poitrine il fût facile de reconnaître qu'il venait de faire une route longue et surtout pénible.

A son arrivée, l'Ours-Noir lui avait jeté un long regard, puis il s'était remis à fumer sans lui adresser la parole, l'étiquette indienne exigeant que le sachem n'interroge pas un autre chef avant que celui-ci eût secoué dans le foyer la cendre de son calumet.

L'impatience de l'Ours-Noir était évidemment partagée par les autres Indiens. Cependant tous restaient graves et silencieux; enfin le nouveau venu aspira une dernière bouffée de fumée qu'il rendit par la bouche et les narines, puis il repassa son calumet à sa ceinture.

L'Ours-Noir se tourna vers lui,

— La Petite-Panthère a bien tardé, dit-il.

Ceci n'était pas une interrogation; l'Indien se borna à s'incliner sans répondre.

— Les vautours planent en grandes troupes au dessus des déserts, reprit le chef au bout d'un instant, les Coyotes aiguisent leurs crocs aigus, les Apaches sentent une odeur de sang qui fait bondir de joie leurs cœurs dans leurs poitrines; mon fils n'a-t-il rien vu?

— La Petite-Panthère est un guerrier renommé dans sa tribu; aux premières feuilles ce sera un chef; il a rempli la mission que lui avait confiée son père.

— Ooh! que font les Longs-Couteaux?

— Les Longs-Couteaux sont des chiens qui

hurlent sans savoir mordre; un guerrier apache leur fait peur.

Les chefs sourirent avec orgueil à cette fanfaronnade, qu'ils prirent naïvement au sérieux.

— La Petite-Panthère a vu leur camp, reprit l'Indien, il les a comptés; ils pleurent comme des femmes et se lamentent comme des enfans sans force et sans courage; deux d'entre eux ne prendront pas cette nuit leur place accoutumée au feu du conseil de leurs frères.

Et d'un geste empreint d'une certaine noblesse, l'Indien releva l'espèce de blouse de calicot qui de son cou descendait à la moitié de ses cuisses, et montra deux chevelures sanglantes pendues à sa ceinture.

— Ooah! firent les chefs avec joie, la Petite-Panthère a bravement combattu!

L'Ours-Noir fit signe au guerrier de lui donner les chevelures. Celui-ci les détacha et les lui remit.

Le sachem les examina avec soin. Les Apaches fixaient attentivement leurs regards sur lui.

— Asch'eth! fit-il au bout d'un instant; mon fils a tué un Long-Couteau et un Yori.

Et il rendit les deux chevelures au guerrier, qui les replaça à sa ceinture.

— Les faces pâles ont-ils découvert la trace des Apaches?

— Les faces pâles sont des taupes; ils ne sont bons que dans leurs grands villages de pierre.

— Qu'a fait mon fils?

— La Panthère a exécuté de point en point les ordres du sachem; lorsque le guerrier a reconnu que les faces pâles ne le voulaient pas voir, il s'est élancé au devant d'eux en les narguant, et il les a entraînés pendant trois heures à sa suite dans l'intérieur du désert.

— Bon! mon fils a bien agi. Qu'a-t-il fait ensuite?

—Quand les Longs-Couteaux ont été assez loin, la Panthère les a abandonnés, après en avoir tué deux pour laisser un souvenir de son passage, puis il s'est dirigé vers le camp des guerriers de sa nation.

— Mon fils est fatigué, l'heure du repos est venue pour lui.

— Pas encore, répondit sérieusement l'Indien.

— Ooah! que mon fils s'explique.

A cette parole, sans savoir pour quelle raison, le Tigrero, qui écoutait attentivement ce qui se disait, sentit son cœur se serrer.

L'Indien continua:

— Il n'y a pas que les Longs-Couteaux dans le désert: la Petite-Panthère a découvert une autre piste.

— Une autre piste?

— Oui. Cette piste est peu visible; il y a sept chevaux et trois mules en tout. J'ai reconnu le pas d'un de ces chevaux.

— Ooh! j'attends ce que mon fils va m'apprendre.

— Six guerriers yoris ayant une femme avec eux sont entrés dans le désert.

L'œil du chef lança un éclair.

— Une femme pâle? demanda-t-il.

L'Indien baissa affirmativement la tête.

Le sachem réfléchit un instant, puis son visage reprit le masque d'impassibilité qui lui était habituel.

—L'Ours-Noir ne s'était pas trompé, dit-il, il sentait l'odeur du sang; ses fils apaches auront une belle chasse. Demain à l'*endit-ah*, les guerriers monteront à cheval. La hutte du sachem est vide; abandonnons maintenant les grands couteaux à leur sort, ajouta-t-il en levant les yeux vers le ciel. Nyang, le génie du mal, se chargera bientôt de les engloutir dans les sables; le maître de la vie appelle la tempête, notre tâche est remplie, suivons la piste des Yoris et regagnons à toute bride nos territoires de chasse; l'ouragan hurlera bientôt dans le désert qu'il bouleversera. Mes fils peuvent se livrer au sommeil, un chef veillera sur eux. J'ai dit.

Les guerriers s'inclinèrent silencieusement, se levèrent les uns après les autres et allèrent s'étendre à peu de distance sur le sable.

Au bout de cinq minutes, ils dormaient profondément; seul l'Ours-Noir veillait. La tête dans la paume des mains, les coudes sur les genoux, il regardait fixement le ciel; parfois son visage perdait son expression sévère, et un sourire fugitif se dessinait sur ses lèvres.

Quelles pensées absorbaient ainsi le sachem? que méditait-il?

Don Martial l'avait deviné; aussi se sentait-il frissonner de terreur.

Il demeura encore près d'une demi-heure immobile dans sa cachette, afin de ne pas courir le risque d'être découvert; puis il redescendit comme il était venu, usant encore de précautions plus grandes, car à ce moment, où un silence de plomb planait sur la nature, le bruit le plus léger aurait révélé sa présence à l'oreille subtile du chef indien.

Plus que jamais, après les révélations qu'il était parvenu à surprendre, il redoutait d'être découvert.

Enfin il parvint à regagner sain et sauf l'endroit où il avait laissé son cheval.

Pendant quelque temps le Tigrero, abandonnant la bride sur le cou du noble animal, marcha au petit pas, repassant dans son esprit tout ce qu'il avait entendu, et cherchant quel moyen il pourrait employer pour écarter de la tête de ses compagnons le danger affreux qui les menaçait.

Sa perplexité était extrême, il ne savait à quoi se résoudre; il connaissait trop bien don Sylva de Torrès pour supposer qu'un intérêt personnel, si puissant qu'il fût, parviendrait à lui faire abandonner ses amis dans le péril où ils se trouvaient. Mais fallait-il sacrifier dona Anita à cette délicatesse, à ce point d'honneur malentendu, pour un homme indigne sous tous les rapports de l'intérêt que lui portait l'haciendero?

On pouvait, à force d'adresse et de courage, éviter les Apaches et leur échapper, mais comment échapper à la tempête qui, dans quelques heures peut-être, allait fondre sur le désert, bouleverser la topographie du sol, faire disparaître toutes les traces et rendre la fuite impossible?

Il fallait sauver la jeune fille à tout prix!

Cette pensée revenait incessamment à l'esprit bourrelé du Tigrero, et lui mordait le cœur comme un fer rouge; il se sentait pris de rage froide en considérant l'impossibilité matérielle qui se plaçait implacable devant lui.

Comment sauver la jeune fille? Constamment il s'adressait cette question, à laquelle il ne trouvait pas de réponse.

Pendant assez longtemps il chemina ainsi la tête tête basse, se creusant vainement l'esprit pour trouver un moyen terme qui lui permît d'agir à sa guise et de sortir de la position critique dans laquelle il se trouvait. Enfin, le jour se fit dans sa pensée; il releva fièrement la tête en envoyant un regard de défi du côté des ennemis, qui déjà paraissaient certains de s'emparer de ses compagnons, et, enfonçant les éperons dans le ventre de son cheval, il partit à fond de train.

Lorsqu'il arriva à l'endroit où la caravane était campée, à part un peon qui faisait sentinelle, tout le monde dormait.

La nuit était déjà assez avancée, il était à peu près une heure du matin; la lune répandait une clarté éblouissante qui permettait de voir presque comme en plein jour. Les Apaches ne se mettraient pas en marche avant le lever du soleil: c'était à peu près quatre heures qu'il avait devant lui pour agir. Il résolut d'en profiter. Quatre heures bien employées sont énormes dans une fuite.

Le Tigrero commença par bouchonner son cheval avec soin, afin de lui rendre l'élasticité de ses membres, car il allait avoir besoin de toute sa légèreté; puis, aidé par les peones, il chargea les mules et sella les chevaux.

Ce dernier soin pris, il réfléchit un instant et s'occupa à envelopper les pieds des chevaux de petits morceaux de peau de mouton remplis de sable.

Ce stratagème devait, dans son idée, dérouter les Indiens, qui, ne reconnaissant pas les traces sur lesquelles ils comptaient, croiraient à une fausse piste.

Pour plus de sûreté il ordonna d'abandonner deux ou trois outres de mezcal sous le rocher; il connaissait le penchant des Apaches pour les liqueurs fortes et comptait sur leur ivrognerie.

Cela fait, il réveilla don Sylva et sa fille.

— A cheval! dit-il d'un ton qui n'admettait pas de réplique.

— Qu'y a-t-il? demanda l'haciendero encore à demi endormi.

— Il y a que si nous ne partons à l'instant, nous sommes perdus.

— Comment? que voulez-vous dire?

— A cheval! à cheval! chaque minute que nous passons ici nous rapproche de la mort! Plus tard, je vous expliquerai tout.

— Mais, au nom du ciel, que se passe-t-il donc?

— Vous le saurez; venez, venez!

Sans rien écouter, moitié de gré, moitié de force, il obligea l'haciendero à se mettre en selle; dona Anita y était déjà; le Tigrero jeta un dernier regard autour de lui, et donna le signal du départ.

La petite caravane s'élança en avant de toute la vitesse des chevaux.

XXVI.

Rien n'est triste comme une marche de nuit dans le désert, surtout dans des circonstances semblables à celles qui hâtaient nos personnages.

La nuit est la mère des fantômes; dans les ténèbres, les paysages les plus gais deviennent sinistres, tout prend un corps pour effrayer les voyageurs; la lune, quelque brillante que soit la lumière qu'elle déverse, imprime aux objets une apparence fantastique et des reflets lugubres qui font frissonner les plus braves.

Ce calme sépulcral du désert, cette solitude qui vous environne, vous presse de toutes parts, et pour vous se peuple de spectres; cette obscurité qui vous enserre comme un linceul de plomb, tout se réunit pour troubler le cerveau et faire naître en lui une espèce de fièvre de peur, si l'on peut employer cette expression, que les vivifians rayons du soleil levant sont seuls assez puissans pour faire rentrer dans le néant.

Malgré eux, nos personnages subissaient l'obsession de ces chimères inventées par un cerveau malade; ils couraient dans la nuit, sans se rendre bien compte du motif qui les poussait à agir ainsi, ne sachant où ils allaient, ne s'en occupant même pas, la tête lourde, les yeux appesantis par le sommeil, les paupières fermées, ils n'avaient qu'une pensée : dormir. Emportés par leurs chevaux avec une rapidité vertigineuse, les arbres et les rochers couraient autour d'eux comme dans un steeple-chase infernal; ils se hâtaient alors de fermer complétement les yeux, de s'assurer sur leurs selles et de s'abandonner à ce sommeil qui les accablait et contre lequel ils ne se sentaient pas la force de résister.

Le sommeil est peut-être le plus impérieux et le plus tyrannique besoin de l'homme; il fait tout mépriser, tout oublier.

L'homme accablé de sommeil s'y livrera quand même, n'importe où, quel que soit le danger qui le menace. La faim ou la soif peuvent se dompter pendant un certain temps à force de volonté et de courage, le sommeil, non; contre lui, la lutte est impossible; il vous étreint dans ses griffes de fer, et, en quelques minutes, vous renverse haletant et vaincu.

Excepté don Martial, dont l'œil était vif et l'esprit lucide, les autres membres de la caravane ressemblaient à des somnambules, cramponnés tant bien que mal après leurs chevaux, les yeux éteints, la pensée absente, ils couraient sans le savoir, voyageant comme dans un rêve, et en proie à l'horrible cauchemar de cet état sans nom qui n'est ni la veille ni le sommeil, mais seulement la torpeur des sens et l'engourdissement de l'âme. Cela dura toute la nuit.

On avait fait dix lieues; les voyageurs étaient rompus.

Cependant au lever du soleil, sous l'influence de ses chauds rayons, ils secouèrent peu à peu l'abattement qui les accablait, ouvrirent les yeux, se redressèrent, regardèrent curieusement autour d'eux, et une foule de questions, ainsi que cela arrive toujours dans ce cas-là, leur monta du cœur aux lèvres.

La caravane avait atteint les bords du Rio del Norte, dont les eaux boueuses forment de ce côté la limite du désert.

Don Martial, après avoir scrupuleusement examiné l'endroit où il se trouvait, s'arrêta sur la plage même.

Les chevaux furent débarrassés des sacs de sable qui leur emprisonnaient les pieds, et on leur donna à manger. Quant aux hommes, ils durent provisoirement se contenter d'une gorgée de refino, afin de reprendre des forces.

L'aspect du paysage était complétement changé : de l'autre côté de la rivière une herbe drue et forte couvrait le sol, d'immenses forêts vierges verdissaient à l'horizon.

— Ouf! murmura don Sylva en se laissant aller sur le sol avec une expression de bien-être indicible; quelle course! je suis rompu; si cela durait seulement un jour, *voto à brios!* je ne pourrais y résister. Je n'ai ni faim, ni soif, je vais dormir.

Tout en disant cela, l'haciendero s'était accommodé le plus confortablement possible pour se livrer au sommeil.

— Pas encore, don Sylva, lui dit vivement le Tigrero en le secouant brusquement par le bras; voulez-vous donc laisser vos os ici?

— Allez au diable! je veux dormir, vous dis-je.

— Fort bien, répondit froidement don Martial; mais si dona Anita et vous tombez entre les mains des Apaches, vous ne m'en rendrez pas responsable; n'est-ce pas?

— Hein! s'écria l'haciendero en se relevant et le regardant en face, que me parlez-vous d'Apaches?

— Je vous répète que les Apaches sont à notre poursuite; nous avons à peine quelques heures d'avance sur eux; si nous ne nous hâtons pas, nous sommes perdus.

— *Canarios!* il faut fuir! s'écria don Sylva complétement réveillé; je ne veux pas que ma fille tombe entre les mains de ces démons.

Quant à dona Anita, peu lui importait en ce moment; elle dormait à poings fermés.

— Laissons manger les chevaux, nous partirons ensuite; nous avons une longue traite à faire, il faut qu'ils soient en état de nous porter; ces quelques instans de répit permettront à dona Anita de reprendre des forces.

— Pauvre enfant! murmura l'haciendero, c'est moi qui suis cause de ce qui arrive, c'est mon maudit entêtement qui l'a conduite là.

— A quoi bon récriminer, don Sylva?

nous sommes tous coupables; oublions le passé, ne songeons qu'au présent.

— Oui, vous avez raison, à quoi bon discuter des faits accomplis? Maintenant que je suis complétement réveillé, dites-moi donc ce que vous avez fait cette nuit, et pourquoi vous nous avez si brusquement obligés à partir.

— Mon Dieu! don Sylva, mon récit sera court, cependant vous le trouverez, je le crois, fort intéressant. Vous allez en juger. Après vous avoir quitté hier au soir, pour aller à la découverte, vous vous le rappelez, je crois...

— Très bien! vous vouliez examiner de près un feu qui me semblait suspect.

— C'est cela. Eh bien! je ne m'étais pas trompé; ce feu était, ainsi que je le supposais, une embuscade tendue par les sauvages; il avait été allumé par les Apaches. Je parvins à me glisser inaperçu au milieu d'eux et à entendre leur conversation. Savez-vous ce qu'ils disaient?

— Dame! je ne sais trop ce que de pareils idiots peuvent avoir à se dire, moi.

— Pas si idiots que vous le supposez peut-être un peu légèrement, don Sylva; un de leurs coureurs rendait compte au sachem de la tribu d'une mission dont celui-ci l'avait chargé; entr'autres choses intéressantes, il disait avoir découvert une piste de visages pâles, et que parmi ces visages pâles se trouvait une femme.

— *Caspita!* s'écria l'*haciendero* avec effroi, êtes-vous bien sûr de cela, don Martial?

— D'autant plus sûr que j'entendis le chef répondre ceci. Ecoutez bien, don Sylva.

— J'écoute, j'écoute, mon ami, continuez.

— « Au lever du soleil, nous nous lancerons à la poursuite des visages pâles; la hutte du chef est vide, il lui faut une femme blanche pour la remplir. »

— Caramba!

— Oui. Alors, trouvant que j'en avais appris assez sur l'expédition que méditaient les Peaux-Rouges, je me suis échappé et j'ai regagné notre camp aussi vite que possible. Vous savez le reste.

— Oh! oh! répondit don Sylva avec une véritable effusion, oui, je sais le reste, don Martial, et je vous remercie bien sincèrement, non seulement de l'intelligence que vous avez déployée dans cette occasion, mais encore du dévouement avec lequel, sans vous laisser rebuter par notre folle inertie, vous nous avez obligés à vous suivre.

— Je n'ai rien fait que je ne dusse faire, don Sylva. Ne vous ai-je pas juré de vous être dévoué?

— Oui, mon ami, et vous tenez noblement votre serment.

Depuis que l'haciendero connaissait don Martial, c'était la première fois qu'il causait réellement cœur à cœur avec lui, et lui donnait le titre d'ami. Le Tigrero fut touché de cette expression qui lui alla à l'âme, et si jusque là il avait conservé quelques préventions contre don Sylva, elles s'éteignirent subitement pour ne plus laisser dans son cœur qu'un profond sentiment de reconnaissance.

Cependant dona Anita s'était réveillée pendant cette conversation; ce fut avec un indicible mouvement de joie qu'elle les entendit causer aussi amicalement entre eux.

Lorsque son père lui apprit la cause du voyage subit qu'on l'avait forcée à entreprendre au milieu de la nuit, elle remercia chaleureusement don Martial et le récompensa de toutes ses peines par un de ces regards dont les femmes qui aiment possèdent seules le secret et dans lesquels elles font passer toute leur âme.

Le Tigrero, joyeux de voir son dévouement apprécié comme il méritait de l'être, oublia toutes ses fatigues, et n'eut plus qu'un désir, terminer heureusement ce qu'il avait si bien commencé.

Dès que les chevaux eurent mangé, on se remit en selle.

— Je m'abandonne à vous, don Martial, dit l'haciendero, vous seul pouvez nous sauver.

— Avec l'aide de Dieu, j'y parviendrai, répondit le Tigrero avec passion.

On entra dans le fleuve, assez large en cet endroit. Au lieu de le traverser en droite ligne, don Martial, afin de dérouter les sauvages, suivit pendant assez longtemps le fil de l'eau, traversant en biais, et faisant des tours et des détours sans nombre.

Enfin, arrivé à un endroit où le cours du fleuve se trouvait resserré entre deux rives formées de masses calcaires, où il était impossible que les pieds des chevaux laissassent d'empreintes, il aborda.

La caravane avait quitté le désert. Devant elle s'étendaient ces immenses prairies dont le sol ondulé s'élève peu à peu jusqu'aux premiers plans de la *Sierra Madre* et de la *Sierra de los Comanches*. Plus de plaines désolées et stériles, sans arbres et sans eau. Une nature luxuriante, d'une force de production inouïe : des arbres, des fleurs, des herbes, des oiseaux innombrables chantant joyeusement sous la feuillée, des animaux de toutes sortes courant, broutant et s'ébattant au milieu des prairies naturelles.

L'homme partout et toujours, quelles que soient d'ailleurs ses préoccupations personnelles, subit à son insu l'influence des objets extérieurs, une nature riante le rend gai, de même qu'un sombre paysage l'attriste.

Les voyageurs se laissèrent instinctivement aller à l'impression de bien-être que leur causait la vue du splendide et majestueux spectacle que leur offrait la prairie, en face du désert désolé qu'ils quittaient, et dans lequel ils avaient si longtemps erré à l'aventure. Ce contraste était pour eux plein de charme, ils sentaient renaître leur courage et l'espoir rentrer dans leur cœur.

Vers onze heures du matin, les chevaux se trouvèrent tellement fatigués que l'on fut contraint de camper afin de leur donner quelques heures de repos et de laisser passer la plus grande chaleur du jour.

Don Martial choisit le sommet d'une colline boisée, d'où l'on dominait la prairie tout en restant parfaitement caché au milieu des arbres.

Seulement le Tigrero s'opposa à ce qu'on allumât du feu pour faire cuire les alimens, la fumée aurait suffi pour faire découvrir leur retraite, et dans la position où ils se trouvaient, ils ne pouvaient user de trop de prudence, car il était évident que depuis le lever du soleil les Apaches avaient dû se mettre à leur poursuite; il fallait absolument faire perdre la piste à ces fins limiers. Malgré toutes les précautions qu'il avait employées, le Tigrero n'osait se flatter de les avoir dévoyés, tant les Peaux-Rouges sont experts pour découvrir une trace.

Après avoir mangé quelques bouchées à la hâte, il laissa ses compagnons continuer un repos dont ils avaient si grand besoin, et se leva pour aller à la découverte.

Cet homme paraissait de fer, la fatigue n'avait pas de prise sur lui, sa volonté était si ferme qu'il résistait à tout, le désir de sauver la femme qu'il aimait lui donnait une force surnaturelle.

Il descendit lentement la colline, interrogeant chaque buisson, n'avançant qu'avec une prudence extrême, le doigt sur la détente du rifle et l'oreille ouverte au bruit le plus faible.

Dès qu'il fut dans la plaine, certain, grâce aux hautes herbes au milieu desquelles il disparaissait complétement, de dissimuler sa présence, il s'avança à grands pas vers une sombre et épaisse forêt vierge, dont les puissans contreforts arrivaient presque jusqu'à la colline.

Cette forêt était bien ce qu'elle paraissait être, c'est à dire une forêt vierge; les arbres et les lianes enchevêtrés les uns dans les autres formaient un réseau inextricable dans lequel on n'aurait pu se frayer un passage que la hache à la main ou au moyen du feu. S'il eût été seul, le Tigrero se fût peu embarrassé de cet obstacle en apparence insurmontable; adroit et fort comme il l'était, il aurait voyagé entre ciel et terre, en passant de branche en branche, ainsi que cela lui était arrivé déjà en maintes occasions. Mais ce que pouvait faire un homme aussi résolu que lui, il ne fallait pas songer à le voir exécuter par une femme frêle et débile.

Un instant le Tigrero sentit le cœur lui manquer, son courage faiblir; mais ce désespoir n'eut que la durée de l'éclair. Don Martial se redressa avec hauteur et reprit soudain toute son énergie; il continua à s'avancer vers la forêt, qu'il se mit à côtoyer, en furetant comme une bête fauve en quête d'une proie.

Tout à coup il poussa un cri de joie étouffé.

Il avait trouvé ce qu'il cherchait sans espoir de le rencontrer.

Devant lui, sous un dôme épais de verdure, serpentait un de ces étroits sentiers tracés par les bêtes féroces pour se rendre la nuit à l'abreuvoir, et qu'il fallait l'œil exercé du Tigrero pour l'avoir aperçu : il s'engagea résolûment dans ce sentier.

Ainsi que tous les chemins de bêtes sauvages, celui-ci faisait des détours sans nombre, revenant sans cesse sur lui-même. Après l'avoir suivi pendant assez longtemps, le Tigrero retourna sur ses pas et regagna la colline.

Ses compagnons, inquiets de son absence prolongée, l'attendaient avec impatience; chacun accueillit son retour avec joie. Il leur rendit compte de ce qu'il avait fait et de la sente qu'il avait découverte.

Pendant que, de son côté, don Martial allait en reconnaissance, un des peones avait fait, sur le flanc même de la colline, une découverte des plus précieuses en ce moment pour les voyageurs.

Cet homme, en errant à l'aventure aux environs, afin de tuer le temps, avait trouvé l'entrée d'une caverne dans laquelle il n'avait pas osé entrer, ne sachant pas s'il ne se trouverait pas tout à coup face à face avec une bête fauve.

Don Martial tressaillit de joie à cette nouvelle, il prit une torche d'ocote et ordonna au peon de le conduire à la caverne.

Elle n'était éloignée que de quelques pas, sur le versant de la colline qui regardait le fleuve.

L'entrée était tellement obstruée par des broussailles et des herbes parasites, qu'il était évident que depuis longues années, nul être vivant n'avait pénétré dans l'intérieur.

Le Tigrero écarta avec le plus grand soin les broussailles, afin de ne pas les froisser et se glissa dans la caverne ; l'entrée était assez haute, bien que fort étroite. Avant de s'engager dans l'intérieur, don Martial battit le briquet et alluma sa torche.

Cette caverne était une de ces grottes naturelles, comme on en rencontre tant dans ces contrées; les parois étaient hautes et sèches, le sol formé par un sable fin. Elle recevait évidemment de l'air par des fissures imperceptibles, car aucune exhalaison méphitique ne s'en échappait, on y respirait parfaitement à l'aise; en somme, bien qu'elle fût assez obscure, elle était habitable; elle allait s'abaissant de plus en plus jusqu'à une espèce de grande salle au centre de laquelle s'ouvrait un gouffre dont, malgré la flamme répandue par sa torche, il fut impossible à don Martial de voir le fond; il regarda autour de lui, aperçut un fragment de rocher, probablement détaché de la voûte, le prit et le laissa tomber dans le gouffre.

Pendant longtemps il entendit la pierre rouler le long des parois, puis un bruit quelconque comme la chute d'un corps pesant dans l'eau.

Don Martial savait tout ce qu'il désirait savoir. Il tourna le gouffre et continua à avancer dans un étroit boyau assez bas dont la pente était fort rapide. Après avoir marché pendant environ dix minutes dans cette espèce de couloir, il aperçut le jour à une assez grande distance. La grotte avait deux issues.

Don Martial revint en toute hâte sur ses pas.

— Nous sommes sauvés! dit-il à ses compagnons. Venez, suivez-moi, nous n'avons pas un instant à perdre pour gagner l'abri que la Providence nous offre si généreusement.

Ils le suivirent.

— Mais, observa don Sylva, et les chevaux, qu'en ferons-nous?

— Ne vous en inquiétez pas, je sais où les cacher. Plaçons dans la grotte nos provisions de bouche, car il est probable que nous serons contraints de demeurer quelque temps ici; conservons aussi avec nous les harnais et les selles, que je ne saurais où placer. Quant aux chevaux, cela me regarde.

Chacun se mit à l'œuvre avec cette ardeur fébrile que donne l'espoir d'échapper à un danger, et au bout d'une heure au plus les bagages, les provisions et les hommes, tout avait disparu dans la caverne.

Don Martial rapprocha les buissons afin de faire disparaître les traces du passage de ses compagnons, et il respira avec cette volupté que donne toujours la réussite d'un projet audacieux et presque irréalisable; puis il remonta sur le sommet de la colline.

Il réunit les chevaux et les mules au moyen de sa reata et descendit dans la plaine; il se dirigea vers la forêt, s'engagea dans la sente que précédemment il avait découverte.

Le sentier était étroit, les chevaux ne purent passer que l'un après l'autre et encore avec des difficultés extrêmes; enfin il parvint à atteindre une espèce de clairière où il abandonna les pauvres bêtes en leur laissant toute la provision de fourrage qui lui restait et qu'il avait eu la précaution de charger sur les mules.

Don Martial savait fort bien que les chevaux ne s'éloigneraient que fort peu de l'endroit où il les abandonnait, et que lorsqu'il en aurait besoin il lui serait facile de les retrouver.

Ces diverses occupations avaient pris beaucoup de temps, et la journée était déjà très avancée, lorsque le Tigrero quitta définitivement la forêt.

Le soleil, très bas à l'horizon, apparaissait comme un immense globe de feu presque au niveau du sol. L'ombre des arbres s'allongeait démesurément; la brise du soir commençait à se lever et déjà quelques cris rauques sortant par intervalles des profondeurs de la forêt, annonçaient le réveil prochain des bêtes fauves, ces hôtes du désert qui pendant la nuit en sont les rois absolus.

Arrivé sur le sommet de la colline, avant de se retirer à son tour dans la grotte, aux dernières lueurs du soleil mourant, don Martial inspecta l'horizon.

Tout à coup il pâlit, un frisson nerveux agita son corps; ses yeux agrandis par la terreur se fixèrent obstinément sur le fleuve, et il murmura d'une voix sourde en frappant du pied avec colère.

— Déjà!... les démons!

Ce que le Tigrero avait vu était, en effet, effrayant.

Une troupe de cavaliers indiens traversait le fleuve, à l'endroit précis où lui-même et ses compagnons l'avaient traversé quelques heures auparavant.

Don Martial suivait leurs mouvemens avec une inquiétude croissante. Arrivés sur la rive, sans hésiter, sans s'arrêter, ils suivirent la route prise par les chasseurs.

Le doute n'était plus possible; les Apaches ne s'étaient pas laissé tromper par les ruses du chasseur : ils étaient venus en droite ligne derriere la caravane, faisant une diligence extrême. Dans moins d'une heure, ils atteindraient la colline, et alors, avec cette diabolique science qu'ils possédaient pour découvrir les pistes les mieux cachées, qui sait ce qui arriverait?

Le Tigrero sentit son cœur se briser dans sa poitrine, et, hors de lui, à moitié fou de douleur, il se précipita dans la grotte.

En le voyant arriver ainsi, pâle, les traits décomposés, l'haciendero et sa fille s'élancèrent vers lui.

— Qu'avez-vous? lui demandèrent-ils.

— Nous sommes perdus ! s'écria-t-il avec désespoir, voici les Apaches !

— Les Apaches! murmurèrent-ils avec terreur.

— Mon Dieu ! mon Dieu ! sauvez-moi !... s'écria dona Anita en tombant à genoux et joignant les mains avec ferveur.

Le Tigrero se baissa vers la jeune fille, la prit dans ses bras avec une force décuplée par la douleur, et se tournant vers l'haciendero :

— Venez, s'écria-t-il, venez, suivez-moi ! peut-être nous reste-t-il encore une chance de salut!

Et il se précipita vers le fond de la caverne; tous s'élancèrent à sa suite.

Ils coururent ainsi assez longtemps. Dona Anita, presque évanouie, laissait sa belle tête pâle s'appuyer sur l'épaule du Tigrero.

Celui ci courait toujours.

— Voyez , voyez , dit-il , bientôt nous sommes sauvés !

Ses compagnons poussèrent un cri de joie; ils avaient aperçu devant eux la lueur du jour.

Tout à coup, au moment où don Martial atteignait l'entrée et allait s'élancer au-dehors, un homme parut.

Cet homme était l'Ours-Noir.

Le Tigrero bondit en arrière avec un rugissement de bête fauve.

—Adah! fit l'Apache d'une voix railleuse, mon frère sait que j'aime cette femme, et, pour me plaire, il se hâte de me l'apporter lui-même.

— Tu ne la tiens pas encore, démon! s'écria don Martial en se plaçant résolûment devant dona Anita un pistolet de chaque main. Viens la prendre.

On entendait dans les profondeurs de la caverne des pas qui se rapprochaient rapidement.

Les Mexicains étaient pris entre deux feux.

L'Ours-Noir, l'œil fixé sur le Tigrero, épiait tous ses mouvemens; soudain il se ramassa sur lui-même et bondit en avant comme un chat-tigre en poussant son cri de guerre.

Don Martial déchargea ses pistolets sur l'Apache et le saisit à bras le corps.

Les deux hommes roulèrent sur le sol, enlacés comme deux serpens.

Don Sylva et les peones combattaient en désespérés contre les autres Indiens.

XXVII.

Nous reviendrons maintenant à certains personnages de cette histoire, que depuis trop longtemps nous avons laissés dans l'oubli.

Si les Français étaient restés maîtres du champ de bataille et étaient parvenus, lors de l'assaut de l'hacienda par les Apaches, à rejeter leurs féroces ennemis dans le Rio-Gila, ils ne se dissimulaient pas que ce n'était pas seulement à leur courage qu'ils devaient ce triomphe inespéré; la dernière charge exécutée par les Comanches, sous les ordres de la Tête-d'Aigle, avait seule décidé la victoire. Aussi, lorsque les ennemis eurent disparu, le comte de Lhorailles, avec une grandeur d'âme et une franchise peu communes, surtout chez un homme de son caractère, remercia chaudement les Comanches et fit aux chasseurs les plus magnifiques offres de service.

Ceux-ci reçurent modestement les complimens flatteurs du comte, et déclinèrent nettement toutes les propositions qu'il leur fit.

Ainsi que le lui dit Belhumeur, ils n'avaient eu d'autre mobile de leur conduite que celui de venir en aide à des compatriotes. Maintenant que tout était fini, que pour longtemps les Français se trouvaient à l'abri des attaques de sauvages, ils n'avaient plus qu'une chose à faire: prendre le plus tôt possible congé du comte et continuer leur voyage.

M. de Lhorailles obtint cependant qu'ils passeraient encore deux jours à la colonie.

Dona Anita et son père avaient disparu d'une façon si mystérieuse que les Français, peu habitués aux ruses indiennes et ignorant complétement la manière de découvrir ou de suivre une piste dans le désert, étaient incapables de se mettre à la recherche des deux personnes qui avaient été enlevées.

M. de Lhorailles avait intérieurement compté sur l'expérience de la Tête-d'Aigle et sur la sagacité de ses guerriers pour retrouver les traces de l'haciendero et de sa fille.

Il expliqua aux chasseurs, dans les plus grands détails, le service qu'il attendait de leur complaisance aussi ne crurent-ils pas devoir le refuser.

Le lendemain, au point du jour, la Tête-d'Aigle divisa son détachement en quatre troupes, commandées chacune par un guerrier renommé, et après avoir donné ses instructions à ses hommes, il les dispersa dans quatre directions différentes.

Les Comanches battirent l'estrade avec cette finesse et cette habileté que les Peaux Rouges possèdent à un degré si éminent, mais tout fut inutile.

Les quatre détachemens revinrent les uns après les autres à l'hacienda sans avoir rien découvert. Bien qu'ils eussent fouillé le sol dans un rayon d'environ vingt lieues autour de la colonie; bien que pas un buisson, pas un brin d'herbe eussent échappé à leur minutieuse investigation, la piste du père et de la fille fut introuvable; nous en savons la raison; l'eau seule ne garde pas de traces: don Sylva et dona Anita s'étaient laissés aller au courant du rio Gila.

—Vous le voyez, dit Belhumeur au comte, nous avons fait ce qu'il était humainement possible de faire pour ramener les deux personnes enlevées pendant le combat; il est évident que les ravisseurs les ont embarquées sur le fleuve et conduites à une grande distance avant de descendre sur la rive. Qui sait maintenant où elles se trouvent? les Peaux-Rouges vont vite, surtout lorsqu'ils fuient; ils ont sur nous une immense avance, l'insuccès de nos efforts le prouve; ce serait une folie que d'espérer les atteindre. Permettez-nous donc de nous éloigner; peut-être pourrons-nous obtenir pendant notre voyage à travers la prairie des renseignemens qui plus tard vous seront utiles.

— Je ne veux pas abuser plus longtemps de votre complaisance pour moi, répondit affectueusement le comte; partez quand bon vous semblera, caballeros, mais recevez l'expression de ma reconnaissance, et croyez que je serais heureux de vous la prouver autrement que par de stériles paroles. Du reste, moi-même je vais quitter la colonie; peut-être nous rencontrerons-nous au désert.

Le lendemain, au lever du soleil, les chasseurs et les Comanches sortirent de l'hacienda et s'enfoncèrent dans la prairie.

Le soir, la Tête-d'Aigle fit établir le camp et allumer les feux pour la nuit.

Après le repas, au moment où chacun allait se livrer au sommeil, le sachem fit convoquer par le *hachesto*, ou crieur public, les chefs à se réunir au feu du conseil.

—Mes frères pâles prendront place auprès des chefs, dit la Tête-d'Aigle en s'adressant au Canadien et au Français.

Ceux-ci acceptèrent d'un geste de tête et furent s'accroupir devant le brasier parmi les chefs comanches, qui déjà attendaient, silencieux et recueillis, la communication de leur grand sachem.

Lorsque la Tête-d'Aigle eut pris place, il fit signe au porte-pipe.

Celui-ci entra dans le cercle, portant respectueusement à la main le calumet de médecine, dont le tuyau était frangé de plumes, garni d'une infinité de grelots et dont le fourneau était fait d'une pierre blanche qui ne se trouve que dans les montagnes Rocheuses.

Le calumet était bourré et allumé.

Le porte-pipe, dès qu'il fut dans le cercle, inclina le fourneau du calumet dans la direction des quatre vents principaux, en murmurant à voix basse des paroles mystérieuses afin d'appeler sur le conseil la bienveillance du Wacondah, maître de la vie, et d'éloigner de l'esprit des chefs l'influence maligne du premier homme.

Puis conservant dans la main le fourneau de la pipe, il présenta l'extrémité du tuyau à la Tête-d'Aigle en disant d'une voix haute et accentuée:

—Mon père est le premier sachem de la valeureuse nation des Comanches; la sagesse repose en lui, bien que les neiges de l'âge n'aient pas encore glacé la pensée dans son cerveau. De même que tous les hommes, il est sujet à l'erreur; que mon père réfléchisse avant de prendre la parole: les mots que soufflera sa poitrine à ses lèvres doivent être tels que des Comanches les puissent entendre.

— Mon fils a bien parlé, répondit le sachem.

Il prit le tuyau et fuma silencieusement pendant quelques instans, puis il ôta l'extrémité du tuyau de sa bouche et le passa à son plus proche voisin.

La pipe fit ainsi le tour du cercle sans qu'aucun chef prononçât une parole.

Lorsque chacun eut fumé, que tout le tabac contenu dans la pipe fut brûlé, le porte-pipe secoua la cendre dans sa main gauche, et la jeta dans le brasier en s'écriant :

— Ici des chefs sont réunis en conseil ; leurs paroles sont sacrées. Wacondah a entendu notre prière, elle est exaucée. Malheur à celui qui oubliera que sa conscience doit être son seul guide !

Après avoir prononcé ces quelques mots, avec une majesté suprême, le porte-pipe sortit du cercle en jetant un dernier regard sur les chefs accroupis autour de lui, et en murmurant d'une voix basse, mais parfaitement intelligible :

— Ainsi que les cendres que j'ai jetées dans le brasier ont disparu pour toujours, ainsi les paroles des chefs doivent être sacrées et ne jamais être rapportées hors du cercle du sachem. Que mes pères parlent, le conseil est commencé.

Le porte-pipe s'éloigna après cet avis, qui pouvait presque passer pour une mercuriale. Alors la Tête-d'Aigle se leva, jeta un regard circulaire aux guerriers rassemblés à ses côtés, et prit la parole :

— Chefs et guerriers Comanches, dit-il, bien des lunes se sont écoulées depuis que j'ai quitté les villages de ma nation, bien des lunes s'écouleront encore avant que le Wacondah tout-puissant me permette de m'asseoir au feu du conseil des grands sachems comanches. Le sang a toujours coulé rouge dans mes veines et mon cœur n'a jamais eu de peau pour mes frères. Les paroles que souffle ma poitrine arrivent à mes veines par la volonté du Grand-Esprit. Il sait combien j'ai conservé d'amour pour vous tous. La nation comanche est puissante, c'est la reine des prairies. Ses territoires de chasse couvrent toute la terre, qu'a-t-elle besoin de s'allier avec d'autres nations pour venger ses injures? le coyote immonde se retire-t-il dans la tanière de l'orgueilleux jaguar? le hibou fait-il ses œufs dans le nid de l'aigle? Pourquoi le Comanche marcherait-il sur le sentier de la guerre avec les chiens apaches? les Apaches sont des femmes lâches et traîtres. Je remercie mes frères, non-seulement d'avoir rompu avec eux, mais encore de m'avoir aidé à les battre. Maintenant, mon cœur est triste, un brouillard couvre mon esprit parce qu'il faut que je me sépare de mes frères. Qu'ils agréent mes adieux; que le Moqueur me plaigne, parce que loin de lui je marcherai dans l'ombre ; les rayons du soleil, si ardens qu'ils soient, ne parviendront pas à me réchauffer. J'ai dit. Ai-je bien parlé, hommes puissans?

La Tête d'Aigle se rassit au milieu d'un murmure de douleur et se voila la face avec un pan de sa robe de bison.

Il se fit un grand silence dans l'assemblée; le Moqueur semblait interroger les autres chefs du regard ; enfin il se leva et prit la parole à son tour pour répondre au sachem.

— Le Moqueur est jeune, dit-il, sa tête est bonne, bien qu'elle ne possède pas encore la grande sagesse de celle de mon père. La Tête-d'Aigle est un sachem aimé du Wacondah; pourquoi le maître de la vie a-t-il ramené le chef parmi les guerriers de sa nation ? Est-ce donc pour qu'il les quitte ainsi presqu'immédiatement ? Non ! le maître de la vie aime ses fils comanches; il n'a pu vouloir cela ! Les guerriers ont besoin d'un chef sage et expérimenté pour les guider sur le sentier de la guerre et les instruire autour du feu du conseil ; la tête de mon père est grise, il instruira et guidera les guerriers ; le Moqueur ne peut le faire, il est trop jeune encore ; l'expérience lui manque. Où mon père ira, ses fils iront; ce que mon père voudra, ses fils le voudront ; mais qu'il ne parle plus de les quitter ! Qu'il dissipe le nuage qui obscurcit ses esprits ; ses fils l'en supplient par la voix du Moqueur, cet enfant qu'il a élevé, qu'il a tant aimé jadis et dont il a fait un homme. J'ai dit. Voilà mon wampam ! Ai-je bien parlé, hommes puissans?

Après avoir prononcé ces dernières paroles, le chef jeta un collier de wampam aux pieds de la Tête-d'Aigle et se rassit.

— Que le grand sachem reste avec ses fils, s'écrièrent tous les guerriers en jetant à la fois leurs colliers de wampam auprès de celui du Moqueur.

La Tête-d'Aigle se redressa d'un air plein de noblesse; il laissa tomber le pan de sa robe de bison, et s'adressant à l'assemblée attentive et anxieuse :

— J'ai entendu résonner à mon oreille le chant du walkon, l'oiseau chéri du Wacondah, dit-il; sa voix harmonieuse est arrivée jusqu'à mon cœur et l'a fait tressaillir de joie. Mes fils sont bons, je les aime; le Moqueur et dix guerriers qu'il choisira lui-même m'accompagneront, les autres retourneront aux grands villages de ma nation, afin d'annoncer aux sachems le retour de la Tête-d'Aigle parmi ses fils ; j'ai dit.

Le Moqueur demanda alors le grand calumet, qui lui fut immédiatement apporté par le porte-pipe, et les chefs fumèrent à la ronde sans échanger une parole.

Lorsque la dernière bouffée de fumée eut été dissipée dans l'air, le hachesto, auquel le Moqueur avait dit quelques mots à voix basse, proclama les noms des dix guerriers choisis pour accompagner le sachem.

Les chefs se levèrent, s'inclinèrent devant la Tête-d'Aigle, et remontant silencieusement à cheval, ils partirent au galop.

Pendant un assez long espace de temps, le Moqueur et la Tête-d'Aigle s'entretinrent à voix basse.

A la suite de leur conversation, le Moqueur et ses guerriers s'éloignèrent à leur tour.

La Tête-d'Aigle, Belhumeur et don Luis demeurèrent seuls.

Le Canadien regardait d'un œil distrait les Indiens s'éloigner; lorsqu'ils eurent disparu, il se tourna vers le chef :

— Hum ! fit-il, nous voici enfin libres de nous expliquer, chef; est-ce que l'heure n'est pas bientôt venue de parler franchement et de faire nos affaires? Depuis notre départ des habitations, nous nous sommes beaucoup occupés des autres et fort peu de nous, il me semble; ne serait-il donc pas temps enfin de songer à nos affaires?

— La Tête-d'Aige n'oublie pas, il s'occupe des affaires de ses frères pâles.

Belhumeur se mit à rire.

— Permettez, chef; quant à moi, mes affaires sont bien simples : vous m'avez promis de m'accompagner, et me voilà. Je veux être l'ami d'un chien apache si j'en sais davantage. Louis, c'est différent, il est à la recherche d'un ami bien cher; souvenez-vous que nous lui avons promis de l'aider à le retrouver.

— La Tête-d'Aigle, reprit le chef, a partagé son cœur entre ses deux frères pâles, ils en ont chacun la moitié. La route que nous devons faire est longue, elle doit durer plusieurs lunes, nous traverserons le grand désert. Le Moqueur et ses guerriers sont allés tuer des bisons pour le voyage. Je conduis mes frères dans un endroit que j'ai découvert il y a quelques lunes déjà et qui n'est connu que de moi. Le Wacondah, lorsqu'il a créé l'homme, lui a donné la force, le courage et d'immenses territoires de chasse en lui disant: sois libre et heureux. Il a donné aux visages pâles la sagesse et la science en leur apprenant à connaître la valeur des pierres brillantes et des cailloux jaunes; les Peaux-Rouges et les visages pâles suivent chacun la route que le Grand-Esprit leur a tracée; je conduis mes frères à un *placer*.

— A un placer ! s'écrièrent les deux hommes avec étonnement.

— Oui ; que ferait un sachem indien de ces richesses immenses dont il ne saurait pas se servir ? L'or est tout pour les visages pâles, que mes frères soient heureux, la Tête d'Aigle leur en donnera plus qu'ils ne pourront jamais en prendre.

— Un instant, un instant, chef; que diable voulez-vous que je fasse de votre or, moi? je ne suis qu'un chasseur auquel son cheval et son rifle suffisent. A l'époque où je parcourais la prairie en compagnie du Cœur-Loyal, bien souvent nous avons trouvé de riches pépites d'or natif sous nos pas, et toujours nous les avons abandonnées avec mépris.

— Qu'avons-nous besoin d'or, nous autres? appuya don Luis; oublions au contraire ce placer, quelque riche qu'il soit; ne révélons son existence à personne, assez de crimes se commettent journellement pour de l'or; renoncez à ce projet, chef. Nous vous remercions de votre offre généreuse, mais il nous est impossible de l'accepter.

— Bien parlé! s'écria joyeusement Belhumeur. Au diable l'or, dont nous n'avons que faire, et vivons comme de francs chasseurs que nous sommes ! Pardieu ! chef, je vous assure bien que si vous m'aviez dit à la Noria dans quel but vous désiriez que je vous accompagnasse, je vous aurais laissé partir seul.

La Tête-d'Aigle sourit.

— Je m'attendais à la réponse que me font mes frères, dit-il; je suis heureux de voir que je ne me suis pas trompé. Oui, l'or leur est inutile, ils ont raison; mais ce n'est pas une raison pour le mépriser : comme toutes les choses mises sur la terre par le grand Esprit, l'or est utile. Mes frères m'accompagneront au placer; non pas, comme ils le supposent, pour prendre des pépites, mais seulement pour savoir où elles sont et pouvoir les retrouver au besoin. Le malheur arrive toujours sans être attendu, les plus favorisés du grand Esprit aujourd'hui, sont souvent ceux que demain il frappera le plus sévèrement. Eh bien ! si l'or de ce placer ne peut rien pour le bonheur de mes frères, qui leur assure qu'il ne servira pas à un temps donné pour sauver un de leurs amis du désespoir ?

— C'est juste, fit don Luis, touché de la justesse de ce raisonnement; ce que vous dites est sage et mérite considération. Nous pouvons, nous, refuser de nous enrichir, mais nous ne devons pas mépriser des richesses qui peut-être un jour serviront à d'autres.

— Si c'est définitivement votre avis, je l'adopte; d'ailleurs, maintenant que nous sommes en route, autant aller jusqu'au bout; seulement, celui qui m'aurait dit que je serais un jour gambusino m'aurait bien étonné. Je vais, en attendant, tâcher de tuer un daim.

Sur ce, Belhumeur se leva, prit son fusil et s'éloigna en sifflant.

Le Moqueur fut deux jours absent; vers le milieu de la troisième journée, il reparut; six chevaux laissés dans la prairie étaient chargés de vivres, six autres portaient des outres pleines d'eau.

La Tête-d'Aigle fut satisfait de la façon dont le chef s'était acquitté de sa mission; mais comme le trajet que l'on avait à faire était long, qu'il fallait traverser le désert du del Norte presque dans toute sa longueur, il ordonna que chaque cavalier porterait à sa selle, auprès des alfalfas, deux petites outres d'eau par surcroît de précaution.

Toutes les mesures étant bien prises, les chevaux et les cavaliers reposés, frais et dispos; le lendemain, au point du jour, la petite troupe se mit en marche dans la direction du désert.

Nous ne dirons rien du voyage, si ce n'est qu'il fut heureux, et s'accomplit dans les meilleures conditions; aucun incident ne vint en troubler la monotone tranquillité.

Les Comanches et leurs amis traversèrent le désert comme un tourbillon, avec cette vertigineuse rapidité dont eux seuls possèdent le secret, et qui les rend si redoutables lorsqu'ils envahissent les frontières mexicaines.

XXVIII.

Arrivés dans les prairies de la Sierra de los Comanches, la Tête-d'Aigle ordonna au Moqueur et à ses guerriers de l'attendre dans un camp qu'il établit sur la lisière d'une forêt vierge, dans une vaste clairière, sur les bords d'un ruisseau perdu qui, après un cours de quelques lieues, va se jeter dans le rio del Norte, et il s'éloigna avec ses deux compagnons.

Le sachem prévoyait tout: bien qu'il eût la plus entière confiance dans le Moqueur, il ne voulait cependant pas, par prudence, lui révéler le gisement du placer; plus tard il n'eut qu'à se féliciter d'avoir pris cette mesure.

Les chasseurs piquèrent droit vers les montagnes qui s'élevaient devant eux comme des murailles de granit infranchissables en apparence.

Mais plus ils approchaient, plus les pentes s'adoucissaient; bientôt ils entrèrent dans une gorge étroite, à l'entrée de laquelle ils furent contraints d'abandonner leurs chevaux. C'est probablement à cette particularité, futile en apparence, que le placer devait de ne pas avoir été découvert encore par les Indiens: les Peaux-Rouges, dans aucune occasion, ne mettent pied à terre; on peut, avec raison, dire d'eux ce que l'on dit des Gauchos des pampas de la bande orientale et de la Patagonie, qu'ils vivent à cheval.

Par un hasard singulier, pendant une de ses chasses, un daim, que la Tête d'Aigle avait blessé, s'était engagé dans cette gorge pour y mourir; le chef, lancé depuis déjà plusieurs heures à la poursuite de l'animal dont il désirait s'emparer, n'hésita pas à le suivre. Après avoir parcouru la gorge dans toute sa longueur, il était arrivé à un vallon espèce d'entonnoir profondément encaissé entre des montagnes abruptes qui, excepté de ce côté, en rendaient l'accès non pas difficile, mais impossible. Là, il avait retrouvé le daim expirant sur un sable pailleté d'or et semé de pépites qui, aux rayons du soleil, brillaient comme des diamans.

En débouchant dans le vallon, les chasseurs ne purent réprimer un cri d'admiration et un tressaillement de joie nerveux.

Si fort que soit un homme, si solidement trempé qu'il soit, l'or possède une attraction très grande et cause une fascination puissante.

Belhumeur fut le premier qui reprit son sang-froid.

— Oh! oh! fit-il en essuyant la sueur qui coulait à flots sur son visage, il y a dans ce coin de terre bien des fortunes enfouies. Dieu veuille qu'elles y demeurent longtemps encore pour le bonheur des hommes!

—Qu'allons-nous faire? demanda Louis la poitrine haletante et l'œil étincelant.

La Tête-d'Aigle seul regardait ces richesses incalculables d'un œil indifférent.

— Hum! reprit le Canadien, ceci est évidemment notre propriété, puisque le chef nous l'abandonne,

Le sachem fit un signe affirmatif.

— Voici ce que je propose, continua-t-il: nous n'avons pas besoin de cet or, qui dans ce moment nous serait plutôt nuisible qu'utile. Cependant, comme nul ne peut prévoir l'avenir, il faut nous en assurer la propriété; couvrons ce sable de feuilles et de branches, de façon à ce que si le hasard conduit un chasseur sur le sommet d'une de ces montagnes, il ne voie pas briller l'or; ensuite, avec des pierres que nous amoncellerons, nous boucherons l'entrée du vallon; il ne faut pas que ce qui est arrivé à la Tête-d'Aigle puisse arriver à un autre. Qu'en pensez-vous?

— A l'œuvre! s'écria don Luis. J'ai hâte de ne plus voir scintiller devant mes yeux ce métal diabolique qui me donne le vertige.

— A l'œuvre donc! répondit Belhumeur.

Les trois hommes coupèrent alors des branches d'arbres et en formèrent un épais tapis sous lequel le sable aurifère et les pépites disparurent entièrement.

— Ne voulez-vous pas prendre un échantillon de ces pépites? dit Belhumeur au comte; peut-être serait-il utile d'en emporter quelques-unes.

— Ma foi, non, répondit celui-ci en haussant les épaules, je ne m'en soucie pas; prenez-en, si vous voulez; pour moi, je n'y toucherai pas du bout des doigts.

Le Canadien se mit à rire, ramassa deux ou trois pépites grosses comme des noix, et les mit dans son sac à balles.

— Sapristi! fit-il, si je tue quelques Apaches avec cela, ils ne pourront pas se plaindre, j'espère.

Ils sortirent du vallon, dont ils bouchèrent l'entrée avec des quartiers de roc; puis ils reprirent leurs chevaux et retournèrent au camp, après avoir fait aux arbres des entailles, afin de reconnaître plus tard l'endroit, si jamais les circonstances les ramenaient de nouveau en ce lieu, ce que, nous devons le noter à leur louange, ils ne désiraient ni les uns ni les autres.

Le Moqueur attendait ses amis avec la plus grande impatience.

La prairie n'était pas tranquille. Le matin, les coureurs avaient aperçu une petite troupe de visages pâles traverser le del Norte et se diriger vers une colline au sommet de laquelle elle avait campé.

En ce moment, un nombreux détachement de guerre apache traversait à son tour la rivière au même endroit, en paraissant suivre une piste.

— Oh! oh! fit Belhumeur, il est évident que ces chiens poursuivent les blancs.

— Les laisserons-nous massacrer sous nos yeux? s'écria Louis avec indignation.

— Ma foi non! si cela dépend de nous, reprit le chasseur; peut-être cette bonne action nous fera-t-elle pardonner par Dieu le mouvement de convoitise que nous avons éprouvé; parlez, Tête-d'Aigle, que voulez-vous faire?

— Sauver les visages pâles, répondit le chef.

Les ordres furent immédiatement donnés par le sachem et exécutés avec cette intelligence et cette promptitude qui caractérisent les guerriers d'élite sur le sentier de la guerre.

Les chevaux furent laissés sous la garde d'un Comanche, et le détachement se divisant en deux parties, s'avança avec précaution dans la prairie.

A part le Moqueur, la Tête-d'Aigle, Louis et Belhumeur, qui avaient des rifles, tous les autres étaient armés de lances et de flèches.

— A trompeur trompeur et demi, dit à voix basse le Canadien; nous allons surprendre ceux qui se préparent à en surprendre d'autres.

En ce moment deux coups de feu bientôt suivis d'autres se firent entendre, puis le cri de guerre des Apaches résonna avec force.

— Oh! oh! s'écria Belhumeur en s'élançant en avant, ils ne nous croient pas aussi près.

Tous se précipitèrent sur ses traces.

Cependant le combat avait pris des proportions horribles dans la caverne: don Silva et les peones résistaient courageusement; mais que pouvaient-ils faire contre la nuée d'ennemis qui les assaillait de toutes parts?

Le Tigrero et l'Ours-Noir, enlacés comme deux serpens, cherchaient à se poignarder l'un l'autre.

Don Martial, lorsqu'il avait aperçu l'Indien, s'était rejeté si précipitamment en arrière qu'il avait franchi le corridor et était arrivé à la salle au milieu de laquelle se trouvait le gouffre dont nous avons parlé plus haut.

C'était sur le bord du gouffre que les deux hommes, l'œil étincelant, la poitrine oppressée, les lèvres serrées par la rage, redoublaient d'efforts.

Tout à coup plusieurs coups de feu retentirent, et le cri de guerre des Comanches éclata comme la foudre.

L'Ours Noir lâcha don Martial, se releva d'un bond et s'élança sur dona Anita.

La jeune fille, en proie à une terreur indicible, repoussa le sauvage par un effort suprême.

Celui-ci, déjà blessé par les pistolets du Tigrero, recula en chancelant, et arriva sur le bord du gouffre, où il perdit l'équilibre. Il se sentit tomber; par un geste instinctif, il étendit les bras, s'accrocha à don Martial, qui se relevait à demi étourdi encore de la lutte qu'il avait soutenue, le fit chanceler à son tour, et tous deux roulèrent au fond du gouffre en poussant un cri horrible.

Dona Anita s'élança; elle était perdue.

Soudain elle se sentit enlevée par une

main vigoureuse et rapidement entraînée en arrière. Elle s'évanouit.

Les Comanches étaient arrivés trop tard.

Des sept personnes qui composaient la petite troupe, cinq avaient été tuées. Un peon gravement blessé et dona Anita survivaient seuls.

La jeune fille avait été sauvée par Belhumeur.

Lorsqu'elle r'ouvrit les yeux, elle sourit doucement, et d'une voix d'enfant, mélodieuse comme un chant d'oiseau, elle commença à chanter une plaintive seguedilla mexicaine.

Les chasseurs reculèrent avec un cri de douleur.

Dona Anita était folle!

....

Le comte de Lhorailles était entré dans le grand désert del Norte, guidé par Cucharès.

Pendant les premiers jours tout alla bien; le temps était magnifique, les vivres abondans. Avec leur insouciance native, les Français oublièrent leurs appréhensions passées et firent des gorges chaudes des craintes que ne cessaient de manifester les peones mexicains, qui, mieux renseignés, ne cachaient pas la terreur que leur causait le séjour prolongé de la compagnie dans cette région redoutable.

Les Français possèdent une qualité singulière qui les a placés, peut-être à leur insu, à la tête de la civilisation et du progrès: c'est leur apparente insouciance, taxée de légèreté par l'envie des peuples qui sont, malgré eux, contraints d'accepter leurs caprices comme des arrêts émanant de leur tribunal sans appel.

En effet, rien n'est plus injuste que ce reproche de légèreté que, sans cesse, à propos de tout, on nous jette à la tête. Comme tous les peuples civilisateurs qui gouvernent le progrès et le font marcher, les Français ont sans cesse les yeux tournés vers l'avenir, la tête penchée en avant, les oreilles ouvertes aux bruits qui viennent d'en haut; pour eux, hier n'existe plus; aujourd'hui n'est déjà rien, demain est tout, parceque demain c'est l'avenir, c'est-à-dire la solution du grand problème civilisateur; de là ces apparentes contradictions que nos détracteurs ou nos envieux se plaisent à trouver dans nos actions, qu'ils ne veulent pas se donner la peine d'étudier.

Ce que nous avançons ici est si rigoureusement vrai que, peuple essentiellement militaire et conquérant, notre armée n'a jamais été pour nous que l'avant-garde destinée à répandre à profusion les lumières qui font de nous la reine des nations, et nous ont placés dans une situation telle que le monde entier a constamment les yeux fixés sur nous afin de savoir de quelle façon il doit agir.

Les journées se passaient dans le désert à errer sans but à la recherche des Apaches, qui s'étaient faits définitivement invisibles. Parfois, de loin en loin, comme pour les narguer, ils apercevaient un cavalier indien qui venait caracoler à peu de distance de leurs lignes.

On sonnait le boute-selle, tout le monde montait à cheval, et on se lançait à la poursuite de ce cavalier fantastique, qui, après s'être laissé poursuivre assez longtemps, disparaissait tout à coup comme une vision.

Cette vie commençait cependant, par sa monotonie, à devenir insipide et insupportable. Ne voir que du sable, toujours du sable, pas un oiseau, pas une bête fauve; des rochers grisâtres et pelés; quelques grands ahuehuetts, espèces de cèdres aux longues branches décharnées, couvertes d'une mousse grisâtre tombant en longs festons, n'avait rien de fort récréatif: l'ennui gagnait la compagnie.

La réverbération du soleil sur le sable causait des ophthalmies, l'eau décomposée par la chaleur n'était plus potable, les vivres se gâtaient, le scorbut commençait ses ravages parmi les soldats, que la nostalgie gagnait peu à peu.

Cet état de choses devenait intolérable; il fallait aviser aux moyens d'en sortir le plus tôt possible.

Le comte réunit ses officiers en conseil.

Ce conseil se composait des lieutenans Diego-Léon et Martin-le-Roux, du sergent Boileau, de Blas Vasquez et de Cucharès.

Ces cinq personnes, présidées par le comte de Lhorailles, prirent place sur des ballots, tandis qu'à peu de distance les soldats, couchés sur le sol, cherchaient à s'abriter à l'ombre de leurs chevaux, attachés au piquet.

Il était urgent de réunir le conseil, la compagnie se démoralisait rapidement; il y avait de la révolte dans l'air, des plaintes étaient déjà proférées à haute voix. L'exécution de la Casa-Grande était complétement oubliée, et si l'on n'avisait pas promptement à porter remède au mal, nul ne savait quelles conséquences terribles amènerait ce mécontentement général.

— Messieurs, dit le comte de Lhorailles, je vous ai réunis afin d'aviser avec vous aux moyens de faire cesser l'abattement dans lequel depuis quelques jours est plongée la compagnie. Les circonstances sont si graves, que je vous serai reconnaissant de me donner franchement votre avis; il s'agit du salut général, et, dans une semblable position, chacun a droit d'émettre son opinion, sans craindre de blesser l'amour-propre de qui que ce soit. Parlez, je vous écoute. A vous d'abord, sergent Boilaud; comme le moins avancé en grade, vous devez prendre le premier la parole.

Le sergent Boilaud était un vieux soldat d'Afrique rompu à la discipline militaire, connaissant à fond son école du soldat, ce que dans l'armée on est convenu de nommer un vrai troupier dans toute l'acception du terme; mais nous devons avouer qu'il n'était pas du tout orateur.

A l'interpellation directe de son chef, il sourit, rougit comme une jeune fille, baissa la tête, ouvrit une bouche démesurée et demeura court.

Le comte de Lhorailles, s'apercevant de son embarras, l'engagea avec bonté à parler. Enfin, à force d'efforts, le sergent parvint à prendre la parole d'une voix enrouée et parfaitement indistincte :

— Dame! capitaine, dit-il, je comprends que la situation n'a rien de fort gai; mais à la guerre comme à la guerre! On est troupier ou on ne l'est pas. Pour lors, mon avis est que vous devez faire comme vous l'entendrez, et que nous sommes ici pour vous obéir en tout, ainsi que c'est péremptoirement notre devoir, sans raisons subséquentes et oiseuses.

Les assistans ne purent s'empêcher de rire de la profession de foi du digne sergent, qui se tut tout honteux.

— A vous, capataz, dit le capitaine; donnez-nous votre avis.

Blas Vasquez fixa ses yeux ardens sur le comte.

— Est-ce bien franchement que vous me le demandez, capitaine? dit-il.

— Sans doute.

— Alors, écoutez tous, reprit-il d'une voix ferme et d'un accent convaincu. Mon avis est que nous sommes trahis; qu'il nous est impossible de sortir de ce désert, où nous périrons tous en nous acharnant à la poursuite d'ennemis insaisissables qui nous ont fait tomber dans un piége d'où nous ne parviendrons pas à nous débarrasser.

Ces paroles produisirent une grande impression sur les assistans, qui en comprirent toute la justesse.

Le capitaine secoua la tête d'un air rêveur.

— Don Blas, dit-il, vous portez là contre quelqu'un une accusation grave. Avez-vous consciencieusement pesé la portée de vos paroles?

— Oui, répondit-il. Seulement...

— Songez que ce ne sont pas de vagues suppositions que nous puissions admettre; les choses en sont venues à un tel point qu'il faut, pour que nous vous accordions la créance que sans doute vous méritez, que vous précisiez votre accusation, et que vous ne reculiez pas devant un nom, s'il est besoin de le prononcer.

—Je ne reculerai devant rien, senor *conde;* je sais toute la responsabilité que j'assume sur moi; aucune considération, quelle qu'elle soit, ne sera assez puissante pour me faire transiger avec ce que je regarde comme un devoir sacré.

— Parlez donc, au nom du ciel, et Dieu veuille que vos paroles ne me contraignent pas à infliger à l'un de nos compagnons un châtiment exemplaire.

Le capataz se recueillit un instant; chacun attendait avec anxiété qu'il s'expliquât. Cucharès surtout était en proie à une émotion qu'il ne parvenait que difficilement à dissimuler.

XXIX.

Blas Vasquez, qui se posait en accusateur du *lepero*, reprit enfin la parole, en fixant avec une étrange fixité son regard sur le comte de Lhorailles, qui malgré lui commençait enfin à comprendre qu'il était, lui et les siens, victime d'une odieuse trahison.

— *Senor conde*, dit Blas Vasquez, nous autres Mexicains, nous avons une loi dont nous ne nous départons jamais, loi qui est, du reste, écrite dans le cœur de tous les honnêtes gens, c'est celle-ci : de même que le pilote est responsable du navire qu'il est chargé de conduire à bon port, de même le guide répond corps pour corps du salut des gens qu'il se charge de guider dans le désert. Ici, il n'y a pas de discussion possible; de deux choses l'une : ou le guide est ignorant, ou il ne l'est pas; s'il est ignorant, pourquoi, contre l'avis de tout le monde, nous a-t-il contraints à entrer dans le désert en assumant sur lui seul la responsabilité de notre voyage? Pourquoi, s'il ne l'est pas, ne nous a-t-il pas fait traverser le désert ainsi qu'il s'y était engagé, au lieu de nous faire errer à l'aventure à la recherche d'un ennemi qui, il le sait aussi bien que nous, ne stationne pas dans le del Norte, qu'il traverse au contraire de toute la vitesse de son cheval, lorsqu'il est contraint de s'y engager? Sur le guide seul doit donc peser le blâme de tout ce qui nous arrive, parce que c'est lui qui, maître des événemens, les a disposés à son gré.

Cucharès, de plus en plus troublé, ne savait plus quelle contenance tenir, son émotion était visible aux yeux de tous.

— Qu'avez-vous à répondre? lui demanda le capitaine.

Dans les circonstances comme celle qui se présentait, l'homme attaqué n'a que deux moyens de se défendre: feindre l'indignation ou le mépris.

Cucharès choisit le mépris.

Rappelant toute son audace et son effronterie, il assura sa voix, haussa les épaules avec dédain et répondit d'une voix ironique:

—Je ne ferai pas au senor don Blas l'honneur de discuter ses paroles; il y a certaines accusations qu'un honnête homme ne discute pas. J'ai dû me conformer aux ordres du capitaine, qui seul commande ici; depuis que nous sommes dans le désert, nous avons perdu près de vingt hommes tués par les Indiens ou par la maladie; peut-on logiquement me rendre responsable de ce malheur? Ne suis-je pas comme vous tous exposé à périr dans le désert? Est-il en mon pouvoir d'échapper au sort qui vous menace? Si le capitaine m'avait ordonné de traverser seulement le del Norte, depuis longtemps déjà nous en serions sortis; il m'a dit qu'il voulait atteindre les Apaches, j'ai dû me conformer à sa volonté.

Ces raisons, toutes spécieuses qu'elles étaient, furent cependant acceptées pour bonnes par les officiers; Cucharès respira, mais il n'en avait pas fini encore avec le capataz.

— Bien, dit-il; à la rigueur, peut-être auriez-vous droit de parler ainsi, et ajouterais-je foi à vos paroles, si je n'avais pas contre vous d'autres faits plus graves à articuler.

Le lepero haussa les épaules.

— Je sais, et je puis en donner la preuve, que par vos discours et vos insinuations vous semez la rébellion parmi les peones et les cavaliers de la compagnie. Ce matin avant le réveil, croyant n'être vu de personne, vous vous êtes levé, et avec votre poignard vous avez percé dix outres d'eau sur les quinze qui nous restent; le bruit que, sans le vouloir, j'ai fait en accourant vers vous, vous a seul empêché de consommer entièrement votre crime. A l'instant où le capitaine nous a donné l'ordre de nous réunir, je me préparais à l'avertir de ce que vous aviez fait. Qu'avez-vous à répondre à cela? Défendez-vous, si cela vous est possible.

Tous les yeux se portèrent sur le lepero; il était livide; ses yeux injectés de sang étaient hagards; avant qu'il fût possible de deviner son intention, il saisit vivement un pistolet et le déchargea à bout portant dans la poitrine du capataz, qui tomba sans proférer un seul mot. D'un bond de tigre, il s'élança sur un cheval et partit à fond de train.

Il y eut alors un tumulte inexprimable; chacun s'élança à la poursuite du lepero.

— Sus! sus! au meurtrier! au meurtrier! s'écriait le capitaine en excitant du geste et de la voix ses hommes à s'emparer du misérable.

Les Français, rendus furieux par cette poursuite, commencèrent à tirer sur lui comme sur une bête fauve; pendant longtemps on le vit faisant galoper son cheval dans toutes les directions, et cherchant vainement à sortir du cercle dans lequel les cavaliers étaient parvenus à l'enserrer; enfin il chancela sur sa selle, tâcha de se retenir à la crinière de son cheval et roula sur le sable comme une masse en poussant un dernier cri de rage.

Il était mort.

Cet événement causa une émotion extrême aux soldats; dès ce moment, ils comprirent qu'ils étaient trahis et commencèrent à comprendre leur position telle qu'elle était réellement, c'est-à-dire désespérée.

Vainement le capitaine chercha à leur rendre un peu de courage, ils ne voulurent rien entendre et se livrèrent à ce désespoir qui désorganise et paralyse tout.

Le comte donna l'ordre du départ: on se mit en marche.

Mais où aller? dans quelle direction se tourner? nulle trace n'était visible. Cependant on marcha, plutôt afin de changer de place que dans l'espoir de sortir du sépulcre de sable dans lequel on se croyait enseveli à jamais.

Huit jours s'écoulèrent, huit siècles, pendant lesquels les aventuriers endurèrent les plus horribles tortures de la faim et de la soif.

La compagnie n'existait plus; il n'y avait plus ni chef ni soldats: c'était une légion de fantômes hideux, un troupeau de bêtes féroces, prêts à s'entre-dévorer à la première occasion.

On en avait été réduit à fendre les oreilles des chevaux et des mules, afin de boire le sang.

Errans tantôt d'un côté, tantôt d'un autre, trompés par le mirage, affolés par les rayons incandescens du soleil, ils étaient en proie à un désespoir hideux; les uns riaient d'un air hébété, ceux-là étaient les plus heureux, ils ne sentaient pas leur mal, ils étaient fous; les autres brandissaient leurs armes avec rage, proféraient des menaces et des blasphêmes en élevant le poing vers le ciel, qui, comme une immense plaque de tôle rougie, semblait le dôme implacable de leur tombe de sable; quelques-uns, rendus furieux par la douleur, se faisaient sauter la cervelle en narguant leurs compagnons trop faibles pour suivre leur exemple.

Le Français est peut-être le peuple le plus brave qui existe; mais, par contre, le plus facile à démoraliser. Si son élan est irrésistible quand il marche en avant, il en est de même quand il recule; rien ne l'arrête plus, ni les raisonnemens, ni les moyens coërcitifs : extrême en tout, le Français est plus qu'un homme ou moins qu'un enfant!

Le comte de Lhorailles assistait, morne et sombre, à la ruine de toutes ses espérances. Toujours le premier à marcher, le dernier à se reposer, ne mangeant une bouchée que lorsqu'il était certain que tous ses compagnons avaient eu leur part, il veillait avec une tendresse et une sollicitude sans égales sur ses pauvres soldats, qui, chose étrange, au fond de l'abîme où ils étaient plongés, ne songeaient pas à lui adresser un reproche.

Des peones de Blas Vasquez, la plupart étaient morts, le reste avait cherché son salut dans la fuite; c'est-à-dire qu'ils avaient été, un peu plus loin, trouver une tombe ignorée; tous ceux qui demeuraient fidèles au capitaine étaient des Européens, Français pour la plupart, de braves dauph'yeers, ignorant complétement la façon de combattre et de vaincre l'ennemi implacable contre lequel ils luttaient, le désert!

De deux cent quarante-cinq hommes dont se composait la compagnie à son entrée dans le del Norte, cent trente-trois survivaient encore, en admettant que ces spectres haves et décharnés fussent des hommes.

La douleur la plus atroce que puisse souffrir un homme dans le désert, c'est l'affreuse maladie nommée *calentura* par les Mexicains.

La calentura!

Cette folie temporaire qui vous fait voir, pendant ses accès intermittens, les mets les plus délicats et les plus délicieux, les eaux les plus limpides, les vins les plus choisis, qui vous rassasie, vous énerve, et lorsqu'elle vous quitte vous laisse plus abattu, plus brisé qu'auparavant, car vous conservez le souvenir de tout ce que vous avez possédé en rêve.

Un jour enfin, les malheureux, accablés de misères et de tortures de toutes sortes, refusèrent d'aller plus loin, résolus de mourir où le hasard les avait conduits. Ils se couchèrent sur le sable brûlant, à l'ombre de quelques ahuehuetts, avec la ferme volonté d'y demeurer immobiles, jusqu'à ce que la mort, que depuis si longtemps ils appelaient à grands cris, vînt enfin les délivrer de leurs maux.

Le soleil se coucha dans un nuage de pourpre et d'or, au bruit des malédictions et des blasphèmes de ces misérables, qui, n'attendant plus rien, n'espérant plus rien, n'avaient plus conservé que l'instinct cruel de la bête féroce.

Cependant la nuit succéda au jour, peu à peu le calme remplaça le désordre. Le sommeil, ce grand consolateur, appesantit les lourdes paupières des malheureux, qui, s'ils ne dormirent pas, tombèrent cependant dans une somnolence qui fit, pour quelques instans du moins, trève à leurs affreuses tortures.

Tout à coup, vers le milieu de la nuit, un bruit formidable les réveilla en sursaut, un tourbillon brûlant passa sur eux, le tonnerre éclata avec fracas.

Le ciel était noir comme de l'encre, pas une étoile, pas un rayon de lune, rien que d'épaisses ténèbres qui ne permettaient même pas de distinguer les objets les plus rapprochés.

Les pauvres diables se redressèrent avec épouvante; ils se traînèrent comme ils purent auprès les uns des autres, se serrant comme des agneaux surpris par l'orage, voulant, par cet égoïsme inné chez l'homme, mourir tous ensemble.

— Temporal! temporal! s'écrièrent toutes les voix avec un accent de terreur impossible à rendre.

C'était en effet le temporal, cet épouvantable fléau, qui déchaînait toutes ses fureurs et passait sur le désert pour en changer la surface.

Le vent mugissait avec une force inouïe, soulevant des nuages de sable qui tourbillonnaient et formaient des trombes énormes qui couraient avec une vélocité extrême et tout à coup éclataient avec un fracas épouvantable.

Les hommes, les animaux saisis par la

rafale étaient entraînés dans l'espace comme des fétus de paille.

— Ventre à terre ! criait le comte d'une voix formidable, ventre à terre ! c'est le simoun d'Afrique ! ventre à terre, si vous tenez à la vie !

Chose étrange ! tous ces hommes, accablés de misères inouïes, obéissaient comme des enfans aux ordres de leur chef, tant est grande la terreur qu'inspire la mort dans les ténèbres.

Ils enfonçaient le visage dans le sable, afin d'éviter le souffle brûlant de l'air qui passait sur eux. Les animaux, accroupis sur le sol, le cou allongé, suivaient instinctivement leur exemple.

Par intervalle, lorsque le vent donnait une seconde de répit aux malheureux qu'il torturait comme à plaisir, on entendait des cris et des râles d'agonie mêlés à des blasphêmes et à d'ardentes prières qui sortaient de la foule étendue tremblante sur le sol.

L'ouragan sévit ainsi toute la nuit avec une fureur toujours croissante ; vers le matin il se calma peu à peu ; au lever du soleil, il avait épuisé toutes ses forces et s'était élancé vers d'autres parages.

L'aspect du désert était complétement changé : où la veille se trouvaient des vallées, il y avait des montagnes ; les rares arbres, tordus, déchiquetés, brûlés par l'ouragan, montraient leurs squelettes noircis et dépouillés ; nulle trace de pas, nul sentier ; tout était plat, lisse et uni comme une glace.

Les Français n'étaient plus qu'une soixantaine, les autres avaient été enlevés ou engloutis, sans qu'il fût possible d'en découvrir le moindre vestige ; le sable s'était étendu sur eux comme un immense linceul grisâtre.

Le premier sentiment qu'éprouvèrent ceux qui survivaient fut la terreur ; le second le désespoir, et alors les gémissemens et les plaintes commencèrent avec une force toujours croissante.

Le comte, sombre et triste, regardait ces pauvres gens avec une expression de pitié indicible.

Soudain il partit d'un éclat de rire fébrile, et s'approchant de son cheval, qui jusque-là, par une espèce de miracle, avait échappé au désastre, il le sella en le flattant doucement de la main et en chantonnant entre ses dents un de ces airs qui ne seront jamais notés.

Ses compagnons le considéraient avec un sentiment de vague terreur dont ils ne pouvaient se rendre compte : si misérable qu'ils fussent dans leur esprit, leur capitaine représentait toujours l'intelligence supérieure et la volonté ferme, ces deux forces qui ont tant de pouvoir sur les natures abruptes, même lorsque les circonstances les ont contraints de les nier. Dans leur misérable état ils se groupaient autour de leur chef comme les enfans se réfugient dans le sein de leurs mères ; il les avait toujours consolés, leur donnant l'exemple du courage et de l'abnégation ; aussi, lorsqu'ils le virent agir comme il le faisait, eurent-ils le pressentiment d'un malheur.

Lorsque son cheval fut sellé, le comte se mit légèrement sur son dos, et pendant quelques minutes il fit caracoler la pauvre bête, qui avait une peine inouïe à se tenir sur ses jambes tremblantes !

— Holà ! mes braves ! cria-t-il tout à coup, accourez ! accourez ! venez écouter un bon conseil, un dernier avis que je veux vous donner avant de partir.

Les soldats se traînèrent comme ils le purent et l'entourèrent.

Le comte jeta un regard satisfait autour de lui.

— C'est une triste bouffonnerie, n'est-ce pas, que l'existence, dit-il en éclatant de rire, c'est souvent aussi une lourde chaîne à porter. Combien de fois depuis que nous avons roulé dans cet enfer sans issue, n'avez-vous pas fait tout bas la réflexion qu'en ce moment je fais tout haut, moi ? Eh bien ! je vous l'avoue, tant que j'ai eu l'espoir de vous sauver, j'ai lutté avec courage ; cet espoir, je ne l'ai plus. Comme il nous faudra d'ici à quelques jours, à quelques heures peut-être, mourir ici de misère, je préfère en finir tout de suite. Croyez-moi, imitez mon exemple ; c'est bientôt fait, allez ; vous allez voir.

En disant ces dernières paroles, il sortit un pistolet de sa ceinture.

En ce moment des cris se firent entendre.

— Qu'est-ce ? Qu'y a-t-il ? Que se passe-t-il encore.

— Voyez ! capitaine, on vient enfin à notre secours ; nous sommes sauvés ? s'écria le sergent Boileau, qui se dressa comme un spectre à ses côtés et lui saisit le bras.

Le comte se dégagea en souriant.

— Vous êtes fou, mon pauvre camarade, dit-il en regardant du côté qu'on lui indiquait, où effectivement on voyait s'élever un tourbillon de poussière qui se rapprochait rapidement. On ne peut pas venir à notre secours ; nous n'avons même pas, ajouta-t-il avec une poignante ironie, la ressource des naufragés de la *Méduse;* nous sommes condamnés à mourir dans cet infernal désert. Adieu, tous! Adieu!

Il leva son pistolet.

— Capitaine! s'écria le sergent avec reproche, prenez garde, vous n'avez pas le droit de vous tuer; vous êtes notre chef, vous devez mourir le dernier de tous; sinon, vous êtes un lâche!

Le comte bondit comme si un serpent l'eût piqué, et fit le geste de se précipiter sur le sergent; l'expression de son visage était tellement farouche, son mouvement fut si terrible que le sergent eut peur, il recula.

Le capitaine profita de cette seconde de répit, appuya le canon du pistolet sur sa tempe droite et lâcha la détente : il roula sur le sol, le crâne fracassé.

Les aventuriers n'étaient pas encore revenus de la stupeur que leur avait causée cet affreux événement que le nuage de poussière qu'ils avaient aperçu se déchira violemment et ils virent une troupe de cavaliers indiens au milieu desquels se trouvaient une femme et deux ou trois blancs qui accouraient vers eux à toute bride.

Convaincus que, de même que les vautours accourent à la curée, les Apaches venaient leur donner le coup de grâce, ils n'essayèrent même pas une résistance impossible.

— Oh! s'écria un des chasseurs en se précipitant à bas de son cheval et s'élançant vers eux, pauvres gens!

Les nouveaux venus étaient Belhumeur, Louis et leurs amis les Comanches.

En quelques mots, ils furent au courant de ce qui s'était passé, des tortures que les Français avaient endurées.

— Mais, s'écria Bel-Humeur, si les vivres vous manquaient, vous aviez de l'eau à foison, comment se fait-il que vous vous plaigniez de la soif?

Sans rien dire, la Tête-d'Aigle et le Moqueur creusèrent le sol avec leurs couteaux au pied d'un ahuehuett. Au bout de dix minutes, l'eau jaillit, une source abondante et limpide coula sur le sable.

Les Français se précipitèrent en désordre vers l'eau.

— Pauvres gens! murmura don Luis; ne les sortirons-nous pas d'ici?

— Croyez-vous donc que je voudrais les laisser périr, maintenant que je leur ai rendu l'espoir? Pauvre jeune fille! ajouta-t-il en jetant un triste regard sur dona Anita, qui riait et faisait claquer ses doigts comme des castagnettes, pourquoi n'est-il pas aussi facile de lui rendre la raison?

Don Luis soupira sans répondre.

Les Français apprirent alors une chose qui probablement les auraitsauvés s'ils l'avaient sue. C'est que l'*hahuehuett*, ce qui en indien comanche signifie *seigneur des eaux*, est un arbre qui pousse dans les endroits arides, et que sa présence indique toujours soit une source au niveau du sol, soit une source cachée; que pour cette cause les Peaux-Rouges l'ont en vénération, et comme il se rencontre surtout dans les déserts, ils le désignent aussi sous le nom de *grande médecine des voyageurs*.

Deux jours plus tard, les aventuriers, guidés par les chasseurs et les Comanches, sortirent du désert.

Ils ne tardèrent pas à atteindre la Casa-Grande de Moctecuzoma, où leurs sauveurs, après leur avoir laissé les provisions dont ils avaient un si grand besoin, les quittèrent définitivement, ne sachant comment se soustraire à leurs remercîmens chaleureux et à leurs bénédictions.

FIN DE LA PREMIÈRE SÉRIE.

LA GRANDE FLIBUSTE

DEUXIÈME SÉRIE.

LA FIÈVRE DE L'OR

PROLOGUE

LES GENTILSHOMMES DE GRANDE ROUTE

I.

Le 5 juillet 184..., vers six heures du soir, une troupe de cavaliers bien montés sortit un jour au galop de Guadalajara, capitale de l'Etat de Jalisco, et appuyant sur la droite, s'engagea dans la route qui traverse le *pueblo* (village) de Zapopam, célèbre par sa Vierge miraculeuse, et conduit, en franchissant les cimes escarpées des Cordilières, à la charmante petite ville de Tépic, refuge ordinaire des Européens et des riches Mexicains que leurs affaires obligent à se rendre à San-Blas, mais pour lesquels l'insalubrité de l'air qu'on respire dans ce port, arsenal maritime de l'Union mexicaine, serait mortel.

Nous avons dit que six heures sonnaient au moment où la cavalcade franchissait la barrière de Guadalajara. L'officier de garde, après avoir respectueusement salué les voyageurs, les suivit longtemps du regard, puis il rentra dans le poste en hochant la tête et en murmurant à demi-voix:

— Dieu me garde! à quoi songe donc le senor colonel Guerrero? Se mettre en route un vendredi et partir à cette heure! Croit-il, par hasard, que les *salteadores* (gentilshommes de grande route) le laisseront passer? Hum! il verra ce qu'ils feront à la *baranca del mal paso* (gorge ou carrefour du pays maudit).

Cependant les voyageurs, probablement inaccessibles aux craintes superstitieuses qui dominaient le digne officier, s'éloignaient rapidement dans la longue allée de saules qui s'étend de la ville à Zapopam, sans paraître se soucier ni de l'heure avancée ni du vendredi, jour néfaste s'il en fut jamais.

Ils étaient au nombre de six, le colonel don Sebastian Guerrero, sa fille, et quatre peones ou criados indiens.

Le colonel don Sebastian Guerrero était un homme de haute taille, aux traits durs et accentués, au teint bronzé et à la physionomie hautaine; les quelques fils argentés mêlés à sa noire chevelure montraient qu'il devait avoir passé le milieu de la vie, bien que ses membres robustes, sa taille droite et l'éclat de son regard dénotassent que les années n'avaient pas encore eu de prise sur cette organisation énergique.

Il portait le costume d'officier supérieur mexicain avec cette aisance et ce laisser-aller particulier aux vieux soldats; mais en sus du sabre pendu à son côté, ses arçons étaient garnis de pistolets, et une carabine placée en travers de sa selle montrait que, le cas échéant, il ferait bravement tête à ceux qui oseraient tenter de le mettre à rançon.

Sa fille, dona Angela, se tenait à sa droite. En Europe, où la croissance des femmes n'est pas, tant s'en faut, aussi précoce qu'en

Amérique, elle n'aurait été qu'une enfant, puisqu'elle comptait à peine treize ans.

Autant qu'il était possible d'en juger; sa taille était petite mais mignonne, gracieuse et parfaitement proportionnée; ses traits étaient fins, empreints d'un grand cachet de distinction; sa bouche rieuse et ses yeux noirs, vifs et pétillans d'esprit; ses cheveux bruns tombaient en deux énormes tresses jusque sur son cheval. Du reste, elle était coquettement emmitouflée dans son rebozo et riait comme une petite folle à chaque secousse de sa monture, qu'elle excitait malicieusement, malgré les remontrances réitérées de son père.

Les domestiques étaient de vigoureux Indiens bien découplés, aux trais hardis, armés jusqu'aux dents, et qui paraissaient capables de bien seconder leur maître en cas de besoin.

Ils marchaient à une dizaine de pas en arrière du colonel et conduisaient au milieu d'eux deux mules chargées de vivres et de bagages, précaution indispensable au Mexique, si ceux qui voyagent ne veulent pas se voir exposés à mourir de faim en route.

Le Mexique réunit tous les climats du monde. Depuis les sommets glacés des Cordilières jusqu'aux rivages brûlans de l'Océan, le voyageur qui parcourt ce pays subit toutes les températures; aussi cette vaste contrée a-t-elle été divisée en trois zones distinctes: *las tierras calientes* ou terres chaudes, composées des plaines situées sur les bords de l'Océan, et qui produisent le sucre, l'indigo, le coton avec une abondance et une force de végétation réellement tropicales; *las tierras templadas* ou terres tempérées, régions formées par les versans des Cordilières, et qui jouissent d'un éternel printemps, les fortes chaleurs et les grands froids y étant également inconnus; enfin, *las tierras frias* ou terres froides, qui comprennent les plateaux du centre, et où la température est relativement beaucoup plus basse que dans les autres zones.

Cependant nous ferons observer qu'au Mexique les expressions de froid et de chaud n'ont pas, comme en Europe, une valeur absolue, et que les hauts plateaux désignés sous le nom de *tierras frias* jouissent d'une température égale à celle de la France et de la Lombardie, ce qui paraîtrait à tout Européen un climat fort convenable.

Par sa position, Guadalajara participe de deux des trois zones qui divisent le Mexique. Placée sur la limite de la *tierra caliente* et de la *tierra templada*, ses brises tièdes et la pureté de son ciel révèlent les chaudes régions du bord de la mer, qui s'étendent jusque là. Aux sables arides succèdent les plaines fertiles et bien cultivées, les champs de cannes à sucre, de maïs, de bananiers, de goyaviers, productions de la flore tropicale. Peu à peu les sombres chênes noirs et les sapins, qui ne croissent que sur les montagnes, deviennent plus rares et finissent bientôt par disparaître entièrement pour faire place aux saules, aux palmiers à éventail, au calebassier, au malpighie à feuille de sumac, au mesquite, à l'arbre du Pérou, et à des milliers d'autres qui dominent orgueilleusement de leurs têtes superbes la végétation spontanée qui les entoure.

Dans *las tierras calientes*, où la chaleur du jour est étouffante, on ne voyage ordinairement, à moins de raisons fort importantes, que depuis quatre ou cinq heures du matin jusqu'à onze heures et de trois heures de l'après-dîner jusqu'à dix heures du soir, afin de jouir de la fraîcheur de la matinée et de celle de la nuit.

Le colonel Guerrero n'avait donc fait que se conformer à l'usage général en commençant son voyage le soir; seulement, il était, ainsi que cela arrive souvent, parti plus tard peut-être qu'il ne l'aurait voulu, à cause de ces mille embarras qui surgissent tout à coup au moment de se mettre en route et qui, sans raisons bien plausibles, retardent indéfiniment le départ.

Mais le colonel se souciait peu de l'heure avancée; une marche de nuit n'avait rien de bien effrayant pour lui, accoutumé de longue main à modifier son humeur selon les circonstances et à se plier à toutes les exigences des situations dans lesquelles il se trouvait.

Le soleil se coucha derrière le pic de Tequilla et le Cerro del Col, et disparut au milieu de la chaîne de hautes collines abruptes qui bordent le rio Tololotlan, et peu à peu l'ombre envahit le paysage.

Les voyageurs s'avançaient doucement en causant gaîment entre eux, tout en suivant le cours sinueux et accidenté du rio Grande del Norte, sur les bords duquel s'étendait la route qu'il leur fallait parcourir.

Le chemin était large, bien tracé, facile; aussi le colonel, après avoir jeté autour de lui un coup-d'œil pour s'assurer que rien de suspect ne surgissait aux environs, s'en rapporta complétement à la vigilance de ses criados, et reprit avec sa fille la causerie intime qu'il avait interrompue un instant.

—Angela, mon enfant, dit-il à sa fille, tu as tort de tourmenter ainsi ta monture; Rebecca est une bonne bête, bien douce, bien sûre, que tu devrais ménager un peu plus que tu ne le fais.

— Mais je vous assure, mon père, répondit en riant la mutine enfant, que je ne tourmente pas du tout Rebecca, au contraire ; je la chatouille seulement un peu, afin de l'émoustiller.

— Oui, et de la faire danser aussi, petite folle, je le vois bien. Tout cela serait fort bon si nous ne faisions qu'une promenade de quelques heures, au lieu d'un voyage qui doit durer près d'un mois. Souvenez-vous, Nina, qu'un cavalier doit toujours ménager avec soin sa monture, s'il veut arriver sain et sauf au but de son voyage. Tu ne te soucierais guère, j'imagine, d'être laissée en route par ta jument ?

— Dieu m'en préserve, mon père ! Si cela est ainsi, je vous obéirai ; Rebecca peut être bien tranquille maintenant, je ne la tourmenterai plus.

En disant cela, elle se pencha sur le cou de sa jument et la flatta doucement de la main.

— Là, reprit le colonel ; maintenant que la paix, à ce que je suppose, est faite entre vous, que penses-tu de notre façon de voyager ? te plaît-elle ?

— Je la trouve charmante, mon père ; la nuit est magnifique, la lune nous éclaire comme en plein jour, la brise est fraîche sans cependant être froide ; jamais je n'ai été aussi heureuse.

— Tant mieux, mon enfant ; je suis d'autant plus satisfait de t'entendre parler ainsi, que je redoutais pour toi les ennuis et la fatigue d'un aussi long voyage, et j'ai même été sur le point de te laisser au couvent.

— Merci, mon père, d'avoir changé d'avis et de m'avoir emmenée avec vous ! je m'ennuyais tant, dans ce vilain couvent, et puis il y a si longtemps que je n'ai vu ma bonne mère, que je brûle de l'embrasser.

— Cette fois, mon enfant, vous pourrez embrasser votre mère tout à loisir, car mon intention est de vous laisser près d'elle.

— Je ne reviendrai donc pas à Guadalajara avec vous, mon père ?

— Non, mon enfant, vous habiterez ma grande *hacienda* (ferme) de *Aguas Frescas* avec votre mère et mes plus fidèles serviteurs pendant le temps de mon absence ; car aussitôt après avoir terminé les affaires urgentes qui exigent ma présence à San-Blas, je me rendrai à Mexico auprès du général Santa-Anna. Son Excellence m'a fait l'honneur de me mander auprès d'elle.

— Oh ! fit-elle en joignant les mains avec prière, vous devriez m'emmener avec vous à la *ciudad !* (la ville.)

— Petite folle ! vous savez bien que c'est impossible ; mais du moins à mon retour je vous apporterai, à vous et à votre mère, les plus belles choses des *portaces de Mercaderes* (1) et du *Parion* (2), afin que vous puissiez éclipser les plus coquettes senoras de Tepic lorsqu'il vous plaira d'aller vous promener sur l'*alameda* du Pueblo.

— Oh ! ce n'est plus la même chose, fit-elle avec une moue mutine ; et cependant, ajouta-t-elle en reprenant subitement son enjouement, je vous remercie, mon père ; car vous êtes bon, vous m'aimez, et lorsque vous ne satisfaites pas un de mes caprices, c'est que cela vous est impossible.

— Il est heureux que vous le reconnaissiez et que vous me rendiez enfin justice, mauvaise petite tête, qui passez votre temps à me tourmenter.

La jeune fille se mit à rire, et par un mouvement brusque et soudain, abandonnant les rênes de sa jument, elle jeta les bras autour du cou de son père et l'embrassa avec effusion à plusieurs reprises.

— Prenez donc garde à ce que vous faites ! s'écria le colonel, heureux et inquiet à la fois ; si Rebecca s'emportait, elle vous tuerait. Reprenez les rênes... mais reprenez-les donc !

— Bah ! fit-elle en riant et en secouant insoucieusement sa tête brune, Rebecca est trop bien apprise pour s'emporter ainsi !

Cependant elle ressaisit les rênes et se remit d'aplomb sur sa selle.

— Angelita mia ! reprit son père plus sérieusement peut-être qu'il n'aurait dû en cette circonstance, vous n'êtes plus une enfant, vous devriez commencer à être plus raisonnable et modérer la vivacité de votre caractère.

— Me grondez-vous de vous aimer, mon père ?

— Dieu m'en garde, mon enfant ! Seulement, je vous fais une observation que je crois juste, car si vous vous laissez ainsi emporter à votre première impression, vous vous préparerez plus tard de grands déboires et de grands chagrins.

— Ne croyez pas cela, mon bon père ; je suis vive, insouciante, impressionnable, c'est vrai ; mais à côté de ces défauts j'ai cet orgueil de race que je tiens de vous et qui me défendra de bien des fautes.

— Je le désire, ma fille.

— Ne prenez pas cet air sévère pour une

(1) (2) Bazars de Mexico.

niaiserie sans conséquence, mon père, ou je croirai que vous êtes fâché contre moi; puis elle ajouta en riant : je me souviens que notre famille descend en ligne directe de ce roi de Mexico *Chimalpopocatzin*, qui, ainsi que son nom l'indique, avait pour hiéroglyphe un bouclier d'où il sort de la fumée. Vous le voyez, mon père, notre caractère n'a pas dégénéré depuis ce valeureux roi, et nous sommes toujours demeurés aussi fermes qu'il l'était lui-même.

— Allons! allons! reprit le colonel d'un ton de bonne humeur, je renonce à vous gronder davantage, car je m'aperçois que ce serait une peine perdue.

La jeune fille sourit malicieusement et se préparait à répondre, lorsqu'une étincelle brilla tout à coup et s'éteignit à quelque distance en avant de la cavalcade.

— Qu'est cela? demanda le colonel en haussant la voix; y a-t-il donc quelqu'un sur la route?

— Je le crois, colonel, répondit aussitôt un des domestiques, car cette étincelle me semble produite par la pierre d'un *mechero*.

— C'est aussi mon avis, reprit le colonel; pressons le pas, afin de reconnaître quel est ce fumeur attardé.

La petite troupe, qui jusqu'à ce moment avait marché assez lentement, prit alors un trot allongé.

Au bout d'un quart d'heure environ, en même temps que le bruit des sabots d'un cheval arrivaient jusqu'aux voyageurs, ils entendirent les sons aigres et discordans d'une *jurana* (guitare); et, porté sur l'aile de la brise, le refrain de cette chanson, bien connue au Mexique, frappa leurs oreilles :

. . . .
Sin pena vivamos
En calma felix;
Gozar es mi estrella,
Cantar y reir (1).

— Bravo! s'écria le colonel, qui arrivait en ce moment auprès du chanteur, bravement et joyeusement dit, compagnon.

Celui-ci, la cigarette de maïs à la bouche, baissa affirmativement la tête, râcla intrépidement une ritournelle quelconque sur sa jurana; puis, la rejetant sur son épaule, où elle se trouva retenue par une espèce de bretelle, il se tourna enfin vers son interlocuteur, et ôtant cérémonieusement son chapeau de poil de vigogne :

—Dieu vous protège! *caballero*, dit-il poliment; il paraît que la musique vous plaît?

— Beaucoup, répondit le colonel, qui retint avec peine un fou rire à l'aspect du singulier personnage qu'il avait devant lui.

Cet original était un grand gaillard de vingt-huit ans au plus, d'une maigreur extraordinaire, vêtu d'un costume en lambeaux et drapé fièrement dans un manteau dont il était impossible de reconnaître la couleur primitive, et qui était troué comme une écumoire et piteusement effiloqué.

Cependant, malgré cette misère apparente et sa figure affamée, cet homme avait dans la physionomie une expression joyeuse et décidée qui faisait plaisir à voir. Ses petits yeux noirs percés comme avec une vrille pétillaient de finesse, et l'ensemble de ses manières ne manquait pas d'un certain cachet de distinction.

Il montait un cheval aussi maigre et aussi efflanqué que lui-même, sur les flancs creux duquel battait, comme sur un tambour, le sabre droit nommé *machete*, que les Mexicains portent continuellement au côté, passé tout dégainé dans un anneau de fer.

— Vous voilà bien tard sur les chemins, compagnon, reprit le colonel, que son escorte venait de rejoindre; est-il prudent à vous de voyager seul à une pareille heure?

— Que puis-je avoir à redouter? répondit l'inconnu. Quel serait le *salteador* assez mal avisé pour m'arrêter?

— Qui sait? fit le colonel en souriant; les apparences sont souvent trompeuses, et pour voyager sur les grandes routes de notre cher pays, ce n'est souvent pas une mauvaise combinaison que de feindre la misère.

Bien que dites sans intention, ces paroles troublèrent visiblement l'inconnu; cependant il se remit presque aussitôt et reprit d'un ton enjoué:

— Malheureusement pour moi, toute feinte est inutile, et je suis réellement aussi pauvre que je le parais en ce moment, bien, ajouta-t-il, que j'aie vu des jours plus heureux, et que mon manteau n'ait pas toujours été aussi troué que vous le voyez.

Le colonel, croyant s'apercevoir que ce sujet de conversation était désagréable à sa nouvelle connaissance, lui dit :

— Puisque vous ne vous êtes arrêté ni à San Pedro ni à Zapopam, car je présume que vous venez, ainsi que moi-même, de Guadalajara...

— En effet, interrompit l'inconnu, j'ai quitté la ville vers trois heures de l'après-midi.

— Je suppose, continua le colonel, que vous avez l'intention de vous arrêter au *me-*

(1) Vivons sans chagrin
Dans un calme heureux;
Mon étoile est de jouir,
Chanter et rire.

son de San Juan ; alors si vous n'y trouvez pas d'inconvénient, nous ferons route ensemble jusque-là, car je compte y terminer la nuit.

— Le *meson* de San-Juan est une bonne hôtellerie, reprit l'autre en portant avec respect la main à son chapeau, mais qu'irais-je y faire ? Je ne possède pas un *ochavo* à dépenser inutilement, et j'ai loin à aller ; je camperai sur la route, et pendant que mon cheval, pauvre bête ! mangera du bout des dents, moi, je fumerai des cigarettes et je me chanterai la romance du roi Rodrigue, qui, ainsi que vous le savez, commence ainsi.

Et, ramenant vivement sa *jarana*, il entonna à pleine voix une strophe du romancero du roi Rodrigue.

—Hé ! s'écria le colonel en l'interrompant brusquement, quelle rage musicale vous possède? c'est de la frénésie, cela.

— Non ! répondit mélancoliquement le chanteur, c'est de la philosophie.

Le colonel examina un instant le pauvre diable; puis se rapprochant de lui :

— Je suis le colonel don Sebastian Guerrero de Chimalpos ; je voyage avec ma fille et quelques serviteurs. Faites-moi l'honneur de votre compagnie pour cette nuit; demain nous nous séparerons et nous tirerons chacun de notre côté.

L'inconnu hésita un instant, ses sourcils se froncèrent; cependant, cette nuance de mécontentement disparut bientôt.

— Je suis un sot orgueilleux, répondit-il avec une affectueuse franchise; la misère me rend tellement susceptible que je me figure toujours que l'on veut m'humilier. J'accepte votre gracieuse invitation aussi loyalement qu'elle m'est faite; peut-être pourrai-je, avant peu, vous prouver ma reconnaissance.

Le colonel n'attacha pas grande attention à ces paroles, parce que, juste à ce moment, la cavalcade arrivait au *meson* de San-Juan, dont, depuis quelques instans, les fenêtres éclairées avaient révélé la proximité aux voyageurs.

II.

On a beaucoup écrit sur la façon leste et inhospitalière dont les hôteliers espagnols et siciliens reçoivent les voyageurs que Dieu leur envoie.

Il est prouvé pour nous que ceux qui ont parlé ainsi de ces hôteliers ne connaissent pas même par ouï-dire les *mezoneros* ou hôteliers mexicains; sans cela, il est hors de doute qu'ils auraient, à leurs risques et périls, réhabilité ces braves gens pour décharger tout le poids de leur indignation sur les *huespedes* (aubergistes) de la Nouvelle-Espagne.

Une justice à rendre aux hôteliers espagnols et siciliens, c'est que s'ils sont dans la complète impossibilité de satisfaire, de quelque manière que ce soit, aux exigences des voyageurs, en leur donnant les provisions que ceux-ci réclament, ils leur font un visage si affable, voilent leur refus sous les apparences d'une si exquise politesse, que la plupart du temps le voyageur est forcé de reconnaître qu'il a eu tort de ne pas se munir des provisions et des objets nécessaires, et de se confondre en excuses.

Au Mexique, les choses se passent tout différemment.

Sur les quelques grandes routes jadis construites par les Espagnols, et que l'incurie des différens gouvernemens qui leur ont succédé laisse dans un état d'abandon tel que bientôt elles disparaîtront complétement, s'élèvent à de longues distances de vastes bâtimens qui de loin ressemblent assez bien à des maisons fortes, étant la plupart entourées de hautes murailles crénelées et garnies de meurtrières.

Ces bâtimens sont des *mesons* ou hôtelleries.

L'intérieur se compose d'abord d'une énorme cour avec une *noria*, ou puits destiné à donner à boire aux chevaux. Des *corales* pour les bêtes de somme prennent les quatre faces de cette cour. Dans un bâtiment réservé se trouvent les *cuartos* des voyageurs, c'est-à-dire de misérables bouges meublés seulement d'un cadre en chêne garni d'une peau de vache, et qui sert de lit.

Ces *cuartos* sont numérotés et s'ouvrent tous sur de longs corridors.

Tout voyageur doit apporter avec lui ses vivres et les objets de literie indispensables, car l'hôtelier ne fournit absolument que l'alfalfa pour la provende des chevaux et l'eau de la *noria*.

Il était environ dix heures du soir, lorsque don Sébastian Guerrero arriva devant la porte du *meson* de San-Juan.

Cette porte était hermétiquement fermée.

Aux coups répétés frappés par un des domestiques, une lucarne percée dans le mur, à deux pieds environ de la porte, s'ouvrit enfin; une tête de mauvaise humeur se montra, et une voix bourrue cria d'un ton hargneux :

— Qui ose faire un tel vacarme à la porte

d'un *meson* aussi honnête et aussi respectable que celui-ci?

—Ce sont des voyageurs qui vous arrivent, don Cristoval Saccaplata, répondit le colonel; allons, ouvrez-nous vivement; nous avons fait une longue route et nous sommes fatigués.

— Hum! ils disent tous la même chose, reprit le *huesped*. Qu'est-ce que cela me fait! je n'ouvrirai pas, il est trop tard; ainsi allez, et que Dieu vous garde!

Et il fit un geste pour refermer la lucarne.

— Un moment, que diable! s'écria le colonel; vous ne nous laisserez pas camper à la belle étoile, à votre porte, cela ne serait nullement honorable pour vous.

— Bah! une nuit est bientôt passée! répondit l'hôte en ricanant; d'ailleurs vous pouvez aller au *meson del Salto*, là on vous ouvrira.

— Ne savez-vous pas qu'il y a huit milles d'ici au *meson del Salto*?

— Certes, je le sais.

— Voyons, ouvrez-nous, senor Saccaplata; vous n'aurez pas la barbarie de nous laisser ainsi dehors!

— Pourquoi donc?

— Parce que si vous ouvrez vous serez récompensé de façon à ne pas vous en repentir.

— Oui, oui, tous les voyageurs sont les mêmes; ils font beaucoup de promesses tant qu'ils sont dehors; mais une fois dedans, du diable s'ils lâchent les cordons de leur bourse.

— Cela ne vous arrivera pas avec nous.

— Qu'en sais-je? fit le *huesped* en hochant la tête; ma maison est pleine, je n'ai plus de place.

— Nous nous en ferons, cher Saccaplata.

— Oui-dà! et qui donc êtes-vous, vous qui me connaissez si bien? Ne seriez-vous pas par hasard un de ces *caballeros de la noche* (seigneurs de la nuit) qui depuis quelque temps courent la *tuna* (argent) aux environs?

— Vous vous trompez grossièrement, et je vais vous le prouver, répondit le colonel, désirant couper court à cette conversation en plein air. Prenez d'abord ceci, ajouta-t-il en jetant deux onces d'or par la lucarne; maintenant, pour éviter tout malentendu, sachez que je me nomme le colonel don Sébastian Guerrero.

Le digne hôtelier, ainsi que son nom le laissait suffisamment deviner (1), n'était sensible qu'à un seul argument, celui que le colonel avait si judicieusement employé pour vaincre sa résistance; il se baissa, ramassa les deux onces, qu'il fit immédiatement disparaître, et s'adressant de nouveau aux voyageurs, mais cette fois avec un ton qu'il semblait chercher à rendre plus aimable :

— Allons, dit-il, il faut faire ce que vous voulez... je suis trop bon. Avez-vous au moins des provisions?

— Nous avons tout ce qu'il nous faut.

— Tant mieux, car je n'aurais rien pu vous fournir; ne vous impatientez pas, je descends.

En effet, il disparut de sa lucarne, et au bout de cinq minutes on l'entendit commander en grommelant de tirer les barres et de débarricader la porte.

Les voyageurs entrèrent enfin dans la cour du meson.

Le *huesped* avait menti comme un véritable hôtelier qu'il était; il n'y avait dans sa maison que deux ou trois muletiers avec leurs mules et trois voyageurs qui, à leur costume, paraissaient être des *hacienderos* (gros fermiers) des environs.

— Holà! cria don Sébastian, quelqu'un pour prendre mon cheval.

— Si vous commencez ainsi, cela n'ira pas longtemps bien, répondit le *huesped* du ton aigre qu'il avait précédemment employé; ici chacun se sert, grand ou petit, et panse soi-même son cheval.

Le colonel Guerrero était loin d'avoir un caractère patient; s'il avait précédemment supporté les insolences de l'hôtelier, c'était uniquement par la raison qu'il lui était impossible de le châtier, mais cette raison n'existait plus maintenant. Mettant vivement pied à terre, il prit ses pistolets dans ses fontes, les passa à sa ceinture, et s'avançant résolûment vers le senor Saccaplata, il le saisit au collet et le secoua rudement.

— Ecoutez, maître larron, lui dit-il, trève à vos insolences et servez-moi, si vous ne voulez vous en repentir.

L'hôtelier fut tellement étonné de cette brusque façon de lui répondre et de cette atteinte à son inviolabilité, que pendant un instant il demeura muet de confusion et de colère; son visage devint cramoisi, ses yeux roulèrent effarés dans leur orbite, et il s'écria enfin d'une voix étranglée :

— A moi! à moi! don Cristoval Saccaplata! une telle insulte! par le corps du Christ, cela ne se passera pas ainsi. Sortez de chez moi à l'instant.

— Je ne sortirai pas, répondit paisiblement mais fermement le colonel, et vous allez me servir à l'instant.

(1) *Saccaplata* signifie littéralement *tire-argent*.

— Mais c'est ce que nous allons voir. Holà! à moi. Pedro, Juan, Jacinto, venez tous sus à ces larrons.

Sept ou huit domestiques se précipitèrent hors des corales à la voix de leur maître, et vinrent se ranger derrière lui.

— Fort bien, reprit le colonel en levant ses pistolets; le premier drôle qui fait un pas vers moi dans une mauvaise intention, je le brûle.

Il va sans dire que les peones demeurèrent immobiles comme s'ils eussent été subitement changés en blocs de granit.

Un des domestiques du colonel avait aidé dona Angela à mettre pied à terre; il l'avait accompagnée jusque dans le cuarto, où il l'avait installée; puis il était revenu en toute hâte rejoindre son maître, prévoyant que de la manière dont la scène se dessinait, son intervention ne tarderait pas à être nécessaire.

Le *patio* (cour) du *meson* offrait en ce moment un aspect des plus singuliers, à la lueur des torches de bois d'ocote attachées le long des murs dans des anneaux de fer :

D'un côté se tenait l'hôtelier et ses domestiques;

De l'autre les quatre valets de don Sébastian, la main sur leurs armes, et le joueur de guitare, sa jarana sur le dos et les mains croisées sur la poitrine.

Un peu à l'écart, les voyageurs et les arrieros arrivés précédemment, et au milieu, seul, les pistolets à la main, le colonel, les sourcils froncés et l'œil étincelant :

— Finissons-en, misérables! reprit-il. Depuis assez longtemps vous rançonnez et insultez les voyageurs que la Providence vous envoie. Vive dieu! si vous ne me demandez pas à l'instant pardon de votre insolence, et si vous ne me servez pas avec toute la politesse que j'ai le droit d'exiger de vous, je vous inflige, séance tenante, une correction dont toute votre vie vous vous souviendrez!

— Prenez garde à ce que vous allez faire, mon maître! repondit avec ironie le *huesped*. Vous voyez que j'ai du monde avec moi. Si vous ne décampez pas au plus vite, tant pis pour vous; j'ai des témoins, et le *juez de letras* (juge criminel) jugera.

— Tête de Dieu! s'écria le colonel, voilà qui est trop fort et lève tous mes scrupules! Ce misérable ose me menacer de la justice! En joue, vous autres, et feu sur le premier qui bouge!

Les domestiques obéirent.

Don Sébastian saisit alors l'hôtelier malgré ses cris et sa résistance désespérée, et en un tour de main il l'eut renversé à terre.

— Je crois rendre service à tous les voyageurs que leur mauvaise étoile amènera désormais dans ce bouge, continua-t-il, en châtiant ce drôle comme il le mérite.

Les témoins de cette scène, *peones*, *arrieros* ou voyageurs n'avaient pas fait un mouvement pour venir au secours de l'hôtelier. Il était évident que tous, pour certaines raisons, étaient intérieurement satisfaits de ce qui lui arrivait.

Nul d'entre eux n'aurait osé prendre sur lui la responsabilité d'un tel acte; mais puisqu'il se trouvait une personne qui consentait à l'assumer, ils se gardaient bien d'apporter le moindre obstacle à ce qu'il voulait faire.

Sur l'ordre péremptoire du colonel, le pauvre diable d'hôtelier fut attaché par deux de ses propres domestiques à la longue perche de la *noria*, et mis dans l'impossibilité de faire un mouvement.

— Maintenant, continua le colonel, prenez chacun une *reata* (corde) et frappez à tour de bras sur ses reins jusqu'à ce qu'il s'avoue vaincu et consente à ce que j'exige de lui.

Malgré leur feinte répugnance, force fut aux deux peones de l'hôtelier d'obéir à l'injonction du colonel, injonction soutenue par quatre carabines et deux pistolets, dont les gueules menaçantes étaient dirigées sur eux à bout portant.

Pour rendre hommage à la vérité, nous devons avouer que, soit frayeur, soit toute autre cause, les deux peones s'acquittèrent en conscience de leur office de bourreaux.

L'hôtelier beuglait comme un bœuf; il était fou de rage et se tordait comme une vipère, dans les liens qu'il cherchait vainement à rompre.

Le colonel se tenait impassible auprès de lui.

Seulement, de temps en temps, il lui demandait d'une voix ironique comment il trouvait ses argumens et s'il se déciderait bientôt à s'y rendre.

Les forces humaines ont des limites qu'elles ne peuvent dépasser; malgré toute sa rage et tout son entêtement, l'hôtelier fut enfin contraint de convenir, à part soi, qu'il avait affaire à plus entêté que lui, et que s'il ne voulait mourir sous les coups, il lui fallait subir l'humiliation qui lui était imposée.

— Je me rends! cria-t-il d'une voix éteinte et brisée autant par la colère que par la douleur.

— Déjà! répondit froidement le colonel; peuh! je vous croyais plus brave! A peine avez-vous reçu une trentaine de coups. Arrêtez, vous autres, et déliez votre maître.

Les peones obéirent avec empressement. Lorsqu'il fut libre, l'hôtelier voulut se relever, mais les forces lui manquèrent et il tomba sur le sol, où, pendant quelques instans, il demeura étendu.

Enfin il fit un effort désespéré et se redressa.

Son visage était pâle, ses traits contractés, une sueur abondante perlait à ses tempes, qui battaient à se rompre; il avait des bourdonnemens dans les oreilles et des larmes de honte coulaient de ses yeux.

Il fit en chancelant quelques pas pour se rapprocher du colonel.

— Je suis à vos ordres, caballero, dit-il en baissant humblement la tête, parlez, que faut-il faire?

— Bien! reprit celui-ci, vous voici enfin raisonnable; vous êtes beaucoup mieux ainsi. Faites donner la provende à mes chevaux et aidez mes domestiques à me servir.

— Pardon, caballero, reprit le *huesped*, me permettez-vous de vous dire deux mots?

Le colonel sourit avec dédain.

— A quoi bon? je les sais, et je vais vous les dire moi-même : vous me voulez avertir que, contraint de plier sous une force supérieure, vous vous rendez, mais que vous vous vengerez à la prochaine occasion, n'est-ce pas?

— Oui, murmura-t-il d'une voix creuse.

—Eh bien! à votre aise, mon hôte, faites; seulement, prenez bien vos précautions, car si vous me manquez, je vous avertis que, moi, je ne vous manquerai pas. Maintenant, servez-moi et surtout hâtez-vous.

Et haussant les épaules avec dédain, le colonel lui tourna le dos en ricanant.

L'hôtelier le regarda s'éloigner avec une expression haineuse qui donna à sa physionomie quelque chose de hideux; puis lorsqu'il vit le colonel hors de la cour, il secoua la tête deux ou trois fois en murmurant à demi-voix :

— Oui, je me vengerai, démon, et plus tôt que tu ne le supposes.

Après cet à parté, il composa son visage et s'occupa du soin de sa maison avec une activité et une apparente indifférence qui donna beaucoup à penser à ses domestiques, qui connaissaient son caractère rancunier. Cependant il ne se plaignait pas, il ne faisait aucune allusion au cruel supplice qu'il avait subi; mais au contraire, il soignait ses voyageurs avec une attention et une politesse auxquelles jamais jusqu'à ce jour néfaste il ne les avait accoutumés, ce dont ceux-ci profitaient tout en se tenant sur leurs gardes, tant cette mansuétude subite leur inspirait peu de confiance.

Cependant rien ne vint, en apparence, justifier leurs soupçons, tout se passa tranquillement; les voyageurs s'allèrent coucher les uns après les autres, puis l'hôtelier fit sa ronde pour s'assurer que tout était en ordre, et se retira à son tour dans le corps de bâtiment affecté à son logement particulier.

Le colonel était couché depuis plusieurs heures déjà; il dormait profondément lorsqu'il fut réveillé en sursaut par un bruit qu'il entendit à sa porte.

— Qui est là? demanda-t-il.

— Silence! répondit-on du dehors; ouvrez, c'est un ami.

— Ami ou ennemi, dites-moi qui vous êtes, afin que je sache à qui j'ai affaire.

— Je suis, répondit la voix, l'homme que vous avez rencontré sur la route.

— Hum! que me voulez-vous? pourquoi ne dormez-vous pas à cette heure au lieu de me venir ainsi réveiller?

— Ouvrez, au nom du ciel! j'ai d'importantes nouvelles à vous apprendre.

Le colonel hésita un instant; mais bientôt, réfléchissant que cet homme, auquel il n'avait fait aucun mal, n'avait pas de raison d'être son ennemi, il se décida à se lever; toutefois, par prudence, il s'arma de l'un de ses pistolets, qu'en se couchant il avait déposés près de lui, en cas d'alerte, et il alla ouvrir.

L'inconnu entra vivement et referma la porte derrière lui.

— Parlons bas, dit rapidement l'inconnu. Ecoutez-moi; l'hôtelier machine quelque chose contre vous.

— Je m'en doute, répondit le colonel, qui, tout en parlant, avait allumé le *candil;* mais, quoi qu'il fasse, je suis hors de son atteinte, et le drôle se brisera contre moi.

— Qui sait? fit l'étranger.

— Enfin, vous savez quelque chose de positif. Est-ce dans l'intérieur de cette maison que j'ai quelque chose à redouter?

— Je ne le crois pas.

— Dites-moi ce que vous savez, alors.

— C'est ce que je vais faire. Mais d'abord, comme je vous suis parfaitement inconnu, laissez-moi vous dire mon nom.

— A quoi bon?

— On ne sait pas ce qui peut arriver dans ce monde; il est utile d'être à même de distinguer ses amis de ses ennemis.

— Parlez, je vous écoute.

— Sauf mon nom, vous m'avez presque oublié! Sous mon apparence famélique, je cache une certaine valeur monétaire : Je me nomme don Cordelio Mendoza ; je suis étudiant. J'avais à Guadalajara une tante qui, en mourant, m'a fait son héritier ; j'emporte avec moi en ceinture cent cinquante onces d'or (1), et dans mon portefeuille des traites pour égale somme payables à San-Blas. Vous voyez que je ne suis pas aussi pauvre que j'en ai l'air! Mais, la route est longue et périlleuse de Guadalajara, et j'ai pris ce déguisement afin d'échapper aux voleurs, si cela est possible.

— Fort bien, don Cornelio; vous pouvez maintenant, si cela vous plaît, changer de costume, car j'espère que nous ferons route ensemble.

— De grand cœur; mais, si cela vous est égal, je conserverai provisoirement mon costume de lepero.

— Comme vous voudrez; maintenant allons au fait : qu'avez-vous à m'apprendre?

— Pas grand'chose, mais cependant assez pour nous mettre sur nos gardes. Notre hôte, après avoir fait sa ronde et s'être assuré que chacun était retiré, a réveillé un de ses domestiques, tenez, justement celui qui frappait de si bon cœur.

— Oui, je me rappelle la figure de ce coquin.

— Fort bien! Après l'avoir fait entrer dans sa chambre, il est resté enfermé dix minutes avec lui, puis il a ouvert une fenêtre, le peon a sauté sur la route et est parti de toute la vitesse de ses jambes.

— Oh! oh! fit le colonel.

— L'hôtelier l'a suivi des yeux jusqu'à ce qu'il eût disparu, puis il a marmoté quelques mots que je ne pus comprendre, excepté un nom qui est arrivé, grâce à Dieu, jusqu'à moi.

— Quel nom?

— El Buitre (le Vautour).

— Hum, c'est tout?

— Oui.

— Cela ne m'apprend pas grand'chose; mais comment avez-vous appris ces nouvelles? L'hôtelier ne vous a pas pris pour confident, je suppose?

— Non, pas le moins du monde; je suis devenu son confident malgré lui, de la manière la plus naturelle : mon *cuarto* est au dessus de son logement, je l'ai entendu ouvrir une fenêtre, et j'ai écouté.

— Oui, mais malheureusement vous n'avez rien entendu.

— Si, un nom.

— Mais un nom qui n'a aucune signification pour nous.

— Au contraire, elle en a une énorme.

— Comment cela?

— Le fameux chef de *salteadores*, dont la *cuadrilla* (bande) désole toute la province depuis un an, se nomme El Buitre; comprenez-vous maintenant?

— Corps du Christ! s'écria le colonel en se levant précipitamment, je le crois bien, que je comprends!

III.

Nous abandonnerons provisoirement le *meson* de San Juan pour nous transporter à deux lieues plus loin environ, où sont réunis certains personnages avec lesquels le lecteur doit faire connaissance.

A cent cinquante pas à peine du *meson* de San Juan, la route commence peu à peu à se rétrécir, les mouvemens de terrain deviennent plus sensibles, les montagnes se rapprochent comme si elles voulaient se donner la main, et cela d'une façon tellement brusque et peu préparée, qu'elles forment tout à coup une gorge longue et étroite, étranglée entre des escarpemens à pic composés de blocs de basalte de cent à cent cinquante mètres de haut, cette gorge est connue dans le pays sous le nom de *Barranca del mal paso.*

Lorsque enfin on a franchi cette gorge, le paysage quitte son apparence abrupte et sauvage pour reprendre un caractère riant, la route s'élargit de nouveau, un charmant vallon, coupé en deux par une rivière, s'offre à la vue, et de tous les côtés les yeux planent sur un vaste horizon délicieusement accidenté.

Or, de chaque côté de la *barranca* et un peu en avant commencent d'impénétrables forêts où l'on ne peut se frayer un chemin que la hache à la main, à moins de posséder une connaissance approfondie des sentes étroites et à peine tracées qui, après des méandres sans nombre, conduisent dans l'intérieur.

C'est dans l'un des repaires les plus cachés et les plus ignorés d'une de ces forêts que nous prions le lecteur de nous suivre.

Dans une vaste clairière, au centre de laquelle brûlait en se tordant, avec des pétillemens continuels, un cèdre de quatre-vingts pieds de haut, allumé en guise de torche, une vingtaine d'hommes aux vêtemens sordides, mélange horrible de luxe et de misère, aux visages où le crime était écrit en

(1) A peu près 12,750 fr. de notre monnaie.

toutes lettres, mais tous armés jusqu'aux dents, étaient réunis en groupes de trois ou quatre individus buvant, mangeant, fumant et chantant.

Non loin d'eux, leurs chevaux, tout sellés et prêts à être montés au premier signal, broyaient leur provende d'alfalfa et de pois grimpans, et sur la lisière du couvert quatre ou cinq sentinelles, immobiles comme des statues de bronze, surveillaient attentivement les environs.

Un peu à l'écart, deux hommes assis sur des souches presqu'à niveau de terre, causaient, en s'envoyant d'énormes bouffées de tabac au visage.

Le premier et le plus âgé de ces deux hommes était un individu de vingt-sept à vingt-huit ans; ses longs cheveux blonds tombaient en épaisses boucles sur ses épaules; ses traits étaient efféminés, mais son nez en bec d'oiseau de proie, ses yeux d'un bleu clair et son front étroit imprimaient à sa physionomie un cachet de bassesse et de froide cruauté. Il portait le splendide costume des riches haciendeios mexicains, et jouait nonchalamment avec les ressorts d'un rifle américain damasquiné en argent.

Son compagnon formait avec lui un frappant contraste : autant le premier était grand, bien fait, doué de manières avenantes, autant le second était petit, trapu, lourd et repoussant de visage, de gestes et même de paroles. La richesse de ses vêtemens ne servait pour ainsi dire qu'à faire ressortir et rendre plus saillante la hideur empreinte comme un indélébile stigmate sur cet odieux personnage.

Tout en lui annonçait le chacal à la suite, qui a toute la férocité du lion, sans en posséder ni la noblesse ni le courage.

La clairière que nous venons de décrire était un des principaux rendez-vous *del Buitre*, c'est-à-dire le Vautour, le redoutable bandit qui, à cette époque, désolait l'État de Guadalajara. Les hommes réunis dans cette clairière composaient sa troupe, et les deux individus que nous avons décrits en dernier lieu étaient, le premier, *el Buitre* lui-même, et le second, *el Garrucholo*, son lieutenant et son ami le plus cher.

Au moment où nous les mettons en scène, ces deux intéressans personnages étaient, ainsi que nous l'avons dit, engagés dans une conversation confidentielle.

Nous observerons, chose assez étrange, que cette conversation n'avait pas lieu en espagnol, mais en anglais.

— Hum ! fit *el Garrucholo* en aspirant une bouffée de tabac qu'il rendit immédiatement par la bouche et les narines, que trouvez-vous donc de désagréable dans notre métier, John ? Je le trouve charmant, moi, au contraire; ces dignes Mexicains sont doux comme des agneaux, ils se laissent dépouiller avec une patience sans égale, et vous conviendrez avec moi, mon cher, que nous gagnons plus à découdre les boutons de leurs *calzoneros* (pantalons) qu'à dévaliser le plus riche gentleman de là-bas.

— Tout cela est possible, mon ami, répondit *El Buitre* en jetant sa cigarette avec un geste d'impatience; je ne vous dis pas le contraire. Certes, les bénéfices sont grands et les dangers nuls, je vous l'accorde; mais...

— Eh bien ! pourquoi vous arrêtez-vous ? Continuez.

— Enfin, je n'étais pas né pour un pareil métier.

El Garrucholo partit d'un éclat de rire.

—Est-ce donc là que le bât vous blesse ? fit-il en haussant les épaules; vous êtes fou, compagnon; tout homme est né pour le métier qu'il exerce, surtout quand c'est lui qui l'a choisi.

— Voulez-vous prétendre par là...

— Ce qui n'est pas autre chose. Lorsque je vous relevai à Mexico, sous les *portales* (arcades) de la plaça Mayor, avec un poignard enfoui dans la poitrine jusqu'à la garde, et pas un réal dans la poche, j'aurais mieux fait, le diable m'emporte ! de vous laisser crever comme un chien sans maître, au lieu de vous guérir; du moins je ne vous entendrais pas déraisonner.

— Pourquoi ne l'avez-vous pas fait alors ? au moins je serais mort sans déshonorer un nom honorable.

— Au diable soit le nom honorable et celui qui le porte ! Vous me faites damner, mon cher, avec vos ridicules prétentions; vous oubliez toujours, avec votre manie de noblesse, que vous n'êtes qu'un enfant trouvé.

El Buitre fronça les sourcils, et saisissant le bras de son lieutenant :

— Assez sur ce sujet, Redblood ! Vous savez que déjà je vous ai averti que je ne voulais supporter aucune plaisanterie de ce genre.

— Bah ! qu'est-ce que cela signifie, d'être enfant trouvé ? Il n'y a pas de quoi se fâcher pour cela; c'est un de ces accidens dont le plus honnête homme ne peut être responsable.

— Vous êtes mon ami, Redblood, ou du moins vous semblez l'être.

— A votre tour, noble sir John Stanley, interrompit vivement le bandit, n'émettez pas, je vous en prie, de tels doutes à mon égard, il me blessent et me froissent plus que je ne le saurais dire; je suis à vous comme la lame de mon *bowne kniff* (couteau) est à sa poignée, à vous corps et âme; je n'ai que cette vertu, si c'en est une, ne m'en dépouillez pas.

El Buitre demeura un instant silencieux, puis il reprit d'une voix conciliante :

— J'ai tort, pardonnez-moi, frère; en effet, j'ai eu assez de preuves de votre amitié pour ne pas avoir le droit d'en douter; cependant elle me semble si étrange que parfois je me demande comment il se fait que vous, Redblood, qui haïssez l'humanité en bloc, vous, pour qui il n'existe rien de respectable ni de sacré, vous ayez pour moi une amitié qui va jusqu'à la plus complète abnégation et la plus insigne faiblesse. Cela me paraît si extraordinaire que je donnerais beaucoup pour trouver la solution de ce problème insoluble pour moi.

— Vous êtes fou, John, reprit le bandit d'un ton railleur; à quoi bon vous dire pourquoi je vous aime? vous ne me comprendriez pas; qu'il vous suffise de savoir que cela est. Me croyez-vous donc complétement une bête féroce, incapable d'instincts généreux?

— Je ne dis pas cela.

— Vous le pensez, ce qui revient au même, mais cela m'est égal; je vous dispense de la reconnaissance; vous pouvez même me haïr, si cela vous plaît, peu m'importe! Je ne vous aime pas pour vous, je vous aime pour moi. Sur ce, brisons-là, et parlons d'autre chose, voulez-vous?

— Je ne demande pas mieux, car je vois que je perdrais autant de temps à chercher à tirer une bonne raison de vous, qu'à essayer de blanchir un nègre.

— Ta! ta! ta! vous êtes fou, je vous le répète. Mais laissez-moi faire; si certaine chose que je mijote en ce moment réussit, nous ne tarderons pas à enterrer *el Buitre* pour ressusciter John Stanley.

Le salteador tressaillit.

— Dieu vous entende! s'écria-t-il involontairement.

— Dites le diable plutôt, si vous voulez être dans le vrai, répondit en ricanant le bandit; mais rapportez-vous-en à moi. Bientôt, je l'espère, nous changerons si complétement de peau, que ceux qui nous reconnaîtront seront bien fins. Voyez-vous, John, dans ce monde, il ne s'agit que de savoir prendre la balle au bond et tourner avec le vent.

— Je vous avoue, mon ami, que je ne comprends pas un mot à ce qu'il vous plaît de me débiter.

— Eh! qu'avez-vous besoin de comprendre? Vous êtes-vous jamais mal trouvé de vous être laissé guider par moi? En deux mots comme en mille, avant peu, nous retournerons nos habits et changerons, non pas le métier que nous pratiquons si agréablement, mais le nom sous lequel nous le faisons, pour en prendre un plus sonore et plus relevé.

Voyez! ajouta-t-il en montrant ses compagnons d'un geste narquois, quelle imposante collection d'honnêtes gens nous rendrons sous nos auspices à la circulation! Ne sera-ce pas magnifique, après avoir si longtemps détroussé les particuliers, de devenir tout à coup les défenseurs des peuples au préjudice des gouvernemens?

— Oui, fit *el Buitre* d'un ton pensif; j'avais toujours rêvé...

— D'exercer votre métier en grand, n'est-ce pas? interrompit l'autre. Vous aviez raison; il n'y a rien de tel que de bien faire les choses, si l'on veut être considéré. Eh bien! soyez tranquille, je vous procurerai ce plaisir : au moins, si la chance vous abandonne, vous aurez l'avantage d'être fusillé au lieu d'être pendu ou *garrotté* (étranglé), ce qui est une consolation.

— Oui, fit vivement *el Buitre*, de cette façon on meurt en *gentleman*.

— Et l'on n'est pas déshonoré, c'est convenu. Ah! les flibustiers étaient jadis d'heureux gaillards, ils conquéraient des empires et passaient à la postérité, les exploits du héros faisant facilement oublier les crimes du bandit.

— Ne serez-vous donc jamais sérieux?

— Je ne le suis que trop, au contraire, puisque, vous le voyez, sans que vous m'ayez fait aucune confidence, j'abonde si complétement dans votre sens et je vous prépare une place à côté des Cortez, des Almagro et des Pizarres, dont la gloire, depuis si longtemps, vous empêche de dormir.

— Vous pouvez railler, Redblood, dit le salteador avec un accent profondément ému; mais si, comme je le suppose, vous appréciez mon caractère à sa juste valeur, vous savez que je ne cherche qu'une chose : régénérer ces malheureux peuples, qu'une sujétion abrutissante a plongés depuis tant de siècles dans une dégradante barbarie.

— Vous ne voulez que le bien de l'humanité, c'est entendu! fit le bandit avec un rire ironique. Nous ne serions pas l'un et l'autre de dignes fils de l'*uncle Sam*, de cette terre de liberté et de philanthropie théorique, si nous ne rêvions pas l'amélioration de la société. Voilà pourquoi, en attendant, pour rester dans les bons principes, nous l'avons mise en coupe réglée, en nous faisant, de notre autorité privée, redresseurs de torts et gentilshommes de grands chemins, charmant métier, soit dit en passant, et que nous exerçons en conscience!

— Allez au diable, Protée indéchiffrable! s'écria le jeune homme avec colère; ne saurai-je donc jamais ni comment parler, ni comment agir avec vous?

— Non, répondit-il sérieusement, non, John, tant que vous voudrez jouer au fin avec moi, qui vous connais jusque dans vos replis les plus secrets. Cessez d'étaler de faux semblans d'honnête homme qui ne trompent personne, pas même vous, et soyez franchement un chef de bandits jusqu'à ce que vous puissiez être autre chose; et lorsque ce moment sera arrivé, il sera temps de prendre un manteau d'hypocrisie qui trompera les sots et consolidera la position que vous aurez conquise.

En ce moment, le cri de la chouette se fit entendre dans l'épaisseur des bois.

— Qu'est cela? demanda *el Buitre*, qui n'était pas fâché de rompre une conversation qui prenait une tournure de personnalité assez désagréable pour lui.

— Un signal donné par une sentinelle, répondit *el Garrucholo*, un espion qui nous apporte des nouvelles, sans doute. Nous attendons, comme vous le savez, le passage de certains voyageurs.

— C'est vrai, mais on les dit bien armés et bien escortés.

— Tant mieux! ils se défendront, alors; cela nous changera.

— Le fait est que ceux que nous avons arrêtés depuis quelque temps semblaient s'être donné le mot pour se laisser dépouiller sans se plaindre.

— Si les renseignemens que j'ai reçus sont exacts, il n'en sera pas de même de ceux-ci.

Le cri de la chouette retentit une seconde fois, mais beaucoup plus rapproché.

— Il est temps, observa *el Garrucholo*.

Les deux chefs se couvrirent alors le visage de masques de velours noir.

Presqu'aussitôt parut un homme conduit par deux bandits.

En entrant dans la clairière, cet individu jeta autour de lui un regard plutôt étonné qu'effrayé, rien dans sa démarche ne laissait voir qu'il fût tombé dans une embuscade, son visage était calme bien qu'un peu pâle et son pas était assuré.

Les bandits qui l'escortaient le conduisirent en présence des deux chefs.

Ceux-ci l'examinèrent attentivement à travers les trous de leurs masques, puis el Buitre prit la parole en espagnol en s'adressant aux bandits :

— Où diable avez-vous pris ce drôle? fit-il d'une voix rude; il n'a pas un ochavo sur lui. Pendez-le, et que tout soit dit.

— Oui, observa le lieutenant; il n'est bon qu'à cela, puisqu'il a été assez stupide pour venir se jeter à l'étourdie dans des filets tendus pour prendre un plus noble gibier.

— Permettez, excellence, observa un des bandits en saluant respectueusement, cet homme n'a pas été pris par nous.

— Alors, comment est-il ici?

— Parce que, illustre capitaine, il nous a instamment demandé à être conduit en présence de Votre Seigneurie, ayant à vous révéler des choses de la dernière importance.

— Ah! fit le chef. Mais, ajouta-t-il, je reconnais ce quidam : c'est, si je ne me trompe, le *huesped* du *meson* de San-Juan.

Le prisonnier s'inclina affirmativement.

C'était en effet le digne Saccaplata lui-même. Après avoir expédié son *criado* (domestique) et pendant que don Cornelio était auprès du colonel, l'hôtelier avait réfléchi que l'on ne fait bien ses affaires que soi-même, et comme probablement il avait à cœur que celle-là réussît, il s'était mis à la poursuite du peon, qu'il n'avait pas eu de peine à atteindre, car le pauvre diable ne se souciait que fort peu d'accomplir la mission dont son maître l'avait chargé.

Saccaplata l'avait renvoyé au meson, et tandis que le peon retournait tout joyeux sur ses pas, il avait tenté lui-même l'aventure.

— Ah çà! observa le lieutenant, est-ce que ce seigneur Saccaplata désirerait entrer en rapport d'affaires avec nous? ce serait une excellente idée, cela.

— Je ne dis pas non, honorable caballero, répondit l'hôtelier d'une voix mielleuse; les affaires vont très mal en ce moment, et il est certain que quelques bénéfices de plus honnêtement gagnés ne seraient nullement mal venus; mais provisoirement je ne désire...

— Au fait! interrompit brusquement *el Buitre*, nous n'avons pas de temps à perdre en sots discours.

L'hôtelier comprit qu'il fallait être bref, s'il ne voulait s'attirer certains désagrémens.

— Le fait, le voici, dit-il : j'ai chez moi, en ce moment, plusieurs voyageurs riches.

— Nous savons cela. Après?

— Parmi eux se trouve le seigneur colonel...

— Don Sébastian Guerrero, se rendant à Tepic avec sa fille et quatre domestiques, interrompit le lieutenant. Après?

— Après? fit l'hôtelier décontenancé.

— Oui, après? reprit le lieutenant.

— C'est tout.

— Comment, drôle, et c'est pour nous dire une chose que nous savons aussi bien que toi que tu as l'effronterie de te risquer parmi nous? s'écria el Garrucholo.

— Je croyais vous rendre service.

— Tu voulais nous espionner!

— Moi!

— Parfaitement. Nous prends-tu pour des niais de ton espèce, misérable? Mais tu te souviendras de cette visite. *L'orejada*, ajouta-t-il en se tournant vers les deux bandits qui étaient demeurés près de l'hôtelier.

— Un instant, fit le capitaine.

Saccaplata croyant en être quitte pour la peur, grimaça un sourire.

— Je vais te dire, moi, reprit le capitaine, pourquoi tu es venu ; tu veux te venger du colonel Guerrero, qui, il y a quelques heures, t'a infligé une correction méritée.

— Mais, hasarda l'hôtelier...

— Silence! n'essaie pas de nier, j'étais là, j'ai vu ce qui s'est passé; comme tu es trop lâche pour oser te venger toi même, tu as pensé à nous, supposant que nous ne refuserions pas de te rendre ce petit service. Qu'en dis-tu, est-ce vrai?

— Hum! je ne me permettrai pas de démentir Votre Excellence, répondit l'hôtelier, qui commençait à regretter de s'être fourré dans ce guépier.

Les bandits, attirés par le colloque, s'étaient peu à peu rapprochés et formaient le cercle autour des interlocuteurs en riant sournoisement entre eux. Cependant, bien qu'accoutumés aux bénignes excentricités de leur digne chef, ils étaient loin de s'attendre au dénouement de cette scène.

IV.

El Buitre, comme on l'a vu précédemment, avait prouvé clair comme le jour à Saccaplata qu'il n'était pas dupe du motif qui avait poussé ce dernier à venir offrir ses bons offices aux salteadores. Le capitaine continua en ces termes, en souriant d'un air narquois :

— Cher huesped de mon cœur, nous ne refusons pas de nous charger de ta vengeance, d'autant plus que nous avions déjà l'intention d'arrêter le colonel.

— Ah! fit l'hôtelier, qui commençait à se rassurer.

— Oui ; seulement, après y avoir mûrement réfléchi, nous avions renoncé à ce projet ; le colonel est brave, il se défendra ; de plus, il a avec lui quatre hommes déterminés et bien armés... ma foi, il y avait trop à risquer ; mais si tu y tiens...

— Enormément, s'écria l'autre, trompé par le ton de fausse bonhomie du bandit.

— Fort bien, reprit celui-ci en changeant de ton; alors c'est une affaire que nous faisons ensemble. Or, toute affaire se paie, tu ne l'ignores pas, mon drôle.

Saccaplata fit un geste de désappointement en se tournant involontairement vers les salteadores, qui le regardaient d'un air goguenard.

— En conséquence, continua impassiblement le capitaine, tu vas me payer vingt onces pour ta vengeance, que je prends à mon compte, et dix pour ta rançon.

— Dieu me garde! s'écria l'hôtelier en joignant les mains avec désespoir, je n'ai jamais, même en rêve, possédé pareille somme.

— Cela m'est parfaitement indifférent. Je ne reviens, dans aucune circonstance, sur une détermination; un autre jour, tu y réfléchiras à deux fois, avant de venir te mettre à l'étourdie dans les serres *del Buitre*, L'orejada...

— Oh! monseigneur! s'écria le malencontreux Saccaplata, en tombant à genoux, je suis un pauvre diable, ayez pitié de moi, noble capitaine, je vous en supplie.

— Allons! qu'on en finisse!

Malgré ses cris et ses supplications, l'hôtelier fut saisi et emmené par ses gardiens, au milieu des rires et des sarcasmes des bandits, que le spectacle promis par le capitaine mettait en joie.

— Arrêtez! s'écria tout à coup l'hôtelier, je crois avoir sur moi un peu d'argent.

— Non! non! s'écrièrent les *salteadores*, qu'il donne tout ou bien l'*orejada*...

El Garrucholo fit un geste.

L'ordre se rétablit.

— Voyons? dit-il.

Le misérable poussa un soupir, et avec une difficulté extrême, après avoir fouillé dans toutes ses poches avec forces protestations qu'il était ruiné de fond en comble, lamentations et protestations que les bandits écoutèrent avec une indifférence stoïque, il parvint enfin à compléter un peu plus de la moitié de la somme.

— Hum! fit le lieutenant en empochant l'argent, ce n'est guères; mais je suis bon diable. Tu n'as pas davantage?

— Oh! je vous le jure, excellence, fit-il en retournant toutes ses poches.

— Enfin, reprit philosophiquement *el Garruchoʼo*, à l'impossible nul n'est tenu, et puisque tu n'as que cela...

— Bien sûr! fit l'autre, dont le visage se rasséréna et qui se crut sauvé.

— Eh bien! continua le lieutenant, qu'il ne soit attaché que par une oreille; il faut être juste.

Un éclat de rire immense de toute la troupe accueillit cette décision.

L'hôtelier fut enlevé, porté près d'un arbre, et avant qu'il eût compris ce qu'on voulait de lui, il poussa un cri de douleur horrible; un bandit, d'un coup de poignard, l'avait cloué à l'arbre par l'oreille droite.

— Là, voilà qui est fait, dit le lieutenant. Maintenant, je t'avertis que si tu continues à beugler ainsi, on te bâillonnera.

— Traîtres! bourreaux! assassins! tuez-moi!

— Non, mais écoute : cette blessure n'est rien, il t'est facile de te délivrer en tirant un peu; ton oreille sera déchirée, il est vrai, mais on ne peut pas tout avoir; aussitôt libre, retourne chez toi; un de nos amis t'accompagnera, et tu lui compteras le reste de la somme.

— Jamais! hurla l'hôtelier. Jamais! j'aime mieux mourir.

— Alors, fort bien, tu mourras, et puis après nous enlèverons ce que renferme la cachette que tu as si adroitement dissimulée dans le mur de ton *cuarto*, en plaçant devant un tableau de *Nuestra Senora de Guadalupe*. Hein? Qu'en penses-tu?

A peine le lieutenant finissait-il de parler que l'hôtelier, par un brusque mouvement, avait recouvré sa liberté.

Sans songer à son oreille affreusement mutilée, il se jeta aux genoux d'*el Garruch*o*.

— J'accepte, monseigneur, j'accepte; mais, je vous en prie, ne me ruinez pas.

— Je savais bien que tu comprendrais. Pars, drôle, et si cela peut te consoler, sache que tu seras vengé du colonel.

— Oui, murmura à part lui l'hôtelier, mais qui me vengera de toi? Merci, dit-il à haute voix, cette promesse me fait oublier ma douleur.

— Tant mieux! surtout pas de trahison, ou sans cela nous saurons te retrouver.

Saccaplata baissa la tête sans répondre.

Il comprenait que mieux eût valu pour lui demeurer tranquille chez lui, et, sans chercher une vengeance problématique qui lui coûtait trente onces d'or et une oreille, laisser les événemens suivre leur cours.

Arrivé chez lui, il acquitta le reste de sa rançon, et, fermant sa porte au nez du bandit qui l'avait accompagné et le remerciait d'un air goguenard, il se laissa tomber sur un banc, et, accablé par tant d'émotions terribles, il s'évanouit.

....

Le reste de la nuit, en apparence du moins, se passa calme et tranquille, et rien ne vint troubler le repos dont jouissaient les hôtes du *meson* de San-Juan.

Vers quatre heures du matin, les portes des *cuartos* des voyageurs commencèrent à s'ouvrir les unes après les autres; les lumières coururent dans les *patios*. Les cris des muletiers et les grelots de leurs montures éveillèrent le colonel et sa fille, en les avertissant qu'il était temps de se préparer au départ.

Don Sebastian, d'après les soupçons que lui avait suggérés don Cornelio, ne se souciait nullement, ayant avec lui une jeune fille, de se mettre en route avant le lever du soleil, surtout se trouvant dans l'obligation de traverser la gorge que nous avons décrite dans le précédent chapitre, où il était excessivement facile de tendre une embuscade.

Cette gorge, comme nous l'avons dit, nommée la *barranca del mal paso*, était fort mal famée. Depuis quelques mois, plusieurs meurtres s'y étaient accomplis, et le redoutable chef de *salteadores el Buitre*, passait pour y avoir établi son quartier général.

Nous savons à quoi nous en tenir sur cette dernière assertion.

Bien que doué d'un courage à toute épreuve, le colonel ne se souciait nullement d'aller pendant les ténèbres se jeter dans un guépier, dont il lui aurait été impossible de sortir sain et sauf.

A la lumière du soleil, il avait meilleur espoir, pour deux raisons : c'est que les domestiques qui l'accompagnaient étaient de vieux soldats aguerris au feu et fort attachés à sa personne; la seconde, c'est que les brigands mexicains sont généralement fort lâches, et que dès qu'ils trouvent une résistance sérieuse de la part de ceux qu'ils attaquent, ils renoncent immédiatement à la partie.

Ces deux raisons d'abord, et ensuite la

crainte d'effrayer sa fille et de l'exposer inutilement à des dangers impossibles à neutraliser pendant l'obscurité, engagèrent donc le colonel à laisser partir devant lui tous les autres voyageurs du *meson;* ceux-ci ne tardèrent pas, en effet, à quitter l'hôtellerie et à se disperser dans diverses directions,

Le senor Saccaplata, le visage pâle, les sourcils froncés et la tête enveloppée de bandes et de compresses, se promenait de long en large dans le *patio*, les bras derrière le dos, levant de temps en temps les yeux d'un air de mauvaise humeur vers la fenêtre du colonel, tout en grommelant à voix basse.

— Corps du Christ! est-ce qu'il ne se décidera pas bientôt à partir, ce pimpant colonel, si leste à faire donner la bastonnade aux pauvres gens? Mais il aura beau faire, il n'échappera pas au sort qui l'attend.

En ce moment, un homme parut dans le *patio* en râclant une *jurana* (guitare) et chantant à demi-voix :

> No sabe donde mirar,
> De todo teme y rezela ;
> Si al cielo teme su furia
> Porque hizo al cielo ofensa (1).
> ....

Ces vers, tirés de la romance du roi Rodrigue, bien que chantés peut-être sans intention maligne, se rapportaient cependant si bien à la position présente de l'hôtelier, qu'il se retourna tout effarouché du côté du malencontreux chanteur en l'apostrophant brutalement de sa voix la plus rauque.

— Au diable vos chansons! lui dit-il. Qu'avez-vous besoin de venir glapir ainsi à mes oreilles, lorsque vous devriez, au contraire, faire vos préparatifs de départ?

— Eh mais! c'est notre digne *huesped* en personne, répondit don Cornelio avec l'accent joyeux qui lui était habituel; comment! vous n'aimez pas la musique? Vous avez tort, mon hôte, car ce que je vous chante est réellement beau.

— C'est possible, fit l'autre d'un ton bourru; mais je vous serai obligé de me dispenser d'en entendre davantage.

— Oh! oh! vous n'êtes pas de bonne humeur, ce matin ; mais qu'avez-vous donc, que vous voilà si emmitouflé? Sur mon âme! seriez-vous malade. Oh ! je vois ce que c'est, vous aurez dormi la fenêtre ouverte et attrapé une rage de dents.

(1) Il ne sait où se tourner;
Il redoute ou se méfie de tout.
S'il a peur de la colère du ciel,
Pourquoi l'offense-t-il?

L'hôtelier devint vert de colère impuissante.

—*Caballero!* s'écria-t-il, prenez garde!

— A quoi? répondit paisiblement don Cornelio; le mal de dents ne se gagne pas, que je sache. Pauvre homme! la douleur le fait divaguer. Soignez-vous, mon bon, soignez-vous, je vous le conseille.

Et sans plus de cérémonie, il lui tourna le dos et reprit, au point où il l'avait laissé, le chant qui agaçait si fort l'hôtelier.

— Hum! murmura celui-ci, en lui montrant le poing par derrière, j'espère bien que tu attraperas quelque chose dans la bagarre, toi, avec ton air narquois! Ah! ajouta-t-il, voilà le soleil qui se lève, il se décidera peut-être enfin à descendre.

En effet, en ce moment le soleil apparaissait dans un flot de vapeurs et après un crépuscule dont la durée fut presque nulle, le jour succéda pour ainsi dire immédiatement à la nuit.

Don Cornelio, aidé par les domestiques du colonel, pansait les chevaux et sellait les mules, préparatifs qui eurent le privilége d'amener sur les lèvres renfrognées de l'hôtelier un sourire, soit dit en passant, dont l'expression plus que suspecte aurait peut-être donné fort à réfléchir au colonel, s'il avait pu l'apercevoir.

Soudain un bruit de chevaux se fit entendre au dehors, et par la porte laissée ouverte après le départ des *arrieros* et des autres voyageurs, deux hommes à cheval firent au grand trot leur entrée dans le *patio.*

A cette arrivée inattendue, l'hôtelier se retourna comme si un serpent l'avait piqué.

— Allons! murmura-t-il, à peine fait-il jour, que cette engeance maudite me tombe sur les bras!

Les deux arrivans, sans se préoccuper de la mauvaise humeur de l'hôte, mirent pied à terre, et ôtant la bride à leurs chevaux, ils les conduisirent à la noria afin de les faire boire.

Ces voyageurs étaient revêtus du costume des habitans des frontières, ils paraissaient âgés de quarante à quarante-cinq ans. De même que tous les voyageurs de ce bienheureux pays, où chacun ne doit compter que sur soi, ils étaient armés ; seulement, au lieu de la lance ou du fusil usités dans l'intérieur, ils avaient d'excellens rifles mexicains, particularité qui, outre leurs zarapés de facture indienne et leurs mustangs pleins de feu et à demi sauvages, les faisait reconnaître pour des Sonoriens, ou du moins pour des hommes domiciliés dans cet Etat.

L'hôtelier, voyant que les nouveau-venus

ne semblaient nullement s'occuper de lui, se décida enfin à faire quelques pas vers eux et à leur adresser la parole.

— Que demandez-vous ? leur dit-il.

— Rien, quant à présent, répondit le plus âgé, mais dès que nos chevaux auront fini de boire, vous leur donnerez à chacun une mesure de maïs et une botte d'alfalfa.

— Je suis le *mesonero* et non un *peon* ; ce n'est pas à moi de vous servir, fit-il brutalement.

Le voyageur qui avait parlé regarda l'hôtelier de travers.

— Que ce soit par vous ou par vos *criados*, peu m'importe, répondit-il sèchement; pourvu que l'ordre que je vous donne soit exécuté promptement, parce que je suis pressé.

Devant cette rebuffade, et surtout à cause du coup-d'œil qui l'avait accompagnée, le *huesped* jugea prudent de rentrer ses cornes et de prendre un ton plus conciliant.

Depuis quelques heures, le pauvre Saccaplata n'était pas heureux avec ses voyageurs; tous ceux que le ciel lui envoyait avaient l'air de *novillos* (jeunes taureaux) échappés du *toril*.

— Vos Excellences sont sans doute pressées de se remettre en route? dit-il d'une voix insinuante.

Les étrangers ne répondirent pas.

— Sans être trop curieux, reprit l'hôtelier qui ne se décourageait pas, puis-je savoir quelle direction comptent prendre vos honorables seigneuries?

L'un des voyageurs releva alors la tête, et regardant bien en face l'indiscret *mesonero* :

— Si on vous le demande, fit-il d'un ton goguenard, vous répondrez que vous ne le savez pas. Allez, mon brave homme, faites-nous servir, et soufflez votre propre *puchero* (mets en usage au Mexique) sans vous occuper du nôtre; vous pourriez le trouver trop chaud pour vous.

L'hôtelier baissa les épaules, et s'esquiva d'autant plus lestement qu'il venait d'apercevoir le colonel, qui en ce moment même entrait dans le *patio*, et qu'il ne se souciait pas de se rencontrer avec lui.

Les deux étrangers échangèrent un sourire entre eux, et sans plus de conversation, ils surveillèrent le peon, qui faisait manger à leurs chevaux la provende qu'ils avaient commandée.

V.

Don Sebastian était prêt à partir; il venait donner un dernier coup d'œil aux chevaux afin de faire descendre sa fille.

Don Cornelio s'approcha de lui dès qu'il l'aperçut, et après lui avoir souhaité le bonjour, il le tira un peu à l'écart, et lui parlant bas :

— Voyez donc, colonel, lui dit-il en lui désignant les étrangers, voilà de rudes compagnons, si je ne me trompe.

— En effet, répondit don Sebastian; je ne les avais pas encore aperçus.

— Ils ne font que d'arriver; ce serait de bonnes recrues ajoutées à notre troupe, s'ils consentaient à venir avec nous. Qu'en pensez-vous ?

— Je pense que vous avez raison, mais le voudront-ils?

— Pourquoi pas? s'ils suivent la même route que nous, ils retireront autant d'avantages de notre présence que nous de la leur.

— C'est vrai. Leur avez-vous parlé?

— Non; je vous l'ai dit, ils arrivent à l'instant; vous devriez essayer de les décider.

— Je ne vois pas d'inconvénient à le tenter du moins, répondit le colonel.

Quittant alors don Cornelio, il s'avança vers les étrangers, et les saluant poliment :

—Vous avez de magnifiques chevaux, caballeros, leur dit-il; je les reconnais pour être des prairies.

— Ce sont effectivement des chevaux des prairies, caballero, répondit un des étrangers en rendant le salut qui lui était fait.

— Vous terminez votre journée de bien bonne heure, continua le colonel. Avec des montures comme les vôtres, on doit cependant pouvoir faire de longues traites.

— Qui vous fait supposer, caballero, que notre journée soit finie ?

— Mais, votre arrivée dans cette hôtellerie d'aussi bon matin.

— Ah !... vous pourriez vous tromper.

— Pardonnez-moi mon indiscrétion, caballeros. Venez-vous de Guadalajara, ou bien y retournez-vous ?

— Caballero, répliqua sèchement celui des étrangers qui, jusqu'alors, avait porté la parole, nous vous pardonnons d'autant plus votre indiscrétion qu'il paraît que dans cette hôtellerie tout le monde passe son temps à faire des questions. Seulement, vous me permettrez de ne pas répondre à la vôtre; nous sommes de vieux voyageurs, mon ami et moi, et nous savons que sur les routes de ce pays on se repent souvent de trop raconter ses affaires, mais jamais de les garder pour soi.

Le colonel se redressa d'un air piqué.

— A votre aise, caballero, répondit-il froidement, je ne puis vous en vouloir de votre prudence; seulement je vous ferai observer que vous avez mal compris mes intentions; je ne voulais, au cas où vous auriez été dans la *tierra caliente*, que vous offrir mon escorte pour traverser un passage mal famé, où est embusquée en ce moment la troupe d'un bandit redoutable nommé *el Buitre*.

— Je connais l'homme de réputation, fit l'étranger d'un ton un peu plus affable; mon ami et moi nous suffirons, je l'espère, pour nous débarrasser de lui; cependant, bien que je n'accepte pas votre offre, je vous remercie de la cordialité qui, sans me connaître, vous a poussé à me la faire.

La conversation en demeura là; les deux hommes se saluèrent avec toutes les marques de la plus exquise politesse et se tournèrent le dos.

Le colonel, froissé de la façon dont ses avances avaient été reçues, donna l'ordre du départ et alla chercher sa fille.

Un instant après il reparut avec elle. La troupe se mit en selle, et sur un signe de don Sébastian, elle partit.

En passant devant les étrangers qui regardaient défiler la petite troupe, le colonel ôta son chapeau, ainsi que don Cornelio; dona Angela fit un salut gracieux qu'elle accompagna d'un charmant sourire.

Les étrangers se découvrirent respectueusement et s'inclinèrent profondément devant la cavalcade.

— Tiens, drôle, dit le colonel en jetant une once à l'hôtelier, qui assistait d'un air sournois au départ, voilà pour panser tes blessures.

Saccaplata ramassa vivement l'once, la serra dans sa poche et fit le signe de la croix en murmurant :

— Il t'en faudra beaucoup d'onces, à toi, pour guérir tes blessures!... Bah! ajouta-t-il avec un rire sinistre, c'est maintenant l'affaire del Buitre; qu'ils s'arrangent ensemble!

Lorsque don Sebastian eut quitté l'hôtellerie, il divisa sa troupe en trois corps, c'est-à-dire que deux de ses domestiques marchèrent en avant, le fusil sur la cuisse, deux autres en arrière, tandis que lui et don Cornelio, gardant dona Angela entre eux, se tinrent au milieu. Tout étant ainsi disposé, et l'ordre donné de veiller avec soin de tous les côtés, la cavalcade partit au grand trot.

Cependant, ainsi que nous l'avons dit, les deux étrangers étaient demeurés au *meson*.

Ils suivirent des yeux la petite troupe pendant assez longtemps, puis comme leurs chevaux avaient fini de manger, ils s'occupèrent à leur remettre le mords et à resserrer les sangles.

—Ma foi, don Luis, dit enfin le plus jeune à l'autre, tant pis, je n'y puis résister, il faut que je vous avoue ce que j'ai sur le cœur, ou sans cela j'étoufferais.

— Dites, mon ami, répondit son compagnon avec un sourire triste; pardieu! je sais aussi bien que vous ce qui vous préoccupe.

— Peut-être; cela m'étonnerait.

— Ecoutez donc alors, Belhumeur; vous vous demandez en ce moment pourquoi j'ai été si rude envers ce gentilhomme, que je ne connais pas, et que j'ai vu il y a un instant pour la première fois de ma vie.

— Ma foi! vous avez deviné; telle est en effet ma pensée; je cherche vainement la raison d'une conduite si extraordinaire de votre part, et je vous avoue que je renonce à la trouver.

— Ne cherchez pas davantage, ami, j'ai été malgré moi guidé par un pressentiment secret, une espèce d'instinct incompréhensible qui me poussait contre ma volonté à agir ainsi que je l'ai fait.

— Voilà qui est étrange.

— Oui, n'est-ce pas? Vous savez l'impression de répulsion instinctive que l'on éprouve à l'attouchement d'un reptile?

— Sans doute.

— Eh bien! lorsque cet homme s'est avancé vers moi, avant même de le voir, je le sentais, pour ainsi dire; mon cœur battait avec force; lorsqu'il m'a parlé, j'ai éprouvé une douleur subite incompréhensible, et je me suis senti défaillir.

Belhumeur l'examina un instant avec la plus grande attention.

— Et vous concluez de cela? fit-il.

— Je conclus que cet homme doit, à un moment donné, être mon ennemi; qu'il se dressera devant moi, sombre et implacable, et qu'un jour il me sera fatal!

— Allons, mon ami, cela n'est pas possible: vous quittez ce pays pour n'y revenir jamais, puisque, malgré toutes vos recherches, vous n'avez pu découvrir celui pour qui vous étiez venu ici. L'homme que vous avez rencontré ce matin est officier supérieur dans l'armée mexicaine, il est peu probable qu'il quitte son pays; tout s'y oppose; où pourriez-vous vous rencontrer?

— Je ne sais, Belhumeur; je ne cherche ni à deviner ni à prévoir l'avenir. Il est évident qu'après vous avoir laissé à l'hacienda de la Poloma, je me rendrai à Guaymas, où je m'embarquerai, je ne sais encore pour quelle contrée, et que mon intention formelle est de ne jamais remettre le pied sur le sol mexicain; et cependant, je vous le répète, bien que cela paraisse absurde, je suis convaincu que cet homme sera mon ennemi un jour, et que l'un de nous deux tuera l'autre.

— Allons, allons, je ne veux pas discuter avec vous sur ce sujet; mieux vaut, je crois, nous mettre en route; nous avons aujourd'hui une longue traite à faire.

—C'est vrai, mon ami, partons, et ne pensons plus à mes pressentimens; il en sera ce qu'il plaira à Dieu.

— Amen! répondit Belhumeur, voilà comme j'aime vous voir; ainsi vous ressemblez à mon brave Rafael, mon cher Cœur-Loyal, à qui, avant de vous quitter, je veux vous présenter.

— Vous me ferez le plus grand plaisir.

Ils montèrent leurs chevaux, payèrent l'hôte et quittèrent à leur tour le meson de San Juan, prenant au pas le chemin de la *barranca del mal paso*, sur lequel le colonel les avait précédés.

Ils cheminèrent pendant quelque temps silencieux auprès l'un de l'autre; enfin le Canadien, qui ne pouvait longtemps rester sans parler, prit la parole :

—Ne trouvez-vous pas, don Luis, dit-il, que, en supposant que ce que le colonel nous a dit soit vrai, deux hommes comme nous lui seraient fort utiles?

— Que nous importe? répondit brusquement don Luis.

— A nous, rien; et certes, s'il ne s'agissait que de ce soldat qui vous est si antipathique, je ne m'en occuperais pas davantage et je le laisserais comme il l'entendrait se tirer d'affaire avec les bandits.

—Eh bien?

—Ne me comprenez-vous pas?

—Non, sur l'honneur.

— N'avez-vous pas vu la charmante enfant qui l'accompagne?

— Sans doute.

—Ne serait-il pas affreux...

— Vive Dieu! interrompit vivement le comte de Prébois-Crancé, que le lecteur a sans doute reconnu déjà, ce serait affreux! Comment cette pensée ne m'est-elle pas venue? Pauvre jeune fille! En avant, Belhumeur, en avant! il faut la sauver!

— Ah! s'écria le Canadien, je savais bien que je trouverais l'endroit sensible, enfin!

Les deux hommes se courbèrent sur le cou de leurs chevaux, et partirent rapides comme la tempête.

A peine avaient-ils fait un mille, que des cris et des coups de feu parvinrent à leurs oreilles.

— En avant! morbleu! en avant! hurla le comte en excitant encore son cheval.

— En avant! répéta Belhumeur.

Ils s'engouffrèrent dans la *barranca* avec une rapidité vertigineuse et tombèrent comme deux démons au milieu des bandits, qu'ils saluèrent de deux coups de feu; puis, saisissant leurs rifles par le canon, ils s'en servirent comme de massue, bondissant dans la mêlée avec une rage indicible.

Il était temps que ce secours arrivât au colonel; trois de ses domestiques étaient tués, don Cornelio gisait blessé sur le sol, don Sébastian, appuyé contre la paroi de granit, se défendait en désespéré contre cinq ou six bandits qui l'assaillaient.

El Buitre s'était emparé de dona Angela, et l'enlevant dans ses bras robustes, il l'avait jetée en travers sur sa selle, malgré ses cris et sa résistance.

Mais tout à coup don Luis asséna un coup de crosse sur le crâne du bandit, le fit rouler à terre comme une masse et délivra la jeune fille.

Belhumeur, pendant ce temps, ne restait pas inactif; il blessait et foulait aux pieds de son cheval tous ceux qui osaient s'opposer à son passage.

Les *salteadores*, surpris par cette attaque subite à laquelle ils étaient loin de s'attendre, effrayés du carnage que les arrivans faisaient de leurs compagnons, et ne sachant combien d'ennemis ils allaient avoir sur les bras, furent pris d'une peur panique et s'enfuirent dans le plus grand désordre en escaladant les rochers.

Grâce à *el Garrucholo*, qui, au péril de sa vie, chargea sur ses épaules son capitaine, qu'il ne voulut pas abandonner, *el Buitre* échappa cette fois encore au *garote*.

Les *salteadores* avaient dans cette échauffourée perdu les deux tiers de leurs compagnons.

Lorsque le calme fut rétabli et que les bandits eurent complétement disparu, don Sebastian remercia chaleureusement les deux aventuriers du secours qu'ils lui avaient porté si à propos.

Don Luis reçut poliment, mais très froidement, les avances du colonel, se bornant à lui dire que s'il avait été assez heureux pour lui sauver la vie, il trouvait sa récompense dans son propre cœur, et que cela lui suffisait; mais, malgré les vives instances du colonel, il refusa de lui faire connaître qui il était, alléguant pour raison qu'il allait quitter pour toujours le Mexique, et qu'il ne voulait pas le charger d'un fardeau aussi lourd que la reconnaissance.

A cette parole, dona Angela s'approcha de don Luis, et avec un sourire de doux reproche :

— Il est tout naturel, lui dit-elle, que vous qui nous avez sauvé la vie, vous l'oubliiez ou du moins n'y attachiez qu'une minime importance; mais mon père et moi nous en conserverons un éternel souvenir.

Et avant que don Luis pût s'y opposer, la charmante enfant bondit comme une jeune biche, lui jeta les bras autour du cou et lui présentant son front pur et encore un peu pâle :

— Embrassez-moi, mon sauveur, lui dit-elle avec des larmes dans la voix.

Le comte, ému malgré lui par cette action d'une si naïve franchise, déposa un respectueux baiser sur son front en se détournant pour ne pas laisser lire l'impression douce et douloureuse à la fois que lui faisait éprouver une action si simple.

La jeune fille, souriante et rougissante, se réfugia, honteuse, dans les bras de son père, en laissant dans la main de don Luis une petite relique qu'elle portait habituellement au cou.

— Gardez-la, lui dit-elle, avec cette douce superstition espagnole si remplie de grâce, elle vous portera bonheur.

— Oui, je la garderai, senorita, répondit le comte en la cachant dans sa poitrine, pour me souvenir du moment de bonheur qu'à votre insu vous m'avez fait éprouver aujourd'hui, en me prouvant que malgré mes malheurs mon cœur n'était pas encore aussi mort que je le croyais.

On fit alors les préparatifs de départ. Don Sebastian, privé de ses domestiques, ne pouvait songer à continuer son voyage ; il voulait retourner à Guadalajara, afin de prendre une autre escorte qui lui permît de ne plus exposer sa fille à un danger semblable à celui auquel elle n'avait échappé que par miracle. Seulement le colonel était fort embarrassé de don Cornelio, qu'il ne voulait pas abandonner, et que cependant il ne savait comment transporter.

— Je me charge de cet homme, caballero, lui dit alors don Luis; ne vous en occupez pas davantage; mon ami et moi, nous ne sommes pas fort pressés, nous le conduirons au *meson* de San-Juan, où nous ne le quitterons qu'après complète guérison.

Deux heures après, les deux troupes se séparèrent devant le *meson* de Saccaplata, qui les vit revenir d'un air effaré; mais le colonel jugea à propos, dans l'intérêt de don Cornelio, de paraître ignorer la part que l'hôtelier avait prise à l'attaque dont lui et sa fille avaient failli être victimes.

Don Sébastian et don Luis se quittèrent en se saluant froidement comme des hommes qui sont persuadés qu'ils ne se reverront jamais.

Mais nul ne peut prévoir l'avenir, et à leur insu le hasard devait les placer plus tard face à face dans des circonstances étranges dont, certes, en ce moment, ni l'un ni l'autre ne soupçonnaient la réalisation.

FIN DU PROLOGUE.

PREMIÈRE PARTIE.

LES AVENTURIERS.

I.

Avant la découverte des riches *placeres* des environs de San-Francisco, la Californie était complétement sauvage et à peu près inconnue. Le port de San-Francisco, le plus beau et le plus vaste du monde, appelé dans un avenir prochain à devenir l'entrepôt du commerce dans le Pacifique, n'était alors fréquenté que par les baleiniers, qui, à l'époque où les baleines se retirent dans les eaux basses, venaient les y pêcher, les dépecer et fondre leur huile.

Quelques Indiens Têtes-Plates erraient à

l'aventure dans les vastes forêts qui couvraient le littoral, et dans cette contrée, dont l'industrie s'est aujourd'hui emparée et qui entre à pleines voiles dans le mouvement du progrès, les bêtes fauves régnaient seules en maîtresses.

Un ancien officier de la garde suisse du roi Charles X avait fondé une colonie malingre sur le territoire de San-Francisco, et exploitait tant bien que mal des bois de construction, qu'il débitait et mettait en planches au moyen de quelques moulins à eau.

Voilà quel était à peu près l'état dans lequel croupissait cette magnifique contrée, lorsque tout à coup éclata comme un coup de foudre la nouvelle de la découverte des riches placers en Californie.

Alors, comme si ce pays eût été soudain touché par la baguette magique d'un puissant enchanteur, il fut subitement transformé. De tous les coins du monde, les aventuriers y affluèrent, apportant avec eux cette fiévreuse activité et cette audace sans bornes qui ne connaissent pas de difficultés et surmontent tous les obstacles.

Là, où quelques jours auparavant s'étendaient de sombres et mystérieuses forêts vieilles comme le monde, une ville fut créée, improvisée, et en quelques mois à peine compta ses habitans par dizaines de milliers; son port, si longtemps désert, regorgea de navires de toutes sortes et de toute grandeur, et la fièvre de l'or renouvela les saturnales des conquérans espagnols du moyen-âge.

Alors, pendant quelque temps, ce pays offrit à l'œil de l'observateur le spectacle le plus hideux, le plus grandiose, le plus navrant et le plus saisissant qui se puisse imaginer.

Tout était mêlé, confondu, bouleversé; c'était un tohu-bohu, un chaos, un gâchis impossible à décrire, où rien n'existait plus, où tout lien était rompu, toute idée sociale à néant, et dans cet épouvantable pêle-mêle, dans cette effroyable course aux placers, se vautraient les truands et les gentilshommes, les soldats et les prêtres, les diplomates et les médecins, tous courant, hurlant, se bousculant, jouant du poignard ou du revolver, n'ayant plus qu'une idée, qu'un instinct, qu'une passion, l'or.

Pour de l'or ces gens eussent tout vendu: conscience, honneur, probité, tout, jusqu'à eux-mêmes!

Nous n'entrerons pas dans de plus grands détails sur cette période inouïe, pendant laquelle la Californie sortit du néant pour venir enfin, après dix ans de luttes terribles, prendre rang parmi les peuples civilisés. D'autres plumes bien autrement éloquentes que la nôtre ont entrepris la rude tâche de nous faire l'histoire de ces péripéties saisissantes.

Nous nous bornerons à constater qu'à l'époque où se passa l'histoire que nous nous proposons de raconter, l'or venait à peine d'être découvert et la Californie se débattait convulsivement sous le coup de son plus fort accès de *delirium tremens*.

C'était environ trois ans après les événemens que nous avons rapportés dans notre précédent chapitre.

Dans la *sierra Nevada*, sur les versans pittoresques qui descendent graduellement jusqu'à la mer, au sein d'une immense forêt vierge, à cent lieues de San-Francisco, entre cette dernière ville et *los Angeles*, la chaleur avait été étouffante pendant le jour; au coucher du soleil, la brise de mer s'était élevée et avait un peu rafraîchi l'atmosphère. Cependant la brise était tombée presque aussitôt, et la température était redevenue lourde et accablante.

Les arbres, immobiles, cachaient sous leurs épaisses ramures les oiseaux de toutes sortes, qui, tapis sous la feuillée, ne révélaient par intervalles leur présence que par des cris aigus et discordans; de hideux alligators, vautrés dans la fange des marécages ou cramponnés aux troncs des arbres morts, épars çà et là, étaient les seuls êtres vivans qui animassent le paysage, rendu plus sombre et plus morne par la lueur pâle, incertaine et tremblotante des rayons de la lune, qui filtraient à grand'peine à travers les rares éclaircies du dôme de verdure de la forêt et se jouaient capricieusement et fantastiquement sur les arbres et les branches sans parvenir à diminuer la mystérieuse obscurité qui régnait sous le couvert.

Un bruit de pas de chevaux se fit entendre dans une des innombrables sentes tracées par les pieds des bêtes fauves, et dont les réseaux inextricables se croisent dans tous les sens pour aboutir à des cours d'eau inconnus servant d'abreuvoirs aux redoutables hôtes du désert; et deux hommes débouchèrent dans une clairière formée par la chute de plusieurs arbres morts de vieillesse, et dont les troncs moussus étaient déjà en décomposition.

Les deux hommes que nous mettons en scène étaient tous deux revêtus du costume des chasseurs ou coureurs des bois, armés du rifle américain, du long couteau et du *machete*; une *reata* roulée et attachée à l'arçon de la selle les faisait reconnaître pour des partisans des frontières mexicaines.

Tous deux semblaient avoir passé le milieu de la vie.

Mais là finissait entre eux la ressemblance; car au premier coup-d'œil il était facile de deviner que l'un appartenait à la race européenne du Nord, tandis que son compagnon, au contraire, par la teinte olivâtre de sa peau et les traits anguleux de son visage, offrait le type parfait des Indiens originaires du Chili, si éloquemment célébrés par Ercilla, et connus dans l'Amérique du Sud sous le nom de *Araucanos*, race forte, intelligente, énergique, la seule de toutes les nations aborigènes du Nouveau-Monde qui ait su jusqu'aujourd'hui conserver sa nationalité et faire respecter son indépendance.

Ces deux hommes, que le lecteur a sans doute reconnus déjà, s'il a lu nos précédens ouvrages, étaient Valentin Guilois, le chercheur de pistes, et Curumilla, son silencieux et tout dévoué compagnon, depuis que le hasard avait, tant d'années auparavant, conduit Valentin en Araucanie.

Les années, en s'accumulant sur la tête des deux hommes, n'avaient apporté que peu de changement dans leur apparence extérieure; ils étaient toujours aussi droits et semblaient aussi vigoureux.

Seulement, quelques plis de plus s'étaient creusés sur le front rêveur du Français, et quelques fils argentés ajoutés aux mèches de sa chevelure; ses traits, plus anguleux, avaient maintenant des lignes fermes et arrêtées, que seules produisent la réflexion et les longues luttes vaillamment soutenues; son œil était toujours aussi franc, mais l'éclair qui s'en échappait était plus profondément incisif, et sa physionomie avait cette expression mélancoliquement résignée que les déceptions de toutes sortes et les grandes douleurs impriment d'une façon indélébile sur le visage des hommes forts que les orages terribles de la vie ont souvent courbés, sans pourtant jamais les abattre.

L'Indien était toujours morose, concentré; l'âge, qui avait eu encore moins de prise sur son organisation que sur celle de son compagnon, avait seulement augmenté dans d'énormes proportions la taciturnité habituelle du digne Araucan et jeté sur son visage sombre un voile plus épais de ce fatalisme impassible particulier à la race aborigène de l'Amérique.

Les deux hommes s'avançaient lentement, côte à côte, semblant plongés dans de sérieuses réflexions.

Parfois Valentin s'arrêtait, jetait un regard investigateur autour de lui, puis il reprenait sa marche en secouant la tête d'un air de doute.

Chaque fois que le chasseur retenait ainsi la bride de son cheval, Curumilla l'imitait, mais sans témoigner par aucun signe ni par aucun geste qu'il s'intéressât le moins du monde à la manœuvre à laquelle se livrait son ami.

Cependant la forêt se faisait à chaque pas plus épaisse, les sentes devenaient plus étroites, et tout semblait présager que bientôt les chevaux ne pourraient plus avancer, empêchés par les lianes qui se croisaient, s'enchevêtraient et s'enroulaient de façon à former presqu'un rideau devant eux.

Les deux cavaliers atteignirent enfin, après des difficultés extrêmes, la clairière dont nous avons parlé plus haut; arrivé là, Valentin s'arrêta, et poussant un soupir de soulagement :

— Pardieu! dit-il, Curumilla, mon ami, j'ai été bien fou de vous croire et de vous suivre jusqu'ici; il est évident que nous sommes perdus.

L'Indien secoua négativement la tête.

— Hum! je sais que vous autres vous avez un merveilleux talent pour suivre une piste, et que sans jamais être venus dans un endroit, il est rare que vous vous égariez. Cependant, ni vous ni moi n'avons jusqu'à présent parcouru ces parages, qui nous sont parfaitement inconnus; l'obscurité est si complète, que c'est à peine si je distingue les objets à deux pas devant moi. Croyez-moi, convenez-en, nous sommes perdus. Pardieu! ces choses-là arrivent à tout le monde. Je suis d'avis de nous arrêter ici et d'attendre le lever du soleil avant que de reprendre nos recherches, d'autant plus que, depuis près de deux heures, il nous a été impossible de découvrir la moindre trace qui nous prouvât que nous sommes toujours sur la bonne voie.

Curumilla, sans répondre, mit pied à terre, explora la clairière dans tous les sens; puis, au bout de quelques minutes, il revint auprès de son ami et fit le geste de remonter à cheval.

Valentin avait attentivement suivi ses mouvemens.

— Eh bien! lui dit-il en l'arrêtant, vous n'êtes pas encore convaincu?

— Une heure de plus, répondit l'Indien en se dégageant doucement et se remettant en selle.

— Parbleu! fit Valentin, je vous avoue que je commence à me fatiguer de jouer ainsi à cache-cache dans cette inextricable forêt, et si vous ne me donnez pas une preuve positive de ce que vous avancez, je suis résolu à ne pas bouger d'ici.

Curumilla se pencha vers lui, et lui montrant un objet d'assez petite dimension qu'il tenait à la main.

— Regardez, dit-il.

— Eh! fit Valentin avec étonnement, après avoir soigneusement examiné l'objet que lui avait remis son compagnon, que diable est-ce là? Eh! mais, reprit-il presque aussitôt, comment ne l'ai-je pas reconnu de suite? C'est un porte-cigare et fort beau, ma foi; il y a même, si je ne me trompe, encore un cigare dedans.

Il demeura un instant pensif.

— Il est vrai, reprit il, qu'il y a bien longtemps que je n'ai vu ces produits luxueux de la civilisation, que j'ai reniés, pour mener la vie d'un franc chasseur. Où avez-vous trouvé cela, Curumilla?

— Ici, répondit-il, en étendant le bras.

— Bon! le propriétaire de cet étui ne doit pas en effet être fort loin de nous, poussons donc en avant.

Il cacha le porte-cigare, et les deux cavaliers reprirent leur route.

Après avoir traversé la clairière, la sente dans laquelle ils s'engagèrent, après s'être encore rétrécie la longueur d'un mille à peu près, commença peu à peu à s'élargir, et bientôt, grâce à quelques rayons de lune qui les éclairèrent, ils reconnurent que cette sente était foulée par un grand nombre d'animaux à pieds fourchus qui, à droite et à gauche, avaient froissé les buissons et brisé les branches : ces traces étaient toutes fraîches encore.

— Allons, fit gaiement Valentin, j'avais tort tout à l'heure, Curumilla; nous étions bien réellement dans la bonne voie, et je crois que nous ne tarderons pas à rencontrer enfin ceux que nous cherchons depuis si longtemps.

Quelque chose comme un sourire sembla vouloir contracter les traits de l'Indien; mais cette tentative ne fut pas heureuse et s'arrêta à la grimace.

Soudain Curumilla posa la main sur la bride du cheval de son compagnon, et se penchant en avant :

— Ecoutez, lui dit-il.

Valentin prêta l'oreille attentivement; malgré cela quelques minutes s'écoulèrent avant qu'il pût distinguer autre chose que ces bruits confus et mystérieux, qui ne s'éteignent jamais au désert; enfin quelque chose comme une note musicale, apportée sur l'aile de la brise, vint doucement mourir à son oreille.

Le chasseur se redressa avec surprise.

— Ah! pardieu! s'écria-t-il, voilà un musicien qui choisit bien son temps pour se donner un concert. Je suis curieux de voir de plus près un tel original. En avant! en avant!

Après avoir encore marché pendant à peu près la longueur d'un quart de mille, ils commencèrent à voir briller les lueurs d'un feu à travers les arbres, et ils entendirent distinctement une voix mâle et sonore qui chantait en s'accompagnant sur la *jurana*.

Les chasseurs s'arrêtèrent étonnés et écoutèrent.

— Vive Dieu! murmura le Français, c'est le romancero du roi Rodrigo, chanté par une voix inconnue pendant la nuit au fond d'une forêt vierge de l'Amérique; jamais cette puissante poésie ne m'était autant arrivée au cœur! En effet, tout ici est en harmonie avec ce chant si triste et si véritablement désespéré. Quel qu'il soit, je veux voir l'homme qui vient à son insu de me donner quelques instans d'une si douce émotion; serait-ce le diable en personne, je lui serrerai la main avant que les dernières mesures de l'air aient fini de vibrer à travers les cordes de sa *jurana*.

Et sans plus délibérer, Valentin, après avoir fait signe à Curumilla de le suivre, entra résolûment dans le cercle de lumière.

Au bruit du pas des chevaux, par un mouvement prompt comme la pensée, l'inconnu rejeta sa *jurana* derrière son dos, et il se trouva debout, un sabre de la main droite et un revolver de la main gauche.

— Holà! cria-t-il résolûment, arrêtez-vous, s'il vous plaît, caballero, ou bien je fais feu.

— Gardez-vous-en bien, senor, répondit Valentin, qui jugea cependant prudent d'obéir à l'ordre qui lui était donné, vous risqueriez de tuer un ami, et ils sont assez rares au désert pour que, lorsque par hasard on en rencontre, on ne les reçoive par le pistolet au poing.

— Hum! je souhaite que vous disiez vrai, caballero, reprit l'autre toujours sur la défensive; cependant je vous serai obligé de m'expliquer en deux mots qui vous êtes et ce que vous cherchez, avant que la connaissance devienne plus intime entre nous.

— Qu'à cela ne tienne, caballero; je ne vois aucun inconvénient à satisfaire votre désir, d'autant plus que la prudence est une des vertus théologales recommandées dans les régions où nous nous trouvons.

— Vive Dieu! vous me faites l'effet d'être un bon compagnon; j'espère que nous deviendrons amis avant peu, et pour vous prouver que j'en ai fermement le désir et en même temps, pour exciter votre confiance, je commencerai à vous faire connaître qui je suis, ce qui ne sera pas long.

— Dites donc, je vous en prie.

L'inconnu repassa alors son revolver à sa ceinture, fit deux ou trois pas en avant, ôta de la main gauche son large chapeau, dont la longue plume balaya la terre, et saluant respectueusement son interlocuteur.

— Senor caballero, dit-il avec une grâce et une politesse infinies, je me nomme don Cornelio Mendoza de Arrizabal, gentilhomme des Asturies, noble comme le roi et gueux en ce moment comme Job de bohémienne mémoire; les quelques *novillos* (jeunes taureaux) couchés autour de moi sont ma propriété et celle de mon associé absent, quant à présent, à la recherche de quelques membres égarés de notre commun troupeau, mais que j'attends d'un instant à l'autre. Ces animaux ont été achetés par nous à Los Angeles, et nous les conduisons à San-Francisco, avec l'intention de les vendre de notre mieux aux chercheurs d'or et autres aventuriers réunis dans cette ville fantastique.

Après avoir prononcé ce petit discours, le jeune homme salua de nouveau, remit son chapeau sur sa tête, piqua la pointe de son sabre sur sa botte et attendit le pied en avant et le poing sur la hanche.

Valentin l'avait écouté attentivement, et lorsqu'il avait parlé de son associé un éclair de joie avait brillé dans ses yeux.

— *Caballero*, répondit-il en se découvrant à son tour, mon ami et moi nous sommes deux coureurs des bois, chasseurs ou trouveurs de traces, selon qu'il vous plaira de nous nommer : attirés par la lumière de votre feu et le chant harmonieux qui a frappé notre oreille, nous nous sommes dirigés de votre côté dans le but de réclamer de vous cette hospitalité qui ne se refuse jamais au désert, offrant de partager nos provisions avec vous et de vous être bons compagnons tant que nous demeurerons en votre agréable compagnie.

— Soyez les bienvenus, caballeros, répliqua noblement don Cornélio, et veuillez considérer comme vous appartenant le peu que nous possédons.

Les chasseurs s'inclinèrent et mirent pied à terre.

II.

La réception faite par don Cornelio aux chasseurs fut empreinte de cette gracieuse bienveillance et de cette charmante désinvolture qui distinguent si éminemment le caractère espagnol.

Bien que les ressources de l'aventurier fussent fort restreintes, cependant il offrit si complaisamment et avec tant de bonne humeur le peu qu'il possédait à ses hôtes, que ceux-ci ne surent bientôt comment le remercier des attentions qu'il leur prodiguait.

Après avoir soupé tant bien que mal avec du *tasajo* et des *tortillas* de maïs arrosées de *pulque* et de *mescal*, ils s'enveloppèrent avec soin dans leurs zarapés, s'étendirent sur la terre, les pieds au feu, et bientôt ils semblèrent plongés dans un profond sommeil.

Don Cornelio reprit sa *jurana*, et s'adossant au tronc d'un méleze il chanta à demi-voix, tout en s'accompagnant en sourdine, une de ces interminables chansons du *romancero* espagnol, afin de se tenir éveillé en attendant le retour de son associé.

Le campement où se trouvaient nos personnages ne manquait certes pas d'un aspect pittoresque, aux lueurs incertaines du feu qui se reflétaient fantastiquement sur les têtes de cent ou cent cinquante *novillos* couchés près les uns des autres, ruminant ou dormant, et des chevaux qui broyaient leur provende à pleine bouche, en renaclant et frappant du pied, tandis que l'Espagnol râclait sa guitare et que les deux chasseurs dormaient paisiblement. Cette scène, si simple et si singulière à la fois, était digne du crayon de Callot, le peintre de la fantaisie.

Deux heures s'écoulèrent ainsi sans que rien vînt troubler le repos dont jouissait le campement; la lune baissait de plus en plus à l'horizon. Les doigts de don Cornelio s'engourdissaient, ses yeux se fermaient, et parfois, malgré ses efforts pour demeurer éveillé, sa tête tombait sur sa poitrine. En désespoir de cause, l'Espagnol, vaincu malgré lui par la fatigue, allait s'abandonner au sommeil qui l'accablait, lorsqu'un bruit soudain le tira brusquement de la somnolence qui l'envahissait, et lui rendit la plénitude de ses idées et de ses autres facultés.

Peu à peu ce bruit, d'abord vague et indistinct, devint plus fort, et un cavalier armé d'un long aiguillon, déboucha dans la clairière, chassant devant lui une douzaine de *novillos* et de taureaux à demi sauvages.

Après avoir été aidé par don Cornelio à parquer les animaux égarés qu'il venait de ramener, l'associé, qui n'était autre que le comte Louis de Prébois-Crancé, mit pied à terre, et s'assit devant le feu, avec cette nonchalance et cette mollesse de mouvemens que produisent sur les natures énergiques, non pas la fatigue, mais le découragement et la lassitude morale.

— Ah! fit-il en jetant un regard de côté sur les deux hommes étendus devant le feu, et qui, malgré le bruit causé par son arrivée, dormaient toujours où du moins en avaient l'apparence, il nous est venu des visiteurs?

— Oui, répondit don Cornelio, deux chasseurs des grandes prairies; je n'ai pas cru devoir leur refuser l'hospitalité.

— Vous avez bien fait, don Cornelio; nul n'a le droit au désert de refuser à l'étranger qui le demande courtoisement la chaleur du foyer et la moitié de son *tasajo*.

— C'est ce que j'ai pensé.

— Maintenant, mon ami, étendez-vous auprès de nos hôtes, et reposez-vous; cette longue veille, après la dure journée d'hier, doit vous avoir fatigué outre mesure.

— Mais vous, don Luis, pourquoi ne dormez-vous pas quelques instans? le repos vous doit être encore plus nécessaire qu'à moi-même.

— Laissez-moi veiller, mon ami, répondit le comte avec un sourire triste; le repos n'est plus fait pour moi.

Don Cornelio n'insista pas; habitué depuis longtemps au caractère de son compagnon, il jugea inutile de faire de plus longues objections. Quelques minutes plus tard, enveloppé de son zarapé et la tête sur sa jurana en guise d'oreiller, il dormait d'un profond sommeil.

Don Luis jeta quelques brassées de bois sec dans le feu, qui menaçait de s'éteindre, croisa les bras sur sa poitrine, et s'appuyant le dos contre un arbre, les yeux fixés devant lui, avec cette expression vague de l'homme pour qui les objets extérieurs n'existent plus, il se concentra en lui-même et s'abîma dans ses pensées, tristes et bien amères sans doute, car bientôt deux larmes jaillirent de ses yeux et coulèrent lentement sur ses joues pâlies, tandis que des soupirs étouffés s'exhalaient de sa poitrine et que des paroles entrecoupées s'échappaient de ses lèvres, brisées entre ses dents par la douleur.

Plusieurs heures s'écoulèrent ainsi, Louis, toujours plongé dans ses tristes réflexions, Valentin debout derrière lui appuyé sur son rifle et fixant sur lui un regard d'une expression étrange.

Aussitôt que le comte, après avoir obligé don Cornelio à prendre du repos, s'était laissé aller accablé au pied d'un arbre, le chasseur, qui paraissait dormir si profondément, avait soudain ouvert les yeux, s'était levé, et doucement, pas à pas, s'était rapproché de lui.

Cependant les étoiles s'éteignaient les unes après les autres dans les profondeurs du ciel; une bande couleur d'opale commençait à rayer faiblement l'horizon; les oiseaux s'éveillaient sous la feuillée : le lever du soleil était proche. Don Luis laissa tomber sa tête sur sa poitrine.

— Pourquoi lutter plus longtemps? murmura-t-il d'une voix basse et sombre; à quoi bon aller plus loin?

— Voilà des paroles bien désespérantes dans la bouche d'un homme aussi fort que le comte Louis de Prébois-Crancé, dit avec un ton de reproche doux et sympathique une voix basse, mais ferme, à son oreille.

Le comte tressaillit comme s'il avait reçu un choc électrique, un frémissement convulsif agita tous ses membres, et, d'un bond, il fut debout, examinant d'un œil hagard, le front pâle et les traits décomposés, l'homme qui venait si à l'improviste de répondre aux paroles que lui avaient arrachées la douleur.

Le chasseur n'avait pas changé de position; son œil restait obstinément fixé sur lui avec une expression de mélancolique pitié et de bonté paternelle.

— Oh! murmura le comte avec épouvante en passant sa main sur son front moite de sueur, ce n'est pas lui, ce ne peut être lui! Valentin, mon frère! toi que je n'osais plus espérer revoir! réponds, au nom du ciel! est-ce toi?

— C'est moi, frère, répondit doucement le chasseur, moi, que Dieu met une seconde fois sur ta route, lorsque tout semble de nouveau te manquer.

— Oh! fit le comte avec une expression impossible à rendre, voici bien longtemps que je te cherche, bien longtemps que je t'appelle.

— Me voilà!

— Oui, reprit-il en secouant la tête avec découragement, te voilà, Valentin; mais maintenant, hélas! il est trop tard. Tout est mort en moi désormais : foi, espoir, courage; il ne me reste plus rien, rien que le désir de me coucher enfin dans le sépulcre où sont enfouies toutes mes croyances et tout mon bonheur disparu hélas à jamais.

Valentin demeura muet pendant quelques minutes, couvrant son ami d'un regard à la fois doux et sévère; un flot de souvenirs monta au cœur du chasseur, et deux larmes brûlantes s'échappèrent de ses yeux et coulèrent lentement sur ses joues brunies.

Puis, peu à peu, sans effort apparent, il attira à lui le comte, appuya sa tête sur sa large et loyale poitrine, et le baisant au front:

— Tu as donc bien souffert, mon pauvre Louis, lui dit-il avec tendresse. Hélas! hélas! je n'étais pas là pour te soutenir et te protéger; mais, ajouta-t-il en dirigeant vers le ciel un regard d'amère tristesse et de résignation sublime, moi aussi, Louis, moi aussi, au fond de ces déserts, où j'avais cherché un refuge, j'ai enduré de cuisantes douleurs; bien des fois je me suis senti étreindre par le désespoir; souvent mes tempes se sont serrées sous la pression de la folie furieuse qui envahissait mon cerveau, mon cœur s'est brisé au choc des angoisses terribles dont j'étais abreuvé,et pourtant, frère, ajouta-t-il d'une voix douce et remplie d'une mélodie ineffable, pourtant je vis, je lutte et j'espère! dit-il si bas que ce fut à peine si le comte put l'entendre.

— Oh! que béni soit le hasard qui nous rassemble enfin, lorsque je désespérais de te revoir, Valentin!

— Le hasard n'existe pas, frère, c'est Dieu qui prépare l'accomplissement de tous les événemens; je te cherchais.

— Tu me cherchais, moi! par ici?

— Pourquoi non? Toi-même, n'est-ce pas afin de me retrouver que tu es venu au Mexique?

— Oui, mais comment l'as-tu appris?

Valentin sourit.

— Il n'y a rien d'extraordinaire là dedans. Si tu le désires, en quelques mots je te prouverai que je suis beaucoup mieux informé que tu ne le supposes,et que je sais à peu près tout ce qui t'est arrivé depuis notre séparation à l'hacienda de la Paloma.

— Cela est étrange.

— Pourquoi donc? Il y a trois mois environ, toi-même ne te trouvais-tu pas à cette hacienda de la Paloma?

— En effet.

— Tu la quittas après y avoir passé quelques jours pour te reposer d'une course que tu avais entreprise dans le *far West*, à la recherche d'un riche gisement aurifère.

— C'est vrai.

— Pendant cette expédition, pleine de péripéties sombres et terribles, deux hommes t'accompagnaient (1).

(1) Voir le *Seigneur des Eaux*, premier épisode de la *Grande Flibuste*.

— Oui, un chasseur canadien et un chef comanche.

— Très bien. Le chasseur se nommait Belhumeur et le chef indien la Tête-d'Aigle, n'est-ce pas cela?

— En effet.

— Ne te souviens-tu pas d'avoir découvert à Belhumeur, digne et loyal chasseur du reste, les causes de la morne tristesse qui te dévore, et pour quelle raison, sans espoir de jamais réussir dans tes recherches,sur de vagues soupçons, tu étais venu au Mexique afin de retrouver ton ami le plus cher, dont, depuis bien des années, tu étais séparé?

— Oui! je me rappelle lui avoir dit tout cela.

— Le reste n'est pas difficile à comprendre. Lié depuis longtemps avec Belhumeur, Dieu sans doute nous mit face à face pendant une chasse sur le rio Colorado. Un soir, assis devant le feu ou rôtissait notre souper, après avoir causé de mille choses indifférentes, Belhumeur, que tu n'avais quitté que quelques jours à peine auparavant, en vint peu à peu à me parler toi. Dans le premier moment, absorbé par mes propres pensées, je n'attachai que peu d'importance à ses récits; mais, lorsqu'il en arriva à me raconter les incidens de votre rencontre dans le désert avec le comte de Lhorailles, ton nom, prononcé sans intention sans doute par Belhumeur, me fit soudain tressaillir. Alors ce fut à moi de l'interroger à mon tour. Lorsque je fus parvenu à tout savoir en lui faisant vingt fois recommencer le même récit, ma résolution fut immédiatement prise; deux jours plus tard, je me mettais sur tes traces. Voilà trois mois que je te suis à la piste; enfin je t'ai retrouvé. Cette fois, j'espère que ce sera pour toujours, fit-il avec un soupir étouffé; seulement j'ignore ce que tu es devenu depuis trois mois. Conte-moi ce que tu as fait, je t'écoute.

— Oui, je vais tout te dire. Aussi bien, à part la joie que j'éprouve à te retrouver, mon but, en te cherchant, était de réclamer de toi l'accomplissement d'une promesse solennelle.

Le front du chasseur se rembrunit, ses sourcils se froncèrent.

— Parle, dit-il, je t'écoute. Quant à la promesse à laquelle tu fais allusion, lorsque le moment sera venu, je saurai la tenir.

— Voici le soleil qui se lève, répondit Louis avec un triste sourire, il faut que je m'occupe du soin que réclame mon troupeau.

— Je t'aiderai ; tu as raison, ces pauvres bêtes ne doivent pas être négligées.

En effet, en ce moment les ténèbres se dissipaient comme par enchantement, le soleil apparaissait radieux à l'horizon, et les milliers d'oiseaux de toutes sortes tapis sous le couvert célébraient gaîment sa venue en lui chantant leur hymne matinal.

Don Cornelio et Curumilla secouèrent la torpeur du sommeil et ouvrirent les yeux.

Le chef indien se redressa, et du pas lent et majestueux qui lui était habituel il rejoignit Valentin

— Frère, dit celui-ci en prenant la main de l'Araucan dans la sienne, je n'étais pas seul à te chercher ; j'avais près de moi un ami dont le cœur et le bras n'ont jamais failli, et que j'ai toujours trouvé prêt à me venir en aide dans la joie comme dans la douleur.

Don Luis regarda un instant d'un œil incertain celui que lui désignait le chasseur et qui se tenait immobile et impassible devant lui ; puis peu à peu ses traits se détendirent, le souvenir lui revint et il tendit affectueusement la main à l'Indien en lui disant d'une voix émue :

— Curumilla, mon frère!

A cette preuve de souvenir et d'amitié après tant d'années, à cette émotion si franche et si vraie de la part de l'homme auquel il avait donné jadis tant de marques de dévouement, la couche de glace qui entourait le cœur de l'Indien se fondit tout à coup, son visage prit une teinte terreuse, un tremblement convulsif agita tout son corps.

— Oh! mon frère Luis! s'écria-t-il avec un accent impossible à rendre.

Un sanglot semblable à un rugissement déchira sa poitrine, et honteux d'avoir ainsi dévoilé sa faiblesse, le chef se détourna vivement et cacha son visage sous les plis de son manteau.

De même que toutes les natures primitives et énergiques, cet homme, contre lequel l'adversité ne pouvait rien, venait d'être brisé comme un faible enfant par la joie immense qu'il avait éprouvée en revoyant don Luis, l'homme que Valentin aimait plus qu'un frère et dont il pleurait depuis si longtemps l'absence.

— Ainsi, tu ne me quittes plus, frère? demanda Louis avec inquiétude.

— Non, maintenant rien ne nous séparera désormais.

— Merci, répondit le comte.

— Allons, allons, fit gaîment Valentin, occupons-nous des bestiaux.

Tout fut bientôt en rumeur dans le campement.

Don Cornelio ne comprenait rien à ce qu'il voyait; ces étrangers arrivés quelques heures à peine auparavant, et déjà si liés avec son ami et causant avec lui comme de vieilles connaissances, faisaient naître en lui une série d'idées plus extravagantes les unes que les autres. Mais don Cornelio était philosophe, et, de plus, fort curieux. Certain que tout finirait tôt ou tard par s'expliquer à la satisfaction générale, il prit gaîment son parti, et ne songea même pas à demander des renseignemens, d'autant plus que les deux aides que le hasard lui envoyait ne laissaient pas que de lui être fort utiles pour la conduite des animaux indisciplinés dont le comte et lui s'étaient chargés et qu'ils devaient encore mener si loin.

Il faut avoir fait soi-même le rude métier de vaquero dans les grandes savanes américaines pour se faire une idée des difficultés sans nombre que l'on rencontre à guider, pendant des centaines de lieues à travers des forêts vierges et des plaines arides et sablonneuses, des *novillos* et des taureaux indomptés, de les défendre contre les bêtes fauves qui les suivent à la piste et les happent jusque sous vos yeux si vous n'y prenez garde, et, comme le lion rugissant de l'Evangile, errent sans cesse autour du troupeau en quête d'une proie à dévorer. D'autres fois c'est contre la folie furieuse, ou *estampide*, causée par le manque d'eau et la réverbération du soleil qu'il faut défendre les bestiaux pris soudain de vertige, courant à l'aventure dans tous les sens, bramant, mugissant et frappant de leurs cornes ceux qui les veulent ramener.

Il fallait être un homme désespéré comme don Luis ou un philosophe insouciant comme don Cornelio, pour ne pas avoir reculé devant tous les périls et toutes les difficultés d'un métier si hasardeux; car dans les éventualités que nous avons énumérées, nous n'avons pas parlé des *temporales* ou tempêtes qui, en quelques minutes, bouleversent le sol, creusent des lacs et font surgir des montagnes là où la plaine était unie et la route ouverte, ni des *Indios bravos* ou Indiens nomades qui guettent les caravanes, volent les marchandises et massacrent les conducteurs ou marchands.

Valentin se creusait vainement la tête pour comprendre comment son ami, qu'il avait connu si efféminé et si faible, avait pu se résoudre à adopter un tel genre de vie.

Mais son étonnement devint presque de

l'admiration lorsqu'il le vit à l'œuvre et qu'alors il reconnut la complète métamorphose qui s'était opérée en lui au physique comme au moral, et l'énergie froide et indomptable qui avait remplacé la nonchalante faiblesse du gentilhomme et l'irrésolution première de son caractère.

Il l'étudia ainsi silencieusement pendant tout le temps qu'il employa à mettre de l'ordre dans le troupeau et à tout organiser pour la traite de la journée.

— Oh ! fit-il à part lui, cette organisation d'élite s'est épurée par le malheur : il reste au fond de ce cœur à demi brisé quelques nobles fibres que je saurai faire vibrer lorsque l'heure sera venue.

Et pour la première fois depuis bien des jours, un sentiment de joie intime fit tressaillir doucement le chercheur de pistes.

III.

Plusieurs jours s'écoulèrent sans que les deux amis reprissent leur conversation interrompue.

Ils avaient continué leur marche vers San-Francisco sans incident digne d'être noté.

Grâce à l'habileté de Valentin et à celle de Curumilla, bien que ce fût la première fois qu'ils s'avançassent aussi loin des régions qu'ils étaient habitués à parcourir, leur sagacité suppléait si admirablement à la connaissance des lieux, qu'ils évitaient avec un bonheur extrême les dangers qui menaçaient le succès de leur voyage et prévoyaient les obstacles encore éloignés, mais que l'habitude du désert leur faisait deviner comme par intuition.

Les deux anciens amis s'observaient, ils s'étudiaient pour ainsi dire: après une longue séparation, ils avaient besoin de se remettre en communication d'idées l'un avec l'autre ; cette communication de pensées et de sentimens qui si longtemps avait existé entre eux pouvait, par suite des milieux différens dans lesquels ils s'étaient trouvés jetés, et des circonstances qui avaient modifié leurs caractères, s'être rompu pour toujours ; chacun d'eux, grandi par les événemens, ayant acquis la conscience de sa valeur personnelle et de sa puissance intellectuelle, était peut-être en droit de ne plus admettre sans discussion préalable certaines théories qui jadis étaient reconnues sans conteste.

Cependant, entre les deux Français, l'amitié était tellement vive, la confiance si entière et le dévouement si vrai, qu'après quinze jours de voyage côte à côte, quinze jours pendant lesquels ils abordèrent tour à tour les sujets les plus différens sans cependant toucher, même superficiellement, à celui qu'ils avaient tant d'intérêt à traiter à fond, ils se convainquirent qu'ils étaient vis-à-vis l'un de l'autre absolument dans une position identique à celle qu'ils occupaient avant leur séparation.

Soit lassitude, soit déférence, soit plutôt reconnaissance tacite de la supériorité incontestable de son frère de lait sur lui, pendant ces quinze jours, le comte Louis, heureux peut-être d'avoir retrouvé l'homme qui l'avait habitué à penser et à agir pour lui, n'essaya pas un instant de prendre une position indépendante devant l'ancien spahis, et se replaça insensiblement sous la tutelle morale que celui-ci avait si longtemps exercée sur lui.

Les deux autres personnages vivaient entre eux dans la meilleure intelligence : don Cornelio par insouciance peut-être, Curumilla par orgueil.

L'Espagnol, amoureux de la liberté, heureux de vivre au grand air, sans ennui ni entraves d'aucune sorte, piquait ses *novillos*, râclait sa *jurana* et chantait à perdre haleine l'interminable romancero *del rey Rodrigo*, qu'il recommençait imperturbablement dès qu'il l'avait fini, malgré les observations réitérées de Valentin sur le silence qui se doit garder au désert, afin d'éviter les embuscades que, comme autant de toiles d'araignées, tendent incessamment les Indiens sous les pas des voyageurs imprudens; l'Espagnol écoutait docilement et d'un air contrit les remontrances du chasseur; puis, lorsqu'elles étaient terminées, il râclait une ritournelle et reprenait son romancero, philosophie que le chercheur de pistes, tout en la blâmant, ne pouvait s'empêcher d'admirer.

Curumilla était toujours l'homme que nous avons connu, prudent, prévoyant et silencieux, mais avec forte dose de prudence, de prévoyance et de taciturnité ; de plus, toujours l'œil ouvert et l'oreille tendue, le chef araucan voltigeait sans dire un mot d'une extrémité de la caravane à l'autre, veillant si bien à sa sûreté, que, ainsi que nous l'avons dit, aucun accident fâcheux ne vint attrister le voyage, jusqu'au moment où nous reprenons notre récit.

Ils descendirent ainsi les revers boisés de la Sierra-Nevada et entrèrent dans les plaines nues et sablonneuses qui s'étendent jusqu'à la mer et dans lesquelles, à part

San-José et Monterey, villes agonisantes et à demi ruinées, le voyageur ne trouve que des arbres rabougris et des buissons épineux disséminés à de longues distances.

Trois jours avant d'arriver à San-José, misérable pueblo (village) qui sert de lieu de repère aux chasseurs et aux arrieros qui fréquentent ces parages, mais où la population décimée par les fièvres et la misère ne peut, malgré toute sa bonne volonté, être d'aucun secours aux *forasteros* (voyageurs), qui, au contraire, le nourrissent et l'habillent, la caravane campa sur les bords d'un ruisseau perdu, à l'abri de quelques arbres du Pérou et mesquites étoilés qui avaient poussé la par hasard, et que le vent de la mer secouait incessamment et couvrait de ce sable fin des plages américaines, qui entre dans les yeux, les narines et les oreilles, sans qu'on puisse s'en garantir.

Le soleil se plongeait dans la mer sous la forme d'une grosse boule de feu ; il ventait grand frais; au loin, sur l'azur du ciel, apparaissaient quelques voiles blanches qui, comme de légers alcyons redoutant la tempête, se hâtaient de gagner San-Francisco; les coyotes commençaient à aboyer avec fureur dans la plaine, et les quelques oiseaux tapis çà et là sur les branches, mettaient la tête sous l'aile et se préparaient à dormir.

Les feux furent allumés, les bestiaux parqués, et après avoir soupé, chacun se prépara à réparer, par quelques heures d'un repos indispensable, les fatigues d'une longue journée de marche sous un ciel torride.

— Dormez, dit Louis, je ferai la première veille, celle des paresseux, ajouta-t-il en souriant.

— Je prendrai donc la seconde, répondit Valentin.

— Non, fit Curumilla, moi je la prendrai. Les yeux d'un Indien voient clair dans la nuit.

— Hum! reprit le chasseur, il me semble que ma vue n'est pas mauvaise, pourtant.

Curumilla, sans répondre, posa son doigt sur sa bouche.

— C'est bon, reprit le chasseur, puisque vous le voulez, veillez donc à ma place, chef. Seulement, lorsque vous serez fatigué, vous me réveillerez.

L'Indien baissa affirmativement la tête.

Les trois hommes s'enveloppèrent dans leurs *zarapés* et s'étendirent sur le sol. Don Luis seul demeura éveillé.

La nuit était magnifique; le ciel, d'un bleu profond, était moucheté d'une infinité d'étoiles qui scintillaient comme des clous de diamant; la lune répandait à profusion sa lueur blafarde et fantastique; l'atmosphère, d'une pureté et d'une transparence sans égale, laissait distinguer les accidens du paysage à une énorme distance. La brise du soir s'était levée et rafraîchissait délicieusement l'air; la terre exhalait des parfums âcres et embaumés, les flots venaient avec de mystérieux murmures mourir amoureusement sur la plage, et dans les lointains indistincts de la plaine on voyait errer les silhouettes noires et indécises des coyotes qui rôdaient en hurlant lugubrement, attirés par les fumets des *novillos*.

Louis, séduit par cette splendide soirée et affaissé, malgré lui, par cette langueur des savanes qui abat les esprits les mieux trempés, se laissait doucement aller à une molle rêverie.

Il en était arrivé à cet état de somnolence intellectuelle qui n'est plus la veille sans être encore le sommeil; il savourait délicieusement la fantasmagorie évoquée par son esprit, lorsqu'il fut brusquement arraché à cette sensation pleine de charmes énervans par une main qui se posa lourdement sur son épaule, tandis qu'une voix murmurait faiblement à son oreille ce seul mot :

— Prudence!

Louis, rappelé tout à coup au sentiment de sa position présente, ouvrit tout grands ses yeux à demi clos et se retourna vivement.

Curumilla était penché sur lui, et lui réitérait par un geste d'une signification terrible sa recommandation.

Le comte saisit son rifle posé auprès de lui.

— Que se passe-t-il donc? demanda-t-il d'une voix sourde.

— Venez, en vous tenant dans l'ombre, répondit Curumilla sur le même ton.

Louis obéit à cette recommandation dont il reconnut l'importance; s'étendant sur le sol, il glissa doucement dans la direction que lui indiquait l'Indien.

Bientôt il se trouva à l'abri derrière un épais buisson, où il trouva don Cornelio et Valentin en embuscade, le corps penché en avant, et interrogeant les ténèbres avec anxiété.

— Pour Dieu! mes amis, dit le comte, que signifie cela? Le plus profond silence règne autour de nous, tout semble tranquille ; pourquoi cette alerte?

— Curumilla a reconnu ce soir, une heure avant la halte, des traces d'Indiens Yaquis. Tu sais, frère, que ces démons sont les plus effrontés rôdeurs qui soient; il est évident qu'ils en veulent à nos bestiaux.

— Mais qui vous fait supposer cela? Ces

traces, dont je ne nie pas l'existence, peuvent appartenir à des voyageurs aussi bien qu'à des vagabonds ; rien, jusqu'à présent, ne nous fait supposer que c'est à nous qu'en veulent ces gens, que nous n'avons pas même vus.

Un sourire sinistre pinça les lèvres minces du chef, et touchant du doigt le bras du comte, tandis qu'en même temps il soulevait son manteau, il lui montra une chevelure sanglante pendue à sa ceinture.

— Oh! oh! fit don Luis, ces démons se sont-ils aventurés aussi près de nous?

— Oui, et sans Curumilla, dont l'œil ne se ferme jamais et l'esprit est constamment en éveil, probablement nos bestiaux seraient enlevés il y a déjà plus d'une heure.

— Grand merci pour sa vigilance, alors, fit le comte avec une expression de dépit qu'il ne put entièrement dissimuler; mais vous connaissez les Indiens, compagnons, dès qu'ils se voient découverts, ils ne sont plus à craindre; je crois que maintenant, après la leçon qu'ils ont reçue, nous sommes en sûreté et que nous n'avons pas besoin de nous occuper d'eux davantage.

— Non pas, frère, tu te trompes; regarde tes *novillos*, ils sont inquiets; à chaque instant, ils relèvent la tête et ne broient pas leur provende avec franchise. Dieu a donné aux animaux un instinct de la conservation qui ne les trompe jamais; crois moi, ils redoutent un danger et sentent des ennemis non loin d'eux.

— Au fait, c'est possible ; veillons donc.

Les quatre hommes demeurèrent alors silencieux et attentifs.

Une heure environ se passa ainsi sans que rien vînt corroborer leurs soupçons.

Cependant les taureaux se pressaient les uns contre les autres ; ils avaient cessé de manger; leur inquiétude, au lieu de diminuer, semblait, d'instant en instant, s'accroître.

La position devenait d'autant plus critique pour les aventuriers, que le silence le plus profond continuait à régner, que rien ne bougeait dans la plaine, qu'il n'apparaissait aucune silhouette indienne, et que pas le plus léger indice n'indiquait de quel côté viendrait ce danger que chacun sentait imminent.

Soudain Curumilla allongea le bras dans la direction du N.-N.-E., et après avoir laconiquement murmuré d'une voix étouffée :

— Ne pas bouger!

Il donna son rifle à tenir à Valentin, s'étendit sur le sol, et avant que ses amis eussent eu le temps de soupçonner la direction qu'il avait prise, il avait disparu dans l'ombre.

Les trois chasseurs échangèrent un regard muet, et armèrent silencieusement leurs rifles, afin d'être prêts à tout événement.

Il n'existe pas au monde de position plus pénible que celle de l'homme brave qui, dans un pays inconnu, par une nuit sombre, est contraint de se mettre en garde contre un danger dont il ne peut calculer la portée. En butte à des inquiétudes aggravées par la silencieuse majesté de la solitude, il se crée des chimères cent fois plus redoutables que le danger même, et sent son courage s'envoler par parcelles sous la dure pression de l'attente vaine qui le glace malgré lui.

Telle était la situation dans laquelle se trouvaient les trois hommes, et cependant c'étaient trois cœurs de lion, accoutumés de longue date à l'acharnement des luttes indiennes, et que nul péril, si terrible qu'il eût été, n'aurait eu la puissance d'émouvoir sous les chauds rayons du soleil; mais, pendant les ténèbres, l'imagination se crée de si horribles fantômes, que, s'il nous est permis d'employer une comparaison triviale, nous dirons qu'ils en étaient peu à peu arrivés à avoir peur, non pas du danger en lui-même, mais de la crainte de ce danger.

Les trois hommes étaient depuis assez longtemps déjà dans cette situation perplexe, lorsque tout à coup un cri horrible s'éleva dans l'air, suivi d'un bruissement de branches, de la chute d'un corps sur le sol et de la fuite de plusieurs hommes dont les noires silhouettes se dessinèrent dans l'ombre.

Les aventuriers tirèrent au juger et s'élancèrent rapidement du côté où ils entendaient la lutte, qui semblait toujours continuer.

Bientôt ils aperçurent un groupe informe bizarrement entrelacé qui se débattait avec fureur sur le sable.

Au moment où ils arrivèrent, Curumilla, qu'ils reconnurent, tenait le genou droit appuyé sur la poitrine d'un homme renversé sous lui, tandis que sa main gauche lui comprimait fortement la gorge et le réduisait à l'impuissance la plus complète.

— Ooah! fit l'Araucan en se tournant vers ses compagnons avec une expression de férocité inexprimable, un chef!

— Bonne prise! répondit Valentin; plantez votre couteau dans la poitrine de ce drôle, et finissons-en.

Curumilla leva son couteau, dont la lame lança un éclair bleuâtre.

— Un instant! s'écria don Luis; voyons

d'abord qui il est; nous serons toujours à même de le tuer, si nous le voulons.

Valentin haussa les épaules.

— Laisse le chef se charger de cette besogne, dit-il, il s'y entend mieux que nous. Lorsqu'on tient une de ces vipères sous le talon, il faut l'écraser, de crainte qu'elle ne se redresse plus tard.

— Non, reprit résolûment le comte, je ne consentirai jamais à voir assassiner un homme devant moi! Ce pauvre misérable a agi selon sa nature; agissons, nous, selon la nôtre. Curumilla, je vous en prie, laissez à votre prisonnier la faculté de se relever; seulement, surveillez-le, afin qu'il ne s'échappe pas.

— Tu as tort, frère, répondit l'implacable chasseur, tu ne connais pas aussi bien que moi ces démons; cependant fais à ta guise, plus tard tu reconnaîtras que tu as commis une folie.

Le comte ne répondit pas, seulement il réitéra d'un geste à Curumilla l'injonction de faire ce qu'il lui ordonnait.

L'Araucan obéit avec répugnance; cependant il aida son prisonnier, à demi suffoqué, à se relever, et tout en le surveillant avec soin, il le conduisit auprès du feu, où les chasseurs l'avaient déjà précédé.

Le comte examina l'Indien d'un regard rapide.

C'était un homme d'une taille herculéenne, vigoureusement charpenté, jeune encore, aux traits hautains, sombres et cruels; bref, bien que son extérieur fût celui d'un individu plutôt beau que laid, il y avait dans toutes ses manières une expression de fourberie, de bassesse et de férocité qui ne prévenait nullement en sa faveur.

Il portait une espèce de blouse de chasse sans manches, en calicot rayé et serrée aux hanches par un large ceinturon de cuir de daim non tanné; des caleçons de même étoffe que la blouse lui tombaient un peu au-dessous du genou, le bas de ses jambes était garanti des piqûres des reptiles par des tuyaux de cuirs attachés au genou et à la cheville; il portait aux pieds des mockens artistement travaillés, et garnis par derrière de plusieurs queues de loup, marque de distinction qui n'est permise qu'aux guerriers renommés; ses cheveux, nattés, étaient relevés de chaque côté de la tête, tandis que par derrière ils tombaient jusqu'au bas de son dos et étaient entremêlés de plumes de toutes couleurs; il avait pendu au cou plusieurs médailles, au nombre desquelles s'en trouvait une plus grande que les autres, représentant tant bien que mal les traits du général Jackson, ancien président de l'Union américaine. Le visage de cet homme était peint de quatre couleurs différentes: bleu, noir, blanc et rouge.

Dès qu'il fut en présence des chasseurs assis devant le feu, il croisa les bras sur sa poitrine, redressa fièrement la tête, et attendit, impassible, qu'il leur plût de lui adresser la parole.

— Qui es-tu? lui demanda don Luis en espagnol.

— Mixcoatzin (1).

— Hum! murmura à part lui Valentin, le coquin est bien nommé; jamais je n'ai vu aussi ténébreuse face que la sienne.

— Que voulait Mixcoatzin dans mon camp? reprit Louis.

— Le *yori* (2) ne le sait-il pas? répondit imperturbablement l'Indien; Mixcoatzin est un chef parmi les Yaquis.

— Tu voulais voler mes bestiaux, n'est-ce pas?

— Les Yaquis ne sont pas des voleurs, tout ce qui est sur leur terre leur appartient; les visages pâles n'ont qu'à retourner chez eux, de l'autre côté du grand lac salé.

— Si je te condamne à mourir, que diras-tu?

— Rien; c'est la loi de la guerre; la face pâle verra comment un chef yaqui supporte la douleur.

— Tu reconnais donc que tu mérites la mort?

— Non; le visage pâle est le plus fort, il est le maître.

—Si je te laisse aller, que penseras-tu?

L'Indien haussa les épaules.

— Le face-pâle n'est pas fou, dit-il.

— Mais si j'agis enfin de cette façon?

— Je dirai que le face-pâle a peur.

— Peur! et de quoi?

— De la vengeance des guerriers de ma nation.

Ce fut au tour de don Luis de hausser les épaules.

— Ainsi, dit-il encore, si je te rendais la liberté, tu ne m'en conserverais pas de reconnaissance?

— Pourquoi serais-je reconnaissant? un guerrier doit tuer son ennemi quand il le tient. S'il ne le fait pas, c'est un lâche.

Les chasseurs ne purent contenir un geste d'étonnement à l'énoncé de cette singulière théorie.

(1) Le *Serpent de nuage;* de *mixtli*, nuage, et *coatl*, serpent.

(2) Nom que les Indiens de la Sonora donnent aux blancs.

Don Luis se leva.

— Ecoute, lui dit-il, je ne te crains pas et je vais t'en donner la preuve.

D'un geste prompt comme la pensée il saisit la longue queue de cheveux qui pendait derrière le dos du chef et la trancha avec son couteau.

— Maintenant, ajouta-t-il en le souffletant avec la tresse qu'il venait de lui ravir, pars, misérable, tu es libre; je te dédaigne trop pour t'infliger une autre punition que celle que tu viens de subir; retourne dans ta tribu et dis à tes amis comment les blancs se vengent d'ennemis aussi méprisables que toi et ceux qui te ressemblent.

A l'insulte mortelle qu'il avait reçue, les traits de l'Indien, décomposés par la fureur, étaient devenus hideux; il éprouva un instant de stupeur, causé par la honte et la colère; mais par un effort surnaturel il dompta subitement l'émotion qu'il éprouvait, il saisit le bras de don Luis, et approchant son visage du sien.

— Mixcoatzin est un chef puissant, dit-il d'une voix creuse, que le yori se rappelle son nom, car il le reverra.

Et bondissant comme un tigre aux abois, il se s'élança dans la plaine, où il disparut presqu'aussitôt.

—Arrêtez! s'écria Louis à ses amis, qui se précipitèrent à sa poursuite, laissez-le fuir; que m'importe la haine de ce misérable! il ne peut rien contre moi.

Les chasseurs revinrent de mauvaise grâce reprendre leur place autour du feu.

— Hum! ajouta Louis, j'ai peut être commis une sottise.

Valentin le regarda.

— Pis qu'une sottise, frère, lui dit-il, une maladresse ; prends garde à cet homme, un jour ou l'autre il se vengera de toi.

— Qui sait? fit le comte avec insouciance. Mais depuis quand redoutes-tu donc autant les Indiens, frère?

— Depuis que j'ai appris à les connaître, répondit froidement le chasseur; tu as fait à cet homme une de ces insultes qui veulent du sang, sois certain qu'il saura t'en faire repentir.

— A la grâce de Dieu! peu m'importe!

Après ces quelques mots, les chasseurs reprirent leur sommeil interrompu.

Le reste de la nuit s'écoula sans nouvel incident.

Au lever du soleil, les aventuriers continuèrent leur route, et le soir, après une journée de fatigues incroyables au milieu des sables arides de la savane, ils arrivèrent enfin au *pueblo* ou *lugar* de San-José, où les habitans les reçurent avec des cris de joie, persuadés que les étrangers ne les quitteraient pas sans les fournir de quelques-uns de ces objets de première nécessité dont ils sont privés et qu'ils n'ont aucun moyen de se procurer.

Le *pueblo* de San-José est la dernière étape sérieuse des caravanes avant San-Francisco; les voyageurs avaient accompli, à travers des dangers et des difficultés sans nombre, un trajet de près de cent quatre-vingts lieues en moins de trois semaines, célérité dont jusqu'alors il n'y avait pas eu d'exemple.

IV.

Les chasseurs installèrent les bestiaux dans un vaste corral; puis ils cherchèrent un abri dans un meson, dont l'hôte, véritable portrait au physique du digne chevalier de la Manche, les reçut du mieux qu'il lui était possible.

Après le rude voyage qu'ils venaient de faire, ce fut une grande joie pour les aventuriers de reposer enfin leur tête sous un toit, et d'être pour quelques heures au moins logés d'une façon presque civilisée.

Don Luis et Valentin prirent pour eux le même cuarto, tandis que don Cornelio et Curumilla faisaient choix de celui placé directement en face du leur.

Dès que cette organisation provisoire fut terminée, et le souper pris en commun, chacun se retira pour se livrer au repos.

Avant que de s'étendre sur le *cuadre* recouvert d'une peau de bœuf qui devait lui servir de lit, don Luis s'approcha de Valentin, qui, à demi renversé dans un *butacca* (espèce de siége), fumait une cigarette en regardant nonchalamment tournoyer la fumée bleuâtre.

— A quoi penses-tu ? lui demanda-t-il en s'accoudant amicalement sur le dossier de la butacca.

— A toi, répondit Valentin en se tournant vers lui avec un sourire.

— A moi?

— Oui ; quelle autre préoccupation puis-je avoir à présent que celle de te voir heureux?

Le comte baissa les yeux et soupira.

— C'est impossible, dit-il.

Valentin le regarda.

— Impossible! répéta-t-il; oh! oh! en sommes-nous donc là? Voyons, expliquons-nous une fois pour toutes.

— Tu as raison, l'heure est venue ; expliquons-nous cœur à cœur.

Le comte attira à lui une butacca, s'assit en face de Valentin, prit un cigare dans l'étui que son frère de lait lui avait tendu, et l'alluma.

Le chasseur suivait tous ses mouvemens avec attention ; lorsqu'il le vit commodément installé :

— Parle, lui dit-il.

— Hélas! ma vie n'a rien de bien intéressant : elle a été semblable à celle de tous les aventuriers ; tantôt riche, tantôt pauvre, j'ai erré de tous les côtés, parcourant le Mexique dans tous les sens en traînant constamment après moi, comme la chaîne du forçat, le souvenir de mon bonheur perdu. Un instant j'ai cru que pour moi l'avenir pouvait encore exister, qu'il me serait possible de me refaire, sinon une position semblable à celle que j'avais perdue, du moins reconquérir mon rang dans le monde. Je partis pour San-Francisco, cet Eldorado fantastique dont les cent bouches de la renommée racontaient des merveilles. Là je me trouvai mêlé à une foule d'aventuriers avides et sans frein, dont la vie n'était qu'une orgie continuelle et l'or la seule passion. Je vis là en quelques mois les métamorphoses les plus prodigieuses, je vis surgir et tomber tout à coup les plus scandaleuses fortunes, et me plongeant alors résolûment dans ce gouffre, je demandai, moi aussi, au hasard ma part de joies fiévreuses et d'émotions enivrantes ; mais la foi me manquait, rien ne me réussit. J'essayai tous les métiers, toujours poursuivi par cette fatalité implacable acharnée après moi ; je ne parvins à grand' peine qu'à ne pas mourir tout à fait de faim ; tour à tour chasseur, portefaix, que sais-je encore, mes efforts n'aboutirent à rien dans cette Babel, où se coudoyaient incessamment les damnés de la civilisation, qui tous, marqués du sceau indélébile des réprouvés du Dante, entassaient ruines sur ruines pour se faire un piédestal de lingots immédiatement renversé par d'autres. Dégoûté de cette vie mêlée de sang, de boue, d'oripeaux et d'or, je partis en désespoir de cause, résolu à me faire conducteur de bestiaux : noble métier, n'est-ce pas, pour un comte de Prébois, dont les aïeux ont fait trois croisades, ajouta-t-il avec un rire amer ; mais j'ai connu des généraux décrotteurs, des marquis garçons de café ; je pouvais donc sans trop déroger, moi qui n'ai jamais rien été, devenir marchand de bestiaux. Et puis, j'avais un autre but en choisissant cette profession. Depuis mon arrivée dans l'Amérique septentrionale, je te cherchais ; j'espérais te retrouver enfin. Pour la première fois, le hasard m'a souri, tu le vois, puisque je suis parvenu à te rencontrer. Voilà tout ce que j'avais à te dire. Maintenant, tu sais de ma vie autant que moi-même, ne me demande rien davantage.

Après ces paroles, prononcées d'une voix brève et saccadée, le comte se renversa sur le dossier de sa butacca, ralluma son cigare, qu'il avait laissé éteindre, se croisa les bras sur la poitrine et parut décidé à ne pas ajouter un mot.

Valentin l'examina longtemps avec l'attention la plus soutenue, hochant parfois la tête et fronçant les sourcils avec mécontentement.

Enfin il se résolut à renouer l'entretien.

— Hum! fit-il, je sais maintenant toute ta vie, je l'admets ; elle n'a rien de bien extraordinaire dans un pays comme celui où nous nous trouvons, elle ne sort en rien de la loi commune ; tu aurais donc grand tort de te plaindre.

— Je ne me plains pas, s'écria vivement le comte, je constate un fait, voilà tout.

— Parfaitement, dit Valentin ; seulement, dans tout ce que tu m'as raconté, un point demeure obscur pour moi.

— Lequel ?

— Tu m'as dit tout ce que tu as voulu faire, c'est bien ; mais, à part l'amitié fraternelle qui nous lie, et qui, quelque forte qu'elle soit, ne peut à mon sens suffire pour déterminer une résolution aussi arrêtée que celle que tu témoignais de me retrouver, tu ne m'as pas dit dans quel but tu me cherchais avec tant d'acharnement.

Le comte se redressa, un jet de flamme jaillit de sa prunelle.

— Ne l'as-tu pas deviné, Valentin ?

— Non.

Le comte baissa la tête, et pendant quelques secondes la conversation fut de nouveau interrompue.

— Au fait, tu as raison, Valentin, mieux vaut en finir de suite afin de ne plus y revenir. Du reste, tu sais aussi bien que moi ce que je veux te dire, reprit le comte avec l'accent d'un homme dont le parti est pris.

— Peut être! répondit laconiquement le chasseur.

— Allons donc! je ne suis pas un niais, et le matin du jour où tu étais venu chercher un abri à mon campement, au premier mot que je laissai échapper, tu me compris.

— C'est possible, fit imperturbablement Valentin ; cependant, comme je n'ai aucune prétention à la science divinatoire, sois assez bon pour t'expliquer clairement et catégoriquement.

— Tu l'exiges?

Le chasseur hocha affirmativement la tête.

— Eh bien! soit, reprit le comte, tu es toujours l'homme d'il y a quinze ans.

— N'est-ce pas à cette époque que nous nous reportons en ce moment? fit en souriant Valentin.

— Ah! s'écria le comte en frappant de la main sur le bras de sa *butacca*, tu vois bien que tu m'as compris.

— T'ai-je dit le contraire?

— Pourquoi, alors, exiges-tu?...

— Parce qu'il le faut, répondit sèchement le chasseur.

— Sois satisfait, car je vais te répéter tes propres paroles.

— J'écoute.

— Tu te le rappelles, n'est-ce pas, c'était par une froide nuit d'hiver, dans la chambre à coucher de mon hôtel, à Paris.

— Le trente et un décembre 1834, à onze heures du soir, observa Valentin.

— Oui, la pluie fouettait les vitres, le vent sifflait dans les longs corridors de l'hôtel, j'attendais impatiemment ta venue; tu arrivas. Enfin, comme aujourd'hui, j'étais face à face avec la ruine; je voulais mourir, tu m'en empêchas.

— C'est vrai; eus-je tort?

— Peut-être, reprit le comte d'une voix creuse; seulement voici les paroles que tu prononças.

— Laisse-moi te les répéter moi-même, car malgré les quinze ans qui se sont écoulés, Louis, cette scène est aussi présente à ma pensée que si elle avait eu lieu hier. Après t'avoir prouvé que tu avais tort de désespérer, fit Valentin d'une voix solennelle, que tout n'était pas perdu pour toi, sur une dernière objection que tu essayas de faire, je te dis : Sois tranquille, Louis! sois tranquille! si dans deux ans je n'ai pas accompli ma promesse, moi-même je te rendrai tes pistolets et alors... — Alors? demandas-tu,— Alors, repris-je, tu ne te tueras pas seul.—J'accepte, repris-tu. Voici les mots tels qu'ils ont été prononcés entre nous pendant cette nuit qui décida de ton avenir et fit de toi un homme; est-ce bien cela? ai-je oublié le moindre détail? réponds.

— Non, tu n'as rien oublié, Valentin.

— Eh bien?

— Eh bien! maintenant que j'ai accompli fidèlement la promesse que je t'avais faite, je viens réclamer de toi l'exécution complète de notre pacte.

— Je ne te comprends pas.

— Comment! tu ne me comprends pas! s'écria le comte en bondissant sur sa *butacca* et se trouvant subitement debout.

— Non, répondit froidement Valentin. N'ai-je pas tenu ma promesse? Ah! Louis, puisque tu l'exiges, vive Dieu! ajouta-t-il en s'animant à son tour, récapitulons, je ne demande pas mieux. Que viens-tu me parler d'accomplir un pacte? n'ai-je pas rempli mes engagemens? Cette femme que tu désespérais de revoir jamais, ne te l'ai-je pas fait retrouver, moi? ne l'as-tu pas épousée? N'as-tu pas joui auprès d'elle de dix ans d'un bonheur parfait? De quel droit viens-tu te plaindre de la fatalité qui s'acharne après toi? de quel droit maudis-tu ton sort, homme ingrat! dont le bonheur a duré dix ans, dix siècles sur cette terre? Regarde autour de toi, montre-moi un homme qui, dans sa vie tout entière, puisse compter une année de ce bonheur dont tu fais fi, et alors je te plaindrai, je pleurerai avec toi, et, s'il le faut, je t'aiderai à mourir! Oh! tous les hommes sont les mêmes, faibles devant la joie comme dans la douleur, oubliant en quelques jours d'adversité des années de bonheur! Ainsi te voilà, après quinze ans, revenu au même point. Insensé! sais-tu seulement, toi qui parles ainsi, sais-tu ce que c'est que d'avoir toute une existence de souffrances et de douleurs horribles, de sentir heure par heure, minute par minute, son cœur se déchirer, et cela toujours sans espoir, et sourire et paraître gai, et vivre enfin? As-tu, pendant un jour seulement, enduré cet atroce supplice, toi qui parles aussi délibérément de mourir?

Peu à peu, en parlant, malgré lui, Valentin s'était animé, ses traits s'étaient contractés et ses regards lançaient des flammes.

Louis regardait son ami sans le comprendre, effrayé de l'exaltation dans laquelle il le voyait.

— Valentin! s'écria-t-il, Valentin! au nom du ciel, calme-toi!

—Ah! continua Valentin avec un ricanement terrible, tu souffres, dis-tu, tu es malheureux, eh bien! écoute : cette femme que tu aimais, que j'ai retrouvée pour toi, que je t'ai fait épouser, enfin, eh bien! moi, moi, ce n'était pas de l'amour que j'avais pour elle, c'était de l'idolâtrie; pour pouvoir le lui dire, j'aurais avec joie donné pour elle mon sang goutte à goutte; et pourtant, moi, à qui tu viens raconter tes douleurs, je vous ai mis dans les bras l'un de l'autre; j'ai souri, comprends-tu? j ai souri à votre amour, et sans une plainte, sans un mot qui décelât cette passion qui me rongeait le cœur, je me suis enfui dans le désert, seul avec mon amour, face à face avec lui; j'ai souffert pendant quinze ans! Oh! mon Dieu! mon Dieu! aujourd'hui encore cette plaie est aussi vive que le premier jour. Dis-moi, Louis, maintenant que tu sais tout, car nous sommes à l'heure de la franchise, n'est-ce pas? quelles sont tes douleurs auprès des miennes? de quel droit veux tu mourir?

— Oh! pardon, pardon, Valentin, s'écria Louis en se jetant dans ses bras; oh! tu as raison, je suis bien ingrat envers toi.

— Non, répondit tristement Valentin en lui rendant avec effusion ses caresses, non, Louis, tu es homme, tu as suivi la loi commune; je ne puis et ne dois pas t'en vouloir; pardonne-moi, au contraire, de m'être laissé entraîner à te révéler ce secret que j'avais juré d'ensevelir éternellement dans mon cœur. Hélas! nous avons tous, dans ce monde, notre croix à porter; la mienne a été rude, Dieu l'a, sans doute, voulu ainsi, parce que je suis fort, ajouta-t-il en essayant de sourire. Mais revenons à toi. C'est vrai, la jeunesse s'est envolée loin de nous avec ses gais horizons et ses riantes illusions; la vie n'a plus à nous offrir que les pénibles épreuves de l'âge mûr; autant que toi je suis fatigué de l'existence, autant que toi elle me pèse. Tu le vois, mon ami, j'abonde dans ton sens, non seulement je ne t'empêcherai pas de mourir, mais je veux encore accomplir ma promesse jusqu'au bout en te suivant dans la tombe.

— Toi, Valentin, oh! non, c'est impossible.

— Pourquoi donc? notre position n'est-elle pas la même; tous deux n'avons-nous pas également souffert? Créancier implacable, tu viens me demander de faire honneur à ma signature; fort bien, mais à une condition...

Louis connaissait trop bien le caractère ferme et résolu de son frère de lait pour essayer de combattre sa volonté.

— Laquelle? répondit-il simplement.

— Je choisirai le genre de mort.

— Soit.

— Oh! permets-moi, Louis; ce n'est pas un suicide ordinaire que je prépare; ainsi, il me faut ta parole de gentilhomme avant que je m'explique plus clairement.

— Je te la donne.

— Bien. Il y a pour l'homme dans le monde deux choses difficiles: savoir arranger sa vie, et savoir arranger sa mort. L'homme qui se tue froidement en se brûlant la cervelle, tout seul dans sa chambre, après avoir écrit à ses amis pour leur annoncer son suicide, est un lâche ou un fou. Ce n'est pas de ce suicide-là que je veux, il ne signifie rien, ne prouve rien et ne sert à rien. Mais il est un genre de suicide que j'ai toujours rêvé parce qu'il est noble et grand: c'est celui de l'homme qui, ne pouvant ou ne voulant plus rien faire d'une vie qu'il méprise, la sacrifie à ses semblables, sans autre but que celui de leur être utile, et tombe après avoir accompli sa tâche.

— Je crois te comprendre, Valentin.

— Peut-être; laisse-moi terminer. Nous sommes dans le pays le mieux préparé pour un tel but: déjà plusieurs tentatives, malheureuses à la vérité, ont été faites, notamment par le comte de Lhorailles, dans sa colonie de Guetzalli; la Sonora, qui est la plus riche contrée du monde, râle et achève de mourir sous le système avilissant et inintelligent du gouvernement mexicain. Eh bien! rendons la vie à ce pays; galvanisons-le, appelons à nous l'émigration française de Californie, et venons ici rendre la liberté à un peuple dont le caractère énergique nous comprendra. Que risquons-nous en cas de non succès? la mort? Eh! mais c'est justement elle que nous désirons. Au moins, lorsque nous serons tombés, nous dormirons ensevelis dans notre gloire, en martyrs, emportant les regrets et les sympathies de tous; au lieu de nous tuer lâchement, nous serons morts sur la brèche, en héros! Ce martyre n'est-il pas le plus noble, le plus sublime de tous?

— Oui, Valentin, tu as raison, raison toujours. Oh! c'est ainsi seulement que peuvent et doivent mourir des hommes comme nous.

— Bien! s'écria Valentin, tu m'as compris.

— Non-seulement je t'ai compris, frère, mais encore, je t'avais pour ainsi dire deviné.

— Comment cela?

— Lorsque j'ai pour la dernière fois rencontré le comte de Lhorailles dans le désert, je revenais avec Belhumeur et un chef indien de visiter un placer d'une richesse incalculable que cet Indien avait découvert, et dont il avait cédé la propriété à Belhumeur; cette propriété, Belhumeur m'en fit le complet abandon. A mon retour, je me rendis à Mexico, où j'entamai des négociations avec plusieurs personnes notables, entre autres avec le chargé d'affaires de France. Tu sais sans doute comme tout est lent à réussir dans ce malheureux pays. Cependant, grâce aux riches échantillons que j'avais eu la précaution d'apporter avec moi, grâce surtout à la protection toute puissante de certaines personnes, je réussis à fonder une Société dont on me nomma chef, avec le droit de lever une compagnie française, armée et disciplinée, afin de prendre possession du placer et de le faire exploiter au profit de la Société.

— Eh bien!

— Eh bien! je suis retourné à San Francisco, et j'ai tenté quelques démarches; mais deux choses me manquaient, la patience d'abord et l'argent ensuite pour enrôler mes hommes et acheter les choses nécessaires, et, te l'avouerai je, ce qui me manquait surtout, c'était le désir de réussir; mais, Valentin, tu viens de le faire naître en moi; ta présence m'a rendu toute mon énergie. Je ne sais par quels moyens je parviendrai à lever les obstacles qui s'opposent à l'exécution de mon projet, mais je les lèverai, je te le jure.

— Que venais-tu donc faire en Sonora?

— Je ne saurais trop te l'expliquer; ma spéculation sur les bestiaux était plutôt une fuite qu'autre chose; j'étais dégoûté de tout et je cherchais à en finir n'importe par quels moyens.

— A mon tour. Demain, au lever du soleil, tu partiras; tu te rendras à franc étrier à San-Francisco; ton excursion en Sonora n'aura été qu'une exploration; enfin, tu prendras le premier prétexte venu et tu te remettras sérieusement à l'œuvre pour former ta compagnie; pendant ce temps-là je vendrai ton troupeau et je m'arrangerai de manière à te procurer les fonds dont tu as besoin; ne t'inquiète de rien, pousse hardiment les choses.

— Mais comment feras-tu? la somme qui m'est nécessaire est considérable.

— Cela ne te regarde pas; laisse-moi m'arranger comme je l'entendrai; à l'heure dite, je te fournirai plus qu'il ne te faudra. Ainsi, c'est bien convenu, au lever du soleil, tu partiras.

— Je partirai. Mais quand et où te reverrai je?

— C'est juste. Le vingt-cinquième jour après celui-ci, au coucher du soleil, j'entrerai dans ta chambre.

— Mais je ne sais pas encore moi-même où je logerai.

— Que cela ne t'embarrasse pas, je découvrirai ta demeure.

— Ainsi, le vingt-cinquième jour, au coucher du soleil?

— Oui, j'arriverai avec les galions, répondit en riant Valentin.

— Merci, frère, tu es mon bon génie! Si ma vie a eu quelques taches, en revanche, tu me prépares une belle mort!

— Plains-toi donc! je fais de toi un Francisco Pizarro et un Almagro.

Les deux hommes se serrèrent affectueusement la main en s'adressant un triste et douloureux sourire.

Après avoir encore échangé quelques mots sans importance ils se jetèrent sur leur couche, où, vaincus par la fatigue, ils ne tardèrent pas à s'endormir.

V.

Pendant que la conversation que nous avons rapportée dans le précédent chapitre avait lieu entre les deux frères de lait, des événemens que nous devons expliquer au lecteur se passaient dans le cuarto où s'étaient retirés Curumilla et don Cornelio.

A peine entré dans le cuarto, au lieu de se coucher sur le cuadro qui lui était destiné, Curumilla avait proprement disposé son zarapé sur le parquet carrelé de la salle, s'était étendu dessus et avait immédiatement fermé les yeux.

Don Cornelio, au contraire, après avoir pendu la lampe à un clou fiché dans la muraille, avait ravivé la mèche charbonneuse avec la pointe de son couteau, s'était assis sur le bord de son cuadro, les jambes pendantes en dehors, puis, d'une voix éclatante, il avait imperturbablement commencé la romance du roi Rodrigo.

A cette musique tant soit peu hors de saison, Curumilla avait à demi ouvert un œil, sans cependant protester autrement contre cette perturbation insolite de son repos.

Don Cornelio s'était ou ne s'était pas aperçu de la protestation de l'Indien, mais, dans un cas comme dans l'autre, il n'en tint aucun compte et continua en donnant à sa voix assez forte toute l'étendue qu'elle comportait.

— Ooah! fit le chef en relevant la tête.

— Je savais bien, répondit don Cornelio avec un sourire amical, que cette musique vous plairait.

Et il redoubla ses fioritures.

L'Araucan se leva, s'approcha du chanteur, et lui touchant légèrement l'épaule:

— Il faut dormir, lui dit-il de sa voix gutturale, avec une grimace de mauvaise humeur.

— Bah! laissez donc, chef, la musique

délasse de tout, elle fait oublier le sommeil; Ecoutez, plutôt:

Oh si yor naciera ciego!
O tù sin beldad nacieras
Maldito sea el puntoy... (1)

L'Indien paraissait l'écouter avec une attention soutenue, le corps penché en avant et les yeux obstinément fixés sur lui. Don Cornelio se félicitait intérieurement de l'effet qu'il s'imaginait produire sur cette nature primitive, lorsque soudain Curumilla, le saisissant par les hanches, le serra dans ses mains nerveuses comme dans des tenailles de fer, et l'enlevant avec autant de facilité que s'il n'eût été qu'un enfant, il l'emporta malgré sa résistance jusque dans le patio, et le déposant sur la margelle du puits:

— Ooah! fit-il, ici la musique est bonne; et sans rien ajouter, il tourna le dos à l'Espagnol, regagna le cuarto, s'étendit sur son zarapé et s'endormit immédiatement.

Dans le premier moment, don Cornelio fut tout étourdi de cette brusque attaque, et ne sut s'il devait rire ou se fâcher de la façon assez leste dont son compagnon s'était débarrassé de sa société; mais don Cornelio était un philosophe doué d'un excellent caractère. Ce qui lui arrivait lui sembla si drôle, que, sans garder autrement rancune à l'Indien, il se laissa aller à un rire homérique qui dura plusieurs minutes.

— C'est égal, dit-il lorsqu'il fut enfin parvenu à reprendre son sérieux, l'aventure est curieuse, et j'en rirai longtemps. Après cela, cet homme n'a pas tout à fait tort, et je suis ici on ne peut mieux placé pour chanter et pincer ma *jurana* autant que cela me fera plaisir; au moins je ne risque d'interrompre le sommeil de personne, puisque je suis seul.

Et, après cette consolation, qu'il s'administrait à lui-même pour satisfaire son orgueil un peu froissé, il se disposa à continuer sa sérénade.

La nuit était claire et sereine, le ciel, diapré d'une profusion d'étoiles au milieu desquelles étincelait l'éblouissante croix du sud; une légère brise chargée de parfums du désert rafraîchissait doucement l'air, le plus profond silence planait sur San-José, car, dans les pueblos retirés du Mexique, chacun rentre de bonne heure chez soi; tout, dans le meson, paraissait dormir; seulement, à quelques fenêtres brillaient derrière les rideaux de calicot la faible et mourante lueur des candils.

(1) Oh! si j'étais né avengle!
Ou bien si tu étais née laide!
Maudit soit le jour et l'heure...

Aussi don Cornelio, subissant malgré lui l'influence de cette magnifique soirée, laissa de côté les quatre premiers vers du romancero et entonna d'une voix harmonieuse, après un prélude savant, la sublime description de la nuit qui le suit:

A l'escaso resplandor
De cualque luciente estrella,
Que en el medroso silencio
Tristemente centellea (1).
....

Et il continua ainsi, les yeux levés vers le ciel, le front brillant d'enthousiasme jusqu'à la fin du romancero, c'est à dire jusqu'à ce qu'il eût chanté les quatre-vingt-seize vers dont se compose cette touchante poésie.

Les Mexicains, enfans des Andaloux, ces musiciens et ces danseurs par excellence, n'ont pas dégénéré en cela de leurs premiers pères; au contraire, ils ont — si cela est possible — exagéré encore ces deux passions, auxquelles ils sacrifient tout.

Lorsque don Cornelio avait commencé à chanter, le *patio*, ainsi que nous l'avons fait observer, était complétement désert; mais peu à peu, au fur et à mesure que le musicien s'animait, de tous les coins de la cour des portes s'ouvraient, des hommes et des femmes apparaissaient, s'avançaient doucement vers le chanteur, se groupaient autour de lui; si bien qu'après la ritournelle finale il se trouva entouré d'un cercle d'auditeurs enthousiasmés qui l'applaudirent avec frénésie.

Don Cornelio se leva de la margelle sur laquelle il était assis, ôta son chapeau et salua gracieusement l'assistance.

— Voilà, dit-il à part lui, ce qui donnerait à réfléchir à cet animal d'Indien qui apprécie si peu la bonne musique.

— Capo de Dios! s'écria un arriero, voilà ce que j'appelle chanter.

— Pauvre senor don Rodrigo, a-t-il dû souffrir! observa une jeune criada au jupon court et au grand œil fripon.

— Et ce perfide *picaro* de comte Julien, qui a introduit les Mores en terre catholique! fit l'hôtelier avec un geste de colère.

— Dieu soit loué! s'écria en chœur l'assistance, espérons qu'il rôtit au plus profond des enfers.

(1) A la faible lueur
De quelque claire étoile
Qui, au milieu du sombre silence,
Brille tristement.

Don Cornelio était en proie à la jubilation la plus grande; jamais il n'avait obtenu un tel succès.

Tous ses auditeurs le remerciaient du plaisir qu'il leur avait procuré avec ces démonstrations bruyantes et ces cris de joie qui distinguent les races méridionales. L'Espagnol ne savait à qui entendre ni de quel côté se tourner ; les acclamations prenaient un tel caractère d'enthousiasme que le chanteur commençait à redouter de ne pouvoir de toute la nuit se débarrasser de son frénétique auditoire.

Heureusement pour lui, au moment où, moitié de gré moitié de force, il se préparait, à la demande générale, à recommencer son romancero, il se fit un mouvement dans la foule, elle s'écarta à droite et à gauche et livra passage à une grande et belle jeune fille aux traits mutins, à l'œil noir bien ouvert, bordé de longs cils de velours, à la jambe faite au tour emprisonnée dans un bas de soie à coins d'or, qui, le *rebozo* (voile) coquettement drapé et la chevelure inondée d'une profusion de fleurs de jasmin, se posa résolûment devant le chanteur, en lui disant avec un gracieux sourire qui laissa voir la double rangée de perles de ses dents :

— N'êtes-vous pas, caballero, un noble hidalgo d'Espagne nommé don Cornelio ?

Nous devons rendre à don Cornelio cette justice d'avouer qu'il fut tellement ébloui par cette délicieuse apparition, qu'il resta pendant quelques secondes les yeux effarés et la bouche ouverte sans trouver un mot.

La jeune fille frappa du pied avec impatience.

—Avez-vous donc été subitement métamorphosé en pierre? reprit-elle d'un ton légèrement moqueur.

— Dieu m'en garde ! senorita, dit-il enfin.

— Alors, veuillez répondre à la question que je vous ai adressée.

— Rien de plus facile, senorita. Je suis, en effet, celui que l'on nomme don Cornelio Mendoza y Arrizabal, et j'ai l'honneur d'être gentilhomme espagnol.

— Voilà qui est parler clairement et catégoriquement, fit-elle d'un petit air mutin. S'il en est ainsi, caballero, je vous prierai de me suivre.

— Au bout du monde! s'écria le jeune homme avec élan. Vive Dieu! jamais je ne voyagerai en aussi douce compagnie.

— Je vous remercie du compliment, caballero, mais je n'ai pas l'intention de vous conduire aussi loin ; je veux seulement vous accompagner auprès de ma maîtresse, qui désire vous voir et vous entretenir un instant.

— Rayon du ciel ! si la maîtresse est seulement aussi jolie que la cameriste, je ne regretterai pas le voyage dût-il durer huit jours.

La jeune fille sourit encore.

— C'est dans cette hôtellerie même, à quelques pas à peine, qu'habite en ce moment ma maîtresse.

— Tant pis, tant pis! j'eusse de beaucoup préféré avoir plusieurs lieues à faire avant que de la rencontrer.

— Trève de galanteries. Etes-vous disposé à me suivre?

— A l'instant, senorita.

Et rejetant sa jurana sur son dos, saluant une dernière fois l'assemblée qui s'ouvrait avec respect devant lui :

— Je suis à vos ordres, dit-il.

— Venez, reprit-elle.

La jeune fille se détourna et s'éloigna d'un pas rapide, suivie de près par l'Espagnol.

Don Cornelio, de même que tous les aventuriers que les hasards d'une vie beaucoup trop accidentée en Europe avaient jetés sur les plages américaines, nourrissait au fond du cœur un secret espoir, celui de rétablir tout à coup, par un riche mariage, sa fortune plus que compromise. Plusieurs exemples, bien que rares à la vérité, de mariages contractés de cette façon romanesque, avaient ancré d'une manière immuable cette idée dans la cervelle tant soit peu éventée de l'Espagnol.

Il était jeune, noble, beau, du moins il le croyait, il possédait donc tout ce qu'il fallait pour réussir ; il est vrai que, jusqu'à ce moment, la fortune n'avait pas encore paru daigner lui sourire; aucune jeune fille n'avait semblé se soucier de ses œillades assassines, ni voulu répondre à ses avances intéressées ; mais ce mauvais succès ne l'avait nullement rebuté, et ce qui lui arrivait en ce moment avait l'air de donner raison à ses prévisions, en lui offrant, lorsqu'il y comptait le moins, cette occasion si longtemps attendue.

Une seule chose attristait son front et troublait la joie intérieure qu'il éprouvait, le délabrement de son costume, fort maltraité par les ronces, et écorché par les pointes aiguës des rochers pendant le long voyage qu'il avait fait en Sonora ; mais avec cette fatuité caractéristique qui est innée chez les Espagnols, il se consola en réfléchissant que ses avantages personnels compenseraient largement le délabrement de sa mise, et que la dame qui l'avait fait mander devait, si elle éprouvait pour lui un intérêt quelconque, attacher peu de prix à un manteau neuf et à une plume fanée.

Ce fut dans ces dispositions conquérantes que don Cornelio arriva, à la suite de la camériste, à la porte d'un cuarto, devant laquelle elle s'arrêta.

— C'est ici, dit-elle en se retournant vers lui.

— Fort bien, reprit-il en se redressant et en tendant le jarret; nous entrerons quand vous le voudrez.

Elle sourit d'un petit air narquois, en clignant malicieusement son œil noir, et fit jouer la clé dans la serrure.

La porte s'ouvrit.

— Senora, dit la cameriste, je vous amène le gentilhomme.

— Fais-le entrer, Violanta, répondit une voix douce.

La jeune fille s'effaça pour faire place à don Cornelio qui, entra en relevant la tête et en retroussant sa moustache d'un air vainqueur.

La chambre dans laquelle il se trouva était petite, un peu mieux meublée que les autres cuartos de l'hôtellerie, grâce sans doute aux choses indispensables que la personne qui habitait provisoirement ce cuarto avait eu la précaution d'apporter avec elle; plusieurs bougies roses brûlaient dans des chandeliers en argent, et sur un sopha, enfouie dans la mousseline comme un colibri frileux dans un nid de roses, une jeune fille de seize à dix-sept ans au plus, belle à ravir, fixait sur le cavalier espagnol deux grands yeux noirs pétillans de finesse, de malice et de curiosité.

Malgré l'immense dose d'amour-propre dont il était cuirassé et la conviction intime qu'il avait de son mérite, don Cornelio s'arrêta tout interdit sur le seuil de la porte et salua profondément sans oser faire un pas en avant dans l'intérieur de ce cuarto, qui lui semblait un sanctuaire.

Par un geste charmant, la jeune femme l'engagea à s'approcher d'elle et lui indiqua une butacca placée à deux pas du sopha sur lequel elle était étendue.

Le jeune homme hésita; la cameriste, en riant comme une petite folle, le poussa par les épaules et le contraignit à s'asseoir.

Cependant la position de nos deux personnages en face l'un de l'autre était assez singulière: don Cornelio, en proie à l'embarras le plus fort qu'il eût jamais éprouvé, tortillait entre ses mains les rebords de son feutre, en lançant à droite et à gauche des regards sournoisement interrogateurs, tandis que la jeune fille, non moins confuse, baissait craintivement les yeux et semblait à présent presque regretter la démarche inconsidérée à laquelle elle s'était laissé, malgré elle, entraîner.

Cependant, comme dans toutes les positions difficiles de la vie, les femmes possèdent une volonté d'initiative plus grande que celle des hommes, parce qu'elles se font une force de leur faiblesse et savent du premier coup prendre le biais des questions les plus ardues, ce fut elle qui reconquit d'abord son sangfroid et entama l'entretien.

—Me reconnaissez-vous, don Cornelio? lui demanda-t-elle d'un petit ton délibéré qui fit tressaillir l'Espagnol.

— Hélas! senorita, répondit-il, en cherchant à marivauder, où aurai-je pu avoir le bonheur de vous voir jamais? je n'ai vécu jusqu'à présent que dans l'enfer, avec les damnés.

— Parlons sérieusement, fit-elle avec un imperceptible froncement de sourcils; regardez-moi bien en face, caballero, et répondez-moi franchement; me reconnaissez-vous, oui ou non?

Don Cornelio leva timidement les yeux, obéit à l'ordre qu'il avait reçu d'une façon si péremptoire, puis, au bout de quelques secondes:

— Non, senorita, fit-il avec un soupir étouffé, je ne vous reconnais pas, je ne crois pas avoir eu le bonheur de me rencontrer avec vous avant aujourd'hui.

— Vous vous trompez, répondit-elle.

— Moi! oh! c'est impossible!

— Ne jurez pas, don Cornelio, je vais vous prouver la vérité de ce que j'avance.

Le jeune homme secoua négativement la tête.

— Lorsqu'un homme a eu le bonheur de vous voir une fois, murmura-t-il...

Elle l'interrompit brusquement.

— Vous ne savez pas ce que vous dites, votre galanterie est déplacée; avant de me donner un démenti, vous feriez mieux d'écouter ce que j'ai à vous dire.

Don Cornelio se récria.

— Je vous répète, fit-elle nettement, que vous êtes fou; pendant deux jours, vous avez voyagé dans la compagnie de mon père et la mienne.

— Moi?

— Oui, vous.

— Oh!

— Il y a trois ans de cela. A cette époque je n'étais qu'une enfant, j'avais quatorze ans à peine; il n'y a donc rien d'extraordinaire à ce que vous m'ayez oubliée. A cette époque vous chantiez votre inévitable *romancero* du roi Rodrigo, dont je ne dirai pas de mal, au reste, ajouta-t-elle avec un sourire enchanteur, puisque c'est à ce chant que j'ai pu vous reconnaître. Mon père, maintenant gouverneur et chef politique de l'Etat de Sonora, n'était encore que colonel.

L'Espagnol se frappa le front.

— Je me souviens, s'écria-t-il, vous vous rendiez de Guanajuato au Tepic, lorsqu'au milieu de la nuit j'eus le bonheur de vous rencontrer.

— Oui.

— C'est cela; votre père se nomme don Sebastian Guerrero, et vous...

— Et moi ? fit-elle avec une petite moue interrogatrice.

— Vous, senorita, répondit-il galamment, vous êtes dona Angela; quel autre nom pourriez-vous porter?

— Allons! s'écria-t-elle en frappant ses mignonnes mains l'une contre l'autre en riant, je vois avec plaisir que vous avez plus de mémoire que je ne le croyais.

— Oh! murmura-t-il avec reproche.

— Il nous arriva, je crois, avec des bandits, continua-t-elle, une aventure assez désagréable.

— Fort désagréable, puisque je fus à demi massacré.

— C'est vrai, je me rappelle quelque chose comme cela. Ne fûtes-vous pas secouru par un chasseur, un coureur des bois? je ne me souviens plus au juste.

— Un noble gentilhomme, senorita, répondit don Cornelio avec feu, auquel je dois la vie.

— Ah! fit-elle avec distraction, c'est possible. Cet homme vous secourut, vous soigna, puis vous vous êtes séparés ?

— Non pas.

— Comment! non pas! s'écria-t-elle avec feu; vous avez continué à vivre ensemble ?

— Oui.

— Toujours?

— Oui.

— Mais maintenant? fit-elle avec une certaine hésitation dans la voix.

— Je vous répète, senorita, que nous ne nous sommes plus quittés.

— Ainsi... il est ici ?

— Oui.

— Dans cette hôtellerie?

— Il n'y a que la cour à traverser.

— Ah! murmura-t-elle en laissant tomber sa tête sur sa poitrine.

— Qu'a-t-elle donc? se demanda tout bas l'Espagnol.

Et respectant la rêverie subite dans laquelle était tombée la jeune fille, il attendit respectueusement qu'il lui plût de renouer l'entretien.

VI.

La position de nos deux personnages vis-à-vis l'un de l'autre était assez singulière.

Tous deux semblaient s'épier et se chercher réciproquement le défaut de la cuirasse.

Mais dans cette lutte d'un homme contre une femme, celle-ci devait incontestablement l'emporter.

Don Cornelio avait de lui-même une opinion peut-être un peu exagérée; ce fut ce qui le perdit et le livra pieds et poings liés à son redoutable adversaire.

Dona Angela, appuyée coquettement sur le coude, le menton dans la paume de sa main mignonne, fixait sur lui ses yeux pétillans de malice, sans que l'Espagnol, pour ainsi dire fasciné par le charme de ce regard irrésistible, eût seulement la volonté de détourner la tête pour se soustraire au charme trompeur qui le maîtrisait.

— Violanta, dit la jeune fille d'une voix suave et pure comme le chant du *centzontle*, le rossignol américain, n'as-tu pas quelque rafraîchissement à offrir à ce cavalier ?

— Oh que oui ! s'écria l'espiègle caméristе, d'un petit air narquois à damner un saint.

Et elle se leva vivement pour exécuter les ordres de sa maîtresse.

Don Cornelio, intérieurement flatté de cette galanterie à laquelle il était loin de s'attendre, jugea cependant nécessaire de se confondre en excuses.

Mais dona Angela y coupa court en lui disant elle-même.

— Vous me pardonnerez, caballero, de vous recevoir si mal; je ne comptais pas avoir l'honneur de votre visite. J'étais si loin d'espérer de vous rencontrer dans ce pueblo perdu!

Naturellement don Cornelio, infatué des avantages qu'il croyait posséder, prit ces paroles pour un compliment.

Angela pinça malicieusement ses lèvres rosées et continua en s'inclinant :

— Mais maintenant que j'ai été assez heureuse pour retrouver un ancien ami, car, observa-t-elle, j'espère que vous me permettez de vous donner ce nom ?

— Oh! senorita, fit le jeune homme avec un mouvement de joie.

— Je me flatte que j'aurai le plaisir de jouir quelquefois de votre compagnie.

— Senorita, croyez que je serais trop heureux...

— Je connais votre galanterie, don Cornelio, interrompit-elle avec un sourire, et je sais que vous saisirez toutes les occasions de me présenter vos hommages.

— Dieu m'en est témoin, senorita ; malheureusement le destin contraire, qui s'obstine après moi, en ordonnera peut-être autrement.

— Comment cela?

— Vous n'êtes que de passage dans cette misérable hôtellerie.

— Oui. Mon père se rend au Tepic, où sa nouvelle position de gouverneur de la province exige qu'il réside.

— C'est vrai. Vous voyez bien, madame, qu'il est presqu'impossible que nous nous revoyions jamais.

— Le croyez-vous ? lui demanda-t-elle.

— Hélas ! j'en ai une peur atroce.

— Pourquoi donc ? fit-elle en penchant curieusement le corps en avant.

— Parce que, selon toute probabilité, demain, au lever du soleil, nous prendrons chacun des directions diamétralement opposées, senorita.

— Oh ! ce n'est pas possible.

— Malheureusement il n'est que trop vrai.

— Expliquez-moi donc cette énigme.

— Je voudrais que cela en fût une, malheureusement rien n'est plus simple.

— Mais je ne vous comprends pas du tout, moi.

— Je vais m'expliquer plus clairement.

— Voyons.

— Lorsque demain, vous et votre père, madame, vous prendrez la direction du Tepic, mes amis et moi nous nous mettrons en route pour San-Francisco.

— Pour San-Francisco ?

— Hélas ! oui.

— Et quel besoin avez-vous d'aller à San Francisco, vous ?

— Moi, aucun.

— Eh bien ! alors...

Don Cornelio fit le geste de tous les hommes embarrassés, c'est-à-dire qu'il se gratta la tête.

— C'est, dit-il enfin, que je ne puis abandonner mes amis.

— Quels amis ?

— Mais ceux dans la compagnie desquels je me trouve.

— Ils ont donc besoin d'aller à San-Francisco, eux?

— Oui.

— Pourquoi faire?

— Ah ! voilà, répondit l'Espagnol de plus en plus embarrassé par l'obligation d'avouer le trafic auquel il se livrait, trafic qui, dans sa pensée, devait extraordinairement le rabaisser dans l'esprit de la jeune femme, dont il croyait avoir touché le cœur.

— J'attends, fit-elle en fronçant imperceptiblement le double arc de ses sourcils.

Don Cornelio, poussé dans ses derniers retranchemens, résolut de trancher nettement la question.

— Il faut que vous sachiez, dit-il d'une voix mielleuse, que mes amis sont chasseurs.

— Ah ! fit-elle.

— Oui.

— Et alors ?

— Alors, dame, ils chassent, reprit-il, décontenancé par le ton de son interlocutrice.

— C'est probable, reprit-elle avec un petit rire cristallin. Et que chassent-ils ?

— Hum ! ils chassent un peu toutes sortes de bêtes.

— Mais encore?

— Les taureaux sauvages, par exemple.

— Fort bien ; nous disons donc qu'ils chassent les taureaux sauvages ?

— Oui.

— Pourquoi plutôt ces animaux que d'autres?

— Je vais vous le dire.

— Vous me ferez plaisir.

Don Cornelio salua.

— Il faut que vous sachiez qu'à San-Francisco...

— Encore San-Francisco !

— Hélas ! oui.

— Très bien ; continuez.

— Les bœufs, les taureaux, et en général tous les animaux qui servent à l'alimentation sont fort chers.

— Ah !

— Mon Dieu oui ! Vous comprenez, on s'occupe beaucoup dans ce pays à trouver de l'or, et fort peu à chercher de la nourriture.

— C'est juste.

— Alors, mon ami a fait un raisonnement.

— Quel ami ?

— Le chasseur don Luis.

— Don Luis?

— Oui, celui qui, lors de l'attaque des bandits, il y a trois ans, est si heureusement arrivé et que je n'ai plus quitté depuis.

Dona Angela éprouva une émotion si vive qu'une pâleur subite envahit son visage.

Don Cornelio, tout à son récit, ne s'aperçut pas de l'effet que ce nom jeté tout à coup à travers sa narration avait produit, et continua :

— Si bien, fit-il, qu'il se dit : les taureaux coûtent en Californie un prix fou ; au Mexique, ils sont presque pour rien. Allons en acheter ou en lasser au Mexique.

— Si bien?

— Si bien que nous sommes partis.

— Vous étiez donc en Californie?

— A San-Francisco, avec don Luis.

— Et maintenant?

— Nous avons un magnifique troupeau de novillos que nous amenons de fort loin, et dont nous espérons nous défaire fort avantageusement à San-Francisco.

— Je le souhaite.

— Madame, je vous remercie, d'autant plus que nous avons eu une peine énorme à nous le procurer.

— Mais tout cela ne me dit pas pourquoi vous ne pouvez pas vous séparer de vos amis.

— Pas avant du moins de nous être défaits du troupeau; vous comprenez, senorita, qu'agir autrement serait entièrement manquer de procédés.

— C'est vrai, mais pourquoi vous obstiner à ne vendre vos bestiaux qu'à San-Francisco.

— Ce n'est nullement obstination de notre part.

— Ainsi, en supposant que vous en trouviez un bon prix ici, vous le donneriez ?

— Je n'y verrais aucun inconvénient.

Dona Angela fit un mouvement de joie, que naturellement don Cornelio interpréta à son avantage.

— Cela pourrait s'arranger, dit-elle.

— Vous croyez?

— Oui, si vous n'êtes pas trop exigeant.

— Vous ne devez pas le redouter, senorita.

— Mon père possède à quelques lieues d'ici une *hacienda*, et je sais qu'il est dans l'intention de remonter San-Ganado, c'est même afin d'avoir une entrevue avec le mayordomo que mon père s'est arrêté ici aujourd'hui.

— Oh! mais c'est un hasard providentiel!

— N'est-ce pas?

— En effet. Est-ce que le mayordomo est arrivé?

— Pas encore ; nous ne l'attendons que demain. Je crois qu'une journée de retard ne vous causera pas un grand préjudice.

— Pas le moindre.

— Eh bien ! si vous y consentez, tandis que nous sommes ensemble, nous terminerons cette affaire ; c'est-à-dire, ajouta-t-elle en se reprenant, que vous me direz les prix, afin que j'en fasse part à mon père.

— Ah! fit il avec une certaine hésitation, malheureusement je ne puis vous rien dire à ce sujet.

— Comment cela? n'êtes-vous donc pas propriétaire du troupeau?

— Pardonnez-moi.

— Eh bien ! alors, interrompit-elle en le regardant fixement.

— C'est-à-dire que je n'en suis pas seul propriétaire.

— Vous avez des associés?

— Oui, j'en ai un.

— Et cet associé?

— Tenez, madame, je préfère être franc avec vous et vous dire nettement ce qui en est.

— Je vous écoute, caballero.

— Je suis propriétaire sans l'être...

— Je ne vous comprends plus du tout.

— C'est cependant bien simple, vous allez voir.

— Je ne demande pas mieux.

— Figurez-vous que don Luis, après m'avoir guéri de mes blessures, s'est épris pour moi d'une de ces franches et loyales amitiés de chasseurs qui n'ont pas de pendant dans la vie des villes ; non-seulement il ne voulut pas consentir à ce que je le quittasse, mais, sachant que par suite de revers, trop longs à vous rapporter, je me trouvais à peu près sans ressources, il exigea que j'entrasse, bien que n'apportant aucune espèce d'apport social, dans toutes les opérations qu'il lui plairait de tenter; si bien que sans avoir rien déboursé, je suis de moitié dans la propriété; de façon, vous le comprenez, que je ne puis rien traiter ni faire sans avoir au préalable pris ses instructions.

— Ceci est on ne peut pas plus juste, il me semble.

— Et à moi aussi, madame ; voilà pourquoi, malgré le vif désir que j'aurais de terminer cette affaire séance tenante avec vous, je suis dans l'impossibilité de le faire.

Dona Angela sembla réfléchir un instant, puis elle reprit avec un vif battement de cœur et un tremblement dans la voix qu'elle ne put complétement dissimuler, malgré tous ses efforts :

— Mais ceci, à mon avis, est la chose la plus simple du monde et peut s'arranger très facilement.

— Je ne demande pas mieux ; seulement je vous avoue à ma honte que je ne vois pas trop quel moyen je pourrai employer.

— C'est la moindre des choses : demain, avant l'arrivée du mayordomo, je causerai avec mon père ; il sera, je n'en doute pas, charmé d'être agréable à l'homme qui, dans une circonstance critique, lui a rendu un grand service. Vous avertirez votre ami, il viendra s'entendre avec mon père, et tout sera dit.

— En effet, madame, je n'avais pas songé à cela ; tout peut s'arranger ainsi.

— A moins que votre ami, don Luis vous l'appelez, n'est-ce pas ?

— Don Luis, oui, madame. Il paraît que c'est un gentilhomme d'une des plus nobles et des plus anciennes familles de France.

— Ah ! tant mieux ! A moins, dis-je, qu'il ne consente pas à traiter avec mon père.

— Et pourquoi n'y consentirait-il pas, senorita ?

— Mon Dieu, je ne sais ; mais lors de notre première rencontre, après nous avoir sauvé la vie à mon père et à moi, ce caballero s'est montré si singulier envers nous, que je crains...

— Vous avez tort, madame, de supposer que don Luis puisse refuser une offre aussi avantageuse que celle que vous lui faites ; du reste, je causerai avec lui, et je suis certain de l'amener à mon avis.

— Mon Dieu ! fit-elle négligemment, je n'ai dans tout cela qu'un intérêt fort médiocre; je ne voudrais pas que cette proposition vous attirât la moindre contrariété avec votre associé; je ne vois là-dedans que votre intérêt, don Cornelio.

— J'en suis convaincu, madame, et je vous en remercie humblement, répondit-il d'un accent pénétré.

— Je ne connais que vous seul. Votre associé, bien qu'il m'ait rendu un grand service, n'est pour moi qu'un étranger, surtout après la manière péremptoire dont il a refusé les avances d'amitié et les offres de service de mon père.

— Vous avez parfaitement raison, senorita ; croyez bien que j'apprécie à toute sa valeur la délicatesse de votre procédé.

— Cependant, reprit-elle d'une voix insinuante et légèrement railleuse, je vous avoue que je ne serais pas fâchée de me retrouver face à face avec cet homme étrange, ne fût-ce que pour juger si je me suis trompée dans l'opinion que je me suis faite de lui.

— Don Luis, madame, répondit complaisamment l'Espagnol, est un vrai caballero, bon, noble et généreux, toujours prêt à venir en aide de sa bourse et de son épée à ceux qui réclament son appui ; depuis que j'ai l'honneur de vivre en sa compagnie, j'ai été maintes fois à même d'apprécier la grandeur de son caractère.

— Je suis heureuse de ce que vous m'apprenez, senor, car je vous avoue que ce caballero m'avait laissé une fort mauvaise impression, sans doute à cause de la sauvagerie avec laquelle il s'est séparé de nous.

—Cette mauvaise impression était injuste, madame ; quant à la sauvagerie que vous lui reprochez, hélas ! ce n'est que de la tristesse.

— Comment ! s'écria-t-elle vivement, tandis qu'une teinte rosée envahissait tout à coup son front, de la tristesse, dites-vous? ce gentilhomme serait-il malheureux ?

— Qui ne l'est pas? répondit don Cornelio avec un soupir.

— Mais peut-être vous trompez-vous.

— Hélas ! non, madame, don Luis a été victime d'affreux malheurs ; jugez-en vous-même : il adorait une femme qui l'avait rendu père de plusieurs enfans charmans; une nuit les indiens surprirent son hacienda, l'incendièrent massacrèrent sa femme, ses enfans, toute sa famille, enfin, et lui-même n'échappa que par miracle.

— Oh ! c'est horrible ! s'écria-t-elle en cachant sa tête dans ses mains. Pauvre homme ! maintenant, je lui pardonne du fond du cœur ce que ses manières semblaient avoir de singulier. Hélas ! la société de ses semblables doit lui peser.

— Oui, madame, elle lui pèse, sans doute, car la douleur qu'il éprouve est de celles qui ne se peuvent consoler; et pourtant, lorsqu'il sait une infortune à soulager, un bien quelconque à faire, il s'oublie lui-même pour ne plus songer qu'à ceux qu'il veut secourir.

— Oui, vous avez raison, caballero, cet homme est un noble cœur.

— Hélas ! madame, je resterais toujours au-dessous de la vérité dans ce que je vous dirais de lui; il faut vivre de sa vie, être continuellement à ses côtés pour le bien comprendre et l'apprécier à sa juste valeur.

Il y eut quelques instans de silence. La nuit s'avançait, les bougies commençaient à pâlir; la camériste, qui n'avait à toute cette conversation qu'un fort médiocre intérêt, avait renversé sa tête sur le dossier de la butacca qui lui servait de siége, ses yeux s'étaient fermés et elle s'était bravement endormie, mais de ce sommeil de chat particulier aux femmes et à la race féline, et qui ne les empêche pas d'être continuellement aux aguets.

— Dites-moi, don Cornelio, reprit en

souriant doña Angela, est-ce que pendant le long laps de temps qui s'est écoulé depuis notre rencontre, vous ne vous en êtes jamais entretenu avec don Luis?

— Jamais, madame.

— Ah!

— Une fois, une seule, je me rappelle que je voulus mettre, par quelques allusions assez directes, la conversation sur ce chapitre.

— Eh bien!

— Don Luis, qui jusqu'alors avait semblé prêter à ce que je lui disais une attention assez complaisante, me pria soudain, dans des termes fort clairs, de ne jamais revenir sur ce sujet, me disant qu'en cette circonstance il avait agi comme il le devait; que, le cas échéant, il ferait encore de même, et que cela ne valait pas la peine qu'on s'en occupât davantage, d'autant plus que, selon toutes probabilités, jamais le hasard ne nous replacerait en présence des personnes auxquelles nous avions été assez heureux pour rendre ce léger service.

La jeune femme fronça les sourcils.

— Je vous remercie, dit-elle, d'une voix légèrement émue, je vous remercie, don Cornelio, de la complaisance avec laquelle vous vous êtes prêté aux caprices d'une femme que vous ne connaissiez point.

—Oh! madame, s'écria-t-il en se récriant, depuis longtemps je suis votre humble esclave.

— Je connais votre galanterie, mais je ne veux pas en abuser plus longtemps. Croyez bien que je conserverai un bon souvenir de notre longue conversation. Veuillez ne pas oublier que je vous ai prié de faire part à don Luis de mes propositions.

— Demain, madame, à l'heure que vous jugerez convenable, mon ami et moi nous aurons l'honneur de nous présenter au général.

— Ne vous dérangez pas, caballero; un *criado* ira vous avertir lorsque mon père pourra vous recevoir; adieu.

— Adieu, répondit-il en s'inclinant respectueusement devant la jeune femme, qui le congédia d'un geste gracieux.

L'Espagnol sortit la joie dans le cœur.

— Oh! murmura doña Angela dès qu'elle fut seule, je l'aime!

De qui parlait-elle?

VII.

Avant de pousser plus loin notre récit, il nous faut donner au lecteur certains détails sur la famille et les antécédens de don Sebastian Guerrero, appelé à jouer un rôle important dans cette histoire.

La famille de don Sebastian était riche: il descendait en ligne directe d'un des premiers rois du Mexique; le sang des Aztèques coulait pur dans ses veines. De même que plusieurs grandes familles mexicaines, ses ancêtres n'avaient pas été dépossédés par les conquérans, auxquels ils avaient, dans certaines circonstances, rendu d'importans services que ceux ci avaient reconnus en leur conservant leurs propriétés, mais en les astreignant toutefois à ajouter un nom espagnol à leur nom mexicain, qui sonnait mal à des oreilles castillanes.

Cependant la famille Guerrero se vantait hautement de son origine aztèque, et si ostensiblement elle semblait dévouée à l'Espagne, elle conservait secrètement l'espoir de voir un jour le Mexique reconquérir sa liberté.

Aussi, lorsque l'héroïque Hidalgo, l'humble curé du petit village de Dolorès, leva tout-à-coup l'étendard de la révolte contre les oppresseurs de sa patrie, don Eustaquio Guerrero, bien que marié depuis peu à une femme qu'il adorait, et père d'un enfant de cinq ou six ans à peine, fut-il un des premiers à répondre à l'appel des insurgés et à rejoindre Hidalgo, auprès duquel il se rendit à la tête de quatre cents hommes résolus, levés sur ses immenses propriétés.

Singulière révolution que celle du Mexique, dont presque tous les promoteurs et les héros furent des prêtres, seul pays au monde où le clergé ait pris ainsi hautement l'initiative du progrès et révélé ainsi ses profondes sympathies pour la liberté des peuples.

Don Eustaquio Guerrero fut tour à tour compagnon de ces modestes héros, que la dédaigneuse histoire a presque oubliés, et qui avaient noms, Hidalgo, Morelos, Hermenegildo Galeana, Allende, Abasolo, Aldama, Valerio Trujano, Torrès, Rayon, Sotomayor, Manuel Mier y Teran, et tant d'autres dont les noms m'échappent, et qui, après avoir glorieusement combattu pour la liberté de leur pays, reposent aujourd'hui dans leurs tombes sanglantes, protégés par l'auréole céleste que Dieu place au front des martyrs, quelle que soit la cause qu'ils ont défendue, si cette cause était juste.

Plus heureux que la plupart de ses braves compagnons d'armes, qui devaient les uns après les autres tomber, soit victimes de la barbarie espagnole, soit vaincus par la trahison, don Eustaquio échappa comme par miracle aux dangers sans nombre de cette guerre, qui dura dix ans, et vit enfin l'expulsion complète des Espagnols et la proclamation de l'indépendance.

Le brave soldat, vieux avant l'âge, couvert de blessures et dégoûté de l'ingratitude de ses compatriotes, qui, à peine libres, commençaient à se courir sus les uns aux autres, et inauguraient cette ère funeste des *pronunciamientos* dont la liste est si longue déjà, et ne sera close que par la ruine du pays et la perte fatale de sa nationalité, se retira triste et soucieux dans son hacienda del Palmar, située dans la province de Valladolid, et chercha entre sa femme et son fils à rallumer quelques étincelles de ce bonheur dont il avait joui autrefois, lorsqu'il n'était encore qu'un obscur citadin.

Mais cette consolation suprême lui fut refusée; sa femme mourut dans ses bras, deux ans à peine après leur réunion, atteinte d'un mal inconnu qui, en quelques semaines, la conduisit au tombeau.

Après la mort de celle qu'il aimait de toutes les forces de son âme, don Eustaquio, brisé par la douleur, ne fit plus que végéter et traîner une existence misérable, qui se termina un an jour pour jour, heure pour heure, après la mort de sa femme, dont le nom fut le dernier qui erra sur ses lèvres pâlies en rendant le dernier soupir.

Don Sebastian, âgé de vingt ans à peine, demeura donc orphelin; seul, sans parens, sans amis, le jeune homme se renferma dans son hacienda, où il pleura silencieusement les deux êtres qu'il avait perdus et sur lesquels il aurait concentré toutes ses affections.

Don Sebastian serait peut-être demeuré de longues années ainsi, retiré dans ses propriétés, sans voir le monde et sans songer à s'occuper de la façon dont il allait, menant la vie nonchalante, paresseuse et abrutissante des grands propriétaires qu'aucune idée d'amélioration ou de progrès ne pousse à s'occuper de leurs terres, timide et craintif comme tous les individus qui vivent seuls, employant les journée à chasser ou à dormir, si le hasard ou plutôt sa bonne étoile n'avait pris le soin d'amener au Palmar un vieux chef de partisans qui longtemps avait guerroyé avec don Eustaquio, et qui, passant à quelques lieues de là, avait senti se réveiller en lui d'anciens souvenirs et s'était dérangé de sa route afin de venir serrer la main de son vieux compagnon, dont il ignorait la mort.

Cet homme se nommait don Isidro Vargas. Il était de haute taille; ses épaules étaient larges, ses membres athlétiques et ses traits empreints d'une énergie peu commune; en résumé, il offrait dans toute sa personne le type de cette race forte et dévouée qui se perd tous les jours au Mexique, et dont il ne restera plus bientôt un seul rejeton.

L'arrivée inopinée de cet hôte, dont les lourds éperons et le long sabre au fourreau d'acier résonnaient avec bruit sur les dalles des chambres de l'hacienda, vint apporter la vie dans cette demeure qui semblait depuis si longtemps vouée au silence et à la morne tranquillité du cloître.

Comme tous les vieux soldats, le capitaine don Isidro avait la voix rude, l'accentuation brève et le timbre haut. Ses manières étaient brusques, mais son caractère était gai et doué d'une grande égalité d'humeur.

Lorsqu'il entra, don Sebastian était en chasse, l'hacienda semblait inhabitée.

Le capitaine eut d'abord énormément de peine à rencontrer quelqu'un à qui parler dans cette habitation qui semblait déserte; enfin, à force de recherche, il parvint à découvrir un peon à demi endormi sous une *verandah* qui répondit tant bien que mal aux questions qu'il lui adressait.

Ce fut ainsi, à force de patience et de questions faites avec la ruse particulière aux Mexicains, que le capitaine parvint à obtenir quelques renseignemens précieux de son interlocuteur.

La mort de don Eustaquio, nous devons rendre cette justice au digne soldat, ne l'étonna que médiocrement; il s'y attendait, pour ainsi dire, dès qu'on lui eut appris la mort de la senora Guerrero, pour laquelle il savait que son vieux compagnon professait un si grand amour; mais en apprenant la vie oisive et inutile que menait don Sebastian depuis la mort de son père, le capitaine se livra à une colère furieuse et jura par tous les saints du calendrier espagnol (et Dieu sait s'ils sont nombreux) que cet état de choses ne durerait pas plus longtemps.

Le capitaine avait connu le jeune homme à l'époque où celui-ci n'était encore qu'un enfant; bien des fois il l'avait fait danser sur ses genoux; aussi, dans ses idées de droiture et de générosité, se croyait-il obligé, lui, ancien ami du père, d'enlever le fils à l'existence sans but qu'il menait.

En conséquence, le vieux soldat s'installa d'autorité dans l'hacienda et attendit de pied ferme le retour de celui qu'il était depuis longtemps habitué à considérer presque comme son fils.

La journée se passa paisiblement. Les

peons indiens, accoutumés de longue date à professer le plus grand respect pour les chapeaux galonnés et les grands sabres, le laissèrent à peu près libre d'agir à sa guise, liberté dont le vieux soldat n'abusa nullement, se contentant de se faire servir un énorme vase plein d'une infusion de tamarin, qu'il plaça sur une table auprès de laquelle il s'installa commodément sur une *butacca*, se renversant en arrière, allongeant les jambes et se disposant à fumer une quantité énorme de cigarettes de paille de maïs qu'il confectionnait au fur et à mesure, avec cette dextérité que possède seule la race espagnole.

A peu près à l'oracion, c'est à dire vers six heures du soir, le capitaine, qui, à force de boire et de fumer, avait fini tout doucement par s'endormir, fut réveillé en sursaut par un grand bruit, mêlé de cris, d'aboiemens et de hennissemens de chevaux qu'il entendit au dehors.

— Ah! ah! fit il en retroussant sa moustache, je crois que voilà enfin le *muchacho* (jeune homme).

C'était, en effet, don Sebastian qui revenait de la chasse.

Le vieux partisan, placé en face d'une fenêtre, put à son aise examiner le fils de son ami sans être aperçu de lui; il ne put réprimer un sourire de satisfaction à l aspect du vigoureux jeune homme, aux traits altiers, empreints d'audace, de sauvagerie et de timidité, et aux membres bien découplés, qui s'offrit à sa vue.

— Quel malheur, murmura-t-il à part lui, si une si belle nature s'usait ici sans profit pour les autres ni pour elle-même! Ce ne sera pas de ma faute si je ne parviens pas à faire sortir ce garçon de l'état de léthargie dans lequel il est plongé; je dois bien cela au souvenir de son pauvre père.

Tout en faisant ces réflexions, comme il entendit un cliquetis d'éperons dans la salle qui précédait celle où il se trouvait, il se laissa retomber dans sa butacca et reprit sa physionomie impassible et indifférente.

Don Sebastian entra; il y avait plusieurs années qu'il n'avait vu le capitaine. L'accueil qu'il lui fit, bien qu'un peu gauche et embarrassé, fut cependant affectueux.

Après les premiers complimens, les deux interlocuteurs prirent place en face l'un de l'autre.

— Eh bien! *muchacho*, dit le capitaine en entamant brusquement l'entretien, tu ne t'attendais guère à ma visite, hein?

— Je vous avoue, capitaine, que j'étais, en effet, loin de supposer que vous viendriez me voir. A quel heureux hasard dois-je le plaisir de vous posséder chez moi?

— Je te dirai cela plus tard, muchacho; quant à présent, nous causerons d'autre chose, si cela t'est égal.

— A votre aise, capitaine, je ne veux vous déplaire en rien.

— Nous verrons cela tout à l'heure, *cuerpo de Dios*, et d'abord, pour parler franchement, je te dirai, Muchacho, que ce n'était pas toi que j'avais l'intention de voir, mais bien ton digne père, mon brave général, *voto a brios!* La nouvelle de sa mort m'a tout interloqué, et je n'en suis pas encore complètement remis.

— Je vous suis reconnaissant, capitaine, du bon souvenir que vous avez gardé à mon honoré père.

— *Capa de Cristo!* fit le capitaine, qui entr'autres habitudes plus ou moins bonnes possédait à un suprême degré celle d'assaisonner chacune de ses phrases d'un juron souvent peu orthodoxe, si j'ai gardé un bon souvenir de l'homme auprès duquel j'ai combattu dix ans et auquel je dois d'être ce que je suis! oui, j'en ai gardé un bon souvenir, et j'espère, *canarios!* le prouver bientôt à son fils.

— Je vous remercie, capitaine, bien que je n'entrevoie pas de quelle façon vous pourrez me donner cette preuve.

— Bon! bon! répondit-il en mordillant sa moustache; je m'entends, moi, cela suffit. Chaque chose viendra en son temps.

— A votre aise, mon vieil ami; dans tous les cas, vous voudrez bien vous souvenir que vous êtes ici chez vous et que plus vous y demeurerez, plus vous me ferez plaisir.

— Bien, *muchacho*, j'attendais cette parole. J'userai de cette hospitalité si gracieusement offerte, sans cependant en abuser.

— Un ancien compagnon d'armes de mon père ne doit pas craindre d'abuser dans sa maison, capitaine, et vous moins que tout autre. Mais, ajouta-t-il en voyant entrer un peon, voici un domestique qui nous vient annoncer que le dîner est servi. Je vous avoue que j'ai chassé toute la journée et que je meurs à peu près de faim; si vous me voulez suivre, nous allons nous mettre à table et renouveler connaissance le verre en main.

— Je ne demande pas mieux, *rayo de Dios!* fit le capitaine en se levant; je n'ai pas chassé, moi, mais, malgré cela, je crois que je ferai honneur au repas.

Et, sans plus de discours, ils passèrent dans la salle à manger, où les attendait une table somptueusement et abondamment servie.

Selon une ancienne coutume patriarcale, qui malheureusement, comme toutes les bonnes choses, commence à disparaître, au Palmar, le maître et les serviteurs prenaient ensemble leurs repas. Cette coutume, suivie de père en fils depuis la conquête par la famille de don Sebastian, avait été continuée par lui, d'abord par respect pour la mémoire de son père, puis parce que les domestiques de l'hacienda étaient de vieux serviteurs dévoués à leur maître, et qui remplaçaient pour ainsi dire pour lui la famille qui lui manquait.

La soirée se passa sans incident digne de remarque, en causeries de guerre et de chasse.

Le capitaine don Isidro Vargas était un vieux routier rusé comme un moine. Trop fin pour attaquer de front les idées du jeune homme, il résolut de l'étudier pendant quelque temps, afin de reconnaître les côtés faibles de son caractère et de voir comment il devait s'y prendre pour l'enlever à la vie oisive et sans but qu'il menait au fond de cette province ignorée. Aussi plusieurs jours s'écoulèrent en chasses, en courses et autres distractions, sans que le capitaine entamât le sujet qu'il avait tant à cœur de traiter. Seulement, parfois il faisait une allusion détournée à la vie active de la capitale, aux occasions de se créer facilement une belle position, qu'un homme de l'âge de don Sebastian ne manquerait pas de rencontrer à Mexico, s'il voulait se donner la peine d'y aller, et beaucoup d'autres insinuations du même genre; mais le jeune homme les laissait passer sans faire la moindre observation et sans paraître seulement les comprendre.

— Patience! murmurait le capitaine, je finirai bien par trouver le défaut de la cuirasse, et si je ne réussis pas, il faudra que je sois bien maladroit.

Et il recommençait sournoisement ses attaques détournées, sans se laisser rebuter par l'impassible indifférence du jeune homme.

Don Sebastian s'acquittait, vis à vis de son hôte, de ses devoirs de maître de maison avec une grâce, une aménité et une somptuosité toutes mexicaines : c'est à dire qu'il s'ingéniait à inventer les distractions qu'il supposait devoir être le plus du goût du digne capitaine. Celui-ci se laissait faire avec le plus beau sang-froid et jouissait consciencieusement des plaisirs que lui procurait le jeune homme, intérieurement charmé de l'activité qu'il lui voyait déployer pour lui plaire, et de plus en plus persuadé que s'il parvenait à éveiller en lui les sentimens qu'il supposait sommeiller au fond de son âme, il lui serait facile de le convertir à ses idées et de lui faire abandonner la vie absorbante du campesino (camp).

Plusieurs fois, pendant les quelques jours qu'ils passèrent à chasser dans les magnifiques plaines qui environnaient l'hacienda, le hasard mit le capitaine à même d'admirer l'habileté avec laquelle le jeune homme maniait son cheval, et sa supériorité à tous les exercices qui exigent de la force, de la souplesse et surtout de l'adresse.

Une fois surtout, au moment où les chasseurs se lançaient à fond de train à la poursuite d'un magnifique dix cors qu'ils venaient de débusquer, ils se trouvèrent inopinément face à face avec un congouar qui tout à coup se dressa devant eux, semblant vouloir leur faire tête.

Le congouar est le lion américain; il n'a pas de crinière; de même que tous les autres carnassiers du Nouveau-Monde, il se soucie peu d'attaquer l'homme, et ce n'est que réduit à la dernière extrémité qu'il se retourne contre lui; mais alors, il combat avec un courage et une énergie qui rendent son approche souvent fort dangereuse.

Dans la circonstance dont nous parlons, le congouar semblait résolu à attendre ses ennemis de pied ferme. Le capitaine, peu habitué à se trouver face à face avec de tels ennemis, éprouva malgré lui un tressaillement nerveux intérieur qui agite l'homme le plus brave lorsqu'il se trouve en butte à un danger sérieux; cependant, comme le vieux soldat était d'une bravoure reconnue, il se remit vite de cette émotion involontaire et arma son fusil en regardant le monstre, qui, accroupi et replié sur lui-même, fixait sur lui ses yeux ardens.

— Ne tirez pas, capitaine, dit don Sebastian d'une voix parfaitement calme ; vous n'avez pas l'habitude de cette chasse, et, sans le vouloir, vous risqueriez de gâter la peau, ce qui serait dommage, car, vous le voyez, elle est magnifique.

Alors don Sebastian laissa tomber son fusil, prit un pistolet dans ses fontes, et, éperonnant son cheval en même temps qu'il lui retenait la bride, il le fit se cabrer.

L'animal se dressa presque debout sur ses pieds de derrière en renâclant avec force; tout à coup le congouar bondit en avant avec un rugissement terrible; le jeune homme appuya les genoux à son cheval, qui se jeta de côté pendant que don Sebastian lâchait la détente du pistolet.

Le monstre roula sur le sol dans les convulsions de l'agonie.

— *Cuerpo de Cristo !* s'écria le capitaine, vous l'avez tué net. C'est égal, *muchacho*, tu jouais gros jeu !

— Bah ! répondit-il en mettant pied à terre; ce n'est pas aussi difficile que vous le croyez, il ne faut que l'habitude.

— Hum ! et de l'habileté pour tuer au vol, pour ainsi dire, un pareil animal. La balle lui est entrée dans l'œil.

— Oui. C'est ordinairement là qu'on les tire, afin de ne pas gâter la peau.

— Ah ! eh bien ! moi, qui ai la prétention d'être bon tireur cependant, je ne me chargerais pas d'en faire autant.

— Vous vous calomniez.

— C'est possible.

— Ce pauvre Pépé, mon tigrero, perd à cela sa prime de dix piastres; ma foi ! tant pis pour lui. Retournons à l'hacienda, voulez-vous ? afin d'envoyer quelqu'un prendre notre chasse.

— De grand cœur.

Ils rentrèrent.

— Hum ! fit à part-lui le capitaine tout en galopant, il faut que ce soir même j'aie une explication définitive avec lui.

VIII.

Les Hispano-Américains ne boivent ordinairement pas pendant la durée des repas; c'est seulement lorsque les *dulces*, c'est-à-dire les gâteaux et les sucreries, qui remplacent ce qu'en France on nomme le dessert, ont été mangés et que chaque convive a bu le verre d'eau destiné à faciliter la digestion, que les liqueurs sont apportées sur la table et que le *refino* de Catalogne commence à circuler; alors les *puros* et les *pajillos* sont allumés, et la conversation, toujours un peu guindée pendant tout le cours du repas, devient plus intime et plus amicale à cause de l'absence des convives subalternes, qui alors se retirent, laissant au maître de la maison et à ses hôtes liberté entière.

Le capitaine avait judicieusement choisi ce moment pour commencer son attaque. Non pas qu'il espérât avoir meilleur marché du jeune homme à la fin du repas, — la sobriété des Américains du Sud est proverbiale, — mais parce qu'à ce moment don Sebastian, étant débarrassé de toute autre préoccupation, devait conséquemment subir plus facilement l'influence qu'il pensait parvenir à exercer sur lui.

Le capitaine se servit du *refino* dans un grand verre qu'il emplit d'eau, alluma un *puro*, appuya les coudes sur la table, et, fixant un regard interrogateur sur le jeune homme :

— Muchacho, lui dit-il nettement, est-ce que la vie que tu mènes dans ce désert a pour toi beaucoup de charmes?

Surpris de cette question, à laquelle il était loin de s'attendre, don Sebastian demeura un instant sans répondre.

— Oui, reprit le capitaine en vidant son verre, t'amuses-tu beaucoup ici? Réponds-moi franchement.

— Ma foi, capitaine, comme je n'ai jamais connu d'autre existence que celle que je mène en ce moment, je ne saurais répondre complétement à votre question; il est certain que, parfois, je me trouve un peu désœuvré.

Le capitaine fit claquer sa langue contre son palais avec une satisfaction évidente.

— Ah ! ah ! fit-il, je suis heureux de t'entendre parler ainsi.

— Pourquoi donc ?

— Parce que j'espère que tu accepteras facilement la proposition que j'ai à te faire.

— Vous ?

— Et qui donc, si ce n'est moi ?

— Parlez, répondit le jeune homme d'un air nonchalant, je vous écoute.

Le capitaine jeta son cigare, poussa deux ou trois *hum!* sonores et dit enfin d'une voix brève :

— Sebastian, mon ami, crois-tu que si ton brave père pouvait revenir en ce monde, il serait fort satisfait de te voir perdre aussi insoucieusement le temps précieux de ta jeunesse ?

— Je ne comprends pas du tout ce que vous me voulez dire, capitaine.

— C'est possible; je n'ai jamais eu la prétention d'être un grand orateur, et aujourd'hui moins qu'à toute autre époque de ma longue carrière. Je vais cependant tâcher de m'expliquer de façon à être tellement clair, que si tu ne me comprends pas, *caraï* ! c'est que tu y mettras de la mauvaise volonté.

— Allez, je vous écoute.

— Ton père, muchacho, dont probablement tu ignores à peu près l'histoire, était à la fois un brave soldat et un bon officier ; il fut un des fondateurs de notre liberté, et son nom est pour tous les Mexicains un symbole de loyauté et de dévouement. Pendant dix ans, ton père a combattu les ennemis de sa patrie sur tous les champs de bataille, endurant, lui riche et gentilhomme, les plus dures privations, souffrant la faim, la soif, le chaud et le froid gaîment et sans se plaindre; lui qui, s'il l'eût voulu, aurait pu mener, grâce à son immense fortune, la vie la plus élégamment luxueuse et la plus exempte de soucis d'aucune sorte. Tu aimais ton père, n'est-ce pas?

— Hélas! capitaine, pourrai-je jamais me consoler de sa perte?

— Tu t'en consoleras; tu as encore bien des choses à apprendre, celle-là et d'autres. Pauvre garçon, il n'y a dans ce monde rien d'éternel, ni joie, ni douleur, ni plaisir; mais revenons à ce que je te disais. S'il était permis à ton père de quitter le séjour des justes, où sans doute il repose, pour revenir quelques instans sur la terre, il te parlerait comme je le fais en ce moment; il te demanderait compte de l'oisiveté inutile dans laquelle tu passes ta jeunesse, ne songeant pas plus à ton pays, que tu peux et dois servir, que si tu vivais au fond d'un désert. Est-ce donc pour te créer une existence semblable que ton père a fait tant de sacrifices; dis-le moi, muchacho?

Le digne capitaine, qui probablement n'avait jamais autant prêché de sa vie, s'arrêta attendant une réponse à la question qu'il venait d'adresser à son interlocuteur; mais cette réponse ne vint pas. Le jeune homme, les bras croisés sur la poitrine, le corps rejeté en arrière, et le regard obstinément fixé devant lui, semblait plongé dans de profondes réflexions.

Le capitaine continua après une attente assez prolongée.

—Nous autres, dit-il, nous avons démoli; c'est à vous autres, jeunes gens, de reconstruire. Nul, à l'époque où nous sommes, n'a le droit de priver la république de son concours; chacun doit, sous peine de passer pour un mauvais citoyen, apporter sa pierre à l'édifice social, toi plus que tout autre, muchacho, *caraï*! Toi, le fils de l'un des plus célèbres héros de la guerre de l'indépendance. La patrie t'appelle, elle te réclame, tu ne peux plus longtemps rester sourd à sa voix! Que fais-tu ici, au milieu de tes chiens, de tes chevaux, éparpillant sans gloire et sans honneur ton courage, gaspillant ton énergie sans profit pour personne et t'abrutissant chaque jour dans une solitude honteuse? *Cuerpo de Cristo*! je comprends qu'on aime son père, qu'on le pleure même, cela est d'un bon fils, et ton père mérite certes le souvenir sacré que tu conserves de lui; mais que tu te fasses de cette douleur un prétexte pour caresser et satisfaire ton égoïsme, cela est pis qu'une mauvaise action, c'est une lâcheté!

A ce mot, un éclair fulgurant s'alluma dans l'œil fauve du jeune homme.

— Capitaine! s'écria-t-il en frappant du poing sur la table.

— *Rayo de Dios!* reprit résolûment le vieux soldat, le mot est lâché, je ne le retire pas; ton père, s'il m'entend, doit m'approuver au séjour qu'il habite. Maintenant, *muchacho*, j'ai dégonflé mon cœur, je t'ai parlé franchement et loyalement, ainsi que je devais le faire; je me devais à moi-même de remplir ce pénible devoir envers toi. Si tu ne comprends pas le sentiment qui a dicté les rudes paroles que j'ai prononcées, tant pis pour toi, c'est que ton cœur est mort à tout élan généreux et que tu es incapable de sentir combien il faut que je t'aime pour avoir eu le courage de te parler ainsi. Maintenant, fais ce que bon te semblera, agis à ta guise, je n'aurai pas, du moins, à me reprocher de ne pas t'avoir fait entendre une fois la vérité. Il est tard, bonsoir, *muchacho*, je vais me coucher, car demain je pars de bonne heure. Réfléchis à ce que je t'ai dit; la nuit est bonne conseillère lorsqu'on veut de bonne foi écouter les voix qui vous chuchotent à l'oreille pendant l'heure des ténèbres.

Et le capitaine, après avoir vidé son verre, se leva.

Don Sebastian en fit autant; il fit un pas vers lui, et lui posant la main sur le bras:

— Un instant encore, lui dit-il.

— Que me veux-tu?

— Ecoutez-moi à votre tour, dit le jeune homme d'une voix sombre: vous avez été dur pour moi, capitaine; ces vérités que vous m'avez fait entendre, peut-être, en considération de mon âge, de la solitude et de l'isolement dans lesquels j'ai toujours vécu jusqu'à présent, enfin à cause même de mon ignorance du monde, peut-être auriez-vous mieux fait de me les faire entendre plus doucement; cependant je ne vous en veux pas de votre rude franchise; au contraire, je vous en suis reconnaissant, car je sais que vous m'aimez et que l'intérêt que vous me portez vous a seul poussé à être aussi sévère. Demain, dites-vous, vous partez?

— Oui.

— Où comptez-vous vous rendre?

— A Mexico.

— C'est bien, capitaine; vous ne partirez pas seul, je vous accompagnerai.

Le vieux soldat considéra un instant le

jeune homme d'un œil attendri; puis serrant avec une énergie fébrile la main que celui-ci lui tendait :

— Bien! muchacho, lui dit-il avec émotion, bien; je ne me suis pas trompé, tu es un brave cœur, *caraï* ! je suis content de toi.

Les deux hommes se séparèrent pour la nuit.

Le lendemain, au lever du soleil, ils quittèrent ensemble le Palmar et prirent allègrement la route de Mexico, où ils arrivèrent après un voyage de dix jours. Mais pendant ces dix jours passés tête-à-tête avec le capitaine, les idées du jeune homme s'étaient complétement modifiées, et un complet changement s'était opéré dans les aspirations de don Sebastian.

Le fils du général Guerrero appartenait, sans s'en douter, à cette classe si nombreuse d'hommes qui s'ignorent entièrement, et laissent aller paresseusement leur vie jusqu'au moment où un but leur étant subitement offert, une révolution se fait dans leur esprit, leur imagination s'enflamme, leur ambition s'éveille, et ils deviennent aussi actifs et aussi âpres à la curée, que précédemment ils étaient insoucieux et indifférens de leur avenir.

Le capitaine don Isidro Vargas n'eut qu'à se louer de l'intelligence avec laquelle celui qu'il nommait emphatiquement son élève avait compris les leçons qu'il lui avait données sur la manière de se conduire dans le monde.

Don Sebastian n'éprouva aucune difficulté, grâce à son nom et à la réputation dont, avec tant de raison, avait joui son père, à obtenir le grade de lieutenant dans l'armée.

Ce grade fut, pour le jeune homme, le premier échelon de l'échelle qu'il se préparait dès lors à gravir le plus rapidement possible.

Il faisait beau alors, au Mexique, pour un homme intelligent, à pêcher en eau trouble; et malheureusement nous sommes contraint de le consigner, malgré les longues années qui se sont écoulées depuis la proclamation de son indépendance, rien n'est encore changé dans ce malheureux pays où l'anarchie semble être érigée en système.

Si jamais pays eût pu facilement se passer d'une armée, certes ce pays était le Mexique, après la reconnaissance de sa liberté et l'expulsion complète des Espagnols, à cause de son isolement au milieu de peuples pacifiques et de la sûreté de ses frontières, que nul ennemi ne menaçait.

Malheureusement la guerre de l'indépendance avait duré dix ans. Pendant ce long laps de temps, la population paisible et douce de cette contrée, tenue en tutelle par ses oppresseurs, s'était transformée : une ardeur belliqueuse s'était emparée de toutes les classes de la société, et une espèce de fièvre guerrière avait allumé dans tous les cerveaux l'amour des armes.

Aussi il arriva naturellement ce à quoi les esprits sensés devaient s'attendre : c'est à dire que lorsque l'armée ne trouva plus devant elle d'ennemis à combattre, elle tourna ses armes contre ses propres concitoyens, les vexant et les tyrannisant à plaisir.

Le gouvernement, au lieu de licencier cette armée turbulente, ou tout au moins de la réduire à des proportions minimes, en ne conservant que les cadres des différens corps, jugea beaucoup plus avantageux pour lui de s'appuyer sur elle et d'organiser une oligarchie militaire pesant d'un poids intolérable sur le pays, système déplorable, qui a plongé cette malheureuse contrée dans les désastreuses complications au milieu desquelles elle se débat vainement, et a creusé l'abîme où tôt ou tard s'engloutira sa nationalité.

L'armée prit donc après la guerre une influence qu'elle a toujours conservée depuis. et qui n'a fait que s'accroître au fur et à mesure que les hommes placés à la tête du gouvernement comprirent davantage qu'elle seule pouvait les maintenir au pouvoir ou les renverser à son gré.

L'armée fit donc les révolutions afin que ses chefs devinssent puissans; depuis le dernier alferez jusqu'au général de division, tous les officiers ne comptent que sur les troubles pour monter en grade : l'alferez pour devenir lieutenant, le colonel pour changer sa ceinture-écharpe rouge contre la verte du général de brigade, et le général de division pour se faire proclamer président de la république.

Aussi les pronunciamientos sont-ils continuels; car tout officier fatigué d'un grade subalterne et qui aspire à un grade supérieur, se prononce, c'est-à-dire que, aidé par un noyau de mécontens comme lui, qui ne lui manque jamais, il se révolte, en refusant obéissance au gouvernement, et cela d'autant plus facilement que, vainqueur ou vaincu, le grade qu'il s'est ainsi approprié finit toujours par lui rester.

La carrière militaire est donc un véritable steeple-chase.

Nous connaissons tel général mexicain dont, si nous le voulions, il nous serait facile ici d'écrire le nom en toutes lettres, qui est parvenu à la présidence de la républi-que de pronunciamiento en pronunciamiento, sans avoir jamais vu le feu et sans connaître le premier mot de l'école de peloton, ignorance qui n'a rien que de fort ordinaire dans un pays où le moindre de nos sergens instructeurs en remontrerait aux généraux les plus renommés.

Don Sebastian avait jugé sa position avec le coup d'œil infaillible de l'ambitieux, et, brusquement arraché à son inertie, pris tout à coup d'une fièvre d'activité immense, il résolut de profiter habilement de l'anarchie générale pour conquérir une position.

Il escalada pour ainsi dire au galop les premiers grades, et atteignit avec une rapidité vertigineuse celui de colonel.

Arrivé là, il se maria, afin d'asseoir sa position, et de lui donner ce sérieux dont elle avait besoin pour la grande partie qu'il allait engager, et que, dans son esprit, il voulait terminer par sa nomination à la présidence.

Déjà fort riche par lui-même, son mariage accrut encore sa fortune, que cependant il chercha à augmenter par tous les moyens possibles.

Don Sebastian savait par excellence combien un pronunciamiento bien réussi coûte cher, et il ne voulait pas subir d'échec.

Comme si tout devait constamment favoriser cet homme, dans tout ce qu'il entreprenait, sa femme, bonne et charmante créature, dont jamais il ne comprit l'amour ni le dévouement, mourut après une courte maladie et le laissa père d'une fille aussi bonne et aussi charmante qu'elle, cette belle Angela, que déjà plusieurs fois nous avons entrevue dans le cours de ce récit.

Don Sebastian aurait pu se remarier s'il l'eût voulu; mais, par son premier mariage, il avait obtenu le résultat qu'il désirait, et il préféra rester libre.

A l'époque où nous sommes arrivés, don Sebastian Guerrero était parvenu au grade de général et s'était fait nommer gouverneur politique de l'Etat de Sonora, premier degré à franchir pour ses projets ambitieux.

Colossalement riche, il était intéressé dans toutes les grandes entreprises industrielles et actionnaire dans la plupart des opérations minières.

C'était même dans le but de surveiller de plus près ces opérations qu'il avait demandé le gouvernement de la Sonora, pays neuf, presque ignoré encore et où il espérait pêcher plus facilement en eau trouble, à cause de son éloignement de la capitale et du peu de surveillance qu'il avait à redouter de la part du gouvernement de Mexico, auprès duquel il avait, du reste, de toutes puissantes influences.

Bref, le général Guerrero était un de ces sombres personnages qui, sous les dehors les plus séduisans, les manières les plus affables et les sourires les plus doux, cachent les instincts les plus pervers, la férocité la plus froide et l'âme la plus atrophiée.

Cependant, cet homme avait au cœur un sentiment qui, par sa force, rachetait bien des fautes.

Il aimait sa fille.

Il l'aimait avec passion, sans calcul ni arrière-pensée; mais cet amour paternel avait encore quelque chose de fauve et de terrible, il aimait sa fille comme le jaguar ou la panthère aiment leur portée, avec fureur et jalousie.

Dona Angela, sans avoir jamais cherché à sonder le cœur impénétrable de son père, avait cependant, avec cet instinct inné chez les jeunes filles, deviné le pouvoir sans contrôle qu'elle exerçait sur cette nature altière qui brisait tout, mais devenait subitement devant elle faible et presque craintive. La charmante enfant usait despotiquement de son pouvoir, mais toujours dans le but de faire une bonne action, comme de faire commuer la peine d'un condamné, de secourir des malheureux, en un mot, de rendre moins lourd le joug de fer que le général avec ses manières félines, faisait implacablement peser sur ses subordonnés.

Aussi la jeune fille était-elle autant adorée de tous ceux qui l'approchaient que le général était redouté et haï. Dieu avait sans doute voulu, dans sa bonté ineffable, placer l'ange auprès du démon, afin que les blessures faites par le second fussent guéries par le premier.

Maintenant que nous avons fait connaître, autant que possible, ces deux personnages, dont les caractères se développeront plus complétement dans le cours de cette histoire, nous reprendrons notre récit au point où nous l'avons interrompu.

IX.

Le ciel commençait à peine à se teinter de nuances d'opale; dans les sombres profondeurs du ciel, quelques étoiles brillaient encore faiblement çà et là.

Il était environ trois heures et demie du matin.

Dans la *locanda* (auberge), les hommes et les animaux dormaient encore de ce calme sommeil qui précède le lever du soleil. Nul bruit, si ce n'est par intervalles les aboiemens d'un chien hurlant à la lune, ne troublait le silence qui planait sur le pueblo de San José.

La porte du cuarto où reposaient les frères de lait s'ouvrit avec précaution. Un mince filet de lumière filtra à travers l'entrebâillement, et Valentin et le comte sortirent.

Don Luis n'avait aucune raison de s'éloigner sans être vu, il n'avait pas de motifs pour se cacher; s'il prenait autant de précautions, c'était seulement dans la crainte de troubler le sommeil des autres voyageurs de l'hôtellerie, qui, sans doute, n'avaient pas d'aussi bonnes raisons que lui pour se lever à cette heure presque indue, et que, par conséquent, il était inutile de réveiller.

Arrivés dans le patio, don Luis prépara les harnais de son cheval pendant que Valentin, après l'avoir fait sortir du corral, le bouchonnait avec soin et le faisait boire.

Lorsque tout fut en ordre, Valentin ouvrit la porte charretière, les deux hommes se serrèrent une dernière fois la main, et don Luis s'élança dans les ténèbres de la seule rue du pueblo, où il ne tarda pas à disparaître au milieu des aboiemens des chiens errans réveillés en sursaut sur son passage, et qui le poursuivaient en hurlant avec fureur après les jambes de son cheval.

Valentin demeura un instant immobile et pensif, écoutant machinalement le bruit décroissant des pieds du cheval sur la terre durcie.

—Peut-être n'aurais-je pas dû le pousser dans cette voie, murmura-t-il; qui sait ce qui l'attend au bout? Un soupir étouffé s'exhala de sa poitrine. Bah! ajouta-t-il après un instant, toutes les routes n'aboutissent-elles pas au même point, la mort! A quoi bon se laisser dominer par de stupides pressentimens? Qui vivra verra!

Le digne chasseur, un peu réconforté par ces réflexions philosophiques, rentra dans le patio et se mit en devoir de refermer la porte charretière, avant que d'aller pendant une heure ou deux se jeter sur son cuadro.

Pendant qu'il se livrait à cette occupation, il entendit derrière lui un bruit de pas qui se rapprochaient; il tourna la tête et reconnut don Cornelio.

— Ah! ah! cher ami, lui dit-il gaîment en lui tendant la main, que l'autre serra affectueusement, vous voilà debout de bien bonne heure!

— Eh! répondit en riant l'Espagnol, je vous trouve charmant de me dire cela, par exemple.

— Pourquoi donc?

— Parce que si je me suis levé de bonne heure, il paraît que vous ne vous êtes pas couché, vous?

Valentin se mit à rire.

— Pardieu! vous avez raison; le fait est que, à part vous et moi, il est certain que tout le monde dort dans le pueblo, et maintenant que cette porte est refermée, avec votre permission je vais aller en faire autant pendant une heure ou deux.

— Comment! vous allez vous recoucher?

— Très bien.

— Pourquoi faire?

— Mais pour dormir, apparemment.

— Pardonnez-moi, ce n'est pas cela que je voulais vous dire.

— Je m'en doute.

— Et vous savez ce que j'ai à vous dire?

— Moi? pas le moins du monde; seulement, comme vous êtes un homme beaucoup trop intelligent pour employer à vous promener le temps que vous pouvez passer beaucoup plus agréablement en dormant, je suppose que si vous voilà, c'est que vous avez pour cela de fortes raisons.

—C'est, ma foi, vrai.

— Vous voyez bien!

— Oui, mais ce n'est pas positivement à vous que je voudrais parler?

— Et à qui donc?

— A don Luis.

— Hum! Et vous ne pouvez pas me dire cela à moi?

— Dame! peut-être. Pourtant je crois qu'il vaudrait mieux lui parler à lui-même.

— Diable!

Don Cornelio fit le mouvement des épaules qui, dans tous les pays du monde et dans toutes les langues, signifie la même chose, c'est-à-dire que l'on décline toute responsabilité d'un fait.

— Et, reprit Valentin, c'est probablement important, ce que vous avez à communiquer à don Luis?

— Beaucoup.

— Diable, diable! c'est fâcheux, parce qu'il est impossible que vous lui parliez.

— Bah! pourquoi donc?

— Parce qu'il y a un empêchement.

— Pour moi?

— Pour vous comme pour tout le monde.

— Oh! oh! Et quel est cet empêchement, don Valentin, s'il vous plaît?

— Oh! mon Dieu! je ne vous en ferai pas mystère; je suis plus contrarié que vous de ce qui arrive; cet empêchement c'est tout uniment que don Luis est parti.

— Parti! don Luis! s'écria l'autre avec étonnement.

— Mon Dieu! oui.

— Comme cela, sans parler à personne, de but en blanc?

— Sans parler à personne, oui; de but en blanc, non; il avait des raisons urgentes de presser son départ; et, tenez, j'étais encore occupé à refermer la porte lorsque vous êtes arrivé: un moment plus tôt vous le rencontriez.

— Quelle fatalité!

— C'est vrai; mais que voulez-vous? en résumé, le malheur n'est pas aussi grand qu'il peut vous paraître d'abord. Dans quelques jours nous le reverrons.

— Vous en êtes sûr?

— Pardieu! puisque c'est convenu entre nous. Aussitôt que j'aurai réussi à vendre le troupeau, nous irons rejoindre notre ami; ainsi, prenez patience, don Cornelio, notre séparation ne sera pas longue. Sur ce, consolez-vous et bonsoir.

Valentin se détourna et fit quelques pas. L'Espagnol l'arrêta.

— Que voulez-vous encore?

— Un mot seulement.

— Dites-vite, je tombe de sommeil.

— Pardon, c'est que vous avez tout à l'heure dit une chose qui m'a vivement frappé.

— Ah! quoi donc?

— Vous avez dit que don Luis vous avait chargé de vendre le troupeau?

— En effet; eh bien?

— Eh bien! c'est justement à ce sujet que je voulais lui parler.

— Bah!

— Oui, j'ai trouvé un acheteur.

— Vous avez trouvé un acheteur pour le troupeau, vous?

— Moi!

— Le troupeau tout entier?

— D'un seul bloc.

— Tiens, tiens, tiens! fit Valentin en fixant sur lui son œil perçant, voilà qui simplifierait singulièrement les choses.

— N'est-ce pas?

— Pardieu! et où donc avez-vous, depuis hier au soir, déterré cet acheteur fantastique?

— Il n'est pas fantastique le moins du monde, je vous assure, je l'ai trouvé ici.

— Ici? dans cette hôtellerie?

— Ma foi oui.

— Ah! ça, permettez, fit Valentin, je connais trop bien la gravité de votre caractère pour supposer que vous ayez l'intention de vous moquer de moi.

— Oh!...

— C'est que tout cela est tellement extraordinaire...

— Je suis aussi étonné que vous de ce qui arrive.

—Vraiment?

— D'autant plus que j'ignorais que don Luis voulût vendre le troupeau ici.

— En effet.

— Et que, par conséquent, la proposition ne vient pas de moi.

— C'est juste. Ainsi, on vous a offert...

— D'acheter le troupeau aujourd'hui même; oui.

— Voilà qui est étrange... Contez-moi donc cela, mon cher ami; quel malheur que Louis soit parti!

— N'est-ce pas?

— Enfin!... Vous disiez donc?

— Permettez... si cela vous est égal, nous nous rendrons dans votre cuarto, où nous serons, pour causer, beaucoup plus commodément qu'ici.

— Vous avez raison, d'autant plus que voilà qu'on commence à s'éveiller dans la maison.

En effet, les domestiques de l'hôtellerie et les muletiers étaient déjà debout et allaient et venaient autour des deux hommes, qu'ils examinaient curieusement, tout en vaquant à leurs matinales occupations.

Valentin et don Cornelio quittèrent le patio et se rendirent dans le cuarto du chasseur.

Dès qu'ils furent installés dans la chambre,

— Maintenant, dit le Français, je suis tout oreilles; parlez, mon brave, je vous avoue que j'ai hâte d'avoir le mot de cette énigme.

Don Cornelio savait l'amitié qui liait l'un à l'autre Valentin et don Luis; il ne fit donc pas la moindre difficulté de raconter au chasseur, dans ses moindres détails, ce qui lui était arrivé la nuit même.

— C'est tout? lui dit Valentin, qui l'avait écouté avec la plus grande attention.

— Absolument. Que pensez-vous de cela?

— Hum! reprit le chasseur pensif, s'il faut vous donner mon opinion, cela me paraît maintenant un peu moins clair que tout à l'heure.

— Bah!

— C'est mon avis; cependant il ne faut pas négliger cette occasion qui se présente si à l'improviste de nous débarrasser avantageusement de nos animaux.

— C'est ce que je pense.

— Fort bien ; alors, ne bougez pas ; surtout ne dites pas un mot du départ de don Luis.

— Vous croyez ?

— C'est important.

— Comme vous voudrez.

— Puis, lorsqu'on vous appellera?

— J'irai.

— Non, nous irons tous deux, cela sera plus convenable. C'est entendu ?

— Parfaitement.

— Alors, bon soir ; je vais dormir un peu. S'il y avait du nouveau, avertissez-moi.

— Soyez tranquille.

Don Cornelio se retira.

Valentin n'avait nullement envie de dormir, il voulait être seul pour réfléchir à ce qu'il venait d'apprendre. Il avait parfaitement compris que la jeune fille avait joué avec l'Espagnol comme un chat avec une souris, feignant pour lui un intérêt qu'elle n'éprouvait nullement. Mais quel était son but dans tout cela? aimait-elle don Luis? la jeune fille avait-elle conservé dans son cœur le souvenir de l'aventure arrivée à l'enfant ? chez elle, la reconnaissance s'était elle tout doucement, à son insu, changée avec les années en amour ?

Voilà ce que le chasseur ne pouvait deviner. Valentin n'avait jamais été bien expert en fait de femmes, leur cœur était pour lui lettre morte, livre indéchiffrable, dans lequel il lui était impossible de lire un mot.

La vie que le Français avait constamment menée dans le désert, toujours en lutte, soit avec les Indiens, soit avec les bêtes fauves, n'avait nullement été favorable pour le faire arriver à la connaissance du cœur féminin; et puis l'amour profond de sa première jeunesse, amour dont le souvenir était toujours palpitant dans son cœur, l'avait empêché de songer à s'occuper de quelque façon que ce fût des autres femmes que le hasard avait parfois jetées sur sa route, et qui n'avaient jamais été pour lui que des créatures faibles, sans défense, que son devoir était de protéger.

Aussi, dans cette circonstance, le digne chasseur était fort empêché, et ne savait comment parvenir à deviner les intentions de la jeune fille; il était évident pour lui que dona Angela avait un but caché qu'elle voulait atteindre, et que l'achat des *novillos* n'était qu'un prétexte pour se rapprocher de don Luis. Mais quel était ce but? pourquoi voulait-elle voir son ami ? Voilà ce qu'il cherchait vainement sans pouvoir le découvrir.

— Enfin, murmura-t-il en résumant le chaos de pensées qui se heurtaient dans son cerveau, peut-être vaut-il mieux que cela soit ainsi et qu'elle ne voie pas Louis : qui sait ce qui serait résulté de cette entrevue ? Le père de cette dame est gouverneur de la Sonora, tâchons surtout de ne pas nous brouiller avec lui : qui sait si nous n'aurons pas besoin de lui plus tard ? C'est singulier, je ne sais où j'ai entendu prononcer le nom de cet homme, mais il est évident que je ne l'entends pas aujourd'hui pour la première fois : Guerrero, don Sebastian Guerrero. Dans quelle circonstance ce nom a-t-il pu être prononcé devant moi ?

Le chasseur en était là de son monologue, lorsque la porte s'ouvrit doucement, et un homme entra.

Cet homme était Curumilla.

Valentin fit un mouvement de joie en l'apercevant.

— Soyez le bienvenu, chef, lui dit-il.

L'Araucan lui pressa la main et s'assit silencieusement à ses côtés.

— Eh bien ! chef, reprit Valentin au bout d'un instant, vous êtes réveillé, avez-vous fait une promenade dans le pueblo?

L'Indien sourit avec dédain.

— Non, dit il.

Une idée traversa la cervelle du chasseur.

— Mon frère devrait descendre dans le patio de l'hôtellerie, dit-il, il paraît qu'il y a d'autres voyageurs que nous, il les verrait.

— Curumilla les a vus.

— Ah !

— Il les connaît.

Valentin fit un geste d'étonnement.

— Comment ! vous les connaissez? s'écria-t-il.

— L'homme seulement; Curumilla est un chef, sa mémoire est longue.

— Ah ! ah ! reprit le chasseur, serait-il donc possible que j'obtinsse ainsi les renseignemens que je me creuse vainement la tête à chercher?

L'Indien sourit en baissant la tête.

— Quel est cet homme, chef ? est-ce un ami?

— C'est un ennemi.

— Un ennemi, vrai Dieu ! Je savais bien que déjà j'avais entendu prononcer son nom.

— Que mon frère écoute, reprit le chef ; Curumilla a vu le visage pâle; il le tuera.

— Hum ! n'allez pas si vite en besogne, chef ; dites-moi d'abord qui il est; puis nous verrons ce que nous aurons à faire. Malheureusement nous ne sommes pas ici dans les prairies : la mort de cet individu, quel qu'il soit, pourrait nous coûter cher !

— Les visages pâles sont des femmes ! reprit l'Indien avec mépris.

— C'est possible, chef, c'est possible; mais soyons prudens, demain n'est pas passé, comme vous dites, vous autres, et tout vient à point à qui sait attendre. Provisoirement, tenons-nous cois, nous ne sommes pas les plus forts.

Curumilla haussa les épaules. Il était évident que le digne Indien n'était pas partisan de la temporisation; cependant il ne se permit pas la moindre observation.

— Voyons, chef, dites-moi qui il est et dans quelles circonstances nous avons eu maille à partir avec lui.

Le chef se leva et se posa debout, bien en face de Valentin.

— Mon frère ne se souvient pas? lui demanda-t-il.

— Non.

— Ooah ! la conspiration du paso del Norte, où Curumilla a tué Face-de-Chien.

— Oh ! s'écria Valentin en se frappant le front, j'y suis; cet homme est le général qui commandait les troupes mexicaines et à qui don Miguel de Zarate s'est rendu?

— Oui.

—Eh ! mais, c'est un rude et loyal soldat, alors, il a noblement tenu la parole qu'il avait donnée à notre ami, je ne puis lui en vouloir.

— C'est un traître !

— A votre point de vue, chef, c'est possible, mais pas au mien. C'est vrai, je me la rappelle parfaitement maintenant, le général Guerrero, pardieu ! Ce pauvre général Ibanez m'en a bien souvent parlé ; il ne l'aimait pas non plus, lui. Cette coïncidence est étrange ! Bon, ne craignez rien, chef, je veillerai; ami ou ennemi cet homme ne m'a jamais vu; il ne sait pas qui je suis; j'ai donc sur lui un grand avantage, puisque, moi, je le connais. Merci, chef.

— Mon frère est content?

— Vous m'avez rendu un immense service tout simplement, chef; jugez si je suis content.

Curumilla sourit.

— Och ! fit-il, tant mieux.

— Oui, chef, tant mieux, et déjeunons; je me sens un appétit féroce depuis que, grâce à vous, je commence à voir un peu clair dans tout ce gâchis.

Curumilla et don Cornelio avaient dans leur cuarto préparé leur frugal repas, composé de haricots rouges au piment, de quelques *varas* de viande séchée et de tortillas de maïs, le tout humecté de pulque d'aloès de première qualité, et de quelques *tragos* d'excellent refino de Catalogne.

Les trois amis mangèrent de bon appétit, et ils se préparaient à allumer leurs cigares, corollaire obligé de tout repas américain, lorsqu'ils entendirent frapper discrètement à la porte, qui n'était que poussée.

—Entrez, dit Valentin.

Un criado parut ; après avoir salué poliment l'assistance,

— Mon maître, Son Excellence le général don Sebastiano Guerrero, dit-il, présente ses civilités aux caballeros ici réunis, et désire que le senor don Cornelio et le senor don Luis le favorisent d'une minute d'entretien, si leurs occupations le leur permettent.

— Dites à Son Excellence, répondit Valentin, que nous allons avoir l'honneur de nous rendre à ses ordres.

Le domestique salua et se retira.

— Mais vous savez bien, senor, dit alors don Cornelio, que don Luis est absent.

— Qu'importe, ne suis-je pas là, moi?

— C'est vrai, mais...

— Laissez-moi faire, interrompit vivement le chasseur, je réponds de tout.

— Fort bien ! agissez à votre guise.

—Rapportez-vous en à moi; qu'est-ce que cela fait à cet homme que ce soit don Luis ou un autre qui traite avec lui, pourvu que le ganado soit jeune, vigoureux et bon marché?

— C'est juste, cela lui doit être égal.

— Pardieu ! Allons, venez, vous verrez comme je terminerai avantageusement cette affaire-là.

Et il sortit.

Don Cornelio le suivit l'oreille un peu basse, car il n'était pas entièrement convaincu.

X.

Ce que dona Angela avait dit à don Cornelio était vrai, son père attendait réellement le matin même son majordome, afin de s'entendre avec lui au sujet de certaines améliorations qu'il voulait introduire dans une de ses haciendas, et entre autres des bestiaux qu'il voulait acheter afin de repeupler ses prairies, dévastées pendant la dernière incursion périodique que les Indiens apaches et comanches ont pris l'habitude de faire sur le territoire mexicain.

Cependant dona Angela, en véritable créole qu'elle était, ne s'était jamais jusque-là occupée des affaires domestiques de son père, ayant trop à faire de songer à sa toilette et à ses plaisirs; elle ne savait donc comment s'y prendre pour amener tout doucement la question sur ce point, sans laisser soupçonner l'intérêt qu'elle y attachait. Mais ce que femme veut Dieu le veut, et la plus simple devient rusée dès que son intérêt est en jeu. Après que l'Espagnol se fut retiré, la jeune fille demeura quelques instans pensive; puis un sourire se dessina sur ses lèvres roses, elle frappa joyeusement ses petites mains l'une contre l'autre, et elle s'endormit en murmurant doucement :

— J'ai trouvé.

Les Mexicains sont matineux, afin de jouir de la fraîcheur des premières heures de la journée. A sept heures et demie, dona Angela ouvrit les yeux et fit dévotement ses oraisons du matin à la Vierge; puis, aidée par Violanta, son espiègle camériste, elle procéda au charmant mystère de sa toilette de jeune fille.

Son sommeil avait été paisible comme celui d'un oiseau; aussi était-elle calme, reposée et belle à ravir.

Au moment où Violanta attachait la dernière épingle destinée à retenir les longues et épaisses nattes de sa magnifique chevelure, on frappa.

C'était le général.

Don Sebastian était revêtu du riche costume des campagnards sonoriens, maisses traits mâles et caractérisés, la fixité hautaine de son regard, ses longues moustaches, et plus que tout, sa démarche décidée le faisaient, au premier coup-d'œil, reconnaître pour militaire, malgré l'habit qu'il avait cru devoir endosser.

Le général avait depuis bien des années déjà pris l'habitude de venir ainsi chaque matin souhaiter le bonjour à sa fille; le franc et naïf sourire de son enfant faisait pénétrer dans son cœur un doux rayon de soleil, dont le reflet l'aidait, pendant tout le reste de la journée, à supporter les ennuis inséparables du pouvoir.

Violanta se hâta d'ouvrir.

Le général entra.

Dona Angela épiait sournoisement l'expression de sa physionomie; elle fit un geste de joie en croyant s'apercevoir qu'il était satisfait malgré l'apparence sévère qu'il cherchait à donner aux traits de son visage.

Don Sebastian embrassa affectueusement sa fille, et s'assit sur une butacca que lui avait avancée Violanta.

— Oh! mon enfant, dit-il, comme te voilà fraîche et radieuse, ce matin; il est facile de voir que tu as passé une excellente nuit.

— Du moins, mon père, répondit-elle avec une petite moue maligne, si elle n'a pas été telle, ce n'a pas été de ma faute, je vous assure, car j'avais grandement envie de dormir, lorsque je me suis retirée hier soir.

— Que veux tu dire? ton sommeil aurait-il été troublé?

— Oui, à plusieurs reprises.

— *Caramba*! chère petite, c'est comme moi; je ne sais quel drôle s'est obstiné à râcler sur la guitare les airs les plus mélancoliques du monde, il faisait une musique à agacer les chats qui m'a tenu éveillé une partie de la nuit. Au diable le musicien et son sot instrument.

— Ce n'est pas cela, mon père; je n'ai même qu'à peine entendu l'homme dont vous me parlez.

— Qu'est-ce donc alors? je ne sache pas qu'il se soit fait cette nuit d'autres bruits que celui-là.

— Mon Dieu! je ne pourrais vous expliquer positivement ce que j'ai entendu, mais Violanta a été de même que moi réveillée à plusieurs reprises.

— Est-ce vrai, petite? demanda le général en se tournant vers la camerista, fort occupée en apparence en ce moment à mettre tout en ordre dans le cuarto.

— Oh! senor général! s'écria-t-elle en joignant les mains, c'était un tapage infernal, un bruit à réveiller les morts.

— Que diable cela pouvait-il être?

— Je ne sais pas, répondit-elle en prenant son air le plus ingénu.

— Et ce bruit a duré longtemps?

— Toute la nuit, fit-elle, en enchérissant encore sur ce qu'avait dit sa maîtresse.

— Hum! mais cela ressemblait à quelque chose pourtant?

— Certes, mon père; mais je ne sais à quoi je pourrais le comparer.

— Et toi, petite luronne, ne pourrais-tu pas deviner à peu près?

— Je crois le savoir.

— Ah! eh bien! alors, dis-nous donc cela de suite, au lieu de nous laisser ainsi patauger.

— Voilà, seigneurie. Ce matin, profitant de ce que mademoiselle s'était endormie, je suis descendue tout doucement afin de rechercher la cause du tapage qui toute la nuit nous a tenues éveillées.

— Et tu l'as trouvé?

— Je crois que oui.

— Très bien. continue.

— Il paraît qu'il est arrivé hier des chasseurs du désert avec un troupeau nombreux de *novillos*, *toros*, etc., qu'ils conduisent, je crois, en Californie. Ce sont ces animaux qui, en frappant du pied, en renâclant et bramant, nous ont empêchées de dormir, d'autant plus que le corral dans lequel on les a placés touche au corps de logis que nous habitons.

—Et comment as-tu appris tout cela, petite friponne?

—Ah! bien facilement, seigneurie; le hasard a voulu que je m'adressasse justement à l'un des propriétaires du troupeau même.

— Voyez-vous cela, petite fûtée! Voilà un hasard bien complaisant.

Violanta rougit; le général ne le remarqua pas et continua:

— Tu es certaine que ce ne sont pas des vaqueros appartenant à quelque hacienda?

—Oh! non, seigneurie, ce sont des chasseurs.

—Bon! et ils veulent vendre leur *ganado* (bétail)?

— L'homme auquel j'ai parlé me l'a dit.

— Sans doute il en demande un prix élevé?

— Pour cela, je ne sais pas.

— C'est juste. Eh bien! mon enfant, ajouta-t-il en se levant et en se tournant vers sa fille, dès que tu sera prête, nous déjeunerons, et peut-être te délivrerai-je du tapage infernal de ces animaux.

Le général embrassa une dernière fois sa fille et sortit.

Dès que les deux jeunes filles se trouvèrent seules, elles se mirent à rire comme deux petite folles.

Du reste, pour être juste, nous devons convenir que toutes deux elles avaient joué leurs rôles dans la perfection, et avec un si grand naturel que, sans qu'il s'en doutât, elles avaient amené en quelques minutes à peine le général à faire entièrement leur volonté, tout en le laissant persuadé qu'il n'agissait que d'après sa propre impulsion.

Disons, pour nous consoler, que depuis que le monde existe, dans tous les pays et dans tous les temps, il en a été continuellement ainsi et que l'homme le plus fort a toujours été le jouet de la femme la plus simple lorsque celle-ci a voulu s'en donner la peine.

Quelques minutes plus tard, dona Angela rejoignit son père dans le cuarto qui servait de salle à manger.

Le majordome était arrivé, et le général n'attendait plus que la présence de sa fille pour se mettre à table.

Ce majordome, déjà connu du lecteur, n'était autre que le capitaine don Isidro Vargas, qui avait accepté cette place comme retraite.

Les haciendas mexicaines, surtout en Sonora, ont parfois huit et dix lieues d'étendue. Pour surveiller un aussi grand espace de terrain, sur lequel paissent en liberté d'immenses troupes de chevaux sauvages et de grands troupeaux de bestiaux, on prend ordinairement un homme jeune, robuste et actif, ce qu'on appelle dans le pays un *hombre de a caballo*. En effet, le métier de majordome est excessivement dur; il faut être constamment à cheval, galopant jour et nuit, au froid et au chaud, faisant tout et voyant tout par soi-même, obligeant à travailler les peones, qui sont les individus les plus paresseux qui existent et les plus voleurs que l'on puisse imaginer.

Don Isidro n'était pas jeune, tant s'en fallait; à l'époque où nous le remettons en scène, il avait près de soixante-dix ans; mais cet homme long et maigre, sur les os duquel une peau jaune et sèche comme du parchemin semblait collée, était aussi droit et aussi vigoureux que s'il n'eût eu que trente ans; l'âge n'avait pas de prise sur cette organisation d'élite, composée seulement de muscles et de nerfs. Aussi, par sa vigilance continuelle, son infatigable ardeur et son énergie peu commune, faisait-il le désespoir des pauvres diables que leur mauvais destin avait placés sous ses ordres, et qui n'étaient pas éloignés de supposer que leur majordome avait fait un pacte avec le démon, tant il les surveillait de près et se tenait au courant de leurs moindres faits et gestes.

Le majordome avait conservé ses botas vaqueras et ses éperons aux énormes molettes qui obligent à marcher sur la pointe du pied; son zarapé et son chapeau en poil de vigogne étaient négligemment jetés dans un coin sur une butacca, et à son côté gauche, passé dans un anneau en fer, pendait un machete sans fourreau.

Aussitôt qu'il aperçut la jeune fille, il s'approcha d'elle, lui souhaita le bonjour et l'embrassa affectueusement.

Le capitaine avait vu naître dona Angela, il l'aimait comme sa fille; celle-ci, de son côté, avait une grande amitié pour le vieux soldat, avec lequel elle avait joué étant enfant, et qu'elle se plaisait encore à taquiner, ce à quoi le digne mayordomo se prêtait de la meilleure grâce du monde.

On se mit à table.

Cette expression est un peu prétentieuse lorsqu'il s'agit d'un déjeuner mexicain.

Nous avons déjà fait observer souvent que les Hispanos-Américains sont les gens les plus sobres du monde : la moindre chose leur suffit. Ainsi le déjeuner en question ne se composait que d'une toute petite tasse, *fijara*, de cet excellent chocolat que seuls les Espagnols savent confectionner, de quelques *tortillas* de maïs et d'un grand verre d'eau.

Ce repas, si c'en est un, est commun à toutes les classes de la société au Mexique.

Les convives se mirent donc à table; dona Angela prononça le *Benedicite*, et le chocolat fut servi.

La conversation fut, dans le principe, complètement tenue par le général et le capitaine, et roula exclusivement sur ce qui s'était passé à l'hacienda depuis que le général n'y était allé; puis insensiblement on arriva à la question du ganado.

— A propos, dit don Sebastian, avez-vous, capitaine, retrouvé quelques-unes des têtes que ces démons d'Apaches nous ont enlevées dans leur dernière attaque?

— Pas une, général. *Valga me Dios!* autant poursuivre le vent et la tempête que chercher à atteindre des diables rouges.

— Ainsi, nous avons perdu...

— Ma foi! tout ce qui s'est trouvé à leur portée, c'est à dire environ deux mille cinq cents têtes.

— Hum! c'est dur; et comment avez-vous complété?

— Je n'ai encore réussi à trouver que quinze cents têtes; c'est même à propos de cela, si vous vous le rappelez, que vous m'aviez donné rendez-vous ici.

— Je me le rappelle parfaitement; seulement, je ne vois pas trop, à moins d'acheter d'autres animaux, ce que nous pouvons faire.

— Dame, c'est le seul moyen que nous ayons de compléter nos troupeaux.

— En avez-vous quelques-uns en vue?

— En ce moment?

— Oui.

— Ma foi non, le *ganado* devient hors de prix, la découverte de l'or en Californie y a fait affluer une quantité énorme d'aventuriers de tous pays. Vous savez ce que sont les *gringos* (Européens), il leur faut absolument de la viande; ces misérables hérétiques sont tellement gloutons, qu'ils ne sauraient s'en passer, de façon qu'ils ont absorbé tout le *ganado* qu'ils ont pu se procurer aux environs, et maintenant ils sont contraints d'en faire venir de cent et deux cents lieues; vous comprenez que cela fait augmenter le *ganado* dans des proportions gigantesques.

— C'est fâcheux.

— Et tenez, général, il n'y a qu'un instant, en mettant mon cheval au *corral*, j'ai vu le plus magnifique troupeau de *novillos* qui se puisse imaginer; il est évident que ces pauvres animaux ont au moins fait cent lieues, tant ils paraissent fatigués.

Dona Angela jeta un regard à la dérobée à sa camériste, debout derrière elle.

— On m'en a parlé, dit négligemment le général, ce sont des bestiaux que l'on conduit, je crois, à San-Francisco.

— Que disais-je il n'y a qu'un instant? s'écria le capitaine en frappant du poing sur la table; *caraï!* si on les laisse faire, ces *gringos* endiablés, avant dix ans ils auront dévoré tous nos bestiaux.

— Ne pourrions-nous pas essayer d'acheter ceux-ci?

— Ce serait une excellente affaire pour nous, quand même nous les paierions cher; mais leurs propriétaires ne voudront pas les vendre.

— Qui sait? je crois, au contraire, qu'ils ont l'intention de s'en défaire.

— *Rayo de Dios!* achetons alors.

— Oui, mais à quel prix?

— Il est certain que le bétail devient de plus en plus rare; offrons pour chaque tête prise ici le prix qu'on la paierait à San-Francisco.

— Hum! à combien est le marché là-bas?

— Dix-huit piastres environ.

— Oh! oh! c'est à dire pour six cents têtes...

— Dix mille huit cents piastres; mettons dix mille.

— C'est cher!

— Dame! que voulez-vous, il faut en passer par là.

— C'est vrai, mais c'est dur.

Le général réfléchit un instant, puis il se tourna vers sa fille :

— Angela, dit-il, comment nommez-vous ces chasseurs qui sont propriétaires du troupeau?

La jeune fille tressaillit.

— Moi, mon père! répondit-elle avec un feint étonnement, je ne sais, en vérité, ce que vous me voulez dire; j'ignore même s'il y a un troupeau quelconque dans cette hôtellerie.

— C'est vrai, fit le général en se ravisant. Où diable ai-je donc la tête? c'est, je crois, votre camériste qui a parlé à l'un de ces individus.

— Mais oui, mon père.

— Pardonnez-moi. Voyons, Violanta, mon enfant, pouvez-vous nous dire le nom de cet homme.

La jeune fille s'approcha en baissant les yeux et en tortillant entre ses doigts, d'un air embarrassé, les bouts de son fin tablier de batiste. Il était évident qu'elle faisait tout ce qu'elle pouvait pour rougir.

Le général attendit vainement sa réponse pendant plusieurs minutes; enfin, la patience lui échappa :

— Voyons, petite sotte, s'écria-t-il, vous déciderez-vous à parler, oui ou non ? Ne dirait-on pas que je vous adresse une de ces questions auxquelles une jeune fille ne saurait répondre?

— Je ne dis pas cela, général, fit-elle avec hésitation.

— Assez de simagrées comme cela ; comment se nomme le propriétaire de ce ganado?

— Ils sont deux, général.

— Quels sont leurs noms, alors?

— L'un est Français, l'autre est Espagnol, seigneurie.

— Eh! que m'importe de quel pays sont ces drôles? c'est leur nom seul que je veux savoir.

— Le premier se nomme don Cornelio.

— Et l'autre?

— Don Luis.

— Mais ils ont d'autres noms que ceux là?

Violanta échangea un rapide coup d'œil avec sa maîtresse.

— Je les ignore, dit-elle.

— Hum! fit le général d'un ton railleur, il paraît que vous ne connaissez les gens que sous leur nom de baptême ; c'est bon à savoir.

Cette fois, la jeune fille rougit réellement et se recula toute confuse.

Don Sebastian fit un signe à un peon qui se tenait respectueusement à quelques pas.

— Gregorio, dit-il, allez présenter aux señores don Luis et don Cornelio les complimens du général don Sebastian Guerrero, et priez-les de lui faire l'honneur d'une visite. Vous m'avez compris?

Le peon s'inclina sans répondre et sortit.

— Il faut être poli avec ces gens, observa le général; maintenant que la découverte de placeres californiens a bouleversé toutes les classes de la société, qui sait à qui nous sommes exposés à avoir affaire?

Et il accompagna cette remarque d'un rire railleur, auquel le capitaine, en digne Mexicain qu'il était, fit bruyamment chorus.

Nous ferons observer, en passant, que le général Guerrero, ainsi que la plupart de ses compatriotes, professait la haine la plus invétérée contre les Européens, haine que du reste rien ne justifiait, si ce n'est cette supériorité que les créoles ont été obligés de reconnaître aux Européens, supériorité qu'ils subissent en frémissant, mais devant laquelle ils sont contraints malgré eux de se courber.

Plusieurs minutes s'écoulèrent. Enfin le péon rentra.

— Eh bien? lui demanda le général.

— Seigneurie, lui répondit respectueusement le peon, ces caballeros vont avoir l'honneur de se rendre aux ordres de Votre Excellence. Ils me suivent.

— Très bien! servez une bouteille de refino de Catalogne et des verres; je sais par expérience que ces gens-là n'ont aucun goût pour l'eau pure.

Après cette nouvelle plaisanterie, le général tordit un pepelito, l'alluma, et attendit.

Au bout de cinq minutes à peine, un bruit de pas se fit entendre dans le corridor; la porte s'ouvrit et deux hommes parurent.

— Ce n'est pas lui, murmura à voix basse dona Angela, dont les regards étaient anxieusement fixés sur la porte.

Ces deux hommes étaient Valentin et don Cornelio.

XI.

Nous avons dit dans un précédent chapitre dans quel but se présentait Valentin à la place de son ami: il voulait tâcher de découvrir pour quelle raison dona Angela désirait si ardemment revoir Louis; quant à don Cornelio, il était persuadé intimement que son mérite personnel avait tout fait et que la jeune fille n'avait d'autre intérêt que de se rapprocher de lui.

D'un autre côté, le chasseur, averti par Curumilla, n'était pas fâché de voir l'homme avec lequel, à une autre époque de sa vie, il avait eu des rapports indirects, rapports qui, d'un moment à l'autre, pouvaient devenir plus intimes à cause de la nouvelle position du général et des projets de don Luis.

Les deux étrangers se présentèrent hardiment; leur maintien était convenable, sans forfanterie comme sans bassesse, tel, enfin, qu'on devait l'attendre d'hommes longtemps éprouvés par les hasards sans nombre d'une vie aventureuse.

Le général s'attendait probablement à voir paraître des gens aux manières triviales et aux traits communs; à la vue des deux hommes, dont la mâle et loyale physionomie le frappa, il tressaillit imperceptiblement, se leva, les salua avec courtoisie et les invita poliment à prendre place sur les siéges qu'il avait d'avance fait préparer pour eux.

Dona Angela ne savait que penser après les paroles si positives de don Cornelio. L'absence de don Luis et son remplacement par un homme qu'elle ne connaissait pas lui paraissaient inexplicables; cependant, sans se rendre bien compte du sentiment qui l'agitait, elle devinait, sous cette substitution, un mystère qu'elle cherchait vainement à approfondir.

Violanta était aussi confuse et aussi étonnée que sa maîtresse.

Seul, le capitaine était demeuré assez indifférent à ce qui se passait. Le vieux soldat, profitant habilement de ce que la bouteille de refino avait été placée à sa portée, s'était versé un grand verre d'aquardiente qu'il buvait à petit coup, en attendant patiemment qu'il plût au général d'entamer la conversation.

Voilà dans quelle position se trouvaient placés nos divers personnages vis-à-vis les uns des autres.

Lorsque enfin, sur son invitation réitérée, les chasseurs se furent assis, le général prit la parole.

— Vous me pardonnerez, messieurs, dit-il, de vous avoir dérangés en vous obligeant de vous rendre ici, tandis que c'était moi au contraire qui devais me présenter à votre cuarto, puisque c'est moi qui désire causer avec vous.

— Général, répondit Valentin en s'inclinant respectueusement, mon ami et moi, nous aurions été désespérés de vous occasionner le moindre ennui; croyez que nous serons toujours heureux d'obéir à vos ordres, quels qu'ils soient.

Après cet échange mutuel de politesse, les interlocuteurs se saluèrent de nouveau.

Nul peuple au monde ne pousse plus loin que le Mexicain la doucereuse félinerie des manières, s'il était permis d'employer cette expression.

— Qui de vous deux, messieurs, reprit gracieusement le général, est le senor don Cornelio?

— C'est moi, caballero, répondit l'Espagnol en s'inclinant.

— Ainsi, continua don Sebastian en se tournant vers le chasseur avec un sourire aimable, ce caballero est don Luis?

— Pardonnez-moi, général, répondit nettement le Français, mon nom est Valentin.

Le général se redressa.

— Comment! fit-il avec étonnement, et où est donc le senor don Luis?

— Il lui est impossible de se rendre à vos ordres, général.

— Parce que?

— Parce que, répondit Valentin en jetant à la dérobée un regard sur la jeune fille, qui, bien qu'elle parût fort occupée à causer à voix basse avec sa camériste, ne perdait pas un mot de ce qui se disait, parce que don Luis, ignorant, général, qu'il aurait ce matin même, l'honneur d'être reçu par Votre Excellence, est parti au lever du soleil, à franc étrier, pour San-Francisco.

Dona Angela devint pâle comme une morte et fut sur le point de s'évanouir à cette nouvelle; cependant elle surmonta l'émotion qu'elle éprouvait et redevint calme en apparence; elle voulait tout savoir.

Cette émotion, quelque passagère qu'en eût été la durée, n'avait pas échappé à Valentin. Le général tournait à peu près le dos à sa fille, il était donc impossible qu'il s'aperçût de quoi que ce fût.

— C'est fâcheux, répondit-il.

— Vous m'en voyez désespéré, général.

— Son absence sera de courte durée, sans doute?

— Il ne reviendra pas. Valentin prononça ces paroles sèchement.

L'émotion qu'éprouva dona Angela fut si vive qu'elle ne put retenir un léger cri de douleur.

— Qu'avez-vous donc, Nina? lui demanda son père en se retournant brusquement, que signifie ce cri?

— Je me suis coupée, répondit-elle de l'air le plus naïvement innocent qu'il fût possible.

— Oh! oh! s'écria le père avec inquiétude, dangereusement?

— Non, une égratignure à peine; pardonnez moi, mon père, je suis une sotte.

Le général n'en demanda pas davantage, et reprit son entretien avec le Français.

— Je suis désespéré de ce contre-temps, dit-il, j'avais à entretenir votre ami d'une affaire fort sérieuse.

— Qu'à cela ne tienne! me voilà; mon ami, en partant, m'a laissé ses pleins pouvoirs pour agir en son nom; vous pouvez donc parler, général, si toutefois vous ne me jugez pas indigne de votre confiance.

— Une telle supposition serait me faire injure, monsieur.

Valentin salua.

— Mon Dieu, monsieur, reprit le général, l'affaire que je désirais traiter avec votre ami est sérieuse, sans doute, mais si vos pleins pouvoirs s'étendent aux affaires commerciales, je ne vois pas pourquoi je ne traiterais pas aussi bien avec vous qu'avec lui.

— Parlez donc en toute sûreté, alors, général, car je suis l'associé de don Luis.

— Voici la chose en deux mots :

— Pardon, s'écria tout à coup dona Angela, avec un petit air résolu qui imposa au général lui-même, avant que vous parliez commerce avec monsieur, je désirerais, mon père, lui faire quelques questions.

Le général se retourna avec étonnement, et fixant sur sa fille un regard interrogateur.

— Que pouvez-vous donc avoir à demander à monsieur? lui dit-il.

— Vous le saurez bientôt, mon cher père, répondit-elle avec un léger accent de raillerie, si vous me voulez permettre de lui adresser les trois ou quatre questions que je veux lui faire.

— Parlez donc, petite folle, s'écria le général en haussant les épaules, parlez et finissez-en de suite.

— Merci, mon père; votre autorisation n'est peut-être pas fort gracieusement octroyée, mais je ne vous en garderai pas rancune.

— Puisque vous le permettez, général, je je suis aux ordres de madame.

— D'abord, monsieur, avant tout, promettez-moi une chose.

— Laquelle, madame ?

— De répondre franchement et loyalement aux questions que je vais vous adresser.

— Que signifient ces folies, Angela ? s'écria le général avec impatience; est-ce le moment et l'endroit ? est-il convenable pour.....

— Mon père, interrompit résolûment la jeune fille, vous m'avez permis de parler.

— D'accord, mais non pas de la façon dont vous semblez vouloir le faire.

— Ayez un peu de patience, mon père.

— Bah ! fit le capitaine en intervenant, laissez-la parler à sa guise. Allez, mon enfant, allez.

— J'attends la réponse de monsieur, dit-elle.

— Je vous fais la promesse que vous me demandez, *senorita*, répondit Valentin.

— Je retiens votre parole. Quel est le nom de votre ami, monsieur ?

— Du quel, senorita ?

— De celui que vous remplacez.

— Il se nomme le comte Louis-Edouard-Maxime de Prébois-Crancé.

— Il est Français ?

— Né à Paris.

— Vous le connaissez depuis longtemps ?

— Depuis sa naissance, senorita, ma mère a été sa nourrice.

— Ah ! fit-elle avec satisfaction, alors vous êtes bien véritablement son ami.

— Je suis son frère.

— Il ne doit pas avoir de secrets pour vous ?

— Je ne le crois pas.

— Bien.

— Ah çà ! s'écria le général, mais ceci devient intolérable; que signifie cet interrogatoire que vous faites subir à monsieur, et auquel il a la bonté de se prêter si complaisamment? Vive Dieu ! Nina, je demande pardon pour vous à monsieur, car votre conduite à son égard est inqualifiable.

— Qu'a-t-elle donc de choquant, mon père, mon intention est bonne et je suis certaine que vous-même en conviendrez lorsque vous saurez pourquoi j'ai adressé à monsieur ces questions si simples, et qui cependant vous paraissent si extraordinaires.

— Eh bien! voyons, quelle est cette raison ?

— La voici, il y a trois ans, lors du voyage que vous fîtes de Guadalajara au Tepic, n'avez-vous pas été, à un endroit nommé le Mal paso, attaqué par des *salteadores?*

— En effet, mais qu'a de commun, je vous prie...

— Attendez, fit-elle gaiement; deux hommes arrivèrent à votre secours.

— Oui, et je n'ai pas honte d'avouer que sans eux j'aurais probablement été, non seulement dévalisé, mais encore assassiné par les bandits; malheureusement ces hommes refusèrent obstinément de me faire connaître leurs noms. Toutes mes recherches jusqu'à présent ont été infructueuses, je n'ai pu les retrouver, et par conséquent leur prouver ma reconnaissance, ce qui, je vous le jure, me chagrine fort.

— Oui, mon père, je sais que souvent devant moi, vous avez regretté de ne pouvoir rencontrer l'homme courageux auquel vous devez la vie et auquel, moi, pauvre enfant que j'étais alors, j'ai dû plus peut-être.

La jeune fille prononça ces paroles avec une voix attendrie qui émut tous les assistans.

— Malheureusement, reprit le général au bout d'un instant, voilà trois ans que cette aventure a eu lieu, qui sait ce qu'est devenu cet homme, à présent ?

— Moi, mon père.

— Vous! Angela, s'écria-t-il avec étonnement, c'est impossible.

— Mon père, les questions que j'ai adressées à monsieur, questions auxquelles il a mis tant de complaisance à répondre, n'avaient qu'un but, acquérir une certitude en corroborant les réponses que je recevrais avec certains renseignemens que j'ai obtenus d'autre part.

— Ainsi?

— L'homme qui vous a sauvé la vie est le comte don Luis de Prébois-Crancé, celui qui est parti ce matin même pour la Californie.

— Oh! s'écria le général avec agitation, c'est impossible; vous vous trompez, ma fille.

— Pardonnez-moi, général, plusieurs fois mon ami m'a raconté cette affaire dans tous ses détails, observa Valentin; à quoi bon chercher à cacher plus longtemps une chose que vous savez maintenant?

—Et pour lever tous vos doutes, si, ce que je ne crois pas, il vous en restait quelques-uns, mon père, devant la loyale affirmation de ce caballero, regardez l'homme que voilà, ajouta-t-elle en désignant l'Espagnol, ne reconnaissez-vous pas don Cornelio, notre ancien compagnon de voyage, qui chantait continuellement en s'accompagnant sur la *jurana* le *romancero del rey Rodrigo?*

Le général examina attentivement le jeune homme.

— C'est vrai, dit-il au bout d'un instant, je reconnais à présent ce caballero, que j'ai abandonné blessé, sur sa prière, entre les mains de mon généreux libérateur.

— Que je n'ai plus quitté depuis, appuya don Cornelio.

— Ah! fit le général; mais pourquoi cette obstination de don Luis à ne vouloir pas se faire connaître? Croyait-il donc que pour moi la reconnaissance serait un poids trop lourd à porter?

— Ne supposez pas une idée semblable à mon ami, général, s'écria vivement Valentin; don Luis a cru et il croit encore que le service qu'il vous a rendu était trop minime pour y attacher une aussi grande importance.

— *Caspita!* lorsqu'il m'a sauvé l'honneur! Mais maintenant, je le connais, il ne m'échappera pas plus longtemps; je saurai bien le retrouver tôt ou tard et lui prouver que nous autres Mexicains nous avons la mémoire aussi longue pour le bien que pour le mal. Je suis son débiteur, et, vive Dieu! je lui paierai ma dette.

—Bien, mon père, s'écria la jeune fille en se précipitant dans ses bras et l'embrassant avec effusion.

— Assez, petite folle, assez, que diable! tu m'étouffes...Mais dis-moi donc un peu, petite rusée, je soupçonne que, dans tout cela, tu t'es légèrement moquée de moi.

— Oh! mon père, fit-elle en rougissant.

— Pourriez-vous, mademoiselle, m'expliquer comment vous avez obtenu tous ces renseignemens? Je vous avoue que cela m'intrigue assez et que je serais heureux de le savoir.

Dona Angela se mit à rire pour cacher son embarras; mais, prenant soudain son parti avec cette décision qui faisait le fond de son caractère :

— Je vais vous le dire, si vous me promettez de ne pas me gronder trop fort, dit-elle.

— Allez toujours, nous verrons après.

— Je vous ai menti ce matin, mon père, fit-elle en baissant les yeux.

— Je m'en doute; continuez.

— Si vous froncez ainsi les sourcils, et si vous prenez votre air méchant, je vous avertis que je ne dirai rien.

— Et vous aurez raison, Nina, appuya le capitaine.

Le général sourit.

— Allons, bon, fit-il, voilà encore que vous prenez son parti, vous!

— *Caspita!* je le crois bien!

— Allons, allons, soyez tranquille, je ne me fâcherai pas; d'autant plus que je soupçonne la bonne pièce qui se tient là, derrière, avec son air sournois, d'être pour quelque chose dans le complot, dit-il en regardant Violanta, qui ne savait quelle contenance tenir.

— Vous avez deviné, mon père, j'ai parfaitement dormi cette nuit, rien n'a troublé mon sommeil.

— Voyez-vous cela, la petite dissimulée.

— Seulement, hier au soir, j'ai entendu résonner une jurana accompagnant la romance del rey Rodrigo; je me suis souvenue de notre ancien compagnon de voyage, qui ne chantait jamais autre chose. Je ne sais comment cela s'est fait, mais je me suis persuadée que c'était lui qui chantait en ce moment dans la patio du meson, je l'ai envoyé prier de venir me trouver par Violanta. Alors...

— Alors, il vous a tout dit?

— Oui, mon père; comme je savais le désir que vous éprouviez de connaître votre libérateur, je voulais vous faire une surprise en vous le faisant trouver au moment où vous vous y attendiez le moins; malheureusement le hasard s'est jeté à la traverse de mes projets et est venu renverser toutes mes combinaisons.

— C'est bien fait pour vous, Nina, cela vous apprendra à avoir des secrets pour votre père; mais console-toi, mon enfant, nous le retrouverons, et alors il faudra bien qu'il nous laisse lui exprimer notre reconnaissance, que le temps, loin de diminuer, n'a fait que rendre plus vive.

La jeune fille, sans répondre, alla toute pensive se rasseoir.

Le général se tourna vers Valentin:

— A nous deux, caballero, lui dit-il. Vous êtes propriétaire du troupeau de bêtes à cornes que vous conduisez?

— Oui, général; seulement je ne suis pas seul.

— Quels sont vos associés?

— Don Luis et le caballero ici présent.

— Fort bien. Voulez-vous vous défaire avantageusement de votre troupeau?

— C'est mon intention.

— Combien avez-vous de têtes?

— Sept cent soixante-dix.

— Et vous les conduisez?

— A San-Francisco.

— *Caramba!* c'est une rude besogne.

— Nous avons l'intention de louer des peones pour piquer les animaux.

— Mais si vous trouviez à les vendre ici?

— Je le préférerais.

— Eh bien! moi j'ai besoin de bestiaux; les miens ont été volés en grande partie par les Apaches, ces pillards infernaux. Si vous y consentez, nous ferons une cote mal taillée; votre troupeau me convient; mon majordome l'a vu, je vous l'achète en bloc.

— Je ne demande pas mieux.

— Nous disons sept cent soixante-dix têtes, n'est-ce pas?

— Oui.

— A vingt-cinq piastres par animal, cela fait dix neuf mille deux cent cinquante piastres, si je ne me trompe. Cela vous convient-il?

— Non, général, répondit carrément Valentin.

Don Sébastian le regarda avec étonnement.

— Pourquoi cela? dit-il.

— Parce que je vous volerais.

— Hum, ceci est mon affaire.

— C'est possible, général, mais ce n'est pas la mienne à moi.

— Que voulez-vous dire?

— Je veux dire que le bétail coûte, l'un dans l'autre, dix-huit piastres à San-Francisco, et que je ne puis le vendre vingt-cinq ici.

— Bah! bah! j'ai la prétention de me connaître en ganado aussi bien que qui que ce soit, et si je vous offre ce prix de votre troupeau c'est qu'il le vaut.

— Non, général, il ne le vaut pas, et vous le savez aussi bien que moi, dit résolûment le chasseur; je vous remercie de votre générosité, mais je ne puis l'accepter, et mon ami m'en voudrait d'avoir fait un tel marché.

— Ainsi, vous refusez?

— Je refuse.

— Voilà qui est étrange et ne s'est jamais vu, un marchand refuser de gagner sur sa marchandise.

— Pardonnez-moi, général, je ne refuse pas de faire un bénéfice honnête, je ne veux pas vous voler, voilà tout.

— Sur ma parole, vous êtes le premier que je vois comprendre le commerce de cette façon.

— C'est que probablement, général, vous n'avez jamais fait d'affaires avec les Français.

— Il faut en passer par où vous voulez. Combien demandez-vous de vos bêtes?

— Dix-neuf piastres par tête, ce qui, je vous le jure, me donne encore un fort beau bénéfice.

— Soit! cela fait?...

— Quatorze mille six cent trente piastres.

— Très bien! Si cela vous convient, je vous donnerai une lettre de change de pareille somme sur la maison Toribi, Dellaporta et Ce, de Guaymas.

— Parfaitement.

— Vous entendez, capitaine, le troupeau est à nous.

— Bon! ce soir il sera en route pour l'hacienda.

— Quand comptez-vous partir? senores.

— Aussitôt que nos affaires seront terminées ici, général; nous avons hâte de rejoindre notre ami.

— Dans une heure, la lettre de change sera prête.

Valentin s'inclina.

— Seulement, continua le général, dites bien à don Luis, que je suis toujours son débiteur, et que s'il vient dans la Sonora quelque jour, je le lui prouverai.

— Peut-être y sera-t-il bientôt, dit le chasseur en lançant un regard de côté à dona Angela, qui rougit.

— Je le désire. Maintenant, messieurs, disposez de moi; si je puis vous être utile, souvenez-vous que je vous suis tout acquis.

— Recevez mes remercîmens, général.

Après avoir échangé quelques paroles encore, ils se séparèrent.

En passant devant dona Angela, Valentin la salua respectueusement.

— Don Luis a toujours votre reliquaire, murmura-t-il, si bas, qu'elle devina ces paroles plutôt qu'elle ne les entendit.

— Merci, répondit-elle; vous êtes bon.

— Elle aime Louis, se dit Valentin en retournant à son *cuarto*, accompagné par don Cornelio.

— Cet homme est un fou ! refuser de gagner cinq mille piastres, dit le général à don Isidro, dès qu'il fut seul avec lui.

— Peut-être, répondit celui-ci d'un air pensif; je crois plutôt que c'est un ennemi.

Le général haussa les épaules avec dédain, et ne daigna pas attacher la moindre importance à cette insinuation.

Le soir même Valentin et ses deux compagnons quittaient San José et se dirigeaient vers Guaymas, sans avoir revu le général ni dona Angela.

Il va sans dire que le chasseur emportait avec lui la lettre de change de quatorze mille six cent trente piastres, parfaitement en règle.

XII.

Depuis les quelques milliers d'années que le monde sur lequel nous végétons est sorti des mains du créateur, bien des révolutions ont eu lieu, bien des faits extraordinaires se sont accomplis.

Combien de peuples se sont succédé les uns aux autres, s'élevant et s'abaissant tour à tour, disparaissant sans même laisser de trace après avoir traversé l'histoire comme d'éblouissans météores, pour aller s'éteindre à jamais dans la nuit des temps!

Mais de tous les faits étranges dont on ait gardé le souvenir, aucun, à notre avis, ne peut se comparer à ce que nous avons vu sous nos yeux s'accomplir avec une audace et un bonheur inouïs depuis trois quarts de siècle environ.

Des aventuriers échappés de tous les coins du globe, poussés les uns par le fanatisme des croyances religieuses, d'autres par l'esprit d'aventure, d'autres, en plus grand nombre encore, talonnés par la misère, après avoir abordé en pèlerins sur les plages américaines, demandant asile aux pauvres et innocens habitans de ces contrées hospitalières, achetant pour des futilités des terres fertiles, se sont peu à peu rapprochés les uns des autres, se sont agglomérés, ont chassé les premiers possesseurs du sol pour prendre leur place, ont fondé des villes, des ports, construit des arsenaux, et un jour, secouant le joug de la métropole sous l'égide de laquelle ils s'étaient peureusement et frileusement abrités, ils se sont constitués en Etat indépendant et ont fondé ce colosse aux pieds d'argile, au corps d'or et à la tête de boue que l'on nomme les Etats-Unis d'Amérique.

Humble dans ses commencemens, cette pauvre république, faisant sonner bien haut les mots de fraternité et de liberté, mots dont par parenthèse elle n'a jamais compris la noble et grandiose signification, affichant une tolérance rigide, une vertu et un puritanisme outrés, elle se glissa insidieusement dans les conseils des puissances européennes, rampa sournoisement jusqu'aux trônes des souverains, se fit, sous le masque du désintéressement, accepter par eux. Tout à coup, lorsque le moment favorable fut arrivé, les Etats-Unis d'Amérique se redressèrent et se cambrèrent fièrement, eux qui avaient posé en principe dans leur acte d'indépendance qu'ils ne consentiraient jamais à un agrandissement quelconque, et dirent d'une voix hautaine à l'Europe surprise, presque épouvantée de tant d'audace : « Le quart du globe est à nous; nous sommes une nation puissante; il faut maintenant compter avec nous ! »

Malheureusement pour eux, en disant ces fières paroles, les Américains du Nord n'y croyaient pas eux-mêmes.

Car d'un côté ils connaissent parfaitement leur faiblesse, et de l'autre ils savent fort bien qu'une foule d'individus réunis de partout sans lien de famille ni de langage entre eux, ne peuvent pas en un siècle ni même en deux constituer une nation, c'est à dire un peuple.

Seulement, pour être juste et impartial envers les Etats-Unis, il faut reconnaître que ses habitans possèdent au suprême degré cette fiévreuse ardeur qui, bien dirigée, produit les grandes choses.

Il est évident que ces audacieux aventuriers accomplissent, sans s'en douter, une mission providentielle. Quelle est-elle? nul ne le saurait dire, eux moins que personne. Ces hommes, qui étouffent dans des frontières que leur population, tout en s'accroissant chaque jour, ne saurait remplir, qui aspirent continuellement à sauter par dessus les barrières que leur opposent les autres peuples, qui ne rêvent que l'inconnu et se tiennent perpétuellement debout, les yeux fixés à l'horizon lointain, ces hommes enfin auxquels, comme au juif de la légende, une voix secrète murmure constamment à l'oreille : Marche ! marche ! ces hommes sont appelés, dans un temps prochain, à jouer un grand, beau et noble rôle dans la civilisation moderne, si l'égoïsme profond qui les mine et la soif de l'or qui les dévore ne tue pas en eux les vertus régénératrices dont, à leur insu, ils sont doués, et si, oubliant l'esprit de conquête et renonçant à s'agrandir davantage, ils se resserrent, au contraire, relient entre eux les intérêts des Etats qui composent leur confédération, et mettent enfin en pratique chez eux cette liberté et cette fraternité dont ils parlent tant au dehors, et qu'ils connaissent si peu.

Nul peuple n'égale les Américains dans l'art de fonder les villes; en quelques jours à peine, là où s'élevait une forêt vierge pleine de mystère et d'ombre, ils alignent des rues, bâtissent des maisons, font des trottoirs, allument le gaz, et au milieu des rues et des places de ces villes créées comme par enchantement, les souches des arbres de la forêt ne sont pas encore mortes et quelques vieux chênes oubliés verdissent çà et là d'un air mélancolique.

Il est vrai que beaucoup de ces villes improvisées pour les exigences du moment, sont souvent aussi vite désertées qu'elles ont été construites; car l'Américain du Nord est le peuple nomade par excellence; rien ne l'attache au sol, sa convenance seule peut le retenir dans un endroit : il n'a aucune de ces affections de cœur, aucun de ces souvenirs d'enfance ou de jeunesse qui font chez nous que l'on préfère souffrir dans certains endroits que de les quitter pour d'autres où comparativement on serait beaucoup mieux sous tous les rapports. Enfin, pour nous résumer, l'Américain n'a pas le chez soi, le *home*, en un mot, si cher aux Européens; pour lui, le plus confortable et le plus agréable séjour est celui où il lui est possible d'empiler le plus facilement dollars sur dollars.

San-Francisco, cette ville qui compte aujourd'hui plus de soixante mille habitans, dans laquelle se rencontrent tous les raffinemens du luxe, est une preuve évidente de la merveilleuse facilité avec laquelle les Américains improvisent les villes; nous nous souvenons avoir trafiqué, il y a quinze ans à peine, avec les Indiens têtes plates, sous l'ombre d'arbres deux ou trois fois séculaires, aux lieux où s'élèvent aujourd'hui de splendides édifices; nous avons solitairement pêché la baleine dans cette baie immense, la plus belle du monde, presque trop petite à présent pour contenir les innombrables navires qui s'y succèdent sans cesse.

A l'époque où se passe notre histoire, San-Francisco n'était pas encore une ville dans la véritable acception du mot, c'était une agglomération de huttes et de cabanes informes, construites en bois, et qui servaient à abriter tant bien que mal les aventuriers de toutes les nations que la fièvre de l'or jetait sur ces plages, et qui ne s'y arrêtaient que le temps nécessaire pour se préparer à aller aux mines, ou à faire tomber dans le gouffre sans fond des maisons de jeu les pépites qu'ils avaient récoltées avec tant de peines et de souffrances.

La police était à peu près nulle; le plus fort faisait la loi ; le couteau et le revolver étaient l'*ultima ratio* et régnaient en maîtres sur cette population hétérogène et composée de ce que les cinq parties du monde possédaient alors d'intelligences perdues et d'existences déclassées.

La population, sans cesse renouvelée, jamais la même, vivait dans cet enfer, en proie à cet enivrement continuel et fatal que cause aux hommes les plus fortement trempés, la vue de ce terrible métal, nommé or.

Cependant, à l'époque dont nous voulons parler, la première fureur de la course aux placeres était un peu calmée; grâce à l'impulsion donnée par quelques hommes résolus, doués d'une haute intelligence et de cœurs généreux, la vie normale commençait peu à peu à s'organiser; déjà les bandits ne tenaient plus aussi audacieusement le haut du pavé, et les honnêtes gens pouvaient enfin respirer et relever la tête; tout faisait présager des jours meilleurs; on était enfin arrivé à l'aurore d'une ère d'ordre, de paix et de tranquillité.

Deux mois environ après les événemens que nous avons rapportés dans notre précédent chapitre, nous conduirons le lecteur dans une charmante maison construite un peu à l'écart, comme si ses habitans eussent cherché à s'isoler le plus possible du tourbillon dans lequel ils étaient contraints de vivre, et nous introduisant dans une salle basse modestement meublée de quelques chaises communes et d'une table sur laquelle était étendue une carte détaillée du Mexique, nous assisterons à la conversation de deux hommes, penchés tous deux sur cette carte.

De ces deux hommes, l'un nous est connu déjà, car il n'était autre que le comte Louis de Prébois-Crancé. Son interlocuteur était un homme entre deux âges, à la figure fine et intelligente, dont l'œil respirait l'audace et la franchise; ses manières étaient distinguées. Il semblait être Français, du moins c'était dans cette langue qu'il parlait, sans le plus léger accent, et qu'il s'entretenait avec le comte.

Au moment où nous les mettons en scène, nos deux personnages pointaient avec des épingles à tête noire diverses régions de la carte placée devant eux.

— Je suis parfaitement de votre avis, mon cher comte, dit l'étranger en se redressant; cette route est la plus directe et en même temps la plus sûre.

— N'est-ce pas? répondit Louis.

— Sans aucun doute; mais dites-moi, vous êtes bien résolu, n'est-ce pas, à débarquer à Guaymas?

— C'est le point le plus favorable.

— Je vous adresse cette question, mon cher compatriote, parce que, d'après vos intentions, j'ai écrit à notre représentant dans cette ville...

— Eh bien? fit vivement le comte en se redressant à son tour.

— Tout va bien, du moins c'est ce qu'il me dit dans sa lettre.

— Il vous a répondu?

— Courrier par courrier. Les autorités mexicaines vous verront arriver avec le plus grand plaisir, une caserne sera préparée pour vos gens et les principaux postes de la ville leur seront distribués; bref, vous êtes attendus avec la plus vive impatience.

— Tant mieux, je vous avoue que je redoutais de ce côté aussi des ennuis et des désagrémens; les Mexicains ont un caractère si singulier que l'on ne sait jamais avec eux comment agir.

— Ce que vous dites est assez vrai, mon ami; mais remarquez que votre position est exceptionnelle et ne peut sous aucun point de vue causer d'ombrage aux autorités de la ville; vous êtes cessionnaire d'un placer d'une richesse incalculable situé dans une contrée où continuellement vous aurez à craindre les attaques des Indiens; vous ne ferez donc que passer à Guaymas.

— Littéralement, car je vous jure que je me mettrai en route dans le plus court délai possible pour le lieu de l'exploitation.

— Autre chose encore: la plupart des hommes dont vous pourriez avoir à redouter la haine ou l'envie sont actionnaires de la société que vous représentez; s'ils vous témoignaient du mauvais vouloir, ou s'ils cherchaient à entraver vos opérations, ils feraient la guerre à leurs dépens et en seraient naturellement les premiers punis.

— C'est juste.

— Et puis vous n'avez aucun but politique, votre conduite est clairement tracée, trouver de l'or, voilà quel est votre but.

— Oui, et assurer une position heureuse et indépendante aux braves gens qui m'accompagneront.

— Quelle plus noble tâche pourriez-vous vous imposer!

— Ainsi, vous êtes content, monsieur?

— On ne peut davantage, mon cher comte; tout va à souhait; la société est définitivement constituée à Mexico.

— Cela, je le savais moi-même; lors de mon séjour dans cette ville, j'avais posé les bases préliminaires et tout préparé: du reste, je crois pouvoir compter sur les amis que nous avons là-bas.

— Je le crois aussi; le président de la république lui-même n'a-t-il pas paru adopter vos plans.

— Avec enthousiasme.

— Fort bien! Maintenant, en Sonora, le gouverneur, auquel vous aurez seul affaire, est un de vos plus forts actionnaires, ainsi rien à redouter de ce côté non plus.

— Dites-moi, monsieur, connaissez-vous notre représentant à Guaymas?

A cette question, un nuage passa sur le front de l'étranger.

— Pas personnellement, répondit-il avec une certaine hésitation au bout d'un instant.

— Ainsi, vous ne pouvez pas me renseigner sur lui? Vous comprenez qu'il est important pour moi de connaître le caractère de l'homme avec lequel il me faudra sans doute lier des relations suivies, et auquel, dans certaines circonstances difficiles comme il peut s'en offrir à chaque pas, je serai peut-être forcé de demander protection.

— C'est juste, mon cher comte; comme vous me le faites observer, vous ne savez pas dans quelle position le hasard peut vous mettre; il est donc nécessaire que je vous instruise : écoutez-moi.

— Je vous prête la plus sérieuse attention.

— Guaymas, comme vous le savez fort bien, n'est que d'une médiocre importance pour notre nation, au point de vue commercial; si, pendant le cours d'une année tout entière, une dizaine de navires portant notre pavillon, y vont relâcher, c'est tout au plus. Le gouvernement français a donc, à cause de cela, jugé inutile d'envoyer dans cette ville un agent français, il a agi comme font la plupart des puissances; parmi les négocians les mieux posés de Guaymas, il en a choisi un et l'a nommé son représentant.

— Ah ! ah ! fit le comte rêveur; ainsi notre agent consulaire dans ce port n'est pas Français ?

— Non, il est Mexicain ; c'est un malheur pour vous, car je ne vous cache pas que plusieurs fois déjà nos nationaux se sont plaints de ne pas rencontrer auprès de lui la protection qu'il est de son devoir de leur accorder. Il paraît aussi que cet homme est d'une âpreté au gain dont rien n'approche.

— Pour ce qui est de cela, je ne m'en inquiète guère.

— Le reste ne doit pas vous inquiéter davantage : les Mexicains, en général, ne sont pas méchans; ce sont des enfans, voilà tout. Vous aurez raison facilement de cet homme en lui parlant haut et ferme et en ne lui faisant aucune concession sur ce que vous croirez votre droit.

— Rapportez vous-en à moi du soin de lui tenir la dragée haute.

— Il n'y a pas autre chose à faire.

— Merci de ces précieux renseignemens, dont croyez bien que je ferai mon profit en temps et lieu. Comment le nommez-vous, cet agent consulaire ?

— Don Antonio Mendez Pavo; du reste, avant votre départ, je vous donnerai pour lui une lettre qui, j'en suis persuadé, vous évitera d'avoir avec cet homme de fâcheuses contestations.

— J'accepte avec grand plaisir.

— Maintenant, autre chose.

— Voyons.

— Vos enrôlemens sont-ils terminés ?

— A peu près; il ne me manque plus qu'une dizaine d'hommes tout au plus.

— Vous organisez votre expédition militairement.

— J'aurais voulu l'éviter, mais cela est impossible à cause des tribus indiennes au milieu desquelles il nous faudra passer, et avec lesquelles nous aurons sans doute maille à partir.

— Vous pouvez vous y attendre.

— Aussi, vous le voyez, mon cher monsieur, je prends mes précautions en conséquence.

— Vous agissez sagement. Et quel sera l'effectif de votre compagnie?

— Deux cent cinquante ou trois cents hommes au plus.

— Vous avez raison; une force plus nombreuse éveillerait la susceptibilité des Mexicains, et peut-être leur donnerait des inquiétudes sur la pureté et la loyauté de vos intentions.

— C'est ce que je veux éviter à tout prix.

— Vos hommes sont-ils Français ?

— Tous. Je ne veux avec moi que des individus sur le dévouement desquels je puisse compter; j'aurais peur, en mêlant des étrangers parmi mes garnemens, de relâcher ces liens de famille si nécessaires pour le succès d'une expédition comme la mienne, et qui s'établiront facilement entre individus tous du même pays.

— Ceci est extrêmement logique.

— Et puis, reprit le comte, je n'enrôle que d'anciens soldats ou d'anciens marins, tous hommes rompus à la discipline militaire et auxquels le maniement des armes est familier.

— Ainsi, votre organisation est terminée ?

— A peu près. Je vous l'ai dit.

— Tant mieux. Malgré le plaisir que j'éprouve dans votre charmante compagnie, je voudrais déjà vous voir en route.

— Merci, cela ne tardera pas; le navire est frété, et si rien ne vient déranger mes projets, avant huit jours je vous ferai mes adieux. Vous savez que dans une affaire comme celle-là, ce qu'il faut surtout, c'est aller vite.

— A qui le dites-vous ! le succès dépend surtout de la décision et de la célérité.

— Ni l'une ni l'autre ne me manqueront, soyez-en persuadé.

— Surtout n'oubliez pas d'emmener avec vous deux ou trois individus dont vous soyez sûr et qui connaissent à fond le pays que vous allez explorer.

— J'ai avec moi deux coureurs des bois pour lesquels le désert n'a plus de secrets.

— Et vous croyez pouvoir compter sur ces hommes ?

— Comme sur moi-même.

— Bravo ! allons, j'ai le pressentiment que nous réussirons.

— Dieu le veuille ! Quant à moi, je ferai tout ce qu'il faudra pour cela.

L'étranger prit son chapeau.

— Ah ! ça, voilà fort longtemps déjà que je suis ici, j'oublie que probablement on m'attend chez moi, je vous quitte, mon cher comte.

— Déjà ?

— Il le faut; vous verrai-je ce soir ?

— Je n'ose vous le promettre : vous savez que moi non plus je ne suis pas libre, surtout en ce moment.

— J'essaierai.

— C'est vrai; cependant, tâchez de venir.

— C'est cela, au revoir.

Les deux hommes se serrèrent la main affectueusement et l'étranger sortit.

Aussitôt qu'il fut seul, le comte se pencha de nouveau sur la carte qu'il se remit à étudier.

Ce ne fut que lorsque la nuit fut complétement tombée qu'il abandonna enfin son travail.

— Comment se fait-il, murmura-t-il d'un air pensif, que Valentin ne soit pas encore arrivé ? il devrait être ici, cependant.

Comme il finissait ce monologue, il entendit frapper à la porte.

XIII.

L'époque où se passe notre histoire était le bon temps pour les entreprises désespéréeset les expéditions flibustières.

En effet, les commotions politiques qui avaient bouleversé l'Europe quelque temps auparavant avaient fait monter à la surface et jeté dans le mouvement les esprits inquiets, les imaginations désordonnées et bon nombre de ces hommes sans principes bien arrêtés, dont le seul but est de pêcher dans l'eau trouble des révolutions qui désolent leur pays des positions, sinon complétement honorables, du moins très lucratives, et pour lesquels l'anarchie est la seule branche de salut.

Mais lorsqu'après les premières convulsions inséparables d'une révolution, l'effervescence populaire commença peu à peu à se calmer, que le torrent débordé rentra enfin dans son lit; en un mot, lorsque la société, fatiguée de luttes mesquines soutenues sans motifs avouables, entretenues seulement afin de satisfaire les ambitions honteuses de quelques hommes sans valeur, eut compris que le rétablissement de l'ordre était la seule voie de salut, tous ces individus, qui, pendant quelque temps, avaient joué un rôle plus ou moins important, se trouvèrent tout à coup jetés sans ressources sur le pavé des villes; car, avec l'imprévoyance inhérente à leurs natures atrophiées, usant au jour le jour des faveurs que l'aveugle fortune leur avait à pleines mains prodiguées, ils n'avaient rien conservé pour les temps mauvais, naïvement convaincus que l'état de choses qu'ils avaient fait durerait toujours.

Pendant quelques mois ils luttèrent, non pas courageusement, mais opiniâtrement, contre l'adversité, cherchant par tous les moyens à ressaisir la proie qu'ils avaient si sottement laissé échapper.

Mais bientôt ils furent contraints de reconnaître que les temps étaient changés, que leur heure était passée, et que le sol qui jusqu'alors les avait soutenus manquait de toutes parts sous leurs pas et menaçait de les engloutir à jamais.

La position devenait critique pour eux; reprendre leurs humbles et paisibles occupations, rentrer dans le néant dont un fou caprice du hasard les avait tirés, cela était impossible; l'idée ne leur en vint même pas.

Ils avaient goûté du luxe, des honneurs; ils ne pouvaient plus, ils ne voulaient plus travailler.

L'orgueil et la paresse le leur défendaient impérieusement.

Cincinnatus n'a jamais trouvé de pendant dans l'histoire, voilà pourquoi son souvenir s'est conservé si précieusement dans la mémoire de tous jusqu'à présent.

Les hommes dont nous parlons étaient loin d'être des Cincinnatus, bien qu'à l'instar du dictateur romain ils eussent prétendu gouverner les peuples.

Que faire ?

Heureusement, la Providence, dont les voies sont incompréhensibles, veillait sur eux.

La découverte des riches placeres de la Californie, dont la nouvelle avait été à peu près étouffée sous le coup des terribles commotions politiques européennes, revint tout à coup sur l'eau et prit en peu de temps une extension considérable. Les récits les plus extravagans circulèrent sur les richesses incalculables enfouies presque à fleur de terre, dans le sol du nouvel Eldorado. Alors, toutes les imaginations vagabondes commencèrent à fermenter; tous les yeux se fixèrent sur l'Amérique, et les oiseaux de proie auxquels la curée manquait en Europe, s'élancèrent avec un long cri de joie vers cette terre inconnue où ils croyaient retrouver en quelques jours toutes les joies dont ils s'étaient gorgés et qu'ils espéraient, cette fois, enfin assouvir.

Malheureusement, en Californie comme ailleurs, la première condition pour acquérir du bien être, est un travail incessant, soutenu et réglé.

En mettant le pied sur la terre américaine, de nombreux et poignans déboires attendaient les aventuriers; les mines existaient, à la vérité, elles étaient riches, mais l'or qu'elles renfermaient ne pouvait être extrait qu'avec de grandes difficultés, de grandes fatigues, et surtout de grandes dépenses : trois impossibilités que nos chercheurs d'or ne pouvaient vaincre.

Beaucoup périrent, soit de misère, soit de mort violente à la suite de querelles de cabaret, soit à cause du changement de climat, auquel ils n'avaient pas encore eu le temps de s'accoutumer. Ceux qui restaient, hâves et déguenillés, promenaient dans tous les mauvais lieux de San-Francisco leurs faces faméliques, prêts à tout faire pour la moindre somme d'argent qui pût endormir la faim canine qui les minait.

Cependant, aux premiers aventuriers en avait succédé d'autres, puis d'autres encore, d'autres toujours; les quelques privilégiés de la fortune qui étaient parvenus à regagner l'Europe, riches en quelques mois, avaient naturellement éveillé la cupidité des innombrables déclassés de la civilisation, et San-Francisco, cette terre bénie du ciel, dont le climat est si beau et le sol si fertile, menaçait de devenir un vaste et lugubre cimetière.

Alors il arriva que quelques hommes entreprenans, voyant leurs illusions évanouies et reconnaissant que cet or qu'ils convoitaient si ardemment fuyait constamment devant eux sans que jamais ils pussent l'atteindre, tournèrent leurs regards d'un autre côté, et, désespérant de s'enrichir dans les mines, ils résolurent de s'emparer, l'épée d'une main et le revolver de l'autre, de ces richesses qu'il leur était impossible d'acquérir autrement; c'est à dire, en deux mots, qu'ils ressuscitèrent, à leur profit, les expéditions flibustières des seizième et dix-septième siècles.

C'était une nouvelle voie ouverte pour sortir de l'affreuse misère dans laquelle ils croupissaient; les aventuriers s'y jetèrent avec empressement.

Des entreprises flibustières se montèrent alors de tous les côtés avec autant d'ordre que s'il se fût agi d'opérations financières commerciales nullement répréhensibles, et le trop plein de San-Francisco commença, au grand soulagement de la population paisible, à déborder sur les contrées environnantes.

Le comte Luis était donc arrivé dans un moment propice pour mettre à exécution le projet qu'il méditait.

Le comte appartenait à l'une des plus nobles, et des plus vieilles famille de France. Il jouissait, à juste titre, d'une réputation sans tache en Californie; de plus il était fort sévère sur le choix des hommes qu'il enrôlait; enfin, ce qui flatte surtout les individus qui n'ont rien à perdre, il offrait un but honorable à leur ambition: il n'en fallait pas davantage pour éveiller l'émulation de tous les porte-guenille et les exciter à venir se placer sous ses ordres.

Parmi les aventuriers, il en était beaucoup qui, à plus d'un titre, étaient des gens fort estimables, qui ne méritaient nullement le triste sort qu'ils subissaient, et qui, séduits par l'inconnu, avaient été attirés en Californie par les fallacieuses promesses des exploiteurs européens et avaient été les victimes des loups cerviers qui, dans le principe, les avaient fait émigrer.

Ces hommes supportaient noblement leur misère, attendant, avec la patience des cœurs bien trempés, l'occasion de reprendre leur revanche et de reconquérir la position qu'un instant de folle ivresse et de naïve crédulité leur avait fait perdre.

Le comte, avec ce coup d'œil infaillible qu'il possédait et la connaissance des hommes que de longs malheurs l'avaient mis à même d'acquérir, avait su, dans la foule qui, dès que son intention fut connue, envahit chaque jour sa maison, faire un tri et s'assurer la coopération de compagnons dévoués, rompus à la fatigue, d'un courage éprouvé, et qui, envisageant l'entreprise du comte comme le seul moyen de sortir de leur affreuse position, s'y attachèrent avec la ferme résolution de se sacrifier sans arrière-pensée à sa réussite.

Aussi, nous constaterons ici que de toutes les expéditions réunies à cette époque en Californie, la seule réellement honorable et qui renfermât en soi tous les élémens de succès désirables, fut l'expédition du comte Louis de Prébois-Crancé.

A peine la compagnie commençait-elle à se former depuis quelques jours, les enrôlemens à se faire, que déjà l'esprit de corps avait pris naissance parmi ces hommes, qui se considéraient comme formant une seule et même famille.

Nous n'avancerons rien de trop en disant que le comte était adoré de ses compagnons.

Ces rudes aventuriers, si durement éprouvés par le sort, avaient deviné avec cette infaillible perspicacité des hommes qui ont beaucoup souffert, l'inépuisable bonté, la loyauté à toute épreuve et la vaste intelligence renfermée dans le cœur de leur chef, et combien, sous la tristesse de son visage et la sévérité imposante de son grand œil bleu si fier et si limpide, il cachait de tendre sollicitude et d'amitié pour eux; aussi n'était-ce pas seulement du respect qu'il leur inspirait, mais de la vénération et un dévoûment porté presque jusqu'au fanatisme.

Une expédition comme celle que préparait le comte n'était pas chose facile à organiser, surtout avec les faibles ressources dont il disposait, n'étant efficacement aidé par personne, ne recevant que de vagues promesses de ses associés et contraint de chercher en soi-même les moyens de faire face à tout.

Le riche placer dont Bel-Humeur et la Tête-d'Aigle lui avaient révélé le gisement avait été exploité au temps de la monarchie espagnole; mais depuis la déclaration de l'indépendance, l'incurie et le désordre ayant pris la place de l'énergie déployée par les Castillans, les Indiens avaient bientôt chassé les mineurs; le placer avait donc été provisoirement abandonné; puis, peu à peu, les Apaches et les Comanches, devenant plus audacieux au fur et à mesure qu'ils reconnaissaient que les blancs étaient plus faibles, s'étaient avancés, avaient reconquis de vastes territoires, sur lesquels ils s'étaient définitivement établis, sachant que jamais les Mexicains n'essaieraient de les en chasser; si bien que le placer dont nous parlons, jadis situé sur les possessions de la nouvelle Espagne, se trouvait aujourd'hui enclavé dans le territoire indien, et que pour l'atteindre il fallait entamer une lutte mortelle avec les deux nations les plus redoutables du désert, c'est-à-dire les Apaches et les Comanches, qui ne souffriraient sous aucun prétexte l'envahissement de leurs frontières par les blancs et défendraient pied à pied le terrain contre eux.

Le gouvernement mexicain n'avait autorisé la formation de la société minière fondée par le comte, et à la tête de laquelle il s'était mis, et n'avait permis l'exploitation de la mine qu'à la condition *sine quâ non* que les mineurs, formés et organisés *militairement*, courraient sus aux Indiens, leur livreraient combat partout où ils pourraient les atteindre, et les chasseraient *définitivement* des territoires qu'ils avaient usurpés depuis la proclamation de l'indépendance, et sur lesquels, ainsi que nous l'avons dit, ils s'étaient installés et fixés à demeure.

C'était une rude tâche et une mission presqu'impossible que le comte avait acceptée; tout autre à sa place, devant les conditions léonines qui lui étaient faites, aurait reculé et refusé enfin de les accepter au risque de renoncer à l'expédition et de faire péricliter ses intérêts.

Mais le comte Louis était un homme d'élite, doué d'une rare énergie, que les obstacles au lieu de l'abattre ne faisaient qu'augmenter. Et puis, à lui personnellement, que lui importait l'issue de l'affaire? ce n'était pas la richesse, c'était la mort qu'il cherchait; seulement il voulait ne succomber qu'après avoir donné à ses compagnons ce bien-être qu'il leur avait promis et les mettre pour toujours à l'abri de l'adversité.

Il accepta donc.

Seulement il n'accepta ni en aveugle, ni en égoïste, ni en ambitieux; il accepta en homme de cœur qui se sacrifie pour une idée et pour le bien général, et qui, tout en reconnaissant les difficultés presqu'insurmontables qui s'opposent à la réussite de ses nobles projets, espère parvenir à les vaincre à force de courage, de persévérance et d'abnégation.

Ce que le comte déploya d'énergie, de patience, et surtout d'intelligence pendant les deux mois qui s'étaient écoulés depuis sa séparation, à San-José, d'avec Valentin, nul, si ce n'est lui, n'aurait pu le dire.

Une des clauses de son contrat avec le gouvernement soupçonneux et tracassier du Mexique l'obligeait à ne pas emmener avec lui plus de trois cents hommes.

Le président de la République,—c'était alors le général Arista,—redoutait sans doute l'envahissement et la conquête du Mexique par les Français, s'ils eussent été quatre cents.

Ces taquineries misérables sont tellement ridicules qu'elles seraient incroyables si elles n'étaient rigoureusement vraies; nous pourrions, si cela nous plaisait, écrire ici les paroles prononcées en plein sénat de Mexico, où cette crainte d'envahissement est catégoriquement exprimée.

Le comte, afin de dissiper tous les doutes à cet égard, et surtout pour ne pas éveiller les soupçons, résolut, au lieu de trois cents hommes, de n'en emmener que deux cent soixante.

Mais cette compagnie de deux cent soixante hommes, destinée à traverser des pays fourmillant d'ennemis acharnés; obligée, pendant ce trajet, de livrer peut-être combat plusieurs fois par jour; contrainte, dans des contrées désolées, de se suffire à elle-même, sans avoir à espérer secours de nulle part, devait recevoir une organisation forte.

Ce fut à quoi le comte songea d'abord.

Les personnes qui n'ont jamais porté ce lourd harnais nommé habit militaire ne pourront se faire une idée, même lointaine, des mille et mille difficultés de détail qui se rencontrent à chaque pas dans l'organisation complète d'une compagnie, afin que le service se fasse bien et que le soldat ne souffre pas inutilement.

Le comte fut obligé d'improviser. Jamais

il n'avait servi et ne se doutait nullement de ce que c'est qu'une tâche comme celle-là; mais il était gentilhomme et Français, deux raisons pour inventer ce qu'on ignore, lorsqu'il s'agit de guerre; l'esprit militaire est tellement inné dans notre nation, que nous pouvons dire avec orgueil que chez nous tout homme est soldat. Du reste, Louis le prouva d'une façon irrécusable.

Obligé de tout prévoir, de parer à toutes les éventualités, il fit face à tout, et en voyant la façon dont il installait chaque chose, ses hommes, tous anciens soldats et connaisseurs en pareille matière, furent convaincus que leur chef n'en était pas à son coup d'essai, et qu'il avait une longue habitude de l'état militaire. Cependant il n'en était rien; mais le génie du comte avait suppléé en lui à ce qui lui manquait du côté de l'expérience.

Il fit de sa compagnie de deux cent soixante hommes une véritable armée, c'est à dire qu'elle eut infanterie, cavalerie et artillerie.

Afin que la surveillance fût plus facile à exercer et que la discipline fût plus forte, l'infanterie fut divisée en sections commandées par des officiers éprouvés et choisis par lui et non pas à l'election; quelques marins habitués à manœuvrer les pièces de canon furent désignés pour être artilleurs et servir un petit obusier de montagne que le comte emportait plutôt dans l'espoir d'effrayer les Indiens que dans l'espoir qu'il lui serait jamais fort utile.

Enfin, une quarantaine d'hommes d'élite, anciens chasseurs d'Afrique pour la plupart, formèrent la cavalerie et furent placés sous les ordres d'un officier pour lequel le comte professait une estime particulière, qu'il connaissait depuis longtemps et sur la capacité duquel il se reposait entièrement.

Mais ce que nous venons de dire n'était rien en comparaison de ce qui restait à faire, acheter des armes, des provisions, les ustensiles nécessaires à l'exploitation de la mine, les munitions de guerre et surtout se procurer les moyens de transport.

Le comte ne se découragea pas: après s'être improvisé général, il s'improvisa intendant militaire et munitionnaire, et seul, seul toujours, nous le répétons, avec ses modiques ressources, car il avait refusé les offres de grandes maisons de banque américaines qui devinant enfin sa valeur, lui avaient proposé de prendre un intérêt dans son entreprise, il avait tout fait, tout organisé, et il n'attendait plus que l'arrivée de son frère de lait pour solder ses reliquats de comptes, embarquer sa compagnie et mettre à la voile.

Maintenant que nous avons mis le lecteur bien au courant de ces faits, si importans pour l'intelligence de ce qui va suivre, nous reprendrons notre récit au point où nous avons été contraint de le laisser afin de donner ces éclaircissemens indispensables.

XIV.

Ainsi que nous l'avons dit plus haut, en entendant frapper à la porte de la maison dans laquelle il se trouvait, le comte s'était redressé.

— Qui peut venir à cette heure? murmura-t-il; je n'attends personne.

Et il se dirigea vers la porte, qu'il ouvrit.

Deux hommes entrèrent, enveloppés dans les larges plis de leurs manteaux; l'obscurité qui régnait dans la chambre empêchait don Luis de distinguer leurs traits, à demi cachés, du reste, par les ailes de leurs sombreros en poil de vigogne.

— Bonsoir, messieurs, leur dit-il; qui êtes-vous et que me voulez-vous?

— Oh! oh! répondit un des nouveaux venus en riant, voilà, sur ma foi, une sèche réception.

Don Luis tressaillit au son de cette voix, qu'il reconnut aussitôt.

— Valentin! s'écria-t-il avec émotion.

— Pardieu! fit gaîment celui-ci en jetant son manteau, me croyais-tu mort, par hasard?

— Et moi, senor don Luis, ne me reconnaissez-vous pas? dit le second personnage en se débarrassant aussi de son manteau.

— Don Cornelio! Mon ami, soyez le bien venu.

—A la bonne heure! reprit Valentin, nous commençons enfin à nous entendre; ce n'est pas malheureux. Est-ce que tu allais sortir?

— Oui, mais pour rien de bien urgent.

— Je ne te dérange pas, alors?

— Au contraire, mets-toi à ton aise et causons.

— Je ne demande pas mieux.

— As-tu soupé?

— Ma foi non, pas encore, et toi?

— Ni moi non plus, cela tombe à merveille; nous souperons ici en petit comité; de cette façon nous pourrons dire ce que bon nous semblera, sans craindre les indiscrets, à moins que tu ne préfères aller à l'hôtel.

—Moi? du diable si j'en fais rien; soupons ici, mon ami, nous serons mieux de toutes les façons.

— C'est aussi ce que je pensais; laisse-moi donner quelques ordres, et je suis à toi.

Louis sortit.

— Ouf! fit Valentin en s'étalant sur un fauteuil, je commence à être fatigué, et vous, don Cornelio ?

— Moi! répondit celui-ci avec un soupir, je ne puis plus remuer ni bras, ni jambe ; je marche comme un somnambule.

— Bah! vous, un gaillard si solide!

—Solide, solide, tant que vous le voudrez; savez-vous qu'il y a sept nuits que nous ne nous sommes couchés et que nous n'avons dormi ?

— Vous croyez ? fit négligemment le Français.

— *Capa de Dios!* si je le crois ? j'en suis sûr ; à preuve que, pendant ces sept jours nous avons fait trois cents lieues et que nous avons crevé dix chevaux.

— C'est ma foi vrai, tout autant.

— Ah! vous voyez...

— C'est vrai. Eh bien, que concluez-vous de cela ?

— Dame! que vous étiez pressé.

— Et cependant, malgré toute notre diligence, notre ami trouve que nous avons été trop lents.

— Ma foi, je vous avoue alors qu'il n'est pas raisonnable... Mais est-ce que nous allons laisser le chef croquer le marmot à la porte?

— Au fait, je n'y songeais plus, moi, fit Valentin en se levant.

Et il se dirigea vers la porte. Au même instant, Curumilla parut d'un côté pendant que don Luis rentrait de l'autre, précédant plusieurs domestiques. Louis posa les flambeaux qu'il tenait à la main sur la table, et se tournant vers son ami :

— Où vas-tu? lui demanda-t-il.

— J'allais à la recherche de Curumilla, que j'avais laissé à la garde des chevaux. Mais le voilà.

— Ne t'occupe pas de tes animaux, j'ai donné des ordres.

— A table alors, car je meurs de faim; il y a seize heures que moi et mes compagnons nous n'avons mangé.

Louis ne répliqua pas. Les quatre hommes s'assirent autour de la table, qui avait été abondamment garnie de plats de toutes sortes.

Le repas commença ; les convives mangèrent assez longtemps sans échanger une parole. Les arrivans avaient un impérieux besoin de réparer leurs forces.

Enfin, lorsque la première faim fut un peu apaisée, Valentin se versa à boire, et, s'adressant à son frère de lait, il entama l'entretien :

— Eh! Louis, lui dit-il, sais-tu que tu n'es pas difficile à trouver dans cette diable de ville? Il paraît que ta réputation est énorme!

— Comment cela? fit Louis en souriant.

— Pardieu! tout le monde connaît ton adresse; on ne te nomme que le général. Je n'ai pas eu besoin de demander beaucoup de renseignemens pour arriver ici, chacun s'offrait à m'y conduire; il paraît que cela va bien, hein?

Le comte sourit doucement; mais avant de répondre, il fit signe aux domestiques qui servaient de sortir, puis lorsque la porte se fut refermée sur eux :

— Cela va très bien, dit-il, mais maintenant que te voilà arrivé, cela ira mieux encore.

— Ah! ah! tu crois, fit Valentin, en dégustant en amateur le bordeaux contenu dans son verre.

— Je l'espère.

— Eh bien! tu ne te trompes pas, frère, moi aussi je l'espère.

Louis fit un mouvement de joie.

— Tu as bien tardé à venir, dit-il.

— Tu trouves?

— Si tu savais avec quelle impatience je t'attendais.

—Je m'en doute; mais, mon ami, crois-le bien, quand je t'aurai raconté ce que j'ai fait, une seule chose t'étonnera, c'est que je sois déjà ici.

— Que veux-tu dire?

— Patience! explique-moi d'abord ce que tu as fait depuis notre séparation. Mais un mot auparavant, as-tu des lits pour nous?

— Oui.

— Eh bien! puisque le souper est fini, par pitié pour don Cornelio, qui dort là dans son fauteuil, fais le conduire dans un lit où il puisse se reposer tout à son aise; il en a besoin, je t'assure.

— Le fait est, balbutia l'Espagnol, que malgré tous mes efforts pour les tenir ouverts, je sens mes yeux qui se ferment.

Louis s'était levé; sur un signe de lui, un domestique s'empara de don Cornelio et l'emmena avec lui.

Curumilla avait allumé son calumet et fumait silencieusement.

— A nous deux dit Valentin.

— Mais le chef, observa Louis, ne veut-il pas se reposer.

— Ne t'occupe pas de lui, il est de fer; mais si par hasard le sommeil le prend, ne t'en inquiète pas, il s'étendra dans un coin de cette chambre, et tout sera dit.

— Bon, très bien! alors, écoute-moi.

— Je suis tout oreilles.

Louis, sans se faire prier davantage, donna à son ami une explication détaillée de tout ce qu'il avait fait depuis son retour à San-Francisco.

Le récit fut long, car le comte avait bien des choses à dire. Valentin l'écouta avec la plus grande attention, sans l'interrompre une seule fois. La nuit était fort avancée déjà lorsque Louis termina enfin son récit.

Curumilla fumait toujours.

Lorsque le comte se fut arrêté, il y eut un moment de silence.

Enfin Valentin prit la parole :

— Tu as fait des miracles, dit-il, tu as accompli l'impossible.

— Alors tu es content de moi ?

— Je t'admire! tu as déployé dans toute cette affaire une énergie et une intelligence incroyables ; maintenant, arrivons à la question financière.

— Oui, c'est la question sérieuse en ce moment; malheureusement, celle-là ne sera peut-être pas aussi facile à vider que les autres.

— Qui sait? Ainsi tu dois beaucoup d'argent?

— Une somme énorme.

— Oh! oh!

— Dame! tu comprends... j'avais tout un matériel à acheter.

— C'est juste. Et tu possédais ?

— Rien.

— Hum! le compte est clair... Alors, tu dois tout ?

— A peu près.

— Tes comptes sont-ils en règle ?

— Pardieu! puisque je n'attendais que toi pour partir.

— Voyons.

Louis ouvrit un tiroir, dont il tira plusieurs papiers couverts de chiffres qu'il étala sur la table en étouffant un soupir.

— Pourquoi soupires-tu? lui demanda Valentin.

— Parce que je suis inquiet.

— Inquiet de quoi?

— Du paiement, parbleu!

Valentin sourit.

— Bah! fit-il, voyons toujours!

Le comte se pencha sur les papiers.

— Que fais-tu? dit Valentin.

— Je calcule.

— A quoi bon? Dis-moi seulement les totaux, cela ira plus vite.

— Tu as raison; dix-sept mille cinq cent trente-trois piastres six réaux.

— Bien, répondit Valentin, qui, avec un crayon, inscrivait la somme sur une feuille volante; après?

— Vingt et un mille deux cent sept piastres cinq réaux.

— Très bien; ensuite?

— Douze mille huit cent vingt-trois piastres.

— Pas de réaux?

— Non.

— Continue.

— Sept mille six cent soixante-quinze piastres six réaux.

— Six réaux, fort bien; ensuite?

— C'est tout.

— Comment, pas davantage?

— N'est-ce donc pas assez?

— Je ne dis pas cela, mais de la façon dont tu parlais, je m'attendais à un chiffre formidable.

— Celui-ci ne l'est-il donc point?

— Pas trop. Enfin, additionnons.

— Cela est bien facile; vois : total, cinquante-sept mille deux cent trente-neuf piastres sept réaux.

— Sept réaux; le total est juste. N'as-tu pas quelques menus frais à ajouter en sus?

— Tu comprends que j'ai certaines choses personnelles à solder; et puis, je ne voudrais pas partir les mains vides.

— Ce serait maladroit. Enfin, d'après ce que je vois, il te faudrait à peu près quatre-vingt ou cent mille piastres pour être parfaitement à jour?

— Oh! alors j'aurais plus qu'il ne me faudrait.

— Il vaut mieux avoir trop que pas assez.

— C'est vrai! mais où trouver une pareille somme?

— Laisse-moi te raconter une histoire.

— Hein? fit Louis avec surprise; plaisantes-tu, frère?

— Je ne plaisante jamais dans les circonstances sérieuses. Ecoute mon histoire, je suis convaincu qu'elle t'intéressera.

Louis ne put réprimer un mouvement de mauvaise humeur; il se laissa aller sur le dos de son fauteuil et croisant les bras sur la poitrine :

— Parle, dit-il, je t'écoute,

— Patience, fit Valentin en souriant.

Le comte hocha la tête.

— Je commence, reprit le chasseur. Tu te

rappelles, n'est-ce pas, de quelle façon tu nous quittas dans la *venta* de San José?

— Parfaitement.

— Le lendemain je vendis le troupeau en bloc. Plus tard, je t'expliquerai de quelle façon; j'aurai même certains renseignemens à te demander à ce sujet. Quant à présent, qu'il te suffise de savoir que je fis une excellente affaire, et que je le cédai pour quatorze mille six cent trente piastres.

— Belle somme! Malheureusement, nous sommes loin de compte encore.

— Patience! Ainsi, l'affaire est bonne?

— Excellente! ici je n'en aurais pas tiré autant.

— Tant mieux; à Guaymas j'ai pris une traite sur la maison Wilson et Baker. La connais-tu?

— Parfaitement; elle est solide.

— Bien! Alors demain nous toucherons. Après avoir vendu le troupeau, je quittai San-José avec nos deux amis, ne sachant trop, je dois te l'avouer, comment me procurer l'argent que je t'avais promis, et dont tu avais un si pressant besoin.

— Besoin que j'ai encore, observa Louis.

— D'accord, continua Valentin. Après avoir galopé pendant assez longtemps, sans trop savoir où nous allions, je résolus de m'ouvrir à mes compagnons et de leur demander conseil. Naturellement don Cornelio ne trouva rien; il se contenta de râcler sa guitare d'un air mélancolique; tu sais que c'est sa ressource dans les circonstances embarrassantes. Ainsi que moi, tu connais Curumilla depuis longtemps; le digne chef ne parle que lorsqu'il y est contraint; mais lorsqu'il ouvre la bouche, il parle d'or, et, cette fois, ce fut ce qui arriva réellement.

En disant cela Valentin ne put s'empêcher de sourire. Louis se tourna vers le chef, auquel il tendit la main; celui-ci la serra avec une grimace de plaisir.

Le chasseur continua.

— D'après les renseignemens que tu m'avais donnés, je connaissais à peu près la position de la mine dont tu t'es fait le cessionnaire. Curumilla m'offrit de nous y rendre. Nous serons bien malheureux si nous ne parvenons pas, nous qui connaissons si bien le désert, à dépister les Indiens et atteindre la mine, et une fois là, nous prendrons autant d'or natif qu'il nous en faudra pour satisfaire les besoins de notre ami. Le conseil était bon, je résolus de le suivre.

— Comment! s'écria Louis en se levant précipitamment, tu as fait cela, frère?

— Parfaitement.

— Mais tu risquais d'être assassiné à chaque pas!

— Je le savais, mais je savais aussi qu'il te fallait absolument une forte somme.

— Oh! frère! frère! s'écria Louis avec émotion; tant de dévouement, tandis que moi, je t'accusais!

— Tu ignorais ce que je faisais, tu avais raison.

— Oh! je ne me le pardonnerai jamais.

— Laisse donc! Ne nous sommes-nous pas juré une fois pour toutes d'être entièrement l'un à l'autre?

— C'est vrai. Oh! tu as noblement tenu ton serment, partout et toujours, frère.

— Et toi! n'as-tu pas fait de même? d'ailleurs, cette fois, l'idée ne m'appartient pas, je n'ai fait que suivre les conseils du chef.

— Oh! lui, il est comme toi; on ne peut rien lui dire, il se fâcherait.

Curumilla quitta un instant son calumet, se leva, et, s'approchant du comte, il lui posa la main sur l'épaule, et le regardant avec une expression indéfinissable en touchant tour à tour la poitrine des deux Français et la sienne:

— Koutouepi, dit-il d'une voix émue, Louis, Curumilla, trois frères, un cœur.

Et il se rassit.

Il y eut un long silence; les deux blancs admiraient malgré eux le dévouement et l'abnégation de ce brave Indien, qui ne vivait que pour eux et par eux, et ils se demandaient intérieurement si, malgré la vive amitié qu'ils lui portaient, ils étaient réellement dignes d'un aussi profond attachement.

— Bref, reprit enfin Valentin, ce qui avait été dit fut fait. Je ne te rapporterai pas les incidens de notre voyage, cela nous ferait perdre un temps précieux; qu'il te suffise de savoir que grâce à notre longue expérience des prairies, après avoir surmonté des obstacles sans nombre et risqué cent fois de tomber entre les mains des Peaux-Rouges, nous sommes enfin parvenus à la mine. Oh! frère, je ne connais pas la richesse des placers californiens, mais je doute qu'ils puissent se comparer à celui dont tu es aujourd'hui propriétaire.

— Ah! s'écria Louis, c'est donc vrai, il est riche?

— Mon ami, ses richesses sont incalculables; l'or natif se trouve à fleur du sol. Moi, moi dont tu connais, je ne dirai pas le désintéressement, mais l'insouciance pour l'or, je fus ébloui, ébloui à ne pouvoir m'imaginer, pendant quelques instans, que ce que je voyais était réel ; à me demander enfin si j'étais bien éveillé et si je ne faisais pas un rêve.

Pendant que Valentin parlait ainsi, Louis marchait de long en large dans la chambre, essuyant la sueur qui perlait à son front.

— Oh ! s'écria-t-il avec agitation, maintenant, je réussirai, quoi qu'il arrive!

— Ne défie pas le hasard, frère, répondit Valentin avec tristesse.

— Ne crois pas, frère, que ce soient ces richesses immenses qui me rendent fou. Non ! non ! que m'importe à moi ! je songe aux pauvres gens que j'ai attachés à ma fortune, à ceux qui ont eu confiance en moi, et qui par moi seront heureux ! Non, je ne porte pas un défi au hasard, je remercie la Providence !

Il revint s'asseoir, se versa un verre d'eau qu'il avala d'un trait, et passant la main sur son front :

— Continue, maintenant, dit-il, je suis calme.

— Il ne me reste plus grand'chose à ajouter : j'avais emmené avec moi trois chevaux de trait, je les chargeai, je mis aussi de l'or dans mes alforfas, dans celles de Curumilla et dans celles de don Cornelio. Le digne gentilhomme était comme fou, il bondissait comme un poulain sauvage et râclait sa guitare avec fureur ; il ne voulait pas quitter le placer, où il prétendait attendre seul notre retour ; je fus presque obligé d'employer la force pour l'emmener tant la vue et le chatoiement de cet or l'avaient fasciné. Enfin, pour me résumer, tu me demandais quatre-vingt mille piastres ; voilà pour cent cinquante mille piastres de traites sur la maison Wilson et Baker ; ajoute le prix du troupeau vendu à San-José, et tu te trouves à la tête de cent soixante-quatre mille piastres, ce qui, à mon avis, est un assez beau denier. Qu'en penses-tu ?

Il tira alors les traites de sa poitrine et les remit à son frère de lait.

Louis était confondu ; il ne trouvait pas une parole.

— Ah ! ajouta négligemment Valentin, j'oubliais. Comme j'ai supposé que peut-être tu ne serais pas fâché d'avoir un échantillon de ton placer à montrer à tes associés, je t'ai apporté ceci.

Il lui présenta un morceau d'or natif gros à peu près comme le poing. Louis le prit machinalement, le posa sur la table et le considéra un instant d'un œil fixe et hagard ; puis, deux larmes jaillirent sur ses joues pâlies, un sanglot déchira sa gorge ; il étendit les deux bras et saisissant Valentin et Curumilla, il les attira sur sa poitrine et les y pressa avec force en murmurant :

— Frères ! frères ! merci non-seulement pour moi, mais pour nos pauvres compatriotes que votre sublime dévoûment a sauvés de la misère et peut-être du crime.

XV.

Les émigrations françaises, en Amérique ou ailleurs, ont rarement, ou plutôt, pour être plus vrai, n'ont jamais réussi.

D'où cela provient-il donc ? Le Français est brave jusqu'à la témérité, intelligent, travailleur ; il rit et chante toujours, supportant avec la plus grande philosophie les plus rudes coups du sort et se confiant insoucieusement dans l'avenir. Tout cela est vrai ; mais le Français n'est pas colonisateur, c'est-à-dire qu'en tout, pour tout et partout, il est et demeure Français et ne veut pas être autre chose.

L'émigrant français, lorsqu'il quitte son pays, conserve toujours, non seulement le désir, mais l'intention de le revoir un jour, tous ses efforts tendent à acquérir la somme nécessaire à retourner dans la ville ou le village où il est né ; n'importe où le hasard le mène, il se considère toujours comme voyageur et non comme habitant ; quelle que soit la position qu'il parvienne à se faire, ses yeux se fixent incessamment vers la France, le seul pays dans son opinion où l'on puisse mourir et vivre heureux.

Infatué à tort ou à raison de sa nationalité, ne consentant jamais à faire les plus minimes concessions aux habitudes, aux croyances ou aux mœurs des peuples avec lesquels il est provisoirement forcé de vivre, les estimant comme bien au dessous de lui en intelligence et en civilisation, le Français passe à travers les nations étrangères les lèvres plissées par un sourire ironique, le regard moqueur et haussant les épaules avec dédain à tout ce qu'il voit, sans chercher à s'en rendre compte, et préférant un sarcasme à une bonne leçon.

Aussi arrive-t-il généralement que le Français, non-seulement n'est pas aimé, mais encore, malgré son caractère bon et serviable, franc et ouvert, est presque détesté à l'étranger.

A San-Francisco, l'émigration française, sans liens entre elle, composée d'individus de toutes sortes, qui se fuyaient et cherchaient à se nuire, au lieu de se réunir, de s'aider et de se soutenir, était, nous devons l'avouer, fort peu estimée des Américains, ces colonisateurs par excellence. Seuls, quelques hommes énergiques avaient su individuellement faire respecter le nom de Français.

L'expédition du comte de Prébois-Crancé fut donc, sous tous les rapports, un bienfait pour nos malheureux compatriotes, d'abord en les délivrant de l'affreuse misère qui les enserrait dans ses griffes de fer, ensuite en les relevant à leurs propres yeux et à ceux des aventuriers de tous les pays, que, selon l'énergique expression américaine, le *mineral yellow fever*, c'est à dire la fièvre jaune métallique, avait attirés dans ces parages.

L'entreprise du comte eut pour résultat de constituer fortement et rendre respectable la colonie française, si méprisée dans le principe, et que maintenant les Américains commençaient sourdement à jalouser et à envier.

L'enrôlement de la compagnie française, pour l'exploitation des riches placers de l'Apacheria, était la nouvelle importante du jour; partout on en parlait; nombre d'aventuriers brûlaient de faire partie de l'expédition et employaient tous les moyens pour se faire accepter.

Mais nous l'avons dit, le comte de Prébois Crancé s'était, à cet égard, tracé une ligne de conduite dont il ne déviait pas.

La principale condition à l'enrôlement était la qualité de français ; aussi Dieu sait combien de pauvres diables furent repoussés par le comte, et combien de haines terribles il amoncelait sur sa tête ; mais peu lui importaient les criailleries et les réclamations de ceux qu'il évinçait ainsi ; il continuait imperturbablement son œuvre. Aussi, nous l'avons dit, lorsque Valentin arriva à San-Francisco, la compagnie était presque complète et composée d'hommes d'élite.

Le chasseur apprit avec le plus grand plaisir ces nouvelles de la bouche de son ami.

— Eh ! lui dit-il, tu n'as pas perdu de temps?

— N'est-ce pas.

— Parbleu ! en moins de deux mois, constituer une société minière, former une compagnie, il est impossible d'aller plus vite; je te félicite, cordieu ! de tout mon cœur.

— Merci. Du reste, malgré tout, sans toi rien n'était fait; car, remarque ceci Valentin, c'est que bien que dans l'*Atrevida*, ainsi se nomme ma société, je compte comme actionnaires les plus riches capitalistes et les hommes les mieux posés du Mexique, aucun d'eux ne m'aurait avancé un *ochavo* pour payer les frais d'organisation, que je suis tenu de faire seul.

— Manière commode, frère ; tu as affaire à des actionnaires madrés.

— Tant mieux ! je leur prouverai bientôt qu'ils ont eu tort de ne pas avoir en moi toute la confiance que je mérite.

— Ce sera bien fait pour eux, j'approuve cette manière de te venger. Mais dis-moi ?...

— Quoi ?

— Parmi tes actionnaires, comptes-tu des hommes influens ?

— Qu'entends-tu par hommes influens ?

— Dame ! j'entends des hommes dont la position politique t'offre une garantie certaine contre les ennuis que l'on cherchera inévitablement à te créer là-bas pour entraver le succès de ton entreprise et la faire péricliter.

— Je ne crains rien de pareil.

— Tant mieux.

— Juges-en toi-même; j'ai au nombre de mes actionnaires le ministre de France à Mexico, le consul français à Guaymas, le gouverneur de la Sonora, et que sais-je encore.

— N'as-tu pas dit le gouverneur de la Sonora ?

— Oui.

— Ah ! ah ! ah !

— Eh bien?

— Rien, rien.

— Si tu as quelque chose, parle.

— Au fait, pourquoi en ferais-je un mystère? Connais-tu ce gouverneur ?

— Ma foi non; je sais seulement qu'il est colossalement riche, qu'il se nomme don Sebastiano Guerrero, et qu'il est général.

— Voilà tout ?

— Oui.

— Eh bien! si tu crois ne pas le connaître, tu te trompes.

— Bah !

— Oui ; tu lui as même, à ce qu'il paraît, rendu un grand service.

— Tu plaisantes; jamais je ne l'ai vu.

— Eh bien! voilà où est l'erreur ; tu l'as vu si bien que, en digne chevalier errant que tu es, tu l'as, il paraît, arraché des mains des mécréans.

— Voyons, parlons sérieusement.

— Je ne demande pas mieux ; en un mot, tu as sauvé la vie à lui et à sa fille.

— Moi ! tu es fou.

— Pas le moins du monde ; de sorte que le père et surtout la jeune fille, qui, entre nous, est charmante, conservent de toi le plus touchant souvenir.

— Qui diable a pu te faire cette belle histoire ?

— Pardieu ! le général lui-même.

—Ceci est fort, par exemple.

— Voyons, réfléchis un peu : il y a trois ou quatre ans, je ne sais pas trop au juste, en sortant de Guadalajara, je crois, n'as-tu pas...

— Attends donc, fit vivement le comte : il serait étrange que la personne que je sauvai effectivement alors fût la même...

— Etrange ou non, c'est elle.

— Eh ! mais ceci est fort bon pour nous, alors.

— Parbleu ! nous avons un ami influent qui nous défendra *unguibus et rostro* envers et contre tous : c'est charmant. Définitivement le ciel se déclare pour nous.

— Et je ne savais pas les Mexicains doués d'une aussi bonne mémoire.

— Je crois que, dans le cas présent, la mémoire est plutôt du côté des Mexicaines.

— Peu importe, cette circonstance est de favorable augure.

— J'espère que tu en profiteras ?

— Le plus possible.

— Bravo ! maintenant que voilà tes affaires réglées ou à peu près, quand comptes-tu te mettre en mouvement?

— J'ai encore certaines dispositions à prendre, je ne pourrai guère quitter San Francisco avant dix jours.

— A quoi puis-je t'être bon ?

— Ici à rien, là bas à beaucoup.

— C'est à dire...

— Es-tu fatigué ?

— Fatigué de quoi ?

— Dame ! d'avoir couru à cheval, ainsi que tu le fais depuis quelque temps.

— Une fois pour toutes, et que cela soit bien convenu entre nous, souviens-toi que je ne me fatigue jamais.

— Bon ! alors tu peux me rendre un service ?

— Lequel?

— Je ne puis partir avant dix jours, c'est vrai, mais toi, au lever du soleil, tu peux être en selle, n'est-ce pas ?

— Parfaitement.

— Il s'agirait de retourner par terre en Sonora, afin de porter trois lettres que je te remettrai, une pour don Antonio Pavo, agent consulaire à Guaymas, l'autre pour le gouverneur de la Sonora, et la troisième pour un certain chasseur canadien que tu trouveras probablement à l'*hacienda del Milagro*, aux environs du Tépic.

— Je trouverai. C'est tout ?

— Oui ; tu comprends que je ne veux pas arriver là-bas sans que rien soit préparé pour me recevoir.

— Tu as raison. Ainsi, je pars...

— Demain.

— C'est à dire ce matin : il est deux heures.

— C'est ma foi vrai ! Comme le temps passe !

— Où t'attendrai-je ?

— A Guaymas.

— C'est entendu ; écris tes lettres pendant que Curumilla et moi nous sellerons nos trois chevaux.

— Est-ce que tu emmènes ton Espagnol?

— Oui, il me sera utile là-bas.

— Comme tu voudras.

Valentin et Curumilla sortirent ; Louis commença ses lettres.

Valentin, après avoir sellé les chevaux, s'était fait conduire à la chambre où don Cornelio était couché. Nous devons rendre à l'Espagnol cette justice de reconnaître qu'il opposa la plus opiniâtre résistance au chasseur, et que ce ne fut que de guerre lasse et vaincu par la force qu'il consentit à quitter le lit où il dormait si bien et à se lever. Enfin, lorsque Valentin fut parvenu, moitié par persuasion, moitié en le portant presque, à le mettre à cheval et à le confier à Curumilla, il rentra dans la salle où il avait laissé son frère de lait.

Les lettres étaient terminées.

Valentin les prit.

— Maintenant, frère, dit-il, au revoir et bonne chance !

Les deux hommes se tinrent longtemps et affectueusement embrassés.

Louis connaissait trop bien le chasseur pour essayer de le faire consentir à prendre quelques heures de repos. Il l'accompagna jusqu'à la porte; arrivés là, les quatre hommes échangèrent un dernier adieu, puis, sur un signe de Valentin, les chevaux partirent à fond de train.

Ils ne tardèrent pas à disparaître dans la nuit, mais le bruit de leurs pas résonna assez longtemps sur la terre durcie.

Louis demeura immobile sur le seuil de la porte tant que le moindre bruit de cette course arriva à ses oreilles, puis il rentra en murmurant :

— Il faudrait être maudit de Dieu, pour ne pas réussir avec des amis aussi dévoués.

Le comte travailla toute la nuit, sans songer à prendre une seconde de repos.

Le soleil était haut déjà sur l'horizon que Louis, toujours courbé sur la table devant laquelle il était assis, entassait encore chiffres sur chiffres.

La porte de la chambre s'ouvrit, et le personnage que nous avons vu la veille causer intimement avec le comte entra.

Louis se retourna au bruit; en reconnaissant le visiteur un sourire dérida son visage austère.

— Soyez le bienvenu, monsieur le consul, dit-il gaîment, en lui tendant une main que celui-ci serra, vous ne pouviez arriver dans un meilleur moment; venez-vous me demander à déjeuner?

— Ma foi, oui, mon cher comte, d'autant plus que j'ai à causer sérieusement avec vous.

— Tant mieux alors, je vous conserverai plus longtemps; prenez un siége, veuillez m'excuser de me laisser surprendre ainsi, mais j'ai passé la nuit à mettre en ordre toutes ces paperasses. Le diable soit de celui qui a inventé l'écriture et la comptabilité.

Le consul, car ce personnage n'était autre que le représentant de la France en Californie, s'assit en souriant, et sur l'ordre du comte, un appétissant déjeuner fut servi presque instantanément.

Les deux convives se placèrent en face l'un de l'autre, et commencèrent une attaque vigoureuse contre les mets étalés sur la table :

— Eh bien! demanda Louis au bout d'un instant, quelles nouvelles?

— Mauvaises, répondit le consul.

— Ah! ah! ce brave Jonathan (1) crie, n'est-ce pas?

— Plus fort que jamais.

— Voyez-vous cela! et pourquoi, s'il vous plaît?

— Vous devez vous en douter.

— A peu près; mais c'est égal, dites toujours.

— Vous n'ignorez pas que vous vous êtes fait beaucoup d'ennemis ici.

— Que voulez-vous! ce n'est certes pas ma faute.

— C'est vrai! Or, ces ennemis se remuent, ils crient, ils clabaudent.

— A propos de quoi?

— Pardieu! tout leur est bon; vous savez que lorsqu'on veut on trouve toujours à mordre; donc, ils disent que l'expédition avortera, que vous êtes réduit aux expédiens, que vous ne savez plus comment sortir de la position dans laquelle vous vous trouvez.

— Est-ce tout?

(1) Surnom donné aux Américains du Nord.

— Non. Ils ajoutent que vous avez contracté des dettes énormes, que jamais vous ne parviendrez à liquider.

— Tiens, tiens, tiens!

— Vous comprenez que ces calomnies produisent un fort mauvais effet.

— Pardieu!

— Je suis donc venu vous trouver, mon cher comte; je ne suis pas riche, malheureusement, cependant je puis en ce moment disposer d'une vingtaine de mille piastres; je suis actionnaire de la Compagnie; c'est donc pour moi un devoir de lui venir en aide, et ma foi, je viens tout franchement vous offrir cet argent, qui vous aidera toujours un peu.

Le comte tendit cordialement la main à son convive.

— Merci, lui dit-il avec une émotion contenue, touché par la délicatesse de ce procédé si noble et si généreux.

— Oui, continua le consul, en fouillant à sa poche et en tirant une liasse de billets, il faut imposer silence à ces drôles. Tenez, voici la somme complète.

Et il tendit les billets au comte; celui-ci les repoussa doucement avec un sourire.

— Vous vous êtes mépris sur le sens de la parole que j'ai prononcée, monsieur le consul, dit-il; je vous ai dit merci, non pas parce que j'accepte votre offre généreuse, mais parce qu'elle me prouve l'estime que vous faites de moi.

— Cependant... insista le consul.

— Merci, vous dis-je; toutes mes dettes seront payées avant une heure. J'ai en ce moment chez moi près de deux cent mille piastres.

Le consul le regardait avec des yeux ébahis.

— Mais hier? fit-il.

— Oui, interrompit vivement le comte; hier, je n'avais rien; aujourd'hui, je suis riche. Je vais vous expliquer ce miracle bien simple.

Lorsque le comte eut terminé son récit, le consul lui serra joyeusement la main.

— Vive Dieu! dit-il, vous ne savez, mon cher comte, quel plaisir vous me faites en ce moment; vous avez de bons amis.

— Au nombre desquels vous êtes, monsieur le consul.

— Oh! moi, répondit-il avec une fine bonhomie qui était un des points saillans de son caractère, ce n'est pas étonnant, ne suis-je pas un de vos actionnaires?

Aussitôt le déjeuner terminé, le comte se mit en devoir d'aller satisfaire ses créanciers, ou plutôt ceux de la compagnie, afin d'ôter tout prétexte à la malveillance et de fermer la bouche aux envieux.

Du reste, si le comte et son expédition étaient bien attaqués, ils étaient aussi bien et chaudement défendus.

La presse française en Californie donna alors un bel exemple de patriotisme et d'indépendance en soutenant, envers et contre tous, le comte de la façon non seulement la plus énergique, mais encore la plus spirituelle.

Nous constaterons en passant que les quelques journalistes français, que l'esprit d'aventure avaient à cette époque amenés à San-Francisco, avaient su, grâce à leur conduite noble et désintéressée, porter haut le nom français et le faire respecter de tous : ce qui alors était d'autant plus beau de leur part, qu'il leur fallait résister héroïquement à des enivremens continuels et à des obsessions de toutes sortes.

Nous sommes heureux d'adresser ici ce juste tribut d'éloges à des hommes modestes, intègres et pleins de talent, qui pour la plupart ont été fort mal récompensés de leurs efforts pour faire le bien, et dont plusieurs sont morts courageusement sur la brèche.

Le comte ne perdit pas un instant pour prendre ses derniers arrangemens et enrôler les quelques hommes qui lui manquaient encore.

Enfin, ainsi qu'il l'avait dit à Valentin en le quittant, dix jours s'étaient à peine écoulés depuis leur entrevue nocturne que tous les préparatifs étaient terminés, et la compagnie n'attendait plus qu'un moment favorable pour s'embarquer et partir.

Ce fut un grand jour pour San-Francisco, que celui où la compagnie française s'embarqua pour la Sonora !

L'Américain du nord, sous son apparence froide et compassée, cache un cœur chaud et prompt à l'enthousiasme.

Lorsque les Français montèrent dans les chaloupes qui devaient les conduire à bord du navire destiné à les transporter à Guaymas, pour un instant, et comme par enchantement, toutes les haines se turent, et une foule enthousiaste, groupée sur le môle, les accompagna de ses vivats et de ses souhaits de bon succès, en frappant des mains et en faisant voler en l'air les chapeaux et les mouchoirs.

Le comte, comme c'était son devoir, s'embarqua le dernier; plusieurs de ses amis, au nombre desquels se trouvait le consul, lui tenaient compagnie.

Au moment de sauter dans la chaloupe qui l'attendait, le comte se retourna, et serrant une dernière fois la main du consul :

— Adieu, lui dit-il; je réussirai, ou la Sonora sera mon tombeau.

— Au revoir, mon ami, répondit celui-ci; au revoir, et non pas adieu ! vous réussirez, j'en suis convaincu.

— Dieu le veuille ! murmura Louis en sautant dans la chaloupe et en secouant mélancoliquement la tête.

Un formidable hourra s'éleva de la foule; le comte salua en souriant et la chaloupe partit.

Une heure plus tard, les voiles blanches du navire qui portait les aventuriers n'apparaissaient plus que comme une aile d'alcyon à l'horizon.

Le consul, qui, jusqu'au dernier moment, était demeuré sur le bord de la mer, regagna lentement sa demeure en murmurant à part lui.

— Quoi qu'il arrive, cet homme ne sera jamais un aventurier, c'est un héros ! Il a plus de génie que Cortez ; sera-t-il aussi heureux ?

XVI.

Nous demandons à présent au lecteur la permission de le conduire à Guaymas, où nous ne précéderons que de quelques instans seulement la compagnie française, que nous avons vue quitter San-Francisco, sous les ordres du comte Louis de Prébois-Crancé.

Comme plusieurs événemens intéressans de ce récit doivent se passer à Guaymas, nous ferons en quelques mots la description de cette ville.

Le Mexique possède plusieurs rades foraines sur l'océan Pacifique, mais en réalité il ne compte que deux ports réellement dignes de ce nom : Guaymas et Acapulco.

Nous ne nous occuperons ici que du premier.

Grâce à une quantité considérable d'îles, qui entourent le port comme d'une ceinture, et à ses côtes élevées, sa rade est dans tous les temps aussi sûre, aussi calme et aussi tranquille qu'un lac.

La mer déferle doucement sur des rives garnies de palétuviers et couvertes des pousses serrées des mangliers, dont le vert pâle tranche avec le rouge terreux de la plage, et donne à ce port une apparence désolée et sauvage, encore augmentée par la solitude continuelle de sa rade, où, à de longs intervalles seulement, de rares navires viennent s'abriter sous l'île del Venado, et où l'on ne voit ordinairement que quelques petits caboteurs et de misérables pirogues creusées dans des troncs d'arbres et appartenant aux Indiens hiaquis.

La ville s'étend nonchalamment le long de la grève, avec ses maisons blanches, basses et à toits plats, bâties en torchis, défendues par un fort en terre rougeâtre, armé de quelques pièces de canon rouillées et la plupart hors de service.

Guaymas, comme tous les *pueblos* de la république, est sale, mal bâti, ses rues ne sont pas pavées; enfin, à chaque pas, on acquiert des preuves de cette incurie et de cette incapacité égoïste qui distinguent les Mexicains.

Derrière la ville s'élèvent de hautes montagnes abruptes et dénudées qui la garantissent des vents froids de la Cordilière.

Cependant Guaymas, fondée depuis quelques années à peine, et dont la population est aujourd'hui de cinq à six mille habitans au plus, est appelée, dans un temps prochain, grâce à la sûreté de son port et à sa magnifique position, à prendre une grande importance commerciale.

Le jour où nous reprenons notre récit, une heure environ après l'*oracion*, c'est-à-dire vers sept heures du soir, un homme embossé dans un épais manteau, les ailes du sombrero rabattues sur les yeux, s'arrêta à la porte d'une maison d'assez belle apparence, et après avoir jeté autour de lui un regard furtif afin de reconnaître s'il n'était pas épié, frappa discrètement trois coups espacés.

Evidemment cette manière de frapper était un signal, et l'homme dont nous parlons était attendu, car la porte s'ouvrit aussitôt sans que personne parût. L'inconnu entra vivement, et la porte se referma sans bruit derrière lui.

L'inconnu se trouva alors dans un de ces patios intérieurs comme en possèdent toutes les maisons de Guaymas; mais probablement il connaissait parfaitement l'endroit où il se trouvait, car sans hésiter une seconde il tourna à gauche, monta quelques marches et frappa à une seconde porte qui se trouva devant lui de la même façon qu'il avait frappé à la première.

— Entrez, cria une voix de l'intérieur.

L'inconnu poussa alors la porte, qui céda à l'impression, et entra dans une salle assez vaste, qui, pour le Mexique et surtout dans une province aussi éloignée que l'est la Sonora, pouvait passer pour être meublée avec un certain luxe; mais ce luxe était de mauvais goût et sentait à plein nez le parvenu sans délicatesse.

Les meubles et les tableaux qui garnissaient cette pièce avaient probablement été achetés ou échangés avec les capitaines des navires qui parfois venaient à Guaymas, et formaient entre eux les plus étranges disparates.

Un homme était assis sur une butacca à peu près au milieu de la salle et fumait négligemment un pajillo.

Lorsque l'inconnu entra, il le salua par un mouvement de la tête, lui indiqua un siége de la main et lui dit laconiquement :

— Fermez la porte, et asseyez-vous.

L'inconnu se débarrassa de son manteau et de son chapeau, qu'il jeta sur un meuble, et après avoir fermé la porte, comme on le lui avait recommandé, il se laissa tomber sur une butacca, en poussant un soupir de satisfaction.

Nous décrirons en quelques mots ces deux nouveaux personnages.

Le premier, c'est-à-dire le maître de la maison, était un petit homme replet et grassouillet, aussi large que haut, aux traits communs et bouffis, au nez enluminé, et dont les petits yeux gris, percés comme avec une vrille, donnaient à sa physionomie une expression de fausseté doucereuse et de lâche méchanceté.

Cet homme était entre deux âges; il avait environ cinquante ans, bien qu'il ne les parût pas à cause de la fraîcheur de son teint apoplectique et des longues mèches plates et graisseuses de ses cheveux noirs, qui tombaient au-dessous de ses oreilles rouges et épaisses.

Ce digne personnage était vêtu à l'Européenne, avec une profusion de bijoux et de bagues aux doigts, et ne ressemblait pas mal, quant au costume et aux manières triviales, mêlées d'effronterie et de timidité, à un boucher ou à un marchand de bestiaux endimanché.

Son visiteur, que nous avons entrevu déjà dans le cours de ce récit, formait avec lui un contraste parfait.

C'était un métis croisé d'Indien et de Mexicain, haut, sec et maigre comme un échalas; sa figure, en lame de couteau, était ornée d'un énorme nez crochu qui ombrageait une bouche fendue jusqu'aux oreilles, et ornée de dents blanches et larges comme des amandes; des yeux ronds aux paupières sanguignolentes, constamment agitées par un mouvement convulsif, lui complétaient la physionomie la plus étrange et la plus sinistre qui se puisse imaginer; un sourire cruellement railleur relevait continuellement les lèvres polies de cet homme, et ajoutait encore à l'impression de malaise qu'inspirait toute sa personne.

En un mot, son approche faisait éprouver ce sentiment de froid visqueux que l'on ressent au contact d'une vipère ou de tout autre reptile.

Cet homme, sous son manteau, portait le splendide costume tout galonné d'or des officiers supérieurs mexicains; il se faisait appeler don Francisco de Florès et portait le grade de colonel de l'armée mexicaine.

Peut-être saurons-nous bientôt quel était le hideux personnage qui se cachait sous ce nom d'emprunt.

Le colonel, après s'être assis, ainsi que nous l'avons dit, sortit du tabac, confectionna une cigarette et se mit à fumer avec la plus superbe nonchalance.

Pendant quelques minutes, les deux hommes demeurèrent silencieux, s'examinant du coin de l'œil. Enfin le premier, fatigué sans doute de cette inquisition obstinée qui pesait sur lui sans qu'il lui fût possible de s'y soustraire, se résolut à prendre la parole.

— Caballero, dit-il, vous voyez que les instructions tracées dans la lettre que vous m'avez fait l'honneur de m'écrire ont été suivies de point en point.

Le colonel fit un geste d'assentiment en exhalant une énorme bouffée de tabac. L'autre continua :

— Cependant je prendrai la liberté de vous faire observer que je ne comprends rien à votre singulière missive, et que je ne vois pas pour quelle raison vous vous entourez d'un aussi grand mystère.

— Ah! fit le colonel avec un ricanement qui lui était particulier et qui ressemblait assez bien à une pile d'assiettes qu'on brise.

— Oui, continua le premier, blessé de cette irrévérence, et je ne serais pas fâché, je vous l'avoue, d'avoir une explication claire et catégorique.

En disant cela il se redressa fièrement sur sa butacca et regarda fixement son interlocuteur.

Celui-ci ne sembla nullement ému de cette manifestation hostile; au contraire, il allongea ses jambes sur le plancher, et renversant le corps en arrière :

— Don Antonio, répondit-il sèchement, aimez-vous l'argent?

— Hein? fit celui-ci.

— Pardon, reprit l'autre, c'est l'or que j'aurais dû dire; je modifie donc ma question : aimez-vous l'or, don Antonio?

— Mais, monsieur...

— Répondez nettement, sans ambages, comme un caballero! Ce que je vous dis n'est pas de l'hébreu, je suppose. Répondez oui ou non.

— Mais...

— *Capa de Dios!* si vous continuez ainsi, nous n'en finirons pas, mon maître, et *caraï!* vous êtes trop fin limier pour ne pas avoir reconnu du premier coup à qui vous avez affaire; répondez donc clairement sans plus tergiverser.

— Eh bien! oui, fit don Antonio, subjugué malgré lui par l'accent de cet homme.

— Très bien; l'aimez-vous beaucoup?

— Mais, passablement.

— Ce n'est pas assez.

— Eh bien! beaucoup, puisque vous le voulez absolument.

— Permettez, cela m'est fort égal, ce n'est pas de moi qu'il s'agit ici, c'est seulement de vous.

— Bien, bien, je vous comprends.

— C'est heureux; vous y avez mis le temps, savez-vous?

— Voyons, de quoi s'agit-il?

— Ah! ah! vous y arrivez donc enfin.

Don Antonio sourit.

— Dame! je fais ce que vous désirez.

— C'est juste, nous n'aurons pas de chicanes là-dessus.

— Bien, je vous écoute.

— Vous avez reçu ma lettre, puisque d'après vos propres paroles vous vous êtes conformé à mes instructions. Savez-vous pour quelle raison je vous ai assigné ce rendez-vous?

— J'attends que vous me le disiez.

— C'est ce que je vais immédiatement faire. Vous savez parfaitement qu'il s'est formé à Mexico une société nommée : *Atrevida.*

— J'en ai entendu parler.

— Oui, d'autant plus que vous en faites partie.

— C'est possible; mais la question n'est pas là, je suppose?

— Peut-être. Or, cette société fondée sous les auspices des premiers capitalistes du Mexique, appuyée par le gouvernement, a pour mission d'aller exploiter les riches mines de la *Plancha de plata*, situées en pleine Apacheria.

— Je le sais.

— Très bien; vous verrez que nous ne tarderons pas à nous entendre.

— J'en doute.

— Moi, je l'espère. Cette compagnie, composée de Français, tous hommes résolus, organisés militairement et sous les ordres d'un chef habile...

— Le comte don Luis de Prébois-Crancé.

— Je le connais. Épargnez-moi son panégyrique. Cette compagnie, dis-je, appuyée par de hautes influences, ne doit pas pourtant arriver aux mines.

— Ah! ah! et qui l'en empêchera, s'il vous plaît?

— Vous, tout le premier.

— Oh! oh! je ne le crois pas.

— Bah! vous allez voir; laissez-moi seulement terminer.

— Dites.

— Hum! combien pensez-vous que vous rapportera cette affaire?

— Je ne saurais vous dire.

— Comment, pas même approximativement?

— Eh! c'est fort difficile à calculer; les mines sont riches.

— Oui, mais elles sont éloignées; voyons, dites un chiffre.

— Non, c'est impossible.

— Bah! même en supposant que je vous aide?

— Ah! si vous m'aidez...

— N'est-ce pas?

— Mais, reprit vivement don Antonio, quel si grand intérêt avez-vous donc à faire manquer cette affaire?

— Moi? aucun; c'est vous, au contraire.

— Moi! s'écria don Antonio avec étonnement. Ah! par exemple.

— Vous allez voir.

— Je ne demande pas mieux.

— Aussitôt que la société *Atrevida* fut fondée, une autre société sous le nom de société *Conceliadora* se fonda immédiatement, comme cela arrive toujours, et naturellement pour le même objet.

— Tiens, tiens, son nom est bien trouvé.

— En effet, or, vous savez que la concurrence est le nerf du commerce.

Don Antonio baissa affirmativement la tête.

Le colonel reprit avec son sourire sec et cassant.

— La Société *Conceliadora*, bien que fortement protégée à Mexico, avait besoin d'un agent actif, intelligent et intègre en Sonora; elle jeta immédiatement les yeux sur vous; en effet, don Antonio Mendez Pavo, remplissant à Guaymas les fonctions de consul français, était le seul capable de la servir efficacement. En conséquence de ce raisonnement, on vous inscrivit pour le chiffre de deux cents actions de cinq cents piastres chaque, libérées, dont on me charge de vous apporter les coupons. Cela fait, si je ne me trompe, une assez jolie somme, que je vais avoir l'honneur de vous remettre.

Et il fouilla dans la poche de son uniforme; don Antonio l'arrêta dédaigneusement.

— Vous vous êtes étrangement trompé à mon égard, caballero, dit-il; lorsque, comme moi, on a l'honneur de représenter la France, on ne se laisse pas aussi misérablement corrompre.

— Ah bah! fit le colonel en ricanant.

— Mon devoir m'ordonne de protéger la compagnie française, et, quoi qu'il arrive, je la protégerai envers et contre tous.

— Supérieurement parlé.

— Allez, continua don Antonio avec feu, retournez auprès de ceux qui vous envoient, et dites-leur que don Antonio Pavo n'est pas un de ces hommes auxquels on puisse aussi facilement faire oublier leur devoir.

— C'est charmant! et vous avez réellement dit cela comme il faut.

Don Antonio se leva, et d'un geste majestueux montrant la porte au colonel:

— Sortez, monsieur, dit-il froidement, ou je ne répondrais pas de ma colère.

Le colonel ne bougea pas, il ne changea rien à la position nonchalamment insolente qu'il avait adoptée dans le principe; seulement, lorsque don Antonio se tut, il jeta sa cigarette, presque entièrement consumée, et lançant à son interlocuteur un regard d'une expression indéfinissable:

— Avez-vous fini? lui demanda-t-il paisiblement.

— Caballero! s'écria don Antonio en se redressant avec majesté.

— Permettez, don Antonio, je ne désire nullement demeurer plus longtemps ici, à vous faire perdre un temps précieux. Seulement, vous admettrez avec moi, n'est-ce pas, que tout homme chargé d'une mission doit l'accomplir en entier; vous êtes trop intelligent et trop rompu aux affaires pour ne pas en convenir.

— J'en conviens, monsieur, répondit don Antonio subitement calmé par ces paroles.

— Très bien, veuillez alors vous rasseoir et me prêter votre attention encore quelques minutes.

— Soyez bref, monsieur.

— Je ne vous demande que cinq minutes.

— Soit, je vous les accorde.

— Vous êtes généreux, monsieur; je vais donc profiter de votre gracieuseté. Je reprends donc. Vous êtes inscrit pour deux cents actions, qui font, si je ne me trompe, cent mille piastres, ce qui, à mon avis, est un assez beau denier.

— Monsieur, plus un mot sur ce sujet!

— Je sais, continua imperturbablement le colonel, ce que vous allez m'objecter : *Mas vale pajaro en mano que buitre volando* (1).

Don Antonio, étourdi de la signification donnée à ses paroles, ne trouva rien à répondre.

Le colonel reprit :

— Les chefs de la société ont fait le même raisonnement que vous, monsieur; ils ont compris qu'avec un homme aussi honorablement posé que vous et si digne sous tous les rapports de leur confiance, il fallait agir cartes sur table et loyalement ; en conséquence, ils m'ont chargé de vous remettre, outre les actions...

— Monsieur, essaya encore le senor Pavo.

— Cinquante mille piastres, dit nettement le colonel.

Don Antonio fit un bond de surprise.

— Hein? s'écria-t-il, comment avez-vous dit, senor?

— J'ai dit cinquante mille piastres.

— Ah! ah!

— En bonnes traites payables à vue.

— Sur quelle maison?

— Sur la maison Torribio de la Porta et Compagnie.

— Excellente maison, monsieur.

— N'est-ce pas?

— Certes.

— Mais, fit le colonel en se levant, puisque vous refusez nos offres, maintenant que ma mission est remplie, je n'ai plus qu'à me retirer en vous priant d'excuser le dérangement que je vous ai causé; car vous refusez, n'est-ce pas?

Don Antonio était devenu vert; ses petits yeux gris opiniâtrement fixés sur les papiers que le colonel faisait chatoyer, brillaient comme deux tisons.

— Permettez, dit-il en balbutiant.

— Hein? est-ce que je me serais trompé, senor?

— Je... je... je crois que oui.

— C'est que cette fois, vous comprenez, il faudrait bien nous entendre, afin d'éviter plus tard des malentendus qui sont toujours regrettables.

— Soyez tranquille; je crois que maintenant il n'y aura plus d'équivoques entre nous. Une affaire, vous le savez, ne se saisit pas bien souvent du premier coup.

— C'est vrai, et maintenant vous l'avez bien saisie?

— Parfaitement.

— Tant mieux, nous pourrons ainsi nous expliquer franchement.

— Oui, répondit don Antonio avec un accent railleur, et pour commencer, senor Garrucholo, quittez un instant votre personnalité d'emprunt, j'aime à savoir avec qui je traite.

Le Garrucholo, car sous le colonel don Francisco Florès se cachait effectivement l'ancien bandit, tressaillit involontairement en se voyant ainsi découvert ; il lança un regard de vipère à l'homme qui l'avait démasqué, et lui saisissant fortement le bras :

— Prenez garde, don Antonio, il y a de ces secrets qui tuent ceux qui les possèdent.

— C'est possible, mon maître, répondit l'autre, triomphant intérieurement de l'effet produit par sa révélation ; mais comme, si je ne me trompe, nous allons conclure ensemble une affaire assez scabreuse sous tous les rapports, j'ai voulu vous prouver que si vous aviez mon secret, moi, j'ai le vôtre, et qu'il est de votre intérêt d'agir loyalement avec moi.

— Gens menacés vivent longtemps, fit le bandit en haussant les épaules.

— Je ne vous menace pas, seulement je prends mes précautions, voilà tout. Maintenant, causons.

Les deux hommes rapprochèrent leurs siéges et entamèrent un entretien, d'oreille à oreille, d'une voix si basse que nul n'aurait pu les entendre.

XVII.

Les Mexicains ne sont que des enfans, enfans terribles, il est vrai, et sur lesquels il est impossible de compter, de n'importe quelle façon.

Leur déplorable conduite dans toutes les circonstances, depuis qu'ils sont parvenus à se constituer en nation indépendante, prouve qu'à moins d'un changement total dans leur caractère, il n'y a pas plus à espérer d'eux dans l'avenir qu'ils n'ont fait dans le passé.

Curieux, changeant, poltron, téméraire, méfiant, cruel et superstitieux, tel est le Mexicain.

Que l'on ne croie pas que c'est par haine que nous parlons ainsi de ce peuple, au milieu duquel nous avons longtemps vécu;

(1) « Mieux vaut un oiseau dans la main qu'un vautour qui vole. » — Proverbe espagnol.

non, au contraire, nous aimons les Mexicains, nous les plaignons, et nous voudrions les voir enfin prendre au sérieux leur position de peuple libre et se conduire en hommes, mais, nous le répétons, ce sont des enfans terribles, rageurs et mutins, dont il n'y a, nous le craignons sincèrement, rien de bon à tirer.

Une des manies de ce peuple est de chercher à attirer chez lui par les plus belles promesses, les offres les plus fallacieuses, les démonstrations les plus amicales, les étrangers qu'ils croient susceptibles à un titre quelconque de leur être utiles.

Ils reçoivent les étrangers les bras ouverts, pleurent de joie en les embrassant, leur prodiguent les caresses les plus tendrement fraternelles, leur donnent plus que ceux-ci n'oseraient leur demander ; puis un beau jour, tout à coup, sans raison, sans motif, sous le plus léger prétexte enfin, ils changent du blanc au noir, se mettent à haïr de toutes leurs forces ces étrangers qu'ils ont tant choyés, les insultent, les trahissent, leur tendent des guet-apens, et définitivement les maltraitent ou les assassinent, et cela toujours en leur tendant la main et en leur souriant.

Si nous voulions récriminer, combien de noms pourrions-nous citer, combien d'ombres il nous serait facile d'évoquer à l'appui de nos paroles, sans compter le noble et infortuné de Raousset-Boulbon et le bouillant et généreux Lapuillade, victimes offertes lâchement en holocauste à ce hideux préjugé mexicain, préjugé qui forme le fond de la politique de ce malheureux peuple et qui le perdra; non par la haine de l'étranger, sentiment noble et national, mais la haine des Européens, qu'ils désespèrent d'égaler jamais et auxquels ils portent, dans leur ignorance et leur incurie, une jalousie et une envie mortelles.

Il est évident que pendant les dix ans de luttes que le Mexique a eues à soutenir contre l'Espagne, ce pays a produit de grands et nobles caractères; mais il semble qu'épuisé par cet effort gigantesque, il soit incapable d'en jeter d'autres semblables dans le creuset, car depuis sa première heure de liberté jusqu'aujourd'hui, il n'a pas produit un seul homme digne de marcher, même de loin, sur les terres des illustres fondateurs de son indépendance.

Ceci est fort triste à dire, et pourtant on nous reprocherait, si nous le passions sous silence, de ne pas être vrai et d'avoir reculé devant la tâche que nous nous sommes imposée en écrivant cette histoire, et dont, par un sentiment qu'on appréciera, nous avons seulement changé les noms.

Cependant à Guaymas on attendait impatiemment l'arrivée de la compagnie française.

Les bruits les plus absurdes et les plus contradictoires couraient sur elle, sur son chef et sur le but de l'expédition.

Comme toujours, partout et en tous temps, c'étaient les bruits les plus absurdes qui obtenaient la plus grande et la plus ferme créance.

Déjà même avant l'arrivée des Français la malveillance veillait dans l'ombre et cherchait sourdement à exciter les mauvais instincts de la population sonorienne contre nos compatriotes.

Ce que le colonel Florès avait dit dans sa conversation avec don Antonio Pavo était vrai de tout point ; à peine l'organisation de la société *Atrevida* était-elle terminée en Californie, que deux maisons américaines de San-Francisco, comprenant parfaitement les avantages de cette entreprise, dans laquelle, pour des raisons que nous tairons, on n'avait pas voulu les admettre, avaient fondé traîtreusement une compagnie rivale destinée à entraver par tous les moyens, même les moins honnêtes, les opérations de son aînée.

La haine ne dort pas; l'affaire marcha rapidement, si rapidement même, que la seconde société avait déjà toutes ses batteries prêtes à jouer efficacement, que la compagnie française n'avait pas encore quitté San-Francisco.

Cette opération fut conduite avec un machiavélisme si grand, le secret fut si bien gardé, que le comte, malgré ses relations étendues, ne se douta de rien et s'embarqua pour la Sonora le cœur plein d'espoir et d'illusions.

Valentin attendait son ami avec la plus vive impatience; le chasseur s'était consciencieusement acquitté des commissions que le comte lui avait données; tout en apparence avait réussi à ses souhaits; un logement confortable était préparé pour la compagnie : l'agent français avait été tout miel et s'était mis de la façon la plus galante et la plus charmante à la fois à la disposition du chasseur pour tout ce qu'il pourrait désirer. Cependant celui-ci n'était pas satisfait. Sans raison plausible, sans que rien vînt en apparence démentir ces témoignages de bonne fraternité, Valentin, par un de ces pressentimens que Dieu envoie à ceux qu'il aime ou qu'il veut sauvegarder, sentait que toute cette aménité cachait un piége; les lèvres souriaient, il est vrai, mais les sourcils restaient froncés et les fronts ridés.

Le général Guerrero, tout en témoignant de la joie de voir arriver la compagnie, et en se mettant aux ordres du chasseur, s'était sous différens prétextes obstiné à demeurer à Hermosillo, au lieu de venir recevoir, ainsi qu'il l'aurait dû, la compagnie à Guaymas, d'abord en qualité de gouverneur de sa province, ensuite comme membre de la société, deux raisons plus que suffisantes pour motiver son dérangement.

Valentin était donc fort inquiet, et cela d'autant plus que tout en sentant qu'un orage se formait, il ne pouvait prévoir d'où il viendrait; aussi demeurait-il une grande partie du jour les yeux fixés sur la mer, épiant avec anxiété chaque voile qui apparaissait à l'horizon, espérant à chaque instant voir arriver son ami, supposant avec quelque apparence de raison que la présence du comte et de ses braves compagnons suffirait pour imposer silence à ceux qui cherchaient à lui nuire, d'autant plus que la masse de la population, non-seulement n'était pas hostile à l'expédition, mais au contraire paraissait fort bien disposé à son égard.

Les choses en étaient là lorsqu'un matin que, selon sa coutume, Valentin se préparait à se rendre à son observatoire —c'est ainsi qu'il nommait le rocher sur lequel il se tenait pendant des journées entières, don Antonio Pavo et le colonel Florès entrèrent tout effarés dans le cuarto qui lui servait d'habitation en criant, en gesticulant et en répétant tous deux à la fois :

—Les voilà ! les voilà ! Ils arrivent ! ils arrivent !

— Qui ? leur demanda Valentin, qui n'osait encore ajouter foi à une aussi heureuse nouvelle.

— *El conde ! el conde !*

— Dans une heure, au plus tard, il sera ici, fit don Antonio.

— Peut-être avant, appuya le colonel.

— Nous allons au-devant de lui.

— Et moi aussi, s'écria Valentin.

Ils sortirent.

La nouvelle s'était répandue avec la rapidité d'une traînée de poudre.

Guaymas était en fête.

Immédiatement, sans qu'aucun ordre eût été donné par les autorités de la ville, les maisons s'étaient subitement trouvées pavoisées, et cela d'autant plus facilement que quelques jours plus tard on devait célébrer la Fête-Dieu, et que tous les pavois étaient prêts.

Les habitans, revêtus de leurs plus beaux habits, les Indiens hiaquis, dont un grand nombre se louent comme ouvriers et domestiques aux particuliers, tout ce monde, enfin, se hâtait, courait et se bousculait vers la plage en criant, en riant, en chantant et en poussant des hurras à n'en plus finir.

C'était réellement un spectacle curieux que celui de cette foule qui se précipitait joyeuse vers ces quelques Français dont, avec cet instinct intelligent qui partout caractérise les masses, elle avait deviné les bonnes intentions à son égard.

Les autorités de la ville suivaient le mouvement de la population, mais il était facile de deviner qu'elles n'agissaient pas par leur propre volonté, et qu'elles venaient plutôt entraînées par l'opinion publique qu'obéissant à leur libre arbitre.

Lorsque Valentin et les deux hommes qui, bon gré mal gré, s'étaient faits ses compagnons, arrivèrent sur la plage, elle était déjà envahie par la population tout entière.

A quelques encâblures au large, on apercevait distinctement le bâtiment sur lequel se trouvait la compagnie; il s'avançait majestueusement, poussé par une bonne brise, légèrement incliné sur le flanc; il avait ses perroquets hauts et ses basses voiles carguées, ce qui permettait d'apercevoir ses gaillards couverts de monde.

Lorsque le navire eut un peu dépassé l'île del Venado, mouillage ordinaire des gros bâtimens, il vint au lof, amena ses perroquets et ses huniers, qu'il cargua du même coup et brossa carrés; alors il laissa tomber son ancre, puis il amena son grand foc et cargua la brigantine.

Il était mouillé.

Valentin sauta, d'un mouvement brusque, dans une pirogue, et avant que don Antonio ni le colonel pussent le suivre, il avait poussé au large.

Sans paraître remarquer les signes que lui faisaient ses compagnons, le chasseur s'éloigna rapidement dans la direction du navire, vigoureusement aidé par l'homme qui se trouvait avant lui dans la pirogue et qui n'était autre que Curumilla.

En quelques minutes, ils atteignirent le navire.

Louis les avait aperçus de loin, de sorte que lorsqu'ils accostèrent, ce fut lui qui les reçut et les aida à monter à bord.

Avant-même d'embrasser son frère de lait ou seulement de lui serrer les mains, Valentin se retourna et lança un regard perçant vers la plage.

— Bon! fit-il, ils n'ont pas encore trouvé

d'embarcation; viens, frère, descendons dans ta chambre : j'ai à te parler sans retard.

— Laisse-moi au moins te dire bonjour, répondit Louis en sourirnt.

— Viens! nous n'avons pas un instant à perdre.

Le comte regarda le chasseur : la figure de celui-ci était grave. Louis comprit qu'en effet il devait avoir d'importantes nouvelles à lui communiquer. Il ne résista pas davantage ; il donna en quelques mots ses ordres à un de ses officiers, afin de tout préparer pour le débarquement, et il suivit son frère de lait, qui l'attendait un pied sur l'iloire du panneau de la chambre.

Louis le fit entrer dans le modeste réduit qui lui avait servi d'appartement pendant la traversée; arrivé là, il voulut fermer la porte.

— Non, fit Valentin en l'arrêtant, laisse-la ouverte, au contraire; de cette façon nous verrons ceux qui viendront.

— A ton aise, parle.

— Je n'ai que deux mots à te dire, mais deux mots dont je t'engage à faire ton profit.

— Sois tranquille.

— Tu as des ennemis puissans, ici; qui sont-ils, je l'ignore, mais il y a contre toi une sourde malveillance.

— Que me dis-tu là?

— Une chose dont je suis sûr.

— Mais, mon ami, quels que soient ces ennemis, je n'ai rien à redouter d'eux; mes papiers sont parfaitement en règle, ma concession est claire, enregistrée avec soin ; j'ai non seulement l'autorisation, mais encore l'appui du gouvernement, je n'agis que d'après des ordres formels, je ne crains rien.

— Frère, répondit sentencieusement Valentin, quand on a affaire aux Mexicains, il faut toujours craindre une trahison ; je les connais de longue date, et malheureusement je sais à quoi m'en tenir là-dessus avec eux.

— Tu m'effraies!

— Non, je t'avertis, voilà tout; c'est à toi d'être constamment sur tes gardes.

— Sais-tu que je réponds devant Dieu de la vie de tous ces braves gens qui se sont confiés à moi?

— Voilà pourquoi je te conseille d'être prudent et de ne te confier à qui que ce soit ; il y a surtout deux hommes dont je te recommande de te méfier.

— Leurs noms?

— Don Antonio Pavo, et le colon El Don Panisco Florès.

Don Luis ne put retenir un geste d'étonnement, et regardant son ami en face,

— Mais ce n'est pas possible! s'écria-t-il, tu te trompes.

— Parce que?

— Pardieu, parce que ces deux hommes, dont l'un est l'agent du gouvernement français ici, et l'autre le délégué des actionnaires de l'Atrevida, font tous deux partie de la Société, que je leur suis recommandé particulièrement, et que même j'ai des lettres pour eux.

— Tout ce que tu voudras; mais je te certifie que ces deux hommes te trahissent.

— As-tu quelque preuve?

— Aucune.

— Comment le sais-tu, alors?

— Je ne le sais pas, pourtant j'en suis sûr. Crois-moi, frère : tu sais que je me trompe rarement.

Louis hocha tristement la tête.

— Tout cela est étrange! dit-il.

En ce moment un homme se pencha sur le panneau, et une voix prononça ce seul mot :

— Espions! assez bas, mais cependant de façon à être entendu des deux hommes.

— Hein? s'écria Louis en tressaillant.

— Rien, repondit Valentin, c'est Curumilla qui nous avertit que nos deux hommes arrivent. Remontons, il ne faut pas qu'ils se doutent que nous avons des soupçons; examine attentivement ces individus, lorsque tu te trouveras en leur présence, et je suis certain que tu te rangeras à mon opinion après; viens, remontons.

Louis ne répondit pas.

Ils remontèrent; Valentin quitta son ami dès qu'ils furent sur le pont.

— Je retourne à terre, dit-il, tu me trouveras sur la plage.

Puis le chasseur s'affala dans sa pirogue, que Curumilla, afin de ne pas être remarqué, avait fait filer à l'arrière, sous le couronnement, et l'embarcation déborda pour regagner la plage, juste au moment où le colonel et don Antonio accostaient à tribord et mettaient le pied sur le pont du navire.

Nul peuple ne possède à un degré aussi éminent que le peuple mexicain les raffinemens de la politesse et de la plus gracieuse galanterie; ils savent, par leurs manières félines et doucereuses, lorsqu'ils le veulent, séduire et charmer les personnes qu'ils ont intérêt à tromper.

Malheureusement, malgré tous les efforts qu'ils firent et toutes les câlineries qu'ils employèrent pour convaincre don Luis de leur sincérité et de leur profond attachement pour lui, don Antonio et son compagnon avaient des dehors si peu attrayans, on lisait si bien sur leurs visages les honteuses passions qui les minaient, qu'ils en furent pour leurs frais d'amabilité.

Ainsi que Valentin l'en avait averti, à l'approche de ces deux hommes le comte avait malgré lui éprouvé un sentiment de répulsion tellement fort qu'il fut obligé de se faire violence pour ne pas leur laisser deviner l'effet qu'ils avaient produit sur lui.

Le comte cependant jugea prudent de feindre d'être leur dupe afin de profiter des fautes que la sécurité qu'il leur donnerait leur ferait commettre, et tirer d'eux tous les renseignemens dont plus tard il pourrait avoir besoin.

Il répondit donc à leurs avances et à leurs offres de service avec une effusion et un laisser-aller si parfaitement joués qu'il parvint à tromper ces trompeurs émérites qui le crurent complétement leur dupe.

A peine le comte était-il arrivé en Sonora, il n'avait pas encore mis le pied à terre que déjà il lui fallait commencer son apprentissage de diplomate et lutter de ruses et de mensonges avec des gens chez lesquels il devait au contraire s'attendre à trouver la plus franche amitié et le dévouement le plus absolu, rude tâche pour un caractère aussi loyal et aussi foncièrement honnête que celui du comte; mais le succès de l'expédition dépendait de son adresse et de la finesse avec lesquelles il déjouerait les piéges qui seraient incessamment tendus sous ses pas; il le comprit, et bien qu'à contre cœur, il en prit son parti.

La raison d'Etat était toute puissante; il fallait réussir.

Après avoir causé assez longtemps avec les deux hommes, le comte voyant que tout était enfin prêt pour descendre à terre, donna l'ordre du débarquement.

Immédiatement les aventuriers s'installèrent avec un ordre admirable dans les chaloupes amenées du port pour les recevoir, les bagages furent placés sur les chalands, et au commandement de : Pousse! articulé d'une voix ferme par le comte, la petite flotille déborda du navire et s'avança en bon ordre vers le rivage, aux acclamations de la foule entassée sur la grève et au bruit de toutes les cloches de la ville sonnant à grande volée, en signe de réjouissance.

XVIII.

Il aurait fallu être essentiellement pessimiste ou connaître bien à fond le caractère mexicain pour redouter une trahison en voyant la chaude réception faite aux Français par les habitans de Guaymas.

C'était un enthousiasme, un délire, qui ne se peuvent décrire.

Leperos, rancheros, campesinos, vaqueros riches haciendero, tous se pressaient autour des Français et se disputaient pour leur faire fête.

On aurait dit que cette petite troupe d'aventuriers, qui ne faisait pourtant que passer en cette ville, apportait à la Sonora la paix, la tranquillité, la liberté, enfin toutes les choses qui manquent aux Mexicains, et après lesquelles ils soupirent vainement.

Les cris de : *Viva las Franceses! viva el conde!* éclataient de toutes parts avec un bruit assourdissant.

Aussitôt que la compagnie eut touché la plage, sur l'ordre de don Luis, les rangs furent formés en quelques secondes, et le comte ayant à sa droite le colonel Florès, et à sa gauche don Antonio, qui se prélassaient auprès de lui et souriaient agréablement, conduisit sa troupe au logis qui lui avait été préparé, en fendant avec peine les flots pressés de la multitude.

Devant le logis, l'*alcade mayor*, et le *juez de lettras*, c'est-à-dire les deux principales autorités de la ville, flanqués de leurs alguazils en haillons, attendaient l'arrivée de la compagnie.

En les apercevant, don Luis fit faire halte.

Alors les deux magistrats firent quelques pas au devant du comte, qui, de son côté, s'était avancé vers eux. Ils le saluèrent respectueusement et commencèrent un long discours, farci de toutes les ronflantes hyperboles mexicaines au milieu de l'emphase duquel il fut facile à don Luis de comprendre que les Sonoriens se réjouissaient du fond du cœur de l'arrivée de la vaillante compagnie française; qu'ils plaçaient en son courage tout leur espoir pour les protéger et les défendre contre leurs féroces voisins les Apaches; que les Français n'étaient pas débarqués sur une terre étrangère, mais au milieu de frères, d'amis sincères, qui seraient heureux d'être bientôt mis à même de leur prouver leur dévouement, et mille choses encore beaucoup trop longues à rapporter.

Lorsque l'alcade mayor eut terminé son discours au milieu des applaudissemens chaleureux de la foule, le *juez de lettras* en commença un à son tour, tout aussi long, tout aussi diffus et tout aussi perfide que le premier et qui du reste obtint le même succès.

Nous ferons observer que les Mexicains adorent les discours.

Enfin, lorsque les deux magistrats eurent fini de parler, le comte s'inclina, les salua avec grâce, et leur répondit par quelques uns de ces mots qui viennent du cœur et qu'il savait si bien trouver.

Cette fois ce ne fut plus de l'enthousiasme ni du délire, ce fut une véritable frénésie : la foule hurlait et trépignait de joie, en agitant les mouchoirs et en faisant voler les chapeaux, et de toutes les fenêtres une véritable pluie de fleurs s'échappa des mains mignonnes des senoritas, et inonda littéralement les aventuriers, qui répondirent cordialement à cette délicate attention.

La compagnie entra dans son logement. C'était une grande maison, avec une vaste cour intérieure, parfaitement disposée pour l'usage auquel elle servait en ce moment, et qui semblait avoir été faite pour ce but.

Les aventuriers s'installèrent immédiatement, sous les ordres de leurs officiers; et avec cette facilité d'emménagement que possèdent si bien les Français, ils surent tirer si parfaitement parti de tout, qu'une heure après avoir pris possession de cette maison, on aurait juré qu'ils y étaient établis depuis plusieurs mois déjà, tant chaque chose était à sa place et les chambrées bien installées.

Le comte se croyait enfin débarrassé de l'alcade et du *juez de lettras* ; il n'en était rien : les dignes magistrats avaient encore plusieurs demandes à lui adresser avant que de le laisser libre, et ces demandes leur tenaient au cœur.

De même que dans tous les autres centres de population au Mexique, à Guaymas chacun vit un peu à sa guise, faisant ce qui lui plaît, sans trop s'inquiéter des autorités ; cette liberté, ou plutôt cette licence, peut être avantageuse à une certaine partie de la population, mais elle est évidemment fort préjudiciable à l'autre, en ce sens que les coquins ayant la liberté entière de commettre toutes les mauvaises actions que le diable leur souffle incessamment à l'oreille, les honnêtes gens en sont réduits à se garder eux-mêmes, et à ne compter en aucune façon sur la protection d'une police problématique qui, lorsque par hasard elle existe, fait naturellement cause commune avec les bandits.

Le juez de lettras et l'alcade mayor avaient résolu dans leur sagesse de profiter du séjour des Français à Guaymas pour inspirer aux coquins de toute sorte dont la ville abonde une salutaire terreur. En conséquence, ils prièrent le comte de faire garder les principaux postes du pueblo par des hommes de sa compagnie et de vouloir bien organiser des patrouilles qui, la nuit, parcourraient les rues et veilleraient à la tranquillité des citoyens et à la sécurité publique.

Lorsqu'après bon nombre de circonlocutions les deux magistrats eurent enfin formulé leur demande, le comte leur répondit en souriant qu'il était tout à la disposition du gouvernement mexicain, et que s'ils croyaient son concours utile, ils pouvaient disposer de lui et de ses hommes comme bon leur semblerait; qu'il serait toujours heureux de leur être agréable.

Les magistrats le remercièrent avec effusion, et, alléchés par la facilité avec laquelle le comte avait accédé à leur première demande, ils se hasardèrent à articuler la seconde.

Celle-ci, dans leur pensée, était beaucoup plus délicate, et intérieurement ils redoutaient un refus.

Voici ce dont il s'agissait.

La Fête-Dieu est la cérémonie religieuse la plus importante du Mexique. Cette fête, pour laquelle les populations s'imposent les plus grands sacrifices afin d'ajouter à sa splendeur, tombait cette année justement quelques jours après l'arrivée des Français en Sonora.

Il s'agissait d'obtenir du comte qu'il consentît à faire tirer le canon par les artilleurs et avec les pièces de la compagnie pendant tout le temps que la procession parcourrait les rues de la ville.

Guaymas possédait bien des canons dans le fort; malheureusement ces canons étaient privés d'affûts d'abord, puis rendus complétement hors de service par la rouille.

On comprend que dans l'esprit des superstitieux Sonoriens, pour une fête aussi solennelle, les cloches ne suffisaient pas, et que la cérémonie manquerait complétement de solennité si quelques coups de canon au moins n'étaient tirés.

Les dignes magistrats causaient sans s'en douter un vif plaisir au comte en lui demandant comme une faveur deux choses que, s'il l'eût osé, il aurait réclamées comme un droit.

En voici la raison :

Depuis la découverte de l'or, tant de mauvais drôles de toute espèce étaient allés se réfugier à San-Francisco, que la population californienne jouissait à juste titre, nous sommes malheureusement contraint d'en convenir, d'une effroyable réputation de vice, de crime et de débauche, dans tous les pays circonvoisins et surtout dans les ports du Pacifique, où souvent ils s'abattaient comme des volées d'oiseaux de proie. Le comte désirait ardemment, dans l'intérêt même de son entreprise, montrer aux Sonoriens parmi lesquels elle devait vivre que l'émigration française n'avait rien de commun avec ces bandits sinistres, et que les hommes qu'il avait l'honneur de commander étaient de braves gens résolus à se conduire bien partout où le hasard les pousserait, et ne molesteraient jamais les populations mexicaines.

Quant à la seconde question, elle était plus sérieuse encore aux yeux du comte.

Les Mexicains, non-seulement sont ignorans et superstitieux, mais encore, bien qu'ils ne comprennent pas un mot de la religion qu'ils professent, et peut-être à cause de cela même, ils sont d'un fanatisme outré et pardonnent plutôt un meurtre qu'une insulte, si légère qu'elle soit, non pas à la religion elle-même, mais seulement aux cérémonies exagérées du culte.

Ce fanatisme, soigneusement entretenu sous la domination espagnole, avait pour but d'éloigner les étrangers, c'est-à-dire les Anglais, qu'ils redoutaient beaucoup des rivages de la Nouvelle-Espagne.

Du reste, à cette époque, les Anglais étaient à peu près les seuls Européens qui se hasardassent à visiter les colonies espagnoles.

Les moines profitèrent de la dissemblance de religion de ces braves insulaires pour faire d'eux à leurs paroissiens les portraits les plus exagérés, les gratifiant de cornes et de griffes, ainsi que doivent naturellement en avoir des suppôts de Lucifer.

Les Indiens, crédules comme tous les enfans, acceptèrent les yeux fermés toutes les bourdes qu'il plut aux moines de leur débiter, et pour eux tout étranger devint un Anglais, c'est-à-dire un hérétique, un *gringo*.

La déclaration de l'indépendance, en permettant aux Mexicains de voir des étrangers de toutes nations, ne changea rien à leurs convictions : on ne détruit pas facilement un préjugé enraciné depuis des siècles. Ils continuèrent, comme par le passé, à ne voir dans les étrangers que des Anglais, et, par conséquent, des hérétiques et des gringos : de là, cette haine sourde qui éclate chaque fois que l'occasion s'en présente et cette secrète horreur qu'ils éprouvent à la vue d'un Européen quelconque.

Sur le point de s'enfoncer avec sa compagnie dans l'intérieur du Mexique, de traverser des populations fanatiques, crédules et ignorantes, avec lesquelles il était important de vivre en paix et de ne donner aucun prétexte de rixe, il était du plus haut intérêt pour le comte de montrer par une preuve éclatante et irrécusable que les Français n'étaient pas des gringos, mais, au contraire, aussi bons catholiques que les Sonoriens.

Il accueillit donc favorablement la demande des magistrats, demande qui peut-être cachait un piége, et leur promit que non seulement le canon tonnerait pendant tout le temps de la procession, mais que la compagnie serait heureuse d'escorter, officiers en tête, le Saint-Sacrement pendant tout le temps de la promenade à travers la ville, d'autant plus, ajouta le comte, que les Français étaient catholiques, et qu'ils saisiraient avec empressement l'occasion de manifester leur ferveur pour leur religion révérée.

Les magistrats ayant enfin obtenu tout ce qu'ils désiraient, prirent congé du comte avec de grandes démonstrations de gratitude et de respect.

Don Luis respira; la séance avait été longue. Cependant tout n'était pas fini encore; le comte s'en aperçut bientôt.

Don Antonio et son inséparable ami le colonel Florès ne voulaient pas aussi facilement lâcher prise et ne consentirent enfin à se retirer qu'après que le comte leur eut promis d'assister le soir même, avec tous ses officiers, à un banquet que don Antonio avait préparé pour fêter l'arrivée de la compagnie française.

Le comte donna sa parole, et demeura enfin pour quelques heures libre de ses mouvemens.

Maintenant que la compagnie était arrivée à Guaymas, c'est-à-dire à la première étape des mines qu'elle devait exploiter, l'expédition était commencée sérieusement, les premiers obstacles franchis; il ne s'agissait plus, dans la pensée du comte, que de laisser quelques jours de repos à ses compagnons, et ensuite de pousser résolûment en avant.

Profitant de la première impression causée par la vue des Français, le comte, sans perdre un instant, fit viser ses papiers et obtint assez facilement ses passeports pour l'intérieur.

Quelques jours se passèrent ainsi; les Français régnaient en maîtres à Guaymas, choyés et caressés par les habitans auxquels leur gaîté, leur entrain et leur insouciance plaisaient par-dessus tout, et qui ne pouvaient, eux qui n'avaient vu jusque-là que quelques soldats mexicains déguenillés et perdus de vices, se lasser d'admirer la bonne tenue, la tournure martiale et la dextérité parfaite avec laquelle les étrangers manœuvraient et surtout maniaient leurs armes.

La compagnie faisait la police de la ville avec un soin extrême; les vols et les guet-apens avaient cessé comme par enchantement; les Sonoriens dormaient maintenant tranquilles sur la foi de leurs nouveaux amis.

Le jour de la Fête-Dieu, ainsi que cela avait été convenu, le canon français tira une partie de la journée, et les aventuriers accompagnèrent la procession portant des bouquets au bout de leurs fusils et se comportant avec la plus grande décence : on n'eut pas un reproche à leur adresser.

Du reste, leur présence à l'église produisit tout l'effet que le comte en avait attendu; et la certitude acquise par les habitans que les étrangers étaient bons catholiques augmenta encore la sympathie qu'ils éprouvaient pour eux.

Les choses marchèrent ainsi pendant quelque temps, sans que le moindre nuage vînt troubler l'azur des projets du comte.

En effet, l'harmonie la plus complète régnait entre lui et les magistrats de la ville, du moins en apparence; aussi, avec la franche loyauté de son caractère, le comte commençait à se reprocher secrètement la méfiance que d'abord il avait éprouvée, ou plutôt qui lui avait été inspiré par Valentin; et tout bas il accusait son ami de s'être laissé dominer par d'injustes préventions envers des hommes qui semblaient s'étudier, non seulement à satisfaire, mais même à aller au devant des moindres désirs des membres de l'expédition.

Du reste, comment le comte aurait-il pu soupçonner une trahison? il n'était venu que sur la prière du gouvernement mexicain, c'était ce gouvernement qui avait exigé que la compagnie fût organisée militairement, nombreuse et bien armée. Les principales autorités du pays avaient un intérêt d'autant plus grand dans le succès de l'entreprise, que presque toutes étaient actionnaires de la société.

Pour supposer que ces gens eussent l'intention de le tromper dans de telles conditions, il fallait d'abord que le comte admît qu'ils fussent fous ou enragés; car nul ne fait jamais la guerre à ses dépens, et les Mexicains sont en général connus pour tenir beaucoup à l'argent.

Nous insistons d'autant plus sur ces considérations que nous voulons établir un parallèle impartial entre les deux partis, afin que chacun puisse bien reconnaître de quel côté fut la loyauté dans toute cette hideuse affaire, qui a marqué d'un stigmate sanglant la république mexicaine et lui a laissé au front une tache indélébile que jamais elle ne pourra effacer.

Cependant le temps fuyait rapidement; le comte craignit que le moral de ses compagnons souffrît en demeurant plus longtemps au sein de la cité sonorienne; il brûlait de se mettre en route; malheureusement il lui était impossible de le faire sans que des vivres fussent préparés sur la route et que le gouvernement de l'Etat eût réglé avec lui les mouvemens définitifs de la compagnie dans sa marche vers les mines.

Don Luis se plaignait amèrement, tantôt à don Antonio, tantôt au colonel Florès, des retards continuels qu'on lui faisait souffrir, et des prétextes plus ou moins plausibles dont on se servait pour le retenir dans une honteuse inaction.

Le gouverneur, qui n'avait pas voulu quitter le Pitic, ne faisait à ses lettres que des réponses évasives, ou bien lui objectait des fins de non recevoir.

Cet état de choses ne pouvait, ne devait pas durer plus longtemps. Au risque de voir la compagnie se dissoudre d'elle-même, et avant même d'avoir entamé sérieusement l'entreprise, de perdre tout le fruit des travaux préliminaires, don Luis résolut, coûte que coûte, de sortir de cette position équivoque. En conséquence, après avoir nettement formulé sa volonté au senor don Antonio et au colonel, il leur annonça que, puisque le général Guerrero, gouverneur de l'Etat, semblait ne pas comprendre la teneur de ses lettres, il était résolu à se rendre lui-même au Pitic et à avoir avec lui une explication claire et catégorique.

Les deux hommes tressaillirent de joie à cette nouvelle: pour la réussite des plans qu'ils avaient formés, ils avaient besoin de l'absence du comte. Au lieu de le détourner de son projet, ils l'engagèrent donc chaudement à le mettre à exécution sans retard et à partir le plus tôt possible.

Don Luis n'avait nullement besoin d'être stimulé et piqué ainsi. Aussitôt après avoir quitté les deux hommes, il se rendit à la caserne, fit réunir la compagnie, lui annonça son départ, annonce qui fut reçue avec joie par tous ces hommes énergiques et pleins d'ardeur que le repos fatiguait et à qui l'oisiveté commençait à peser. Le comte confia le commandement provisoire à un des officiers sur lesquels il croyait pouvoir le plus compter, en lui intimant l'ordre, si, sous quatre jours, il ne recevait pas de ses nouvelles, de se mettre immédiatement en marche pour le rejoindre, et après avoir une dernière fois recommandé à ses compagnons de conserver la discipline la plus sévère, il quitta enfin la caserne.

Il trouva chez lui Valentin, qui l'attendait; celui-ci approuva sa conduite, mais il refusa de l'accompagner, donnant pour raison qu'il croyait être à même de mieux le servir en demeurant à Guaymas qu'en le suivant au Pitic.

La vérité était que le chasseur ne se souciait pas de perdre de vue les gens qu'il s'était donné la mission d'épier avant d'avoir découvert leurs machinations.

Louis n'insista pas. Il savait qu'avec un homme du caractère de Valentin, il n'y avait pas à discuter une fois qu'il avait pris une détermination. Suivi de don Cornelio et d'une escorte de dix cavaliers bien montés, choisis dans la compagnie, le comte s'éloigna, après avoir, une dernière fois, serré la main à son ami, et se dirigea vers le Pitic, où, du moins il l'espérait, le mot de l'énigme lui serait enfin donné.

— Hum! murmura Valentin en le suivant d'un œil pensif, ou je me trompe fort, ou maintenant qu'il n'est plus là pour contrarier par sa présence les ténébreuses machinations des coquins qui veulent en faire leur dupe, nous ne tarderons pas à avoir du nouveau.

Après cet aparté, le chasseur prit de ce pas tranquille qui lui était habituel le chemin de la caserne, où il arriva en quelques minutes, et où il trouva les aventuriers en proie à la plus grande effervescence et encore sous le coup du départ de leur chef.

XIX.

La distance n'est pas grande de Guaymas au Pitic; le comte la franchit en quelques heures.

Le Pitic, ou Hermosillo, est une charmante ville fermée de murailles et entourée de jardins maraîchers d'un produit assez important.

Malheureusement la nuit était complétement tombée lorsque le comte y arriva, et il ne put jeter autour de lui qu'un coup d'œil vague sur le paysage qui, entrevu à peine au milieu de l'obscurité, changeait entièrement d'aspect et avait pris une apparence triste et lugubre qui serra douloureusement le cœur de l'aventurier.

Le comte commençait à revenir beaucoup de ses premières illusions; les mesquines taquineries dont il était l'objet lui faisaient maintenant voir l'avenir sous un tout autre jour; il doutait déjà du succès d'une entreprise contre laquelle, dès son début, tant d'obstacles se soulevaient dans l'ombre.

Il avait, en montant à cheval, reçu un pli du commandant général de la province, dans lequel on lui intimait péremptoirement l'ordre de demeurer à Guaymas avec sa troupe, et de ne pas marcher en avant jusqu'à plus ample information, c'est-à-dire jusqu'à ce que le commandant général eût reçu du gouvernement central de Mexico des ordres positifs à ce sujet.

Comme il est facile de le supposer, cet ordre, intimé de cette façon brutale après ce qui s'était passé, n'avait obtenu qu'un résultat, celui de presser le départ du comte, révolté de cette violation flagrante de toutes les conditions stipulées dans son traité.

La petite troupe entra au Pitic sans éveiller la moindre attention; à cette heure, les rues étaient déjà presque désertes, et les quelques voyageurs qu'ils rencontrèrent sur leur route, trompés par leur costume mexicain, ne se donnèrent seulement pas la peine de les regarder.

Le comte descendit rue de San-Agustino, devant une maison qu'il avait, sans en parler à personne, fait préparer pour lui.

Après avoir frappé légèrement à la porte, elle s'ouvrit et les cavaliers entrèrent.

Cette maison appartenait à un Français, alors parti pour un voyage dans l'intérieur pour raisons commerciales; mais, en son absence, ses domestiques, se conformant à ses ordres, reçurent le comte avec les plus grands égards.

Celui-ci, après avoir dit quelques mots à voix basse à don Cornelio, qui s'éloigna aussitôt, se retira dans le cuarto préparé pour lui.

Don Luis était une nature forte et énergique, homme d'action avant tout. Il comprenait que d'après la tournure que semblaient prendre les choses, il lui fallait agir vigoureusement et sans perdre une seconde, s'il ne voulait éprouver un échec irréparable.

Son plan était fait, il se prépara donc à le mettre à exécution sans retard.

Don Cornelio revint au moment où le comte, qui avait changé de costume, donnait un dernier coup-d'œil à sa toilette.

— Déjà! dit-il en apercevant l'Espagnol.

— J'ai trouvé la maison, elle n'est qu'à quelques pas d'ici.

— Tant mieux, nous aurons moins de chemin à faire.

— Cinq minutes tout au plus.

— Le général Guerrero est-il au Pitic?

— Il y est. Seulement je crois que vous feriez mieux de remettre votre visite à demain.

— Pourquoi donc cela?

— Parce qu'il y a ce soir *tertulia* au palais.

Le comte se retourna.

— Qu'est-ce que cela fait? dit-il.

— Dame, comme il vous plaira, senor; mais peut-être ne savez-vous pas ce qu'on appelle une *tertulia*.

— Pas positivement, mais vous allez me l'expliquer, n'est-ce pas?

— Rien de plus facile : une *tertulia* est une réunion, une fête, un bal, enfin.

— J'entends, et vous êtes sûr, don Cornelio, qu'il y a ce soir tertulia au palais du gouverneur?

— Positivement sûr, seigneurie.

— Bravo! voilà notre affaire.

L'Espagnol le regarda d'un air ébahi.

— Don Cornelio, continua le comte, quittez votre costume de voyage, je vous emmène.

— C'est que... fit-il en hésitant.

— Quoi donc?

— Je vous avouerai, *senor conde*, que je ne possède pas d'autres habits que ceux que je porte sur moi.

— Ah! qu'à cela ne tienne, reprit en souriant le comte en lui désignant en même temps une masse de vêtemens jetés pêle-mêle sur les meubles; choisissez là dedans ce qui pourra vous convenir; je suppose que vous êtes assez mon ami pour ne pas vous formaliser du sans-façon avec lequel j'agis avec vous.

— Aucunement! s'écria l'Espagnol avec un mouvement joie.

— Seulement faites vite, parce que je vous attends.

— Je ne vous demande que cinq minutes.

— Je vous en accorde dix. Vous me retrouverez dans le patio; je vais donner l'ordre à mon escorte de monter à cheval.

Le comte sortit et don Cornelio se mit avec empressement en devoir de lui obéir. Nous devons ajouter, à la louange de l'Espagnol, que non-seulement le procédé de don Luis à son égard ne l'avait nullement choqué, mais qu'au contraire il en éprouvait une vive reconnaissance au fond du cœur.

L'Espagnol ne s'était pas trompé, il y avait effectivement tertulia au palais du gouverneur.

Le général Guerrero était fort riche; aussi le bal qu'il donnait ce jour-là était-il somptueux et digne de toute façon du poste élevé qu'il occupait dans la province.

La foule encombrait ses salons resplendissans de lumière et éblouissans de dorures.

Toute la haute société du Pitic s'était donné rendez-vous au palais; les tables, couvertes d'or, étaient entourées par des joueurs qui, avec cette superbe insouciance qui caractérise les Mexicains, risquaient des sommes folles sur une carte. Dans une vaste salle, une musique, peut-être un peu sauvage pour nos oreilles européennes, réglait le pas des danseurs; enfin un salon particulier avait été réservé pour les dames. Dona Angela, belle à ravir, trônait au milieu de cet essaim de jolies femmes.

Mais, malgré tous les efforts du général pour plaire à ses invités et les exciter à se livrer au plaisir, la fête languissait; les jeunes femmes surtout, ordinairement si passionnées pour la danse, refusaient toutes les invitations; elles préféraient rester à causer entre elles dans le salon qui leur avait été abandonné.

C'est qu'en ce moment on traitait un point fort intéressant et qui avait le privilége d'exciter au plus haut degré toutes les curiosités féminines.

La nouvelle du débarquement des Français à Guaymas faisait le sujet de la conversation.

— Mon Dieu! s'écria une jeune femme avec un charmant sourire, est-ce que ces Anglais viendront ici?

— Sans doute, observa une autre; mais ce ne sont pas des Anglais, Guerida.

— Oh! vous vous trompez, Carmenuta, tous les étrangers sont Anglais, c'est à dire hérétiques : mon confesseur me l'a dit.

— Ils doivent être hideux! hasarda une troisième en avançant curieusement la tête.

— Mais non, je vous assure; ce sont des hommes comme les autres, répondit la seconde qui avait parlé, jolie brune aux yeux noirs, pétillans de malice. Je suis allée passer la Fête-Dieu à Guaymas avec mon oncle, et je les ai vus; il y en a même parmi eux qui sont assez bien.

— C'est impossible! s'écrièrent-elles en chœur, des hérétiques!

— Ils nous massacreront!

— On les dit fort cruels.

— Leur chef surtout.

Jusque là dona Angela était demeurée silencieuse, absorbée par ses pensées intimes; mais à cette parole elle redressa subitement la tête.

— Leur chef est un caballero! dit-elle d'une voix haute; c'est un *conde* dans son pays, et s'il est venu en Sonora, ce ne peut être que dans notre intérêt!

Toutes les jeunes femmes se turent, étonnées de cette étrange sortie de dona Angela; puis elles se mirent à chuchoter entre elles.

La jeune fille, fâchée de s'être ainsi imprudemment avancée, se mordit les lèvres, rougit légèrement, et se replongea dans sa rêverie.

En ce moment, don Sebastian entra dans le salon.

— Ah! voilà le général, s'écrièrent gaiement trois ou quatre jeunes filles, qui se levèrent et l'entourèrent avec empressement.

— Oui, me voici, senoritas, répondit-il en souriant; que désirez-vous de moi?

— Un renseignement seulement.

— Un renseignement, et lequel?

— Nous désirons savoir, fit dona Carmenuta... Puis elle se reprit : Ce n'est pas moi, général, ce sont ces dames.

—J'en suis persuadé, répondit galamment don Sébastian; soyez donc assez bonne pour vous faire leur interprète auprès de moi; que désirent-elles savoir?

— Ce que c'est que les *Ingleses* (Anglais).

— Quels *Ingleses*?

— Mais ceux qui ont débarqué à Guaymas.

— Ah! très bien!

— Vous nous le direz, n'est-ce pas, général, s'écrièrent-elles toutes à la fois.

— Si cela peut vous être agréable.

— Oh! beaucoup, beaucoup.

— D'abord, ce ne sont pas des Anglais.

— Mais, cependant, puisqu'ils sont étrangers?

Le général sourit à cette naïve observation; mais reconnaissant mentalement l'impossibilité de détruire une opinion aussi enracinée, il tourna la question.

— Ces hommes sont au nombre de deux cents et quelques.

— Tant que cela? s'écrièrent deux ou trois jeunes filles avec un geste de frayeur.

— Mon Dieu oui, tant que cela, senoritas; mais rassurez-vous, vous n'aurez rien à redouter d'eux, ils sont bons, serviables, et leur chef, entre autres, est un parfait caballero.

— Mais pourquoi viennent-ils ici?

— Ils venaient dans le but d'exploiter certaines mines.

— Pardon, mon père, observa dona Angela, qui avait attentivement écouté cet entretien à bâtons rompus, n'avez vous pas dit ils venaient?

— Oui, ma fille, je l'ai dit.

—Mais ils sont encore *al puerto* (au port), je pense.

— Ils y sont encore, oui; mais il est probable que bientôt ils partiront.

— Pour les mines?

— Non, pour retourner d'où ils viennent.

Dona Angela fronça imperceptiblement ses sourcils, mouvement qui dénotait chez elle une grave contrariété et une grande préoccupation intérieure, et elle se tut.

— Tant mieux! qu'ils s'en aillent, ces hérétiques, s'écria une des dames; ces Anglais maudits ne viennent dans notre pays que pour nous dépouiller.

— C'est vrai, appuyèrent chaleureusement la plupart des autres.

—Du reste, quoi qu'on en dise, je soutiens, moi, qu'ils sont laids à faire peur.

— Bah! fit une jeune fille avec un délicieux mouvement de tête, j'aurais voulu en voir un, moi, un seul, simplement pour savoir à quoi m'en tenir là-dessus.

— Je crains bien, dona Redempcion, répondit en souriant le général, qu'il vous soit maintenant impossible de satisfaire votre curiosité.

— Tant pis, car ce doit être extraordinaire, un hérétique! Sont-ils aussi laids que les *Indios bravos?*

— Ce n'est pas la même chose.

— Ah! et vous êtes certain, général, que je ne pourrai pas en voir? Cela me contrarie.

— Je le regrette, senorita.

— Et moi aussi. Mais, j'y songe, si l'un d'eux venait à Hermosillo?

— Cela leur est péremptoirement défendu, et ils se garderont bien de désobéir à l'ordre qu'ils ont reçu.

— Ah! fit-elle d'un ton boudeur.

Au même instant, la porte s'ouvrit avec fracas, et un domestique annonça d'une voix claire et parfaitement accentuée :

— Son Excellence le comte don Luis de Prébois-Crancé, Son Excellence don Cornelio Mendoza.

Si le comte avait l'intention de produire de l'effet, son but fut complétement atteint.

Son entrée imprévue fut un véritable coup

de théâtre et causa une émotion générale, dont certes il lui eût été impossible de calculer l'immense portée.

Toutes les dames s'étaient levées, et, groupées autour du général, elles examinaient d'un œil curieux et craintif le chef des aventuriers.

Le comte, dont le splendide costume de ranchero, qu'il portait avec une grâce inimitable, ajoutait encore au charme fascinateur répandu sur toute sa personne, fit quelques pas en souriant, salua à la ronde par un geste rempli de distinction, et attendit.

Le général était subitement devenu d'une pâleur livide.

L'annonce de l'arrivée du comte répandue dans les autres salons avec une rapidité incompréhensible, avait subitement arrêté les danses et les jeux, et tous les invités abandonnant les autres pièces, s'étaient élancés vers le salon où l'on disait que se trouvait le comte.

Cependant chaque seconde qui s'écoulait ajoutait encore à l'embarras de la position; le général le sentait et il cherchait vainement le moyen d'en sortir.

Don Luis comprit ou plutôt devina la perplexité du général; faisant alors deux pas en avant,

— Je suis confus, général, dit-il avec la plus exquise politesse, du trouble que j'ai involontairement causé parmi vos invités; il paraît que je n'étais pas attendu au Pitic.

Le général parvint à reprendre un peu d'assurance.

— Je l'avoue, caballero, répondit-il; cependant la visite impromptu que vous daignez me faire ne peut, croyez-le bien, que m'être fort agréable.

— Je le désire, général; cependant, à en juger par les regards dirigés sur moi de tous les côtés, il m'est permis d'en douter.

— Vous vous trompez, *senor conde*, reprit don Sebastian en essayant de sourire, depuis quelques jours la renommée s'est tellement occupée de vous, que l'empressement dont vous êtes en ce moment l'objet ne doit nullement vous étonner.

— Je désirerais, général, dit le comte en s'inclinant, que cet empressement fût plus amical; ma conduite depuis mon arrivée en Sonora aurait dû m'attirer plus de sympathies.

— Que voulez-vous? *senor conde*, nous sommes des sauvages, nous autres, dit le général avec un sourire railleur; nous avons le malheur de ne pas aimer ce qui nous vient du dehors, il faut nous excuser. Mais assez sur ce sujet. Quant à présent, ajouta-t-il en changeant de ton, permettez-moi, *senor conde*, puisque vous avez bien voulu devenir mon hôte, de vous présenter officiellement à ces dames, qui brûlent de faire plus ample connaissance avec vous.

Don Luis se prêta de bonne grâce au désir du général. Celui-ci, affectant alors la plus exquise courtoisie, présenta son hôte, ainsi qu'il l'avait nommé, aux personnes les plus influentes de la réunion. Puis il le conduisit auprès de sa fille, qui, depuis l'entrée du comte, était demeurée immobile à sa place, les yeux opiniâtrément fixés sur lui.

— Senor conde, dit le général, ma fille dona Angela; dona Angela, le comte don Luis de Prébois-Crancé.

Don Luis s'inclina respectueusement devant la jeune fille.

— J'ai depuis longtemps déjà l'honneur de connaître M. le comte, répondit-elle avec un sourire gracieux.

— En effet, dit le général feignant tout-à-coup de se souvenir; nous nous connaissons depuis longtemps, caballero.

— Ce n'était pas à moi à vous rappeler comment nous nous sommes connus.

— C'est vrai, comte, c'était à moi; croyez bien que je ne l'ai pas oublié.

— Ni moi, murmura la jeune fille, car je vous dois la vie, senor.

— Oh! senorita.

— Permettez, permettez, *senor conde*, fit le général avec une emphase certainement affectée, nous autres caballeros mexicains, nous avons la mémoire longue pour le bien comme pour le mal; vous avez risqué votre vie pour défendre la mienne, ceci est une de ces dettes que l'on aime à payer. Je suis votre débiteur, senor don Luis.

— Parlez-vous sérieusement, général? demanda le comte en le regardant fixement.

— Certes, caballero, ce sujet est trop sérieux pour que je le traite autrement; j'ajouterai même que mon plus vif désir serait de trouver bientôt l'occasion de m'acquitter envers vous.

— S'il en est ainsi, général, cette occasion, je puis vous la fournir à l'instant même, si vous me le permettez.

— Comment donc? fit le général un peu interdit de se voir ainsi prendre au mot, trop heureux de vous être agréable. Qu'exigez-vous de moi?

— Je n'exige rien, général, je désire seulement vous adresser une prière.

— Une prière? vous, don Luis? Oh! oh! et quelle est-elle, parlez?

— Je vous prie de vouloir bien m'accorder quelques minutes d'entretien particulier.

— Cette nuit?

— A l'instant même.

— Allons, reprit le général, j'espérais, pour quelques heures du moins, pouvoir faire trêve aux affaires, mais vous en ordonnez autrement, que votre désir soit satisfait, don Luis, un caballero n'a que sa parole.

— Veuillez me pardonner, général; je suis réellement confus de tant d'insistance, mais des raisons impérieuses...

— Pas un mot de plus, je vous en supplie, don Luis, ou vous me feriez supposer que vous attachez à cet entretien une importance qu'il ne saurait avoir.

Don Luis se contenta de s'incliner sans répondre.

Le général se tourna alors vers ses invités, dont la plupart, la première curiosité satisfaite, étaient retournés aux diverses distractions qu'ils avaient un instant abandonnées.

— Senoras et caballeros, dit-il, je vous prie de m'excuser si je vous quitte pour quelques instans, mais vous le voyez, le senor don Louis a ma parole, il me faut la dégager.

Les invités s'inclinèrent avec courtoisie.

Dona Angela avait, d'un signe imperceptible, appelé don Cornelio auprès d'elle, et usant de la liberté que les mœurs mexicaines donnent aux jeunes filles, elle causait avec lui à voix basse.

— Allez, mon père, dit-elle avec un doux sourire à l'adresse du comte, mais ne gardez pas longtemps le senor don Luis; maintenant que ces dames le connaissent, elles désirent vivement s'entretenir avec lui.

— Soyez tranquilles, mesdames, dans dix minutes nous reparaîtrons; entre le seigneur comte et moi, aucune discussion ne peut être longue.

— Dieu veuille que ce soit vrai, murmura intérieurement Louis; mais je crois le contraire.

Le général poussa son bras sous celui du comte, et l'entraînant à travers les salons, il le conduisit à une porte qu'il ouvrit.

— Entrez, caballero, lui dit-il.

Le comte entra, le général le suivit et ferma la porte avec soin derrière lui.

XX.

La pièce dans laquelle le général avait conduit le comte était un cabinet de travail. Don Sebastian indiqua un siége au comte, et lui-même en prit un autre.

Il y eut un instant de silence entre les deux hommes; ils s'examinaient avec soin. Tous deux avaient quitté, en passant le seuil de la porte du cabinet, la gaîté d'emprunt qu'ils affectaient sur leur visage, pour prendre une physionomie sévère et réfléchie plus en rapport avec les graves questions qu'ils allaient probablement débattre.

— J'attends, *senor conde*, dit enfin le général, qu'il vous plaise de vous expliquer.

— J'hésite à le faire, général, répondit don Luis.

— Vous hésitez, comte?

— Oui, parce dans ce que j'ai à vous dire, il y a des choses tellement délicates que je redoute presque de les aborder.

Le général se méprit au sens des paroles du comte, il ne pouvait comprendre l'exquise délicatesse qui les lui dictait.

— Vous pouvez parler sans crainte, lui dit-il, nul ne vous entendra; les précautions ont été prises pour que rien de ce qui se dit dans ce cabinet ne transpire au dehors; bannissez donc, je vous en prie, toute réserve, et expliquez-vous franchement.

— Je vais le faire, puisque vous l'exigez, dit-il; du reste, peut-être vaut-il mieux qu'il en soit ainsi; de cette façon, je saurai de suite ce que je dois craindre ou espérer.

— Vous devez tout espérer de moi, comte, fit le général d'une voix insinuante; je ne vous veux pas de mal, au contraire; je désire vous servir, et pour vous donner l'exemple de la franchise, je commencerai par vous déclarer que votre sort dépend de vous seul, et que le succès ou la ruine de votre entreprise sont également entre vos mains.

— S'il en est réellement ainsi, général, la discussion ne sera pas longue entre nous; mais permettez-moi d'abord de vous exposer mes griefs, afin de bien éclaircir la position.

— Faites.

— D'abord, permettez-moi une question: Connaissez-vous les conditions de mon traité avec le gouvernement mexicain?

— Je les connais d'autant mieux, comte, que je possède entre les mains un double de ce traité.

Don Luis fit un geste d'étonnement.

— Cela ne doit pas vous surprendre, continua le général; souvenez-vous de ce qui s'est passé à Mexico: n'est-ce pas à une personne influente, dont vous ignorez le nom, que vous avez dû de voir tomber les obstacles insurmontables qui s'opposaient à l'acceptation de votre traité par le président de la République?

— Je l'avoue.

— Cette personne, maintenant je puis vous le dire, c'est moi.

— Vous, général?

— Moi-même. Puis, lorsque tout fut conclu, rappelez-vous encore que je fus le premier actionnaire qui donna sa signature et déposa les fonds.

— Tout cela est parfaitement juste ; voilà ce qui rend pour moi d'autant plus incompréhensible la position étrange dans laquelle on m'a placé.

— Comment cela?

— Pardonnez-moi, général, la franchise avec laquelle je m'exprime.

— Allez toujours, comte ; nous sommes ici pour nous dire la vérité.

— C'est qu'en vérité, depuis mon arrivée à Guaymas, votre conduite a été pour moi inexplicable.

— Vous plaisantez; moi, je la trouve toute naturelle.

— Pourtant il me semble...

— Voyons, que trouvez-vous donc d'extraordinaire dans ma manière d'agir?

— Mais... tout!

— Précisez.

— C'est ce que je vais faire.

— Voyons.

— Faut-il prendre les faits dès le commencement?

— Certes!

— Fort bien. Vous savez, puisque vous avez le double de mon traité, qu'il y est dit que je ne demeurerai à Guaymas que le temps strictement nécessaire pour donner le temps à la société d'indiquer les étapes et de préparer les vivres et les fourrages?

— Parfaitement.

— Voici près de quinze jours que, sous différens prétextes, plus futiles les uns que les autres, je suis retenu au port. Comprenant combien l'inaction peut être nuisible à ma compagnie, je fais démarche sur démarche auprès du commandant général et auprès de vous-même ; à toutes mes lettres il est répondu par des fins de non recevoir.

— Continuez.

— Fatigué de cette position anormale, je parviens à obtenir mes passeports pour partir enfin aux mines; alors, qu'arrive-t-il, je reçois de vous, général, un pli qui m'intime l'ordre de ne pas sortir de Guaymas.

— Très bien, allez.

Don Luis, confondu par l'impassibilité de son interlocuteur, dont le visage demeurait calme et la voix tranquille, sentit malgré lui un commencement de colère fermenter au fond de son cœur.

— Enfin, général, dit-il en élevant la voix, j'ai le droit de vous demander nettement quel jeu nous jouons.

— Mais un jeu bien simple, mon cher comte, et je vous le répète, vous pouvez, si vous le voulez sérieusement, avoir tous les atouts dans la main.

— Je vous avoue que je ne vous comprends pas du tout.

— C'est impossible!

— Sur l'honneur! je vous aurai la plus sincère obligation de m'expliquer clairement ce qui se passe, car je vous certifie que je suis dans un chaos dont je désespère de sortir jamais.

— Cela dépend de vous seul.

— Pardieu! général, vous conviendrez que vous vous moquez de moi?

— Pas le moins du monde.

— Comment! sur la prière de votre gouvernement, je viens en Sonora avec la mission d'exploiter des mines ; c'est grâce à votre influence, vous-même l'avez avoué, que mon traité est signé; confiant dans la loyauté mexicaine, j'organise une expédition, j'arrive, et mes coassociés, vous tout le premier, se tournent contre moi et me traitent, non pas comme leur ami, leur représentant, non pas même avec les égards dus à un gentilhomme, mais ils affectent de me considérer presque comme un flibustier.

— Oh! comte, vous allez trop loin!

— Sur mon âme, général, il n'y a qu'au Mexique où l'on puisse voir des choses semblables.

— Mais non, comte, vous vous méprenez; personne ne cherche à vous nuire, au contraire.

— Cependant, jusqu'à présent, vous, un des plus forts actionnaires de la société, vous dont l'intérêt est en jeu, en un mot, qui auriez dû, grâce au pouvoir dont vous disposez, nous aider d'une manière efficace, vous ne vous êtes servi de ce pouvoir que pour entraver nos mouvemens et nous nuire de toutes façons.

— Oh! comte, quels termes vous employez-là.

— Mon Dieu! général, excusez-moi, mais il est temps que toutes ces vexations ridicules cessent et qu'il me soit permis de me rendre aux mines; tout cela a duré trop longtemps.

Le général parut réfléchir un instant.

— Voyons, franchement, dit il enfin, est-ce bien réellement que vous n'avez pas compris pourquoi j'agissais avec vous ainsi que je le fais?

— Je vous le jure.

— C'est étrange; pardonnez-moi à votre

tour, comte, mais j'avais de vous une toute autre opinion.

— Que voulez-vous dire?

— Ainsi vous n'avez pas deviné pourquoi moi, général, gouverneur militaire de l'Etat de Sonora, j'ai appuyé si chaudement votre requête auprès du président?

— Mais...

— Vous n'avez pas deviné, reprit-il vivement, pourquoi j'ai exigé que vos compagnons fussent bien armés et organisés militairement?

— Il me semble...

— Vous n'avez pas compris pourquoi je vous ai fait investir d'un pouvoir militaire aussi étendu que si vous étiez chef d'armée? Allons donc, comte, vous ne parlez pas sérieusement en ce moment, ou bien vous voulez lutter de ruse et de finesse avec moi.

En prononçant ces paroles avec une certaine véhémence, véritable cette fois, le général avait quitté son siége et marchait avec agitation dans le cabinet.

Le comte l'écoutait avec la plus grande attention, tout en l'examinant avec soin; lorsqu'il se tut, il répondit :

— Voici ce que j'ai compris, général, je vais vous le dire :

— Parlez.

— J'ai compris que le gouvernement mexicain, trop faible pour recouvrer par lui-même les riches placeres de la Plancha de Plata, que par son incurie il a laissées tomber au pouvoir des Indiens, ne demanderait pas mieux de voir faire par des étrangers cette expédition, dont il récolterait les plus grands bénéfices; j'ai compris, en outre, que le gouvernement ne pouvant efficacement protéger les habitans de la Sonora contre les incursions des Apaches et des Comanches, serait charmé que ces mêmes étrangers se chargeassent à leurs risques et périls de contenir ces féroces pillards dans les limites de leurs déserts; j'ai compris enfin que le général don Sebastian Guerrero, auquel j'ai été assez heureux pour sauver la vie, ainsi qu'à sa fille, et qui m'a conservé une si grande reconnaissance, avait saisi avec empressement l'occasion de me rendre à son tour un service, en mettant la grande influence dont il dispose à ma disposition, pour me faire obtenir ce que je sollicitais vainement depuis si longtemps; voilà tout ce que j'ai compris, général.

— Ah! c'est tout?

— Oui, me serais-je trompé?

— Peut-être.

— Alors soyez assez bon pour vous expliquer catégoriquement, général.

— A quoi bon, maintenant? il est trop tard, répondit le général en lui lançant un regard d'une expression indéfinissable.

— Pourquoi donc, trop tard?

Don Sebastian se rapprocha vivement du comte, et s'arrêtant en face de lui :

— Parce que maintenant, lui dit-il, nous ne pourrons jamais nous entendre.

—Vous le croyez, général?

— J'en suis sûr.

— Mais pour quelle raison?

— Vous voulez que je vous la dise?

— Je vous en prie.

— Eh bien! *senor conde*, cette raison la voici: vous êtes un homme de beaucoup d'esprit, d'une vaste intelligence, en un mot, vous êtes véritablement un homme d'élite.

— Général, je vous en supplie...

— Je ne vous flatte pas, comte, je dis ce qui est; malheureusement, bien que vous parliez l'espagnol avec une rare perfection, vous ne comprenez pas assez le mexicain pour que nous puissions jamais nous entendre.

— Ah! fit le comte, sans ajouter un mot de plus.

— J'ai raison, n'est-ce pas, et vous avez cette fois bien saisi le sens de mes paroles?

— Peut-être, général, dirai-je en vous renvoyant l'expression dont vous vous êtes servi il y a un instant.

— Très bien. Maintenant je crois que nous n'avons plus rien à nous dire.

— Quelques mots seulement.

— Parlez.

— Quoi qu'il arrive, général, en passant le seuil de cette porte, je ne me rappelle pas un mot de cet entretien.

— Comme il vous plaira, comte; nous n'avons rien dit que personne ne pût entendre.

— C'est vrai; mais d'autres comprendraient peut-être différemment que moi! Il y a tant de façons d'interpréter les paroles!

— Oh! les nôtres ont cependant été bien innocentes!

— En effet; j'espère, général, que nous ne nous quitterons pas ennemis.

— Et pourquoi serions-nous donc ennemis, mon cher comte? Je désire au contraire que la connaissance que nous avons ce soir si heureusement renouvelée se change avant peu — de votre côté du moins — car du mien, c'est déjà fait depuis longtemps, en une durable amitié.

— Vous me comblez réellement général.

— Ne vous dois-je pas la vie?

— Ainsi, je puis toujours compter sur vous?

— Comme sur vous-même, mon cher comte.

Ces paroles furent sifflées par les deux personnages avec une ironie si finement affilée que nul n'eût certes deviné, sous le sourire charmant qui plissait leurs lèvres, la rage et la haine qui gonflaient leurs cœurs.

— Maintenant, reprit le général, je crois que nous pouvons regagner les salons.

— Je suis à vos ordres, général.

Don Sebastian ouvrit la porte du cabinet et s'effaça; le comte passa devant lui.

— Jouez-vous, don Luis? lui demanda le général.

— Rarement; cependant si vous le désirez, je serai heureux de faire votre partie.

— Soit, venez par ici.

Ils entrèrent dans un salon où plusieurs tables de monte étaient installées.

Les joueurs se pressaient surtout autour d'une table, où un homme, ayant devant lui une masse d'or, jouait avec un incroyable bonheur.

Cet homme était don Cornelio. Après avoir, pendant quelque temps, causé avec dona Angela, l'Espagnol, attiré par le charme irrésistible de l'or, s'était approché des tables de monte, et, fasciné malgré lui, il s'était laissé aller à risquer les seules onces qu'il possédât.

La chance lui avait été favorable, si constamment favorable même, qu'il avait en moins d'une heure accaparé presque tout l'or des joueurs qui n'avaient pas craint de se risquer contre lui, si bien qu'il avait fini par gagner une somme énorme.

A l'instant où le comte et le général arrivaient près de lui, le dernier adversaire de don Cornelio se retirait complétement à sec, et, pour nous servir d'une expression assez triviale, le combat cessait faute de combattans, si bien que l'Espagnol, après avoir jeté un regard circulaire sur les assistans, voyant que personne ne se souciait davantage de lutter contre lui, s'occupait avec un inaltérable sang-froid de faire passer dans les vastes poches de ses *calzoneras* les onces amoncelées devant lui.

— Oh! oh! dit gaîment le général, il paraît que la société Atrevida est en veine cette nuit, senor don Luis, elle gagne de tous les côtés à la fois.

Le comte sourit à ce compliment à double tranchant.

— Voyons si je changerai la veine, moi, continua don Sebastian; me voulez-vous tenir tête, don Luis?

— A une condition, général.

— Laquelle? je l'accepte d'avance.

— La voici: j'ai une habitude particulière, c'est de ne jamais jouer que trois parties de suite.

— Bien.

— Attendez; mais je joue ces trois parties toujours en doublant.

— Oh! oh! et si vous perdez une de ces trois parties?

— Cela ne fait rien, pourtant je ne crois pas perdre, dit-il avec un calme parfait.

— Comment! vous ne croyez pas perdre?

— Non, je vous avoue que j'ai beaucoup de bonheur au jeu; c'est peut-être parce que je tiens fort peu au bénéfice que je puis en retirer.

— C'est possible; cependant ce que vous me dites me semble si étrange que je serais curieux de m'en assurer.

— Il ne tient qu'à vous.

Peu à peu les invités s'étaient rapprochés des deux hommes et s'étaient groupés autour d'eux. Dona Angela s'était avancée aussi et se trouvait placée presque auprès de don Luis.

— Allons, continua le général, jouons trois parties.

— A vos ordres.

— Combien plaçons-nous?

— Ce qu'il vous plaira.

— Deux mille piastres, voulez-vous?

— Parfaitement.

Le général prit un jeu de cartes neuf renfermé encore dans son enveloppe.

— Si cela vous est égal, dit-il, nous ne taillerons ni l'un ni l'autre.

— Comme vous voudrez.

— Mais qui taillera?

— Moi! s'écria subitement dona Angela, en s'emparant du jeu de cartes.

— Oh! oh! fit le général en souriant, prenez garde, don Luiz, ma fille se met contre vous.

— Je ne puis croire que la senorita soit mon ennemie, répondit le comte en saluant la jeune fille.

Dona Angela rougit, mais elle ne répondit pas; elle décacheta le paquet et battit les cartes.

— Va pour deux mille piastres, dit le général; taille, mon enfant!

Elle commença alors à retourner les cartes.

— Perdu! dit-elle au bout d'un instant.

— C'est vrai, fit le général, j'ai perdu. Voyons la seconde. *Caramba!* fais attention, Nina, cette fois il s'agit de quatre mille piastres.

— Perdu ! dit-elle.

— Encore ? c'est singulier. Allons, don Luis, la dernière.

— Peut-être vaudrait-il mieux nous arrêter ; ni vous ni moi, général, ne nous soucions guères de cet or.

— Voilà pourquoi je désire faire la troisième partie; d'ailleurs le hasard peut vous avoir favorisé jusqu'à présent.

— Ne vous ai-je pas prévenu?

— Voyons! voyons! Je veux en avoir le cœur net.

— Perdu! dit une troisième fois la jeune fille de sa voix harmonieuse.

— *Caramba!* ceci est réellement singulier ; je vous dois quatorze mille piastres, don Luis; je reconnais que vous avez réellement un bonheur extraordinaire.

— Je le sais, répondit le comte, toujours froid; maintenant, permettez-moi de vous quitter. Senorita, agréez mes remerciemens pour le gracieux concours que vous avez bien voulu me prêter en cette circonstance.

La jeune fille s'inclina toute honteuse et toute rougissante.

—Demain, au point du jour, les quatorze mille piastres seront chez vous, don Luis.

— Ne vous pressez pas, général, j'aurai l'honneur de vous revoir.

Le comte prit alors congé et se retira avec don Cornelio, accompagné obséquieusement jusqu'à la porte du dernier salon par le général.

— Double traître! murmura le comte en se mettant en selle; prends garde à toi! car maintenant je vois ton jeu; malgré toute ta finesse, tu m'as laissé deviner le dessous de tes cartes!

Et le comte, suivi de son escorte, regagna pensif la maison qu'il habitait. Il réfléchissait aux moyens à employer pour déjouer les machinations de ses ennemis et mener à bien son expédition.

Quant à don Cornelio, il ne pensait qu'à une chose : à la chance qu'il avait eue pendant la soirée, et tout en galopant auprès de don Luis, il calculait mentalement le nombre d'onces qu'il avait gagnées, ce dont il n'avait pu encore s'assurer avec certitude.

XXI.

Le caractère américain est composé de contrastes : une des plus singulières bizarreries de ce caractère est la loyauté et la ponctualité avec lesquelles les dettes de jeu sont payées. L'homme qui, sans remords, en assassinerait un autre pour lui voler deux réaux, ne manquera pas, si forte que sera la dette de jeu qu'il aura contractée envers lui, de le solder dans les vingt-quatre heures.

Le lendemain, en se réveillant, don Luis trouva sur la table de sa chambre plusieurs sacs de toile remplis d'onces; ils contenaient les quatorze mille piastres perdues la nuit précédente par le général, et qu'il avait envoyées au lever du soleil.

Louis fut contrarié de cette ponctualité, à laquelle, dans son ignorance des mœurs mexicaines, il était loin de s'attendre; elle lui parut de mauvais augure.

Il s'habilla, et après avoir déjeuné il laissa don Cornelio occupé à compter son gain de la veille, et s'enveloppant dans son manteau, il sortit dans l'intention de visiter la ville.

Comme il lui fallait dans sa promenade passer devant le palais, il profita de cette circonstance pour remettre sa carte à un criado du général, ne voulant pas, après la conversation qu'il avait eue avec lui, avoir l'air de trop se presser de le revoir, et se réservant de lui faire en personne une visite le lendemain.

Le comte resta plusieurs heures à parcourir la ville, visitant les églises, dont deux ou trois sont assez belles, et fumant quelques cigarettes sur l'Alameda, charmante promenade garnie d'arbres touffus, où chaque soir le beau sexe du Pitic vient respirer le frais.

Enfin le comte regagna sa maison, s'enferma dans sa chambre et s'occupa de sa correspondance jusqu'à une heure assez avancée de la nuit.

Le lendemain, ainsi qu'il l'avait résolu, il se dirigea vers le palais.

Il était fermé.

Le général, appelé par une affaire importante, était parti la veille à quatre heures du soir, à cheval, n'emmenant avec lui qu'une faible escorte de lanciers. Mais, ajouta l'homme qui donnait au comte ces renseignemens, l'absence de Son Excellence le général ne peut être longue, et il est probable qu'avant quatre ou cinq jours, il sera de retour.

Le comte, quoi qu'il fît, ne put rien obtenir de plus positif.

Les Mexicains, si bavards et si hâbleurs d'ordinaire, deviennent, lorsque leur intérêt l'exige, muets comme des poissons, et alors il est impossible, par or ni par promesses, de leur faire sortir une seule syllabe de la bouche.

Don Luis se retira fort contrarié de ce contre-temps, qui lui parut préparé exprès; cependant, afin d'éclaircir ses soupçons, et ne voulant pas, dans une circonstance aussi grave, agir légèrement et commettre d'imprudence, bien que le procédé du général à son égard lui semblât peu convenable et un peu trop sans façon, il résolut d'attendre quelques jours, afin de bien mettre la raison de son côté, en constatant que le départ de don Sebastian avait été prémédité dans le but d'éviter toute explication ultérieure avec lui.

Chaque jour, le comte envoyait un de ses hommes au palais s'informer si le général était de retour; la réponse était toujours la même: le général était absent, mais il était évident qu'il ne tarderait pas à revenir, on l'attendait d'un moment à l'autre.

Huit jours se passèrent ainsi. Un autre sujet d'inquiétude vint encore augmenter les ennuis du comte, et l'impatience commençait à s'emparer de lui.

En quittant Guaymas, il avait donné l'ordre à l'officier auquel il avait confié le commandement provisoire de la compagnie, de se mettre en route pour le venir joindre au bout de quatre jours.

La compagnie devait être, non seulement en route depuis quatre jours, mais encore elle aurait dû être arrivée au Pitic, puisque quinze lieues seulement séparent les deux villes, c'est à dire une étape ordinaire, distance qu'une troupe armée, marchant au pas de route, peut facilement franchir entre deux soleils; pourtant depuis son départ du port, le comte n'avait reçu aucune nouvelle, aucune réponse à ses lettres, et la compagnie ne paraissait pas.

Que s'était-il passé depuis son départ de Guaymas?

Quelles nouvelles entraves avait-on encore mises aux mouvemens de la compagnie?

D'où provenait ce retard incompréhensible de quatre jours?

Pourquoi l'officier qu'il avait laissé à sa place ne l'avait-il pas informé de ce qui était arrivé?

Ses courriers auraient-ils été interceptés sur la route?

Pourquoi Valentin ou Curumilla, ces deux hommes résolus et dévoués, pour lesquels les obstacles les plus grands n'existaient pas, n'étaient-ils point venus l'avertir?

Ces suppositions, et bien d'autres encore qui se présentaient en foule à l'esprit bourrelé du comte, le mettaient dans un état de surexcitation morale impossible à décrire; il ne savait à quoi se résoudre, quel moyen employer pour acquérir une certitude cent fois préférable au doute qui le rongeait.

Enfin il résolut d'expédier à franc étrier, à Guaymas, don Cornelio, à qui il croyait pouvoir se fier. Don Cornélio était absent, on le chercha sans pouvoir le trouver.

Ce nouveau contre-temps mit le comble à l'impatience fébrile du comte; il monta à cheval et partit dans l'intention d'explorer les environs de la ville, dans l'espoir secret de découvrir quelques traces de ses compagnons, ou du moins d'apprendre de leurs nouvelles.

Pendant les quatre heures qu'il galopa dans toutes les directions, il ne vit rien, il n'apprit rien; il tourna bride en proie à une grande tristesse et à un profond découragement.

En approchant de sa maison, le bruit d'une jurana arriva jusqu'à lui; il pressa le pas de son cheval.

Don Cornelio, assis nonchalamment sur un *equipal* (tabouret), sous le *saguan* (vestibule) de la maison, râclait sa guitare en chantant, selon sa coutume, son inévitable romance du roi Rodrigue.

En apercevant don Luis, l'Espagnol jeta son instrument loin de lui et se leva vivement en poussant un cri de joie.

— Enfin! s'écria-t-il.

— Comment, enfin? répondit le comte, je trouve l'exclamation curieuse, quand on vous cherche depuis ce matin sans pouvoir vous mettre la main dessus.

L'Espagnol sourit mystérieusement.

— Je le sais, dit-il, mais l'endroit n'est pas propice pour causer. Don Luis, voulez-vous me permettre de vous accompagner dans votre cuarto?

— Avec le plus grand plaisir; d'autant plus que moi aussi j'ai à vous parler.

— Alors, cela se trouve à merveille.

Arrivé dans la chambre, don Luis se tourna vers son compagnon.

— Eh bien! lui demanda-t-il, qu'avez-vous à me dire?

— Voilà: ce matin, selon mon habitude de chaque jour, je me promenais, après déjeuner, en fumant un papelito, lorsqu'au coin de la calle de la Merced et de la calle San-Francisco, je me sentis légèrement toucher le bras; je me retournai vivement; une femme charmante, ou du moins je le suppose, car il m'a été impossible de distinguer ses traits, tant elle était cachée avec soin dans les plis de son rebozo, me faisait signe de la suivre. Qu'auriez-vous fait à ma place, don Luiz?

— Je ne sais, mon ami ; mais je vous en prie, soyez bref, je suis pressé.

— Hum ! moi, je la suivis ! Vous savez que j'ai une idée sur les femmes mexicaines, et que je suis convaincu qu'un jour ou l'autre...

— Au nom du ciel ! mon ami, venez au fait, interrompit don Luis en frappant du pied avec impatience.

—J'y arrive : je la suivis donc; elle entra dans l'église de la Merced, j'y entrai après elle; l'église était déserte en ce moment, ce qui me fit un sensible plaisir.parce qu'alors, vous comprenez, on peut causer à son aise... Ne vous impatientez pas, m'y voici : lorsque je fus arrivé dans un angle assez obscur, la jeune et charmante femme, car je maintiens qu'elle est charmante, se retourna si subitement, que je faillis lui marcher sur les pieds tant j'étais près d'elle. — N'êtes-vous pas don Cornelio Mendoza ? me demanda-t-elle.—Oui, répondis-je.—En ce cas, dit-elle, vous êtes ami du comte. Je devinai de suite que c'était de vous que mon inconnue voulait parler. — Je suis son intime ami, repris-je. — C'est bien, fit-elle en tirant de son corsage une petite lettre qu'elle plaça dans ma main; remettez-lui ce billet le plus tôt possible; il s'agit de choses excessivement graves. Je saisis le papier sur lequel je jetai machinalement les yeux; lorsque je les relevai, l'inconnue avait disparu, fui comme un sylphe sans laisser de traces; il me fut impossible de la rejoindre, cette diable d'église était si obscure.

— Eh bien ! et ce papier, où est-il, demanda don Luis.

— Le voici ! Oh! je ne l'ai pas perdu, il m'a été trop chaudement recommandé.

Le comte le prit, et sans le regarder, le jeta sur sa table; depuis son arrivée au Pitic, il en recevait chaque jour une vingtaine sans avoir voulu une fois répondre à un seul ; il ne les lisait même plus, tant il était convaincu qu'ils contenaient tous la même chose.

— Et maintenant, dit-il, vous avez fini, n'est-ce pas?

— Oui.

— Alors écoutez-moi à votre tour : vous vous allez à l'instant monter à cheval, partir pour Guaymas, remettre cette lettre à don Valentin, et m'apporter la réponse. Est-ce dit ?

— Certes.

— Je puis me fier à votre diligence ?

— Je pars.

Et il sortit; dix minutes plus tard, don Luis entendit résonner sur le cailloutis du vestibule le galop précipité de son cheval.

— Demain, à cette heure, je saurai enfin à quoi m'en tenir, murmura don Luis.

Il se jeta sur une butacca, et appuyant les coudes sur la table, il cacha sa tête dans ses mains et se plongea dans de profondes réflexions.

Dans cette position, ses yeux se fixèrent malgré lui sur le billet que lui avait remis don Cornelio et qui se trouvait juste devant lui.

Un sourire pâle glissa sur ses lèvres.

— Pauvres folles! murmura-t-il, qui ne rêvent qu'au plaisir et à l'amour, pour lesquelles la vie n'est qu'une longue fête; qu'ai-je besoin de vos protestations menteuses, auxquelles je ne saurais répondre ; l'amour, pour moi, n'existe plus désormais. Comme toutes celles qui l'ont précédée, celle ci, sans doute, me jure un amour éternel, qu'elle oubliera demain. A quoi bon m'occuper de pareilles niaiseries ? mon cœur est mort à la joie, bien mort, hélas!

Et il repoussa le papier.

La nuit tombait rapidement, le comte enflamma une allumette chimique, afin d'obtenir de la lumière; mais, ainsi que cela arrive souvent aux gens préoccupés, lorsqu'il voulut communiquer la flamme de l'allumette au candil, il s'aperçut que déjà l'allumette, à demi consumée, allait lui brûler les doigts. Alors, machinalement, il prit le billet qu'il avait repoussé, le replia et se prépara à le tordre; mais tout à coup il s'arrêta, jeta sur le parquet l'allumette, qui s'éteignit aussitôt, en enflamma une autre, et lut ce billet, si dédaigné un instant auparavant.

Voici ce qu'il contenait :

« Une personne qui s'intéresse au comte don Luis le prie, dans son intérêt, de se trouver ce soir, à dix heures, à l'Alameda, dans la première allée à gauche. Une personne assise sur le troisième banc lui dira : « Guaymas » ; il répondra : « Atrevida », et la suivra à distance, sans lui adresser d'autres questions, dans l'endroit où elle a mission de le conduire et où le comte apprendra des choses que, pour son salut et celui de ses compagnons, il lui importe de connaître. »

Cette étrange missive n'était pas signée.

— Qu'est-ce que cela veut dire ? murmura le comte ; est-ce une mystification ? Dans quel but ? Est-ce un piége que l'on me tend, un guet-apens dans lequel on veut me faire tomber ? Vive Dieu ! je le saurai. Quelle heure est-il ?... neuf heures ; j'ai encore une heure devant moi. Si c'est un assassinat que médite mon mystérieux correspondant, il trouvera à qui parler. Qui sait? peut-être est-ce réellement un bon avis que me veut donner un ami inconnu ; je le verrai bien !

Tout en disant cela, le comte avait quitté ses habits pour en endosser d'autres de couleur sombre; il boucla son ceinturon, à l'anneau de fer duquel, selon la coutume mexicaine, il passa un machete sans fourreau, il attacha deux excellens revolvers à six coups à sa ceinture, s'enveloppa avec soin dans les plis d'un large manteau, rabaissa sur ses yeux les ailes de son chapeau de poil de vigogne, et se disposa à sortir.

— Pardieu ! dit-il en franchissant la porte de sa maison, armé comme je le suis, je crois que les bandits qui m'attaqueraient pourraient en être pour leur courte honte.

Au moment où le comte mettait le pied dans la rue, le quart moins de dix heures sonnait à l'horloge du cabildo.

— J'ai juste le temps, dit-il.

Et il se mit à marcher rapidement.

La nuit était sombre, les rues désertes.

Ainsi que le comte l'avait prévu, il arriva à l'Alameda, juste comme dix heures sonnaient.

— Voyons, fit-il,

Il s'avança alors d'un pas assuré, mais regardant attentivement autour de lui, et la main sur ses armes, de crainte de surprise.

Se conformant aux instructions de la lettre, il se dirigea vers l'allée qui lui avait été désignée; bientôt il distingua une forme noire qu'il reconnut être une femme assise sur un banc; le comte eut alors honte de ses soupçons, il abandonna la poignée de ses armes, et, par réflexion, il fut sur le point de retourner sur ses pas, supposant que ce rendez-vous n'était pas aussi sérieux qu'il l'avait cru d'abord. Cependant, après une minute d'hésitation, il se résolut à pousser l'affaire jusqu'au bout et marcha vers l'inconnue, toujours impassible.

A l'instant où il allait la dépasser, elle toussa légèrement ; le comte se retourna.

— Guaymas! dit-elle à demi-voix.

— Atrevida! répondit-il sur le même ton.

— Venez.

— Marchez.

L'inconnu se leva et sans se retourner une seule fois, d'un pas ferme et accéléré, elle franchit l'Alameda dans toute sa longueur, prit une petite rue habitée par les leperos et la population pauvre de la ville, et arrivée devant une maison d'apparence assez misérable, elle s'arrêta, ouvrit la porte avec une clé qu'elle tenait à la main et entra en ayant soin de laisser la porte ouverte derrière elle.

Le comte arriva un instant après et entra sans hésiter. Il se trouva dans d'épaisses ténèbres, et entendit avec un serrement de cœur la porte se fermer derrière lui.

— Il est évident que je suis dans un guépier, pensa-t-il.

— Ne craignez rien, dit tout à coup une voix douce et mélodieuse presqu'à son oreille, vous n'avez rien à redouter, ces précautions ne sont pas prises contre vous.

L'accent affectueux et triste de cette voix rassura complétement le comte.

— Je ne crains rien, dit-il; si j'avais eu peur d'une embûche, serais je venu?

— Ecoutez, les momens sont précieux, je ne puis disposer que de quelques instans à peine.

— J'écoute.

— Vous avez des ennemis puissans, un surtout a juré votre perte. Prenez garde! vous n'avez pas voulu servir ses projets et vous faire un agent de désordre, afin de lui faire atteindre le but qu'il ambitionne, cet homme a résolu votre mort.

— Je méprise les menaces de cet homme, je le connais.

— Peut-être, je ne nomme personne; du reste, il n'est pas le seul contre vous ; si vous voulez déjouer les projets de vos ennemis, agissez avec vigueur, surtout soyez prudent, la trahison est partout au Mexique, on la respire dans l'air, ne vous confiez qu'à des hommes longtemps éprouvés; vous avez des traîtres jusque parmi ceux qui vous approchent le plus près.

— Mais que veulent mes ennemis?

— Vous perdre, vous dis-je, parce que vous avez refusé de vous faire leur complice.

— Oh! je me vengerai.

— Prenez garde! surtout ne restez pas plus longtemps ici, vos ennemis agissent dans l'ombre d'autant plus sûrement qu'ils vous savent éloigné. Rejoignez vos compagnons.

— C'est ce que je ferai cette nuit même.

— Oui; mettez-vous tout de suite en route pour les mines ; si vous pouvez les atteindre avant qu'ils soient complétement en mesure de lever le masque, vous êtes sauvé.

— Merci de ce conseil, je le suivrai.

— Maintenant, adieu.

— Adieu? fit le comte avec un accent de regret.

— Nous ne devons pas nous revoir.

— Comment! après le service signalé que vous me rendez en ce moment...

— Il le faut, tout nous sépare.

— Dites-moi un mot seulement.

— Lequel ?

— D'où provient l'intérêt que vous daignez me témoigner.

— Connaît-on jamais le mobile des actions des femmes?

— Oh! vous me raillez, senora, c'est mal.

L'inconnue soupira.

— Non, don Luis, reprit-elle, je ne vous raille pas. Qu'avez-vous besoin de me connaître? Qu'il vous suffise de savoir que je veille sur vous; n'en cherchez pas le motif.

— C'est, au contraire, ce motif que je désire savoir.

— Si je vous disais que je vous aime, me croiriez-vous, don Luis? répondit-elle avec tristesse.

— Oh! fit-il avec émotion, je vous plaindrais, madame, de vous attacher à un malheureux tel que moi, dont la vie n'a été qu'une longue douleur.

— Ignorez-vous donc que, nous autres femmes, ce sont surtout les malheureux que nous aimons? Notre mission sur la terre n'est-elle pas de consoler ?

— Madame, je vous en supplie, ne me laissez pas vous quitter ainsi ; j'emporterais dans le cœur une douleur que rien ne pourrait guérir.

— J'ai eu tort de venir, murmura-t-elle tristement.

— Oh! ne dites pas cela, madame, lorsque peut-être vous m'avez sauvé la vie.

— Adieu, don Luis, répondit-elle avec un accent d'ineffable douceur, il faut nous séparer. Quoi qu'il arrive, souvenez-vous que vous avez une amie dévouée, une sœur.

— Une sœur! dit-il avec amertume; soit, puisque telle est votre volonté, je n'insiste pas, madame.

— Prenez cette bague, puisque vous voulez absolument savoir qui je suis; mon nom est gravé dessus; seulement promettez-moi de ne pas lire ce nom avant trois jours.

— Je vous le jure, répondit-il en tendant la main dans l'ombre.

Une main saisit la sienne, la pressa doucement, y laissa une bague, puis il entendit un léger frou-frou soyeux, la douce voix murmura une dernière fois le mot adieu.

Le comte entendit une porte se fermer et ce fut tout.

Au bout d'un instant la porte qui lui avait donné accès dans la maison se rouvrit.

Don Luis s'enveloppa dans son manteau et sortit en proie à une vive agitation. Il regagna sa demeure en toute hâte; de loin il aperçut un homme arrêté devant sa maison.

Le comte, par un pressentiment secret dont il ne put se rendre compte, pressa le pas.

— Valentin! s'écria-t-il tout à coup avec un geste d'étonnement.

—Oui, mon frère, répondit celui-ci; heureusement j'ai rencontré don Cornelio. Ton cheval est prêt, ton escorte en selle, viens, partons.

— Comment? que se passe-t-il donc? s'écria-t-il avec inquiétude.

— Partons! partons! en chemin, je te dirai tout.

Cinq minutes plus tard, les aventuriers s'éloignaient à toute bride sur la route du Pitic à Guaymas.

XXII.

Nous laisserons don Luis et Valentin galoper sur la route de Guaymas, et nous expliquerons au lecteur ce qui s'y était passé.

La compagnie française formée à San-Francisco n'était pas entièrement au complet lorsque le chasseur vint apporter à son ami les fonds dont celui-ci avait besoin; une dizaine d'hommes environ manquaient encore. Pressé par le temps, et désirant se rendre le plus tôt possible en Sonora, don Luis négligea d'employer les mêmes précautions pour l'enrôlement de ces dix hommes que celles dont il avait usé envers les autres. Il prit un peu ce qu'il trouva sous sa main. Malheureusement, au nombre de ces nouveaux enrôlés se glissèrent quatre ou cinq mauvais sujets auxquels tout frein était insupportable, et qui n'étaient entrés dans la compagnie que poussés par cet instinct du mal qui gouverne les natures vicieuses, c'est à dire avec l'intention secrète de commettre tous les méfaits qui leur seraient profitables dès qu'ils seraient au Mexique.

Pendant la traversée de San-Francisco à Guaymas, et même tout le temps que le comte demeura dans la ville, ces individus évitèrent avec soin de se faire connaître pour ce qu'ils étaient, craignant avec raison un châtiment exemplaire; mais aussitôt que le comte eut quitté Guaymas pour se rendre au Pitic, ils levèrent le masque, et, en compagnie de quelques drôles de leur espèce qu'ils avaient raccolés dans les mauvais lieux du port, ils commencèrent une vie de désordre et de débauche.

Le colonel Florès et don Antonio ne manquèrent pas de profiter, avec leur habileté féline, des mauvaises dispositions de ces individus, après lesquels ils détachèrent des gens qui, loin de chercher à les faire rentrer dans le devoir, les excitèrent encore par tous les moyens à redoubler d'inconduite.

Ces émissaires, convenablement stylés par les deux ennemis du comte, firent adroitement courir le bruit que don Luis avait sciemment trompé ses compagnons, que les mines de la Plancha de Plata n'existaient pas, qu'il n'avait obtenu aucune concession et que son but était tout différent de celui qu'il avait déclaré à ses compagnons.

Ces calomnies, d'abord faibles et pour ainsi dire honteuses de se manifester au grand jour, prirent en peu de temps de la consistance, et une grande fermentation se manifesta dans la compagnie.

Les officiers, justement inquiets de ce qui se passait, se réunirent en conseil et résolurent d'avertir le comte de l'état alarmant des choses et des dangers qui menaçaient l'expédition.

Le colonel Florès, comme délégué du gouvernement, assistait à ce conseil; il fut d'avis d'expédier séance tenante un courrier au comte.

Ce courrier fut en effet expédié, mais intercepté presque aussitôt.

Ceci se passait le troisième jour après le départ du comte. L'officier auquel il avait laissé le commandement après son départ, rassuré par l'envoi du courrier et voulant mettre sa responsabilité à couvert en exécutant les ordres qu'il avait reçus, fit le quatrième jour au matin sonner l'assemblée et donner l'ordre du départ.

Des murmures éclatèrent de toutes parts, des cris et des vociférations se firent entendre, et pendant quelque temps ce fut un désordre et un chaos inextricables.

Le colonel Florès était accouru à la nouvelle de ce qui se passait; il insinua qu'il serait peut-être imprudent de quitter Guaymas dans l'état d'effervescence où les soldats se trouvaient, que de grands malheurs pourraient être la suite de ce départ, que peut être vaudrait-il mieux attendre le retour du comte, qui, averti par le courrier expédié la veille, ne tarderait sans doute pas à arriver, et cent autres raisons plus ou moins spécieuses.

Mais le commandant par intérim était un vieux soldat d'Afrique, rompu à la discipline et qui ne connaissait que sa consigne. Il répondit brusquement au colonel, qu'il le priait de se mêler de ses affaires; que ce qui se passait ne le regardait nullement; que quant à lui, il avait des ordres et qu'il les exécuterait, quelles qu'en dussent être les conséquences.

Le colonel Florès, se voyant si vertement admonesté et reconnaissant qu'il avait fait fausse route, changea immédiatement ses batteries, et se rangea complétement à l'avis de l'officier, qu'il engagea à persévérer dans la conduite qu'il avait tenue jusqu'alors, et à ne pas faiblir devant l'insubordination de ses soldats.

Le commandant haussa les épaules avec dédain à ces nouvelles suggestions du digne colonel, et s'avançant au milieu de la cour où les soldats, disséminés par groupes de trois ou quatre, péroraient en gesticulant, il ordonna aux clairons de sonner l'assemblée.

Ceux-ci obéirent,

Les aventuriers huèrent les clairons et redoublèrent de cris et de vociférations.

Le commandant restait impassible à la place qu'il avait choisie, les bras croisés sur sa poitrine.

Lorsque les clairons eurent fini de sonner, il tira sa montre et regarda froidement l'heure.

Les révoltés le surveillaient du coin de l'œil; les autres officiers étaient venus se ranger autour de leur chef.

— Allez à vos sections, messieurs, leur dit-il d'une voix claire qui, bien que ne sortant pas des limites de la conversation, fut cependant entendue distinctement de tous; vos hommes ont cinq minutes pour prendre leurs rangs; nous partons dans un quart d'heure.

Un ricanement prolongé accueillit ces paroles.

Le commandant remit son sabre au fourreau, et d'un pas mesuré il s'avança droit vers un des mauvais drôles cause du tumulte, et qui semblait particulièrement le narguer.

Cet homme tressaillit en voyant son chef se diriger vers lui; instinctivement il jeta un regard derrière lui.

Les cris avaient cessé; les aventuriers examinaient en chuchotant entre eux ce qui allait se passer.

Lorsque le commandant ne fut plus qu'à deux pas de l'homme dont nous avons parlé, il s'arrêta, et le regardant bien en face :

— Est ce que c'est de moi que vous vous moquiez tout à l'heure? lui dit-il.

L'autre hésita à répondre.

— Ce n'est pas votre chef qui vous parle en ce moment, continua l'officier, c'est l'homme que vous avez insulté.

L'aventurier sentait peser sur lui les regards de tous ses compagnons; il reprit toute son effronterie.

— Eh bien! après? dit-il insolemment.

— Après? reprit paisiblement l'officier, vous êtes un drôle!

— Un drôle! fit l'autre avec colère; ah çà, dites donc, vous, prenez garde à vos paroles, hein!

— Vous êtes un drôle! je le répète, et je vais vous châtier.

— Me châtier? dit-il en ricanant; venez-y donc!

— Donnez un sabre à ce misérable, fit l'officier en se tournant vers les assistans.

— Un sabre, pourquoi faire?

— Pour me donner satisfaction de votre insulte.

— Moi, est-ce que je sais me battre au sabre?

— Ah! c'est ainsi! reprit l'officier; vous m'insultez parce que vous vous croyez soutenu par vos camarades, et que moi, je suis seul; mais vos camarades sont de braves gens; ils me connaissent et ne voudraient pas m'insulter.

— Non, non, reprirent quelques voix.

— Tandis que vous, vous êtes un misérable lâche, indigne de faire plus longtemps partie de la société. Je vous chasse! vous n'êtes pas Français!... allez!

Alors, avec une force dont on était loin de se douter, l'officier saisit cet homme par le collet de son habit, le fit pirouetter et le lança à vingt pas.

Il se releva et se sauva à toutes jambes poursuivi par une huée générale.

L'officier ne s'était pas trompé, cet homme n'était pas Français, il était... mais à quoi bon divulguer sa nationalité, une nation tout entière ne doit pas être responsable des méfaits d'un seul homme.

Lorsqu'après cette exécution sommaire l'officier se retourna, tous les aventuriers avaient pris leurs rangs et se tenaient immobiles et silencieux.

Le commandant n'adressa de reproches à personne, il ne fit pas de récriminations, il n'eut pas l'air de se souvenir de la résistance que d'abord on avait opposée.

Tous les hommes sont les mêmes : pour les dompter, il faut bien leur prouver qu'on a sur eux une supériorité quelconque.

Le colonel Florès était stupéfait; il ne comprenait rien à ce qui se passait sous ses yeux.

— Hum! murmura-t-il intérieurement, quelle énergie! quel courage! Je crois que nous n'aurons pas facilement raison de pareils hommes!

Le commandant, après s'être d'un coup d'œil assuré que la compagnie était bien réellement rentrée dans le devoir, donna enfin l'ordre du départ.

Cet ordre, répété aussitôt par les officiers subalternes, fut exécuté sans le moindre murmure, et les aventuriers se mirent en marche, précédés d'une longue file de mules portant les bagages, et de deux ou trois chariots contenant quelques malades. Les pièces de canon (car le comte avait jugé nécessaire d'augmenter son artillerie) venaient au centre, traînées par des mules. La marche était fermée par la cavalerie, dont un détachement de dix hommes seulement avait été soustrait pour former l'avant-garde de la colonne.

Don Antonio Pavo était venu se joindre à la troupe, afin de lui faire ses adieux.

Les Français traversèrent Guaymas au pas accéléré au milieu des cris de bon voyage et des souhaits de réussite de la population groupée sur leur passage.

Don Antonio accompagna la compagnie jusqu'à la sortie du rancho de San-José, qui est, pour ainsi dire, le faubourg de Guaymas. Arrivé là, il prit congé des officiers de la manière la plus amicale, en leur réitérant ses offres de service, et, après avoir serré la main du colonel Florès, qui, lui, continuait à accompagner les aventuriers, et avoir échangé un coup d'œil avec lui, il retourna au port.

Il était tard lorsque les Français s'étaient mis en route; la chaleur était accablante, ils ne purent en conséquence faire beaucoup de chemin, tant à cause de la fatigue que de la lenteur de leur marche, retardée encore par les fourgons et les mules qu'ils emmenaient avec eux.

Au coucher du soleil, ils campèrent à l'entrée d'un petit village situé à peu près à cinq lieues de la ville.

Le commandant croyait avoir tout gagné en parvenant à faire quitter Guaymas à la compagnie : il se trompait, il n'en était rien; les fermens de discorde adroitement répandus parmi les aventuriers couvaient silencieusement parmi eux, soigneusement entretenus par les hommes dont nous avons parlé. L'intérêt de ces hommes n'était nullement de s'enfoncer dans l'intérieur des terres, où ils ne rencontreraient plus ce qu'ils étaient venus chercher au Mexique, c'est-à-dire des occasions de vol, de pillage et de débauche. Aussi, loin de se sentir découragés par l'échec qu'ils avaient subi le matin même, avaient-ils l'intention de recommencer dès que l'occasion s'en présenterait.

Valentin, qui examinait attentivement ce qui se passait autour de lui, prit, aussitôt le campement terminé, le commandant à part, et l'avertit des mauvaises dispositions de la troupe. Celui-ci n'attacha pas grande importance aux observations du chasseur, persuadé qu'il était qu'après la manière vigoureuse dont il avait agi, les aventuriers n'oseraient pas se mutiner de nouveau.

Les prévisions de Valentin n'étaient que trop bien fondées; le lendemain le commandant en eut la preuve, lorsqu'il voulut se remettre en marche.

Les aventuriers refusèrent tout net. Menaces, prières, rien n'y fit; ils demeurèrent sourds à toutes les observations. Ce n'était plus de la mutinerie, c'était de la révolte.

Bientôt cette révolte se changea en anarchie complète.

Les fauteurs du désordre triomphaient; malheureusement, ils ne parvinrent pas à décider leurs compagnons à retourner à Guaymas.

Par un dernier reste de ce sentiment du devoir qui n'abandonne jamais les soldats, les aventuriers ne voulaient pas abandonner le comte; seulement ils revenaient aux premier griefs qu'on leur avait suggérés; ils voulaient avoir la preuve que les mines existaient réellement, que leur chef avait une concession en règle et qu'il ne les avait pas trompés. En sus de ces réclamations, ils en ajoutaient une autre, qui compromettait complétement l'avenir de la compagnie, si on y acquiesçait. Ils voulaient que tous les officiers nommés par don Luis fussent cassés, et que, séance tenante, ils eussent la faculté d'en prendre d'autres à leur choix, c'est-à-dire à l'élection.

Valentin leur fit observer qu'ils ne pouvaient rien faire en l'absence de leur chef; qu'il fallait qu'ils attendissent son retour, sous peine de commettre une flagrante illégalité, car don Luis était libre de choisir qui il voulait pour officier puisqu'il était le seul chef de l'expédition et seul responsable de ses actes.

Les aventuriers se rendirent enfin à ces raisons, qui leur parurent justes, et afin d'en finir le plus tôt possible avec toutes ces discussions qui ne faisaient que retarder les affaires de la société, ils décidèrent que Valentin partirait le lendemain matin pour le Pitic, et qu'il ramènerait le comte avec lui.

Valentin leur promit de faire ce qu'ils désiraient, et la tranquillité pour le reste de la journée se rétablit à peu près.

Effectivement, le lendemain, au point du jour, Valentin monta à cheval et partit pour le Pitic.

Nous avons vu comment il avait été assez heureux pour rencontrer Louis, et de quelle façon il l'avait emmené avec lui.

En route, il lui avait rapporté dans les plus grands détails ce qui s'était passé. Aussi le comte brûlait-il d'arriver, afin d'arrêter le désordre et de conjurer la dissolution de la société, dont l'existence était sérieusement menacée, si cet état de choses durait seulement quelques heures de plus.

Au point du jour, les cavaliers atteignirent le campement.

Tout était sens dessus dessous, la confusion et le désordre régnaient partout. Les aventuriers ne voulaient rien entendre. Les officiers, réduits à l'impuissance, ne savaient plus que faire, ni comment détourner l'orage qui les menaçait. L'arrivée subite du comte fut un coup de foudre pour les mutins.

Don Luis se jeta en bas de son cheval et s'avança résolûment vers eux. A sa vue, les aventuriers sentirent malgré eux renaître dans leur cœur le sentiment du devoir, qu'ils avaient vainement cherché à étouffer.

— L'assemblée! cria le comte d'une voix tonnante.

Subissant l'influence magnétique de cet homme, que depuis longtemps déjà ils étaient habitués à respecter, ils obéirent tant bien que mal à son ordre, et se groupèrent autour de lui.

— Pas ainsi, reprit-il, à vos rangs!

Le premier pas était fait, ils formèrent les rangs.

Le comte les examina un instant en promenant sur le front de bandière son regard profond.

Les aventuriers étaient silencieux et mornes; ils se sentaient coupables; ces dures natures tremblaient, non de peur mais de honte.

Le comte prit la parole :

— Que me reprochez-vous, mes compagnons, leur dit-il de sa voix douce et sympathique; depuis que je vous ai réunis autour de moi, n'ai-je pas fait tout ce qui était en mon pouvoir pour améliorer la position dans laquelle vous êtes? ne vous ai-je pas constamment traités comme mes enfans? Parlez; si j'ai blessé quelques-uns de vous, si j'ai commis une seule injustice, dites-le-moi? On vous a fait croire que je vous trompais, que je n'étais pas concessionnaire de la *Plancha de Plata*, que cette mine n'existait pas, que sais-je encore; regardez, fit-il en tirant un papier de sa poitrine, voilà les papiers; le traité est bien en règle, les étapes sont préparées jusqu'aux mines. Maintenant avez-vous foi en moi? Supposez-vous encore que je vous abuse? Répondez!

Il se tut un instant, aucune voix ne s'éleva pour lui répondre.

— Ah! c'est ainsi fit-il, eh bien! écoutez-moi; les mines vers lesquelles je vous conduis renferment des richesses incalculables; ces richesses seront pour vous; moi, je n'en prendrai que ce que vous m'en donnerez; vous-mêmes ferez ma part. M'accuserez-vous encore de vouloir vous dépouiller à mon profit? Vous demandez de nouveaux officiers choisis par vous. Je ne consentirai jamais à une telle condition; vos officiers sont des hommes dans la capacité desquels j'ai pleine et entière confiance; ils conserveront leurs grades. Parmi vous il y a des hommes qui se sont faits lâchement les agens de mes ennemis pour nous perdre. Ces hommes appartiennent tous à la deuxième section; qu'ils se fassent justice eux-mêmes et ne m'obligent pas à les chasser!

Les aventuriers, séduits et entraînés par les franches et loyales paroles de leur chef, se précipitèrent vers lui en poussant des hurras et des cris de joie.

La paix était faite, tout était oublié.

Les meneurs, éconduits si brusquement, profitèrent de l'enthousiasme général pour s'éclipser sans bruit et disparaître.

— Un courrier! dit tout à coup Valentin.

Le comte se retourna vivement. Un *lancero* accourait à toute bride.

—*El senor conde?* demanda-t-il.

— C'est moi, répondit don Luis.

Le soldat lui tendit un pli cacheté.

Le comte le prit avec un indicible serrement de cœur, il l'ouvrit et le parcourut rapidement des yeux.

Soudain il poussa un cri de joie.

— Ecoutez, cria-t-il, voici l'ordre que j'attends depuis si longtemps. Le président de la République nous autorise à nous mettre immédiatement en marche pour les mines, à la Plancha de Plata! Compagnons, à la Plancha de Plata!

— A la Plancha de Plata! s'écrièrent les aventuriers.

En repliant le papier, don Luis aperçut quelques mots tracés en français au bas de l'enveloppe.

— Qu'est-ce? murmura-t-il.

Il lut:

« Faites diligence; peut-être a-t-on déjà contr'ordre; vos ennemis veillent. »

— Oh! fit le comte, que m'importe maintenant, je saurai bien déjouer toutes leurs ruses!

Les aventuriers se mirent gaiement à l'œuvre pour rendre les fourgons propres à parcourir la longue route qu'ils avaient à franchir. Les deux pièces de campagne furent assujetties avec soin sur leurs affûts. Enfin, toutes les précautions furent prises pour éviter les accidens inséparables d'un voyage à travers le désert.

Les aventuriers travaillèrent avec tant de cœur pour terminer leurs préparatifs, que deux heures plus tard la colonne se mettait en marche pour l'Apacheria.

La joie était à son comble, l'enthousiasme général.

Un homme seul doutait, cet homme c'était Valentin.

C'est que le chasseur connaissait le caractère mexicain, dont le fond n'est que ruse, fourberie et trahison, et malgré lui, il tremblait pour ses compatriotes.

DEUXIÈME PARTIE.

CURUMILLA

I.

Les jésuites avaient fondé au Mexique des Missions autour desquelles, avec cette patience qui les a constamment distingués, une charité sans bornes et une persévérance que rien ne pouvait décourager, ils étaient parvenus à grouper un grand nombre d'Indiens auxquels ils enseignaient les principaux et les plus touchans dogmes de notre religion, qu'ils baptisaient, instruisaient et faisaient travailler à la terre.

Ces Missions, d'abord peu considérables et séparées par de grandes distances, s'étaient insensiblement accrues; les Indiens, séduits par la douce aménité des bons pères, étaient venus se placer sous leur protection, et nul doute que si les jésuites, victimes de la jalousie des vice-rois espagnols, n'avaient été honteusement dépouillés et chassés du Mexique, ils ne fussent parvenus à attirer à eux la plupart des Indios bravos les plus féroces, à les civiliser et à faire abandonner aux tribus indiennes la vie nomade.

C'est dans une ces Missions que nous conduirons le lecteur, un mois après les événemens que nous avons rapportés dans notre précédent chapitre.

La Mission de Nuestra Senora de los Angeles avait été construite sur la rive droite du rio San Pedro, à soixante lieues environ du Pitic.

Rien n'égale le grandiose et l'originalité de sa position, rien ne peut le disputer en majesté sauvage et en sévérité imposante au paysage majestueusement terrible qui s'offre aux regards et remplit le cœur de terreur et de joie mélancolique, à l'aspect des effrayans et sombres rochers qui se projettent sur les eaux du fleuve, pareils à des murailles colossales et à de gigantesques créneaux coupés par d'immenses fissures et des gouffres béants qui semblent accuser quelque convulsion de la nature; puis, au milieu de ce chaos, de ces rocs entassés formant des précipices et de fantastiques aspérités aux pieds mêmes d'un rapide de quatre-vingts toises, d'où le fleuve mugit en tourbillons impétueux et se précipite en une large et écumeuse cascade, au sein d'un délicieux vallon couvert d'un tapis de verdure, se cache et s'abrite frileusement la mission, dominée de trois côtés par d'immenses montagnes qui élèvent jusqu'aux cieux leurs pics lointains.

Hélas! cette Mission, jadis si riante, si animée, si gaie et si heureuse, ce coin ignoré du monde, qui semblait un reflet perdu de l'Eden, où matin et soir, se mêlant à la cascade, les hymmes de reconnaissance montaient vers le Tout-Puissant, cette mission est morte et désolée maintenant, ses cases sont désertes et en ruine, l'église est effondrée, l'herbe a envahi le chœur; les membres effrayés de cette simple et naïve communauté, dispersés par la persécution, se sont réfugiés au désert, et sont rentrés dans cette vie sauvage dont on avait eu tant de peine à les faire sortir; les bêtes fauves gîtent dans la maison de Dieu, et l'on n'entend plus que la grande voix de la solitude qui murmure incessamment parmi les cases désertes et siffle à travers les murs écroulés, que les herbes parasites envahissent rapidement, rongent sans cesse, et ne tarderont pas à renverser sur le sol et à recouvrir d'un vert linceul.

C'était le soir; le fleuve grondait sourdement à travers les palétuviers; le ciel, semblable à un dôme de diamant, étincelait de ces millions d'étoiles qui sont aussi des mondes; la lune répandait une vague et mystérieuse lumière, et l'atmosphère, rafraîchie par une brise folle, était embaumée de ces âcres senteurs du désert, si bonnes et si saines à respirer.

Cependant la nuit était assez fraîche, et trois voyageurs, accroupis autour d'un vaste brasier allumé au milieu des décombres, semblaient en apprécier la chaleur bienfaisante.

Ces voyageurs, sur les rudes visages desquels jouaient les reflets changeans de la flamme, auraient offert un splendide sujet de tableau à un peintre, avec leurs costumes étranges et leurs physionomies caractérisées, campés là au milieu de cette nature abrupte et sauvage.

Un peu en arrière du groupe principal, quatre chevaux entravés à l'amble broyaient à pleine bouche leur provende, tandis que leurs maîtres, de leur côté, terminaient un maigre repas composé d'une tranche de venaison, de quelques morceaux de tasajo et de tortillas de maïs, le tout arrosé d'eau, légèrement mélangée de refino, destiné à corriger en partie sa crudité.

Ces trois hommes étaient le comte Louis, Valentin et don Cornelio.

Bien qu'ils mangeassent en véritables chasseurs, c'est à dire de bon appétit et sans perdre une bouchée, cependant il était facile de deviner que nos personnages étaient sous le coup d'une préoccupation sérieuse ; leurs yeux erraient sans cesse autour d'eux, furetant dans l'ombre et cherchant à percer les ténèbres. Parfois, la main s'arrêtait à moitié chemin de la bouche, le morceau de tasajo restait suspendu; de la main gauche, ils cherchaient instinctivement leur rifle posé à terre auprès d'eux ; ils tendaient le cou en avant et écoutaient attentivement, analysant et décomposant dans leur esprit ces mille bruits sans nom des grands déserts américains, qui tous ont une cause et sont un infaillible avertissement pour l'homme qui sait les comprendre.

Cependant le repas s'acheva.

Don Cornelio avait saisi sa jurana, mais sur un geste de Louis, il la reposa à terre, s'enveloppa dans son zarapé et s'étendit sur le sol.

Valentin réfléchissait profondément, Louis s'était levé, et appuyé contre un pan de mur, il regardait attentivement au dehors.

Un laps de temps assez long s'écoula ainsi sans qu'une parole fût échangée.

Louis vint enfin se rasseoir auprès du chasseur.

— C'est étrange! dit-il.

— Quoi ? répondit distraitement Valentin.

— L'absence prolongée de Curumilla ! voilà près de trois heures qu'il nous a quittés sans nous en dire la raison, et il n'est pas encore de retour.

— Le soupçonnerais-tu ? fit le chasseur avec une certaine amertume.

— Frère, reprit Louis, tu es injuste en ce moment; je ne soupçonne pas, je suis inquiet, voilà tout. Ainsi que toi, j'ai pour le chef une trop vive et trop sincère amitié pour ne pas redouter un malheur.

— Curumilla est prudent, nul n'est autant que lui au fait des ruses indiennes; s'il ne revient pas, c'est qu'il a pour cela des raisons importantes, sois-en sûr.

— J'en suis convaincu; mais le retard que cette absence nous cause peut nous devenir préjudiciable.

— Qu'en sais-tu, frère? Peut-être notre salut dépend-il de cette absence elle-même. Crois-moi, Louis, je connais beaucoup mieux que toi Curumilla, j'ai trop longtemps dormi côte à côte avec lui pour ne pas avoir en lui la plus grande confiance. Aussi, tu le vois, j'attends patiemment son retour.

— Mais s'il est tombé dans un piége, s'il a été tué ?

Valentin regarda son frère de lait avec une expression indéfinissable; puis il répondit en haussant les épaules d'un air de suprême dédain:

— Tombé dans un piége, lui! Curumilla, mort ! allons donc ! tu plaisantes, frère. Tu sais bien que cela n'est pas possible.

Louis ne trouva rien à objecter à cette assurance si franchement naïve.

— Enfin ! reprit-il au bout d'un instant, toujours est-il qu'il se fait bien attendre.

— Pourquoi donc ? Qu'avons-nous besoin de lui en ce moment ? Tu n'as pas l'intention de quitter ce campement, n'est-ce pas ? Eh bien ! qu'est-ce que cela fait qu'il arrive une heure plus tôt ou plus tard?

Louis fit un geste de mauvaise humeur, se roula dans son zarapé et s'étendit auprès de don Cornelio, en disant d'un ton bourru:

— Bonsoir.

— Bonsoir, frère, répondit Valentin en souriant.

Dix minutes plus tard, malgré sa mauvaise humeur, Louis, vaincu par la fatigue, dormait comme s'il n'eût plus dû se réveiller.

Valentin laissa encore un quart d'heure s'écouler avant de faire un mouvement, puis il se leva doucement, s'approcha à pas de loup de son frère de lait, se pencha sur lui et l'examina attentivement pendant deux ou trois minutes.

— Enfin! murmura-t-il en se redressant, j'avais peur qu'il ne s'obstinât à veiller et à me tenir compagnie.

Le chasseur passa dans sa ceinture les pistolets qu'il avait déposés à terre, jeta son rifle sur son épaule, et enjambant avec précaution par dessus les pierres et les décombres de toute sorte qui encombraient le sol, il s'éloigna rapidement quoique sans bruit, et ne tarda pas à disparaître dans les ténèbres.

Il marcha ainsi pendant environ dix minutes, et gagna un épais fourré d'arbres du Pérou et de mezquites. Arrivé là, il s'abrita derrière un buisson, et après avoir d'un coup d'œil perçant soigneusement exploré les environs, il siffla doucement à trois reprises, en ayant soin de laisser une distance égale entre chaque sifflement.

Au bout de deux ou trois minutes, le cri de l'épervier d'eau s'éleva à deux reprises différentes du sein des palétuviers qui bordaient la rive du fleuve à quelques pas à peine de l'endroit où se tenait le chasseur.

— Bon! murmura celui-ci, notre ami est exact; mais, comme la sagesse des nations dit quelque part que la prudence est la mère de la sûreté, soyons prudent, cela ne peut pas nuire, lorsque l'on traite avec de pareils drôles, et le digne chasseur arma son rifle.

Puis, cette précaution prise, il quitta le fourré au sein duquel il était caché, et s'avança résolument en apparence, mais cependant sans négliger aucune précaution pour éviter une surprise, vers l'endroit d'où était partie la réponse à son signal.

Arrivé à moitié chemin environ du lieu vers lequel il se dirigeait, quatre ou cinq individus en sortirent et marchèrent à sa rencontre.

— Oh! oh! fit le chasseur, voilà des gens qui semblent avoir grand'hâte de causer avec moi; attention.

Alors il s'arrêta, épaula son rifle, et couchant en joue l'homme le plus rapproché de lui :

— Halte! dit-il, ou je fais feu.

— Capa de dios! vous êtes vif, caballero, répondit une voix ironique, vous ne vous laissez pas facilement approcher; mais désarmez votre fusil, vous voyez que nous sommes sans armes.

— Sans armes aparentes, oui; mais qui me répond que vous n'en avez pas de cachées,

— Mon honneur! monsieur, répondit avec hauteur le premier interlocuteur. En douteriez-vous, par hasard?

Le chasseur ricana.

— Je doute de tout la nuit, lorsque je suis seul dans le désert et que devant moi se trouvent quatre hommes que j'ai tout lieu de supposer ne pas être de mes meilleurs amis.

— Allons, allons, monsieur, un peu plus d'aménité, s'il vous plaît.

— Je ne demande pas mieux; seulement, cette entrevue, c'est vous qui l'avez désirée; donc, vous devez accepter mes conditions et non pas moi les vôtres.

— A votre aise, don Valentin; qu'il soit fait selon votre désir. Cependant, la première fois que nous avons traité ensemble, je vous ai trouvé beaucoup plus coulant.

— Je n'en disconviens pas; venez seul et nous causerons.

L'étranger ordonna d'un geste à ceux qui l'accompagnaient de demeurer où ils se trouvaient et il s'approcha seul.

— A la bonne heure! fit le chasseur en désarmant son rifle, dont il reposa la crosse à terre et sur le canon duquel il s'appuya, les deux mains croisées.

L'homme envers lequel Valentin montrait si peu de confiance, ou, pour parler plus clairement, dont il avait une aussi grande méfiance, n'était autre que le général don Sébastian Guerrero.

— Là maintenant, vous devez être satisfait; je vous ai, je crois, donné une grande preuve de condescendance, dit le général en arrivant auprès de lui.

— C'est que probablement vous avez des raisons pour cela, répondit le chasseur d'un air narquois.

— Monsieur! fit le général avec hauteur.

— Soyons nets et brefs comme des hommes qui s'apprécient à leur juste valeur, répondit sèchement Valentin. Je ne suis ni un niais ni un individu infatué de son propre mérite, la franchise seule, une franchise réciproque, pourra donc seule, je le répète, nous amener à nous entendre, si cela est possible, ce dont je doute.

— Que supposez-vous donc, monsieur?

— Je ne suppose rien, général, je suis certain de ce que j'avance, voilà tout. Quelle probabilité qu'un grand personnage comme vous, général, gouverneur de la Sonora, que sais-je encore? s'abaisse à solliciter d'un pauvre diable de chasseur comme je le suis une entrevue la nuit, au fond d'un désert, s'il n'espère pas retirer de cette entrevue de grands avantages? Il faudrait être fou ou imbécile pour ne pas voir cela du premier coup d'œil, et, grâce à Dieu, je ne suis ni l'un ni l'autre.

— Supposons que cela soit ainsi que vous le dites.

— Supposons, je ne demande pas mieux. Maintenant, venons au fait.

— Hum! cela ne me semble guère facile avec vous.

— Pourquoi donc? Nos premières relations, que vous rappeliez tout à l'heure, ont dû cependant vous prouver que je suis assez facile en affaires.

— C'est juste; pourtant celle que j'ai à vous proposer est assez scabreuse et je crans...

— Quoi donc? Que je refuse? Dame! vous comprenez, c'est un risque à courir.

— Non, je crains que vous ne saisissiez pas bien l'esprit de l'affaire et que vous vous fâchiez.

— Vous croyez? après tout, c'est possible. Voulez-vous que je vous évite la peine de vous expliquer?

— Comment cela?

— Ecoutez-moi.

Les deux hommes étaient debout à deux pas l'un de l'autre, se regardant l'œil dans l'œil; seulement Valentin, toujours sur ses gardes, surveillait attentivement, sans en avoir l'air, les trois ou quatre individus restés en arrière.

— Parlez, fit le général.

— Général, vous voulez tout simplement me proposer de vous vendre mon ami.

Don Sebastian, à ces paroles, prononcées d'un accent incisif, fit malgré lui un geste de surprise, en reculant d'un pas.

— Monsieur!

— Est-ce vrai? oui ou non.

— Vous employez des termes... balbutia le général.

— Les termes ne font rien à la chose. Maintenant que vous avez reconnu que le comte Louis n'est pas le complice que vous espériez trouver afin de vous hisser sur le fauteuil de la présidence de la république, comme vous désespérez de le faire changer d'avis, vous voulez vous en débarrasser, c'est logique.

—Monsieur!...

— Laissez-moi continuer. Pour cela vous ne trouvez rien de mieux que de l'acheter. Du reste, vous avez l'habitude de ces transactions. J'ai entre les mains des preuves de quelques-unes qui vous font beaucoup d'honneur.

Le général était blême d'épouvante et de rage; il serrait les poings, frappait du pied en murmurant des mots sans suite.

Le chasseur ne sembla pas s'apercevoir de cette agitation et continua imperturbablement :

— Seulement, vous vous êtes trompé en vous adressant à moi ; je ne suis pas Face-de-Chien, un gaillard avec lequel vous avez fait un bien beau marché dans le temps. J'ai fait le commerce de bestiaux, mais jamais celui de chair humaine : chacun sa spécialité, je vous laisse celle-là.

—Mais enfin, monsieur, s'écria le général dans le paroxisme de la colère, où voulez-vous en venir ? Est-ce donc dans le but de m'insulter que vous avez accepté cette entrevue?

Valentin haussa les épaules.

— Vous ne le croyez pas, dit-il, cela serais trop niais; non, je veux vous proposer une affaire.

— Une affaire!

— Ou un marché, si vous l'aimez mieux.

— Et ce marché ?

— Le voici en deux mots: j'ai entre les mains certains papiers qui, s'ils voyaient le jour et étaient remis à certaines personnes, pourraient vous coûter non-seulement votre fortune, mais encore la vie.

— Des papiers? balbutia don Sébastian.

— Oui, général ; votre correspondance avec certain diplomate nord-américain auquel vous consentez à livrer la Sonora et un ou deux autres Etats si les Etats-Unis vous fournissent les moyens de vous emparer de la présidence de la république mexicaine.

— Et vous avez ces papiers? dit le général avec une anxiété mal contenue.

— J'ai les lettres avec les réponses de votre correspondant, oui.

— Ici?

— Parfaitement, fit Valentin en ricanant.

— Alors tu vas mourir! s'écria le général en se précipitant par un bond de panthère sur le chasseur.

Mais celui-ci était sur ses gardes. Par un mouvement aussi vif que celui de son ennemi avait été brusque, il le saisit à la gorge, le renversa sous lui, et lui appuyant le pied sur la poitrine :

— Un pas de plus, dit-il froidement aux compagnons du général, qui accouraient en toute hâte à son secours, un pas de plus, et il est mort!

Certes, le général était un homme brave; maintes fois, il avait donné des preuves non équivoques d'un courage poussé jusqu'à la témérité : cependant il vit une telle résolution étinceler dans l'œil fauve du chasseur qu'il sentit un frisson agiter tous ses membres, il se vit perdu, il eut peur.

— Arrêtez! arrêtez! s'écria-t-il d'une voix inarticulée en s'adressant à ses amis.

Ceux-ci obéirent.

— Je pourais vous tuer, dit Valentin, vous êtes bien en mon pouvoir; mais que m'importe votre vie ou votre mort, je tiens l'une et l'autre entre mes mains ; relevez-vous! Maintenant, un mot : prenez garde de rien faire contre le comte.

Le général avait profité de la permission du chasseur pour se relever tout froissé et tout meurtri de sa chute; mais aussitôt qu'il se sentit libre de ses mouvemens, que ses pieds portèrent bien d'aplomb sur le sol, une révolution s'opéra en lui et le courage lui revint.

— Ecoutez à votre tour, répondit-il, je serai avec vous aussi franc et aussi brutal que que vous l'avez été avec moi; c'est maintenant entre nous une guerre à mort, sans pitié et sans merci. Dussé-je porter ma tête sur un échafaud, le comte mourra, parce que je le hais et qu'il me faut sa mort pour satisfaire ma vengeance.

— Bien, répondit froidement Valentin.

— Oui, reprit le général en raillant. Allez, je ne vous crains pas ; servez-vous des papiers dont vous m'avez menacé, peu m'importe; je suis invulnérable, moi.

— Vous croyez? articula lentement le chasseur.

— Je vous méprise, vous n'êtes que des aventuriers ; jamais vous ne pourrez m'atteindre.

Valentin se pencha vers lui.

— Vous, lui dit-il, c'est possible, mais votre fille!!!

Et profitant de la stupéfaction du général, atterré par ces paroles, le chasseur poussa un rire strident et moqueur, et s'élança dans le fourré, où il était impossible de le poursuivre.

— Oh! murmura le général au bout d'un instant en passant sa main sur son front moite de sueur, oh! le démon! ma fille! a-t-il dit!... ma fille!

Il rejoignit ses compagnons et s'éloigna avec eux sans vouloir répondre à aucune des questions qu'ils lui adressaient.

II.

Valentin, après s'être brusquement séparé du général, ainsi que nous l'avons rapporté à la fin de notre précédent chapitre, ne sembla nullement s'inquiéter d'être poursuivi, et si dans le premier moment il avait pressé le pas, il ne tarda pas à le ralentir.

Arrivé à peu près à une centaine de mètres de l'endroit où avait eu lieu son entrevue avec don Sebastian, il s'arrêta, leva les yeux au ciel et parut s'orienter, puis il reprit sa marche; mais au lieu de se diriger vers la Mission, il lui tourna complétement le dos, fit un crochet sur la droite et revint sur la rive du fleuve, dont il s'était d'abord éloigné.

Bien qu'en ce moment sa course fût assez rapide, le chasseur paraissait fortement préoccupé, ses regards erraient machinalement autour de lui; parfois il s'arrêtait, non pas pour écouter quelque bruit inconnu, mais par suite des pensées qui l'obsédaient et lui ôtaient le sentiment des choses extérieures. Evidemment Valentin cherchait la solution d'un problème qui l'embarrassait.

Enfin, au bout d'un quart d'heure environ, il entrevit une faible lueur à quelques pas devant lui; cette lueur brillait à travers les arbres; elle semblait indiquer un campement.

Valentin s'arrêta et siffla doucement. Au même instant les branches d'un buisson, situé à cinq ou six mètres de lui, s'écartèrent sans bruit, et un homme parut.

Cet homme était Curumilla.

— Eh bien! demanda Valentin, est-elle venue?

L'Araucan baissa affirmativement la tête.

Le chasseur fit un geste de mauvaise humeur.

— Où est-elle? dit-il.

L'Indien indiqua du doigt le feu que le chasseur avait aperçu.

— Le diable emporte les femmes! grommela le chasseur; ce sont les êtres les moins logiques qui existent. Comme elles se laissent toujours guider par la passion, elles renversent souvent sans y songer les plus sûres combinaisons.

Puis il ajouta à voix haute :

— N'avez-vous donc pas fait ma commission?

Cette fois l'Indien parla.

— Elle ne veut rien entendre, dit-il, elle veut voir.

— Je le savais! s'écria le chasseur; elles sont toutes les mêmes, têtes folles bonnes à faire des grelots pour les mules! Et encore, celle-ci est une des meilleures! Enfin, conduisez-moi près d'elle, je vais tâcher de la convaincre.

L'Indien sourit d'un air railleur, mais il ne répondit pas; il se détourna et guida le chasseur vers le feu.

En quelques secondes le chasseur se trouva sur la lisière d'une vaste clairière au centre de laquelle, auprès d'un feu de bois mort, dona Angela et sa camériste Violanta étaient accroupies sur des monceaux de fourrures.

A dix pas derrière les deux femmes, plusieurs peones, armés jusqu'aux dents, attendaient, appuyés sur leurs longues lances, le bon plaisir de leur maîtresse.

Dona Angela leva la tête au bruit causé par l'approche du chasseur, et poussa un léger cri de joie.

— Vous voilà donc enfin! s'écria-t-elle, je désespérais de vous voir arriver.

— Peut-être eût-il mieux valu que je ne vinsse pas, répondit-il avec un soupir étouffé.

La jeune fille n'entendit pas, ou feignit de ne pas entendre la réponse du chasseur.

— Votre campement est-il loin d'ici? reprit-elle.

—Avant de nous y rendre, dit le chasseur, il faut que nous causions un peu, enora.

— Qu'avez-vous donc de si intéressant, ou plutôt de si pressé à me dire?

— Vous allez en juger.

La jeune fille fit le geste de quelqu'un qui se résigne à écouter une chose qu'elle sait d'avance lui devoir être désagréable.

— Parlez, dit-elle.

Le chasseur ne se fit pas répéter deux fois l'invitation.

— Où Curumilla vous a-t-il rencontrée?

—A l'hacienda, au moment où je montais à cheval pour venir; je n'attendais que lui pour me mettre en route.

— Il a cherché à vous dissuader de cette démarche?

— C'est vrai; moi j'ai voulu absolument venir et je l'ai contraint à me conduire ici.

— Vous avez eu tort, Nina.

— Pour quelle raison?

— Pour mille.

— Ceci n'est pas répondre; dites-m'en une.

— Votre père, d'abord.

— Il n'est pas encore arrivé à l'hacienda. Je serai de retour avant qu'il ne vienne; je n'ai rien à craindre de ce côté là.

— Vous vous trompez; votre père est arrivé; je l'ai vu, j'ai causé avec lui.

— Vous! où? quand?

— Moi, ici, il y a une demi-heure.

— C'est impossible, dit-elle.

— Cela est. J'ajouterai même qu'il m'a voulu tuer.

— Lui?

— Oui.

La jeune fille demeura un instant pensive; au bout de cet instant, elle releva sa tête mutine, et la secouant à plusieurs reprises :

—Tant pis! dit-elle résolûment; quoi qu'il arrive, j'irai jusqu'au bout.

—Qu'espérez-vous de cette entrevue, Nina? ne savez-vous donc pas que votre père est notre ennemi le plus acharné?

—Ce que vous me dites là arrive trop tard, à présent; il fallait me faire ces objections lorsque je vous ai fait parvenir ma demande.

—C'est vrai; mais, alors, j'avais encore des espérances que, maintenant, je ne puis conserver. Croyez-moi, Nina, ne vous obstinez pas à voir don Luis. Retournez le plus vite possible à l'hacienda. Que pensera votre père s'il ne vous voit pas en arrivant?

—Je vous répète que je veux avoir avec don Luis une conversation des plus importantes; il le faut, pour lui et pour moi.

— Songez aux conséquences d'une telle démarche.

— Je ne songe à rien. Je vous avertis que si vous refusez plus longtemps d'exécuter votre promesse envers moi, j'irai seule trouver le conde.

Le chasseur la considéra un instant avec une expression singulière; il secoua tristement la tête, et lui prenant et lui serrant affectueusement la main :

—Que votre volonté soit faite, répondit-il doucement, nul ne peut changer son destin; venez donc, puisque vous l'exigez; Dieu veuille que votre obstination ne cause pas de grands malheurs!

— Vous êtes un oiseau de mauvais augure, dit-elle en riant; partons! partons! Vous verrez que tout cela finira beaucoup mieux que vous ne l'espérez.

— J'y consens; seulement confiez-vous à moi et laissez ici votre escorte.

— Je ne demande pas mieux; je n'emmènerai que Violanta.

— Comme il vous plaira.

Sur un signe de sa maîtresse, la camériste s'approcha des peones, toujours immobiles, et leur intima l'ordre de ne quitter sous aucun prétexte la clairière avant son retour.

Alors, guidées par Valentin, les deux femmes se dirigèrent vers le campement des flibustiers; Curumilla formait l'arrière-garde.

Arrivés à une centaine de mètres au plus, Valentin s'arrêta.

— Qu'avez-vous? lui demanda dona Angela.

— J'hésite à troubler le repos de mon ami; peut-être me saura-t-il mauvais gré de vous avoir conduite vers lui, répondit Valentin.

— Non, fit-elle, vous me trompez, telle n'est pas votre pensée en ce moment.

Il la regarda avec étonnement.

— Mon Dieu! continua-t-elle avec animation, croyez-vous donc que je ne sache pas ce qui en ce moment vous tourmente? c'est de voir une jeune fille de mon âge, riche, bien née, faire, ainsi que vous dites, vous autres, une démarche inconvenante et qui, lorsqu'elle sera connue, la perdra inévitablement de réputation. Eh! mon Dieu! nous autres Américaines, nous ne sommes pas comme vos femmes froides et compassées d'Europe, qui font tout par poids et mesure: nous aimons ou nous haïssons; ce n'est pas du sang, c'est la lave de nos volcans qui circule dans nos veines! Mon amour, c'est ma vie! Peu m'importe le reste. Demeurez ici quelques instans; laissez-moi arriver seule, don Luis, j'en suis convaincue, comprendra et appréciera à sa juste valeur ce que je fais. Ce n'est pas un homme ordinaire, lui; je l'aime, vous dis-je. Dans un amour véritable et ardent comme est le mien, il y a une certaine attraction magnétique qui fait qu'on ne peut le dédaigner.

La jeune Mexicaine était splendidement belle en prononçant ces paroles; la taille cambrée, la tête rejetée fièrement en arrière, l'œil étincelant et la lèvre frémissante, il y avait à la fois en elle de la vierge et de la bacchante.

Dominé malgré lui par l'accent de la jeune femme, ébloui par sa resplendissante beauté, le chasseur s'inclina respectueusement devant elle, et d'une voix émue,

— Allez donc, lui dit-il doucement, et Dieu veuille que, grâce à vous, mon frère se rattache à la vie!

Elle sourit avec une inexprimable expression de finesse et de sécurité, et, légère comme un oiseau, elle s'envola rapidement au milieu des buissons.

Valentin et Curumilla, assez rapprochés

du camp pour voir ce qui s'y faisait, sans cependant que le bruit de la voix arrivât jusqu'à eux, résolurent d'attendre où ils se trouvaient en ce moment et de n'intervenir que si leur présence devenait absolument nécessaire.

Le campement se trouvait dans le même état où le chasseur l'avait laissé en le quittant pour se rendre auprès du général; don Luiz et don Cornelio dormaient profondément.

Dona Angela demeura un instant silencieuse, fixant sur don Luis un regard dans lequel rayonnait une inébranlable résolution; elle se pencha doucement sur lui. Mais au moment où sans doute elle allait poser légèrement sa main sur son épaule pour l'éveiller, un bruit soudain la fit tressaillir, elle se redressa vivement, jeta autour d'elle un regard effrayé, et se rejetant brusquement en arrière, elle disparut au milieu des buissons.

A peine s'était-elle éloignée, que le bruit, qui sans doute avait frappé ses oreilles et interrompu l'exécution de son projet, devint de plus en plus fort, et bientôt il fut facile de reconnaître le bruit cadencé des pas d'une nombreuse troupe en marche, et les grincemens sourds des roues de plusieurs wagons.

— Vos compagnons arrivent, dit rapidement dona Angela à Valentin en le rejoignant, ils ne sont plus qu'à une courte distance de la Mission; puis-je toujours compter sur vous?

— Toujours, répondit-il.

—J'ai changé d'avis : ce n'est pas de cette façon que je veux m'expliquer avec le comte, c'est en face de tous, à la lumière du soleil; bientôt vous me reverrez parmi vous. Adieu, je retourne à l'hacienda; préparez le comte à ma visite.

Après avoir fait un dernier signe d'adieu au chasseur et lui avoir souri, la jeune fille remonta à cheval et s'éloigna au galop, suivie de son escorte.

— Oui, je préparerai Louis à la recevoir, murmura le chasseur en la suivant un instant des yeux. Cette enfant a le cœur noble, elle aime réellement mon frère de lait. Qui sait quelle sera la conséquence de cet amour?

Et après avoir deux ou trois fois secoué la tête d'un air songeur, il regagna le campement, accompagné de Curumilla, dont l'impassibilité indienne ne se démentait pas et qui semblait complétement étranger à tout ce qui se passait autour de lui.

Valentin réveilla Louis.

Celui-ci fut debout en un instant.

—Avons-nous du nouveau? demanda-t-il.

— Oui, la compagnie arrive.

— Déjà, oh! oh! elle a fait diligence, ceci est de bon augure.

— Demeurerons-nous longtemps ici?

— Non; deux jours au plus, le temps de faire un peu reposer les gens et les bêtes.

—Peut-être vaudrait-il mieux pousser de suite en avant.

— Je le voudrais comme toi, mais c'est impossible, puisque les quarante mille rations que nous devions trouver ici ne sont pas encore arrivées, et que nous sommes contraints de les attendre.

— C'est vrai.

— Je suis d'autant plus contrarié de ce contretemps, que nos vivres diminuent rapidement. Cependant, ne laissons pas voir notre désappointement à nos compagnons, faisons contre fortune bon cœur; ils savent que nous les avons devancés ici afin de tout préparer en fourriers, laissons-leur croire que nous avons réussi.

Valentin s'inclina affirmativement.

La nuit était presque finie; déjà, à l'horizon, le ciel commençait à se nuancer de larges bandes blanchâtres, les étoiles avaient toutes disparu et s'étaient, les unes après les autres, éteintes dans les profondeurs du ciel; le soleil n'allait pas tarder à se lever.

Curumilla jeta une brassée de bois sec dans le foyer, afin de raviver sa flamme et de neutraliser les effets de l'air glacial de la nuit.

— Caramba! s'écria don Cornelio en s'éveillant en sursaut, je suis gelé, moi, tant les nuits sont froides.

—N'est-ce pas? lui dit Valentin; eh bien! si vous voulez vous échauffer, rien n'est plus facile, accompagnez-moi.

— Je ne demande pas mieux; où allez-vous?

— Ecoutez!

— J'écoute. Tiens, fit-il au bout d'un instant, serait-ce la compagnie?

— Elle-même. Mais, il est inutile que nous nous dérangions, la voici.

En effet, en ce moment, l'avant-garde française déboucha dans la Mission.

D'après les traités passés avec la société Atrevida, quarante mille rations devaient être préparées à la Mission pour la compagnie française.

Le comte avait remis le commandement au colonel Florès, avec ordre de faire diligence, et accompagné de Valentin, de don Cornelio et de Curumilla, il avait poussé en avant.

Malheureusement, la société n'avait pas rempli ses engagemens avec la loyauté que le comte était en droit d'attendre d'elle; au lieu de quarante mille rations, il n'en avait trouvé que la moitié environ, rangées avec une certaine symétrie dans une cabane en ruines.

Ce manque de parole était d'autant plus préjudiciable aux intérêts de l'expédition que le comte, grâce à cette manœuvre perfide, se trouvait presque dans l'impossibilité de pousser plus loin, puisqu'il allait quitter définitivement les terres habitées et cultivées pour s'enfoncer dans le désert.

Au reste, depuis le départ de la compagnie de Guaymas, le mauvais vouloir des Mexicains avait en toutes circonstances été si évident qu'il avait fallu don Luis une énergie surhumaine et une volonté de fer, pour ne pas tomber dans le découragement et ne pas se retirer devant ces obstacles semés sous ses pas comme à plaisir avec une animosité sans égale.

Cependant, jusqu'alors les Mexicains n'avaient pas osé manquer aussi effrontément à leurs engagemens; il fallait qu'ils se sentissent bien forts, ou du moins que leurs précautions fussent bien prises et qu'ils se crussent enfin sûrs du succès, pour lever ainsi le masque.

D'autant plus que le comte n'avait trouvé à la Mission personne pour lui donner livraison, au nom de la société, des rations préparées, et que les gens qui se jouaient aussi indignement de lui n'avaient même pas daigné affaiblir par un prétexte, quelque mauvais qu'il fût, la trahison dont en ce moment ils se rendaient coupables.

Don Luis prévit, d'après un semblable procédé, que le dénouement de l'odieuse comédie jouée par les Mexicains approchait, et il se prépara à faire bravement tête à l'orage.

Les Français ont une qualité charmante : c'est que partout où ils vont, lorsqu'ils se trouvent réunis en troupe, ils emportent avec eux cette gaîté et cette joyeuse insouciance qui caractérise leur nation, toujours prêts à plaisanter dans les circonstances les plus difficiles, et prenant leur parti avec une grande facilité des désagrémens les plus imprévus.

C'était cette heureuse disposition, soigneusement entretenue par le comte, qui avait jusques-là sauvegardé la compagnie, et avait empêché, malgré tout, l'expédition de péricliter.

Non seulement aucun symptôme de découragement ne se laissait voir parmi les hommes, mais encore ils étaient aussi remplis d'ardeur et d'espoir qu'au premier jour.

La Mission fut occupée militairement par la compagnie; on se trouvait sur la limite du désert et il était bon de commencer à se garder avec soin.

Les canons furent braqués à chaque angle du quartier général des sentinelles placées de distance en distance ; enfin cette Mission, triste et abandonnée la veille, sembla tout à coup renaître, les décombres furent déblayés, et la vieille église des Jésuites, plus qu'à demi ruinée, prit subitement l'apparence d'une forteresse.

Lorsque le comte eut donné les ordres nécessaires à l'installation de la compagnie, et qu'il se fut assuré de leur entière exécution, il se fit rendre compte par le colonel Florès de la façon dont il s'était acquitté de ses fonctions de chef provisoire.

Le colonel Florès, seul au milieu des Français, et se sentant par conséquent dans la gueule du loup, était trop fin pour ne pas agir ostensiblement avec la plus stricte loyauté; il comprenait que, du moment où il serait soupçonné, il serait perdu; aussi, en toute occasion, faisait-il preuve de bonne volonté et agissait-il avec une circonspection dont Valentin lui-même, cet éternel douteur, était presque la dupe, bien qu'il sût cependant parfaitement à quoi s'en tenir sur le caractère mexicain.

Puis le comte se retira à l'écart avec le chasseur, et les deux frères de lait eurent entre eux un entretien qui, à en juger par sa durée et surtout par l'air soucieux de don Louis lorsqu'il se termina, devait avoir été fort important.

En effet, Valentin, accomplissant sa promesse envers dona Angela, mit le comte au courant des événemens de la nuit, et non-seulement lui rapporta ce qui s'était passé entre lui et la jeune fille, mais encore il lui raconta succinctement les détails de son entrevue avec le général sur les bords du fleuve.

— Tu le vois, ajouta-t-il en terminant, la situation se tend de plus en plus, c'est la guerre qu'ils veulent.

— Oui, c'est la guerre; mais tant qu'il me restera le plus faible espoir, sois convaincu, frère, que je ne leur donnerai pas la satisfaction de leur fournir le prétexte d'une rupture.

— Il faut jouer plus serré que jamais, frère! Du reste, je me trompe fort, ou avant peu nous saurons à quoi nous en tenir.

— C'est aussi mon avis.

En ce moment, don Cornelio parut suivi de Curumilla.

— Permettez, dit-il au chasseur, je désirerais que vous me missiez d'accord avec le chef, qui s'obstine à me dire que nous sommes en ce moment surveillés de près par une embuscade indienne.

— Hein? fit Valentin en fronçant le sourcil, que dites-vous donc, don Cornelio?

— Voilà; en me promenant aux environs de la Mission avec le chef, j'ai ramassé ceci.

— Voyons, dit Valentin.

Don Cornelio lui remit un mocksens, que le chasseur examina attentivement pendant quelques minutes.

— Hum! fit-il, ceci est sérieux. Où avez-vous trouvé cela?

— Sur la plage.

— Que pensez-vous de cela, chef? dit Valentin en se tournant vers l'Araucan.

— Le mocksens est neuf, il a été perdu. Curumilla a vu des traces nombreuses.

— Ecoutez, dit vivement don Luis, ne parlez à personne de cette découverte; nous devons nous défier de tout, la trahison plane autour de nous, elle nous menace de tous les côtés à la fois. Pendant que je ferai augmenter la force de nos retranchemens, sous prétexte d'un plus long séjour ici, toi, frère, tu iras à la découverte avec le chef, et tu t'assureras de ce que nous avons réellement à craindre des Indiens.

— Sois tranquille, frère; de ton côté, fais bonne garde.

III.

Il était environ huit heures du matin lorsque Valentin et Curumilla avaient quitté Louis.

Le chasseur avait passé la nuit entière sans fermer l'œil; il se sentait fatigué; ses paupières, alourdies par le sommeil, se fermaient malgré lui; cependant il se préparait à exécuter les recherches dont son frère de lait l'avait chargé, lorsque Curumilla, s'apercevant de son état, l'engagea à prendre quelques heures de repos, lui faisant observer qu'il n'avait pas absolument besoin de lui pour relever les empreintes qu'il avait aperçues le matin, et qu'il lui rendrait bon compte de ce qu'il aurait fait.

Valentin avait en Curumilla la plus entière confiance; maintes fois, pendant le cours de leur commune existence, il avait été à même d'apprécier la sagacité, la finesse et l'expérience du chef; il ne se fit donc que fort peu prier pour consentir à le laisser se charger seul du soin d'aller à la découverte, et après lui avoir fait les plus chaleureuses recommandations, il se roula dans son manteau et s'endormit profondément.

Il dormait depuis deux heures environ d'un sommeil paisible et réparateur, lorsqu'il sentit une main s'appuyer doucement sur son épaule.

Si léger qu'eût été cet attouchement, il suffit cependant pour éveiller le chasseur, qui, de même que tous les hommes habitués à la vie des prairies, conservait pour ainsi dire, en dormant, le sentiment des choses extérieures; il ouvrit les yeux et regarda fixement l'homme qui venait ainsi troubler si malencontreusement le repos dont il jouissait, en l'envoyant *in petto* à tous les diables.

— Eh bien! lui dit-il avec l'accent bourru d'un homme éveillé au meilleur moment d'un beau rêve, que me voulez-vous, don Cornelio? Ne pouviez-vous choisir un instant plus propice pour causer avec moi? car je suppose que ce que vous avez à me dire n'est pas d'une grande importance.

Don Cornelio, car c'était lui, en effet, qui venait d'éveiller Valentin, posa un doigt sur sa bouche, en jetant un regard soupçonneux autour de lui, comme pour recommander la circonspection au chasseur, et se penchant à son oreille:

— Pardonnez-moi, don Valentin, dit-il, je crois que la communication que j'ai à vous faire est, au contraire, fort importante.

Valentin se dressa comme mu par un ressort, et regardant l'Espagnol dans les yeux:

— De quoi s'agit-il donc? demanda-t-il d'une voix basse et concentrée, mais cependant impérieuse.

— Voici, en deux mots, l'affaire. Le colonel Florès, dont, entre parenthèse, la figure ne me revient nullement, n'a fait que rôder dans la Mission depuis ce matin, furetant et regardant partout, s'informant de ce qu'on fait et de ce qu'on ne fait pas, jasant avec l'un et avec l'autre, et tâchant surtout de connaître l'opinion de nos hommes sur leur chef. Jusque là, il n'y avait pas grand mal; mais, aussitôt qu'il vous a vu vous endormir, il s'est assuré que le comte, occupé à écrire sa correspondance, avait défendu qu'on vînt le déranger, et pour quelques heures au moins, ne surveillerait pas ce qui se passe dans le campement; il a feint de se retirer dans une case à demi ruinée, située sur la lisière de la Mission; puis, au bout de quelques minutes, lorsqu'il a supposé que l'on ne songeait pas à lui, au lieu de dormir, ainsi qu'il l'avait annoncé, il est sorti de cette case en se glissant à travers les arbres, comme un homme qui craint d'être surpris, et il a disparu dans la forêt.

— Ah ! ah ! fit Valentin tout soucieux, quel intérêt cet homme a-t-il donc à s'absenter ainsi secrètement ? Et, ajouta-t-il au bout d'un instant, il y a longtemps qu'il est parti ?

— Dix minutes à peine.

Valentin se leva.

— Demeurez ici, dit-il ; au cas où le colonel reviendrait pendant mon absence, surveillez-le avec soin, sans cependant qu'il puisse se douter de quoi que ce soit. Je vous remercie de n'avoir pas hésité à m'éveiller. Le cas est grave.

Brisant alors brusquement l'entretien, le chasseur quitta don Cornelio, et contournant les ruines de façon à ne pas attirer l'attention sur lui, il entra dans la forêt.

Cependant le colonel Florès, croyant Valentin endormi, sachant le comte en train d'écrire, et persuadé par conséquent qu'il n'avait pas à craindre d'être suivi ou surveillé, marchait rapidement dans la direction du fleuve sans se donner la peine de chercher à dissimuler ses traces, imprudence dont profita le chasseur et qui le mit immédiatement sur la piste de l'homme qu'il surveillait.

Le colonel arriva ainsi jusqu'au bord du fleuve.

Le calme le plus complet régnait aux environs.

Les alligators se vautraient dans la boue du rivage, les flamands roses insoucieusement pêchaient, tout enfin témoignait de l'absence de l'homme. Cependant, à peine le colonel parut-il sur la plage qu'un individu, se suspendant par les bras aux branches d'un arbre, se laissa tomber sur le sol à deux pas devant lui.

A cette apparition imprévue, le colonel recula en étouffant un cri de surprise et d'effroi ; mais il n'avait pas encore eu le temps de se remettre de cette émotion, qu'un second individu sauta de la même façon sur le sable.

Machinalement, don Francisco leva les yeux vers l'arbre.

— Oh ! oh ! fit le premier personnage avec un gros rire, ce n'est pas la peine de regarder ainsi, Garrucholo ; il n'y a plus personne.

A ce nom de Garrucholo, le colonel tressaillit et examina attentivement les deux hommes qui s'étaient présentés à lui d'une si étrange manière, qui se tenaient immobiles devant lui et qui le regardaient d'un air moqueur.

Le premier de ces deux hommes était un blanc, ce qui était facile à reconnaître au premier coup d'œil, malgré son teint hâlé, qui avait presque la couleur de la brique. Les vêtemens qui le couvraient étaient en tout semblables à ceux des Indiens.

Cet intéressant personnage était armé jusqu'aux dents, et tenait un long rifle à la main.

Quant à son compagnon, c'était un Peau-Rouge : il était peint et armé en guerre.

— Eh ! reprit celui qui déjà avait parlé, on dirait que tu ne me reconnais pas, garçon. *By god !* tu as la mémoire courte.

Ce juron et surtout l'accent fortement prononcé avec lequel cet homme s'exprimait en espagnol, bien qu'il parlât couramment cette langue, furent un trait de lumière pour le colonel.

— El Buitre ! s'écria-t-il en se frappant le front.

— Allons donc ! fit l'autre en riant, je savais bien que tu ne m'avais pas oublié, compagnon.

Cette rencontre imprévue n'était rien moins qu'agréable au colonel ; cependant, il jugea prudent de n'en rien laisser paraître.

— Par quel hasard vous trouvez-vous donc ici ? lui demanda-t-il.

— Et toi ? répondit effrontément l'autre.

— Moi ! mais ma présence est toute naturelle et extrêmement facile à expliquer.

— Et la mienne aussi.

— Ah !

— Dame ! je suis ici parce que tu t'y trouves.

— Hum ! fit le colonel, en se tenant sur la réserve, expliquez-moi donc cela.

— Je ne demande pas mieux ; seulement, l'endroit est assez mal choisi pour causer ; viens avec moi.

— Permettez ! Buitre, mon ami, nous sommes, ainsi que vous l'avez dit vous-même, de vieilles connaissances.

— Ce qui veut dire ?

— Que je me méfie extraordinairement de vous.

Le bandit se mit à rire.

— Confiance qui m'honore, fit-il, et dont je suis digne. Mais deux mots vont te mettre au courant. As-tu trouvé dans l'église de la Mission un manche de poignard avec un S incrusté sur le pommeau ?

— Oui.

— Très-bien; ce manche de poignard signifiait, n'est-ce pas, que tu devais venir te promener par ici?

— En effet.

— Et que tu rencontrerais une ou plusieurs personnes avec lesquelles tu causerais?

— Oui.

— Eh bien! les personnes avec lesquelles tu dois causer sont devant toi. Comprends-tu maintenant?

— Parfaitement.

— Alors, causons; seulement, comme ce que nous avons à dire ne regarde que nous et qu'il est inutile d'immiscer dans nos affaires des gens qui n'ont rien à y voir, nous allons nous rendre dans un endroit où nous n'aurons pas à craindre des oreilles indiscrètes.

— Qui diable voulez-vous qui nous surprenne ici?

— Personne, probablement; mais, mon estimable ami, la prudence étant la mère de la sûreté, je suis, depuis notre séparation, devenu extraordinairement prudent.

— Allons où vous voudrez.

— Viens.

Les trois hommes rentrèrent dans la forêt.

Valentin les suivit pas à pas. Ils n'allèrent pas loin.

Arrivés à une certaine distance de la plage, ils s'arrêtèrent à l'entrée d'une clairière assez vaste, au centre de laquelle s'élevait un bloc énorme de rochers verdâtres.

Les trois hommes escaladèrent les rochers, et arrivés au sommet, ils s'étendirent nonchalamment sur une espèce de plateforme.

— Là! fit el Buitre, je crois que nous pouvons causer ici en toute sûreté.

Valentin fut un instant assez désappointé de cette précaution du bandit; cependant il ne se rebuta pas; le chasseur était habitué à voir se dresser devant lui des impossibilités matérielles du genre de celle qui surgissait en ce moment; après quelques secondes de réflexion, il jeta un regard autour de lui en souriant d'un air railleur.

— Au plus fin! murmura-t-il.

Alors, il s'étendit sur le sol; l'herbe croissait haute, verte et drue dans la clairière, Valentin commença à ramper, par un mouvement lent et presque imperceptible, dans la direction des rochers, passant à travers les herbes, pour ainsi dire, sans les froisser et sans leur imprimer la plus légère oscillation. Après un quart-d'heure environ de cette manœuvre, le chasseur vit ses efforts couronnés de succès, il atteignit un endroit où il lui fut possible de se relever et d'où il entendait parfaitement ce qui se disait sur la plate-forme, tout en demeurant invisible.

Malheureusement, le temps qu'il lui avait fallu employer pour gagner son observatoire l'avait empêché d'entendre des choses probablement fort importantes; au moment où il se remit à écouter, el Buitre parlait.

— Bah! bah! disait-il de cet accent railleur qui lui était habituel, je réponds du succès. Si démons que soient les Français, chacun d'eux ne vaut pas deux hommes, que diable! laisse-moi faire.

— Canarios! je veux être pendu, si je me mêle en rien à toute cette affaire, je n'en ai que trop fait déjà, répondit le colonel.

— Tu trembles toujours. Comment veux-tu qu'une troupe d'hommes à demi démoralisés, fatigués d'une longue route, puissent résister à l'attaque combinée et surtout bien dirigée des guerriers de mon frère, le chef apache, appuyés par les quatre-vingts drôles que le gouvernement mexicain a mis à ma disposition pour cette expédition?

— Je ne sais pas comment feront les Français, mais tu reconnaîtras peut-être que ce sont de solides gaillards!

— Tant mieux! alors nous aurons du plaisir.

— Prends garde d'en avoir trop, fit el Garrucholo en ricanant.

— Va-t-en au diable! avec tes observations. D'ailleurs, j'en veux à leur chef, tu le sais.

— Bah! est-ce qu'un homme comme toi en veut à quelqu'un en particulier? il n'en veut qu'à la richesse. Quels sont tes hommes.

— Des *civicos*, de véritables bandits, vrai gibier de potence. Mon cher, ils feront des miracles.

— Comment des civicos! l'idée est impayable; eux que les hacienderos paient et soutiennent dans le but de combattre les Peaux-Rouges.

— Mon Dieu, oui! ainsi va le monde; cette fois ils combattront auprès de Peaux-Rouges contre les blancs; l'idée est originale, n'est-ce pas, d'autant plus que pour cette affaire ils seront naturellement déguisés en Indiens.

— De mieux en mieux! Et le chef, combien a-t-il de guerriers avec lui?

— Je ne sais pas; il te le dira lui-même.

Le chef était demeuré sombre et silencieux pendant cet entretien.

Le colonel se tourna vers lui en lui adressant un regard interrogateur.

— Mizcoatzin est un chef puissant, dit le Peau-Rouge de sa voix gutturale; deux cents guerriers apaches suivent sa plume de guerre.

El Garrucholo fit une moue significative.

— Allons! reprit-il, je maintiens ce que disais.

— Quoi?

— Vous recevrez une effroyable frottée.

El Buitre réprima avec peine un mouvement de mauvaise humeur.

— Assez, dit-il; tu ne connais pas les Indiens. Ce chef est un des plus braves sachems de sa tribu; sa réputation est immense dans les prairies: les guerriers placés sous ses ordres sont tous des hommes d'élite.

— Bon, bon! faites comme vous l'entendrez; je m'en lave les mains.

— Pouvons-nous au moins compter sur toi?

— J'exécuterai ponctuellement les ordres que j'ai reçus du général.

— Je ne t'en demande pas davantage.

— Alors, rien n'est changé?

— Rien, toujours la même heure et le même signal.

— Alors il est inutile que nous demeurions plus longtemps ensemble; je retourne à la Mission, je dois éviter d'éveiller les soupçons.

— Va! et que le démon te continue sa protection.

— Merci.

Le colonel quitta la plate-forme. Valentin hésita un instant pour savoir s'il le suivrait, mais toutes réflexions faites, il demeura persuadé que tout n'était pas fini, et que probablement il recueillerait encore des renseignemens précieux.

El Buitre haussa les épaules, et se tournant vers le chef indien, toujours impassible:

— L'orgueil a perdu cet homme, dit-il, c'était un joyeux compagnon il y a quelques années.

— Que fera mon frère, maintenant?

— Pas grand'chose, je resterai caché ici jusqu'à ce que le soleil soit aux deux tiers de sa course, puis j'irai rejoindre mes compagnons.

— Le chef va se retirer, ses guerriers sont loin encore.

— Fort bien; ainsi nous ne nous reverrons plus d'ici au moment convenu?

— Non, le visage pâle attaquera du côté de la forêt, tandis que les Apaches s'avanceront par le fleuve.

— Fort bien; seulement soyons prudens, un malentendu nous serait fatal. Je m'avancerai aussi près que possible de la Mission, mais je vous avertis que je ne bougerai pas avant d'entendre votre signal.

— Ooah! mon frère ouvrira ses oreilles, et le miaulement du tigre l'avertira que les Apaches sont arrivés.

— Parfaitement. Une dernière recommandation, chef.

— J'écoute le visage pâle.

— Il est bien entendu que le butin sera partagé également entre nous?

L'Indien eut un mauvais sourire

— Oui, fit-il.

—Pas de trahison entre nous, Peau Rouge, ou, *by God*, je vous avertis que je vous écorche vif comme un chien enragé.

— Les visages pâles ont la langue trop longue.

— C'est possible; mais si vous ne voulez pas qu'il vous arrive malheur, faites votre profit de mes paroles.

L'Indien ne répondit que par un geste de dédain; il se drapa dans sa robe de bison et s'éloigna à pas lents.

Le bandit le suivit un instant des yeux.

— Misérable chien! murmura-t-il; dès que je pourrai me passer de toi, je règlerai ton compte, sois tranquille.

L'Indien avait disparu.

— Hum? qu'est-ce que je vais faire maintenant, reprit el Buitre.

Tout à coup, un homme bondit comme un jaguar, et avant que le brigand comprît seulement ce qui lui arrivait, il était solidement garotté et réduit à la plus complète impuissance.

— Vous ne savez pas ce que vous allez faire? eh bien! je vais vous le dire, moi, fit Valentin en s'asseyant paisiblement auprès de lui.

Le premier moment de surprise passé, le bandit reprit tout son sang-froid et toute son audace, et regardant effrontément le chasseur:

— *By God!* je ne vous connais pas, compagnon, répondit-il, mais je dois avouer que c'est bien joué!

— Vous êtes connaisseur.

— Un peu.

— Oui, je le sais.

— Seulement vous avez serré un peu trop fort, votre diable de reata m'entre dans les chairs.

— Bah! vous vous y habituerez.

— Hum! fit le bandit, ainsi vous avez entendu tout ce que nous avons dit?

— A peu près.

— Le diable m'emporte, on ne peut plus causer au désert sans avoir quelqu'un aux écoutes.

— Que voulez-vous, c'est malheureux.

— Enfin, il faut bien en prendre son parti. Vous disiez donc?

— Moi? je ne disais rien du tout.

— Ah! excusez-moi, alors, je croyais que vous m'interrogiez. Il est probable que ce n'est pas complétement dans le but de vous divertir que vous m'avez ficelé comme une carotte de tabac.

— Cette observation ne manque pas de justesse; j'avais effectivement un autre but.

— Lequel?

— Celui de jouir un instant de votre conversation.

— Vous êtes mille fois trop bon.

— On a si rarement l'occasion de causer au désert.

— En effet; ainsi vous êtes en expédition?

— Mon Dieu, oui; il faut bien faire quelque chose.

— C'est vrai; soyez donc assez bon pour me donner quelques détails.

— Sur quoi?

— Mais sur cette expédition.

— Ah! ah! je le voudrais, malheureusement c'est impossible.

— Voyez-vous cela! pourquoi donc?

— Je ne sais que fort peu de chose.

— Ah!

— Oui; et puis je suis extraordinairement contrariant: il suffit qu'on me prie de faire une chose pour que je m'y refuse.

Valentin sourit et dégaina son couteau, dont la lame étincelante lança un éclair bleuâtre.

— Même si l'on vous donne des raisons convaincantes?

— Je n'en connais pas, répondit en ricanant le bandit.

— Oh! oh! fit Valentin, j'espère cependant vous faire changer d'avis.

— Essayez! Tenez, ajouta-t-il en changeant de ton, assez de comédie comme cela. Je suis en votre puissance; rien ne peut me sauver; tuez moi, peu m'importe, je ne dirai pas un mot.

Les deux hommes échangèrent deux regards d'une expression étrange.

— Vous êtes un idiot, reprit froidement Valentin, vous ne comprenez rien.

— Je comprends que vous voulez savoir les secrets de l'expédition.

— Vous êtes un imbécile, cher ami. Ne vous ai-je pas dit que je sais tout?

Le bandit sembla réfléchir une minute.

— Que voulez-vous alors? dit-il.

— Vous acheter simplement.

— Hum! ce sera cher.

— Vous ne dites pas non?

— Je ne dis jamais non!

— Bien, vous devenez raisonnable.

— Qui sait?

— A combien évaluez-vous vos parts de prise de cette nuit?

El Buitre le regarda comme s'il eût voulu lire sa pensée au fond de son cœur.

— Dame! cela montera haut.

— Oui, surtout si vous êtes pendu.

— Oh!

— Il faut tout prévoir, en affaire.

— Vous avez raison.

— D'autant plus que si vous refusez le marché que je vous propose, je vous tue comme un chien.

— C'est une chance.

— La plus probable; ainsi, croyez-moi, traitons; dites votre chiffre?

— Quinze mille piastres! s'écria le bandit, pas un ochavo de moins!

— Peuh! dit Valentin, c'est peu.

— Hein? fit-il avec étonnement.

— Je vous en donne vingt mille.

Malgré les liens qui le retenaient, le brigand bondit sur lui-même.

— Tope! s'écria-t-il; mais reprit-il au bout d'un instant, où est la somme?

— Me croyez-vous assez niais pour vous la payer d'avance?

— Dame, il me semble...

— Allons donc, vous êtes fou, compadre. Maintenant que nous nous entendons, laissez-moi vous délier, la liberté vous éclaircira les idées.

Et il défit les tours de la reata; El Buitre se releva aussitôt, frappa du pied pour rétablir la circulation du sang, et se tournant enfin vers le chasseur qui l'examinait en souriant, les mains croisées sur le canon de son rifle,

— Au moins vous avez une garantie à me donner? lui dit-il.

— Oui, et une bonne!

— Laquelle?

— La parole d'un honnête homme.

Le bandit fit un geste.

Valentin continua sans paraître s'en apercevoir.

— Je suis celui que les blancs et les Indiens ont surnommé *le chercheur de pistes*; mon nom est Valentin Guillois.

— Vous! c'est vous! s'écria avec une émotion étrange el Buitre; c'est vous qui êtes le chercheur de pistes?

— C'est moi, répondit simplement Valentin.

El Buitre marcha de long en large sur la plate-forme à pas précipités, murmurant à voix basse des mots entrecoupés, en proie enfin à une émotion terrible.

Soudain, il s'arrêta devant le chasseur.

— J'accepte, dit-il d'une voix brève.

— Demain vous toucherez votre argent.

— Je ne veux rien.

— Qu'est-ce à dire?

— Valentin, laissez-moi quelques jours encore maître de mon secret; je vous expliquerai ma conduite. Bien que je sois un bandit, tout sentiment n'est pas mort dans mon cœur; il en est un qui est resté pur, c'est la reconnaissance. Fiez-vous à moi; désormais, vous n'aurez pas de plus dévoué séide, soit pour le bien, soit pour le mal.

— Votre accent n'est pas celui d'un homme qui a l'intention de tromper, je me fie à vous, sans vous demander compte de ce brusque revirement de conduite.

— Plus tard vous saurez tout, vous dis-je, et maintenant que nous sommes entre nous, expliquez-moi votre projet dans tous ses détails, afin que je puisse vous aider efficacement.

— Oui, fit Valentin, le temps nous presse.

Les deux hommes demeurèrent ensemble deux heures environ à discuter le plan du chasseur; puis, lorsque tout fut bien convenu et bien arrêté, ils se séparèrent, Valentin pour retourner à la Mission et el Buitre pour rejoindre ses compagnons, cachés à peu de distance.

IV.

Pendant l'absence de Valentin, des faits d'une gravité extrême s'étaient accomplis à la Mission.

Le comte de Prébois-Crancé avait terminé sa correspondance, et tenant à la main les lettres qu'il venait d'écrire, il donnait à un peon, déjà à cheval et prêt à partir, ses dernières instructions, lorsque les sentinelles avancées, placées à une certaine distance en dehors, firent entendre le cri de qui vive! cri répété immédiatement sur toute la ligne.

Louis sentit instantanément son cœur se serrer à ce cri, auquel cependant il était habitué; une sueur froide perla à ses tempes, une pâleur mortelle couvrit son visage et il fut contraint de s'appuyer contre un pan de mur pour ne pas tomber, tant il se sentait défaillir.

— Mon Dieu! balbutia-t-il à voix basse, que se passe-t-il donc en moi?

Explique qui pourra la cause de cette étrange émotion, de ce pressentiment intime qui avertissait le comte d'un malheur; quant à nous, nous reconnaissons notre impuissance et nous nous bornons à constater un fait.

Cependant le comte se raidit contre cette émotion extraordinaire et sans cause plausible; grâce à un suprême effort de volonté, une réaction s'opéra en lui et il redevint froid, calme, impassible, prêt à soutenir sans faiblesse comme sans forfanterie le choc, quel qu'il fût, dont il se sentait instinctivement menacé.

Cependant on avait répondu aux sentinelles, et quelques paroles s'échangeaient.

Don Cornelio arriva auprès du comte, le visage bouleversé par l'étonnement et en proie à la plus vive agitation.

— Senor conde! dit-il d'une voix haletante, et il s'arrêta.

— Eh bien! demanda le comte, que signifient ces cris que j'ai entendus?

— Senor, reprit don Cornelio avec effort, le général Guerrero, accompagné de sa fille, de plusieurs autres dames, d'une dizaine d'officiers et d'une nombreuse escorte, demande à être introduit auprès de vous.

—Qu'il soit donc le bien venu; il consent donc enfin à traiter directement avec moi!

Don Cornelio se retira, afin de transmettre l'ordre qu'il avait reçu, et bientôt une brillante cavalcade, en tête de laquelle se tenait le général Guerrero, entra dans la Mission.

Le général était pâle, il avait les sourcils froncés; on devinait qu'il ne contenait qu'avec peine une sourde colère qui bouillonnait dans son cœur.

Les aventuriers, diversement groupés et fièrement drapés dans leurs guenilles, regardaient avec curiosité ces beaux officiers mexicains si pimpans, si vains et si chamarrés d'or, qui ne laissaient qu'à peine tomber sur eux des regards de mépris.

Le comte fit quelques pas au devant du général, et se découvrant par un mouvement empreint d'une suprême élégance,

— Soyez le bien venu, général, dit-il de sa voix sympathique; je suis heureux de recevoir votre visite.

Le général ne toucha même pas du doigt son chapeau empanaché; mais arrêtant brusquement son cheval à deux pas au plus du comte,

— Qu'est-ce à dire, monsieur? s'écria-t-il d'une voix irritée; vous vous faites garder comme dans une forteresse; vous avez, Dieu me pardonne! des sentinelles et des patrouilles autour de votre campement comme si vous commandiez une véritable armée.

Le comte se mordit les lèvres, mais il se contint et répondit d'une voix calme, bien que grave:

— Nous sommes sur la limite des *despoblados* (déserts), général, notre sûreté dépend de notre vigilance. Bien que je ne sois pas le chef d'une armée, je réponds du salut des hommes que j'ai l'honneur de commander. Mais ne voulez-vous pas, général, mettre pied à terre afin que nous puissions plus à l'aise traiter les graves questions qui, sans doute, vous amènent?

— Je ne mettrai pas pied à terre, monsieur, ni personne de ma suite, avant que vous ne m'ayez expliqué votre étrange conduite,

Un éclair si fulgurant jaillit de l'œil bleu du comte, que malgré lui le général détourna la tête.

Cependant cette conversation avait lieu sous la voûte du ciel, devant les Français rassemblés autour des arrivans; la patience des Français commençait à s'épuiser, et de sourds murmures se faisaient entendre; d'un geste, le comte calma l'orage, le silence se rétablit immédiatement.

— Général, reprit don Luis, toujours impassible, les paroles que vous m'adressez sont sévères; j'étais loin de m'y attendre, surtout après la façon dont j'ai agi depuis mon arrivée au Mexique, et la modération dont j'ai constamment fait preuve.

— Fadaises que tout cela, monsieur! s'écria le général avec emportement; vous autres, Français, vous avez la langue mielleuse quand il s'agit de nous tromper; mais, vive Dieu! je vous mettrai à la raison; tenez-vous-le pour dit.

Le comte se redressa, une rougeur fébrile empourpra ses joues; d'un geste il remit sur sa tête le chapeau que jusque là il avait gardé à la main, et regardant le général bien en face :

— Je vous ferai observer, senor don Sébastian Guerrero, dit-il d'une voix brisée, que vous ne m'avez pas rendu mon salut, et que vous employez de singulières paroles en vous adressant à un gentilhomme au moins aussi noble que vous. Est-ce donc là cette courtoisie mexicaine si vantée? Venez au fait, caballero, sans tenir un langage indigne de vous et de moi, et expliquez-vous franchement, afin que je sache une fois pour toutes ce que j'ai à craindre ou à espérer de ces éternelles tergiversations, et de ces continuelles trahisons dont je suis victime.

Le général demeura un instant pensif après cette rude apostrophe; enfin son parti fut pris, il ôta son chapeau, salua gracieusement le comte, et changeant aussi subitement de ton qu'il avait changé de manière :

— Pardonnez moi, caballero, dit-il, je me suis laissé malgré moi emporter à employer des expressions que je regrette vivement.

Le comte sourit avec dédain.

— Ces excuses me suffisent, monsieur, dit-il.

Au mot d'excuses, le général avait tressailli, mais il se remit.

— Où désirez-vous que je vous communique les ordres de mon gouvernement?

— Ici même, monsieur; je n'ai, grâce à Dieu, rien à cacher à mes braves compagnons.

Le général, évidemment contrarié, mit cependant pied à terre; les dames et les officiers qui l'accompagnaient en firent autant; seule, l'escorte demeura en selle, l'arme haute et les rangs serrés.

Sur un ordre de don Luis, plusieurs tables avaient été dressées et instantanément couvertes de rafraîchissemens dont les officiers français commencèrent à faire les honneurs avec cette grâce et cette gaîté qui distinguent leur nation.

Le général et le comte s'étaient assis sur des butaccas placées à l'entrée de l'église de la Mission, auprès d'une table sur laquelle se trouvaient plume, encre et papier.

Il y eut entre les deux hommes un silence assez prolongé.

Evidemment, ni l'un ni l'autre ne voulait parler le premier. Ce fut le général qui entama l'entretien.

— Oh! oh! fit-il, vous avez du canon avec vous?

— Ne le saviez-vous pas, général?

— Ma foi, non!

Et il ajouta avec un rire moqueur:

— Est-ce que c'est avec de telles armes que vous avez l'intention de poursuivre les Apaches?

— A présent moins que jamais, général, répondit sèchement don Luis; je ne sais à quoi me servira cette artillerie; seulement elle est bonne, et je suis convaincu qu'au besoin elle ne me trahira pas.

- Est-ce une menace, monsieur? demanda le général avec intention.

— A quoi bon menacer, quand on peut agir? dit nettement le comte. Mais il ne s'agit pas de cela, quant à présent du moins; j'attends qu'il vous plaise, monsieur, de m'expliquer les intentions du gouvernement à mon égard.

— Elles sont bonnes et paternelles, monsieur.

— J'attendrai que vous me les ayez fait connaître pour me prononcer.

— Ces intentions, je les aurais voulues meilleures; mais telles qu'elles sont cependant, je les crois acceptables.

— Veuillez donc me les communiquer, général.

— J'ai voulu venir moi-même, *senor conde*, afin d'affaiblir, par ma présence, ce que ces propositions auraient de trop amer pour vous.

— Ah ! fit le comte, ce sont des propositions que l'on me fait; autrement dit, pour être vrai, des conditions que l'on veut m'imposer; très bien.

— Oh ! *conde, conde*, comme vous prenez mal ce que je vous dis !

— Pardonnez-moi, général, vous savez que je ne parle pas fort bien votre belle langue espagnole; cependant je vous remercie du fond du cœur d'avoir bien voulu accepter la dure mission de me communiquer ces propositions.

Cela fut dit avec un accent de fine raillerie qui décontenança complétement le général.

— Je vous ferai observer, général, que nous ne sommes plus qu'à quelques lieues des mines, et que l'alternative dans laquelle je suis placé est des plus pénibles pour moi, surtout après les réponses évasives qui ont constamment été faites à moi et aux personnes que j'ai envoyées avec mes pleins pouvoirs, pour traiter personnellement avec les autorités du pays.

— C'est vrai, je comprends cela; le colonel Florès, que vous m'avez adressé il y a quelques jours, a dû vous dire combien je suis peiné de tout ce qui arrive; j'y perds autant que vous. Malheureusement, vous le comprenez, n'est-ce pas, mon cher comte, bon gré, malgré, je suis contraint d'obéir.

— Je comprends parfaitement, répondit Louis avec ironie, combien vous devez souffrir.

— Hélas ! fit le général, plus embarrassé que jamais, et qui commençait à regretter intérieurement de ne pas s'être fait accompagner de forces plus considérables.

— Or, comme il est inutile de prolonger indéfiniment cette position, qui vous est si cruelle, expliquez-vous sans plus de circonlocutions, je vous en prie.

— Hum ! songez que je ne suis nullement responsable.

Le fait est que le général avait peur.

— Allez, allez !

— Voici ces propositions : il vous est enjoint...

— Oh ! oh ! l'expression est dure, observa Louis.

Le général haussa les épaules en semblant dire qu'il n'était pour rien dans cette rédaction.

— Donc, fit le comte, il nous est enjoint...

— Oui, 1° ou de consentir à perdre votre qualité de Français...

— Pardon, dit le comte en posant la main sur le bras du général, un instant, s'il vous plaît; comme je vois que ce que vous vous êtes chargé de me communiquer intéresse tous mes compagnons, il est de mon devoir de les faire assister à la lecture de ces propositions; car vous les avez par écrit, n'est-ce pas ?

— Oui, balbutia le général, qui verdissait.

— Très-bien. Clairons, cria le comte d'une voix haute et impérative, sonnez l'assemblée.

Dix minutes plus tard, la compagnie tout entière était rangée autour de la table où le comte et le général se tenaient.

Don Luis jeta un regard clair autour de lui ; alors il aperçut les officiers mexicains et les dames qui, curieux de savoir ce qui se passait, s'étaient rapprochés, eux aussi.

— Des siéges à ces caballeros et à ces dames, dit-il ; veuillez m'excuser si je n'ai pas pour vous tous les égards que vous méritez; mais je ne suis qu'un pauvre aventurier, et nous nous trouvons dans le désert.

Puis lorsque chacun eut pris place :

— Donnez-moi la copie de ces propositions, dit le comte au général, je les lirai moi-même.

Le général obéit machinalement.

— Messieurs et chers compagnons, dit alors don Luis d'une voix brève et saccadée au fond de laquelle on sentait bouillonner une colère retenue avec peine, lorsque je vous ai enrôlés à San-Francisco, je vous ai montré les actes authentiques qui me conféraient la propriété des mines de la Plancha de Plata, n'est-ce pas ?

— Oui ! s'écrièrent les aventuriers d'une seule voix.

—Vous avez lu au bas de ces actes les signatures de don Antonio Pavo, du président de la république mexicaine et du général don Sebastian Guerrero, ici présent en ce moment. Donc, vous saviez à quelles conditions vous vous enrôliez, vous saviez aussi quels engagemens le gouvernement mexicain prenait envers vous. Or, aujourd'hui, après trois mois de marches et de contremarches, après avoir souffert sans vous plaindre toutes les avanies qu'il a plu aux autorités mexicaines de vous infliger; lorsque vous avez prouvé, par votre bonne conduite et votre discipline sévère, que vous étiez dignes, de toutes les façons, de remplir honorablement la mission qui vous avait été confiée; lorsqu'enfin, malgré les obstacles sans cesse renaissans placés sous vos pas, vous êtes arrivés à dix lieues à peine de ces mines tant désirées, savez-vous ce que le gouvernement mexicain exige de vous? Ecoutez, je vais vous le dire, car plus que moi encore, vous êtes intéressés à la question.

Un frémissement de curiosité parcourut les rangs des aventuriers :

— Parlez! parlez! s'écrièrent-ils.

— Vous avez trois alternatives : 1° il vous est enjoint de renoncer à votre qualité de Français pour devenir Mexicains; et, sans solde aucune, sous les ordres suprêmes du général Guerrero, dont je ne serai plus, moi, que l'aide de camp, il vous sera permis d'exploiter les mines.

Un éclat de rire homérique accueillit cette proposition.

— La seconde! voyons la seconde! criaient les uns.

— Sapristi! disaient d'autres, ils ne sont pas dégoûtés, les Mexicains, de nous vouloir pour compatriotes!

— Continuez! continuez! hurlait le reste.

Le comte fit un signe, le silence se rétablit.

— 2° Il vous est ordonné de prendre des cartes de sûreté si vous voulez rester Français. Au moyen de ces cartes, vous pourrez circuler partout; seulement il vous sera défendu, en qualité d'étrangers, de posséder, c'est-à-dire d'exploiter des mines. Vous m'avez bien compris, n'est-ce pas?

— Oui, oui. La fin, la fin!

— Je ne croyais pas les Mexicains aussi facétieux, observa un loustic.

— 3° Enfin, il m'est ordonné, à moi personnellement, de réduire la compagnie à cinquante hommes, de remettre mon commandement à un officier mexicain, et à cette condition la compagnie pourra immédiatement aller prendre possession des mines.

Lorsque le capitaine eut terminé cette lecture, il y eut une telle explosion de rires, de cris et de hurlemens, que pendant près d'un quart d'heure il fut impossible de rien entendre.

Cependant le comte finit, avec des difficultés extrêmes, à rétablir un peu d'ordre et de silence.

— Voilà les intentions paternelles du gouvernement mexicain à notre égard. Qu'en pensez-vous, mes amis? Pourtant, je vous en conjure, ne vous laissez pas dominer par une juste indignation, réfléchissez mûrement à ce que, dans votre intérêt, vous croirez devoir faire. Quant à moi, ma résolution est prise, elle est inébranlable, et dussé-je perdre la vie, elle ne changera pas! Mais vous, mes frères, mes amis, vos intérêts privés peuvent ne pas être les miens; ne vous sacrifiez donc pas par amitié et dévouement pour moi. Vous me connaissez assez pour avoir foi en ma parole; ceux d'entre vous qui voudront me quitter seront libres de le faire; non-seulement je ne m'opposerai pas à leur départ, mais je ne leur conserverai aucune rancune. La position étrange dans laquelle nous sommes placés par la mauvaise foi des Mexicains, m'impose à moi des obligations et une ligne de conduite auxquelles vous êtes libres sans honte de refuser de vous soumettre; dès ce moment, je vous délie de tout engagement envers moi, je ne suis plus votre chef, mais je serai toujours votre ami et votre frère.

A peine ces derniers mots furent-ils prononcés que, par un élan irrésistible, brisant et renversant tout sur leur passage, les aventuriers se précipitèrent vers le comte, l'entourèrent avec des cris et des pleurs, l'enlevèrent dans leurs bras et lui prodiguèrent les assurances d'un complet dévoûment.

— Vive le comte! vive Louis! Louis! Louis! vive notre chef! A mort! à mort les Mexicains! à mort les traîtres!

Cette effervescence prenait des proportions qui menaçaient de devenir dangereuses aux Mexicains en ce moment dans le camp; l'exaspération était à son comble. Cependant, grâce à l'influence du comte sur ses compagnons et à la conduite énergique des officiers français, le tumulte se calma peu à peu, et tout rentra dans un état à peu près normal.

Le général Guerrero, atterré dans le premier moment par l'effet produit sur les Français par les malencontreuses propositions dont il s'était fait le porteur, n'avait cependant pas tardé à se rassurer, surtout en voyant avec quelle abnégation et quelle loyauté le comte l'avait protégé contre la juste indignation de ses compagnons. Sûr à peu près de ne courir aucun risque, grâce au noble caractère de l'homme qu'il avait si indignement trompé, il résolut d'en finir et de frapper un grand coup.

— Caballeros, dit-il de cette voix mielleuse particulière aux Mexicains, permettez-moi de vous dire quelques mots.

A cette demande, le tumulte fut sur le point de recommencer; cependant le comte réussit à obtenir un silence orageux, s'il est permis d'employer cette expression.

— Parlez, général, lui dit-il.

— Messieurs, reprit don Sebastian, je n'ai que quelques mots à ajouter: le comte de Prébois-Crancé vous a lu les conditions que le gouvernement vous impose, mais il n'a pu vous lire quelles seraient pour vous les conséquences d'un refus d'obéir à ces conditions.

— C'est vrai, en effet, monsieur; soyez donc assez bon pour nous les faire connaître.

— C'est pour moi un bien terrible devoir à remplir; cependant, je le dois dans votre intérêt, caballeros.

— Au fait! au fait! crièrent les aventuriers.

Le général déploya une pancarte, et après un instant d'hésitation, il lut ce qui suit d'une voix qui, malgré tous ses efforts, tremblait légèrement:

« Le comte don Luis de Prébois Crancé et tous les hommes qui lui resteront fidèles seront considérés comme pirates, mis hors la loi, et poursuivis comme tels, jugés par une commission militaire et fusillés dans les vingt-quatre heures. »

— Est-ce tout, monsieur? demanda froidement le comte.

— Oui, répondit le général en balbutiant.

Sur un signe du comte, les deux papiers, contenant les propositions et la proclamation de mise hors la loi, furent cloués à un tronc d'arbre.

— Maintenant, monsieur, vous avez accompli votre mission, n'est-ce pas? Vous n'avez plus rien à ajouter?

— Je regrette, *senor conde*...

— Assez, monsieur! Si j'étais réellement un pirate, ainsi que vous me qualifiez si bénévolement, il me serait facile de vous retenir, ainsi que toutes les personnes qui vous accompagnent, ce qui me fournirait amplement les moyens de satisfaire ma vengeance; mais, quoi que vous en disiez, ni moi, ni les hommes que j'ai l'honneur de commander, nous ne sommes des pirates; vous sortirez d'ici aussi libre que vous y êtes venu. Seulement, je crois que vous ferez bien de ne pas retarder votre départ.

Le général ne se fit pas répéter l'invitation. Depuis deux heures, il avait vu plusieurs fois la mort de trop près, du moins il le supposait, pour désirer prolonger son séjour au camp, et il donna immédiatement les ordres nécessaires pour le départ.

En ce moment dona Angela s'avança, majestueusement drapée dans son rebozo, la démarche fière et l'œil étincelant d'un feu sombre.

— Arrêtez! dit-elle avec un accent si ferme et si imposant que chacun se tut et la regarda avec étonnement.

— Madame, lui dit Louis, je vous en conjure...

— Laissez-moi parler! dit-elle avec énergie, laissez-moi parler, senor conde. Puisque personne dans ce malheureux pays n'ose protester contre l'odieuse trahison dont vous êtes victime, moi, femme, moi, la fille de votre plus implacable ennemi, je le déclare devant tous hautement: vous êtes, comte, le seul homme dont le génie soit assez puissant pour régénérer cette malheureuse contrée. On vous méconnaît, on vous insulte, on attache à votre nom l'épithète de pirate. Eh bien! pirate, soit! Don Luis, je vous aime; désormais, je suis à vous, à vous seul. Persévérez dans votre noble entreprise; tant que je vivrai, il y aura sur cette terre maudite une femme qui priera pour vous! Maintenant, adieu! Je vous laisse mon cœur.

Le comte s'agenouilla devant la noble femme, lui baisa respectueusement la main, et levant les yeux au ciel:

—Dona Angela, dit-il avec émotion, merci. Je vous aime, et quoi qu'il arrive, je vous prouverai que je suis digne de votre amour.

— Maintenant, mon père, partons, dit-elle au général, à moitié fou de rage et qui cependant n'osait laisser éclater sa colère; et se tournant une dernière fois vers le comte: Au revoir, don Luis, reprit-elle; mon fiancé, à bientôt!

Et elle sortit du camp au milieu des acclamations d'enthousiasme des aventuriers.

Les Mexicains marchaient la tête basse et la rougeur au front; malgré eux, ils étaient honteux de l'infâme trahison qu'ils venaient de commettre envers des gens qu'ils avaient eux-mêmes appelés avec instance, que pendant quatre mois ils avaient leurrés de fallacieuses promesses, et auxquels maintenant ils se préparaient à courir sus comme à des bêtes fauves.

Il y avait deux heures à peine que ces événemens s'étaient passés, lorsque Valentin rentra au camp.

V.

Cependant l'émotion causée par la visite du général se calma peu à peu. Les Français, depuis si longtemps le jouet de la mauvaise foi mexicaine, éprouvèrent presque de la joie de se voir enfin débarrassés du réseau d'inextricables fourberies dans lequel depuis si longtemps ils se trouvaient enchevêtrés, sans pouvoir en sortir. Avec l'insouciance qui fait le fond du caractère national, ils commencèrent à rire et à plaisanter sur les Mexicains en général et surtout sur les autorités de ce pays, dont ils avaient eu tant à se plaindre sans oser se permettre la moindre observation, par égard pour le comte. Pleins de confiance en leur chef, sans calculer qu'ils n'étaient qu'une poignée d'hommes abandonnés à eux-mêmes, sans secours et sans protection possible, à plus de six mille lieues de leur pays, ils se livrèrent avec toute la folle imagination aventurière qu'ils possédaient aux rêves les plus insensés, discutant gravement entre eux les plans les plus inouïs et les plus téméraires, sans seulement supposer, dans leur candide naïveté flibustière, que même le plus extravagant de ces rêves fût impossible à réaliser.

Louis ne voulut pas laisser refroidir l'ardeur de ses volontaires. Après s'être consulté avec ses officiers auxquels il soumit ses projets, projets que ceux-ci acceptèrent avec enthousiasme, d'après le conseil de Valentin, il ordonna une assemblée générale de la compagnie.

Aussitôt les clairons sonnèrent et les aventuriers vinrent se grouper autour du quartier-général.

— Messieurs, dit le comte, vous voyez dans quelle position nous a placés le manque de foi des autorités mexicaines à notre égard; cette position est loin, à mon avis, d'être désespérée. Cependant, je ne dois pas vous cacher qu'elle est fort grave, et que, d'après certains renseignemens que je tiens de bonne source, elle menace de le devenir avant peu encore davantage. Deux partis s'offrent à nous pour en sortir : le premier est de nous diriger, à marches forcées, sur Guaymas et de nous embarquer avant que nos ennemis aient la pensée de s'opposer à notre départ.

Un long murmure de mécontentement accueillit ces paroles.

— Messieurs, continua le comte, il était de mon devoir de vous soumettre cette proposition, vous la discuterez entre vous; si elle ne vous agrée pas, tout sera dit. Maintenant voici la seconde : le Mexique, depuis son émancipation, croupit dans la plus honteuse barbarie; il serait beau de régénérer ce peuple, ou tout au moins de le tenter. L'émigration américaine des Etats-Unis envahit en ce moment la Californie, ne laissant aux autres émigrans aucun moyen, je ne dis pas de prospérer, mais seulement de se maintenir sur un pied d'égalité avec elle. nous sommes en Sonora deux cents Français résolus, bien armés et bien disciplinés, emparons-nous d'une grande ville afin d'avoir une base d'opération; puis appelons à nous l'émigration française de Californie et de toute l'Amérique, émancipons la Sonora, faisons-la libre et forte, civilisons-la malgré elle, et non-seulement nous aurons créé un débouché pour l'émigration française, mais nous aurons régénéré un peuple et formé une colonie qui balancera avantageusement l'influence nord-américaine dans ces parages et opposera une digue infranchissable à ses empiétemens incessans; nous aurons acquis des droits à la reconnaissance de notre pays et nous nous serons vengés de nos ennemis comme les Français se vengent, c'est-à-dire en répondant à leurs insultes par des bienfaits. Voilà, messieurs, les deux seuls partis que nous ayons à prendre et qui soient dignes d'hommes comme nous. Pesez avec soin mes paroles, réfléchissez mûrement à mes propositions, et demain, au lever du soleil, vous me ferez connaître vos intentions par la bouche de vos officiers. Souvenez-vous surtout d'une chose, compagnons, c'est que vous devez maintenir entre vous une discipline rigide, m'obéir passivement et avoir en moi une foi à toute épreuve; si vous manquez à un des devoirs que je vous impose en ce moment, nous sommes tous perdus, car la lutte nous deviendra impossible, et par conséquent nos ennemis auront bon marché de nous. Du reste, mes frères, recevez ici ma parole que quelles que soient les circonstances dans lesquelles nous nous trouverons, si magnifiques que soient les offres que l'on me fera, jamais je ne vous abandonnerai, nous périrons ou nous réussirons ensemble!

Ce discours fut accueilli comme il devait l'être, c'est à dire avec un enthousiasme impossible à décrire.

Le comte se retira alors à l'écart avec Valentin.

— Hélas! frère, dit-il à celui-ci avec une expression de tristesse navrante, le sort en est jeté à présent, me voilà moi, comte de Prébois-Crancé, un rebelle, un pirate; je suis en guerre ouverte avec une puissance reconnue, un gouvernement constitué. Que ferai-je avec les quelques hommes que je commande? Je périrai à la première bataille, et cette lutte est insensée; je vais devenir avant peu la risée du monde. Qui m'aurait dit cela lorsque, plein d'espoir, je quittai San-Francisco pour venir exploiter ces mines que je ne verrai jamais? Que sont devenus mes beaux rêves, mes séduisantes espérances?

— Ne te laisse pas abattre ainsi, frère, répondit Valentin; c'est à présent surtout que tu as besoin de toute ton intelligence et de toute ton énergie pour remplir dignement la tâche que le hasard t'impose. Songe que de cette énergie et de ce courage dépend le salut de deux cents de tes compatriotes, que tu as juré de les ramener au bord de la mer, et qu'il te faut tenir ton serment.

— Je mourrai avec eux. Que peuvent-ils exiger davantage?

—Que tu les sauves! répondit sévèrement le chasseur.

— C'est mon désir le plus vif.

— Ta position est belle, tu n'es pas ici aussi seul que tu le supposes.

— Comment cela?

— N'as-tu pas la colonie française de Guetzalli, fondée par le comte de Lhorailles?

— Oui, répondit tristement Louis; mais le comte est mort.

— En effet; mais la colonie existe, elle prospère, tu trouveras là cinquante ou soixante hommes résolus qui ne demanderont pas mieux, quand ce ne serait que par esprit d'aventure, que de se joindre à toi.

— Cinquante hommes, c'est bien peu.

— Allons donc! contre des Mexicains, c'est plus qu'il n'en faut. Fais autre chose encore : prépare une insurrection des peuplades à demi sauvages encore et dont les alcades gémissent en secret sur leur position secondaire et l'espèce de vassalité dans laquelle le gouvernement mexicain les courbe malgré eux.

— Oh! oh! fit Louis, c'est une idée, cela; mais quel est l'homme qui se chargera de parcourir ces peuplades et de s'aboucher avec les alcades des pueblos?

— Moi, si tu le veux.

— Je n'osais te le demander; merci. Moi, de mon côté, je préparerai tout afin de débuter par un coup d'éclat qui terrifie le gouvernement mexicain en lui donnant la mesure de notre force.

— Bien; surtout n'oublie pas que jusqu'à nouvel ordre la guerre que tu entreprends doit être une suite non interrompue de coups de main hardis.

— Oh! sois tranquille; maintenant que les Mexicains ont levé le masque et m'ont contraint à me défendre, ils apprendront à connaître les hommes qu'ils ont si longtemps méprisés, et qu'ils ont crus lâches parce qu'ils étaient bons.

— Le colonel Florès est-il parti?

— Non, pas encore.

— Retiens-le ici jusqu'à demain, sous n'importe quel prétexte.

— Pourquoi cela?

— Laisse-moi faire, tu le sauras. Maintenant préparons-nous à soutenir l'attaque des Indiens : si mes pressentimens ne me trompent pas, elle sera chaude.

— Qu'est-ce qui te le fait supposer?

— Certains renseignemens que j'ai pris moi-même, et d'autres plus importans encore que Curumilla m'a donnés. Ah! tâche donc que le colonel mexicain, sans cependant soupçonner qu'on le surveille, ne puisse sortir du camp.

— Cela sera fait. Tu sais que je me repose sur toi de toutes les précautions à prendre?

— Pour l'extérieur, oui; veille seulement à ce que les lignes ne soient pas forcées.

La plus grande animation régnait dans le camp; les forgerons et les armuriers étaient à l'œuvre, travaillant avec une ardeur fébrile à remettre les armes, les wagons et les affûts en état.

Partout on entendait des cris joyeux et des éclats de rire; ces dignes aventuriers avaient repris toute leur gaîté, puisqu'on allait se battre, c'est-à-dire avoir des coups à donner et à recevoir.

Le colonel Florès vaguait assez tristement au milieu de cette cohue; sa position devenait difficile; il le sentait; cependant, il ne savait comment prolonger son séjour parmi les Français, maintenant que la guerre était déclarée et que les intérêts de la société dont il était le délégué se trouvaient complétement mis de côté, et que de cette façon, la seule raison plausible qu'il aurait pu invoquer pour demeurer lui manquait. Depuis l'arrivée des Français au Mexique, le double rôle joué par le colonel lui avait rapporté de belles sommes; son métier d'espion, rendu facile par la confiante franchise des Français, avait été pour lui une source d'énormes bénéfices : on ne renonce pas ainsi sans peine à une position lucrative.

Aussi, le colonel avait-il le front soucieux, car il se creusait la tête pour trouver un prétexte à présenter au comte. Au plus fort de ses combinaisons diplomatiques, Valentin se présenta à lui, et de l'air le plus innocent, lui annonça que don Luis le faisait chercher et désirait causer avec lui. Le colonel tressaillit à cette nouvelle ; il remercia le chasseur et se rendit en toute hâte auprès du comte.

Valentin le suivit des yeux avec un sourire ironique, et, certain que Louis le retiendrait assez longtemps auprès de lui, il commença l'exécution du plan qu'il avait préparé.

Sur ces entrefaites la nuit était venue, une nuit sombre et triste, sans étoiles au ciel; les nuages couraient rapidement dans l'espace et passaient incessamment sur le disque blafard de la lune, dont ils interceptaient les rayons sans chaleur.

Le vent se lamentait tristement en sifflant à travers les branches des arbres qui s'entrechoquaient avec des bruits lugubres.

Dans les profondeurs mystérieuses de la forêt, on entendait des grondemens et des hurlemens saccadés auxquels se mêlaient le mugissement de la cascade et le cliquetis monotone des cailloux roulés sur la plage par les eaux du fleuve.

C'était une de ces nuits pendant lesquelles la nature semble s'associer aux tristesses humaines et gémir des crimes auxquels ses sombres ténèbres semblent servir de voiles.

D'après les ordres de Valentin, sur un espace de cinquante mètres tout autour du camp, les arbres avaient été abattus, afin de déblayer le terrain et d'enlever à l'ennemi les moyens d'arriver sans être vus jusqu'aux retranchemens.

Puis, sur cet espace laissé libre, d'énormes brasiers avaient été allumés de distance en distance.

Ces brasiers, dont les hautes flammes éclairaient la prairie à une distance considérable, formaient une ceinture brillante au camp, qui, lui, était plongé dans une obscurité complète.

Nulle lumière, si faible qu'elle fût, ne scintillait dans la Mission ; les retranchemens semblaient abandonnés, aucune sentinelle ne se laissait voir.

La Mission était en apparence retombée dans le silence de la solitude, tout était calme et tranquille.

Mais ce calme cachait la tempête. On sentait instinctivement palpiter dans l'ombre les cœurs anxieux de ces hommes qui, l'oreille au guet et le doigt sur la détente du rifle, attendaient impassibles l'apparition de leurs ennemis.

Cependant les heures s'écoulaient lentement les unes après les autres sans que rien vînt justifier les craintes émises par Valentin d'une attaque prochaine.

Le comte se promenait à grands pas dans l'église qui lui servait de retraite, écoutant avec anxiété les moindres bruits qui s'élevaient par intervalles dans le silence. Parfois il jetait vers la campagne déserte un regard d'impatience et de colère; mais rien ne bougeait, le même calme continuait toujours à peser sur la nature.

Fatigué de cette longue et énervante attente, il sortit de l'église et se dirigea vers les retranchemens.

Tous les aventuriers étaient à leurs postes étendus sur le sol et le doigt sur la détente du rifle.

— N'avez-vous rien vu, rien entendu encore ? demanda le comte, bien qu'il sût d'avance la réponse qui lui serait faite, mais plus tôt dans le but de tromper son impatience que pour toute autre cause.

— Rien ? répondit froidement don Cornelio, qui se trouva par hasard auprès de lui.

— Ah ! c'est vous, dit le comte, et le colonel Florès, qu'en avez-vous fait ?

— J'ai suivi vos instructions, commandant. Il dort.

— Vous en êtes sûr ?

L'Espagnol sourit.

— Je réponds qu'il dormira ainsi au moins jusqu'au lever du soleil, fit-il, j'ai bien fait les choses.

— Très bien ; de cette façon nous n'avons rien à redouter de lui.

— Absolument rien.

— Personne n'a vu don Valentin ni le chef indien ?

— Non, ils sont sortis tous deux au coucher du soleil, depuis ils n'ont pas reparu.

Tout en causant ainsi, les deux interlocuteurs étaient tournés vers le dehors, et leurs yeux examinaient attentivement la plaine; aussi firent-ils un geste d'étonnement et presque d'épouvante en apercevant tout à coup un homme qui sembla sortir de terre et se dressa entre eux comme un fantôme.

— Valga me Dios ! s'écria le superstitieux Espagnol en se signant, qu'est-ce que c'est que çà ?

Le comte saisit vivement un revolver à sa ceinture.

— Ne tirez pas! s'écria le nouveau venu en lui posant la main sur le bras.

— Curumilla! s'écria le comte avec surprise.

— Silence! fit l'Araucan,

— Où est Valentin?

— C'est lui qui m'envoie.

— Les Peaux-Rouges ne nous attaqueront donc pas cette nuit?

Curumilla regarda le comte avec étonnement.

— Mon frère ne les voit donc pas? dit-il.

— Où cela? fit le comte avec surprise.

— Là, répondit Curumilla en étendant le bras dans la direction de la plaine.

Don Luis et don Cornelio regardèrent pendant quelques instans avec l'attention la plus soutenue; mais, malgré tous leurs efforts, ils n'aperçurent rien; la plaine était toujours aussi nue, éclairée par les reflets rougeâtres des brasiers; çà et là seulement gisaient les troncs des arbres abattus pendant la journée afin d'agrandir l'horizon et dégager les alentours du camp.

— Non, dirent-ils enfin, nous ne voyons rien.

— Les yeux des blancs se ferment la nuit, murmura sententieusement le chef.

— Mais où sont-ils? reprit le comte avec impatience; pourquoi ne pas nous avoir avertis?

— Mon frère Koutouepi m'envoie pour cela.

Le nom de Koutouepi, c'est à dire le vaillant, avait été donné à Valentin par les Araucans à son arrivée en Amérique, et jamais Curumilla ne le nommait autrement.

— Alors, hâtez-vous de nous instruire, chef, afin que nous puissions déjouer la ruse maudite que sans doute ces démons ont inventée.

— Que mon frère avertisse ses guerriers d'être prêts à combattre.

La recommandation passa immédiatement de l'un à l'autre sur toute la ligne.

Curumilla épaula alors tranquillement son rifle, visa pendant quelques secondes un tronc d'arbre assez rapproché des retranchemens et fit feu.

Jamais coup de feu ne produisit un effet semblable. Un cri horrible s'éleva de la plaine et une foule de Peaux-Rouges se dressant, comme mus par un ressort, de derrière les troncs d'arbres qui les abritaient, s'élancèrent sur les retranchemens, en bondissant comme des coyotes, en poussant des hurlemens affreux et en brandissant leurs armes avec rage.

Mais les Français étaient préparés à cette attaque; ils reçurent les Indiens sur leurs baïonnettes sans reculer d'un pouce, en répondant à leurs hurlemens féroces par le cri unanime de:

— Vive la France!

Cri qui devait, avant peu, être poussé en plein soleil et les guider à une éclatante victoire.

Désormais, la guerre était déclarée de fait; la première amorce était brûlée, les Français avaient senti la poudre, les Mexicains allaient apprendre, à leurs dépens, quels rudes ennemis ils s'étaient follement mis sur les bras.

Cependant les Peaux-Rouges, guidés et animés par leurs chefs, combattaient avec acharnement inouï. La plupart des Français qui composaient la compagnie ne connaissaient pas la façon de se battre des Indiens; c'était la première fois qu'ils avaient affaire à eux. Tout en leur résistant vaillamment et en leur infligeant des pertes terribles, ils ne pouvaient s'empêcher d'admirer l'audacieuse témérité de ces hommes qui, demi-nus, munis de mauvaises armes, se ruaient sur eux avec un courage invincible, et qui ne tombaient que morts.

Soudain une seconde troupe, plus nombreuse que la première et entièrement composée de cavaliers, fit irruption sur le champ de bataille et vint soutenir l'effort des assaillans.

Ceux-ci, en se sentant soutenus, redoublèrent de cris et d'efforts, la mêlée devint terrible, les combattans luttèrent corps à corps, se déchirant comme des bêtes fauves.

Les clairons et les tambours français sonnaient vigoureusement la charge.

— Une sortie! une sortie! criaient les aventuriers, honteux d'être ainsi tenus en échec par des ennemis en apparence si misérables.

— Tue! tue!

Les Indiens répondaient par leur cri de guerre.

Un chef indien, monté sur un magnifique cheval noir et le corps nu jusqu'à la ceinture, caracolait au premier rang des siens, abattant et assommant avec son casse-tête tous les ennemis qui s'avançaient à portée de son bras. Deux fois il avait lancé son coursier sur les barricades, et deux fois il les avait escaladées sans parvenir à les franchir complétement.

Ce chef était Mixcoatzin. Son œil noir étincelait d'un feu sombre; son bras semblait infatigable, et chacun s'éloignait de cet ennemi redoutable et qui paraissait invincible.

Le sachem, cependant, redoublait d'audace, appelant incessamment les siens et insultant les blancs par ses cris et ses gestes ironiques.

Tout à coup, une troisième troupe apparut sur le champ de bataille, où, grâce aux brasiers, il faisait clair comme en plein jour. Mais cette troupe, composée, comme la seconde, de cavaliers, au lieu de se joindre aux Indiens, se déploya en demi-cercle et les chargea avec fureur en criant :

— *A muerte ! a muerte !*

La voix puissante de Valentin domina en ce moment le tumulte de la bataille et parvint jusqu'à ceux qu'il voulait avertir.

— A présent! à présent! cria-t-il.

Le comte l'entendit. Se tournant alors vers une cinquantaine d'aventuriers qui depuis le commencement du combat se tenaient immobiles, frémissans et l'arme au pied derrière lui :

— A notre tour, compagnons ! s'écria-t-il en dégainant sa longue épée. Ouvrant alors la barrière, il se jeta résolûment dans la mêlée, suivi par sa troupe, qui se précipita sur ses pas avec des cris de joie.

Chose qui rarement arrive dans une rencontre avec les Indiens, ceux-ci étaient pris entre deux feux et contraints de combattre à découvert.

Cependant ils ne se découragèrent pas ; la valeur des Indiens passe toute croyance. Ceux-ci se voyant cernés, résolurent de tomber bravement plutôt que de se rendre, et quoiqu'ils fussent moins bien armés que leurs ennemis, ils ne reçurent pas moins résolûment leur choc.

Mais les Peaux-Rouges n'avaient pas cette fois affaire à des Mexicains ; ils ne tardèrent pas à s'en apercevoir. Le choc des Français fut irrésistible ; ils passèrent comme un ouragan sur les Peaux-Rouges, qui, malgré leur résolution, furent contraints de plier.

Mais la fuite était impossible : rappelés par la voix de leurs chefs, qui tout en combattant vaillamment de leur personne ne cessaient de les exciter à redoubler d'efforts, ils revinrent au combat.

Alors la lutte prit les proportions gigantesques d'un carnage horrible ; ce n'était plus une bataille, c'était une boucherie où chacun cherchait à tuer, se souciant peu de succomber pourvu qu'il entraînât son ennemi dans sa chute.

Valentin, dont la plus grande partie de l'existence s'était passée dans le désert, et qui souvent avait eu des rencontres avec les Indiens, ne les avait jamais vus montrer une si grande animosité et surtout une si grande opiniâtreté ; car ordinairement, lorsqu'ils subissent un échec, loin de s'acharner à continuer un combat sans résultat avantageux possible pour eux, ils se retirent immédiatement et cherchent leur salut dans une prompte fuite ; mais cette fois leur façon de combattre était complètement changée, il semblait que plus ils reconnaissaient l'impossibilité de vaincre, plus ils mettaient d'amour-propre à résister.

Le comte, toujours en avant de ses compagnons, qu'il excitait du geste et de la voix, cherchait à se rapprocher de Mixcoatzin, qui, toujours caracolant sur son cheval noir, accomplissait des prodiges de valeur qui électrisaient les siens, et menaçait, sinon de changer la face du combat, du moins de le faire durer longtemps encore.

Mais, chaque fois que le hasard le plaçait en face du chef et qu'il se préparait à fondre sur lui, un flot de combattans, refoulé par les hasards de la lutte, se jetait devant lui et neutralisait ainsi ses efforts.

De son côté, le sachem s'efforçait de se rapprocher du comte, avec lequel il brûlait de se mesurer, persuadé que s'il parvenait à renverser le chef des visages-pâles, ceux-ci seraient frappés de terreur et lui abandonneraient le champ de bataille.

Enfin, comme d'un commun accord, les blancs et les Indiens firent quelques pas en arrière pour se préparer, sans doute, à un choc décisif, ce fut alors que, pour la première fois depuis le commencement du combat, le comte et le sachem se trouvèrent enfin face à face.

Les deux hommes se lancèrent un regard étincelant et se ruèrent l'un sur l'autre à corps perdu.

Les deux chefs n'avaient d'armes à feu ni l'un ni l'autre ; le sachem brandissait son terrible casse-tête, et le comte faisait flamboyer sa longue épée, rouge jusqu'à la poignée.

— Enfin ! s'écria le comte en levant son arme au-dessus de sa tête.

— Chien mendiant des visages pâles, fit en ricanant l'Indien, tu m'apportes donc ta chevelure, pour que je l'attache à l'entrée de mon calli !

Ils n'étaient qu'à deux pas l'un de l'autre, se dévorant du regard, chacun attendant le moment favorable pour fondre sur son ennemi.

En voyant leurs chefs prêts à en venir aux mains, les deux partis s'élancèrent impétueusement en avant, afin de les séparer et de recommencer le combat; mais don Luis, d'un geste de suprême commandement, ordonna à ses compagnons de ne pas intervenir. Les aventuriers demeurèrent immobiles.

De son côté, Mixcoatzin voyant la noble et galante courtoisie du comte, commanda à ses compagnons de demeurer en arrière.

Les Peaux-Rouges obéirent.

C'était donc entre don Luis et le sachem que la question allait se décider.

VI.

Les deux ennemis semblèrent, une seconde, se recueillir; puis soudain le sachem bondit en avant.

Le comte demeura immobile; mais au moment où l'Indien arrivait sur lui, par un mouvement rapide comme la pensée, de la main gauche il saisit aux nazeaux le cheval du chef, qui se cabra en hennissant de douleur, et pointant, avec une dextérité extrême, il enfonça sa longue épée dans la gorge de l'Indien; le bras levé de celui-ci retomba sans force, ses yeux s'ouvrirent démesurément, un flot de sang s'échappa de sa plaie béante, et il roula sur la terre en poussant un cri de suprême agonie et en se tordant comme un serpent.

Le comte lui posa le pied sur la poitrine et le cloua sur la terre.

Se tournant alors vers ses compagnons :

— En avant! en avant! cria-t-il d'une voix puissante.

Les aventuriers répondirent par un hourrah de triomphe et se ruèrent de nouveau sur les Peaux-Rouges.

Mais ceux-ci ne les attendirent pas, cette fois.

Atterrés par la mort de Mixcoatzin, un de leurs sachems les plus révérés et de leurs plus célèbres guerriers, une panique s'empara d'eux et ils s'enfuirent dans toutes les directions.

Alors commença une véritable chasse à l'homme avec toutes ses hideuses et atroces péripéties.

Nous l'avons dit, les Indiens étaient cernés; toute fuite leur était impossible.

Les aventuriers exaspérés par la longue lutte qu'ils avaient eue à soutenir, massacraient sans pitié les ennemis vaincus, qui les imploraient en vain.

Les Indiens éperdus couraient çà et là, sabrés au passsage, percés par les baionnettes et foulés sous les pieds des chevaux, qui, aussi cruels que leurs maîtres, et enivrés par l'odeur âcre du sang, piétinaient sur eux avec frénésie.

Les cadavres s'amoncelaient au centre du cercle fatal, qui se rétrécissait incessamment autour d'eux. A bout de force et de courage, les misérables Peaux-Rouges avaient jeté leurs armes, et les bras croisés sur la poitrine, serrés les uns contre les autres, ils avaient renoncé à disputer plus longtemps leur vie et attendaient la mort avec le calme sombre du désespoir, et l'impassibilité qui caractérise leur race.

Le comte aurait voulu, depuis longtemps déjà, arrêter cet horrible carnage; mais, dans l'enivrement de la victoire, sa voix avait été, non pas méconnue, mais étouffée par le tumulte.

Cependant les Français s'arrêtèrent, saisis, malgré eux, d'admiration à la vue de la résignation stoïque de ces braves ennemis, qui dédaignaient de demander grâce et se préparaient à mourir dignement, sans faiblesse comme sans fortanterie.

Toute noble action, tout noble sentiment, trouvent de l'écho dans le cœur des Français, la nation chevaleresque par excellence.

Ils hésitèrent, en se regardant les uns les autres, et relevèrent leurs baïonnettes.

Le comte profita de cette trève suprême, rayon de clémence déposé par Dieu dans l'âme de ces hommes implacables, et il se jeta vivement au-devant d'eux, en levant en l'air son épée rouge jusqu'à la poignée.

— Assez, compagnons! s'écria-t-il, assez; nous sommes des soldats, nous autres, non pas des bourreaux ou des bouchers! laissons aux Mexicains toutes les lâchetés, et demeurons ce que nous avons toujours été, des hommes braves et clémens: grâce pour ces malheureux!

— Grâce! grâce! s'écrièrent les Français, en brandissant leurs armes au-dessus de leur tête.

En ce moment le soleil se levait splendide dans un flot de vapeurs. C'était un spectacle à la fois imposant et plein d'une sublime horreur que celui que présentait ce champ de bataille fumant encore des dernières explosions des armes à feu, couvert de cadavres, et au centre duquel une trentaine d'hommes sans armes semblaient défier du regard un cercle d'ennemis souillés de sang et de poudre, à l'œil étincelant et aux traits contractés par la passion.

Le comte remit alors son épée au fourreau et s'approcha à pas lents des Indiens, qui le regardaient venir d'un air inquiet, car ils ne comprenaient rien à ce qui venait de se passer.

Les Indiens sont implacables, la clémence leur est inconnue; dans les prairies, le *væ victis* est la seule loi. Les Peaux-Rouges étant sans pitié, n'implorent jamais celle de leurs ennemis, et subissent sans se plaindre la dure loi qu'il plaît au vainqueur, quel qu'il soit, qui les dompte, de leur infliger.

Les aventuriers avaient mis l'arme au pied et oubliaient déjà toute rancune avec cette versatilité et cette insouciance innée en eux; ils riaient de joie et causaient gaîment entre eux.

Valentin et Curumilla avaient rejoint le comte.

— Quelle est ton intention? demanda le chasseur.

— Ne l'as-tu pas devinée, répondit Louis, je leur fais grâce.

— A tous?

— Pardieu! s'écria-t-il avec étonnement.

— Ainsi, tu leur pardonnes?

— Oui, et je leur rends la liberté.

— Hum! fit le chasseur.

— Verrais-tu quelque empêchement à cela?

— Peut-être.

— Explique-toi.

— Que tu pardonnes aux Indiens, rien de mieux, cela peut produire bon effet parmi les tribus, d'autant plus que les Peaux-Rouges ont une excellente mémoire et qu'ils se souviendront longtemps de la leçon sévère qu'ils ont reçue cette nuit.

— Eh bien?

— Mais, continua le chasseur, tous ces hommes ne sont pas des Indiens?

— Que veux-tu dire?

— Qu'il se trouve parmi eux des Mexicains déguisés.

— Tu es certain de cela?

— Oui. D'autant plus que j'ai été averti par l'homme qui commande les cavaliers avec le secours desquels je t'ai donné un si bon coup de main.

— Mais ces cavaliers ne sont-ils pas des Apaches?

— Erreur, cher ami; ce sont des blancs, et qui plus est des *civicos*, c'est-à-dire des hommes payés et enrégimentés par les haciendéros pour faire la chasse aux Indiens. Tu vois comment ils s'acquittent honorablement de leur emploi; mais cela ne doit pas t'étonner, tu connais maintenant assez bien les mœurs de ce pays pour trouver cela tout naturel, je n'en doute pas.

Louis s'était arrêté tout pensif.

— Ce que tu me dis là me confond, murmura-t-il.

— Pourquoi donc? reprit insoucieusement le chasseur, cela est simple, au contraire; mais il ne s'agit pas des cavaliers, ceux-là sont hors de cause, quant à présent.

— Certes, je leur dois, au contraire, des remercîmens.

— Ils t'en dispensent, et moi aussi; occupons-nous seulement des hommes qui sont là.

— Ainsi, tu es sûr que parmi eux se trouvent des blancs?

— Très sûr.

— Mais comment les reconnaître?

— Curumilla s'en chargera.

— Ce que tu me dis est étrange; dans quel but ces gens se sont-ils ligués avec nos ennemis?

— C'est ce que nous saurons bientôt.

Ils reprirent leur marche et arrivèrent auprès du groupe.

Valentin fit un signe à Curumilla. Le chef s'approcha alors des Indiens, et commença à les examiner attentivement l'un après l'autre, tandis que le comte et le chasseur le suivaient du regard avec intérêt.

Le chef araucan était froid et sombre comme toujours; pas un muscle de son visage ne bougeait.

En le voyant les examiner ainsi, les Indiens ne purent s'empêcher de tressaillir; ils tremblèrent à la vue de cet homme muet et sans armes, dont le regard perçant semblait vouloir lire au fond de leurs cœurs.

Curumilla posa le doigt sur la poitrine d'un Indien.

— *Un!* dit-il, et il passa.

—Sortez! dit Valentin au Peau-Rouge.

Celui ci se mit à l'écart.

Curumilla en désigna ainsi successivement neuf, puis il rejoignit ses amis.

— Est-ce tout? lui demanda Valentin.

— Oui, répondit-il.

— Désarmez ces hommes et attachez-les solidement, commanda le comte.

On lui obéit.

Don Luis s'approcha alors des Apaches.

—Que mes frères reprennent leurs armes et remontent sur leurs coursiers, dit-il; ce sont de vaillans guerriers; les visages pâles ont apprécié leur courage, ils les estiment; mes frères retourneront dans leurs villages, ils diront aux anciens et aux sages de leur nation que les blancs qui les ont vaincus ne sont pas des hommes cruels comme les féroces *Yoris* (Mexicains), qu'ils désirent enterrer la hache si profondément entre eux et les Apaches, que jamais on ne la puisse retrouver avant dix mille lunes.

Un Indien se détacha du groupe, fit deux pas en avant, et saluant avec majesté :

— Le Cœur-Fort est un guerrier terrible:

c'est un jaguar pendant le combat; mais il se fait antilope après la victoire; les paroles que soufflent sa poitrine lui sont inspirées par le Grand-Esprit, le Wacondah l'aime; ma nation avait été trompée par les yoris, le Cœur-Fort est généreux, il a pardonné, il y aura désormais amitié entre les Apaches et les guerriers du Cœur-Fort.

Les Peaux-Rouges, suivant leur habitude, avaient, avec cette poésie qui les distingue, donné à don Luis le nom de *Cœur-fort.*

Il y eut après ce discours de l'Indien, qui était un chef célèbre, et se nommait le *Bison blanc,* un échange de bons procédés entre les aventuriers et les Apaches.

Leurs chevaux et leurs armes leur furent rendus et les rangs s'ouvrirent pour leur livrer passage.

Lorsqu'ils eurent disparu dans la forêt, el Buitre fit faire volte-face à ses cavaliers, et s'éloigna à son tour.

Don Luis eut un instant la pensée de rappeler cet auxiliaire qui, pendant le combat, lui avait été si utile, mais Valentin s'y opposa.

—Laisse partir ces hommes, frère, lui dit-il, tu ne dois ostensiblement avoir aucun rapport avec eux.

Don Luis n'insista pas.

— Maintenant, reprit Valentin, terminons ce que nous avons si bien commencé.

— C'est juste, répondit le comte.

L'ordre fut aussitôt donné d'enterrer les cadavres et de panser les blessés.

Les Français avaient éprouvé des pertes sérieuses; ils avaient eu dix hommes tués et ving et quelques blessés; il est vrai que la plupart de ces blessures n'étaient pas mortelles; cependant la victoire coûtait cher: c'était un avertissement pour l'avenir.

Deux heures plus tard, la compagnie, rassemblée par le clairon, se rangeait silencieusement sur la place de la Mission, au centre de laquelle don Luis, Valentin et trois officiers, se tenaient assis gravement devant une table sur laquelle se trouvaient divers papiers.

A une table plus petite don Cornelio écrivait.

Le comte avait convoqué ses compagnons et avait formé une commission militaire présidée par lui afin de juger les prisonniers faits pendant le combat.

Don Luis se leva au milieu d'un religieux silence,

— Qu'on amène les prisonniers, dit-il.

Les hommes désignés précédemment par Curumilla parurent, conduits par un détachement d'aventuriers. Ils étaient délivrés des liens avec lesquels on les avait d'abord attachés. Bien qu'ils portassent toujours le costume des guerriers apaches, on les avait obligés à se laver et à faire disparaître les peintures qui les déguisaient.

Ces hommes paraissaient, non pas repentans de leur fourberie découverte, mais seulement honteux d'être ainsi donnés en spectacle.

— Amenez le dernier prisonnier, commanda don Luis.

A cet ordre, les aventuriers se regardèrent avec étonnement, ne comprenant pas ce que le comte voulait dire, puisque les neuf Mexicains étaient là.

Mais au bout d'un instant leur surprise se changea en colère, et une sourde rumeur parcourut leurs rangs comme un courant électrique.

Le colonel Florès venait de paraître; il était sans armes, la tête nue, mais sa physionomie, empreinte d'audace et de défi, avait une expression railleusement sinistre, qui imprimait à son caractère un cachet de méchanceté impossible à rendre.

Curumilla l'accompagnait.

Le comte fit un geste; le calme se rétablit.

— Que signifie cela? s'écria le colonel d'un ton hautain.

Don Luis ne le laissa pas continuer.

— Silence! dit-il d'une voix ferme en fixant sur lui un clair regard.

Dominé malgré lui par l'accent du comte, le colonel se tut en rougissant.

Don Luis reprit:

— Mes frères et mes compagnons, dit-il, malheureusement pour nous, les circonstances nous ont placés dans une situation exceptionnelle; de tous les côtés la trahison nous entoure; de mensonge en mensonge, de fourberie en fourberie, on nous a amenés dans ce désert où nous sommes abandonnés à nous-mêmes, loin de tous secours, et ne pouvant, pour nous sauver, compter que sur notre courage. Hier, le général don Sébastian Guerrero, se croyant enfin sûr de la réussite des plans infâmes que depuis si longtemps il trame contre nous, se décide à lever le masque; il nous déclare hors la loi et nous flétrit de l'épithète honteuse de pirates; deux heures à peine après son départ, nous sommes attaqués par les Indiens; les mesures de nos ennemis étaient bien prises; peu s'en est fallu qu'ils ne réussissent. Mais Dieu veillait, il nous a sauvés cette fois encore! Maintenant, savez-vous quel est l'homme qui s'était fait le bras droit du général et avait machiné l'odieuse trahison dont nous avons failli être victimes? Cet homme, fit-il en le désignant du doigt avec une expression d'écrasant mépris, c'est le misérable qui, depuis notre arrivée à Guaymas, s'est attaché à nous, ne nous a plus quittés, a feint de nous aimer et de nous défendre pour nous voler nos secrets et les vendre à nos ennemis; c'est le misérable que nous avons traité en frère, pour lequel nous avons eu les attentions les plus délicates et les plus soutenues; c'est cet homme, enfin, qui prend le titre de colonel et le nom de Francisco Florès, et qui en a menti, car c'est un métis sans nom, surnommé el Garrucholo, ex-lieutenant del Buitre, ce féroce brigand qui commande une cuadrilla de salteadores qui, depuis plusieurs années déjà, désole le haut Mexique. Regardez-le, maintenant qu'il se voit reconnu, il tremble, le misérable, car il sait que, pour lui, vient enfin de sonner l'heure suprême de la justice.

En effet, à cette terrible révélation, faite ainsi devant tous, l'audace du bandit était subitement tombée, et une expression de hideuse frayeur contractait ses traits.

— Voilà, continua le comte, les hommes que nos ennemis n'ont pas honte d'employer contre nous, et ils nous traitent de pirates. Eh bien! cette flétrissure, nous l'acceptons, frères, et ces bandits tombés entre nos mains seront jugés selon la loi sommaire des pirates.

Les aventuriers applaudirent chaleureusement ce discours de leur chef. D'ailleurs, tous reconnaissaient la vérité et la logique de ses paroles; dans la situation critique où ils se trouvaient, ils n'avaient rien à ménager; la clémence aurait été une coupable faiblesse; ils ne pouvaient se relever qu'à force d'audace et d'énergie, en terrifiant leurs ennemis et les contraignant à traiter avec eux.

Le comte se rassit.

— Don Cornelio, dit-il, donnez lecture à l'accusé des charges qui s'élèvent contre lui.

L'Espagnol se leva alors et commença un long réquisitoire contre le colonel, réquisitoire appuyé de nombreuses lettres écrites par don Francisco ou reçues par lui de plusieurs personnes, notamment du général Guerrero, d'où la trahison du colonel ressortait claire et sans excuse possible. Don Cornelio termina en rapportant l'entrevue de la veille entre don Francisco, el Buitre et le chef apache.

Les aventuriers avaient écouté cette longue énumération de crimes et de félonies dans le plus profond silence et le calme le plus parfait.

Lorsque don Cornelio eut terminé, le comte s'adressa au colonel.

— Reconnaissez-vous la vérité des faits avancés contre vous?

Le bandit releva la tête, son parti était pris, il haussa les épaules avec dédain.

— A quoi bon nier? dit-il, tout cela est vrai.

— Ainsi, vous avouez nous avoir trahis depuis le premier moment que vous nous avez rencontrés?

— Canarios! fit-il avec un sourire railleur, vous vous trompez, senor conde, je vous trahissais même avant de vous connaître.

A cette cynique déclaration, les assistans ne purent réprimer un mouvement d'horreur.

— Ce que je vous dis vous étonne? reprit audacieusement le bandit; pourquoi donc cela? Je trouve, moi, ma conduite toute naturelle. Qu'êtes-vous, pour nous autres Mexicains, vous, étrangers? Vous êtes des sangsues qui venez dans notre pays sucer le plus clair de notre sang, c'est à dire vous gorger de nos richesses, vous moquer de notre ignorance, tourner en ridicule nos mœurs et nos habitudes, nous imposer vos goûts et ce que vous appelez votre civilisation occidentale. Qu'avons-nous besoin de tout cela? De quel droit vous emparez-vous de tout ce qui nous est cher? Vous n'êtes que des bêtes féroces contre lesquelles tous moyens sont bons pour les détruire. Nous ne sommes pas les plus forts au grand soleil, eh bien! nous avons la nuit; la loyauté, la franchise nous perdraient, nous employons le mensonge et la trahison. Après? Qui a tort? Qui a raison? Qui osera être juge entre nous? Personne! Je suis tombé entre vos mains, vous allez me tuer, fort bien; je serai assassiné, mais pas condamné par vous; car vous n'aurez nullement qualité pour vous ériger en tribunal. Que voulez-vous de plus maintenant? Agissez à votre guise, peu m'importe. Celui qui sème le vent récolte la tempête; j'ai semé la fourberie, j'ai récolté la trahison : c'est justice. Je vais mourir. Eh bien! cette mort que j'ai méritée, vous n'avez pas le droit de me l'infliger; votre verdict sera un assassinat, je vous le répète.

Après avoir prononcé ces mots, il croisa fièrement les bras sur sa poitrine et promena un regard assuré sur l'assistance.

Malgré eux, les aventuriers se sentirent pris d'une espèce d'admiration pour la fauve résolution de cet homme aux manières félines et cauteleuses qui venait tout à coup de se révéler sous un jour si différent de celui sous lequel ils l'avaient connu jusqu'à ce moment. En parlant avec une aussi brutale franchise, le bandit s'était pour ainsi dire relevé aux yeux de tous ; sa fourberie parut moins vile, et il inspira une espèce de sympathie à ces hommes pour lesquels le courage et l'audace sont les deux premières vertus.

— Ainsi, vous ne cherchez même pas à vous défendre? lui dit Louis d'une voix triste.

— Me défendre, répondit-il avec étonnement, d'avoir agi comme je croyais devoir le faire, et comme j'agirais encore si vous étiez assez niais pour me faire grâce! Allons donc, caballeros, cela n'aurait pas le sens commun! D'ailleurs, si je me défendais, je reconnaîtrais en quelque sorte la compétence de votre tribunal, et je la nie au contraire. Ainsi croyez-moi, finissons-en, le plus tôt sera le mieux, et pour vous et pour moi.

Le comte se leva, ôta son chapeau, et s'adressant aux aventuriers :

— Frères et compagnons, dit-il d'une voix solennelle, en votre âme et conscience, cet homme est-il coupable?

— Oui! répondirent les aventuriers d'une voix sourde.

— Quelle peine a mérité cet homme? reprit le comte.

— La mort! répondirent encore les aventuriers.

Alors le comte se tourna vers le colonel :

— Don Francisco Florès, autrement dit el Garrucholo, fit-il, vous êtes condamné à la peine de mort.

— Merci, répondit-il en s'inclinant avec grâce.

— Mais, continua le comte, comme vous êtes convaincu de trahison et que vous devez souffrir la mort des traîtres, c'est-à-dire être fusillé par derrière, prenant en considération l'uniforme que vous portez et qui est celui de l'armée mexicaine, que nous ne voulons pas flétrir en votre personne, vous serez d'abord dégradé. Le jugement sera exécuté immédiatement après.

Le bandit haussa les épaules.

— Que m'importe? fit-il.

Sur un signe du comte, un sous-officier sortit des rangs et la dégradation commença.

El Garrucholo supporta sans pâlir cette effroyable humiliation. Le bandit avait pris complétement le dessus en lui sur le caballero, et, comme il l'avait dit, peu lui importait d'être dégradé, c'est à dire déshonoré, puisque l'honneur pour lui n'était rien.

Lorsque le sous-officier eut repris son rang, le comte se tourna vers le condamné.

— Vous avez cinq minutes pour recommander votre âme à Dieu, lui dit-il; puisse-t-il vous faire miséricorde. Vous n'avez plus ici-bas rien à attendre des hommes.

Le bandit éclata d'un rire nerveux et strident.

— Vous êtes fous! s'écria-t-il, qu'ai-je de commun avec Dieu, moi? Si réellement il existe, canarios! je n'ai que faire de le prier; mieux vaut que je me recommande au démon, au pouvoir duquel je vais être, si ce que disent les moines est vrai.

A cet effroyable blasphème, les aventuriers firent un geste d'épouvante.

El Garrucho ne sembla pas s'en apercevoir.

— Je n'ai, continua-t-il, qu'une seule grâce à vous demander.

— Parlez, répondit le comte en réprimant un geste de dégoût.

—Je porte suspendu au cou par une chaînette d'acier un petit sachet de velours contenant une relique bénie que ma mère m'a donnée en me disant qu'elle me porterait bonheur; depuis ma naissance ce scapulaire ne m'a pas quitté. Je désire être enterré avec; peut-être me servira-t-il là bas où je vais.

— Il sera fait ainsi que vous le désirez, répondit le comte.

— Merci! fit-il avec une évidente satisfaction.

Etrange anomalie du caractère mexicain: ce peuple est crédule et superstitieux, sans foi et sans croyance. Peuple enfant, trop longtemps esclave et trop vite libéré qui n'a eu ni le temps d'oublier ni celui d'apprendre.

— Le piquet! ordonna le comte.

Huit hommes commandés par un sous-officier sortirent des rangs; le bandit s'agenouilla, le dos tourné aux exécuteurs.

— En joue, feu!

El Garrucholo tomba fusillé par derrière, sans pousser un soupir; il avait été tué raide.

Son cadavre fut recouvert d'un zarapé.

— Maintenant, dit froidement le comte, aux autres!

Les neuf prisonniers furent rapprochés de la table ; ils tremblaient; la justice sommaire des aventuriers les avait remplis de terreur.

Tout à coup un grand bruit se fit entendre à peu de distance, mêlé de grands cris et d'imprécations; soudain deux femmes apparurent montées sur de magnifiques chevaux et s'élancèrent en galopant jusqu'au milieu de la place, où elles s'arrêtèrent.

Ces deux femmes étaient dona Angela et sa camériste Violenta.

Dona Angela avait les cheveux épars, ses traits étaient animés probablement par la course qu'elle venait de faire, ses yeux lançaient des flammes.

— Ecoutez, cria-t-elle d'une voix stridente, moi, dona Angela Guerrero, fille du gouverneur de l'Etat de Sonora, je viens hautement protester devant tous contre la trahison dont mon père vous rend victimes. Don Luis, chef des pirates français, je t'aime! Veux-tu de moi pour femme?

Un tonnerre d'applaudissemens accueillit ces paroles étranges, prononcées avec une animation extraordinaire.

Don Luis s'approcha lentement de la jeune fille comme entraîné et fasciné par son regard.

—Viens, lui dit-il, viens, toi qui ne crains pas de t'allier au malheur!

La jeune fille poussa un cri de joie semblable à un rugissement, et abandonnant les rênes, elle bondit comme une panthère, et tomba dans les bras du comte, qui la serra avec frénésie sur sa puissante poitrine.

Puis au bout d'un instant, la tenant toujours embrassée, il releva fièrement la tête, et promenant un regard dominateur autour de lui :

— Celle-ci est la femme du chef des pirates, frères, aimez-la comme une sœur, elle sera notre palladium et notre ange gardien.

L'ivresse des aventuriers ne se peut décrire; c'était du délire, de la folie. Cette scène étrange leur semblait un rêve.

Le comte se tourna alors vers les prisonniers, qui attendaient en tremblant leur sentence :

— Partez! leur dit-il; allez rapporter ce que vous avez vu. Dona Angela vous fait grâce.

Les prisonniers s'échappèrent en se confondant en bénédictions; les pauvres diables, d'après ce qui s'était passé devant eux, se considéraient comme morts.

Valentin s'approcha de la jeune fille:

— Vous êtes un ange, lui dit-il à voix basse; persévérerez-vous?

— Je suis à lui jusqu'à la tombe, répondit-elle avec une énergie fébrile.

VII.

Si nous faisions un roman, il y a bien des détails que nous laisserions dans l'ombre, bien des faits que nous passerions sous silence. Malheureusement nous ne sommes qu'historien, et comme tel astreint à la plus scrupuleuse exactitude.

Dans le premier épisode de cette histoire, nous avons rapporté comment le comte de Lhorailles, à la tête de cent cinquante Français choisis dans la colonie de Guetzalli, qu'il avait fondée, s'était laissé emporter dans le grand désert Del Norte à la poursuite des Indiens apaches, et comment, après s'être égaré avec sa troupe au milieu de cet océan de sables mouvans, et avoir vu tomber autour de lui ses plus braves compagnons, s'était, dans un accès de calentura, fait sauter la cervelle, et comment, une heure à peine après sa mort, les quelques Français qui avaient survécu à ce grand désastre étaient enfin parvenus à sortir du désert et à reprendre la route de la colonie (1).

Les Français laissés à Guetzalli virent avec stupeur arriver les débris de l'expédition.

La nouvelle de la mort du comte de Lhorailles acheva de les démoraliser. Abandonnés sans chefs, si loin de leur pays, au milieu d'une contrée ennemie, exposés à chaque instant aux attaques des Apaches, ils se laissèrent aller au désespoir et agitèrent sérieusement la question de quitter la colonie pour regagner les bords de la mer et s'embarquer.

En effet, le comte de Lhorailles avait fondé la colonie, il en était l'âme; lui mort, ses compagnons ne se sentaient ni la force, ni l'énergie nécessaires pour continuer son œuvre, œuvre que, du reste, ils ne connaissaient que fort imparfaitement, car le comte n'avait pas de confidens parmi les hommes qu'il s'était associés· jaloux de son pouvoir, d'un caractère peu expansif, jamais il n'avait confié à personne ni ses plans, ni ses projets.

Les Français qui l'avaient suivi, aventuriers avides pour la plupart et dévorés de cette soif inextinguible de l'or qui leur avait fait tout quitter pour venir en Amérique, avaient été cruellement déçus dans leurs espérances, lorsqu'en débarquant au Mexique, cette terre classique de la richesse, le comte, au lieu de les guider vers des mines d'or ou d'argent qu'ils auraient exploitées et dans lesquelles ils auraient puisé à plei-

(1) Voir le *Seigneur des Eaux*, premier épisode de la *Grande Flibuste*.

nes mains, les avait conduits sur la frontière mexicaine, et là, les avait contraints à labourer la terre, en un mot, avait fondé une colonie agricole.

Aussi le premier moment de stupeur passé, chaque colon agissant sous l'impression de sa propre volonté, commença-t-il ses préparatifs de départ, intérieurement satisfait de voir se terminer un exil hérissé de dangers sans avoir aucun des bénéfices de la situation.

C'en était fait de la colonie; mais heureusement partout où se trouve une réunion quelconque de Français, lorsque l'homme indispensable disparaît, il en surgit immédiatement un autre qui, poussé par les circonstances, se révèle tout-à-coup au grand étonnement de ses compagnons et souvent au sien propre.

Cette faculté précieuse, notre nation seule la possède, c'est elle qui nous a sans cesse sauvés dans les positions les plus critiques de notre histoire, et nous a maintenus malgré les plus terribles péripéties au premier rang des peuples modernes; là est tout le secret de notre force et de notre influence.

Parmi les colons de Guetzalli, se trouvait un jeune homme âgé de trente ans à peine, doué d'une imagination ardente et d'une intelligence peu commune; ce jeune homme, nommé Charles de Laville, avait quitté l'Europe, emporté plutôt par une certaine inquiétude de caractère et une secrète curiosité, que par le désir d'acquérir les richesses si prônées de San-Francisco.

Dans cette ville, où il était arrivé avec son frère, homme plus âgé et d'un caractère plus sérieux que le sien, le hasard l'avait rapproché du comte de Lhorailles. Le comte exerçait, peut-être à son insu, une influence irrésistible sur ceux qui le connaissaient même superficiellement. Lorsqu'il organisa son expédition, il n'eut pas de peine à emmener avec lui Charles de Laville, qui le suivit malgré les sages représentations de son frère.

Le comte, connaisseur en homme, avait apprécié à sa juste valeur le caractère probe, loyal et désintéressé de Charles de Laville. Aussi était-il le seul de tous ses compagnons avec lequel il se laissât parfois aller à causer presque librement et à confier quelques-uns de ses projets.

Il savait que le jeune homme ne se ferait jamais une arme de ces confidences, et qu'au contraire, en toutes circonstances, il l'aiderait de tout son pouvoir.

Lorsque M. de Lhorailles fut sur le point de partir pour la désastreuse expédition dont il ne devait pas revenir, expédition, entre parenthèse, à laquelle Charles de Laville s'opposait opiniâtrément, ce fut à lui que le comte remit le gouvernement et confia la direction de la colonie en son absence, persuadé qu'entre ses mains les affaires de Guetzalli ne pouvaient que prospérer.

De Laville accepta à contre-cœur la mission de confiance que lui donnait son chef; c'était une lourde charge pour lui, jeune et inexpérimenté, que cette surveillance active de tous les instans qu'il allait être obligé d'exercer sur des hommes pour lesquels tout frein, quelque léger qu'il fût, était insupportable, et qui ne se courbaient qu'en frémissant sous la volonté du comte, pour lequel ils éprouvaient un respect mélangé de crainte.

Cependant, contre ses espérances et peut-être contre ses prévisions, Charles de Laville parvint en peu de temps, avec une extrême facilité, non-seulement à se faire obéir sans murmurer par ses compagnons, mais encore à s'en faire aimer.

Ce fut grâce à cette influence qu'il avait su prendre sur les colons, que, lorsque les débris de l'expédition arrivèrent à Guetzalli, il parvint à rétablir un peu d'ordre dans la colonie, à relever le courage de ses compagnons et à prendre des mesures de défense pour le cas probable d'une attaque des Apaches.

Il donna à la première effervescence de la douleur le temps de se calmer; il laissa tomber la colère exagérée des uns et les craintes non moins exagérées des autres; puis, lorsqu'il reconnut que, à part le profond découragement qui s'était emparé de tous et leur faisait désirer une prompte retraite, les esprits commençaient cependant à reprendre leur lucidité ordinaire, il convoqua les colons en assemblée générale.

Ceux-ci obéirent avec empressement et se réunirent dans la vaste cour qui précédait le corps de logis principal de l'ancienne habitation du comte.

Lorsque de Laville se fut assuré que tous les colons étaient rassemblés et attendaient avec anxiété les communications qu'il avait à leur faire, il réclama quelques minutes d'attention et prit la parole :

— Messieurs, leur dit-il, avec cette facilité sympathique d'élocution qu'il possédait si bien, je suis le plus jeune et certainement le plus inexpérimenté de nous tous; ce ne serait donc pas à moi à parler en ce moment, où des intérêts si graves et d'une si grande importance nous occupent, cependant peut-être la confiance que le comte de Lhorailles avait bien voulu placer en moi m'autorise-t-elle à tenter la démarche que je fais en ce moment auprès de vous.

— Parlez! parlez! Cette confiance, vous en êtes digne! répondirent tumultueusement les colons.

Ainsi encouragé, le jeune homme sourit doucement et continua :

— Certes, un grand malheur est venu fondre sur nous, beaucoup de nos compagnons sont morts misérablement dans le désert del Norte; le comte de Lhorailles, notre chef, celui qui nous avait amenés ici, est mort aussi. Je le répète, c'est pour nous tous en général, et pour l'avenir de la colonie, une perte immense, un affreux malheur que la mort de cet homme, à la vaste intelligence et au courage de lion, à la fortune duquel nous nous étions attachés; mais ce malheur, tout terrible qu'il soit, est-il irréparable? Devons-nous devant cette mort perdre tout courage et abandonner lâchement l'œuvre à peine commencée? Je ne le pense pas, vous ne le pensez pas vous-mêmes!

A ces paroles, quelques légers murmures se firent entendre; le jeune homme promena son calme et limpide regard sur l'assistance; le silence se rétablit comme par enchantement.

— Non, reprit-il avec force, vous ne le pensez pas vous-mêmes! Vous subissez en ce moment, à votre insu, l'influence de la catastrophe qui nous accable; le découragement s'est emparé de vous! Cela devait être ainsi; mais bientôt vous réfléchirez aux conséquences de l'acte que vous méditez et à la honte qui pour vous en sera la suite. Quoi! deux cents Français, c'est-à-dire les hommes les plus braves qui existent, auront abandonné leur poste, auront fui, en un un mot, par crainte des flèches et des lances des Apaches qu'ils ont mission de contenir et de vaincre? Que penseront les Mexicains, dans l'opinion desquels vous avez été si haut placés jusqu'à ce jour? Que diront vos frères de l'émigration californienne? Vous serez dans l'opinion de tous perdus d'honneur et de réputation; car vous aurez trahi vos devoirs et vous n'aurez pas su faire respecter, dans ces contrées sauvages, ce nom et ce titre de Français dont cependant vous êtes si fiers!

A ces rudes paroles prononcées avec cet accent qui vient du cœur, si propre à émouvoir les masses, les colons commencèrent malgré eux à envisager la question sous un jour différent et à avoir honte intérieurement de l'abandon qu'ils méditaient Cependant ils n'étaient pas encore convaincus, d'autant plus que la position restait toujours la même, c'est à dire excessivement critique. Aussi les cris, les murmures et les interpellations se croisaient avec une extrême rapidité, chacun voulant émettre son avis et faire prévaloir son opinion, ainsi que cela arrive la plupart du temps dans les assemblées populaires.

Un des colons parvint à grand'peine à obtenir enfin un instant de silence, et s'adressant au jeune homme:

— Il y a du vrai dans ce que vous nous dites, monsieur Charles, fit-il; cependant, nous ne pouvons pas demeurer dans la situation où nous nous trouvons, situation qui s'aggrave à chaque instant et qui menace de devenir bientôt intolérable. Quel est le remède au mal?

— Le remède est facile à trouver, reprit vivement le jeune homme, est-ce donc à moi à vous le montrer?

— Oui, oui! s'écrièrent-ils tous.

— Eh bien! soit, j'y consens. Ecoutez-moi donc.

Il se fit immédiatement un silence de plomb.

—Nous sommes deux cents hommes, forts, résolus, intelligens; ne pouvons-nous donc pas trouver parmi nous un chef digne de nous commander? Nous avons perdu l'homme qui jusqu'ici nous a guidés? est ce à dire pour cela que lui mort, nul ne pourra le remplacer? Cette supposition serait absurde. Le comte de Lhorailles n'était pas immortel, tôt ou tard nous devions nous attendre à le perdre; malheureusement cette catastrophe prévue est arrivée plus tôt que nous ne le croyons. Est-ce une raison pour nous démoraliser et nous laisser abattre? Non, redressons-nous au contraire, relevons la tête, reprenons courage et élisons pour chef l'homme qui nous offrira le plus de garanties d'intelligence et de loyauté, Un tel homme est facile à trouver parmi nous. Voyons, compagnons, plus de délais, de tergiversations, votons seance tenante, et lorsque notre chef sera nommé et reconnu par tous, nous ne craindrons plus ni périls, ni souffrances, car nous aurons une tête pour nous guider et un bras pour nous soutenir.

Ces dernières paroles portèrent au comble la joie et l'enthousiasme des colons.

Le caractère des Français est ainsi: un rien leur rend le courage et dissipe les nuages amoncelés à l'horizon, pour leur faire subitement entrevoir un avenir pur et exempt de soucis.

Les colons commencèrent à se fractionner en groupes de trois ou quatre individus, où s'agita vivement la question de savoir quel chef on choisirait.

Pendant ce temps de Laville, indifférent en apparence à ce qui se passait, était rentré dans l'intérieur des bâtimens, laissant à ses compagnons liberté pleine et entière d'agir à leur guise.

Nous ferons observer que le conseil donné par le eune homme était désintéressé de sa part; il n'avait aucunement l'intention de prendre sur lui la lourde responsabilité du commandement, dont il se souciait fort peu ; son but, en engageant les Français à élire un chef, avait été d'empêcher la ruine de la colonie, fondée à peine depuis une année, qui, grâce à des efforts et des travaux bien entendus, commençait à donner de bons résultats, et qui, si les colons ne se dispersaient pas, entrerait bientôt, selon toutes probabilités, dans une ère de prospérité et à les indemniser au centuple de leurs peines et de leurs fatigues.

La discussion fut assez longue entre les colons; dans tous les groupes des orateurs péroraient avec feu; bref, on semblait ne pouvoir pas s'entendre.

Cependant peu à peu l'effervescence se calma, les groupes se rapprochèrent, et sous l'influence de quelques hommes plus intelligens ou mieux disposés que les autres, la discussion prit une marche plus régulière et surtout plus sérieuse.

Enfin, après bien des pourparlers, les colons tombèrent d'accord et chargèrent un des leurs de faire connaître à Charles de Laville le résultat de la délibération.

L'individu choisi par ses camarades entra dans la maison pendant que les colons se rangeaient dans un certain ordre devant la porte.

Charles, comme nous l'avons dit, ne s'occupait nullement de ce qui se passait au dehors; la mort du comte de Lhorailles, auquel, malgré le caractère excentrique de celui-ci, il s'était réellement attaché, l'avait non seulement attristé, mais encore avait brisé les seuls liens qui le retenaient sur ce coin de terre ignoré, où il croyait qu'il n'y avait plus rien à faire pour lui; il n'attendait donc que l'élection du nouveau chef, pour faire ses adieux aux membres de la compagnie et se séparer d'eux ensuite.

Lorsque l'homme délégué par les colons entra dans la chambre où il se trouvait, il leva la tête, et après l'avoir interrogé du regard :

— Eh bien ! lui demanda-t-il, avons-nous enfin un nouveau chef.

— Oui, répondit laconiquement l'autre.

— Quel est-il? fit curieusement le jeune homme.

— Nos compagnons vous le diront, monsieur Charles, répondit-il ; ils m'ont chargé de vous prier de vouloir bien assister à l'élection et la sanctionner de votre présence.

— C'est juste, fit-il en souriant, j'oublie que jusqu'à présent c'est moi qui étais votre chef, et que je dois remettre à celui que vous avez choisi le pouvoir que le comte m'avait délégué. Je vous suis.

L'autre s'inclina sans répondre, et tous deux sortirent de la maison.

Lorsqu'ils parurent au haut du perron qui donnait accès dans l'intérieur des bâtimens, les colons, silencieux jusqu'alors, poussèrent une formidable acclamation, en agitant leurs chapeaux et leurs mouchoirs en signe de joie.

Le jeune homme se tourna tout étonné vers l'individu qui l'accompagnait ; celui-ci souriait.

Après cette explosion de cris de bienvenue, le silence se rétablit comme par enchantement.

Alors, le délégué ôta son chapeau, et après avoir respectueusement salué le jeune homme, confus, et qui ne savait quelle contenance tenir,

— Charles de Laville, lui dit-il d'une voix haute et parfaitement accentuée, nous tous, les colons de Guetzalli, après nous être, d'après votre conseil, réunis afin de procéder à l'élection d'un nouveau chef, nous avons reconnu que vous seul réunissiez toutes les conditions nécessaires pour bien remplir le poste où la confiance du chef que nous avons perdu vous avait appelé ; en conséquence, voulant honorer en vous le souvenir de notre chef mort, en même temps que nous voulons vous prouver notre reconnaissance pour la façon dont vous nous avez gouvernés depuis que vous êtes à notre tête, nous vous nommons à l'unanimité capitaine de Guetzalli, persuadés que vous continuerez à nous commander avec autant de noblesse, d'intelligence et de justice que vous l'avez fait jusqu'à présent.

Prenant alors des mains d'un colon la charte-partie qui liait entre eux tous les membres de la colonie, charte-partie que le comte avait fait consentir à ses compagnons lorsqu'il les avait enrôlés, il la déplia.

— Capitaine, dit-il, cette charte-partie, lue à haute voix par moi, sera immédiatement jurée par tous; jurez-vous de votre côté de nous protéger, de nous défendre et de nous donner bonne et loyale justice envers et contre tous?

Le jeune homme se découvrit, étendit le bras vers la foule attentive, et d'une voix ferme :

— Je le jure! dit-il.

— Vive le capitaine! s'écrièrent les colons avec enthousiasme; la charte-partie! la charte-partie!

La lecture commença.

Après chaque article, les colons répondaient d'une seule voix :

— Je le jure!

Il y avait quelque chose d'imposant dans l'aspect de cette scène; ces hommes aux traits énergiques, aux visages bronzés, réunis ainsi au milieu de ce désert, entourés de cette nature grandiose, jurant à la face du ciel dévouement et obéissance sans borne, rappelaient à s'y méprendre les fameux flibustiers du seizième siècle, se préparant à tenter une de leurs audacieuses expéditions et jurant la charte-partie entre les mains de Montbars l'exterminateur, ou tout autre chef renommé de l'île de la Tortue.

Après que la lecture fut achevée, une nouvelle explosion de cris vint clore cette cérémonie si simple de l'élection d'un chef d'aventuriers dans les déserts du Nouveau-Monde.

Cette fois, par hasard peut-être, le choix de tous était tombé sur le plus digne.

Charles de Laville était bien réellement le seul homme capable de réparer les désastres de la dernière expédition et de faire rentrer la colonie dans la voie prospère où elle marchait avant la mort du comte de Lhorailles.

VIII.

L'élection terminée, tout, en apparence, dans la colonie, reprit, ou du moins parut reprendre la marche ordinaire et rentrer dans son état normal.

Cependant, il n'en était rien.

Le comte de Lhorailles, en mourant, avait emporté avec lui dans la tombe les espérances des aventuriers que, grace seulement à son caractère résolu et entreprenant, il était parvenu à réunir.

Lui tombé, les choses devaient changer de face et les difficultés surgir.

Les autorités mexicaines, auxquelles l'indomptable volonté du comte avait seule pu inspirer une apparente bienveillance pour les colons qu'elles n'avaient jamais vus avec plaisir s'établir sur le territoire de la République, ne craignant plus la vengeance de l'homme qu'elles avaient appris à redouter en apprenant à le connaître, inauguraient tout doucement, sournoisement, dans l'ombre, un système de petites vexations qui commençait déjà à rendre difficile la position des Français et ne tarderait pas à la rendre tout à fait intolérable, si ceux ci n'employaient pas un remède énergique à cet état de chose qui s'empirait à chaque instant.

D'un autre côté, quelque éloignée que la colonie fût des côtes, cependant, à de longs intervalles, les bruits du dehors parvenaient jusqu'à elle.

Des émigrans passaient par troupes à Guetzalli; tous se rendaient en Californie.

Car la Californie était alors la terre promise.

Tous ces émigrans gambucinos ou aventuriers mexicains ne rêvaient que placers inépuisables, mines d'une richesse immense.

La fièvre d'or, cette horrible maladie que les Anglais ont si bien stygmatisée en la nommant énergiquement la *fièvre jaune métallique*, était à son apogée.

De tous les coins du monde, Européens, Asiatiques, Africains, Américains, Océaniens, des aventuriers de toute sorte s'abattaient comme des volées de sinistres sauterelles, sur cette terre qui devait leur être fatale et les engloutir après des souffrances inouïes.

Croisade impie des appétits les plus vils, le cri de ralliement était : De l'or! de l'or!

Ces hommes qui abandonnaient patrie, famille, tout enfin, n'avaient qu'un désir, qu'une aspiration : amasser de l'or, toujours de l'or.

Cela était hideux à voir.

Et ces troupes se succédaient les unes aux autres à la colonie, les regards opiniâtrément fixés à l'horizon, et ne répondant que deux mots aux questions qui leur étaient faites :

Californie, placeres.

Pour conquérir ce métal roi, tout moyen devait leur être bon, rien ne pourrait les arrêter; ils étaiens prêts à tout, à commettre les crimes les plus odieux, les trahisons les plus infâmes, les lâchetés les plus ignobles.

Malheureusement pour la colonie, les aventuriers qui passaient auprès d'elle appartenaient tous aux classes les plus ignorantes, les plus corrompues et les plus féroces du Mexique.

Malgré eux, les Français, dont le but avait été, dans le principe, d'exploiter des mines, sentaient se réveiller le désir de retourner dans l'eldorado qu'ils avaient quitté et d'aller demander leur part de la curée.

On n'entend pas impunément, si fort que l'on soit, résonner continuellement le mot « or » à ses oreilles !

Il y a dans l'assemblage étrange de ces deux lettres une puissance d'attraction immense et incompréhensible, qui aiguise l'avarice et réveille tous les mauvais instincts.

Les colons de Guetzalli étaient de francs et loyaux aventuriers; la plupart avaient quitté l'Europe dans le désir de s'enrichir promptement sur cette terre mystérieuse dont on leur disait des merveilles. Domptés par l'ascendant que le comte avait su prendre sur eux, ils avaient tacitement accepté la position qu'il leur avait faite, et, l'habitude aidant, peu à peu ils avaient fini non pas par oublier leurs premiers désirs, mais par les considérer comme de riantes chimères et des rêves irréalisables.

Les événemens postérieurs qui s'étaient passés dans la colonie, et le rayonnement immense répandu tout à coup par la Californie, vint redonner un corps à ces rêves et allumer au plus haut point leur convoitise.

Charles de Laville suivait en frémissant les progrès de cette désorganisation morale de la colonie; il comprenait intérieurement que l'ennemi qu'il lui fallait terrasser afin de redevenir maître de ses compagnons, c'était ce vieux levain de l'aventurier qui bouillonnait toujours au fond de leurs cœurs et leur donnait la haine de la vie calme et paisible qu'ils menaient, au lieu de l'existence agitée aux péripéties étranges à laquelle ils aspiraient secrètement, et peut-être sans s'en douter eux-mêmes.

Car, singulière anomalie du cœur humain, ces hommes, qui voulaient de l'or quand même, qui le convoitaient avec une frénésie sans égale, et qui pour sa possession affrontaient les périls les plus terribles et souffraient les plus horribles misères, dès qu'ils étaient maîtres enfin de ce métal si envié, la plupart ne s'en souciaient plus, ils le regardaient avec dédain et le jetaient sans compter sur les tables des maisons de jeu ou de lieux plus infâmesencore ; on aurait dit que cet or, si péniblement amassé, leur brûlait les mains et qu'ils avaient hâte d'en être débarrassés.

Et cela était vrai, pour les Français surtout; l'or, pour eux, n'avait de valeur qu'en raison des difficultés qu'ils avaient rencontrées pour l'acquérir.

Véritables aventuriers dans toute l'acception du mot, ce qu'ils aimaient, ce n'était pas l'or en lui-même, mais ce qu'il leur coûtait de luttes, d'énergie et de courage, qu'il fallait dépenser à sa recherche.

Charles connaissait à fond le caractère des hommes qu'il commandait; il savait que pour les retenir auprès de lui, il lui suffisait de donner une issue quelconque à cette surabondance de séve, à cette vivacité d'imagination qui remplissaient le cœur et le cerveau de ces hommes extraordinaires.

Mais comment obtenir ce résultat ? quel moyen employer ?

Charles se creusait vainement la tête ; l'étincelle ne jaillissait pas de son cerveau, la lumière ne se faisait pas.

Sur ces entrefaites, deux Français qui avaient fait partie de la dernière expédition du comte, et que l'on croyait morts depuis longtemps, reparurent à Guetzalli.

Grand fut l'étonnement de tous en les revoyant hâves, décharnés, à demi nus, se soutenant à peine ; mais plus grand encore fut cet étonnement lorsque deux jours après leur retour, se trouvant, grâce aux soins qu'on leur avait prodigués, un peu remis de leurs souffrances et en état de parler, ils commencèrent l'incroyable récit de leurs aventures.

Voici, en quelques mots, ce qui leur était arrivé :

L'effroyable ouragan qui avait assailli la troupe du comte les avait surpris assez loin de l'endroit où leurs camarades s'étaient réfugiés, et les avait mis dans l'impossibilité de les rejoindre.

Ils s'étaient abrités comme ils l'avaient pu pendant la tempête ; puis lorsqu'enfin elle s'était dissipée, ils avaient reconnu avec épouvante que tout vestige, toute trace avaient disparu.

Devant eux, derrière eux et autour d'eux, s'étendait le désert, sombre, nu, désolé; aussi loin que leur vue pouvait atteindre, ils n'apercevaient dans toutes les directions que du sable, toujours et partout du sable.

Alors ils se crurent perdus; le désespoir s'empara d'eux, et ils se laissèrent tomber sur le sol, résolus à attendre la mort, qui sans doute ne tarderait pas à venir terminer leurs misères.

Ils demeurèrent ainsi côte à côte, la tête penchée, l'œil atone, dans cet état d'anéantissement complet qui s'empare des hommes les plus forts après les grandes catastrophes et suspend chez eux jusqu'au sentiment intime du moi et interrompt la pensée.

Combien de temps restèrent-ils ainsi ? ils n'auraient su le dire. Ils ne vivaient plus, ils ne sentaient plus : ils végétaient. Ils furent tout-à-coup réveillés subitement de cette torpeur extraordinaire par l'apparition subite d'une troupe d'Indiens apaches qui caracolaient autour d'eux en poussant des hurlemens féroces et en brandissant leurs longues lances d'un air de défi et de menace.

Les Indiens s'emparèrent d'eux sans qu'ils opposassent la moindre résistance, et les emmenèrent à un de leurs *athepelt* ou village, où ils les contraignirent à l'esclavage le plus honteux et le plus humiliant.

Mais l'énergie un instant abattue des deux aventuriers n'avait pas tardé à reprendre le dessus dans leur cœur. Alors, avec une patience, une habileté et une dissimulation extrêmes, ils préparèrent leurs moyens de fuite.

Nous n'entrerons dans aucuns détails sur la façon dont ils échappèrent enfin à la surveillance de leurs gardiens, et parvinrent, après des traverses sans nombre, à atteindre la colonie, rendus de fatigue et demi-morts de faim, pour arriver de suite et sans transition au point important de leur narration.

Ces hommes affirmèrent aux colons que le village où les Apaches les avaient conduits était bâti à une portée de fusil au plus d'un placer d'or d'une richesse incalculable; que ce placer était d'une extrême facilité à exploiter, puisque le métal était à fleur de terre. Comme preuve de leur véracité, ils montrèrent plusieurs pépites du plus bel or, dont ils avaient réussi à s'emparer, et ils se firent fort de guider à ce placer, éloigné tout au plus de dix ou douze jours de marche de la colonie, les aventuriers qui consentiraient à les prendre pour guides, les assurant qu'ils seraient amplement dédommagés de leurs peines et de leurs fatigues, par la riche moisson qu'ils récolteraient.

Ce récit intéressa vivement les colons; Charles de Laville, en particulier, y prêta une sérieuse attention. Plusieurs fois, il le fit recommencer aux deux hommes, qui toujours répétèrent, sans varier en rien, ce qu'ils avaient dit d'abord.

Le capitaine avait enfin trouvé le moyen qu'il cherchait vainement depuis si longtemps. Maintenant il était certain que non-seulement ses compagnons ne l'abandonneraient pas, mais encore qu'ils lui obéiraient aveuglément dans tout ce qu'il lui plairait de leur ordonner.

Le jour même il annonça aux colons qu'il préparait une expédition pour aller à la découverte du placer, en déloger les Indiens et l'exploiter au profit de tous les associés, c'est-à-dire de tous les membres de la colonie.

Cette nouvelle fut reçue avec des transports de joie.

De Laville se mit immédiatement en mesure d'exécuter son projet.

Le nombre des colons était fort diminué, de nombreuses désertions avaient eu lieu; cependant Guetzalli comptait encore environ deux cents Français.

Il était de la dernière importance pour les chercheurs d'or de conserver la colonie, seule place où, lorsqu'ils seraient à la mine, il leur fût possible de se ravitailler; car nous l'avons dit, Guetzalli, sentinelle avancée de la civilisation, avait été fondée à l'extrême limite du désert.

Cette position, choisie d'abord dans le but de maintenir plus facilement les Indiens et de s'opposer efficacement à leurs incursions périodiques sur le territoire mexicain, devenait précieuse dans le cas présent par la facilité qu'elle donnait aux aventuriers de se fournir de tout ce dont ils auraient besoin, sans avoir recours à d'autres qu'à eux-mêmes, ce qui leur permettait, en outre de conserver secrète la découverte du placer, du moins assez longtemps, grâce à l'éloignement des *pueblos* de la frontière, pour que le gouvernement mexicain ne pût, malgré toute sa rapacité, intervenir et prélever, suivant son usage habituel, la part du lion.

Le capitaine ne voulait pas non plus complétement dégarnir la colonie, qu'il fallait laisser dans une position respectable et à l'abri d'un coup de main des Apaches et des Comanches, ces implacables ennemis des blancs, toujours sur le qui vive et toujours prêts à profiter de leurs moindres fautes. De Laville arrêta donc que l'expédition se composerait de quatre-vingts hommes bien montés et bien armés, et que les autres demeureraient à la garde de la colonie.

Seulement, pour éviter toute dissension et toute jalousie entre ses compagnons, le capitaine déclara que le sort déciderait quels seraient ceux qui iraient à la recherche du placer.

Cet expédient, qui mettait tout le monde d'accord, fut chaudement approuvé; on procéda donc au tirage au sort.

Ce tirage eut lieu de la façon la plus simple; le nom de chaque aventurier fut écrit sur un carré de papier roulé et jeté dans un vase, puis un enfant fut chargé de l'appel des noms. Bien entendu que les quatre-vingts premiers qui sortiraient seraient ceux qui seuls feraient partie de l'expédition. Comme on le voit, cette combinaison était on ne peut plus simple, et surtout loyale. personne ne pouvait se plaindre.

Tout se fit comme il avait été convenu. Le hasard, ainsi que cela arrive assez souvent, favorisa le capitaine en désignant les hommes les plus énergiques et les plus entreprenans.

Alors, on s'occupa avec ardeur à terminer les préparatifs du départ, c'est-à-dire qu'on amassa des provisions de toutes espèces, qu'on rassembla des mules et que l'on se munit des outils nécessaires à l'exploitation de la mine.

Cependant, si grande que fût l'activité déployée par le capitaine, près d'un mois s'écoula avant que tout fût prêt.

L'affreuse catastrophe dont le comte de Lhorailles avait été victime dans le grand désert Del Norte, qu'il fallait que les chercheurs d'or traversassent afin d'atteindre le placer, était pour le capitaine de Laville un avertissement sérieux à agir avec la plus grande prudence et à ne rien laisser au hasard. Aussi, sans prêter en aucune façon l'oreille aux insinuations impatientes de ses compagnons,qui l'excitaient à presser le départ.de l'expédition, surveillait il avec la plus scrupuleuse attention la construction des wagons destinés au transport des provisions et ne laissait-il échapper aucun détail. si minime qu'il fût, sachant qu'une perte d'une heure dans le désert, amenée par la rupture d'un écrou, d'une traverse ou d'une sangle, pouvait causer la mort des hommes placés sous ses ordres.

Enfin, tout était prêt, et le jour du départ désigné ; sous quarante-huit heures, l'expédition devait quitter Guetzalli, lorsque, vers les cinq heures du soir, au moment où le capitaine, après avoir jeté un dernier coup d'œil aux wagons chargés déjà et rangés dans la cour, allait rentrer dans le corps de logis qu'il habitait, la sentinelle de l'isthme signala l'arrivée d'un étranger.

Aussitôt qu'on se fut assuré que cet étranger était un blanc et qu'il portait l'uniforme d'officier supérieur de l'armée mexicaine, le capitaine ordonna qu'il fût introduit dans la colonie.

La barrière fut aussitôt ouverte, et le colonel, car l'étranger portait les insignes de ce grade, entra dans Guetzalli, suivi de deux lanceros qui lui servaient d'escorte, et d'une mule portant ses bagages.

Le capitaine s'avança à sa rencontre.

Le colonel mit pied à terre, jeta la bride de son cheval à un lancero, et, se découvrant, il salua poliment le capitaine, qui, de son côté, lui rendit courtoisement son salut.

— A qui ai-je l'honneur de parler ? demanda-t-il à l'étranger.

— Je suis, répondit celui-ci, le colonel Vicente Suarez, aide de camp du général don Sébastian Guerrero, gouverneur général de la province de Sonora.

— Je suis heureux, senor don Vicente, du hasard qui me procure l'avantage de faire votre connaissance. Vous devez être fatigué de la longue route que vous avez faite pour parvenir jusqu'ici ; j'espère que vous ne refuserez pas d'accepter quelques modestes rafraîchissemens ?

— J'accepte de grand cœur, caballero, répondit en s'inclinant le colonel ; d'autant plus que je suis venu si rapidement que c'est à peine si je me suis reposé quelques instans depuis le Pitic.

— Ah ! vous venez du Pitic.

— Sans dévier d'une ligne ; voici quatre jours seulement que je suis en route.

— Hum ! vous devez être horriblement fatigué alors, car la distance est longue, et ainsi que vous m'avez fait l'honneur de me le dire, vous avez marché fort rapidement. Veuillez être assez bon pour me suivre.

Le colonel s'inclina sans répondre, et le capitaine l'introduisit dans une salle où des rafraîchissemens de toutes sortes avaient été préparés.

— Asseyez-vous, don Vicente, lui dit le capitaine en lui approchant un siége.

Le colonel se laissa tomber dans la butacca qui lui était offerte, avec un soupir de satisfaction dont ceux là seuls qui ont fait trente lieues à cheval tout d'une traite, comprendront la portée.

Cependant, l'hospitalité si gracieusement donnée à leur chef, l'était de même aux lanceros et à l'arriero, par les officiers subalternes de la colonie.

Pendant quelques minutes, la conversation fut interrompue entre le capitaine et son hôte.

Le colonel mangeait et buvait avec une avidité qui, vu la sobriété bien connue des Mexicains, prouvait évidemment qu'il avait longtemps jeûné.

De Laville l'examinait d'un air pensif, se demandant mentalement quelle raison assez importante avait engagé le général Guerrero à expédier en si grande hâte un officier du grade du colonel à Guetzalli; et malgré lui, il sentait une vague inquiétude lui serrer sourdement le cœur.

Enfin, don Vicente Suarez but un verre

d'eau, s'essuya la bouche et se tournant vers le capitaine :

— Mille fois pardon, lui dit-il, d'en avoir agi ainsi sans façon avec vous, mais maintenant je vous avouerai que je tombais presque d'inanition, n'ayant rien pris depuis hier huit heures du soir.

Le capitaine s'inclina.

— Vous ne comptez pas sans doute repartir ce soir ? lui demanda-t-il.

— Pardonnez-moi, caballero; si cela est possible, je repartirai dans une heure.

— Sitôt.

— Le général m'a recommandé la plus grande diligence.

— Mais vos chevaux sont à demi fourbus?

— Je compte sur votre obligeance pour me procurer des montures fraîches.

Les chevaux ne manquaient pas à la colonie ; au contraire, il y en avait beaucoup plus qu'il n'était nécessaire pour les besoins des colons, rien n'aurait donc été plus facile à de Laville que d'acquiescer à la demande du colonel ; cependant les allures de celui-ci lui semblaient si peu naturelles, il croyait entrevoir dans ses manières quelque chose de si mystérieux qu'il sentit augmenter son inquiétude, et répondit :

— Je ne sais, colonel, si malgré mon vif désir de vous être agréable, il me sera possible de vous satisfaire; les chevaux sont fort rares ici en ce moment.

Le colonel fit un geste de contrariété.

— Caramba ! fit-il, cela me chagrinerait fort.

En ce moment un peon entr'ouvrit discrètement la porte et remit au capitaine un papier sur lequel quelques mots étaient écrits au crayon. Le jeune homme, après s'être excusé, ouvrit le papier et le parcourut rapidement des yeux.

— Oh! s'écria-t-il tout à coup, en froissant avec agitation le papier dans ses mains, lui, ici, que se passe-t-il donc?

— Hein? fit avec curiosité le colonel, qui n'avait pas compris le sens de cette exclamation prononcée en français.

— Rien, répondit-il, ou du moins une chose qui m'est toute personnelle; puis se tournant vers le peon, j'y vais, dit-il.

Le peon salua et sortit.

— Colonel, reprit de Laville, en s'adressant à son hôte, permettez-moi de vous laisser seul un instant.

Et sans attendre la réponse, il quitta rapidement la salle, en fermant soigneusement la porte derrière lui.

Cette brusque sortie décontenança totalement le colonel.

— Oh ! murmura-t-il, répétant sans s'en douter en espagnol ce que le capitaine avait dit en français, que se passe-t-il donc ?

Comme c'était un véritable Mexicain, aimant à se rendre compte de tout et surtout à découvrir ce qu'on semblait vouloir lui cacher, il se leva doucement, s'approcha de la fenêtre, entr'ouvrit le mousliquaire et regarda curieusement dans la cour.

Mais il en fut pour ses frais d'indiscrétion; la cour était déserte.

Alors il revint à petits pas à sa place, s'étendit de nouveau dans sa butacca et se mit à tordre nonchalamment un papelito en murmurant à demi-voix :

— Patience! tout vient à point à qui sait attendre! Tôt ou tard j'aurai le mot de cette énigme!

Cet *a parte* l'ayant sans doute consolé du désappointement qu'il venait d'éprouver, il alluma philosophiquement sa cigarette et disparut bientôt au milieu de l'épais nuage de fumée qu'il expectorait à la fois par la bouche et par les narines.

Nous laisserons le digne colonel se livrer en toute tranquillité à cet agréable passe-temps, et nous suivrons Charles de Laville, afin de donner au lecteur l'explication de l'exclamation qu'il avait laissé échapper à la lecture du papier que le peon lui avait si inopinément remis.

IX.

Avant de rapporter ce qui se passa à Guetzalli, entre de Laville et le colonel, il nous faut revenir au camp des aventuriers.

Louis, tenant toujours la jeune fille pressée contre sa poitrine, l'avait transportée dans l'intérieur de la hutte en feuillage que ses compagnons lui avaient élevée à l'entrée de l'église.

Arrivé là, il la déposa sur une *butacca* (fauteuil), et lui-même se laissa tomber sur un *equipal* (tabouret).

Il y eut un long silence.

Tous deux réfléchissaient profondément.

Un étrange phénomène se passait dans le cœur de Louis.

Malgré lui il sentait l'espérance rentrer dans son âme, il respirait la vie par tous les pores, l'envie de vivre lui revenait; il songeait à l'avenir, l'avenir qu'il avait voulu anéantir en lui, en choisissant pour suicide la folle et téméraire expédition à la tête de laquelle il s'était placé.

Le cœur de l'homme est un composé de contrastes extraordinaires : le comte s'était drapé dans sa douleur, il l'avait pour ainsi dire arrangée dans son esprit, vivant avec elle et par elle, s'en faisant à ses propres yeux une excuse pour justifier la ligne de conduite qu'il s'était tracée, ou plutôt que son frère de lait lui avait fait adopter, ne voulant et n'acceptant de la vie que l'amertume, et rejetant dédaigneusement tout ce qui était joie et bonheur.

Maintenant, sans qu'il pût se rendre compte de la révolution extraordinaire qui s'était opérée en lui, il sentait instinctivement cette douleur, si caressée, si choyée même, s'amoindrir, s'effacer, prête à disparaître enfin, pour se changer en une mélancolie douce et rêveuse, et céder la place à un autre sentiment fort et vivace, qui, avant qu'il eût songé à lutter avec lui et à l'arracher de son cœur, y avait poussé de si fortes racines qu'il sentait qu'il s'était emparé de tout son être.

Ce nouveau sentiment était l'amour. Toutes les passions sont extrêmes, et surtout illogiques ; sans cela elles ne seraient pas des passions.

Don Luis aimait dona Angela ; il l'aimait de cet amour de l'homme arrivé sur la dernière limite qui sépare la jeunesse de la vieillesse, c'est-à-dire avec fureur, avec frénésie.

Il l'aimait et il la haïssait à la fois, car il lui en voulait de cet amour nouveau qui lui avait fait oublier l'ancien, et lui avait révélé que le cœur de l'homme peut parfois sommeiller, mais jamais mourir.

L'empire que la jeune fille avait pris sur lui était d'autant plus fort et d'autant plus puissant qu'elle formait au physique et au moral le contraste le plus complétement tranché avec dona Rosario, la douce créatures aux ailes d'ange, premier amour du comte.

La beauté majestueuse et sévère de dona Angela, son caractère fougueux et ardent, tout en elle avait séduit et subjugué le comte; aussi lui en voulait-il de l'empire que, malgré lui, il lui avait laissé prendre sur sa volonté et se reprochait-il comme une faiblesse indigne de lui la réaction que cet amour avait opérée en lui à son insu en lui faisant comprendre qu'il lui était possible encore d'être heureux.

Louis était loin de former exception dans la grande famille humaine. Tous les hommes sont de même : lorsqu'ils ont intérieurement arrangé leur vie sous l'influence d'un sentiment quelconque soit de joie, soit de douleur, ils se complaisent dans le développement continuel de ce sentiment, en forment une partie de leur être, se retranchent derrière lui comme au fond d'une citadelle inexpugnable ; et lorsque, par un choc inattendu, l'édifice qu'ils ont mis tant de soin à construire vient tout à coup à crouler, ils s'en veulent à eux-mêmes de ne pas avoir su se défendre, et par contre-coup ils s'en prennent à la cause innocente de ce grand cataclysme intérieur.

Tout en réfléchissant, le comte avait laissé tomber sa tête sur sa poitrine, s'isolant dans ses pensées et se plongeant de plus en plus dans sa sombre rêverie, suivant instinctivement la pente sur laquelle glissait en ce moment son esprit; il leva les yeux et fixa sur dona Angela un regard où tous les sentimens qui l'agitaient se reflétaient à la fois.

La jeune fille était renversée en arrière, le visage caché dans ses mains ; entre ses doigts effilés des larmes coulaient lentement, semblant une rosée de perles.

Elle pleurait doucement et sans bruit; sa poitrine se soulevait convulsivement; elle paraissait en proie à une douleur intense.

Le comte pâlit ; il se leva vivement et fit un pas vers elle.

A ce mouvement brusque, dona Angela abaissa ses mains et regarda don Luis avec une si douce expression de douleur résignée et d'amour vrai, que le comte sentit un frémissement de bonheur parcourir tout son corps ; épuisé, vaincu, il tomba à ses genoux en murmurant d'une voix haletante et entrecoupée :

— Oh ! je t'aime ! je t'aime!

La jeune fille se releva à demi sur le fauteuil, pencha vers lui la tête, et le considéra assez longtemps d'un air rêveur.

Soudain elle se laissa, éperdue, aller dans ses bras, cacha sa tête sur son épaule, et éclata en sanglots.

Le comte, inquiet de cette douleur dont il lui était impossible de découvrir la cause, replaça doucement la jeune fille sur le fauteuil, s'assit auprès d'elle, et s'emparant de sa main qu'il conserva entre les siennes :

— Pourquoi ces larmes ? lui demanda-t il avec tendresse, d'où provient cette douleur qui vous accable ?

—Non, je ne pleure plus, voyez, répondit-elle en essayant de sourire à travers ses pleurs.

—Enfant, vous me cachez quelque chose, vous avez un secret?

— Un secret! celui de mon amour; ne vous ai-je pas dit que je vous aime, Louis?

— Hélas! moi aussi je vous aime, reprit-il avec tristesse, et pourtant je ne puis songer sans crainte à cet amour.

— Pourquoi, si vous m'aimez?

— Si je vous aime! enfant, pour vous, pour votre amour, je sacrifierais tout.

— Eh bien? fit-elle.

— Hélas! enfant, je suis un homme maudit; mon amour est mortel, et je tremble.

— Quelle plus grande joie de mourir pour ce qu'on aime!

— Je suis un proscrit, un pirate, mis hors la loi.

Elle se releva fière et hautaine, les sourcils froncés, la narine dilatée, l'œil étincelant.

— Vous êtes un noble cœur, don Luis, dit-elle d'une voix stridente. Vous avez rêvé la régénération d'un peuple esclave. Que m'importent les noms qu'on vous donne, ami? un jour viendra où justice éclatante vous sera rendue. Puis, se radoucissant peu à peu, elle sourit avec tendresse. Vous êtes proscrit, pauvre cher, dit-elle doucement, la mission de la femme n'est-elle pas sur cette terre de soutenir et de consoler? La lutte que vous entreprenez sera terrible; votre projet est insensé d'audace et de grandeur; peut être succomberez-vous dans cette lutte. Vous avez besoin, non pas d'un conseiller, d'un frère, mais d'une amie dont l'âme comprenne la vôtre, pour le cœur de laquelle votre cœur n'ait pas de secret, qui vous console et vous crie : Courage! lorsque vous vous laisserez gagner par le désespoir et que, comme un Titan vaincu, vous serez prêt à reculer. Cette amie fidèle, dévouée, toujours veillant sur vous et pour vous, ce sera moi, don Luis, moi, qui ne vous quitterai jamais et qui, si vous tombez, tomberai à vos côtés, frappée du même coup qui vous aura renversé.

— Merci, enfant, mais je ne suis pas digne d'un aussi sublime dévouement. Songez à l'existence douloureuse que vous vous créez; songez à la vie douce, calme, paisible que vous laissez derrière vous pour vous fiancer à la douleur, à la mort peut-être.

— Qu'importe tout cela? la mort sera la bienvenue si elle vient auprès de vous! Je vous aime!

Don Luis hésita.

— Songez, dit-il au bout d'un instant, à la douleur immense de votre père, que vous abandonnez; votre père qui vous aime et qui n'a que vous.

Elle lui posa vivement la main sur la bouche.

—Taisez-vous! taisez-vous! s'écria-t-elle d'une voix déchirante, ne me parlez pas de mon père; pourquoi me dites-vous cela? A quoi bon augmenter encore mon désespoir? Je vous aime don, Luis, je vous aime! Désormais fortune, parens, amis, vous êtes tout pour moi! tout vous dis-je! Depuis le jour où pour la première fois je vous entrevis puissant et terrible comme l'ange exterminateur, mon cœur vola vers le vôtre; quelque chose, un pressentiment peut-être me révéla que nos deux destinées étaient pour toujours enchaînées l'une à l'autre. Lorsque je vous revis, mon cœur vous avait deviné et pressenti, cependant je demeurai dans l'ombre, vous n'aviez pas besoin de moi, mais maintenant ces temps sont changés; vous êtes trahi, traqué, abandonné par ceux dont l'intérêt aurait été de vous soutenir. Cette terre que vous venez délivrer, vous renie; mon père, auquel vous avez sauvé la vie, est devenu votre ennemi le plus implacable, parce que vous avez méprisé ses offres et n'avez pas voulu servir sa mesquine et honteuse ambition. Eh bien! moi, me retranchant dans mon amour comme dans un fort, j'ai renié à mon tour ma patrie, abandonné mon père, et, en véritable fille des volcans mexicains, sentant de la lave au lieu de sang couler dans mes veines, bondissant d'indignation aux trahisons sans nombre dont on vous enveloppait de toute part, j'ai oublié tout, jusqu'à cette pudeur innée chez les jeunes filles; et rompant en visière à ce monde que j'abhorre et méprise parce qu'il vous rejette, je suis venue vous voir pour vous aimer, vous rendre plus doux les quelques jours qui peut-être vous restent encore à vivre; car, pas plus que vous, je ne me fais illusion sur l'avenir, don Luis. Et lorsque l'heure fatale sera venue, lorsque l'ouragan se déchaînera sur votre tête, je serai là pour vous soutenir par ma présence, vous encourager par mon amour sans bornes, et mourir dans vos bras!

Il y a chez la femme qui aime réellement et que la passion domine une fascination magnétique si grande, une poésie si puissante, que l'homme le plus fortement trempé éprouve malgré lui une espèce de voluptueux vertige et sent tout à coup sa raison l'abandonner pour ne plus voir que l'amour qu'il inspire et dont il est fier.

— Mais vous avez pleuré, Angela, dit le comte, vos larmes coulent encore en ce moment!

— Oui, reprit-elle avec énergie, j'ai pleuré, je pleure encore. Eh! ne devinez-vous pas pourquoi, don Luis? c'est parce que je suis femme, après tout, que je suis faible et que, malgré toute ma volonté et tout mon amour, chez moi, la nature rebelle est en lutte avec le cœur, et que, pour vous suivre, pour me donner à vous enfin, je méprise tout ce dont une femme doit, en toutes circonstances, se souvenir, astreinte qu'elle est aux misérables exigences d'une civilisation atrophiée, esclave de convenances stupides, et contrainte à cacher constamment ses sentimens pour jouer une comédie infâme. Voilà pourquoi j'ai pleuré, pourquoi je pleure encore. Que t'importent ces larmes, mon bien-aimé, elles sont autant de joie que de honte, et te prouvent le triomphe que tu as remporté sur moi.

— Angela, répondit le comte avec noblesse; je ne tromperai ni votre amour ni votre confiance; il ne tiendra pas à moi que vous ne soyez heureuse.

Elle lui jeta un regard d'abnégation sublime.

— Rien que votre amour, dit-elle doucement, je ne veux que lui. Que m'importe le reste?

— Il m'importe, à moi, que celle qui m'a tout donné ne tombe pas dans l'opinion publique et ne soit pas avilie.

— Que voulez-vous faire?

— Vous donner mon nom, enfant, le seul bien qui me reste; au moins, si vous êtes la compagne d'un pirate, ajouta-t-il avec amertume, nul ne pourra vous reprocher d'être sa maîtresse. Aux yeux de tous, je vous le jure, vous serez sa femme légitime.

— Oh! fit-elle en joignant les mains avec ivresse.

— Bien, frère! dit Valentin en entrant dans la hutte; je me charge, moi, de faire bénir votre union par un prêtre au cœur simple, pour lequel l'Evangile n'est pas lettre morte, et qui comprend le christianisme dans toute sa naïve et touchante grandeur.

— Merci, don Valentin!

— Appelez-moi frère, madame, car je suis le vôtre puisque je suis le sien. Vous êtes une noble créature, et c'est moi qui vous remercie de l'amour que vous avez pour don Luis. Eh bien! maintenant, ajouta-il en souriant, ce sera une lutte entre nous; nous serons deux à l'aimer.

Le comte, les yeux pleins de larmes, mais ne trouvant pas de mots pour exprimer ce qu'il éprouvait, tendit ses mains à ces deux êtres si bons et si dévoués, avec un mouvement qui venait du cœur :

— Maintenant, dit gaîment Valentin pour changer la conversation, parlons d'affaires.

— D'affaires?

— Pardieu! fit en riant le chasseur, il me semble que pour le moment celles que nous avons sur les bras sont assez importantes pour que nous nous en occupions un peu.

— C'est juste, répondit Louis; mais est-il bien convenable devant madame...

— C'est vrai! je n'y songeais ma foi pas J'ai si peu l'habitude du monde; madame me pardonnera.

— Permettez! messieurs, fit-elle avec un fin sourire; une femme est souvent une bonne conseillère, et dans les circonstances actuelles, je crois pouvoir vous être d'une certaine utilité,

— Je n'en doute pas, fit poliment le chasseur, mais.....

— Mais vous n'en croyez pas un mot, interrompit-elle en riant, son caractère mutin reprenant le dessus; du reste, vous allez en juger.

— Nous écoutons, dit le comte.

— Mon père fait en ce moment de grands préparatifs; son but est de vous écraser avant que vous ne soyez en mesure d'entrer en campagne. Tous les *Indios mausos* (Indiens soumis) en état de porter les armes sont convoqués; une levée extraordinaire de troupes est ordonnée dans toute la Sonora.

— Eh! en effet, observa Louis, voilà de redoutables préparatifs!

— Ce n'est pas tout; n'existe-t-il pas quelque part, aux environs du lieu où nous sommes, une colonie française?

— En effet, observa le comte devenu sérieux; la colonie de Guetzalli.

— Mon père compte envoyer à cette colonie, s'il ne l'a pas fait déjà, un de ses aides de camp, le colonel Juarez.

— Dans quel but?

— Dame! probablement dans le but de neutraliser, à l'aide de brillantes promesses faites aux colons, les secours que vous pourriez en attendre.

Louis devint pensif.

— Il faut prendre un parti, s'écria vivement Valentin; pendant que la compagnie se préparera à commencer promptement la campagne, il faut expédier quelqu'un de sûr à Guetzalli. Les colons sont Français, il est impossible qu'ils ne fassent pas cause commune avec nous dans une querelle comme celle qui nous met les armes à la main et qui les regarde autant que nous.

— Tu as raison frère, plus de tergiversations, agissons vigoureusement; tu m'accompagneras à Guetzalli.

— Comment! tu viens?

— Ce n'est qu'à deux journées de marche d'ici tout au plus; il vaut mieux faire ses affaires soi-même, et puis nul, j'en suis convaincu, n'obtiendra des colons ce que moi j'obtiendrai.

— Pourquoi donc?

— Cela serait trop long à te rapporter. Qu'il te suffise de savoir que dans une circonstance récente j'ai rendu un assez grand service à la colonie, service que, je me plais à le croire, ils n'ont pas encore eu le temps d'oublier (1).

— Oh! oh! s'il en est ainsi, je n'insiste pas. En effet, nul mieux que toi n'a l'espoir de réussir dans cette négociation. Partons donc et que Dieu nous soit en aide.

— Partons! répondit Louis.

— Eh bien! fit en souriant dona Angela, ne vous avais-je pas dit que je vous serais de bon conseil?

— Je n'en ai jamais douté, madame, répondit galamment le chasseur. D'ailleurs, il ne saurait en être autrement, puisque mon frère nous a assuré que vous seriez notre ange gardien.

Don Louis, après avoir remis le commandement à son premier lieutenant et recommandé la plus grande vigilance et la plus grande activité, annonça à ses compagnons l'absence momentanée qu'il allait faire, sans cependant leur révéler le but de son voyage, afin de ne pas les décourager s'il ne réussissait pas dans sa négociation. et au coucher du soleil, suivi du seul Valentin, après avoir une dernière fois dit adieu à dona Angela, il sortit de la Mission et prit au galop la route de Guetzalli.

X.

Le papier remis par le *peon* (domestique indien) au capitaine de Laville et qui avait causé une si grande émotion à celui-ci, ne contenait rien autre chose qu'un nom; mais ce nom était bien connu à Guetzalli, c'était celui du comte Maxime-Edouard-Louis de Prébois-Crancé.

Les Guetzalliens avaient vaguement entendu parler de l'expédition française formée à San-Francisco dans le but d'exploiter les mines inépuisables de la *Plancha de Plata;* ils savaient l'arrivée de la compagnie à Guaymas, mais depuis ils n'en avaient reçu aucunes nouvelles et ignoraient complétement les événemens qui s'étaient passés.

Le capitaine ne se doutait nullement que le comte de Prébois-Crancé fût le chef de cette expédition; seulement, par quelques mots qu'il avait à plusieurs reprises laissés échapper devant lui lors de son séjour à l'hacienda, il soupçonnait le comte de nourrir certains projets contre le gouvernement mexicain; voilà pourquoi, lorsqu'il avait reçu le papier des mains du peon, son premier mouvement en y jetant les yeux avait été de s'écrier:

— Lui ici! que se passe-t-il donc?

Il se rendait donc auprès du comte, persuadé que celui-ci, mis hors la loi pour une cause quelconque par le gouvernement mexicain, venait lui demander asile et protection.

La visite inattendue du colonel Juarez coïncidait d'une manière étrange avec l'arrivée du comte et l'affermissait encore dans cette pensée; car il supposait, avec quelque apparence de vérité, que le colonel était chargé de lui enjoindre de ne pas recevoir le proscrit, ou, s'il le recevait à la colonie, de le livrer aux autorités mexicaines.

Craignant de commettre quelque erreur préjudiciable au comte, il avait brusquement laissé le colonel seul afin de venir se concerter avec son compatriote, que dès le premier moment il était résolu, non seulement à ne pas livrer, mais encore à ne pas abandonner s'il se réclamait de lui.

Le lecteur voit que, bien que l'hypothèse du capitaine de Laville fût fausse, cependant, par bien des points, elle touchait à la vérité.

Don Luis et Valentin, assis sur des butaccas, fumaient et causaient entre eux en buvant à petites gorgées pour se rafraîchir, une décoction de tamarindos placée devant eux sur une table, lorsque la porte s'ouvrit et le capitaine parut.

Les trois hommes se saluèrent et se tendirent affectueusement la main; puis, après les premiers complimens, de Laville, leur faisant signe de reprendre leurs places, entama la conversation:

— Quel bon vent vous amène à Guetzalli, monsieur le comte? dit-il.

— Hum! répondit celui-ci, si vous disiez quel *cordonnoza*, vous seriez plus dans le vrai, cher monsieur de Laville, car jamais plus effroyable bourrasque ne m'a assailli que celle qui me menace en ce moment.

— Oh! oh! contez moi donc cela. Je n'ai pas besoin de vous dire, n'est ce pas, que je vous suis tout acquis.

— Je vous remercie; mais avant tout, un mot: qui a remplacé le comte de Lhorailles dans la direction de la colonie?

— C'est moi, répondit modestement le jeune homme.

— Pardieu! j'en suis heureux, dit fran-

(1) Voir le *Seigneur des Eaux*, épisode de la Grande flibuste.

chement le comte, car nul n'était plus digne que vous de lui succéder.

— Monsieur! fit-il d'un air confus.

— Ma foi, capitaine, je vous dis franchement ma façon de penser, tant pis si elle vous blesse.

— Loin de là! dit en souriant le jeune homme.

— Alors tout est pour le mieux, et je vois que mes intérêts ne péricliteront pas entre vos mains.

— Soyez-en convaincu.

— Permettez-moi de vous présenter mon ami le plus intime, mon frère de lait, dont vous avez sans doute entendu parler et avec lequel je serais heureux que vous fissiez plus ample connaissance ; en un mot, le chasseur français que les Indiens et les Mexicains ont surnommé le *Chercheur de pistes*.

Le capitaine se leva vivement et tendant la main au chasseur.

— Eh quoi! dit-il avec émotion, vous seriez Valentin Guillois?

— Oui, monsieur, répondit le chasseur en s'inclinant avec modestie.

— Oh! monsieur, s'écria avec chaleur le jeune homme, je suis bien heureux de vous connaître personnellement; tout le monde vous chérit et vous respecte ici, car vous portez haut ce titre de français dont nous sommes si fiers; merci, comte, merci. Et maintenant, vive Dieu! demandez-moi ce que bon vous semblera, je ne saurais trop payer le plaisir que vous venez de me faire.

— Mon Dieu! répondit le comte, quant à présent je ne vous demanderai qu'une chose bien simple : vous recevrez bientôt la visite, à moins qu'il ne soit arrivé déjà, d'un aide de camp du général Guerrero.

— Le colonel Juarez?

— Oui.

— Il est ici.

— Déjà!

— Il y a à peine une heure qu'il est arrivé.

— Il ne vous a rien dit?

— Pas encore; nous n'avons pas causé.

— Tant mieux! Cela vous gênerait-il de me placer dans un endroit d'où il me serait possible, sans être vu, d'entendre tout ce qui se dira entre vous?

— Aucunement. A côté de la chambre où il m'attend se trouve un cabinet fermé par une portière ; mais faisons mieux...

— Quoi?

— Vous connaît-il?

— Moi?

— Oui, vous connaît-il de vue?

— Non.

— Vous en êtes sûr?

— Parfaitement.

— Ni monsieur non plus?

— Pas le moins du monde.

— Très bien, laissez-moi faire, je vais arranger cela ; maintenant, parlons de vous.

— C'est inutile.

— Pourquoi cela?

— Parce qu'il est plus que probable que le colonel vous en dira plus que moi-même je ne pourrais vous en apprendre.

— Ah! ah! vous croyez donc que c'est pour vous qu'il vient?

— J'en suis sûr.

— Bon! Maintenant, ne vous embarrassez de rien et laissez-moi faire.

— C'est convenu.

— A bientôt.

Et il sortit.

Le colonel était toujours dans la position où nous l'avons laissé; il avait fumé un nombre considérable de *pajillos* (cigarettes en paille de maïs); seulement la nicotine commençait tout doucement à agir sur son cerveau, ses paupières s'alourdissaient et il était sur le point de s'endormir.

L'entrée subite du capitaine le tira brusquement de cet état de torpeur, et il releva la tête.

— Pardonnez-moi de vous avoir aussi longtemps laissé seul, colonel, lui dit le jeune homme; mais une affaire imprévue...

— Vous êtes tout excusé, monsieur, répondit poliment le colonel; seulement j'aurais été charmé que vous eussiez pensé à avertir le comte de Lhorailles de mon arrivée, car les affaires qui m'amènent ne veulent pas de retard.

Le capitaine regarda le Mexicain avec étonnement.

— Comment! dit-il, le comte de Lhorailles?

— Certainement, c'est à lui seul que je dois communiquer les dépêches dont je suis porteur.

— Mais le comte de Lhorailles est mort voilà plusieurs mois déjà, près d'un an : ne le saviez-vous pas?

— Ma foi non, monsieur, je vous l'avoue.

— Voilà qui est extraordinaire. Cependant je me souviens d'avoir expédié un exprès au gouverneur de l'Etat de Sonora pour lui notifier cette mort, et lui annoncer en même temps que le choix de mes compatriotes était tombé sur moi pour le remplacer.

— Il est probable alors, ou que votre courrier n'aura pas rempli sa mission, ou bien qu'il aura été assassiné en route.

— Je le crains.

— Ainsi, monsieur, c'est vous qui êtes maintenant capitaine de la colonie de Guetzalli?

— Oui, monsieur.

— Vous êtes bien jeune, monsieur, pour remplir un poste aussi difficile.

— Colonel, répondit de Laville avec un peu de hauteur, nous autres, Français, nous ne mesurons les hommes ni à l'âge, ni à la taille.

— C'est souvent un tort; mais peu importe, cela ne me regarde pas. A qui ai-je l'honneur de parler?

— A don Carlos de Laville.

Le colonel s'inclina.

— Je vais donc avec votre permission, caballero, vous donner communication de mes dépêches.

— Un instant, monsieur, dit vivement le capitaine; je ne puis vous écouter sans avoir auprès de moi deux des principaux colons de la colonie.

— A quoi bon?

— C'est la loi.

— Faites donc.

Le capitaine frappa sur un timbre, un peon entra.

—Priez les deux personnes qui attendent dans le salon vert, de venir ici, dit-il.

Le peon sortit.

— Comment! les deux personnes qui attendent? observa le colonel avec défiance.

—Oui; comme je présumais, colonel, que vous étiez porteur de dépêches, j'avais fait prévenir ces deux personnes afin de vous retarder le moins possible.

— Ah! alors permettez-moi de vous offrir mes remercîmens, car je suis réellement on ne peut plus pressé.

En ce moment, la porte s'ouvrit, le comte et Valentin entrèrent.

Le colonel leur lança un regard perçant afin de tâcher de savoir ce qu'il allait avoir à faire.

Mais il ne put rien lire sur ces deux visages froids et impassibles, qui semblaient deux figures de marbre.

— Messieurs, dit le capitaine, le colonel don Vicente Juarez, aide de camp du général don Sebastian Guerrero, gouverneur militaire de l'Etat de Sonora; colonel Juarez, deux de mes compatriotes.

Les trois hommes se saluèrent d'un air guindé.

— Maintenant, messieurs, continua le capitaine, veuillez, je vous prie, vous asseoir. Le colonel est porteur de dépêches qu'il désire nous communiquer; ces dépêches sont probablement importantes, puisque du Pitic ici le colonel ne s'est pas arrêté un instant. Maintenant, colonel, nous vous écoutons.

De même que tous les hommes habitués aux menées sourdes et ténébreuses, le colonel Juarez avait un instinct infaillible pour flairer une trahison; dans la circonstance actuelle, bien qu'en apparence tout se passât avec la plus grande franchise et qu'il fût à mille lieues de soupçonner la vérité, cependant il devinait qu'on le trompait, sans pourtant qu'il lui fût possible d'apercevoir le but caché qu'on voulait atteindre.

Cependant il n'avait pas de faux-fuyans à employer; il lui fallait, bon gré, mal gré, s'exécuter, et il s'y décida à contre-cœur, après avoir jeté sur les deux inconnus un second regard qui semblait vouloir lire jusqu'au fond de leur cœur, mais qui n'eut pas un meilleur résultat que le premier.

— Messieurs, dit-il, vous n'avez sans doute pas oublié les bontés sans nombre dont le gouvernement mexicain vous a accablés.

— Accablés est le mot, interrompit en souriant de Laville; continuez, colonel.

Celui-ci, un peu interdit de cette raillerie, se décida cependant à poursuivre.

— Le gouvernement est prêt à faire encore, s'il en est besoin, de plus grands sacrifices pour vous.

— Caspita! interrompit encore le jeune homme, nous l'en dispensons; les bienfaits du gouvernement mexicain nous coûtent généralement très cher.

Une discussion entamée sur ce ton de raillerie n'avait guère de chance d'aboutir à un arrangement amiable; cependant le colonel ne se rebuta pas, son parti était pris; peu lui importait le résultat, sachant fort bien que ceux qui l'avaient envoyé ne se gêneraient nullement pour le désavouer selon les circonstances.

— Donc, dit-il, voilà ce qu'on vous propose.

— Permettez, colonel; mais avant de nous dire ce qu'on nous propose, peut-être serait-il plus convenable de nous expliquer les raisons qui engagent le gouvernement à nous faire ces propositions, observa de Laville.

— Mon Dieu, monsieur, ces raisons, vous les connaissez sans doute aussi bien que moi.

— Pardonnez-moi, monsieur, nous les ignorons complétement, et nous vous serons fort obligés de nous les dire.

Le comte et Valentin étaient immobiles comme des statues; ces deux figures sombres inquiétaient extraordinairement le colonel.

— Ces raisons sont bien simples, dit-il.

— Je n'en doute pas; veuillez les exposer.

— La lettre que voici, dit-il en remettant au capitaine un pli cacheté, vous édifiera complétement à ce sujet.

De Laville prit le papier, le décacheta et le lut rapidement des yeux, puis le froissant avec colère dans ses mains :

— Colonel, lui dit-il d'une voix ferme, le gouverneur de la Sonora oublie que la colonie de Guetzalli ne renferme que des Français, c'est-à-dire pas un traître. Nous avons gardé notre nationalité bien qu'établis en ce pays, et si les lois mexicaines ne nous veulent pas protéger, nous nous réclamerons de notre ministre à Mexico, et au besoin nous saurons nous protéger nous-mêmes.

—Monsieur, ces menaces... interrompit le colonel.

— Ce ne sont pas des menaces, continua énergiquement le jeune homme. Le général Guerrero nous insulte, nous, Français, en nous engageant non seulement à abandonner un de nos compatriotes, digne en tout point de notre appui par sa loyauté, son courage et la noblesse de son caractère, mais encore en nous proposant de lui courir sus comme à une bête fauve et de le lui livrer; le général nous menace de nous mettre hors la loi, si nous venons en aide au comte, qu'il traite de pirate et de rebelle. Qu'il le fasse, si bon lui semble : cette lettre que vous venez de me remettre sera portée par un homme sûr à Mexico, et remise à notre ministre en même temps que l'exposé des avanies dont, depuis notre séjour ici, nous avons été nous-mêmes abreuvés par les autorités mexicaines.

— Vous avez tort, monsieur, répondit le colonel, de prendre ainsi la proposition qui vous est faite; le général est fort bien disposé à votre égard. Je ne doute pas qu'il vous accorde de grands avantages si vous consentez à lui obéir. Que vous importe à vous autres colons paisibles ce comte rebelle que vous ne connaissez sans doute pas? Votre propre intérêt exige que vous vous mettiez contre lui. Cet homme est un scélérat pour lequel rien n'est sacré : depuis son arrivée dans notre malheureux pays, il s'est souillé des crimes les plus odieux. Croyez-moi, monsieur, ne vous obstinez pas à vous engager dans une voie mauvaise, prouvez au gouvernement votre reconnaissance pour toutes les grâces que vous en avez reçues en abandonnant ce misérable.

Le capitaine avait écouté calme et froid la longue diatribe du Mexicain, maintenant du regard le comte et son compagnon, qui avaient une peine extrême à ne pas éclater et traiter cet homme de la façon qu'il le méritait. Lorsque le colonel se tut enfin, le jeune homme le toisa d'un regard chargé d'un souverain mépris.

— Avez-vous fini? lui dit-il sèchement.

— Oui, répondit l'autre avec confusion.

— Fort bien; maintenant nous n'avons plus, grâce à Dieu, rien à démêler ensemble; veuillez remonter à cheval et quitter immédiatement la colonie. Quant au général Guerrero, vous lui direz que je me réserve de lui répondre moi-même.

— Je me retire, monsieur. Cette réponse comptez-vous la faire bientôt?

— Avant vingt-quatre heures, allez.

— Je rapporterai textuellement notre conversation au général.

— Vous me ferez plaisir. Au revoir, monsieur.

— Comment, au revoir? Comptez-vous donc porter votre réponse en personne?

— Peut-être, répondit de Laville d'un ton railleur.

Le colonel sortit tout penaud de cette réception suivi par les trois hommes, qui ne le perdaient pas de vue et marchaient à ses côtés, de façon à l'empêcher de communiquer avec personne.

Le cheval attendait dans la cour, tenu en bride par un des soldats d'escorte. Le colonel se mit en selle et s'éloigna rapidement.

Il avait hâte de sortir de la colonie. Enfin, arrivé à la porte de l'isthme, il se retourna, et jetant un long regard en arrière :

— Quels peuvent être ces deux hommes? murmura-t-il.

Et il piqua des deux.

Lorsqu'il eut disparu dans les méandres de la route, le capitaine saisit la main de don Luis et la serrant affectueusement :

— Maintenant, mon cher comte, lui dit-il, parlez, que puis-je faire pour vous?

XI.

Le comte répondit à l'affectueux serrement de main du jeune homme, mais il secoua tristement la tête et demeura muet.

— Pourquoi ne me répondez-vous pas? lui demanda le capitaine, doutez-vous de mon désir de vous être utile ?

— Ce n'est pas cela, fit tristement le comte. Je sais que votre cœur est noble et générreux et que vous n'hésiterez pas à me venir en aide.

— Alors, d'où provient votre hésitation ?

—Ami, répondit le comte avec un mélancolique sourire, je me reproche en ce moment d'être venu vous trouver.

— Pour quelle raison ?

— Est-il donc besoin de vous le dire ? Cette terre que vous cultivez n'était, il y a quelques années, qu'une forêt vierge servant de repaire aux bêtes fauves ; maintenant, grâce à vos travaux, à votre intelligence, elle s'est métamorphosée en une plaine fertile et cultivée; de nombreux troupeaux paissent dans vos prairies; l'abandon et l'incurie de cette frontière ont disparu pour faire place aux labeurs incessans de la civilisation. Cette colonie de Guetzalli, fondée avec tant de peine, arrosée de tant de sang, prospère et commence à payer amplement les fatigues et les sueurs qu'elle vous a coûtées. Le jour est proche où, excités par votre exemple, d'autres colons viendront vous joindre, et, vous aidant à repousser les Indios Bravos dans leurs impénétrables déserts, mettront pour jamais les frontières mexicaines à l'abri des déprédations des sauvages et rendront à ce magnifique pays sa splendeur première.

— Eh bien ? fit le capitaine.

— Eh bien ! continua le comte, m'appartient-il à moi étranger, à moi à qui vous ne devez rien, de vous entraîner dans une lutte sans issue probable, de vous mêler à une querelle qui ne vous regarde pas, et dans laquelle vous avez tout à perdre, pour que demain cette terre que vous avez, après tant d'efforts, arrachée à la désolation, retombe dans sa barbarie première? En un mot, mon ami, je me demande à quel titre et de quel droit je vous entraînerais dans ma chute.

— A quel titre et de quel droit? je vais vous le dire, répondit noblement le jeune capitaine. Monsieur le comte, nous sommes ici à six mille lieues de notre pays, sur la limite extrême du désert, n'ayant de protection à espérer et de secours à chercher qu'en nous-mêmes ; à une telle distance de la patrie, tous les Français doivent se considérer comme frères et être solidaires les uns des autres; une insulte faite à un Français, tous la doivent ressentir : c'est justement parce que nous sommes peu nombreux et exposés par conséquent aux insultes de nos ennemis que nous devons nous lier d'autant plus étroitement pour nous défendre et exiger que justice nous soit rendue. En agissant ainsi, ce n'est pas seulement notre honneur que nous sauvegardons, c'est la patrie que nous défendons, ce titre de Français dont, à juste titre, nous sommes fiers, que nous garantissons de toute souillure.

— Vous parlez bien, capitaine, interrompit Valentin ; vos paroles sont celles d'un homme de cœur. C'est à l'étranger surtout que le patriotisme doit être fort et inflexible. Nous n'avons pas le droit de laisser mépriser par de misérables ennemis cet honneur national que nos frères de France nous ont confié, car chacun de nous ici représente notre chère patrie, et doit à ses risques et périls la faire respecter de tous, en quelque circonstance que ce soit.

— Oui, reprit vivement le capitaine; le gouvernement mexicain, en insultant le comte de Prébois-Crancé, en faussant tous ses engagemens avec lui, en le trahissant lâchement, n'a pas insulté un Français, un individu quelconque, un aventurier sans aveu, il a insulté la France ! Eh bien ! c'est à la France à lui répondre, et, vive Dieu ! la France lui répondra ; nous relèverons le gant qui nous est jeté, nous combattrons pour venger notre honneur, et si nous succombons, eh bien ! nous serons noblement tombés dans l'arène, et, croyez-le bien, messieurs, notre sang n'aura pas vainement coulé, notre patrie nous plaindra tout en nous admirant, et notre chute nous suscitera des vengeurs. D'ailleurs, monsieur le comte, ajouta-t-il, vous n'êtes en aucune façon un étranger pour la colonie de Guetzalli; ne nous avez-vous pas, dans une circonstance critique, prêté l'appui de votre bras et de vos conseils? C'est à notre tour maintenant, et, mon Dieu ! monsieur le comte, ceci n'est qu'un prêté pour un rendu, rien autre chose.

Le comte ne put s'empêcher de sourire.

— Eh bien ! soit, dit-il avec émotion ; j'accepte votre généreux dévouement. Une plus longue résistance serait non-seulement ridicule, mais encore pourrait paraître de l'ingratitude à vos yeux.

— A la bonne heure donc ! dit gaîment le capitaine, voilà que nous commençons à nous entendre. Je savais bien, moi, que je finirais par vous convaincre.

— Vous êtes un charmant compagnon, repartit le comte; il est impossible de vous résister.

— Pardieu ! vous arrivez dans des conditions excellentes pour obtenir un prompt secours.

— Comment cela ?

— Oui; figurez-vous que deux jours plus tard vous ne m'auriez pas rencontré.

— Il serait possible!

— N'auriez-vous pas remarqué, en arrivant, ces wagons et ces charrettes rangés dans une des cours que vous avez traversées?

— En effet.

— J'étais sur le point de partir, à la tête de quatre-vingts hommes choisis, pour aller exploiter certaines mines dont nous avons eu connaissance.

— Ah! ah!

— Oui, mais provisoirement l'expédition en restera là, et la troupe avec laquelle je devais entrer dans le désert se joindra à vous, du moins je le présume.

— Comment, vous le présumez?

— Oui, parce que je ne puis disposer de cette troupe et changer le but de l'expédition sans l'assentiment général.

— C'est juste, fit le comte, dont les traits se rembrunirent.

— Mais soyez sans inquiétude, reprit le capitaine; cet assentiment nous l'obtiendrons facilement lorsque les colons sauront quels intérêts je prétends servir.

— Dieu le veuille!

— Je garantis le succès; vous avez sans doute tous les bagages nécessaires pour entrer en campagne?

— A peu près; seulement, je dois vous avouer que tous mes arrieros m'ont abandonné, et ont quitté furtivement mon camp.

— Diable! et naturellement ils ont emmené leurs mules avec eux?

— Toutes sans exception, ce qui fait que je suis assez embarrassé pour le transport de mes bagages et pour les attelages de mon artillerie.

— Bon, bon, nous pourvoirons à tout cela; j'ai ici, comme vous l'avez vu, d'excellens wagons; je suis, en outre, fourni de mules, et il y a dans la colonie des hommes parfaitement capables de les conduire.

— Hum! ce ne sera pas un mince service que vous me rendrez là.

— J'espère vous en rendre de plus grands encore.

Les trois hommes étaient rentrés dans l'intérieur de la maison et causaient ainsi dans la salle où avait eu lieu la conférence avec le colonel Juarez.

Le capitaine frappa sur un timbre. Un péon entra.

— Ce soir, à l'oracion, après la fin des travaux, les colons se réuniront dans le patio, pour écouter une communication importante que j'ai à leur faire, dit-il.

Le domestique s'inclina.

— Faites-nous servir, ajouta le capitaine; puis s'adressant à ses hôtes, vous dînez, n'est-ce pas? D'autant plus qu'il ne vous sera pas possible de repartir avant demain.

— En effet; seulement nous comptons nous éloigner avant le lever du soleil.

— Où êtes-vous campé?

— A la Mission de Nuestra-Senora-de-los-Angelos.

— C'est à deux pas.

— Oh! une trentaine de lieues tout au plus.

— Oui, et la position est des plus fortes; vous ne comptez plus y faire un long séjour?

— Non, je veux frapper un grand coup.

— Vous avez raison, il faut vous faire précéder de la terreur de votre nom.

En ce moment des peones apportèrent une table servie pour trois personnes.

— A table, messieurs, dit le capitaine.

Le repas était ce qu'il devait être sur cette extrême frontière, c'est-à-dire excessivement frugal. Il ne se composait que de venaison, de tortillas de maïs, de haricots rouges au piment, le tout arrosé de pulque, de mezcal et de refino de Catalana, l'eau-de-vie la plus forte qui existe.

Les convives avaient un véritable appétit de chasseurs, c'est-à-dire qu'ils mouraient à peu près de faim, car depuis près de trente heures le comte et Valentin n'avaient rien pris; aussi attaquèrent-ils vigoureusement les vivres placés devant eux.

Les peones s'étaient retirés immédiatement après avoir apporté la table, afin de laisser aux convives toute liberté de causer. Aussi, dès que le premier appétit fut calmé, la conversation reprit juste au point où elle avait été laissée, ce qui arrive toujours entre hommes dont l'esprit est sérieusement occupé de quelque projet difficile.

— Ainsi, demanda le capitaine, la guerre est décidément déclarée entre vous et le gouvernement mexicain?

— Sans remède.

— Bien que la cause que vous soutenez soit juste, puisque vous combattez pour le maintien d'un droit, cependant vous inscrivez quelque chose sur le drapeau que vous déployez.

— Certes! j'inscris la seule chose qui puisse me garantir la protection des populations que je traverserai et faire accourir auprès de moi les opprimés et les mécontens.

— Hum! qu'écrivez vous donc?

— Quatre mots seulement.

— Qui sont?

— *Independencia de la Sonora.*

— Oui, l'idée est heureuse; s'il reste un

peu de noblesse et de générosité dans le cœur des habitans de cette malheureuse province, ce dont, je dois vous l'avouer, je doute fort, ces quatre mots suffiront pour faire une révolution.

— Je l'espère sans oser y compter; vous connaissez comme moi le caractère mexicain, composé étrange de tous les instincts bons et mauvais, sur lequel il est impossible d'avoir une opinion arrêtée.

— Mon Dieu, monsieur le comte, il en est des Mexicains comme de tous les peuples qui ont été longtemps esclaves; après être demeurés enfans pendant des siècles, ils ont grandi trop vite et ont eu la prétention d'être des hommes faits lorsqu'à peine ils commençaient à comprendre leur émancipation et à être à même d'en recueillir les bénéfices.

— Cependant nous essaierons de les galvaniser; la race révolutionnaire n'est peut-être pas complétement éteinte en ce pays, ce qui en reste suffira pour rallumer le feu sacré dans le cœur de tous.

— Que comptez-vous faire?

— Me hâter, afin de ne pas me laisser attaquer, ce qui toujours implique sinon crainte, du moins infériorité.

— C'est juste.

— Combien comptez-vous me donner d'hommes?

— Quatre-vingts cavaliers commandés par moi, je vous l'ai dit.

— Merci! Mais ces cavaliers qui, entre parenthèses, me seront fort utiles puisque je n'en ai que fort peu en ce moment, quand me rejoindront-ils?

— Ce soir ils vous seront accordés; sous deux jours ils arriveront à la Mission.

— Pouvez-vous faire partir avec moi demain les mules, les wagons et les muletiers?

— Très bien!

— Bon! Je me mettrai immédiatement en marche sur la Magdalena; c'est un grand pueblo à cheval sur les deux routes d'Urès et d'Hermosillo.

— Je le connais.

— Rendez-vous directement là, cela évitera une perte de temps.

— C'est convenu; j'y arriverai en même temps que vous, ce qui me sera d'autant plus facile que je n'aurai que ma cavalerie sans bagages, puisque je vous l'aurai expédiée d'abord.

— Très bien!

— Vous comptez donc agir vigoureusement?

— Oui; je veux tenter un grand coup. Si je réussis à me rendre maître de l'une des trois capitales de la Sonora, la campagne est gagnée pour moi.

— Peut-être est-ce téméraire, une pareille entreprise?

— Je le sais; mais, dans ma position, je ne dois rien ménager : l'audace seule peut et doit me sauver.

— Vous avez raison, je n'ajoute pas un mot; maintenant rendons-nous à l'assemblée, nos hommes sont réunis; dans la disposition d'esprit où ils se trouvent, je suis certain que la demande que je vais leur faire ne souffrira pas la moindre difficulté.

Ils sortirent.

Ainsi que l'avait annoncé le capitaine, tous les colons étaient réunis dans la cour, fractionnés en groupes plus ou moins nombreux, dans lesquels on discutait avec chaleur sur l'opportunité de la réunion et les raisons qui l'occasionnaient.

Lorsque le capitaine parut, accompagné de ses deux amis, le silence s'établit immédiatement, la curiosité fermant, en cette circonstance, la bouche aux plus bavards.

Le comte de Prébois-Crancé était connu de la plupart des colons; son apparition fut en conséquence accueillie par des saluts sympathiques, car chacun conservait dans sa mémoire le souvenir des services qu'il avait rendus à la colonie, lorsque Guetzalli avait été si rudement assailli par les Apaches (1).

Le capitaine profita habilement de ce bon vouloir, sur lequel il comptait, du reste, pour adresser nettement sa demande à ses compagnons en déduisant les causes qui obligeaient le comte à venir chercher des alliés à Guetzalli.

Les colons n'auraient pas été les francs aventuriers qu'ils étaient s'ils avaient accueilli froidement une pareille demande. Séduits comme cela devait être par l'étrangeté et la témérité même de l'entreprise qu'on leur proposait, ce fut avec des cris d'enthousiasme et des trépignemens de joie qu'ils acceptèrent de se ranger sous les ordres du comte. La première expédition projetée et pour laquelle tous les préparatifs avaient été faits fut complétement oubliée, et il ne fut plus alors question que de la délivrance de la Sonora.

Si le comte de Prébois-Crancé avait demandé deux cents hommes, il les aurait, sans contredit, obtenus à l'instant sans la moindre difficulté.

(1) Voir la *Grande Flibuste*, Ire série, le *Seigneur des Eaux*.

Le capitaine de Laville, heureux du succès prodigieux qu'il avait obtenu, remercia chaleureusement ses compagnons, tant au nom du comte qu'au sien propre, et se mit immédiatement en devoir de tout préparer pour le départ.

Les wagons furent visités avec soin afin de voir s'ils étaient bien en état ; puis, on les chargea de tous les objets nécessaires pour la campagne qui se préparait.

Une heure environ avant le lever du soleil tout était prêt pour le départ ; les wagons chargés et attelés ; les mules, choisies avec soin, avaient été confiées à des hommes sûrs.

Louis et Valentin se mirent en selle.

Le capitaine les voulut accompagner jusqu'à une lieue environ de la colonie, puis ils se séparèrent en se donnant rendez-vous à la Magdalena trois jours plus tard.

Les mules et les wagons marchent fort doucement au Mexique, où les chemins n'existent en réalité nulle part, et où l'on est forcé la plus part du temps de se frayer passage au moyen de la hache.

Cette lenteur désespérait don Luis et son frère de lait, dont la présence était impérieusement demandée à la Mission ; dans cette extrémité, le comte se résolut à se séparer de la caravane qu'il escortait afin de se rendre au plus vite à la Mission.

En conséquence, ils abandonnèrent les arrieros après leur avoir recommandé la plus grande diligence, et enfonçant les éperons dans les flancs de leurs chevaux, ils s'éloignèrent à fond de train dans la direction de la Mission.

Les chevaux américains, descendans des anciens arabes des conquérans de la Nouvelle-Espagne, ont sur les nôtres plusieurs avantages incontestables : d'abord ils sont sobres ; un peu d'alfalfa le matin après avoir été simplement bouchonnés leur suffit pour marcher une journée entière sans boire ni manger ni se reposer. Ces chevaux semblent infatigables ; du reste, ils ne connaissent qu'une allure, le galop ; puis, à la fin de la journée, après avoir fait vingt lieues ainsi, ils arrivent au gîte sans avoir mouillé un poil de leur robe et sans montrer la moindre fatigue.

Nos deux cavaliers montaient des coursiers de choix, aussi atteignirent-ils la Mission dans un laps de temps relativement fort court.

Aux premières barricades, un homme les attendait.

Cet homme était Curumilla.

— On vous attend, dit-il, venez donc !

Ils le suivirent en se demandant du regard quelle cause pouvait être assez importante pour obtenir de Curumilla une aussi longue phrase.

XII.

Le camp des aventuriers avait complétement changé d'aspect, il avait perdu son apparence pacifique des premiers jours, pour prendre un air guerrier parfaitement en rapport avec la situation actuelle.

A chaque issue de la Mission une pièce de canon, gardée par un détachement, était braquée sur la campagne ; des faisceaux de fusils formaient une longue file, devant laquelle se promenait une sentinelle.

Des factionnaires placés de distance en distance surveillaient le dehors, tandis que des postes avancés, établis dans des positions sûres, garantissaient les approches et empêchaient toute tentative de surprise.

Dans l'intérieur du camp régnait la plus grande activité : les forges de campagne fumaient et retentissaient sous les coups pressés des forgerons ; plus loin, les charpentiers débitaient des arbres entiers ; les armuriers visitaient et réparaient les armes ; enfin, chacun travaillait avec ardeur à tout mettre en état dans le plus bref délai.

Le comte et Curumilla, précédés par Valentin, traversèrent rapidement le camp, accueillis à leur passage par les saluts affectueux des aventuriers, heureux de les savoir de retour.

Comme ils approchaient du quartier général, les sons criards d'un jarabé auquel se mêlaient les accens mélancoliques d'une voix qui chantait la romance *del rey Rodrigo* frappèrent leurs oreilles.

— Peut être vaudrait-il mieux, avant d'aller plus loin, dit le comte, demander quelques renseignemens à don Cornelio.

— Oui, d'autant plus qu'il serait fort difficile, pour ne pas dire impossible de les obtenir de Curumilla.

— C'est vers lui que je vais, répondit celui-ci, qui avait entendu les quelques mots échangés entre les deux amis.

— Alors tout est pour le mieux, fit Valentin en souriant.

Curumilla obliqua un peu sur la gauche, et guida les deux hommes vers un jacal de feuillage qui servait d'habitation à l'Espagnol, et devant lequel le noble hidalgo se tenait en ce moment, assis sur un equipal, râclant avec fureur sa jurana, et psalmodiant son éternelle romance en roulant des yeux effarés.

En apercevant les deux amis, il poussa un cri de joie, se leva vivement, jeta sa jurana loin de lui, et accourut vers eux :

— Capa de Dios ! s'écria-t-il en leur prenant les mains, soyez les bien venus, caballeros; je vous attendais avec impatience.

— Y a-t-il donc quelque chose de nouveau ? demanda don Luis avec une secrète inquiétude.

— Hum ! assez; mais vous n'allez pas demeurer à cheval, je suppose?

— Non, non, nous sommes à vous.

Et ils mirent pied à terre. Pendant les quelques mots échangés entre le comte et l'Espagnol, Valentin s'était penché à l'oreille du chef indien, et avait, d'une voix basse comme un souffle, prononcé certaines paroles auxquelles Curumilla avait répondu en hochant affirmativement la tête.

Les deux Français entrèrent dans le jacal à la suite de don Cornelio, tandis que l'Araucan s'éloignait avec les chevaux.

—Asseyez-vous, messieurs, leur dit l'Espagnol en leur montrant quelques equipals épars çà et là.

— Savez-vous que vous m'intriguez singulièrement, don Cornelio, lui dit le comte; que s'est-il donc passé pendant mon absence ?

— Rien de bien important au point de vue général, nos espions ne nous ont apporté que des nouvelles rassurantes sur les mouvemens de l'ennemi ; du reste, le commandant par intérim vous fera son rapport, ce n'est donc pas de ces choses-là que je veux vous entretenir.

— S'est-il donc passé d'autres choses qui m'intéressent particulièrement?

— Vous allez en juger : vous savez qu'avant votre départ vous m'avez chargé de veiller sur dona Angela; singulière mission pour moi.

— Comment cela ?

— Suffit, je m'entends. Enfin, j'accomplis cette mission délicate, j'ose le dire, avec toute la galanterie d'un véritable caballero.

— Je vous en remercie.

— Hier, un Indien arriva à la Mission, porteur d'une lettre pour le commandant.

— Ah ! ah ! et vous savez ce que contenait cette lettre?

— C'était tout simplement une demande de sauf conduit pour séjourner au camp.

— Ah ! et quel était le signataire?

— Le père Séraphin.

— Comment! s'écria vivement Valentin, le père Séraphin! le missionnaire français, le saint homme que les Indiens eux-mêmes ont appelé l'apôtre des prairies...

— Lui-même.

— Voilà qui est étrange, murmura le chasseur.

— N'est-ce pas?

— Mais, fit le comte, le père Séraphin n'a pas besoin de sauf-conduit pour séjourner parmi nous tant que bon lui semblera.

— Sans doute, appuya Valentin, nous serons toujours heureux, moi particulièrement, de profiter de ses avis.

— Aussi n'était-ce pas pour lui personnellement que le digne père demandait le sauf-conduit; il sait fort bien que sa visite ne peut que nous être agréable.

— Ah ! et pour qui donc, alors?

— Pour une personne dont il répondait corps pour corps pendant son séjour au milieu de nous, mais dont il taisait le nom.

— Hum ! cela n'est pas clair.

— C'est ce que j'ai pensé, j'ai même engagé le commandant à refuser.

— Ainsi?

— Il a accordé le sauf-conduit, s'appuyant sur ce raisonnement, qui, du reste, ne manque pas d'une certaine logique, que l'homme pour qui on demande un sauf-conduit est évidemment un ami ou un ennemi, et que dans les deux cas il est bon de le connaître, afin, plus tard, de le traiter selon qu'il le méritera.

Les deux Français ne purent s'empêcher de rire à ce singulier raisonnement.

— Enfin, qu'est-il résulté de tout cela? reprit le comte.

— Il est résulté que, ce matin, le père Séraphin est arrivé à la Mission, accompagné d'une personne enveloppée avec soin dans les plis épais d'un large manteau.

— Ah ! ah ! Et cette personne?

— Je vous donne à deviner en mille qui elle est.

— Je crois que vous ferez mieux de me la nommer tout de suite.

— Je le crois aussi. Eh bien! préparez-vous à entendre quelque chose d'incroyable. Cette personne n'est rien moins que don Sebastian Guerrero.

— Le général Guerrero ! s'écria le comte en bondissant sur son siége.

— Ne confondons pas ; je ne vous ai pas dit le général Guerrero, mais seulement don Sébastian Guerrero.

— Trève de folies, don Cornelio ; causons sérieusement, ce que vous dites en vaut la peine.

— Je suis sérieux, don Luis ; le général ne se présente ici qu'en simple particulier. En un mot, c'est le père de dona Angela qui se trouve dans notre camp et non le gouverneur de la Sonora.

— Je commence à comprendre, dit le comte d'une voix creuse en marchant d'un air agité de long en large dans le jacal. Et, que s'est-il passé entre le père et la fille ? Ne craignez pas de tout me dire, je saurai me contraindre.

— Il ne s'est rien passé du tout, don Luis, grâce à Dieu !

— Ah !

— Oui, par la simple raison que, d'après mon conseil, dona Angela a refusé de recevoir la visite de son père en votre absence.

— Elle a eu la force de faire cela? dit le comte, en s'arrêtant et lançant un regard perçant sur l'Espagnol.

— D'après mon conseil, oui.

— Merci, don Cornelio. Ainsi, le père Séraphin et le général...

— Attendent votre retour dans un jacal construit exprès pour eux, où, bien que libre en apparence, le général est si bien surveillé à la sourdine, que je le défie de faire le moindre mouvement sans que je le sache.

— Vous avez eu raison d'agir ainsi que vous l'avez fait, mon ami ; vous avez, dans cette circonstance difficile, fait preuve d'une grande prudence et surtout d'une grande perspicacité.

Don Cornelio, à ce compliment à brûle pourpoint, rougit comme une jeune fille et baissa modestement les yeux.

—Que comptes-tu faire? demanda Valentin au comte.

— Laisser dona Angela maîtresse de sa volonté. Allez la prévenir de mon retour, mon cher don Cornelio; vous introduirez en même temps son père et le missionnaire auprès d'elle. Allez, je vous suis.

L'Espagnol sortit aussitôt pour accomplir l'ordre qu'il avait reçu.

— Quand comptes-tu te mettre en route ? dit Valentin, dès qu'il se trouva seul avec le comte.

— Sous deux jours.

— Tu te diriges ?

— Sur la Magdalena.

— Bien ! Maintenant, je te demande la permission de m'éloigner en compagnie de Curumilla ?

— Comment ! tu veux me quitter ? s'écria le comte avec regret.

Le chasseur sourit.

— Tu ne me comprends pas, frère, répondit-il ; le chef indien et moi, nous sommes à peu près inutiles ici. A quoi pouvons-nous servir? à rien; au lieu que nous ferons, j'en suis convaincu, d'excellens batteurs d'estrade. Laisse-nous le soin d'éclairer ta route, en même temps que nous essayerons de détruire ou du moins d'amoindrir les préventions que les calomnies répandues à flots sur notre compte ont fait naître contre tout ce qui est français.

— Je n'osais te demander de me rendre ce service ; mais, puisque tu t'offres aussi franchement, je ne commettrai pas la maladresse de te refuser ; pars, frère; agis à ta guise, ce que tu feras sera bien.

— Alors adieu, je me mets immédiatement en route.

— Sans prendre un instant de repos?

— Tu sais bien que je ne suis jamais fatigué. Allons, courage, nous nous reverrons à la Magdalena.

Les deux amis s'embrassèrent, puis ils sortirent du jacal.

Sur le seuil de la porte ils se séparèrent après s'être une dernière fois serré la main; Valentin prit à droite et le comte tourna à gauche.

Une garde de dix hommes défendait les approches du quartier-général.

Une sentinelle se promenait, le fusil sur l'épaule, devant la porte de l'église de la Mission, habitation provisoire du comte.

En arrivant auprès de son logis, don Luis reconnut don Cornelio, accompagné de deux personnes, dont l'une était revêtue du costume ecclésiastique ; ils étaient arrêtés et semblaient attendre.

Le comte pressa le pas ; bien qu'il n'eût jamais, jusqu'à ce moment, vu le père Séraphin, il le reconnut au portrait que Valentin lui en avait fait.

C'était toujours l'homme aux regards d'ange, aux traits fins et accentués, à la physionomie intelligemment douce, que, dans un précédent ouvrage, nous avons présenté à nos lecteurs ; mais l'apostolat est dur en Amérique, les années y comptent triple pour les missionnaires réellement dignes de ce nom, et le père Séraphin, bien qu'il n'eût que trente ans à peine, portait déjà sur son corps et sur son visage les traces de cette décrépitude précoce dont sont victimes les hommes qui se sacrifient sans arrière-pensée au bonheur de l'humanité; son dos commençait à se voûter, ses cheveux blanchissaient aux tempes et deux rides profondes sillonnaient son front. Cependant, la vivacité de son regard venait démentir cette apparente faiblesse et prouver que si le corps avait faibli dans la lutte, l'âme était toujours demeurée aussi jeune et aussi forte.

Les trois hommes se saluèrent poliment. Le comte et le missionnaire, après s'être lancé un regard profond, se tendirent mutuellement la main en souriant. Ils s'étaient compris.

— Monsieur, dit le comte en s'adressant au général, soyez le bien venu, bien que je sois surpris que vous ayez assez de confiance en des pirates, ainsi que vous nous nommez, pour vous fier aussi complètement à leur honneur.

— Monsieur, répondit le général, le droit des gens a des règles reconnues et respectées par tous les hommes.

— Excepté par ceux que l'on a mis au ban de la société et hors de la loi commune de l'humanité, dit sèchement don Luis.

Le missionnaire s'interposa.

— Messieurs, dit-il, de sa voix sympathique, entre vous il n'y a pas d'ennemis en ce moment, il n'y a qu'un père qui réclame sa fille à un galant homme, qui ne refusera pas, j'en suis convaincu, de la lui rendre.

— A Dieu ne plaise, mon père, s'écria vivement le comte, que je prétende retenir contre son gré la fille de cet homme, serait-il mille fois encore plus mon ennemi qu'il ne l'est!

— Vous voyez, général, observa le missionnaire, que je ne m'étais pas trompé sur le caractère de M. le comte.

— Dona Angela est venue seule, poussée par sa propre volonté, dans mon camp; elle est respectée et traitée avec tous les égards qu'elle mérite. Dona Angela est libre de ses actions, que je ne me reconnais en aucune façon le droit d'influencer. Comme je ne l'ai pas enlevée à son père, que je n'ai rien fait pour l'attirer ici, je ne puis la rendre, ainsi que monsieur semble vouloir l'exiger. Si dona Angela veut retourner parmi les siens, nul ne s'y opposera; mais si, au contraire, elle préfère rester ici sous la protection de mes braves compagnons et la mienne, aucun pouvoir humain ne parviendra à me l'enlever.

Ces paroles furent prononcées d'un ton péremptoire, qui produisit une certaine impression sur les deux auditeurs.

— Du reste, messieurs, ce que nous disons entre nous, continua le comte, n'a aucune valeur tant que dona Angela ne se sera pas prononcée elle-même pour l'un ou l'autre parti. Je vais avoir l'honneur de vous conduire devant elle, vous vous expliquerez en sa présence, elle vous fera connaître sa volonté. Seulement, j'ai l'honneur de vous avertir que, quelle que soit cette volonté, vous et moi nous serons tenus de nous y soumettre.

— Soit, monsieur, répondit sèchement le général; aussi bien peut-être vaut-il mieux qu'il en soit ainsi.

— Venez donc, reprit le comte.

Et il les précéda dans la cabane qui servait d'habitation particulière à la jeune fille.

Dona Angela, assise sur une butacca, ayant à ses pieds Violenta, s'occupait à un ouvrage de couture. En voyant entrer son père et les personnes qui l'accompagnaient, une vive rougeur empourpra ses joues; mais presque aussitôt elle devint pâle comme une morte; cependant elle parvint à dominer l'émotion qu'elle éprouvait, se leva, salua silencieusement à la ronde et se rassit.

Le général la considéra un instant avec une expression de colère et de tendresse; puis se tournant brusquement vers le missionnaire.

— Parlez-lui, mon père, lui dit-il d'une voix saccadée, car moi je ne m'en sens pas la force.

La jeune fille sourit tristement.

— Mon bon père, dit-elle au missionnaire, je vous remercie de l'inutile démarche que vous tentez aujourd'hui auprès de moi. Ma résolution est prise; rien ne pourra la changer, elle est immuable. Je ne reviendrai jamais parmi les miens!

— Malheureuse enfant! s'écria le général avec douleur, quelle raison a pu te pousser à m'abandonner ainsi?

— Je rends justice à votre bonté et à votre tendresse pour moi, mon père, répondit-elle avec mélancolie. Hélas! peut-être est-ce cette tendresse sans bornes et cette liberté dont toujours vous m'avez laissée jouir qui sont cause aujourd'hui de ce qui arrive. Je ne vous adresse pas de reproches, mon destin m'a entraînée; je subirai les conséquences de la faute que j'ai commise.

Le général fronça les sourcils et frappa du pied contre terre avec colère.

— Angela, ma fille bien-aimée, reprit-il avec amertume, songe que l'éclat causé par ta fuite te déshonore à jamais.

Un sourire de dédain plissa les lèvres pâles de la jeune fille.

— Que m'importe? dit-elle; le monde dans lequel vous vivez n'est plus le mien. Ici se concentreront désormais toutes mes joies et toutes mes douleurs.

— Mais moi, moi, ton père, tu m'oublies donc, je ne suis plus rien pour toi?

La jeune fille hésita ; elle demeura muette et les yeux baissés.

—Madame, dit doucement le missionnaire, Dieu maudit les enfans qui abandonnent leur père : retournez vers le vôtre, il en est temps encore, il vous tend les bras, il vous appelle ; retournez, mon enfant, le cœur d'un père est une source inépuisable d'indulgence; le vôtre vous pardonnera, déjà même il vous a pardonné.

Dona Angela, sans répondre autrement, secoua négativement la tête.

Le général et le missionnaire se regardèrent avec désappointement.

Don Luis se tenait un peu en arrière, les bras croisés sur la poitrine, la tête baissée, l'air pensif.

— Oh ! murmura le général avec une colère concentrée, c'est une race maudite que la nôtre !

En ce moment don Luis se redressa et fit quelques pas en avant.

— Dona Angela, dit-il d'une voix profondément accentuée, est-ce bien par l'effet de votre propre volonté que vous êtes venue ici ?

— Oui, répondit-elle résolûment.

— Etes-vous réellement décidée à n'obéir ni aux ordres ni aux prières de votre père ?

— Oui, fit-elle encore.

— Ainsi, vous renoncez sans retour possible à votre rang dans le monde et à votre fortune?

— Oui.

— Vous renoncez de même à la protection de votre père, qui est votre tuteur naturel et qui a sur vous tous droits divins et humains, vous renoncez à sa tendresse ?

— Oui, murmura-t-elle faiblement.

— C'est bien, à mon tour. Et s'inclinant devant le général, il continua : Monsieur, quelle que soit la haine qui nous divise, quoi qu'il arrive plus tard, l'honneur de votre fille doit demeurer pur et sans tache.

— Pour qu'il en fût ainsi, répondit amèrement le général, il faudrait que quelqu'un consentît à l'épouser.

— Oui. Eh bien ! moi, comte de Prébois-Crancé, j'ai l'honneur de vous demander sa main.

Le général recula avec étonnement.

— M'adressez-vous sérieusement cette demande ? dit-il.

— Oui.

— Réfléchissez, que tout en vous sachant gré de me la faire, je la considère cependant comme un nouveau grief.

— Soit.

— Que ce mariage n'arrêtera en rien les mesures que je compte prendre contre vous?

— Peu m'importe.

— Et vous consentez toujours à lui donner votre nom?

— Oui.

—C'est bien, vous aurez ma réponse dans quatre jours.

— A la Magdalena, alors!

— A la Magdalena. Le général se tourna vers sa fille : Je ne vous maudis pas, lui dit-il, car Dieu lui-même ne relève pas un enfant de la malédiction paternelle. Adieu! soyez heureuse.

Et il sortit à pas précipités, suivi du missionnaire.

— Mon père, dit le comte, je compte sur vous à la Magdelena.

—J'y serai, monsieur, répondit mélancoliquement le père Séraphin, car je prévois qu'il y aura des larmes à sécher.

—Au revoir, monsieur, dit le général.

— Au revoir, répondit le comte en s'inclinant.

Le général et le missionnaire montèrent alors à cheval et s'éloignèrent sous l'escorte d'un fort détachement d'aventuriers, qui devaient les accompagner afin de leur faire traverser sans encombre les postes avancés et les grand'-gardes de la compagnie française.

Le comte les suivit longtemps d'un regard pensif, puis il rentra à pas lents dans son logis.

XIII.

Dans une situation militaire importante, à cheval sur les chemins qui conduisent à Urès, Hermosillo et Sonora, les trois capitales de l'Etat, et à peu près à égale distance de chacune d'elles, se trouve un pueblo ou village nommé la Magdalena.

Ce pueblo, peu considérable par lui-même, jouit cependant d'une certaine réputation dans le pays, à cause de la beauté de son site et de la pureté de l'air qu'on y respire.

La Magdalena forme une espèce de carré long, dont un des côtés mire nonchalamment ses blanches maisons dans les eaux limpides du Rio-San-Pedro, affluent du Gila ; des bois épais de palma-christi, de styrax, d'arbres du Pérou et de mahogany, lui forment une barrière infranchissable contre les vents brûlans du désert, rafraîchissent et embaument l'atmosphère et servent d'abri à des milliers de brins bleu, de cardinaux et de soros qui babillent gaiement sous la feuillée et animent ce paysage enchanteur, cette ravissante oasis, placée là par la main de Dieu, comme pour faire oublier au voyageur qui revient des prairies les souffrances et les fatigues du désert.

La fête patronale de la Magdalena est une des plus suivies de la Sonora et en même temps des plus joyeuses. Comme elle dure plusieurs jours, les haciendederos et les campesinos y affluent de quatre-vingts et cent milles à la ronde. Et pendant cette fête où coulent des flots de pulque et de mezcal, ce ne sont que juranas, montés, corridas de toro, enfin divertissemens de toutes sortes, que, malgré la grande affluence d'étrangers, jamais aucun méfait ne vient assombrir.

Le peuple mexicain n'est pas méchant, c'est un enfant mal élevé, têtu et colère, rien de plus.

Trois jours après les événemens que nous avons rapportés dans notre précédent chapitre, le pueblo de la Magdelena, alors à l'époque la plus animée de sa fête annuelle, était en proie à une agitation et une animation extraordinaires, animation à laquelle la fête semblait être complétement étrangère, car les jeux avaient été subitement interrompus et la population s'était portée en masse en courant, riant et se bousculant, vers une des extrémités du pueblo, où, d'après les quelques mots échangés rapidement et d'un air affairé entre les coureurs et saisis au passage, il se passait quelque chose d'étrange.

En effet, bientôt des clairons sonnèrent une fanfare et une troupe d'hommes armés déboucha dans le pueblo, marchant en bon ordre et d'un pas ferme et délibéré.

C'était d'abord une avant-garde d'une dizaine de cavaliers bien montés; puis venait une troupe assez nombreuse formée en sections de trente hommes chacune environ, faisant flotter au milieu d'elle les larges plis d'un drapeau sur lequel était écrit : *Independencia de la Sonora.*

Derrière cette troupe venaient trois pièces de canon attelées de mules, puis un escadron de cavalerie, suivi immédiatement par une longue file de wagons et de charrettes.

La marche était fermée par une arrière-garde d'une vingtaine de cavaliers.

Cette petite *armée*, forte d'environ trois cents hommes, traversa le pueblo dans toute sa longueur, passant la tête haute et le regard assuré devant la double haie de curieux formée sur sa route et s'arrêta à un signe de son chef à cent mètres en dehors du pueblo, au sommet du triangle formé par l'embranchement des trois routes.

Là, le front de bandière fut formé et l'ordre de camper donné à la troupe.

Il est sans doute inutile d'avertir le lecteur que cette *armée* n'était autre que la compagnie *Atrevida* commandée par le comte de Prébois-Crancé.

Du reste, la bonne tenue de cette troupe, son air martial, avaient prévenu en sa faveur la population du pueblo qu'elle avait si audacieusement traversé. Sur son passage des sombreros et des mouchoirs avaient été agités, et des bravos s'étaient fait entendre.

Le comte, à cheval, à quelques pas en avant du gros de la compagnie, n'avait pas cessé un instant de prodiguer de gracieux saluts à droite et à gauche, saluts qui lui avaient été rendus avec usure pendant tout le parcours du village.

Aucun peuple ne peut lutter avec les Français pour leur adresse à tirer parti de tout et faire ce que l'on appelle flèche de tout bois en campagne.

Dès que l'ordre de camper fut donné, chacun se mit à l'œuvre, et en moins de deux heures, les aventuriers, utilisant avec intelligence tout ce qui se trouvait à leur portée, eurent établi le camp le plus pittoresque et le plus gracieux qui se puisse imaginer.

Cependant, comme le comte se considérait comme étant en pays ennemi, rien n'avait été négligé pour mettre le camp, non seulement à l'abri d'un coup de main, mais encore dans un état de défense respectable. A l'aide des wagons et des charrettes, renforcés par des abattis de bois considérables, les aventuriers avaient formé une enceinte, qu'un large fossé, dont la terre était rejetée en talus du côté de la campagne, protégeait encore. Au centre du camp, sur une légère éminence, s'élevait la cabane du chef, devant laquelle les canons étaient braqués ; au sommet de cette cabane flottait le drapeau dont nous avons eu déjà occasion de parler.

L'arrivée des Français fut une bonne fortune pour les Sonoriens que la fête avait attirés à la Magdalena. Du reste, depuis quelques jours déjà ils étaient attendus d'heure en heure, et les habitans, malgré les proclamations du gouvernement mexicain qui représentaient les Français comme des bandits et des pillards, n'avaient pris d'autres précautions contre eux que de se porter à leur rencontre et de les accueillir avec des acclamations de bienvenue, fait caractéristique et qui montrait clairement que l'opinion publique ne se trompait nullement sur la portée du pronunciamiento des Français, et que chacun savait fort bien de quel côté étaient le droit et la justice.

Lorsque le camp fut établi, les autorités du pueblo se présentèrent à l'une des barrières, pour demander, au nom de leurs concitoyens, l'autorisation de visiter les Français chez eux.

Le comte, charmé de cette démarche, qui était d'un bon augure pour les relations que postérieurement il comptait établir avec les habitans, se hâta d'accorder avec la meilleure grâce possible l'autorisation demandée.

De Laville avait rejoint le comte à dix milles du pueblo, à la tête de quatre-vingts cavaliers, ce qui donnait à la compagnie une cavalerie respectable. Don Luis, connaissant depuis longtemps déjà le capitaine de Guetzalli, le nomma son major-général et se déchargea sur lui des détails toujours fastidieux du service.

De Laville accepta avec empressement cette marque de confiance, et le comte, libre désormais de s'occuper en toute sûreté de la partie politique de l'expédition, se retira sous sa tente, afin de réfléchir aux moyens à employer pour entraîner dans son parti la population au milieu de laquelle il se trouvait.

Depuis le jour où le général Guerrero s'était présenté à la Mission, accompagné du père Séraphin, le comte, par un sentiment de convenance, n'avait pas revu dona Angela, sur laquelle cependant il veillait avec la plus grande sollicitude. La jeune fille avait apprécié cette délicatesse et de son côté n'avait pas cherché à le revoir. Elle avait fait la route de la Mission à la Magdalena dans un palenquin fermé, et une cabane lui avait été élevée à peu de distance de celle du comte.

A peine l'autorisation demandée par les autorités du pueblo fut-elle accordée, que le camp des aventuriers devint pour les habitans un but, ou, pour être plus vrai, le seul but de promenade. La foule, avide de voir de plus près ces hommes audacieux qui ne craignaient pas, si faible que fût leur nombre, de déclarer hautement la guerre au gouvernement de Mexico, se porta en masse vers l'endroit occupé par eux.

Les aventuriers reçurent les visiteurs avec cet entrain, cette rondeur et cette gaîté narquoise qui distingue le caractère français, et qui leur conquit en quelques heures à peine les sympathies des Sonoriens, qui, plus ils les voyaient, plus ils voulaient les voir, et ne se rassasiaient pas d'admirer leur insouciance et surtout leur imperturbable conviction dans la réussite de l'expédition.

Cependant la nuit approchait, le soleil déclinait rapidement à l'horizon, lorsque don Cornelio, qui remplissait les fonctions d'aide-de-camp du comte, souleva le rideau de sa tente et lui annonça qu'un officier supérieur, se disant chargé d'une mission auprès de lui, demandait à lui parler.

Don Luis donna l'ordre qu'il fût introduit ; le messager entra ; le comte le reconnut aussitôt, c'était le colonel Juarez.

De son côté, le colonel fit un geste d'étonnement en reconnaissant l'homme avec lequel il s'était trouvé à Guetzalli sans parvenir à savoir qui il était.

Don Luis sourit de l'étonnement du colonel, le salua poliment et l'invita à s'asseoir.

— Monsieur, dit le colonel, après les premiers complimens, je suis chargé par le général Guerrero de vous remettre une lettre.

—On me l'a dit déjà, colonel, répondit le comte. Sans doute, vous connaissez le contenu de cette lettre ?

— A peu près, monsieur ; d'autant plus que je dois ajouter quelques demandes de vive voix.

— Je suis prêt à vous entendre.

— Je n'abuserai pas de vos instans, monsieur ; voici d'abord la lettre.

— Fort bien, répondit le comte en la prenant et en la posant devant lui sur la table.

—Le général don Sebastian Guerrero, continua le colonel, vous accorde la demande que vous lui avez fait l'honneur de lui adresser de la main de sa fille ; seulement, il désire que, si cela est possible, la cérémonie nuptiale ait lieu le plus tôt possible.

— Je n'y vois aucun inconvénient.

— Il désire en outre que cette cérémonie, à laquelle il compte assister avec un grand nombre de ses parens et de ses amis, soit célébrée à la Magdalena par le père Séraphin.

— A ceci, colonel, j'aurai quelques observations à faire.

— A mon tour, je vous écoute.

— Je consens volontiers que le père Séraphin me marie; seulement, la cérémonie n'aura pas lieu à la Magdalena, mais ici, dans mon camp, que je ne veux ni ne puis quitter.

Le colonel fronça le sourcil ; le comte continua sans paraître s'en apercevoir :

— Le général assistera au mariage avec autant d'amis et de parens que bon lui semblera; mais comme malheureusement nous ne sommes pas vis-à-vis l'un de l'autre dans des relations aussi bonnes que je le souhaiterais, et que je dois veiller à ma sûreté de même que lui doit veiller à la sienne, le général voudra bien m'envoyer dix otages choisis parmi les personnes les plus influentes de l'Etat. Ces otages seront traités par moi avec les plus grands honneurs et rendus au général une heure après la bénédiction nuptiale et le camp évacué par les invités; je dois vous avertir, colonel, que si la moindre tentative de trahison est faite contre moi ou contre l'un des hommes que j'ai l'honneur de commander, les otages seront immédiatement fusillés.

— Oh! s'écria le colonel, vous défiez-vous donc du général Guerrero, monsieur, et n'avez-vous pas foi en son honneur de caballero?

— Monsieur, répondit sèchement le comte, j'ai malheureusement appris à mes dépens ce que valait l'honneur de caballero de certains Mexicains; je n'entrerai donc dans aucune discussion à ce sujet. Voici mes conditions, le général est maître de les accepter ou de les rejeter, mais je vous donne ma parole d'honneur que je n'y changerai rien.

— C'est bien, monsieur, répliqua le colonel, intimidé malgré lui par l'accent résolu du comte, j'aurai l'honneur de transmettre ces dures conditions au général.

Don Luis salua.

— Je doute qu'il les accepte, continua le colonel.

— Il en est le maître.

— Mais n'y aurait-il pas un autre moyen d'accommoder le différend?

— Je n'en vois pas.

— Enfin, au cas peu probable où le général accepterait, comment vous le ferai-je savoir afin de perdre le moins de temps possible?

— D'une manière fort simple, monsieur, par l'arrivée du père Séraphin et l'envoi des otages.

— Et dans ce cas, quand aurait lieu la cérémonie?

— Deux heures après que les otages seraient dans mon camp.

— Je me retire, monsieur, pour transmettre votre réponse à mon supérieur.

— Faites, monsieur.

Le colonel se retira.

Le comte, qui pensait être sûr de l'acceptation de son ultimatum, donna immédiatement les ordres nécessaires pour la construction de la cabane destinée à servir de chapelle, puis il écrivit un billet que, par l'entremise de don Cornelio, il fit remettre à dona Angela. Ce billet, fort laconique, ne contenait que ceci:

« Madame, j'ai reçu la réponse de votre
» père, elle est favorable. Demain, proba-
» blement, aura lieu la cérémonie de notre
» mariage. Je veille sur vous et sur moi. »

» Comte de PRÉBOIS-CRANCÉ. »

Après avoir expédié ce billet, le comte s'enveloppa dans un manteau et sortit, afin de visiter les postes et s'assurer que les sentinelles faisaient bonne garde.

La nuit était claire et tiède; le ciel, plaqué d'un nombre infini d'étoiles brillantes; l'asmosphère, embaumée de mille suaves odeurs; par intervalles des bouffées de jaranas, apportées sur l'aile de la brise, s'élevaient du pueblo et venaient mourir aux oreilles du comte.

Le camp était silencieux et sombre; les aventuriers, retirés sous leurs toldos ou dans leurs jacals en branchages, se livraient au repos, si nécessaire après une journée de marche; les chevaux, parqués et entravés à l'amble pêle-mêle avec les mules, broyaient leur provende d'alfalfa; les sentinelles, le fusil sur l'épaule, se promenaient à pas lents autour des retranchemens, les yeux fixés sur la campagne.

Le comte, après s'être assez longtemps promené et avoir reconnu que l'ordre le plus sévère régnait partout, séduit par la douceur mélancolique et mystérieuse de la nuit, s'accouda sur le retranchement, et l'œil fixé dans l'espace, sans rien regarder et probablement sans rien voir, se laissa aller peu à peu à rêver, subissant malgré lui l'influence mystérieuse des objets qui l'entouraient.

De temps en temps, lorsque les sentinelles se jetaient le cri de veille, il relevait machinalement la tête; puis il se laissait de nouveau aller au flot des pensées qui venaient l'assaillir, et s'absorbait tellement en lui-même qu'il semblait dormir; cependant il n'en était rien.

Depuis plusieurs heures déjà il était ainsi à demi couché sur le retranchement, sans songer à se retirer, lorsqu'il sentit tout à coup une main se poser légèrement sur son épaule.

Ce contact, tout faible qu'il fût, suffit cependant pour le rappeler des mondes imaginaires dans lesquel galopait son imagination, à la conscience de sa situation présente.

Le comte étouffa un cri de surprise et se retourna.

Un homme se tenait cramponné en dehors après les retranchemens, dont sa tête dépassait à peine le sommet.

Cet homme était Curumilla.

Le chef avait un doigt posé sur la bouche, comme pour recommander la prudence au comte.

Celui-ci fit un geste de plaisir en reconnaissant l'Indien, et se pencha rapidement vers lui.

— Eh bien? lui demanda-t-il bouche à oreille.

— Vous serez attaqué demain.

— Vous en êtes sûr?

L'Indien sourit.

— Oui, dit il.

— Quand?

— La nuit.

— A quelle heure?

— Une heure avant le lever de la lune.

— Par qui?

— Des visages pâles.

— Oh! oh!

— Adieu.

— Vous repartez?

— Oui.

— Vous reverrai-je?

— Peut-être.

— Quand?

— Demain.

— Et Valentin?

— Il viendra.

L'Indien, sans doute fatigué d'avoir causé si longtemps, contrairement à ses habitudes, bien que cependant les phrases qu'il avait articulées ne fussent pas longues, se laissa glisser en bas du retranchement sans en vouloir dire davantage.

Louis le suivit des yeux, il le vit ramper comme un serpent sur les genoux, et disparaître dans les ténèbres sans avoir produit le moindre bruit.

Cette scène avait été tellement rapide, la fuite de l'Indien tellement silencieuse, que le comte fut sur le point de la prendre pour une hallucination; mais tout à coup le cri du hibou, répété à deux reprises différentes, s'éleva dans l'air.

Ce signal était depuis longtemps convenu entre Valentin et le comte; il comprit que Curumilla, tout en l'avertissant qu'il était en sûreté, lui adressait de loin une dernière recommandation de prudence; il hocha tristement la tête et rentra tout pensif dans sa tente en murmurant à voix basse:

— Encore une trahison.

XIV.

En marchant sur la Magdalena, le comte de Prébois-Crancé avait un double but: d'abord, celui de s'aboucher avec les riches haciendercs et les alcades des pueblos mécontens du gouvernement de Mexico, et tâcher de les entraîner dans son parti en faisant briller à leurs yeux les avantages de l'indépendance qu'il leur offrait; ensuite, à cause de la position stratégique de la Magdalena, d'inquiéter le général Guerrero et de le tenir en haleine en feignant des mouvemens sur chacune des trois capitales sonoriennes.

Le général, aussitôt la guerre déclarée, avait fait appel aux populations avec cette pompeuse et verbeuse éloquence mexicaine, qui ne trompe que les sots.

Les habitans de la Sonora, assez indifférens pour le gouvernement et ne se souciant pas de se mêler à la querelle particulière du général, qui cherchait vainement à la métamorphoser en question nationale, étaient tranquillement demeurés chez eux et n'avaient nullement répondu à l'appel soi-disant patriotique de leur chef; d'autant plus que, depuis près de quatre mois que les Français étaient débarqués en Sonora et qu'ils parcouraient les routes, leur conduite envers les populations avait toujours été exemplaire, et que jamais la moindre plainte ne s'était élevée contre eux.

Le général, désappointé du mauvais succès de ses machinations, avait alors changé de batteries; il avait procédé militairement au moyen de levées et d'enrôlemens forcés; puis, ne se contentant pas de cela, il avait traité avec les Indiens hiaquis et les Indiens opatas, afin d'augmenter encore son armée.

Il avait voulu aussi, dans le principe, enrôler les Apaches, mais la rude leçon que les Français avait infligée à ceux-ci les avait dégoûtés de la guerre, et ils s'étaient retirés dans leurs déserts sans vouloir prêter l'oreille à aucune nouvelle proposition.

Cependant le général Guerrero avait réussi à réunir des forces imposantes; son armée montait à environ douze mille hommes, chiffre énorme si on songe au petit nombre de combattans que son ennemi pouvait mettre en ligne.

Pourtant le général, rendons-lui cette justice, malgré ses forfanteries sans nombre, les marches et les contre-marches continuelles qu'il exécutait, avait pour son ennemi un respect instinctif, ou, si l'on aime mieux, une crainte parfaitement raisonnée, qui l'engageait à la prudence et l'empêchait de jamais s'aventurer trop près des avant-postes français.

Il se contentait de surveiller activement les mouvemens du comte, et d'occuper militairement les trois routes, de façon à pouvoir se transporter rapidement sur le point qui serait menacé par les Français.

Une chose singulière, c'est que, malgré eux, les Américains du Sud n'ont jamais pu, après tant de siècles, et bien qu'ils descendent ou à peu près des Espagnols, se défaire de la terreur superstitieuse que lors de la conquête leur inspirèrent les conquérans européens; les hauts faits de ces héroïques aventuriers sont encore dans toutes les bouches, et à l'époque de l'indépendance il arriva bien des fois qu'un petit nombre d'Espagnols mit en fuite, rien qu'en se montrant, des masses d'insurgés mexicains.

La preuve la plus convaincante qu'il nous soit possible de donner, c'est que, en ce moment même, trois cents aventuriers français, isolés au milieu d'un pays qu'ils ne connaissaient pas, dont la plupart n'entendaient même pas la langue, tenaient en échec une armée de douze mille hommes, commandée par des chefs qui passaient pour aguerris, et faisaient non seulement trembler le pays de Sonora qu'ils occupaient, mais encore le gouvernement fédéral dans Mexico même.

L'audace et la témérité de l'entreprise tentée par le comte augmentaient encore, s'il est possible, la terreur qu'il inspirait. Cette expédition était tellement folle, que les gens sensés ne pouvaient se figurer que le comte ne fût pas soutenu par des alliés occultes mais puissans, qui n'attendaient qu'une occasion pour se déclarer.

Cette terreur était soigneusement entretenue par les espions et les batteurs d'estrade du comte; l'audace de ses mouvemens, la décision avec laquelle il agissait, et en dernier lieu l'occupation sans coup férir de la Magdalena étaient venues mettre le comble aux appréhensions du gouvernement, et augmenter son indécision sur les intentions du chef, ou, comme ils l'appelaient, du *cabecilla*.

Il était à peu près cinq heures du matin, lorsque le rideau qui fermait la tente du comte fut soulevé du dehors, et un homme entra.

Don Luis, réveillé en sursaut par cette apparition subite, se frotta les yeux et se dressa un pistolet de chaque main, en disant d'une voix ferme :

— Qui est là ?

— Moi, pardieu ! répondit l'arrivant; qui oserait entrer ainsi, excepté moi ?

— Valentin ! s'écria le comte avec un cri de joie, en jetant ses pistolets. Sois le bienvenu, frère ; je t'attendais avec impatience.

— Merci, répondit le chasseur. Curumilla ne t'a-t-il pas annoncé, cette nuit, mon retour ?

— Oui, fit en riant le comte; avec cela qu'il est facile de causer avec le chef.

— C'est juste. Eh bien ! les renseignemens qu'il a oublié de te donner, moi je te les apporte, et peut-être cela vaudra-t-il mieux.

Le comte s'était habillé, c'est-à-dire qu'il avait remis son habit et son zarapé, car il s'était jeté tout vêtu sur sa couche.

— Prends un équipal, dit-il, et causons.

— Je préfère sortir.

— Comme tu voudras, répondit don Luis, qui soupçonnait que son ami avait des raisons particulières pour agir ainsi.

Tous deux quittèrent la tente.

— Capitaine de Laville, dit le chasseur en s'adressant au jeune homme, une escorte de dix cavaliers, un cheval pour moi et un autre pour le comte, s'il vous plaît.

— Tout de suite?

— Oui, si cela est possible.

— Parfaitement.

— Nous quittons donc le camp ? demanda Louis dès qu'ils furent seuls.

— Nous allons à la Magdalena, répondit le chasseur.

— C'est que cela se présente assez mal en ce moment.

— Pourquoi cela?

— Parce que j'attends la réponse du général.

— Alors, tu peux venir, répondit le chasseur avec un sourire railleur, car cette réponse, tu ne la recevras pas; la mission du colonel n'était qu'un leurre pour endormir ta vigilance.

— Oh ! oh ! tu es certain de ce que tu avances?

— Pardieu!

En ce moment, l'escorte parut.

Louis et Valentin se mirent en selle.

Il était six heures du matin au plus; la campagne était déserte, à chaque souffle de la brise, les arbres secouaient leurs têtes humides de l'abondante rosée de la nuit, et faisaient pleuvoir de courtes ondées qui grésillaient sur les buissons ; le soleil pompait les vapeurs épaisses qui s'élevaient de la terre, et les oiseaux, blottis sous la feuillée, babillaient gaîment.

Les deux amis, un peu en avant de leur escorte, marchaient pensifs l'un auprès de l'autre, la bride sur le cou de leurs chevaux, et laissant errer un regard distrait sur le magnifique paysage qui se déroulait à leurs yeux.

Déjà les premières maisons du pueblo, gaiement encadrées dans des massifs de floripondios et de vigne vierge, se laissaient voir au tournant de la route. Louis releva la tête :

— Bien ! dit-il, comme se répondant à lui-même, je jure Dieu que cette fois sera la dernière que le général Guerrero se moquera ainsi de moi ; il est évident que le colonel Juarez ne venait dans mon camp que pour voir par lui-même en quel éta nous sommes.

— Pas pour autre chose.

— Où allons-nous donc ainsi?

—Assister à un combat de coqs.

— Assister à un combat de coqs? fit le comte avec surprise.

Le chasseur lui lança un regard significatif.

— Oui, lui dit-il ; tu sais peut-être, et au casoù tu l'ignorerais, je te l'apprends, que les plus beaux combats de coqs ont lieu tous les ans à la Magdalena à l'époque de la fête patronale.

— Ah ! fit Louis avec indifférence.

— Je suis certain que cela t'intéressera, reprit Valentin avec un accent narquois.

Le comte comprit parfaitement que son ami ne lui parlait de cette façon que pour dérouter les oreilles à portée d'entendre, et il se tut, persuadé que bientôt tout s'éclaircirait.

Du reste, la petite troupe entrait en ce moment dans le pueblo, dont les maisons commençaient à s'ouvrir, et dont les habi tans, à peine éveillés, les saluaient au passage avec de joyeux et amicaux sourires.

Après avoir parcouru lentement deux ou trois rues du pueblo, sur un signe de Valentin, le détachement s'arrêta devant une maison d'assez piètre apparence, qui n'avait rien qui la distinguât des autres ni qui la recommandât à l'attention des étrangers.

— C'est ici. dit le chasseur.

Ils s'arrêtèrent et mirent pied à terre. Valentin ordonna alors péremptoirement au chef du détachement de demeurer en selle avec ses hommes et de ne s'écarter ni à droite ni à gauche jusqu'au retour du comte; puis il frappa discrètement à la porte, qui s'ouvrit aussitôt. Ils entrèrent tous deux et la porte se referma sans qu'ils eussent vu personne.

A peine dans la maison, le chasseur introduisit son compagnon dans un cuarto dont il ouvrit la porte avec une clé qu'il tira de sa poche.

— Fais comme moi, lui dit-il en se dépouillant de son chapeau de poil de vigogne et de son zarapé, qu'il échangea contre un manteau et un chapeau de paille à larges ailes.

Le comte l'imita.

— Maintenant, viens.

Tous deux s'enveloppèrent avec soin dans leurs manteaux, rabaissèrent les ailes de leurs chapeaux sur leurs yeux et ils sortirent de la maison par une porte parfaitement dissimulée dans la muraille, et qui communiquait avec une maison voisine, qu'ils traversèrent sans rencontrer personne, et ils se trouvèrent de nouveau dans la rue.

Mais pendant les quelques instans qu'ils étaient demeurés dans la maison, l'aspect du pueblo avait complétement changé. Maintenant les rues étaient encombrées de monde qui allait et venait, et à chaque pas des enfans et des leperos tiraient des boîtes et des pétards avec force cris de joie et éclats de rire.

Dans toute l'Amérique espagnole et surtout au Mexique, il n'y a pas de fête un peu convenable sans pétards et sans artifices; tirer des pétards est être à l'apogée de la joie. Nous nous rappelons à ce sujet une anecdote assez caractéristique.

Quelque temps après que les Espagnols eurent été définitivement chassés du Mexique, le roi Ferdinand demanda un matin à un riche Mexicain réfugié à la cour d'Espagne :

— Que croyez-vous que fassent en ce moment vos compatriotes, senor don Luis de Cerda?

— Sire, répondit gravement le Mexicain en s'inclinant devant le roi, ils tirent des pétards.

— Ah ! fit le roi, et il passa.

Quelques heures plus tard, le roi accosta de nouveau le gentilhomme; il était environ deux heures de l'après-midi.

— Et maintenant, lui demanda-t-il gaîment, à quoi s'occupent-ils?

— Sire, répondit le Mexicain non moins gravement que la première fois, ils continuent à tirer des pétards.

Le roi sourit, mais ne répliqua pas. Le soir venu, cependant, il adressa de nouveau la même question au gentilhomme qui répondit avec son imperturbable sangfroid :

— Plaise à Votre Majesté, Sire : ils tirent toujours, et de plus en plus, des pétards.

Cette fois, le roi n'y put tenir, et il éclata d'un fou rire : chose d'autant plus extraordinaire, que ce prince n'a jamais été renommé pour son caractère jovial.

Les Mexicains ont trois passions mignonnes : jouer le monte, assister aux combats de coqs et tirer des pétards. Nous croyons que la troisième est la plus enracinée chez eux : la quantité de poudre qui au Mexique se brûle en pétards est incalculable.

Donc on tirait des pétards dans toutes les rues et sur toutes les places de la Magdalena; à chaque pas il en partait sous les pieds de nos deux personnages, qui, aguerris de longue main aux coutumes mexicaines, n'attachaient pas la moindre importance à ces feux d'artifice, et continuaient imperturbablement leur route, se frayant comme ils le pouvaient un passage à travers la route bigarrée composée d'Indiens, de métis, de nègres, de zambos, d'Espagnols, de Mexicains et d'Américains du Nord, qui fourmillaient et grouillaient autour d'eux.

Enfin, arrivés devant une ruelle située environ à la moitié de la calle San-Pedro, ils s'y engagèrent.

— Ah çà! dit Louis, c'est donc réellement à un combat de coqs que nous allons assister?

— Certainement, répondit en souriant Valentin; laisse-moi faire, je t'ai dit que cela t'intéressera.

— Allons donc alors, reprit le comte en haussant insoucieusement les épaules; le diable soit de toi avec tes idées saugrenues.

— Bon! bon! fit en riant Valentin, nous verrons; mais nous sommes arrivés.

Et sans plus causer, ils entrèrent dans une maison.

Il n'existe pas au Mexique de plaisir, si ce n'est le monte ou peut-être les feux d'artifice, qui excite l'intérêt au même degré qu'un combat de coqs, et cet intérêt n'est pas restreint seulement à une certaine classe de la société ; il n'y a pas, sous ce rapport, de différence entre le président de la république et le plus humble citoyen, entre le généralissime et le dernier lepero, entre le plus haut dignitaire de l'Eglise et le plus obscur sacristain ; blancs, noirs, métis et Indiens, toute la population se rue avec une frénésie sans égale à ce spectacle sanglant si rempli d'intérêt pour elle.

Voici comment sont disposées les arènes. Derrière une maison, on choisit un vaste enclos au centre duquel s'élève un amphithéâtre circulaire de cinquante à soixante pieds de diamètre ; le mur de cet amphithéâtre n'a jamais moins de vingt pieds de haut ; il est bâti en briques, soigneusement recrépi à l'intérieur et à l'extérieur avec du ciment dur.

Cinq rangs de siéges disposés en gradins entourent complétement l'intérieur de l'édifice.

Jusqu'à l'ouverture des portes, personne ne sait quels sont les volatiles engagés.

Enfin, aussitôt que le public est admis dans l'enceinte, les coqs sont apportés; les parieurs en achètent chacun un, que l'on remet ensuite entre les mains du dresseur chargé des arrangemens préliminaires.

Du reste, ces arrangemens sont simples. Les coqs ayant été, quelques jours auparavant, privés de leurs ergots, on les leur remplace par des éperons artificiels faits avec une lame d'acier poli, longue d'environ trois pouces, sur à peu près un demi-pouce de large à la base, légèrement recourbée par en haut, se terminant en pointe aiguë, et ayant la tranche supérieure affilée. Ces éperons sont fortement fixés à la jambe au moyen de fermoirs.

Ainsi disposés au combat, les coqs sont promenés dans l'arène par les dresseurs, qui les tiennent en l'air et les soumettent à l'inspection des spectateurs afin que ceux-ci organisent leurs paris.

Or, l'argent qui se risque ainsi sur un coq est incroyable; il y a des hommes qui se ruinent en paris.

Au moment où les Français entrèrent, le spectacle était commencé depuis longtemps déjà, en sorte que toutes les meilleures places étaient prises, et l'arène remplie de spectateurs debout et pressés les uns contre les autres.

Mais comme nos personnages n'étaient nullement venus avec l'intention de prendre une part active au divertissement, ils allèrent modestement s'asseoir sur le mur de l'enceinte, où s'était réfugiée une guirlande de leperos déguenillés, trop pauvres pour parier, mais qui regardaient de là avec des regards d'envie et des trépignemens de sourde colère les heureux privilégiés de la fortune qui s'agitaient et se bousculaient à leurs pieds avec des cris et des exclamations.

Le tumulte était alors à son comble, tous les yeux étaient invariablement fixés sur l'arène, où, chose extraordinaire, un seul coq venait d'en battre neuf les uns apres les autres.

Les Français profitèrent habilement de cette effervescence des spectateurs pour passer inaperçus et gagner les places qu'ils avaient choisies.

Au bout d'un instant, Valentin alluma un

pajillo de maïs, et se penchant à l'oreille de son frère de lait.

— Attends-moi ici, lui dit-il, je reviens dans un instant.

Louis fit un signe affirmatif de la tête.

Valentin se leva d'un air indifférent, descendit nonchalamment les gradins, et put se mêler, la cigarette à la bouche, aux spectateurs qui encombraient les abords de l'arène.

Le comte le suivit des yeux pendant quelques instans, mais bientôt il le perdit de vue au milieu de la foule.

Alors ses regards se reportèrent sur l'arène, et tel est l'attrait qu'offre ce spectacle singulier et cruel, que malgré lui le comte s'intéressa à ce qui se passait devant lui, et finit même par y prendre un certain plaisir.

Les combats se succédaient rapidement les uns aux autres, offrant chacun des péripéties différentes, mais toutes émouvantes. Le comte commençait à trouver longue l'absence de son frère de lait, qui l'avait quitté depuis près d'une heure; lorsque tout à coup il le revit debout devant lui.

— Eh bien! lui demanda-t-il?

— Eh bien! répondit Valentin en castillan, il paraît que j'avais raison, et que les coqs du seigneur Rodriguez font merveille; viens donc voir cela de près, je t'assure que c'est curieux.

Le comte se leva sans répondre et le suivit.

XV.

Grâce à leur déguisement et surtout grâce à l'intérêt que chacun apportait au combat de coqs, les Français parvinrent à sortir de l'amphithéâtre comme ils y étaient entrés, c'est à dire sans attirer aucunement l'attention.

Lorsqu'ils furent parvenus à une espèce de corridor obscur qui conduisait à l'intérieur de la maison, Valentin s'arrêta.

— Ecoute-moi bien, Louis, dit-il à son ami en collant pour ainsi dire sa bouche contre son oreille, le moment est venu de t'apprendre pourquoi je t'ai conduit ici.

— J'écoute, répondit le comte.

— Depuis que je t'ai quitté à la Mission, comme bien tu penses, je ne suis pas demeuré inactif, j'ai parcouru les campagnes, je me suis abouché avec tous les habitans les plus riches et les plus considérés, et je suis parvenu à leur faire comprendre combien il leur importait de se rallier à toi et de te soutenir. La fête de la Magdalena nous a offert une occasion favorable de nous réunir, sans donner l'éveil au gouvernement mexicain et exciter ses inquiétudes. La seule maison dans laquelle un grand nombre de personnes puissent se réunir sans attirer l'attention, est, sans contredit, celle dans laquelle se trouve une arène pour les combats de coqs; j'ai donc pris rendez-vous pour ce matin, ici même, avec les mécontens, ils sont nombreux; ce sont tous des hommes qui soit, par leur fortune, soit par leur position, jouissent d'une haute considération dans l'Etat que nous voulons révolutionner et ont une grande influence. Je vais t'introduire auprès d'eux; ils attendent ton arrivée; tu leur expliqueras tes intentions et ils te diront à quelles conditions ils consentiront à s'allier avec toi. Seulement, frère, souviens-toi que tu traites avec des Mexicains et n'accorde pas à leurs paroles et à leurs promesses plus de confiance qu'elles n'en méritent; sois sûr que le succès seul te donnera raison avec eux, et que si tu échoues ils t'abandonneront sans remords, et au besoin te livreront s'ils supposent pouvoir tirer de cette infamie un bénéfice quelconque. Maintenant, si ce que je te dis-là ne te convient pas, tu peux te retirer; moi je me charge de les congédier sans te compromettre en aucune façon.

— Non, répondit résolûment le comte; il est trop tard à présent; hésiter ou reculer serait une lâcheté; je dois, coûte que coûte, marcher en avant. Annonce-moi à nos nouveaux amis.

— Viens donc alors.

Ils se remirent à marcher jusqu'au bout du corridor, où une porte fermée les arrêta.

Valentin frappa trois coups à intervalles égaux avec la poignée de son machete.

— Qui va là? dit une voix de l'intérieur.

— Celui que l'on attend depuis longtemps sans oser espérer qu'il viendra, répondit Valentin.

— Qu'il soit le bienvenu, reprit la voix.

Au même instant la porte s'ouvrit, les deux hommes entrèrent, et la porte se referma immédiatement sur eux.

Ils se trouvèrent alors dans une grande salle dont les murs étaient blanchis à la chaux et le parquet simplement de terre battue. Pour tous meubles, il n'y avait que des bancs, sur lesquels étaient assis une cinquantaine d'hommes, dont quelques uns portaient le costume ecclésiastique. Des rideaux de percale rouge placés devant les fenêtres décomposaient la lumière et empêchaient en même temps que du dehors on pût rien apercevoir de ce qui se passait à l'intérieur.

A l'entrée de Valentin et du comte, tous les assistans se levèrent et se découvrirent avec respect.

— Caballeros, dit le chasseur, selon ma promesse, j'ai l'honneur de vous présenter le comte de Prébois-Crancé, qui a bien voulu consentir à m'accompagner afin d'écouter les propositions que vous avez à lui faire.

Tous s'inclinèrent cérémonieusement devant le comte; celui-ci leur rendit leur salut avec cette grâce et cette aménité qui lui étaient particulières.

Un homme d'un certain âge, à la figure fine et intelligente, revêtu du magnifique costume des riches hacienderos, s'avança alors, et, s'adressant au chasseur :

— Pardon, monsieur, lui dit-il avec un accent légèrement railleur, je crois que vous venez de commettre une légère erreur.

— Veuillez vous expliquer, senor don Anastasio, répondit le chasseur. Je ne comprend pas les paroles que vous me faites l'honneur de m'adresser.

— Vous avez dit, monsieur, que monsieur le comte voulait bien nous faire l'honneur de venir écouter les propositions que nous avions à lui faire.

— Eh bien! monsieur?

— Voilà justement où est l'erreur? don Valentin.

— Comment cela, senor Anastasio?

— Mais il me semble que nous n'avons pas de propositions à faire au seigneur comte, et que c'est nous au contraire qui devons écouter les siennes.

Un murmure d'assentiment parcourut les rangs des assistans.

Don Luis comprit qu'il était temps d'intervenir.

— Messieurs, dit-il en saluant gracieusement les hacienderos, voulez-vous me permettre de m'expliquer franchement avec vous? Je suis convaincu que dès que je l'aurai fait, tout malentendu cessera, et que nous nous entendrons parfaitement.

— Parlez! parlez! seigneur comte, dirent-ils.

— Messieurs, reprit-il, je n'entrerai ici dans aucun détail qui me soit personnel; je ne vous dirai pas comment et pourquoi je suis arrivé à Guaymas, et de quelle façon le gouvernement de Mexico, après avoir méconnu toutes les promesses qu'il m'avait faites, a fini par me déclarer ennemi de la patrie, me mettre au ban de la société, a poussé l'impudeur jusqu'à me traiter de pirate et mettre ma tête à prix, comme si j'étais un bandit ou un misérable assassin; ce serait perdre des instans précieux et abuser gratuitement de votre patience, puisque vous savez tous pertinemment ce qui s'est passé.

— Oui, monsieur le comte, interrompit l'haciendero qui déjà avait parlé, nous connaissons les faits auxquels vous faites allusion; nous les déplorons et nous en rougissons pour l'honneur de notre pays.

— Je vous remercie, messieurs, de ces marques de sympathie; elles me sont bien douces, puisqu'elles me prouvent que vous ne vous êtes pas mépris sur mon caractère. Je viens au fait sans plus de circonlocutions.

— Ecoutez! écoutez! murmurèrent les assistans.

Le comte attendit quelques minutes, puis, lorsque le silence fut complétement rétabli, il continua :

Messieurs, la Sonora est la contrée la plus fertile et la plus riche, non seulement du Mexique, mais encore du monde entier. Par sa position à l'extrémité du centre de la confédération, dont elle est séparée par de hautes montagnes et de vastes despoplados, la Sonora est un pays à part, appelée, dans un avenir prochain, à se séparer de la Confédération mexicaine. La Sonora se suffit à elle-même; les autres provinces ne lui fournissent rien; c'est elle, au contraire, qui les nourrit et les enrichit du surplus de ses productions. Mais la Sonora, grâce au système de pression sous lequel elle gémit, n'est, à proprement parler, qu'un vaste désert; la plus grande partie de son territoire est inculte, car le gouvernement de Mexico, qui sait si bien la pressurer et s'emparer des productions de son sol et de l'or et de l'argent de ses mines, est impuissant à la protéger contre les ennemis qui l'entourent et qui sont les Indios bravos dont les incursions, chaque année plus insolentes, menacent de le devenir encore davantage, si un prompt remède n'est pas apporté à la situation et le mal coupé dans sa racine. J'ai dit en commençant que dans un avenir prochain, la Sonora serait séparée de la confédération mexicaine. Je m'explique : cela arrivera inévitablement, mais de deux façons différentes, quant au profit qu'en retireront les habitans. La Sonora est menacée par des ennemis puissans autres que les Indiens. Ces ennemis sont les Américains du Nord, ces juifs errans de la civilisation, dont déjà il vous est possible, messieurs, d'entendre les haches abattre les dernières forêts qui vous séparent d'eux, et qui bientôt vous envahiront et s'empareront, si vous n'y prenez garde, de votre pays, sans qu'il vous soit possible d'opposer la moindre résistance à cette inique conquête; car vous n'avez aucun appui à attendre de votre gouvernement, qui consume toute son énergie dans les luttes sans portée et sans moralité des ambitieux cabecillas qui s'arrachent tour à tour le pouvoir.

— Oui, oui, s'écrièrent plusieurs personnes, c'est vrai, le comte a raison.

— Cette conquête, dont vous êtes menacés, est imminente, elle est inévitable, et alors qu'arrivera-t-il, messieurs? Ce qui est arrivé partout où les Américains du Nord sont parvenus à s'implanter : vous serez absorbés par eux, votre langue, vos coutumes, votre religion même, tout sera submergé dans ce grand cataclysme. Voyez ce qui se passe au Texas, et frémissez en songeant à ce qui vous attend bientôt vous-mêmes!

Un frémissement de colère parcourut les rangs de l'assemblée à ces paroles, dont chacun reconnaissait intérieurement la justesse.

Le comte reprit :

— Vous avez un moyen d'éviter ce malheur effroyable; ce moyen est entre vos mains, il dépend de vous seuls.

— Parlez! parlez! s'écria-t-on de toutes parts.

— Déclarez hautement, franchement, énergiquement votre indépendance; séparez-vous résolûment du Mexique, formez la confédération sonorienne et appelez à vous l'émigration française de Californie; elle ne restera pas sourde à votre appel, elle viendra vous aider non seulement à conquérir, mais encore à maintenir votre indépendance contre vos ennemis du dehors et ceux du dedans. Les Français que vous adopterez deviendront vos frères; ils ont la même religion, presque les mêmes coutumes que vous, en un mot, vous appartenez à la même race; vous vous entendrez facilement; ils sauront poser une digue infranchissable à l'invasion nord-américaine, faire respecter vos frontières par les Indiens et obliger les Mexicains à reconnaître le droit que vous aurez proclamé d'être libres.

— Mais, objecta un des assistans, si nous appelons à nous les Français, que nous demanderont-ils?

— Le droit de cultiver vos terres qui sont en friche, répondit énergiquement le comte, d'apporter chez vous le progrès, les arts et l'industrie, en un mot, de peupler vos déserts, d'enrichir vos villes et de civiliser vos campagnes; voilà ce que vous demanderont les Français; est-ce trop?

— Non, certes, ce n'est pas trop, dit don Anastasio au milieu d'un murmure d'assentiment.

— Mais, objecta un autre, qui nous assure que lorsque le moment sera venu de régler nos comptes avec les colons que nous aurons appelés à notre aide, ils rempliront fidèlement les promesses qu'ils nous auront faites et ne prétendront pas à leur tour, abusant de leur nombre et de leur force, nous dicter des lois?

— Moi! caballeros, moi qui, en leur nom, traiterai avec vous et assumerai la responsabilité de tout.

— Oui, la perspective que vous nous faites entrevoir est séduisante, caballero, répondit, au nom de tous, don Anastasio. — Nous reconnaissons la vérité des faits que vous annoncez; nous ne savons que trop bien combien notre position est précaire, et quels grands dangers nous menacent; mais un scrupule nous retient en ce moment. Avons-nous le droit de plonger notre malheureux pays, à moitié ruiné déjà, dans les horreurs d'une guerre civile, lorsque dans cette contrée infortunée rien n'est préparé pour une résistance énergique? Le gouvernement de Mexico, si faible pour le bien, est fort pour le mal. Il saura trouver des troupes pour nous réduire si nous osons nous soulever. Le général Guerrero est un officier expérimenté, un homme froid et cruel qui ne reculera devant aucune extrémité, si terrible qu'elle soit, pour étouffer dans le sang et l'incendie toute tentative de révolte. En quelques jours à peine, il est parvenu à réunir une formidable armée pour vous vaincre; chacun de vos soldats, dans la lutte qui se prépare, aura à combattre individuellement contre dix adversaires. Si braves que soient les Français, il est impossible qu'ils puissent résister à des forces aussi imposantes : une bataille perdue, et tout est dit pour vous; toute opposition armée vous devient impossible, et nous qui vous aurons aidés, vous nous entraînerez dans votre chute, et cela d'une façon d'autant plus à redouter pour nous que notre position n'est pas la vôtre : nous sommes les enfans de ce pays, nous y avons nos familles et nos fortunes; nous avons donc tout à perdre; au lieu que vous, en supposant que vous soyez battus, que votre entreprise échoue complétement, il vous reste un moyen de salut que nous ne pouvons employer, la fuite. Ces considérations sont sérieuses, elles nous obligent à agir avec la plus grande prudence et à beaucoup réfléchir avant de nous déterminer à secouer le joug détesté de Mexico. Ne croyez pas, caballero, que ce soit par pusillanimité ou faiblesse; non, c'est seulement crainte d'échouer et de voir tomber à jamais dans le naufrage les quelques libertés que jusqu'à présent on n'a pas osé, par politique, nous ravir, et qu'on cherche peut-être un prétexte pour nous enlever.

— Messieurs, répondit le comte, j'apprécie comme je le dois les motifs que vous voulez bien me déduire; seulement, permettez-moi de vous faire observer que si sérieuses que soient les objections que vous voulez bien me soumettre, nous ne sommes pas ici pour les discuter. Le but de cette réunion est une alliance offensive et défensive entre vous et moi, n'est-ce pas?

— Certes! s'écrièrent la plupart des assistans, surpris par le brusque changement de front du comte et emportés, malgré eux peut-être, à parler plus vite qu'ils n'auraient voulu le faire.

— Eh bien! reprit le comte, ne faisons pas comme ces marchands qui perdent leur temps à vanter réciproquement les qualités de leurs marchandises. Allons droit au but, franchement, nettement, en gens de cœur; dites-moi, sans tergiverser, à quelles conditions vous consentez à vous allier avec moi, à me donner votre concours, et quel sera le nombre d'hommes sur lesquels, le moment venu, je pourrai compter.

— Voilà qui est parler, senor comte, reprit don Anastasio. Eh bien! à une question si clairement posée, nous répondrons non moins clairement: nous ne doutons nullement, Dieu nous en garde, du courage ni de la science stratégique de vos soldats; nous savons que les Français sont braves; seulement votre troupe est peu nombreuse; jusqu'à présent elle ne s'appuie sur rien et ne possède que l'emplacement du camp qu'elle occupe. Etablissez une base d'opérations solide, emparez-vous, par exemple, de l'une des trois capitales de la Sonora; alors vous ne serez plus des aventuriers, vous serez réellement des soldats, et nous ne craindrons plus de traiter avec vous, parce que votre expédition aura pris de la consistance et en un mot sera devenue sérieuse.

— Bien, messieurs, je vous comprends, répondit froidement le comte; et, au cas où je réussirais à m'emparer d'une des villes dont vous parlez, je puis compter sur vous?

— Corps et âme!

— Et combien d'hommes mettrez-vous à ma disposition?

— Six mille en quatre jours, toute la Sonora en une semaine!

— Vous me le promettez?

— Nous vous le jurons! s'écrièrent-ils avec enthousiasme.

Mais cet enthousiasme ne put faire passer sur les traits du comte ni flamme ni sourire.

— Messieurs, dit-il, dans quinze jours je vous donne rendez-vous, à tous, dans une des trois capitales de la Sonora, et alors, comme j'aurai accompli mes obligations, je vous sommerai de tenir les vôtres.

Les Mexicains ne purent retenir un geste d'étonnement et d'admiration à ces nobles paroles.

Le comte, bien qu'il ne fût plus jeune, était beau encore et doué de cette fascination qui improvise les royautés.

Chacune de ses phrases laissait un souvenir.

Les assistans vinrent l'un après l'autre lui serrer la main et lui faire individuellement des protestations de dévoûment, puis ils sortirent.

Le comte et Valentin demeurèrent seuls.

— Es-tu content, frère? lui demanda le chasseur.

— Qui donc sera assez fort pour galvaniser ce peuple? murmura le comte en hochant tristement la tête et répondant plutôt à ses propres pensées qu'à la question que son ami lui avait adressée.

Les deux hommes allèrent reprendre leurs zarapés; ils retrouvèrent leur escorte où ils l'avaient laissée, et ils s'éloignèrent à petits pas au milieu de la foule, qui les saluait sur leur passage du cri de: *Viva los Francès!*

— Si quelque jour on me fusille, dit amèrement le comte, ils n'auront qu'un mot à changer.

Valentin soupira, mais il ne répondit pas.

XVI.

Dona Angela venait de s'éveiller; un gai rayon de soleil, en glissant indiscret sur son charmant visage, lui avait fait ouvrir les yeux.

Elle se tenait à demi étendue dans son hamac, la tête soutenue par son bras droit, et regardait pensive sa pantoufle de peau de cygne danser au bout de son pied mignon, qu'elle balançait nonchalamment.

Violanta la caméristé, assise à ses pieds sur un équipal, s'occupait à préparer les divers objets de la toilette de sa maîtresse.

Enfin dona Angela secoua sa nonchalante langueur, un sourire glissa sur ses lèvres purpurines.

— Aujourd'hui! murmura-t-elle en relevant coquettement la tête.

Ce seul mot résumait toutes les pensées de la jeune fille, joie, amour, bonheur, toute sa vie enfin.

Elle retomba dans sa rêverie, se livrant sans s'en apercevoir aux soins délicats et empressés de sa camériste.

Un bruit de pas se fit entendre au dehors. Dona Angela releva vivement la tête.

— Quelqu'un vient, dit-elle.

Violanta sortit, mais elle rentra presque aussitôt.

— Eh bien?

— Don Cornelio demande la permission de dire deux mots à la senorita, répondit la caméristе.

La jeune fille fronça les sourcils d'un air ennuyé.

— Que me veut-il encore? dit-elle.

— Je ne sais.

—Cet homme me déplaît singulièrement.

— Je lui dirai que vous ne pouvez le recevoir.

— Non, reprit-elle vivement, qu'il entre.

— Pourquoi, puisqu'il vous déplaît?

— Je préfère le voir. Je ne sais pourquoi, mais cet homme me fait presque peur.

La caméristе rougit et détourna la tête; mais se remettant presqu'aussitôt,

— Cependant, il est entièrement dévoué à don Luis et à vous, senorita.

— Le crois-tu? dit-elle en lui lançant un regard perçant.

— Mais je le suppose; sa conduite jusqu'à présent a été des plus loyales.

— Oui, murmura-t-elle rêveuse; cependant j'ai quelque chose au fond du cœur qui me dit que cet homme me hait; j'éprouve en le voyant un sentiment de répulsion insurmontable. C'est quelque chose d'inouï, d'inexplicable pour moi; mais, bien que tout semble me prouver que j'ai tort, cependant à tort ou à raison, il a parfois dans le regard une expression qui me fait frissonner; la seule chose qu'un homme ne puisse déguiser, c'est son regard, car il est le reflet de l'âme, et Dieu l'a voulu ainsi afin que nous puissions nous mettre sur nos gardes et reconnaître nos ennemis. Mais il s'impatiente sans doute d'attendre? Fais-le entrer.

Violanta se hâta d'exécuter l'ordre de sa maîtresse.

Don Cornelio entra le sourire sur les lèvres:

— Senorita, dit-il après un salut gracieux que lui rendit la jeune fille, sans quitter son hamac, pardonnez-moi d'oser troubler votre solitude; un digne prêtre, un missionnaire français, désire que vous lui accordiez la faveur d'un entretien de quelques minutes.

— Quel est le nom de ce missionnaire, senor don Cornelio?

— Le père Séraphin, je crois, senorita.

— Pourquoi ne s'adresse-t-il pas à don Luis?

— C'est ce qu'il avait l'intention de faire d'abord.

— Eh bien?

—Mais, continua don Cornelio, au lever du soleil don Luis a quitté le camp en compagnie de don Valentin, et bien qu'il soit à présent près de midi, il n'est pas de retour encore.

— Ah! Où donc est allé don Luis d'aussi bonne heure?

— Je ne pourrais vous le dire, senorita; tout ce dont je suis sûr, c'est qu'il a pris la direction de la Magdalena.

— Serait-il arrivé quelque chose de nouveau?

— Rien que je sache, senorita.

Il y eut quelques secondes de silence, dona Angela réfléchissait. Enfin, elle reprit:

— Et vous ne soupçonnez pas ce que ce missionnaire veut me dire, don Cornelio?

— En aucune façon, senorita.

— Priez-le d'entrer, je serai heureuse de le voir et de causer avec lui.

Violanta, sans donner à don Cornelio le temps de répondre, souleva le rideau qui fermait le jacal.

— Entrez, mon père, dit-elle.

Le missionnaire parut.

Dona Angela le salua respectueusement, et lui désignant un siége du geste:

— Vous désirez me parler, mon père? dit-elle.

—Oui, mademoiselle, répondit-il en s'inclinant.

— Je suis prête à vous entendre.

Le missionnaire jeta autour de lui un regard que don Cornelio et la caméristе comprirent, car ils sortirent aussitôt.

— Ce que vous avez à me dire ne pourrait-il donc être entendu de cette jeune fille qui m'est dévouée?

—Dieu me garde, mademoiselle, de chercher à diminuer la confiance que vous avez en cette enfant, mais permettez-moi de vous donner un conseil.

— Je vous écoute.

— Il est souvent dangereux d'avoir pour confident de ses secrètes pensés des gens placés au-dessous de soi.

— Oui, cela peut être vrai en principe, mon père, mais je ne discuterai pas; veuillez être assez bon pour m'expliquez la cause de votre visite.

— Je suis désolé, mademoiselle, de vous avoir affligée sans le vouloir; pardonnez-moi une observation que vous avez trouvé indiscrète, et Dieu permette que je me sois trompé.

— Non, mon père, non, je n'ai pas trouvé votre observation indiscrète; mais je suis une enfant gâtée, c'est moi qui vous adresse toutes mes excuses.

En ce moment un bruit de chevaux se fit entendre dans le camp.

La camériste souleva le rideau.

— Don Luis arrive, dit-elle.

— Qu'il vienne, qu'il vienne à l'instant! s'écria dona Angela.

Le missionnaire la suivait du regard avec une expression de douce pitié.

Quelques minutes plus tard, don Luis et Valentin entrèrent dans le jacal.

Le chasseur s'approcha du missionnaire, et lui serra la main avec effusion.

— Venez-vous de la part du général, mon père? lui demanda vivement le comte.

— Hélas! non, monsieur le comte, répondit-il; le général ignore ma venue, et s'il l'avait connue, il est probable qu'il aurait cherché à s'y opposer.

— Que voulez-vous dire? parlez, au nom du ciel!

— Hélas! je vais redoubler encore vos angoisses et votre douleur; le général Guerrero n'a jamais eu l'intention de vous accorder la main de mademoiselle; je ne puis vous rendre compte ni de ce que j'ai vu, ni de ce que j'ai entendu, mon ministère s'y oppose; mais je suis Français, monsieur, c'est-à-dire votre compatriote, et je crois que mon devoir m'ordonne de vous avertir que la trahison vous enveloppe de toutes parts et que le général cherche à endormir votre vigilance par de fallacieuses promesses afin de vous surprendre et d'en finir avec vous.

Don Luis baissa la tête sur sa poitrine.

— Alors, monsieur, dit-il au bout d'un instant, dans quel but êtes-vous venu ici?

— Je vais vous le dire. Le général veut vous reprendre sa fille; pour y parvenir, tous les moyens lui seront bons. Permettez-moi de vous faire observer que dans les circonstances actuelles, la présence de mademoiselle est non seulement un danger pour vous, mais encore une tache ineffaçable pour son honneur.

— Monsieur! s'écria le comte.

— Daignez m'écouter, continua froidement le missionnaire; je ne mets ici en doute ni votre honneur, ni celui de mademoiselle; mais vous n'avez pas, que je sache, la prétention d'imposer silence à vos ennemis et d'arrêter le flot immense de calomnies qu'ils répandent sur vous et sur elle : malheureusement votre conduite semble leur donner raison.

— Mais que faire? quel moyen employer?

— Il en est un.

— Parlez, mon père.

— Voilà ce que je vous propose. Vous devez épouser mademoiselle?

— Certes, vous savez que c'est mon désir le plus cher.

— Laissez-moi achever; ce n'est pas ici que doit se célébrer ce mariage; cette cérémonie accomplie au milieu d'un camp d'aventuriers, sans bruit, presque sans témoins, semblerait dérisoire.

— Mais...

— C'est dans une ville, aux yeux de la population entière, en plein soleil et au bruit des cloches et des mousquetons qui, traversant les airs, diront à tous que le mariage est bien sérieusement accompli.

— Oui, observa Valentin, le père Séraphin a raison, car alors dona Angela n'épousera plus un misérable pirate, mais un conquérant avec lequel il faudra compter. Elle ne sera plus la femme d'un aventurier, mais celle du libérateur de la Sonora, et ceux qui aujourd'hui la blâmeraient le plus seront les premiers à célébrer ses louanges.

— Oui, vous avez raison, s'écria avec feu la jeune fille; je vous remercie, mon père, d'être venu; mon devoir est tracé, je l'accomplirai. Qui osera attaquer la réputation de celle qui aura épousé le sauveur de son pays?

— Mais, reprit le comte, ce moyen n'est qu'un palliatif. Ce mariage ne peut encore avoir lieu; quinze jours, un mois peut-être, s'écouleront avant que je ne me sois rendu maître d'une ville. D'ici là, il faudra que dona Angela reste dans mon camp, ainsi qu'elle y est restée jusqu'à présent.

Tous les regards se tournèrent avec anxiété vers le missionnaire.

— Non, dit-il, si mademoiselle veut me permettre de lui offrir un abri.

— Un abri? fit-elle avec un coup-d'œil interrogateur.

— Bien simple et bien indigne de la recevoir sans doute, reprit-il, mais où du moins elle sera en sûreté, au milieu d'une famille de gens honorables et bons, pour lesquels ce sera un bonheur de la recevoir.

— Cet abri que vous m'offrez, mon père, est-il bien loin d'ici? demanda vivement la jeune fille.

— A vingt-cinq lieues au plus dans la direction que doit suivre l'expédition française pour s'enfoncer dans la Sonora.

Dona Angela sourit finement d'avoir été aussi bien comprise par le bon prêtre.

— Ecoutez, mon père, dit-elle avec cette résolution qui était un des principaux traits de son caractère; depuis longtemps déjà votre réputation est venue jusqu'à moi, je sais que vous êtes un saint homme. Quand même je ne vous connaîtrais pas, l'amitié et le respect que don Valentin professe pour vous me seraient une garantie suffisante; je me fie à vous; je comprends combien est déplacée, quant à présent, ma présence au milieu du camp; disposez donc de moi, je suis prête à vous suivre.

— Mon enfant, répondit le missionnaire avec une charmante onction, c'est Dieu qui vous inspire cette détermination; le chagrin que vous éprouverez pendant une séparation de quelques jours à peine doublera pour vous le bonheur d'une réunion à laquelle nul n'osera plus s'opposer, et qui non-seulement vous relèvera dans l'opinion publique, toujours précieuse à conserver, mais encore donnera à votre réputation un lustre que l'on aura vainement cherché à ternir.

— Allez donc, puisqu'il le faut, dona Angela, dit le comte; je vous remets entre les mains de ce bon père; mais je jure Dieu que quinze jours ne s'écouleront pas sans que nous soyons réunis.

— Je retiens votre promesse, don Luis; elle m'aidera à supporter avec plus de courage les angoisses de l'absence.

— Quand comptez-vous partir? demanda Valentin.

— A l'instant! s'écria la jeune fille; la douleur comme la joie doit se brusquer. Puisque cette séparation est inévitable, finissons-en tout de suite.

— Bien parlé, fit Valentin. Pardieu! j'en reviens à ce que j'ai dit déjà, dona Angela, vous êtes une femme forte et noblement courageuse, et je vous aime, vive Dieu! comme une sœur.

Dona Angela ne put s'empêcher de sourire de l'enthousiasme du chasseur.

Celui-ci continua :

— Diable! mais nous ne songions pas à cela, il vous faut une escorte...

— Pourquoi faire? demanda simplement le prêtre.

— Pardieu! je vous trouve charmant: pour vous protéger contre les maraudeurs de l'armée ennemie.

—Mon ami, le respect de tous, partout et toujours, nous vaudra mieux qu'une escorte, toujours compromettante.

— Pour vous, oui; mais, mon père, vous ne songez pas que vous voyagez avec deux femmes qui seront immédiatement reconnues.

— C'est vrai, fit-il avec simplicité, je n'avais pas songé à cela.

— Comment faire alors?

Dona Angela se mit à rire :

— Vous voilà, messieurs, bien empêchés pour peu de chose. Le bon père l'a dit, il n'y a qu'un instant, son habit est la plus sûre sauvegarde, amis et ennemis le respecteront en toutes circonstances.

— C'est vrai, appuya le missionnaire.

— Eh bien, ceci est bien simple; il me semble, ma camériste et moi, si cela ne déplaît pas au père Séraphin, nous endosserons un froc de novice, sous lequel il nous sera facile de nous déguiser si bien que nul ne nous pourra reconnaître.

Le père Séraphin sembla profondément réfléchir pendant quelques instans.

— Je ne vois pas d'obstacles sérieux à ce déguisement, dit-il enfin; dans cette circonstance, il est licite, puisqu'il ne sert que de bonnes intentions.

— Où trouver des frocs de moine? objecta le comte, moitié riant, moitié sérieux; je dois avouer que dans mon camp j'en suis complétement dépourvu.

— Je m'en charge, moi, dit Valentin, je vais expédier à la Magdalena un homme sûr, qui les rapportera avant une heure. Pendant ce temps-là, dona Angela complétera ses préparatifs de départ.

Nul ne fit d'objection, et la jeune fille fut laissée seule.

Moins d'une heure après, dona Angela et Violanta, revêtues de robes de moines que don Cornelio avait achetées au pueblo, et le visage caché sous de grands chapeaux à larges bords, montèrent à cheval, et, après avoir fait de chaleureux adieux à leurs amis, elles sortirent du camp, en compagnie du père Séraphin.

En se séparant, Violanta et don Cornelio avaient échangé à la dérobée un regard qui aurait donné fort à penser à don Luis et à Valentin, s'ils avaient pu l'apercevoir.

— Je ne suis pas tranquille, murmura don Luis en hochant tristement la tête. C'est une bien faible escorte qu'un prêtre, dans le temps où nous vivons.

— Rassure-toi, répondit don Valentin, j'y ai pourvu.

— Oh ! tu penses toujours à tout, frère.

— N'est-ce pas mon devoir ? Maintenant occupons-nous de nous. La nuit ne va pas tarder à tomber et il nous faut prendre nos précautions pour ne pas nous laisser surprendre.

— Tu sais que, à part les quelques mots que tu m'as fait dire par Curumilla, j'ignore complétement les détails de cette affaire.

— Ces détails seraient trop longs à te donner en ce moment, frère, à peine s'il nous reste le temps nécessaire pour agir.

— As-tu un projet?

— Certes, et s'il réussit, je te jure que les gens qui nous veulent surprendre seront fort penauds.

— Ma foi, je m'en rapporte à toi avec d'autant plus de plaisir, que voici assez longtemps que nous sommes à la Magdalena, et que je veux commencer sérieusement ma marche en avant.

— Fort bien. Veux-tu me laisser disposer de cinquante aventuriers?

— Prends tous ceux que tu voudras.

—Je n'ai besoin que de cinquante hommes résolus et habitués à la guerre du désert; pour cela, je vais prendre le capitaine de Laville, en lui recommandant de choisir dans les soldats qu'il a amenés de Guetzalli les gaillards les plus solides et les plus adroits.

— Fais, mon ami ; quant à moi, je ferai veiller avec soin au camp et doubler les patrouilles.

— Cette précaution ne peut pas nuire. Maintenant adieu jusqu'à demain.

— Adieu !

Ils se séparèrent.

Don Luis rentra dans sa tente.

Au moment où Valentin approchait du jacal du capitaine de Laville, il aperçut don Cornelio qui, d'un air indifférent en apparence, sortait du camp; il le suivit machinalement des yeux. Au bout d'un instant il le perdit de vue derrière un bouquet d'arbres, puis tout à coup il le vit reparaître, mais à cheval cette fois, et détalant ventre à terre dans la direction du pueblo.

— Eh ! eh ! murmura Valentin d'un air pensif, que peut donc avoir à faire de si pressé don Cornelio à la Magdalena? Je le lui demanderai.

Et il entra dans le jacal, où il trouva le capitaine, avec lequel il se mit immédiatement à discuter le plan qu'il avait formé pour déjouer la tentative de surprise des Mexicains. Comme nous verrons plus tard se dérouler ce plan, nous n'en dirons rien ici, et nous retournerons auprès du père Séraphin et de dona Angela.

XVII.

C'est surtout le soir, deux heures environ après le coucher du soleil, que la nature américaine prend des aspects grandioses.

Sous l'influence des premières ombres de la nuit, les arbres semblent affecter des formes plus majestueuses, le silence animé de la solitude devient plus mystérieux, et l'homme éprouve, malgré lui, un sentiment de respect indéfinissable qui lui serre le cœur et le remplit d'une crainte superstitieuse.

Alors les eaux des fleuves coulent avec de sourds murmures, le vol lourd et sinistre des oiseaux de nuit agite l'air avec des sifflemens de mauvais augure, et les bêtes fauves, réveillées au fond de leurs repaires ignorés, saluent les ténèbres avec de longs hurlemens de joie; car, la nuit, ils sont, sans conteste, les rois du désert, puisque la plus grande force de l'homme, la puissance du regard, lui est enlevée.

Le père Séraphin cheminait côte à côte avec les jeunes filles sur le versant d'une haute montagne dont les pentes boisées se noyaient dans les noires profondeurs des *Torancas*. Depuis leur départ du camp, les voyageurs ne s'étaient pas arrêtés.

Ils suivaient en ce moment un étroit sentier tracé par les mules, qui serpentait avec des méandres sans nombre sur les flancs de la montagne. Ce sentier était tellement étroit que deux chevaux pouvaient à grand' peine y marcher de front; mais les chevaux avaient une telle sûreté d'allure que les montures des voyageurs s'avançaient sans hésiter et sans trébucher sur cette route où tout autre animal que ces nobles animaux n'aurait oser s'aventurer.

La lune n'était pas levée encore, le ciel chargé de nuages ne laissait scintiller aucune étoile, les ténèbres étaient épaisses, et dans cette circonstance c'était presqu'un bonheur, car si les voyageurs avaient pu se rendre compte de l'endroit où ils se trouvaient et de la façon dont ils étaient pour ainsi dire suspendus dans l'espace à une hauteur prodigieuse, peut-être le courage leur aurait-il manqué et se seraient-ils sentis envahis malgré eux par le vertige.

Nous avons dit que le père Séraphin et dona Angela marchaient côte à côte; Violanta venait à quelques pas en arrière.

— Mon père, dit la jeune fille, voilà près de six heures que nous cheminons ainsi, la fatigue commence à s'emparer de moi. Ne nous arrêterons-nous donc pas bientôt.

— Si, mon enfant, dans une heure à peu près; dans quelques instans nous allons quitter ce sentier et traverser un défilé nommé la Quebrada del Coyote; c'est au sortir de ce défilé que nous devons passer la nuit dans une pauvre maison qui n'en est éloignée que de deux milles à peine.

—Nous allons, dites-vous, mon père, traverser le défilé del Coyote; nous sommes donc sur la route d'Hermosillo?

— En effet, mon enfant.

— N'est ce pas imprudent à nous de nous aventurer sur cette route, dont les troupes de mon père sont maîtresses?

— Mon enfant, répondit doucement le missionnaire, en bonne politique il faut souvent oser beaucoup, afin de conquérir une tranquillité plus grande; non seulement nous sommes sur la route d'Hermosillo, mais encore c'est dans cette ville même que nous nous rendons.

— Comment! à Hermosillo?

— Oui, mon enfant. A mon avis, c'est le seul endroit où vous serez complétement à l'abri des recherches de votre père, qui certes ne s'avisera pas de venir vous y chercher, et qui ne supposera pas que vous vous trouviez aussi près de lui.

— C'est vrai, fit-elle au bout d'un instant de réflexion, ce projet est hardi; par cela même il doit réussir: je crois en effet que Hermosillo est le seul lieu où je puisse être à l'abri des poursuites de ceux qui ont intérêt à s'emparer de moi.

— J'aurai soin du reste de vous recommander aux personnes auxquelles je vous confierai, et pour plus de sécurité je ne vous quitterai que le moins possible.

— Je vous en aurai la plus grande obligation, mon père, car je me trouverai bien triste et bien seule.

— Courage, mon enfant; j'ai foi en don Luis, le ciel doit protéger son expédition, car l'œuvre qu'il entreprend est grande et noble puisqu'elle a pour but l'émancipation d'un pays tout entier.

— Je suis heureuse de vous entendre parler ainsi, croyez-le, mon père; le comte de Prébois-Crancé peut échouer, mais il tombera comme un héros et sa mort sera celle d'un martyr.

— Oui, le comte est une intelligence d'élite; je crois comme vous, mon enfant, que si les contemporains ne lui rendent pas la justice qui lui est due, la postérité du moins ne le confondra pas avec ces flibustiers et ces aventuriers sans aveu pour lesquels l'or seul est tout et qui ne sont en réalité, quelque soit le titre dont ils s'affublent, rien moins que des voleurs de grands chemins. mais voici la route qui s'élargit, nous allons entrer dans le défilé; cet endroit ne jouit pas, dans le pays, d'une fort bonne réputation, tenez-vous auprès de moi; bien que je croie n'avoir rien à redouter, cependant il est toujours bon d'être prudent.

En effet, ainsi que l'avait annoncé le missionnaire, le sentier s'était tout à coup élargi; les deux parois de la montagne, qui, depuis quelque temps, se rapprochaient insensiblement, formaient maintenant deux murailles parallèles éloignées tout au plus d'une quarantaine de mètres; c'était cette gorge assez étroite qui portait le nom de Quebrada del Coyote; elle avait à peu près un demi-mille de long, puis elle s'élargissait tout à coup et débouchait sur un vaste *chaparral* couvert de bois taillis et de champs de dahlias, tandis que les montagnes fuyaient à droite et à gauche, pour ne se rejoindre une seconde fois que quatre-vingts lieues plus loin à peu près.

Au moment où les voyageurs entraient dans le défilé, la lune se dégageait des nuages au milieu desquels elle nageait et venait éclairer ce redoutable passage de sa lumière triste et blafarde.

Cette clarté, toute faible qu'elle était, ne laissa pas d'être agréable aux voyageurs en leur permettant de jeter un regard autour d'eux et de s'orienter.

Ils pressèrent le pas de leurs montures fatiguées, afin de parvenir plus tôt au bout du sombre passage dans lequel ils se trouvaient.

Ils marchaient ainsi depuis environ dix minutes, et étaient parvenus presqu'à la moitié du défilé, lorsqu'un hennissement traversa l'espace.

— Nous avons des voyageurs derrière nous, dit le missionnaire en fronçant les sourcils.

— Et des voyageurs pressés, à ce qu'il paraît, répondit dona Angela. Ecoutez...

Ils s'arrêtèrent pour prêter l'oreille. Le bruit de la course précipitée de plusieurs chevaux arriva jusqu'à eux.

— Quels peuvent être ces hommes? murmura le missionnaire en se parlant à lui-même.

— Des voyageurs comme nous, probablement.

— Non, dit le père Séraphin, des voyageurs n'auraient pas cette allure pressée : ce sont des individus qui en poursuivent d'autres, nous, sans doute.

— Cela n'est pas probable, mon père ; nul ne connaît notre voyage.

— La trahison a l'oreille du lynx et l'œil de l'opossum, ma chère enfant ; elle veille sans cesse ; tout se sait, un secret n'en est plus un lorsque deux personnes le connaissent ; mais le temps presse, il nous faut prendre un parti.

— Nous sommes perdus si ce sont des ennemis ! s'écria dona Angela avec effroi ; nous n'avons de secours à attendre de personne.

— La Providence veille, mon enfant ; ayez confiance en elle, elle ne vous abandonnera pas.

Le bruit de la course précipitée des gens qui arrivaient se rapprochait rapidement et ressemblait au roulement du tonnerre.

Le missionnaire se redressa, son visage prit soudain une expression d'indomptable énergie qu'on aurait crue impossible à des traits aussi doux ; sa voix, au timbre sympathique et sonore, devint brève et presque dure.

— Placez-vous derrière moi et priez, dit-il ; car je me trompe fort, ou la rencontre sera périlleuse.

Les deux femmes obéirent machinalement. Dona Angela se croyait perdue. Seule avec ce pauvre prêtre, toute résistance devait être impossible.

Le missionnaire rassembla les rênes dans sa main gauche, les attacha au pommeau de la selle et attendit le choc, le visage tourné vers les arrivans.

Son attente ne fut pas longue : au bout de cinq minutes à peine, une dizaine de cavaliers apparurent courant à toute bride.

A vingt pas des voyageurs, ils s'arrêtèrent fermes comme si les pieds de leurs chevaux se fussent subitement incrustés dans le sol.

Ces hommes, autant qu'il était possible de le voir, à la clarté douteuse et tremblotante de la lune, étaient revêtus du costume mexicain ; ils avaient le visage couvert d'un voile noir.

Le doute n'était plus possible ; c'était bien aux voyageurs qu'en voulaient les sinistres cavaliers.

Il y eut un instant de silence suprême, silence que le missionnaire se résolut enfin à rompre.

— Que voulez-vous, messieurs ! dit-il d'une voix haute et ferme, pourquoi nous poursuivez vous ?

— Oh ! oh ! fit une voix railleuse, la colombe prend l'accent du coq ; senor padre, nous n'avons aucunement l'intention de vous nuire, nous voulons seulement vous rendre service en vous débarrassant de la garde des deux gentilles fillettes que vous emmenez si sournoisement.

— Passez votre chemin, messieurs, reprit le prêtre, et ne vous occupez pas davantage de ce qui ne vous regarde pas.

— Voyons, voyons, senor padre, reprit le premier interlocuteur, rendez-vous de bonne grâce, nous ne voudrions pas manquer au respect qui vous est dû, toute résistance est impossible, nous sommes dix contre vous seul ; d'ailleurs, vous êtes un homme de paix.

— Vous êtes des lâches ! répondit le missionnaire, retirez-vous ; trêve de railleries, et laissez-moi continuer paisiblement mon chemin.

— Non pas, senor padre, à moins que vous ne consentiez à nous laisser vos deux compagnes.

— Ah ! ah ! c'est ainsi ! eh bien ! bataille donc, mes maîtres ; vous vous êtes singulièrement trompés à mon égard, il me semble ; oui, je suis missionnaire, je suis homme de paix, mais je suis Français aussi, et vous paraissez l'avoir oublié ; je ne souffrirai pas, entendez-vous, je ne souffrirai pas, fussiez-vous vingt au lieu de dix, que la moindre insulte soit faite aux personnes, quelles qu'elles soient, que Dieu a placées sous ma protection.

— Et avec quoi les défendrez-vous, monsieur le Français, reprit en ricanant l'étranger.

— Avec ceci, répondit froidement le missionnaire en sortant deux pistolets de ses fontes et les armant d'un air résolu.

Malgré eux les bandits hésitèrent ; l'action du missionnaire était si nette, sa voix si ferme, sa prestance si intrépide, qu'ils se sentirent trembler, car ils comprirent qu'ils avaient devant eux un homme au cœur fort qui se ferait tuer sans reculer d'un pouce.

Les Mexicains ne respectent pas grand' chose, mais, nous devons leur rendre cette justice, ils ont pour la robe du prêtre une vénération sans bornes.

Le père Séraphin n'était pas un missionnaire comme il s'en trouve malheureusement quelques-uns, surtout dans le clergé sud et nord-américain. Sa réputation de vertu et de bonté était immense sur toute la frontière mexicaine ; c'était une affaire sérieuse que de l'insulter, à plus forte raison de lui adresser des menaces de mort.

Cependant les inconnus s'étaient trop avancés pour reculer.

— Voyons, padre, reprit celui qui jusque là avait parlé, n'essayez pas une défense inutile; coûte que coûte, nous voulons emmener ces femmes!

Et il fit un mouvement comme pour s'avancer.

— Arrêtez! Un pas de plus, et vous êtes morts! Je tiens entre mes mains la vie de deux hommes!

— Et moi celle de deux autres! s'écria une voix rude. Et un homme, surgissant tout à coup du milieu des fourrés, bondit comme un jaguar et vint intrépidement se placer aux côtés du missionnaire.

— Curumilla! s'écria celui-ci.

— Oui, répondit le chef, c'est moi, courage! nos amis arrivent.

En effet, on entendait un bruit sourd et continu qui augmentait rapidement. Les inconnus n'y avaient pas encore fait attention, occupés par leur discussion avec le missionnaire.

Cependant la situation se compliquait; le père Séraphin comprenait que tant qu'un coup de pistolet ne serait pas tiré, il resterait presque maître de la situation, certain, d'après les paroles de Curumilla, de voir arriver un prompt secours. Sa résolution fut prise aussitôt; il ne s'agissait que de gagner du temps, il l'essaya.

— Voyons, messieurs, dit-il, vous le voyez maintenant, je ne suis plus seul; Dieu m'a envoyé un brave auxiliaire, ma situation n'est donc plus aussi désespérée. Voulez-vous parlementer?

— Parlementer!

— Oui.

— Soyez bref.

— Je tâcherai. D'après ce que je suppose, à la façon dont vous m'avez interpellé, vous êtes sans doute des salteadores. Eh bien, voyons : vous me tenez à peu près dans vos mains, vous le pensez du moins; ne soyez pas trop exigeans; songez que je ne suis qu'un pauvre missionnaire, et que ce que je possède est le bien des malheureux. Combien voulez-vous pour ma rançon, répondez; je suis prêt à faire tous les sacrifices possibles avec ma position?

Le père Séraphin aurait pu parler ainsi longtemps, les inconnus ne l'écoutaient plus; ils avaient pris l'éveil et écoutaient avec anxiété le bruit maintenant plus rapproché.

— Malédiction! s'écria celui qui toujours avait tenu la parole, ce démon s'est joué de nous.

Il enfonça les éperons dans le ventre de son cheval.

Mais le noble animal, au lieu de s'élancer en avant, se dressa presque droit avec un hennissement de douleur et s'abattit comme une masse.

Curumilla, d'un revers de son machete, lui avait tranché les jarrets.

Après cet exploit, l'Indien poussa un long cri d'appel, auquel répondit aussitôt un formidable hurra.

Cependant l'élan était donné, les bandits se précipitèrent en avant avec un hurlement féroce.

Le missionnaire déchargea ses pistolets, plutôt afin d'accélérer l'arrivée de ses amis inconnus que dans le but de blesser ses ennemis; ce qui fut facile à reconnaître, car personne ne tomba, et, aussi rapprochées que se trouvaient les deux troupes, il était presque impossible de manquer son coup.

Au même instant, cinq ou six cavaliers arrivèrent comme un ouragan sur les inconnus. Une mêlée effroyable commença et les balles sifflèrent dans toutes les directions.

Le missionnaire avait mis pied à terre, et, obligeant les deux femmes à en faire autant, il les avait entraînées à quelques pas en arrière afin de les mettre à l'abri des balles.

Mais la lutte ne fut pas longue; au bout de cinq minutes, les bandits s'enfuirent à toute bride, poursuivis de près par les nouveaux venus et laissant étendus sur le terrain quatre des leurs.

Pourtant, après une course de quelques minutes, les cavaliers, renonçant à une poursuite qu'ils reconnurent inutile, revinrent sur leurs pas et rejoignirent le missionnaire.

Celui-ci, oubliant l'agression injuste à laquelle il venait d'échapper, cherchait déjà à secourir les malheureux tombés victimes du guet-apens qu'eux-mêmes lui avaient tendu; il s'en allait pieusement de l'un à l'autre, afin de leur venir en aide, s'il en était temps encore.

Trois étaient morts, le quatrième râlait et se tordait dans les convulsions de l'agonie avec de sourds gémissemens.

Le missionnaire enleva le voile qui le masquait; il poussa un cri de surprise en le reconnaissant.

A ce cri le moribond ouvrit les yeux, et

fixant un regard hagard sur le père Séraphin :

— Oui, c'est moi, lui dit-il d'une voix saccadée, je n'ai que ce que je mérite.

— Malheureux ! lui dit le missionnaire, est-ce donc là ce que vous m'aviez juré ?

— J'ai essayé, reprit-il; il y a quelques jours, j'ai sauvé l'homme que vous m'aviez recommandé, mon père.

— Et moi, fit tristement le missionnaire, moi à qui vous deviez la vie, vous avez voulu me tuer ?

Le blessé fit un geste de dénégation énergique.

— Non, s'écria-t-il, jamais ! Voyez-vous, père, il y a des natures maudites dans ce monde. El Buitre était un misérable bandit, eh bien ! il meurt comme il a vécu ; c'est juste. Adieu, père... Ah ! mais je l'ai sauvé, votre ami le chasseur... Ah ! ah !

En disant cela, le misérable s'était dressé sur son séant ; tout à coup il fut pris d'une convulsion et roula sur le sol.

Il était mort.

Le missionnaire s'agenouilla auprès de lui et pria.

Les assistans, émus malgré eux, se découvrirent pieusement et demeurèrent silencieux à ses côtés.

Tout à coup des cris et des coups de feu se firent entendre, et une troupe nombreuse de cavaliers s'engagea à fond de train dans le défilé.

— Aux armes ! s'écrièrent les assistans en se mettant en selle en toute hâte.

— Arrêtez ! dit Curumilla, ce sont des amis.

XVIII.

Usant de notre privilége de romancier, nous ferons quelques pas en arrière et nous retournerons auprès de don Cornelio, que Valentin avait suivi de l'œil avec tant d'étonnement lorsqu'il l'avait vu sortir du camp d'une façon aussi insolite.

D'abord nous dirons quelques mots de don Cornelio, ce joyeux et insouciant gentilhomme que, dans la première partie de cette histoire, nous avons vu si passionné pour la musique en général et la romance del rey Rodrigo en particulier.

Maintenant don Cornelio était bien changé : il ne chantait plus ; les cordes de sa jarana ne vibraient plus sous ses doigts agiles; un pli profond s'était creusé sur son front, ses joues avaient pâli et ses sourcils se fronçaient incessamment sous l'effort de sombres pensées.

Que s'était-il donc passé ? Quelle cause assez puissante avait ainsi changé le caractère de l'Espagnol ?

Cette cause n'est pas difficile à deviner. Don Cornelio aimait dona Angela, il l'aimait de toute la force, nous ne dirons pas d'un amour vrai et sincère, car ce n'était pas seulement de l'amour qu'il avait pour elle; un autre sentiment moins noble, mais plus vif peut-être, était entré sournoisement dans le cœur du gentilhomme en même temps que l'amour.

Ce sentiment était l'avarice.

Nous avons dit précédemment que don Cornelio était sous le coup d'une idée fixe. Cette idée fixe l'avait guidé d'Espagne en Amérique ; le gentilhomme voulait faire sa fortune par un mariage avec une femme jeune, riche et belle, riche surtout.

Une idée fixe est plus qu'une passion, plus qu'une monomanie, c'est le premier degré de la folie.

Maintes fois il avait été déçu dans ses tentatives auprès des riches Américains qu'il avait cherché à éblouir non par son luxe, car il était pauvre comme Job, de lamentable mémoire, mais par ses avantages personnels, c'est-à-dire sa beauté et son esprit. Sa rencontre avec dona Angela avait décidé de son sort; persuadé que la jeune fille l'aimait, il s'était mis de son côté à l'aimer avec cette frénésie de l'homme affamé pour qui un tel amour était la seule ancre de salut qui lui restât.

Lorsqu'il avait reconnu son erreur il était trop tard.

Nous lui rendrons cette justice de convenir que le pauvre gentilhomme avait vaillamment lutté pour arracher de son cœur cette passion insensée ; malheureusement tous ses efforts furent inutiles, et comme cela arrive toujours en semblable circonstance, oubliant tout ce qu'il devait à don Luis, qui l'avait sauvé non seulement de la misère mais encore de la mort, il se prit pour le comte d'une haine sourde d'autant plus tenace qu'elle était muette et concentrée, et par ricochet il déversa la moitié de cette haine sur dona Angela, bien que la jeune fille, pas plus que le comte, n'eussent été dans toute cette affaire autre chose que les instrumens de la fatalité qui s'acharnait après lui.

Alors, avec une patience sans égale et une hypocrisie extrême, don Cornelio prépara sa vengeance contre ces deux êtres, qui ne lui avaient jamais fait que du bien, et guetta avec une perfidie de bête fauve l'occasion de les perdre.

Cette occasion ne devait pas être difficile à trouver dans un pays où la trahison est à l'ordre du jour, et forme la base de toutes les combinaisons et de toutes les transactions de quelque sorte qu'elles soient.

Don Cornelio s'était abouché avec les ennemis du comte, leur avait livré les secrets que celui-ci laissait échapper devant lui, et il avait dressé ses batteries de façon à faire tomber ses deux ennemis dans un piége dont ils ne pourraient pas s'échapper, et les enlacer dans des filets dont ils ne parviendraient pas à se délivrer.

Maintenant que nous avons mis le lecteur au courant des sentimens de don Cornelio, nous reprendrons notre récit.

L'Espagnol était parvenu à mettre la camériste de dona Angela dans ses intérêts. Ainsi, Violanta trahissait sa maîtresse au profit de don Cornelio, dont elle se croyait aimée et qui lui avait laissé supposer qu'il l'épouserait un jour.

Par la camériste restée aux écoutes, l'Espagnol avait appris tout ce qui s'était dit dans le jacal entre le père Séraphin, le comte et la jeune fille; l'ordre qu'il avait reçu ensuite d'aller à la Magdelena d'aller acheter des frocs avait dissipé ses derniers doutes, et il était résolu à agir sans perdre de temps.

C'était d'après ses conseils que, le soir même, les Mexicains devaient tenter de surprendre le camp : il savait donc où les trouver. Profitant, en conséquence, d'un moment où chacun était trop occupé de ses propres affaires pour songer à ce que faisaient les autres, il s'était glissé silencieusement en dehors, marchant comme un homme qui se promène, avait gagné un fourré derrière le lequel un cheval était disposé, s'était jeté en selle et s'était lancé à toute bride dans la campagne, après avoir jeté un regard investigateur autour de lui afin de s'assurer qu'il n'était pas surveillé.

Il galopa ainsi pendant plusieurs heures sans paraître suivre de route déterminée, coupant droit devant lui sans tenir compte des obstacles et sans ralentir la rapidité de son allure.

Cependant peu à peu ses pensées, d'abord sombres et tristes, prirent une direction différente; il attacha la bride au pommeau de la selle, et pour la première fois depuis bien longtemps ses doigts se mirent à errer machinalement sur les cordes sonores de son arabé, que toujours il portait en bandoulière et qu'il avait ramené devant lui; puis subissant malgré lui l'influence du milieu dans lequel il se trouvait, il commença d'abord à fredonner doucement, puis sans s'en apercevoir lui-même à chanter à pleine voix ce couplet de romance qui avait un certain rapport avec sa position actuelle.

....

Amada enemiga mia,
De Espana secunda Elena;
Oh; si yo naciera ciego!
O; tú sin beldad nacieras!
Maldito sea el punto y hora
Que al mundo me Dio mi estrella;
Pechos que me dieron leche
Mejor sepulcro me dieran.
Pagara......

— Au diable le hibou qui chante à cette heure! s'écria une voix rude en interrompant net le virtuose; a-t-on jamais vu faire un semblable charivari?

Don Cornelio regarda autour de lui. La nuit était profonde ; un grand homme sec à la mine narquoise et aux moustaches relevées en croc, l'examinait d'un œil railleur en frappant sur une formidable rapière :

— Eh ! eh ! fit l'Espagnol sans se décontenancer, c'est vous, capitaine? Que faites-vous donc là.

— Je vous attends, Christo !

— Eh bien ! me voilà.

— Ce n'est pas malheureux ; quand partons-nous?

— Tout est changé.

— Hein?

— Conduisez-moi d'abord à votre campement, puis je vous expliquerai tout cela.

— Venez.

Don Cornelio le suivit.

Ce capitaine, que le lecteur a déjà reconnu sans doute, était le vieux soldat de l'indépendance que nous avons eu l'avantage de lui présenter sous le nom de don Isidro Vargas, âme damnée du général Guerrero, auquel il était dévoué comme la lame à la poignée.

L'Espagnol, tirant son cheval par la bride, entra dans une vaste clairière, éclairée par une douzaine de feux, autour desquels étaient accroupis ou couchés une centaine d'hommes aux visages sinistres, aux accoutremens hétéroclites, mais tous armés jusqu'aux dents. Ces bandits, dont l'aspect farouche aurait fait le bonheur d'un peintre, éclairés par le reflet fantastique des flammes des brasiers, jouaient, buvaient et se disputaient à qui mieux mieux, et ne semblèrent pas s'apercevoir de l'arrivée de don Cornelio.

Celui-ci fit un geste de dégoût en les voyant, entrava son cheval près des leurs, et rejoignit le capitaine, qui déjà s'était installé devant un feu préparé sans doute spécialement pour lui, car aucun des dignes personnages qu'il avait l'honneur de commander n'y était assis.

—Maintenant, je vous écoute, dit le capitaine dès qu'il vit son compagnon étendu confortablement à ses côtés.

— Ce que j'ai à vous dire ne sera pas long.

— Voyons toujours.

—En deux mots, voici l'affaire : notre expédition de ce soir est inutile; l'oiseau est déniché.

Le capitaine, selon son habitude dans ses momens de surexcitation nerveuse, poussa un effroyable juron.

— Patience, reprit l'Espagnol, voilà ce qui est arrivé. Et il lui narra la façon dont le père Séraphin avait quitté le camp, accompagné de la jeune fille.

A ce récit, les traits du digne capitaine s'éclaircirent.

— Allons, dit-il, tout est pour le mieux. Comment allez-vous faire ?

— Donnez-moi El Buitre et dix hommes résolus; le prêtre doit absolument passer par la Quebrada del Coyote ; je me charge, arrivé là, d'en avoir bon marché.

— Et moi, que ferai-je pendant ce temps-là ?

— Vous! ce que vous voudrez.

— Mil rayos! puisque je suis ici, j'y reste; seulement, demain au point du jour, je quitterai ce campement, et après avoir laissé quelques batteurs d'estrade pour éclairer la campagne, je rejoindrai le général à Urès.

— Est-il donc à Urès en ce moment?

— Oui, provisoirement.

— Très bien; alors vous m'y verrez avec mes prisonniers.

— C'est convenu.

— Maintenant, hâtons-nous, il faut que je parte de suite.

Le capitaine se leva, et pendant que don Cornelio resserrait les sangles de son cheval, il donna l'ordre à dix de ses hommes, au nombre desquels se trouvait naturellement El Buitre, de se préparer pour une expédition.

Dix minutes plus tard cette petite troupe quittait la clairière sous les ordres de l'Espagnol et prenait la piste du missionnaire.

Le lecteur sait déjà comment les choses se sont passées dans le défilé, éloigné de deux lieues au plus de l'endroit où se tenaient les bandits en embuscade. Nous laisserons donc aller don Cornelio pour ne nous occuper que du capitaine Vargas.

—Ma foi, dit à part-lui le capitaine dès que l'Espagnol l'eut quitté, je préfère que les choses se passent ainsi; il n'y a que des coups à gagner avec ces démons de Français; au diable ! Maintenant nous voilà tranquilles pour toute la nuit; dormons.

Le capitaine n'était pas aussi en sûreté qu'il le croyait, et pour lui la nuit ne devait pas être fort tranquille.

En quittant le camp, Valentin avait expliqué à ses compagnons l'expédition qu'ils allaient faire, et leur avait recommandé d'agir à l'indienne, c'est-à-dire par ruse. En entrant dans la forêt sous le couvert de laquelle s'abritait le capitaine Vargas, les Français avaient entendu un bruit de chevaux, et ils avaient vu filer dans les ténèbres, comme une légion de noirs fantômes, les bandits aux ordres de l'Espagnol. Ne voulant pas retarder l'exécution de ses projets et abandonner peut-être la proie pour l'ombre, le chasseur s'était contenté de faire suivre cette troupe par un homme intelligent, afin de savoir ce qu'elle deviendrait, et les Français mettant pied à terre s'étaient glissés dans la forêt, rampant comme des reptiles.

Rien n'était plus facile que de surprendre les Mexicains.

Ceux-ci se croyaient si bien en sûreté, qu'ils n'avaient même pas pris la précaution de placer des sentinelles autour de leur campement afin de les avertir en cas de danger.

Couchés pêle-mêle autour des feux, la plupart dormaient ou étaient déjà plongés dans cette demi-léthargie qui précède le sommeil.

Quant au capitaine, enveloppé avec soin dans son manteau, les pieds au feu et la tête sur sa selle, il dormait à poings fermés.

Les aventuriers arrivèrent jusqu'au centre de la clairière, sans que le plus léger bruit eût trahi leur approche.

Alors, d'après l'ordre qu'ils avaient reçu, ils s'emparèrent des fusils et des sabres placés auprès de chacun des dormeurs, en formèrent un monceau, puis ils coupèrent les longes des chevaux, qu'ils chassèrent à grands coups de chicote.

Au bruit effroyable occasionné par la course effrénée des chevaux, qui détalaient dans toutes les directions en ruant et en hennissant, les Mexicains s'éveillèrent.

Ils restèrent un instant comme pétrifiés à la vue des aventuriers qui les entouraient de toutes parts et les couchaient en joue.

Par un mouvement instinctif ils cherchèrent leurs armes; elles leur avaient été enlevées.

— *Con mil rayos et mil demonios!* s'écria le capitaine en frappant du pied avec fureur, nous sommes pris comme des rats dans une souricière.

— Tiens! fit Valentin avec un rire ironique, vous n'êtes donc plus majordome, senor don Isidro Vargas?

— Et vous, répondit-il avec un ricanement de colère, il paraît que vous n'êtes plus marchand de novillos, senor don Valentin.

—Que voulez-vous, fit-il d'un air narquois, le commerce va si mal!

— Hum! pas trop mal pour vous, il paraît.

— Dame! vous savez, on fait ce qu'on peut; et se tournant vers de Laville : Mon cher capitaine, lui dit-il, tous ces caballeros ont des reatas; soyez donc assez bon pour vous en servir, afin de les attacher solidement.

— Eh! senor don Valentin, dit l'ex-mayordomo, vous n'êtes pas tendre pour nous!

— Moi! quelle erreur, don Isidro! Seulement, vous le savez, la guerre a certaines exigences; je prends mes précautions, voilà tout.

— Que prétendez-vous faire de nous?

— Vous le verrez, je ne veux pas vous ôter le plaisir de la surprise; et à propos de cela, comment trouvez-vous celle que je viens de vous faire? elle vaut celle que vous nous prépariez, n'est-ce pas?

Le capitaine Vargas ne trouva rien à répondre; il se contenta de se mordre les poings avec rage après s'être assuré, par un coup d'œil circulaire, que la fuite était aussi impossible que la résistance.

En ce moment, l'homme que Valentin avait expédié pour surveiller l'expédition revint et lui dit quelques mots à l'oreille.

Le chasseur pâlit; il jeta au capitaine mexicain un regard qui le fit frisonner, et s'adressant à sa troupe:

— Dix hommes à cheval, vivement, dit-il d'une voix brève. Capitaine de Laville, vous me répondez sur votre tête des bandits que je laisse entre vos mains. Retournez au camp doucement, je vous rejoindrai probablement en route; le premier qui cherchera à s'échapper, brûlez-lui la cervelle sans pitié. Vous m'avez entendu.

— Soyez tranquille, ce sera fait. Mais que se passe t-il donc?

— Les bandits que nous avons vus s'éloigner d'ici à notre arrivée veulent attaquer le père Séraphin.

— Mort diable! il faut se hâter.

— C'est ce que je fais. Adieu! Malheur à vous, misérables; si un cheveu tombe de la tête du missionnaire, vous serez tous fusillés, ajouta t-il en se tournant vers les prisonniers terrifiés.

Et sur cette effrayante promesse, il s'éloigna, suivi de quelques aventuriers qui devaient l'accompagner.

A l'entrée du défilé, le chasseur avait rencontré les fuyards, sur lesquels il s'était précipité. Malheureusement ceux-ci l'avaient aperçu les premiers; ils parvinrent à s'échapper en abandonnant leurs chevaux et en grimpant comme des chats après les parois presque à pic de la montagne.

Valentin, sans perdre son temps à une poursuite inutile, se hâta de rejoindre le missionnaire.

— Ah! s'écria celui-ci en le voyant, mon ami, mon cher Valentin, sans Curumilla, nous étions perdus!

— Et donna Angela?

— Grâce à Dieu, elle est sauve.

— Oui, dit-elle, grâce à Dieu et à ces caballeros qui sont arrivés juste à point pour nous protéger.

Un des étrangers s'approcha.

— Pardon, monsieur, dit-il en excellent Français, vous êtes ce chasseur français dont on parle tant, Valentin Guillois, n'est-ce pas?

— Oui, monsieur, répondtt Valentin étonné.

— Moi, monsieur, je me nomme Belhumeur.

— Je vous connais, monsieur, mon frère de lait m'a souvent parlé de vous comme du meilleur de ses amis.

— Je suis heureux qu'il ait gardé de moi ce bon souvenir. Permettez-moi de vous présenter don Rafaël Garillas de Saavedra.

Les deux hommes se saluèrent et se pressèrent la main.

— Nous avons fait connaissance en gens de cœur, observa Valentin.

— N'est-ce pas la meilleure façon de se présenter l'un à l'autre.

— Nous ne pouvons demeurer plus longtemps ici, observa le père Séraphin.

— Je vais moi-même retourner avec vous, senor padre, dit don Rafael; j'avais l'intention de me rendre au camp du seigneur comte, mais j'ai trouvé un meilleur moyen de le voir et d'en faire mon ami.

— Et quel est ce moyen?

— C'est d'offrir un abri à dona Angela

dans l'hacienda del Milagro, qui m'appartient.

— Oui, fit le missionnaire, pardonnez-moi, don Rafaël, de ne pas y avoir songé; cet abri est en effet celui qui convient le mieux à cette dame.

— J'accepte avec reconnaissance, murmura la jeune fille.

Et se penchant à l'oreille du chasseur :

— Don Valentin, lui dit-elle, souriant et rougissant à la fois, voulez-vous vous charger de dire un seul mot de ma part à don Luis?

— Un seul! fit-il, lequel?

— Toujours.

— Allons, je ne m'en dédis pas, fit-il avec une brusque bonhomie, vous êtes un ange; je finirai par vous aimer à la folie.

— Partons! partons! s'écria-t-elle.

— Ne retournez-vous pas avec nous, Belhumeur ? dit Valentin.

— Certes, d'autant plus que j'ai à causer avec don Luis.

— C'est cela, répondit don Rafaël; moi, j'escorterai le père avec l'Elan-Noir et la Tête-d'Aigle. Senor don Valentin, Belhumeur vous servira de guide pour vous rendre à l'hacienda del Milagro.

— Pardieu! s'écria en riant Valentin, je n'en aurai pas le démenti, et peut-être m'y verrez-vous plus tôt que vous ne le pensez.

— Venez quand vous voudrez, toujours vous y serez bien reçu.

Après avoir échangé d'affectueux adieux, les deux troupes se tournèrent le dos, et chacune d'elles quitta le défilé par un côté différent.

XIX.

Le soleil était levé déjà depuis près d'une heure lorsque Valentin et la petite troupe qu'il commandait rejoignirent le capitaine de Laville et ses prisonniers, à deux lieues à peine de la Magdalena.

Les Mexicains marchaient la tête basse, les bras attachés derrière le dos, entre deux files de cavaliers français, le rifle sur la cuisse et le doigt sur la détente.

Le capitaine de Laville s'avançait, à quelques pas du convoi, causant avec le vieil officier mexicain, dont, à cause d'une velléité de fuite qu'il avait eue, on avait attaché les jambes sous le ventre du cheval.

En arrière venaient les chevaux des prisonniers, facilement rattrapés par les aventuriers, et chargés des fusils, des lances et des sabres de leurs maîtres.

Lorsque les deux troupes se furent confondues, la marche devint plus rapide.

Valentin aurait, s'il l'avait voulu, pu regagner le camp avant le lever du soleil, mais il importait au succès de l'entreprise à la tête de laquelle le comte s'était mis, que la population de la Magdalena, décuplée en ce moment par tous les étrangers qui, à cause de la fête, y avaient afflué de toutes les parties de la Sonora, comprissent que les Français n'avaient pas tenté une expédition aussi folle qu'on le supposait, ou du moins qu'on voulait le faire croire, et qu'ils assistassent à l'arrivée des prisonniers.

Le comte, prévenu par Curumilla, que le chasseur avait dépêché en avant, résolut de donner une grande importance à cette affaire et de déployer une certaine ostentation; en conséquence, toute l'*armée* fut mise sous les armes, et le drapeau arboré devant la tente du comte au bruit des clairons et des tambours, fut salué par les acclamations des aventuriers.

Ainsi que le comte l'avait prévu, les habitans de la Magdalena accoururent au camp pour assister au spectacle qu'on leur préparait, et bientôt la route fut couverte de curieux à pied et à cheval, se pressant et se bousculant à qui arriverait le plus vite.

Lorsque la tête du détachement arriva aux barrières du camp, elle s'arrêta sur un signe de Valentin. Un clairon sonna une fanfare.

A cet appel, un officier sortit.

— Qui vive? cria-t-il.

— France! répondit le capitaine de Laville, qui, de son côté, avait fait quelques pas en avant.

— Quel corps? reprit l'officier.

— Armée libératrice de Sonora!

Une immense acclamation, poussée par le peuple, couvrit ces paroles.

— Entrez! dit l'officier.

Les barrières s'ouvrirent; alors les tambours se mirent à battre, les clairons à sonner et le défilé commença.

Il y avait réellement quelque chose de grand dans cette scène si simple en elle-même, mais qui faisait battre le cœur plus vite quand on examinait l'air résolu de cette poignée d'hommes, abandonnée à elle-même, sans secours, à six mille lieues de son pays, qui portait si haut et si fier le nom de la France, et qui au début de la campagne, sans avoir tiré un coup de fusil, revenait avec une centaine de prisonniers pris au moment où ils se préparaient à surprendre le camp.

Les Sonoriens, émus malgré eux, regardaient les Français avec une crainte respectueuse mêlée d'admiration, et, loin de plaindre le sort de leurs compatriotes, ils les accablaient de huées et de quolibets, tant est grande l'influence du courage et de l'énergie sur les races primitives.

Lorsque les prisonniers furent rassemblés au milieu de la place du camp, le comte de Prébois-Crancé s'approcha d'eux, entouré de son état major et de quelques-uns des principaux habitans de la Magdalena qui l'avaient suivi instinctivement, emportés par leur enthousiasme.

C'était bien réellement un jour de fête. Des flots de lumière inondaient le paysage; une brise légère rafraîchissait l'atmosphère; les clairons éclataient en joyeuses fanfares; les tambours battaient aux champs, et le peuple assemblé poussait des cris de joie en faisant flotter chapeaux et mouchoirs.

Le comte souriait, il était heureux, en ce moment; l'avenir lui apparaissait moins triste et moins sombre.

Il examina un instant les prisonniers d'un œil pensif.

— Je suis venu en Sonora, dit-il enfin d'une voix vibrante, pour donner la liberté au peuple de cette contrée; on m'a présenté à vous comme un homme cruel et sans foi; partez, vous êtes libres! Allez dire à vos compatriotes comment le chef des pirates se venge des calomnies que l'on répand sur son compte; je ne vous demande même pas la promesse de ne plus porter les armes contre moi: j'ai à mes côtés quelque chose de plus fort que tous les soldats qu'on m'opposera, la main de Dieu, qui me guide, car il veut que ce pays soit enfin libre et régénéré. Déliez ces hommes, et rendez-leur leurs chevaux.

L'ordre fut immédiatement exécuté.

Le peuple accueillit avec des cris et des trépignemens de joie cette généreuse résolution.

Les prisonniers se hâtèrent de quitter le camp, non sans avoir témoigné par des protestations emphatiques leur reconnaissance de la générosité du comte.

Don Luis se tourna alors vers don Isidro:

— Quant à vous, capitaine, lui dit-il gravement, vous êtes un des derniers débris de ces lions de la guerre de l'indépendance qui ont renversé le pouvoir espagnol; nous sommes frères, car tous les deux nous servons la même cause; reprenez votre épée, un brave comme vous doit toujours la porter à son côté.

Le capitaine lui lança un sombre regard.

— Pourquoi ne puis-je plus vous haïr maintenant? répondit-il; j'aurais préféré une insulte à votre générosité; maintenant je ne suis plus libre.

— Vous l'êtes, capitaine: je ne vous demande ni amitié, ni reconnaissance; j'ai agi comme j'ai cru devoir le faire. Suivons chacun notre route, seulement tâchons de ne plus nous rencontrer.

— Votre main, caballero, et maintenant un mot.

— Parlez.

— Prenez garde aux gens en qui vous mettez votre confiance.

— Expliquez-vous.

— Je ne puis en dire davantage sans être un traître moi-même.

— Oh! toujours, toujours la même trahison, murmura le comte devenu pensif.

— Maintenant, adieu, caballero; s'il m'est défendu de faire des souhaits pour la réussite de vos projets, du moins je n'en ferai pas contre, et si vous ne me rencontrez pas dans les rangs de vos amis, vous ne me verrez pas non plus dans ceux de vos ennemis.

Le vieux capitaine se mit en selle d'un bond, fit exécuter quelques gracieuses courbettes à son cheval, et, après avoir salué les assistans, il partit au galop.

Le reste de la journée ne fut qu'une fête continuelle. Le comte avait réussi: sa conduite généreuse envers les prisonniers avait porté coup; les aventuriers français avaient grandi de cent coudées dans l'esprit des Sonoriens; le comte avait acquis subitement une grande influence dans le pays, et déjà certains esprits pronostiquaient une heureuse issue à l'expédition.

Lorsque le soir fut arrivé, don Luis convoqua tous les chefs de l'armée à un conseil de guerre secret.

Par un hasard providentiel, le comte, qui sans doute, d'après la confiance qu'il avait en lui, aurait permis à don Cornelio d'assister au conseil, l'avait chargé d'aller à la Magdalena, traiter de l'achat de plusieurs chevaux dont il avait besoin. Cette mission, en empêchant l'Espagnol d'assister à la réunion, en assura le secret.

Don Cornelio était parvenu à échapper miraculeusement à la poursuite du chasseur, et le matin il était rentré inaperçu au camp environ deux heures avant les prisonniers: il avait tué son cheval; mais lui, grâce à sa diligence, il était sauf, pour cette fois du moins, car nul ne songeait à le soupçonner, et au cas où cela aurait eu lieu, rien ne lui aurait été plus facile que d'établir un alibi.

A huit heures du soir, la retraite fut battue, les barrières du camp fermées, et les officiers se rendirent au quartier général, c'est à dire au jacal habité par le comte.

Un cordon de sentinelles, disposées tout autour du jacal, à dix pas environ, afin d'être elles mêmes hors de la portée de la voix, eurent ordre de faire feu sur le premier individu venu qui sans ordre prétendrait s'introduire dans le lieu de la réunion.

Le comte était assis devant une table sur laquelle une carte routière de la Sonora était dépliée.

La réunion se composait d'une quinzaine de personnes, au nombre desquelles se trouvaient Valentin, Curumilla, le capitaine de Laville et Belhumeur, trop intimement lié avec le comte pour être exclu d'une conférence aussi importante.

Lorsque tout le monde fut arrivé, on ferma la porte, et le comte se leva.

— Compagnons, dit-il d'une voix ferme bien que contenue, afin de ne pas être entendu du dehors, notre expédition va réellement commencer : ce que nous avons fait jusqu'à présent n'est rien. J'ai à plusieurs reprises sondé moi-même ou par mes espions les intentions des riches hacienderos ou campesinos de cet Etat; ils semblent fort bien disposés pour nous; mais ne nous leurrons pas et ne nous laissons pas tromper par de fallacieuses promesses : ces gens ne feront rien, tant que nous n'appuierons pas notre expédition sur une base d'opérations solide; en un mot, il nous faut nous emparer d'une ville. Si nous réussissons, notre cause est gagnée, car le pays tout entier se lèvera pour nous. Je vous ai conduits ici parce que la Magdalena forme le sommet d'un angle où viennent aboutir trois routes, dont chacune conduit à une des capitales de la Sonora ; c'est d'une de ces trois villes; que nous devons nous emparer; mais de laquelle? voilà la question. Toutes trois sont bourrées de troupes et, de plus, le général Guerrero tient les chemins qui y conduisent, et il a, ajouta-t-il en souriant, juré qu'il ne ferait de nous qu'une bouchée, si nous osions faire un pas en avant. Mais cela ne vous inquiète que médiocrement, je le suppose; revenons donc à la question importante. Capitaine de Laville, veuillez, je vous prie, donner votre avis.

Le capitaine s'inclina.

— M. le comte, dit-il, je penche pour Sonora; c'est une nouvelle ville, à la vérité, mais elle porte le nom du pays que nous prétendons délivrer, et cette considération est importante.

Plusieurs officiers parlèrent tour à tour, et la plupart se rangèrent à l'avis du capitaine de Laville.

Le comte se tourna vers Valentin.

— Et toi, frère, lui dit-il, quel est ton avis ?

—Hum ! fit le chasseur, je ne suis pas un grand clerc, moi, tu le sais, frère, répondit-il, cependant j'ai de la guerre une certaine habitude qui peut-être m'inspirera bien: il te faut une ville riche et manufacturière, afin de tenir les riches habitans du pays à l'abri d'un coup de main, si l'on venait t'y attaquer, et de laquelle tu puisses opérer sans danger ta retraite, si des forces trop nombreuses veulent t'accabler? N'est-ce pas cela ?

— En effet, il faut qu'autant que possible la ville dont nous nous emparerons réunisse ces trois conditions.

— Il n'y en a qu'une.

— C'est Hermosillo, dit Belhumeur.

— C'est vrai, reprit Valentin ; cette ville est fermée de murailles, elle est l'entrepôt de tout le commerce de la Sonora, par conséquent fort riche, et, chose de la dernière importance pour nous, elle n'est éloignée que de quinze lieues de Guaymas, le port où débarqueront les renforts que, si besoin est, nous ferons venir de Californie, et dans lequel nous pourrons nous réfugier si nous sommes serrés de trop près et contraints de battre en retraite.

La vérité des paroles de Valentin fut immédiatement saisie par les assistans.

— Je penche moi aussi pour Hermosillo, dit le comte, mais je ne dois pas vous dissimuler que le général Guerrero, qui après tout est un soldat expérimenté, a si bien compris les avantages qui résulteraient pour nous de la possession de cette ville, qu'il y a concentré des forces imposantes.

— Tant mieux, comte ! s'écria de Laville; de cette façon les Mexicains apprendront du premier coup à nous connaître !

Tous aplaudirent à ces paroles, et il fut définitivement arrêté que *l'armée* marcherait sur Hermosillo.

— Autre objection, dit le comte; les Mexicains sont maîtres des trois routes, il faut les dépister.

— Ceci me regarde, dit en riant Valentin.

— Bon! nous ferons des démonstrations des trois côtés à la fois, afin de tenir l'ennemi en haleine, et nous avancerons à marche forcée sur Hermosillo; seulement, je crains que nous perdions bien du monde.

Curumilla se leva.

Jusqu'à ce moment, l'Araucan était demeuré silencieux sur son équipal, fumant son calumet indien, sans paraître entendre ce qui se disait autour de lui.

— Laissez parler le chef, dit Valentin; ses paroles valent leur poids d'or.

Chacun fit silence.

— Curumilla, dit le chef, connaît un chemin de traverse qui abrége la route et que le général mexicain ignore; Curumilla guidera ses amis.

Puis le chef reprit son calumet et se rassit comme si de rien n'était.

Dès lors, la discussion fut terminée. Curumilla, suivant son habitude, avait tranché la question d'un coup en supprimant l'obstacle le plus fort et le plus redoutable.

— Compagnons, dit le comte, les chariots et les canons sont attelés; réveillez vos hommes, et levons silencieusement le camp. Que demain les habitans de la Magdelena, en se levant, ne sachent pas ce que nous sommes devenus.

Puis, prenant à part le capitaine de Laville et Valentin,

— Pendant que je m'engagerai dans le chemin de traverse à la suite du chef, vous, capitaine, vous vous avancerez sur la route d'Urès; toi, frère, tu marcheras sur Sonora. Approchez-vous assez pour être reconnus, mais n'engagez pas d'escarmouche; repliez-vous et rejoignez-moi vivement; ce n'est que par la rapidité de nos mouvemens que nous pouvons vaincre nos adversaires.

— Mais au cas où nous ne pourrions pas te rejoindre pendant la route, objecta Valentin, quel rendez-vous nous assignes-tu?

— L'hacienda del Milagro, à quatre lieues d'Hermosillo, dit Belhumeur; c'est là que sera le quartier général.

— Oui, dit le comte, en serrant furtivement la main du Canadien.

La réunion se sépara, et chacun alla exécuter les ordres qu'il avait reçus.

Le camp fut levé dans le plus grand silence. Les précautions les plus minutieuses furent prises pour que rien ne transpirât au dehors des mouvemens qui s'accomplissaient.

Les feux de bivouac furent laissés allumés. En un mot, rien ne fut touché qui aurait pu faire soupçonner un départ précipité.

A onze heures du soir environ, les deux troupes de Valentin et du capitaine de Laville s'éloignèrent dans deux directions différentes; le comte ne tarda pas à les suivre avec le gros de la compagnie et les bagages; à minuit, don Luis abandonna le camp à son tour

Curumilla n'avait pas trompé le comte. Après deux heures de marche environ, il fit faire un brusque crochet à la troupe, et s'engagea dans un sentier étroit où les voitures avaient juste l'espace nécessaire pour passer, et toute la compagnie disparut dans les méandres infinis d'une véritable sente de bêtes fauves, dans laquelle il était impossible de supposer qu'une troupe armée, accompagnée de nombreux et lourds wagons et de pièces de canon, oserait jamais s'aventurer.

Cependant, lorsque les premiers obstacles eurent été franchis, ce chemin, qui paraissait si difficile, n'offrit plus de dangers sérieux, et les Français avancèrent rapidement.

Deux jours plus tard ils furent rejoints par les détachemens chargés par le comte d'opérer sur les flancs de la colonne, le capitaine de Laville et Valentin avaient complétement réussi à tromper le général, dont les avant-postes continuaient toujours à garder les routes sans se douter qu'ils étaient tournés.

Cette marche dura neuf jours à travers des difficultés sans nombre, dans un terrain de sables mouvans qui fuyait sous les pieds, par une chaleur torride, manquant d'eau et les deux derniers jours n'ayant plus de vivres ni de fourrages; mais rien ne put abattre le courage des Français, ni altérer leur inépuisable gaîté; ils avancèrent quand même, les yeux fixés sur leur chef qui marchait à pied devant eux, les consolant et les encourageant.

Le neuvième jour, vers le soir, ils aperçurent dans le lointain, au milieu d'un épais fouillis d'arbres, se dessiner les contours d'une hacienda considérable.

Cette maison était la première qu'ils apercevaient depuis leur départ de la Magdelena.

— Quelle est cette hacienda? demanda Louis à Belhumeur qui marchait à ses côtés.

— L'hacienda del Milagro, répondit le Canadien.

Les Français poussèrent un cri de joie: ils étaient arrivés.

Ils avaient fait cinquante-neuf lieues en neuf jours, à travers des chemins impraticables!

Curumilla avait tenu sa promesse; grâce à lui la colonne n'avait pas été inquiétée.

XX.

A portée de canon de l'hacienda, le cri de halte fut poussé par le comte.

—De Laville, dit-il au capitaine, qui marchait près de lui ; portez-vous en avant et occupez militairement l'hacienda del Milagro ; nous y établirons le quartier-général.

— A quoi bon, demanda Belhumeur, prendre ces précautions? n'avez-vous donc pas ajouté foi à mes paroles ? Don Rafaël et sa famille seront heureux de vous recevoir et vous accueilleront les bras ouverts.

Le comte sourit et se pencha à l'oreille du Canadien.

— Mon ami Belhumeur, lui dit-il à voix basse, vous êtes un enfant qui ne voulez rien comprendre; ces précautions qui vous affligent, ce n'est pas pour moi, c'est dans l'intérêt de nos amis que je les prends. Supposez, ce qui peut malheureusement être, que nous soyons battus par les Mexicains; alors qu'arrivera-t-il? que don Rafaël sera inévitablement victime de la sympathie qu'il nous aura témoignée; en agissant ainsi que je le fais, il s'incline devant la force, et les autorités mexicaines ne pourront, malgré tout leur désir, le rendre responsable de notre séjour chez lui.

— C'est juste, répondit le Canadien, frappé de la logique de ce raisonnement.

— Seulement, continua don Luis, afin d'éviter tout malentendu, vous accompagnerez le capitaine, et pendant qu'il parlera haut, vous expliquerez tout bas à nos amis ce dont il s'agit.

Cinq minutes plus tard, le détachement s'éloignait au galop, suivi de loin par le reste de la colonne.

Tout se passa ainsi que le comte l'avait arrangé. Prévenu par Belhumeur, don Rafaël protesta énergiquement contre l'occupation forcée de l'hacienda, et feignit de ne se rendre qu'à la force. La propriété fut définitivement occupée, et don Rafaël monta à cheval avec quelques-uns de ses domestiques, afin d'aller au-devant de la colonne.

Sur l'ordre du comte, elle ne s'arrêta pas à l'hacienda, mais poussa en avant et ne campa définitivement qu'à deux lieues de Hermosillo.

Le comte et don Rafaël s'accostèrent, non pas comme des étrangers inconnus l'un à l'autre, mais comme de vieux amis charmés de se revoir, et entrèrent à l'hacienda en causant entre eux à voix basse.

Avant de mettre pied à terre, le comte expédia des courriers et des batteurs d'estrade dans toutes les directions, afin d'avoir des nouvelles certaines de l'ennemi, et ne gardant auprès de sa personne qu'un piquet de huit cavaliers, il renvoya les autres au camp et entra dans l'hacienda.

Don Ramon, le père de don Rafaël, et dona Luz, cette charmante femme dont nous avons raconté l'histoire touchante dans un précédent ouvrage, attendaient, entourés de leurs serviteurs, l'arrivée des Français à la porte même de l'hacienda.

— Soyez le bienvenu, vous qui combattez pour l'indépendance de la Sonora, dit le général don Ramon en tendant la main au comte.

Celui-ci sauta à bas de son cheval.

— Dieu veuille que je sois aussi heureux que vous l'avez été, général! répondit-il en s'inclinant.

Se tournant alors vers dona Luz :

— Excusez-moi, madame, lui dit-il, de venir troubler votre paisible retraite; votre mari est seul coupable de l'indiscrétion que je commets en ce moment.

— Senor conde, répondit-elle en souriant, ne vous disculpez pas ainsi; cette maison et tout ce qu'elle renferme vous appartient. Nous vous voyons arriver avec joie, nous vous verrons partir avec tristesse.

Le comte offrit son bras à dona Luz et ils entrèrent dans l'hacienda; mais le comte était inquiet, son regard errait sans cesse autour de lui.

— Patience! lui dit don Rafaël avec un regard significatif ; vous allez la voir; il eût été imprudent qu'elle parût plus tôt en votre présence, nous l'en avons empêchée.

— Merci, dit le comte; et le nuage qui obscurcissait sa noble physionomie disparut aussitôt.

L'entrevue des deux amans fut ce qu'elle devait être, c'est-à-dire calme, affectueuse et profondément sentie. Le comte remercia chaleureusement le père Séraphin de la protection qu'il avait accordée à la jeune fille.

— Bientôt, dit dona Luz, tous vos tourmens seront finis, et alors vous pourrez sans contrainte vous livrer aux élans passionnés de votre cœur.

— Oui, répondit le comte d'un air pensif, demain décidera probablement de mon sort et de celui de celle que j'aime.

— Que voulez-vous dire ? s'écria don Rafaël?

Le comte jeta un regard anxieux autour de lui; il vit qu'il pouvait parler, et que ceux qui se pressaient à ses côtés étaient des amis sincères.

— Demain, dit-il, j'attaquerai Hermosillo

et je l'emporterai, ou je tomberai mort sur la brèche.

Les assistans firent un geste de stupeur.

Don Rafaël commanda d'un signe à l'Elan-Noir de se placer en dehors de la porte afin d'éloigner les importuns, et revenant auprès du comte:

— Avez-vous réellement cette pensée? lui demanda-t-il.

— Sans cela serais-je ici? répondit-il avec simplicité.

— Mais, reprit don Rafaël avec insistance, Hermosillo est une ville fermée de murailles solides.

— Je les défoncerai.

— Elle a une garnison de douze cents hommes.

— Ah! fit-il avec indifférence.

— Depuis deux mois ses milices s'exercent tous les jours.

— Des milices répondit-il d'un air dédaigneux, sont-elles nombreuses au moins?

— Trois mille hommes environ.

— C'est mieux.

— Le général Guerrero, qui s'est enfin aperçu qu'il s'était laissé tourner, s'est jeté dans la place avec six mille Indiens, et il attend d'autres renforts.

— Voilà pourquoi, mon ami, il faut que j'attaque tout de suite. J'ai déjà, d'après votre calcul, en face de moi environ onze mille hommes retranchés derrière de bonnes murailles; plus j'attendrai, plus leur nombre croîtra, et s'y je n'y prends garde, ajouta-t-il en riant, cette armée finira par devenir tellement considérable qu'il me sera impossible de la détruire.

— Vous ignorez peut-être, mon ami, qu'Hermosillo est entouré de jardins maraîchers qui en rendent les approches presque impraticables?

— Mais, mon ami, répondit négligemment le comte, j'entrerai par les portes, croyez-le bien.

Les assistans considéraient le comte avec un étonnement tenant de l'épouvante. Ils s'interrogeaient du regard, et semblaient se demander s'ils n'avaient pas affaire à un fou.

— Pardon, mon ami, reprit don Rafaël, vous avez, dites-vous, l'intention d'attaquer demain, n'est-ce pas?

— Certes.

— Mais si vos troupes ne sont pas arrivées?

— Comment! si mes troupes ne sont pas arrivées; ne les avez-vous donc pas vues, il y a une heure, défiler devant l'hacienda?

— Oui, j'ai vu passer un détachement peu nombreux votre avant-garde sans doute.

— Mon avant-garde! s'écria le comte en riant; non, cher ami; ce détachement peu nombreux forme mon *armée* tout entière.

Don Rafaël, don Ramon et les autres personnes quise trouvaient là, étaient des hommes qui se connaissaient en courage; en maintes circonstances ils avaient soutenu des luttes titanesques contre des ennemis dix fois plus forts en nombre; ils avaient enfin fait preuve du courage le plus extravagant et de la plus folle témérité. Mais l'excentrique résolution du comte, d'aller froidement avec une poignée d'aventuriers prendre une ville défendue par dix mille hommes, leur sembla tellement extraordinaire et tellement incroyable, qu'un instant ils demeurèrent muets et les yeux hagards, ne sachant s'ils dormaient ou s'ils étaient en proie à un affreux cauchemar.

— Mais enfin, cher ami, s'écria don Rafaël à bout d'argumens, combien d'hommes pouvez-vous mettre en ligne?

— Dame, pas beaucoup, fit le comte avec un sourire. J'ai des malades; cependant je puis disposer de deux cent cinquante hommes environ; j'espère que cela suffira.

— Oui, s'écria dona Angela avec enthousiasme, cela suffira, car la cause que défendent ces hommes est sainte, et Dieu les protégera!

— Don Rafaël, dit le comte avec bonhomie, avez-vous entendu parler de ce qu'on nomme la *furia francese*?

— Oui, mais je vous avoue que je ne me rends pas bien compte de ce que ce peut être.

— Eh bien, ajouta-t-il, attendez à demain, et lorsque vous aurez vu cette formidable armée anéantie, détruite et dispersée comme les feuilles qu'emporte le vent d'automne; lorsque vous aurez assisté à la prise d'Hermosillo, vous saurez ce que c'est que la *furia francese*, et vous comprendrez les prodiges de valeur sans nombre que l'histoire a enregistrés et que journellement les Français accomplissent presqu'en se jouant.

La conversation se termina là, et on passa dans la salle à manger, où tout était préparé pour prendre les rafraîchissemens dont le comte avait un si grand besoin.

Aussitôt qu'on se leva de table, le comte demanda à se retirer dans l'appartement préparé pour lui et il pria le père Séraphin de le suivre.

Tous deux demeurèrent longtemps enfermés, causant oreille à oreille.

Lorsque le missionnaire sortit, ses yeux

étaient rouges et des traces de larmes sillonnaient ses joues pâlies.

Le comte lui serra la main.

— Ainsi, lui dit-il, en cas de malheur...

— Je serai là, comte, fiez-vous à moi, et il s'éloigna à pas lents.

Le soir et même fort avant dans la nuit le comte écouta les rapports des batteurs d'estrade et des espions; les nouvelles qu'ils apportaient coïncidaient dans toutes leurs parties avec les renseignemens donnés par don Rafaël.

Le général Guerrero était accouru à Hermosillo, où il se tenait renfermé.

Valentin et Curumilla accoururent les derniers; ils n'étaient pas porteurs de mauvaises nouvelles.

Valentin, à la tête d'un parti de fourrageurs, s'était, d'après les conseils de Curumilla, avancé sur la route de Guaymas, et il avait surpris un convoi de vivres et de munitions destiné aux Mexicains. Ce convoi, assez considérable, avait été conduit au camp par les soins du chasseur et fort bien accueilli des Français, dont les vivres, ainsi que nous l'avons dit, étaient complétement épuisés.

De son côté, le capitaine de Laville avait enlevé quatre ou cinq patrouilles ennemies, qui s'étaient imprudemment avancées dans la campagne.

Le comte expédia Curumilla au capitaine avec ordre de profiter de ce que la nuit était obscure et sans lune pour marcher en avant et pousser les avant-postes jusqu'à portée et demie de la place.

Lorsqu'il fut seul avec Valentin, il étendit un plan d'Hermosillo sur une table, et tous deux penchés sur le plan ils commencèrent à l'étudier attentivement.

Nous avons plusieurs fois déjà décrit Hermosillo; nous nous bornerons à dire que les jardins maraîchers dont cette ville est entourée sont fermés de murs derrière lesquels il est facile d'embusquer des tirailleurs auxquels les dispositions du terrain permettent de se replier en combattant de poste en poste, constamment protégés par ces murs, épais d'un mètre environ, et bâtis en *adobas*.

De plus, du côté où le comte débouchait devant la ville, un fossé large et profond qu'on ne pouvait traverser que sur un pont en tête duquel se trouvait probablement un fort corps de garde, formait à la ville une ceinture presque inexpugnable.

Ainsi qu'on le voit, Hermosillo est loin d'être une ville ouverte et dont on peut s'emparer sans coup férir, et, en tentant, à la tête de deux cent cinquante hommes de la prendre d'assaut, le comte de Prébois-Crancé, s'il réussissait, pouvait à juste titre se flatter ensuite d'avoir tout simplement accompli un des plus beaux faits d'armes des temps modernes.

Le général Guerrero, d'après le rapport des batteurs d'estrade, et les officiers mexicains, affectaient un mépris superbe pour ces va-nu-pieds de Français, ainsi qu'ils les nommaient, et se promettaient de leur infliger une si rude leçon, que l'envie de recommencer ne leur prendrait pas.

Cependant, Curumilla avait apporté une nouvelle qui ne laissait pas que de donner bon espoir au comte. Malgré les immenses préparatifs qu'il avait faits contre la compagnie, le général Guerrero avait été tellement surpris à la nouvelle de sa marche précipitée sur Hermosillo et de l'audacieuse façon dont elle avait tourné ses avant-postes, que dans sa précipitation à accourir au secours de la ville menacée, il avait été contraint de laisser en arrière la plus grande partie de ses forces, et la ville ne contenait en réalité que douze ou quinze cents défenseurs; chiffre fort élevé sans doute, mais beaucoup moindre que celui que l'on craignait de rencontrer.

Curumilla s'était introduit paisiblement dans la ville; sa qualité d'Indien lui servait de sauvegarde; il avait tout vu, tout visité, tout examiné. Cette nouvelle le chef araucan l'avait apportée en venant rendre compte à don Luis de l'exécution des ordres que celui-ci avait, par son intermédiaire, transmis au capitaine de Laville.

Le comte et le chasseur se frottèrent les mains et se hâtèrent de prendre leurs dernières dispositions.

Parmi les haciendéros qui faisaient partie de la conférence de la Magdalena, il s'en trouvait un dont l'influence était immense sur les pueblos : c'était celui qui, au nom de ses compatriotes, avait assuré le comte qu'aussitôt qu'une ville importante serait tombée au pouvoir des Français, le signal de la révolte serait donné, et le pays soulevé en quelques jours, afin d'opérer une diversion décisive.

Don Luis, ne voulant pas perdre un instant dans la prévision d'un succès, lui écrivit une lettre dans laquelle, en lui annonçant la prise d'Hermosillo, il l'avertissait d'être prêt à le soutenir et de donner le signal du soulèvement.

Nous constatons ce fait afin de prouver combien le comte, non-seulement se croyait certain de réussir, mais encore prévoyait tout avec cette intuition sublime que possèdent seulement les hommes de génie.

La lettre écrite et les dernières dispositions prises, le comte et Valentin sortirent de l'appartement.

Il était environ deux heures du matin; le ciel était sombre, et de chaudes rafales venant du désert courbaient en sifflant les cimes touffues des arbres.

Les deux frères de lait descendirent dans le patio.

Tous les habitans de l'hacienda étaient réunis pour saluer le comte au départ.

Dona Angela, revêtue d'un long peignoir blanc, le visage pâle et les yeux pleins de larmes, semblait un fantôme aux reflets blafards des torches agitées par les peones.

L'escorte était en selle et attendait immobile; Curumilla tenait en bride les chevaux des deux Français.

Lorsqu'ils parurent, chacun se découvrit et les salua par une profonde et respectueuse inclination.

— Au revoir, don Luis, lui dit don Rafaël. Que Dieu vous donne la victoire!

— Que Dieu vous donne la victoire, reprit don Ramon, car vous combattez pour l'indépendance d'un peuple!

— Jamais plus ferventes prières n'auront été adressées au ciel que celles que nous allons lui adresser pour vous, noble don Luis, dit alors dona Luz.

Le comte se sentit le cœur serré.

—Je vous remercie tous, dit-il d'une voix émue ; vos souhaits me font du bien : ils me prouvent que, parmi les Sonoriens, il en est qui comprennent le noble but que je me propose. Merci, encore une fois.

Dona Angela s'approcha du comte.

— Don Luis, lui dit-elle, je vous aime ; faites votre devoir.

Le comte se pencha vers elle et imprima un baiser sur son front pâle.

— Dona Angela, ma fiancée, dit-il avec un accent de tendresse impossible à rendre, vous ne me reverrez que vainqueur ou mort.

Et il fit un geste comme pour partir. En ce moment le père Séraphin prit place à ses côtés.

— Eh quoi! lui dit-il avec surprise, vous m'accompagnez, mon père?

— Monsieur le comte, répondit le missionnaire avec cette angélique simplicité qui faisait le fond de son caractère, je vais où mon devoir m'appelle, où je trouverai des douleurs à consoler, des infortunes à soulager; laissez-moi vous suivre.

Louis lui serra silencieusement la main, et après s'être une dernière fois incliné devant ses amis qu'il quittait peut-être pour toujours, il donna le signal du départ, et la cavalcade s'élançant au galop disparut dans la nuit.

Dona Angela demeura froide et immobile sur le seuil de la porte tant qu'elle put entendre les pas des chevaux résonner sur la route; puis, lorsque tout bruit se fut éteint dans l'éloignement, un sanglot longtemps contenu déchira sa gorge.

— Mon Dieu! mon Dieu! s'écria-t-elle avec désespoir, en tendant les mains vers le ciel.

Et elle tomba à la renverse.

Elle était évanouie.

Dona Luz et don Rafaël se précipitèrent à son secours et la transportèrent dans l'intérieur de l'hacienda, où ils lui prodiguèrent des soins empressés.

Belhumeur hocha la tête à plusieurs reprises et se prépara à fermer la porte de l'hacienda.

— Pas encore, lui dit une voix, laissez-nous sortir d'abord.

— Hein! fit-il, où diable voulez-vous donc aller à cette heure, l'Elan-Noir?

— Ma foi, répondit le chasseur, je suis presque Français, moi, puisque je suis Canadien, je m'en vais donner un coup de main à mes compatriotes.

— Eh mais, s'écria Belhumeur, frappé de ces paroles, c'est une idée, cela! Par Dieu! vous ne partirez pas seul... je vous accompagne.

— Tant mieux! alors, nous serons trois.

— Comment trois, qui donc vient encore avec nous?

— La Tête-d'Aigle, pardieu! le chef dit qu'il y a là bas des Indiens ennemis de sa nation auxquels il ne sera pas fâché d'avoir un peu affaire.

— En route alors; je crois que le comte ne sera pas fâché d'avoir trois combattans comme nous de plus dans sa troupe.

— Pardieu! fit Belhumeur.

— C'est égal, observa l'Elan-Noir, c'est, quoi qu'on en dise, un rude homme; hein, qu'en pensez-vous, vous qui vous y connaissez?

— Solide, répondit laconiquement le Canadien.

Sans plus de commentaires, les trois intrépides chasseurs se mirent en selle et se lancèrent sur les traces du comte.

XXI.

Bien que les chevaux de l'escorte du comte fussent bons, les chasseurs montaient des mustangs tellement rapides, qu'ils rejoignirent don Luis vingt minutes au plus après son départ de l'hacienda.

En entendant résonner derrière eux des pas pressés, les Français ne sachant qui arrivait ainsi comme un tourbillon à leur poursuite, avaient bravement fait volte face; mais Belhumeur prévint tout malentendu, en se faisant reconnaître.

— Soyez le bienvenu, vous et vos compagnons, Belhumeur, lui dit le comte; mais quelle cause assez urgente vous oblige à galoper si tard sur les routes?

— Un service à vous demander, don Luis, répondit franchement le Canadien.

— Un service! parlez, mon ami, et quel qu'il soit, si cela dépend de moi, il vous est accordé d'avance.

— Ce que je désire dépend de vous.

— Qu'est-ce donc?

— L'honneur pour moi et mes compagnons de combattre demain à vos côtés.

— Voilà le service que vous avez à me demander, Belhumeur?

— Oui, pas d'autre.

— Alors vous vous êtes trompé, mon ami; c'est un service à me rendre que vous voulez dire. J'accepte de grand cœur votre proposition, et je vous en remercie cordialement.

— Ainsi, c'est arrangé, vous nous admettez dans vos rangs?

— Pardieu! je serais un fou de ne pas le faire.

Belhumeur fit part à ses amis du succès de sa négociation, et ils s'en réjouirent comme si ont les eût gratifiés de la plus belle chose du monde.

Après ce léger incident, la troupe, augmentée de ces trois nouvelles recrues, reprit sa marche.

Les Français filaient dans les ténèbres comme une troupe de silencieux fantômes, penchés sur le cou de leurs chevaux, interrogeant avidement les bruits du désert et sondant les ténèbres afin de saisir quelque indice qui les avertît qu'ils approchaient de leurs compagnons.

Le capitaine Charles de Laville, bien que fort jeune encore, semblait prédestiné au rôle qu'il jouait en ce moment. Son coup-d'œil était infaillible comme chef supérieur et comme subordonné; non seulement il comprenait avec une rapidité extrême les ordres qu'il recevait, mais encore il en saisissait l'esprit, et les exécutait avec une rare intelligence (1).

Le comte de Prébois-Crancé ne s'était pas trompé un instant sur les brillantes qualités de de Laville; aussi en avait-il fait son favori, et chaque fois qu'il avait une mission difficile à donner à quelqu'un, c'était lui qu'il en chargeait, certain qu'il s'en tirerait à son honneur.

En cette circonstance, le succès dépassa son espérance, car de Laville exécuta le mouvement en avant qui lui avait été ordonné avec une si grande précision et un silence si profond que le comte se trouvait presque sur l'arrière-garde avant de se douter qu'il en fût aussi proche.

Afin de marcher plus rapidement et de n'être retardé en aucune façon, le capitaine avait abandonné les wagons et les bagages à une lieue environ de la ville, dans un rancho inhabité, sous la garde des malades, qui, bien que trop faibles pour combattre dans les rangs de la compagnie, pouvaient cependant, derrière des retranchemens, opposer une résistance assez longue pour permettre à leurs compagnons d'arriver à leur secours.

Le comte passa au milieu des rangs, salué par ses compagnons d'une voix affectueuse, et vint se mettre en tête de sa troupe.

Depuis deux mois, les fatigues que don Luis avait éprouvées, la surexcitation continuelle dans laquelle le tenaient les événemens, avaient altéré gravement sa santé, et ce n'était qu'à force d'énergie et de volonté qu'il parvenait à dompter la maladie et à se tenir debout. Il comprenait que, s'il faiblissait, tout était perdu. Aussi il se roidissait contre la douleur, et bien que la fièvre le dévorât, son visage demeurait calme, et rien ne venait révéler à ses compagnons les souffrances qu'il endurait avec un courage stoïque.

Cependant il se sentit pris tout à coup d'une telle défaillance, que si Valentin, qui avait deviné son état et veillait sur lui comme une mère, ne l'eût pas soutenu dans ses bras, il serait tombé de cheval.

---

(1) On nous pardonnera de nous appesantir ainsi sur le caractère du jeune chef de Guetzalli caché sous le pseudonyme de de Laville, dont nous ne sommes pas autorisé à révéler le vrai nom. Cet homme est mort bien jeune encore; cette fin prématurée a été vivement sentie par tous ses amis, au nombre desquels l'auteur, bien qu'il ne l'ait que fort peu connu, est heureux de se compter et de le témoigner, en constatant la part glorieuse qu'il a prise à la glorieuse expédition qui fait le sujet de cet ouvrage. GUSTAVE AIMARD.

—Qu'as-tu frère? lui demanda affectueusement le chasseur.

— Rien, répondit-il en passant sa main sur son front inondé d'une sueur glacée, la fatigue; mais, ajouta-t-il, maintenant c'est fini.

— Prends garde, frère, lui dit-il en hochant tristement la tête, tu ne prends pas assez soin de toi.

— Eh! le puis-je? Mais sois tranquille, je sais ce qu'il me faut, l'odeur de la poudre me remettra. Regarde! regarde! nous sommes enfin au but.

En effet, aux premiers rayons du soleil levant qui montait majestueusement à l'horizon, à une portée de canon environ, apparaissait Hermosillo, dont les maisons blanches étincelaient.

Une immense clameur de joie, poussée par la compagnie entière, salua l'apparition tant désirée de la ville.

L'ordre de faire halte fut donné.

La ville était silencieuse; elle semblait déserte, aucun bruit ne s'élevait de son enceinte; on aurait cru, tant tout était calme, tranquille et muet, voir cette ville des *Mille-et-une-Nuits* qu'un méchant enchanteur a frappée de sa baguette et plongée dans un sommeil séculaire.

La campagne était déserte; seulement des débris d'armes, d'uniformes, des sandales, des pas de chevaux et des sillons de chariots indiquaient le passage récent des troupes du général Guerrero.

Le comte examina un instant la ville avec le plus grand soin, afin de prendre ses dernières dispositions.

Soudain, à la tête du pont dont nous avons parlé, deux cavaliers apparurent et se dirigèrent vers la compagnie, en agitant un drapeau parlementaire.

— Voyons ce que nous veulent ces gens là, dit le comte.

Et il piqua de leur côté.

— Que demandez-vous, messieurs, et qui êtes-vous? leur dit-il lorsqu'il fut arrivé auprès d'eux.

— Nous désirons, dit l'un d'eux, parler au comte de Prébois-Crancé.

— Je suis le comte de Prébois-Crancé; veuillez me dire ce qui vous amène.

— Monsieur le comte, je suis Français, dit le premier.

— Je vous reconnais, monsieur, vous vous nommez Thollus, je crois, et vous êtes négociant à Hermosillo.

— C'est cela même, monsieur le comte. Mon compagnon est le senor...

— Don Jacinto Iabali, un juez de letras, je suppose, ou quelque chose comme cela, grand ami du général Guerrero. Eh bien! messieurs, je ne vois pas trop ce que vous et moi pouvons avoir de commun ensemble.

— Pardonnez-moi, monsieur le comte; nous sommes envoyés vers vous par le senor don Flavio Asustado, préfet d'Hermosillo, afin de vous faire des propositions.

— Ah! ah! dit le comte en mordillant sa moustache, en vérité!

— Oui, monsieur le comte, et des propositions fort avantageuses même, dit le négociant d'un ton insinuant.

— Pour vous peut-être, monsieur, qui vendez du calicot et des bijoux faux, mais pour moi, je ne le crois pas.

— Cependant, si vous me permettiez de m'acquitter de ma mission et de vous dire ces conditions, peut-être que...

— Comment donc! cher monsieur, mais je ne demande pas mieux, moi; acquittez-vous de votre mission, c'est trop juste; seulement faites vite, parce que je suis pressé.

M. Thollus se redressa et après s'être consulté un instant avec son compagnon, il reprit en s'adressant à don Luis, qui se tenait froid et impassible devant lui :

—Monsieur le comte, don Flavio Asustado, préfet d'Hermosillo, que j'ai l'honneur de représenter...

— C'est convenu, allez au fait, interrompit don Luis avec impatience.

— Vous offre, si vous consentez à vous éloigner avec votre troupe sans rien tenter contre la ville, continua le négociant, vous offre, dis-je, la somme de....

— Assez, monsieur, s'écria le comte, rouge d'indignation; un mot de plus serait une insulte que malgré votre qualité de parlementaire je n'aurais peut-être pas la patience de laisser impunie; et c'est vous, monsieur, un homme qui se dit Français, qui osez vous faire le porteur de conditions aussi déshonorantes. Vous mentez, vous n'êtes pas mon compatriote, je vous renie pour tel.

—Cependant, monsieur le comte... balbutia le pauvre diable, tout ébouriffé de cette verte reprimande et qui ne savait plus quelle contenance tenir.

— Assez, interrompit le comte; et tirant sa montre de son gousset, regardez, continua-t-il d'un ton péremptoire qui n'admettait pas de réplique et terrifia les parlementaires, il est huit heures; allez dire à votre préfet que dans deux heures j'attaquerai la ville et qu'à onze heures j'en serait le maître! Allez!

Et d'un geste de souverain mépris il leur ordonna de se retirer.

Les malheureux parlementaires ne se firent pas répéter l'invitation; ils tournèrent bride aussitôt et regagnèrent la ville l'oreille basse.

Le comte rejoignit au galop la tête de la colonne; les officiers étaient groupés un peu en avant du front de bandière et attendaient avec impatience le résultat de la conférence.

— Messieurs, leur dit le comte en arrivant, préparons-nous à combattre.

Cette nouvelle fut accueillie par un long cri de joie, qui eut pour effet de presser encore la marche des parlementaires, aux oreilles desquels il résonna comme un glas funèbre.

Alors, avec une lucidité et une clarté extrêmes, le comte indiqua à chacun le poste de combat qu'il devait occuper pendant l'action : il plaça toute la cavalerie sous les ordres de de Laville, choisit don Cornelio, qui la veille seulement avait rejoint la compagnie, pour faire auprès de lui le service d'aide de camp, et sur la prière de Valentin, il plaça sous ses ordres les chasseurs canadiens et les Indiens, avec l'autorisation d'agir à sa guise et comme il lui paraîtrait plus avantageux dans l'intérêt commun.

De Laville fut envoyé en reconnaissance avec une dizaine de cavaliers.

Il revint bientôt, annonçant que la ville paraissait en complet état de défense, que les toits des maisons se garnissaient de soldats, que le tocsin sonnait dans toutes les églises, et que les tambours faisaient un vacarme effroyable.

En ce moment un espion annonça qu'un corps de deux ou trois cents Indiens semblait menacer les bagages. Le comte expédia aussitôt dix hommes pour renforcer la petite garnison qu'il avait laissée en arrière.

Puis, ce dernier devoir accompli, il ordonna de former le cercle, et se plaça au centre. Alors d'une voix émue il prit la parole.

— Compagnons, dit-il, l'heure de nous venger de toutes les avanies dont on nous abreuve depuis quatre mois, et des atroces calomnies dont nous sommes les victimes, a enfin sonné! Mais n'oublions pas que nous sommes Français, et si nous avons été patiens devant l'insulte, soyons magnanimes après la victoire! Ce n'est pas nous qui avons désiré la guerre; on nous l'a imposée, nous la subissons; mais souvenons-nous que nous combattons pour la liberté d'un peuple, et que nos ennemis d'aujourd'hui seront nos frères demain; soyons terribles pendant le combat, doux après la bataille. Un dernier mot, ou plutôt une dernière prière : laissez aux Mexicains la responsabilité du premier feu, pour qu'il soit bien constaté que jusqu'au dernier moment nous avons voulu la paix. Maintenant, frères, vive la France!

— Vive la France! s'écrièrent les aventuriers en brandissant leurs armes.

— Chacun à son poste de combat! commanda le comte.

Le mouvement s'exécuta avec un ensemble merveilleux.

Don Luis tira sa montre : il était dix heures alors. Il dégaîna son sabre, le brandit au dessus de sa tête, et se tournant vers la compagnie, dont tous les hommes avaient les yeux fixés sur lui.

— En avant! cria-t-il d'une voix vibrante.

— En avant! répétèrent les officiers.

La colonne s'ébranla en bon ordre, marchant l'arme au bras, au pas accéléré.

Nous avons parlé du pont qui seul donnait accès dans la ville; ce pont était barricadé; à sa tête se trouvait une maison bourrée de soldats depuis les caves jusqu'à l'*asotea*.

Un silence de mort pesait sur la campagne; les Français marchaient froidement, comme à la parade, la tête droite et l'œil assuré.

Arrivés à portée de fusil, les murailles se ceignirent d'une ligne de feu, et une effroyable décharge éclata et vint semer la mort parmi les Français.

La Compagnie se déploya immédiatement en tirailleurs et se lança au pas de course.

Alors on vit une chose inouïe, incroyable, une ville de douze mille âmes, ceinte de murs, défendue par une nombreuse garnison, attaquée par deux cent cinquante hommes, combattant à l'indienne, c'est à dire disposés en tirailleurs.

L'artillerie, traînée à bras par ses servans, s'avançait du même pas, et ne s'arrêtait que pour tirer et charger.

Avant même que les Mexicains eussent eu le temps de se reconnaître, les Français arrivèrent sur eux comme un ouragan, les attaquèrent à l'arme blanche, culbutèrent les défenseurs du pont, dont ils s'emparèrent, et entrèrent sans s'arrêter dans la ville, balayant devant eux, dans leur irrésistible élan, tout ce qui s'opposait à leur passage.

Alors la véritable bataille commença : les Français se trouvèrent en face de quatre pièces de canon chargées à mitraille qui balayaient la rue à l'entrée de laquelle ils se trouvaient, dans toute sa longueur, et à droite et à gauche, des fenêtres et des toits de toutes les maisons, une grêle de balles pleuvait sur eux.

La position devenait critique. Le comte mit pied à terre, et se tournant vers les soldats :

— A qui les canons ? cria-t-il en se précipitant en avant.

— A nous! à nous! hurlèrent les Français, qui s'élancèrent sur ses traces avec une frénésie sans exemple.

Les artilleurs furent sabrés sur leurs pièces, dont la gueule fut immédiatement tournée contre les Mexicains.

En ce moment, le comte aperçut comme dans un nuage Valentin et ses chasseurs qui combattaient comme des démons et menaçaient impitoyablement les Indiens, qui cherchaient vainement à leur résister.

— Mon Dieu! disait avec béatitude l'Elan-Noir à chaque coup qu'il portait, que j'ai donc eu une bonne idée de venir!

— Le fait est qu'elle est bonne, répondait Belhumeur, et il redoublait d'entrain.

Valentin avait tourné la ville, et profitant d'une échelle oubliée, il avait escaladé la muraille et fait, sans coup-férir, prisonnier le poste placé à cet endroit, et commandé par un officier.

— Merci de l'échelle, compagnon, dit-il en ricanant à celui-ci, et ouvrant la porte de la ville il livra passage à la cavalerie française.

Cependant les Mexicains combattaient avec l'énergie du désespoir.

Le général Guerrero, qui se flattait d'infliger une si rude leçon aux Français, surpris et terrifié par leurs furies, ne savait plus quelles mesures prendre pour résister à ces invincibles démons, comme il les appelait, que rien ne pouvait arrêter, et qui, sans daigner répondre au feu de leurs ennemis, ne combattaient qu'à l'arme blanche depuis leur première décharge.

Refoulé de toutes parts, le général concentra ses troupes sur l'Alaméda, dont il garnit les avenues de pièces de canon chargées à mitraille.

Malgré les pertes immenses qu'ils avaient éprouvées, les Mexicains étaient encore plus de six cents combattans, résolus à se défendre jusqu'à la mort.

Le comte expédia don Cornelio au capitaine de Laville, avec ordre de charger et de sabrer les derniers défenseurs de la cité, tandis que lui exécuterait un mouvement tournant avec l'infanterie et la cavalerie.

Le capitaine partit immédiatement au galop, renversant, du poitrail de son cheval, tous les obstacles. Sa course fut tellement précipitée qu'il arriva seul devant l'ennemi.

Les Mexicains, terrifiés de l'audace inouïe de cet homme, eurent un moment d'hésitation; mais, sur l'ordre réitéré de leurs chefs, ils ouvrirent leur feu contre de Laville qui semblait les narguer, et les balles commencèrent à siffler dru comme grêle aux oreilles de l'intrépide Français, qui demeurait calme et immobile au milieu de cette fournaise.

Valentin, effrayé de l'audace du capitaine, redoubla de vitesse et arriva près de lui avec toute la cavalerie.

— Corbleu! de Laville, s'écria-t-il avec admiration ; que faites-vous donc là ?

— Vous le voyez, ami, répondit celui-ci avec une simplicité charmante, je vous attends !

Electrisés par ces nobles paroles, les Français s'élancèrent sur l'Alameda et poussèrent une charge à fond, aux cris mille fois répétés de vive la France ! cri auquel l'infanterie du comte répondit, de l'autre côté de l'Alameda, en se précipitant à la baïonnette sur les Mexicains.

Il y eut quelques minutes d'une lutte suprême, d'un carnage horrible.

Le comte, au plus fort de la mêlée, combattait comme le dernier de ses soldats, les excitant sans cesse, et poussant toujours en avant ; enfin, malgré leur résistance désespérée, les Mexicains, impitoyablement sabrés par les Français, et ne pouvant réussir à organiser une défense efficace, terrifiés de l'ardeur et du courage invincibles de ces adversaires, qu'ils prenaient pour des démons, commencèrent à se débander et à fuir dans toutes les directions.

Malgré la fatigue des chevaux, de Laville se mit à leur poursuite avec la cavalerie.

Hermosillo était pris, le comte de Prébois-Crancé était vainqueur.

Alors, s'arrêtant au milieu des monceaux de cadavres qui l'entouraient, il tira froidement sa montre et la consulta.

Il était onze heures.

Ainsi que le comte l'avait annoncé le matin aux parlementaires, à onze heures juste, il s'était rendu maître de la ville.

La bataille avait duré une heure.

— Maintenant, frères, dit le comte en remettant son sabre au foureau, la ville est à nous! Assez de sang a été versé; songeons à secourir les blessés. Vive la France!

— Vive la France! s'écrièrent les aventuriers avec une joie délirante.

XXII.

Jamais victoire plus éclatante n'avait été remportée avec des troupes numériquement aussi faibles, et dans des conditions en apparence aussi défavorables.

L'armée mexicaine avait évacué Hermosillo dans le plus grand désordre, en abandonnant trois cents morts et blessés, des bagages de toutes sortes, des canons, des munitions et des drapeaux : sa déroute était complète.

Le général Guerrero, la honte au front et la rage au cœur, fuyait à toute bride sur la route d'Urès, poursuivi l'épée dans les reins par la cavalerie française.

Le comte avait fait un grand nombre de prisonniers, parmi lesquels se trouvaient plusieurs officiers mexicains.

La joie des aventuriers tenait du délire ; cependant, ces brillans avantages n'avaient pas été remportés sans des pertes sensibles, vu la force numérique de *l'armée.* Elle avait perdu vingt-deux hommes, chiffre énorme, qui témoignait de l'acharnement de la lutte et du courage avec lequel les Mexicains avaient combattu.

Parmi les morts, le comte avait à regretter quelques-uns de ses officiers les plus aimés, braves jeunes gens qui s'étaient fait tuer à la tête de leurs sections en entraînant leurs soldats.

Le comte, bien que ses habits fussent criblés de balles, n'avait pas reçu une égratignure; on aurait dit qu'un charme le protégeait, car nul moins que lui n'avait épargné sa vie pendant le combat. Toujours il avait été au plus épais de la mêlée en avant des plus braves de ses compagnons, les encourageant du geste et de la voix, dédaignant de se servir de son sabre autrement que pour parer les coups qui lui étaient portés de trop près, et faisant à la fois l'office de chef et de soldat.

Aussitôt la bataille terminée, le comte s'installa au Cabildo, où les autorités mexicaines furent convoquées afin de s'entendre avec lui pour aviser à la sûreté de la ville. Don Cornelio ne l'avait pas quitté pendant le combat; il avait fait bravement son devoir à ses côtés.

— Don Cornelio, lui dit-il, je suis content de vous, vous vous êtes vaillamment comporté; je veux vous récompenser en vous donnant une mission de confiance de la plus haute importance. Etes-vous trop fatigué pour monter à cheval?

—Non, senor conde ; d'ailleurs vous savez que je suis un *ginete* émérite.

— C'est vrai. Voici deux lettres : une pour don Rafaël; vous la remettrez en passant à l'hacienda del Milagro ; l'autre, quand vous serez en vue de la Magdalena, vous déchirerez la première enveloppe qui la recouvre, et vous la porterez à l'adresse que vous lirez. Alors, en supposant que vous soyez arrêté et fait prisonnier en route, cette lettre ne doit pas être prise sur vous, nul ne doit en connaître le contenu. Vous m'entendez.

— Soyez tranquille, senor conde, le cas échéant, elle disparaîtra.

— C'est bien! Maintenant, prenez un cheval frais, et en route, sans perdre une seconde : il y va de la vie et de la mort.

— Je pars, don Luis; vous entendrez parler de moi.

Ces paroles furent accompagnées d'un sourire sinistre qui passa inaperçu du comte. Don Cornelio sortit. Cinq minutes plus tard, on entendit les sabots de son cheval résonner sur le cailloutis de la rue.

Il était parti.

En ce moment, Valentin entra. Le chasseur, d'ordinaire si calme, avait les traits bouleversés et semblait en proie à une agitation extrême. Il jeta en entrant un regard autour de lui.

— Que cherches-tu donc, lui demanda le comte, et que signifie l'état dans lequel je te vois?

— Cela signifie, répondit Valentin... Mais tiens, ceci vaut mieux ; jette un coup d'œil sur ces papiers saisis par moi dans la maison du général Guerrero.

Il remit une liasse de lettres et d'autres papiers au comte; celui-ci les parcourut rapidement des yeux,

— Oh! s'écria-t-il en frappant du pied avec colère, une si grande ingratitude après tant de bienfaits! Mille démons! Cette terre est donc maudite, que la trahison surgit de dessous chaque brin d'herbe!

— Heureusement que nous avons les preuves en main. Je me charge d'arrêter le misérable.

— Il est trop tard!

— Comment, trop tard! s'écria le chasseur. Où est-il donc?

— Il est parti avec une mission de la plus haute importance, dont je l'ai chargé pour les chefs des mécontens.

— Sacrebleu! s'écria le chasseur; que faire? Il est évident que le misérable va vendre nos secrets à l'ennemi.

—Attends, je lui ai donné une lettre pour don Rafaël, il ne peut faire autrement que de la remettre.

— C'est juste, quand ce ne serait que

pour endormir les soupçons; je cours à l'hacienda del Milagro.

— Vas, mon ami, malheureusement je ne puis t'accompagner.

— C'est inutile; je te jure que si ce don Cornelio du démon tombe entre mes mains, je l'écrase comme une vipère qu'il est. Adieu.

Le chasseur sortit rapidement du cabildo, et quelques minutes plus tard, suivi de Belhumeur, de l'Elan-Noir, de Curumilla et de la Tête-d'Aigle, il galopait à toute bride sur la route de l'hacienda.

Le comte s'occupa alors, sans prendre un instant de repos, d'organiser la tranquillité et la sûreté de la ville. La plupart des autorités mexicaines avaient pris la fuite : il en nomma d'autres, fit enterrer les morts, organisa une ambulance pour les blessés, dont il donna la direction au père Séraphin, dont le dévouement évangélique fut, dans cette circonstance, au dessus de tous les éloges.

Des postes et des corps de garde furent établis, et des patrouilles eurent ordre de parcourir la ville, afin de maintenir la tranquillité, mesure de précaution inutile, car les habitans paraissaient aussi joyeux que les Français; les rues étaient pavoisées, et partout on entendait les cris de : *Vive la France! vive la Sonora!* répétés avec une expression d'enthousiasme indicible.

Lorsque le comte se fut acquitté de ces devoirs impérieux, son esprit n'étant plus surexcité par la nécessité du moment, la nature un instant vaincue reprit le desssus avec une force de réaction extrême, et don Luis s'affaissa presque évanoui dans le fauteuil sur lequel, depuis huit heures, il travaillait sans relâche.

Il demeura ainsi sans secours, jusque vers une heure assez avancée de la nuit, n'ayant pas la force de faire un mouvement pour appeler.

Enfin, le capitaine de Laville entra; il venait rendre compte à son chef des résultats de la poursuite contre les Mexicains. Il fut effrayé de l'état dans lequel il vit don Luis.

Le comte était en proie à une fièvre violente mêlée de délire. Le capitaine appela immédiatement le chirurgien de la compagnie, et le comte fut installé dans un lit fait à la hâte.

Le chirurgien ne se trouva pas; ce fut un médecin mexicain qui arriva à sa place.

Cet homme déclara que le comte était atteint d'une dyssenterie, et il lui fit boire une potion qu'il prépara séance tenante.

Le comte tomba dans une espèce de sommeil léthargique qui dura près de dix heures.

Heureusement, le chirurgien de la compagnie accourut enfin. Après avoir jeté un coup d'œil sur le comte et avoir examiné les quelques gouttes de potion demeurées dans le verre, le docteur fit immédiatement administrer au comte des œufs battus dans du lait et ordonna des frictions sur tous les membres avec des serviettes chaudes.

— Mais, docteur, lui fit observer le capitaine, quel traitement faites-vous donc suivre au comte? le médecin a assuré qu'il avait la dyssenterie.

Le docteur sourit tristement.

— Oui, dit-il, il a la dyssenterie; mais savez-vous ce que lui a donné le médecin?

— Non.

— De la belladone, c'est-à-dire du poison.

— Oh! fit le capitaine avec horreur.

— Silence! reprit le chirurgien ; que ce secret demeure entre nous deux.

En ce moment, le médecin entra. C'était un petit homme replet, à la mine de chat effarouché.

Le capitaine le saisit au collet et l'attira dans un coin de la chambre.

— Voyez! lui dit-il, en lui montrant le verre que le chirurgien tenait encore à la main... De quoi était composée la potion que vous avez donnée au comte?

Le Mexicain pâlit.

— Mais... balbutia-t-il.

— Du poison, misérable! reprit le capitaine avec violence.

— Du poison? s'écria-t-il en levant les bras et les yeux au ciel, il serait possible! Oh! mon Dieu! voyons donc.

Il examina le verre avec une feinte attention.

— C'est vrai, reprit-il au bout d'un instant, quelle *inadvertance! perdios!*

Le mot parut si précieux aux deux Français, que malgré leur colère et leur inquiétude ils ne purent pas y tenir et partirent d'un éclat de rire homérique.

Le petit docteur profita de cet accès de gaîté pour s'esquiver tout doucement, et depuis, quelques recherches qu'on fît, on ne le retrouva pas; il avait probablement quitté la ville.

Cependant, grâce aux soins intelligens et affectueux du docteur, les effets du poison avaient été neutralisés ; le comte se sentit un peu mieux et donna l'ordre que la compagnie se réunît à l'instant dans le patio du Cabildo.

Cet ordre fut exécuté rapidement, et une

heure après, la compagnie était rangée en armes dans la cour.

Le comte descendit appuyé sur le bras du capitaine de Laville.

— Mes compagnons, dit-il, je suis malade, vous le voyez; cependant je vous ai réunis pour vous faire connaître un engagement que j'ai pris en votre nom envers les habitans d'Hermosillo; j'ai certifié que quand bien même vous marcheriez sur des piles de piastres et d'onces, vous ne vous baisseriez pas pour les ramasser. Ai-je eu tort?

— Non! s'écrièrent-ils, vous avez eu raison, au contraire.

— Nous ne sommes pas des pirates, quoi qu'on en dise, reprit le comte, l'heure est venue de le prouver.

— Nous le prouverons!

— Merci, mes compagnons.

La compagnie rompit les rangs, elle tint scrupuleusement sa promesse; pas une boucle de ceinture ne fut enlevée par ces hommes à moitié nus, et qui depuis quatre mois enduraient les plus horribles privations.

Cependant l'état du comte, loin de s'améliorer, empirait au contraire de jour en jour, malgré les soins empressés du docteur et du père Séraphin, qui s'était installé auprès de son lit et ne le quittait pas.

Chez don Luis, le moral tuait le physique. Depuis le départ don Cornelio, le comte n'avait reçu aucunes nouvelles ni de l'Espagnol, ni de Valentin. Deux hommes fidèles, expédiés à l'hacienda del Milagro, n'étaient pas revenus, et ni don Rafaël, ni dona Angela ne donnaient signe de vie.

Ce silence devenait incompréhensible. D'un autre côté, la situation de la compagnie se faisait à chaque instant plus grave; le comte, maître d'une ville puissante, se trouvait plus isolé qu'auparavant; les pueblos qui devaient se soulever ne bougeaient pas; l'homme auquel le comte avait écrit et qui s'était engagé à donner le signal de la révolte ne répondait pas à l'appel qui lui était fait et demeurait indifférent aux prières réitérées que lui adressait continuellement don Luis.

Malheureusement, la dyssenterie est une de ces affreuses maladies qui annihilent complétement les facultés de l'homme; pendant un assez long espace de temps le comte fut incapable de s'occuper de rien.

Le senor Pavo était accouru en toute hâte de Guaymas à Hermosillo, en apparence pour féliciter le comte sur son beau fait d'armes, mais en réalité afin de le trahir plus facilement.

Don Luis était seul, sans amis auxquels il pût se fier, couché sur un lit de douleur, intérieurement dévoré d'une inquiétude mortelle et en proie à un profond désespoir de se voir réduit à l'impuissance et de perdre le fruit de ses travaux et de ses fatigues.

Le capitaine de Laville, le seul homme auquel il aurait pu se fier en ce moment, était atteint de la même maladie que son chef, et, comme lui, incapable d'agir.

Le senor Pavo profita habilement de cette position pour répandre des germes de désaffection parmi les Français.

Le comte était l'âme de la compagnie, le seul lien qui la faisait compacte et unie; s'il manquait, tout manquait à la fois.

Alors un système fut organisé dans l'ombre par le senor Pavo. Ce système consista en démonstrations continuelles de la part des aventuriers, qui, à chaque heure du jour, venaient les uns après les autres exposer au comte les griefs les plus ridicules et le menacer de l'abandonner. Enfin les choses en vinrent à un tel point, qu'il fallut prendre un parti définitif.

Deux moyens se présentaient.

Le premier, de renoncer aux bénéfices de la victoire d'Hermosillo et de se mettre en retraite sur Guaymas; ce moyen était suggéré au comte par le représentant français le senor don Antonio Mendez Pavo.

Le second était d'attendre à Hermosillo, en se maintenant par la force et même par la terreur et en s'exposant à soutenir un siége, les secours qui ne pouvaient tarder d'arriver de Californie, où ils s'organisaient rapidement, tant la nouvelle de l'éclatante victoire remportée par le comte avait électrisé les esprits des aventuriers et enflammé leur imagination.

Ces deux moyens répugnaient également au comte.

Le premier lui paraissait honteux, le second impraticable.

Cependant la situation se tendait de plus en plus et devenait intolérable.

Alors il se passa un fait étrange, que certes, si au lieu d'écrire une histoire nous avions composé un roman, nous aurions été incapable d'inventer.

La compagnie, incessamment excitée par les hypocrites doléances du senor Pavo et par les sourdes manœuvres qu'il employait, en était arrivée vis à vis de son chef à une désobéissance complète et presqu'à une révolte ouverte. Voyant que M. de Prébois-Crancé, trop malade pour agir vigoureusement, était incapable de s'opposer à ce qu'il leur plairait de faire, ils lui signifièrent que s'il ne consentait pas à donner l'ordre de la retraite, ils quitteraient Hermosillo et l'abandonneraient.

Le comte dut s'exécuter.

Le général Guerrero avait engagé sa parole que la retraite ne serait pas inquiétée. Don Luis parvint à obtenir des otages qui lui répondaient du salut de ses blessés, qu'il était forcé de laisser en arrière, et, le cœur navré, sans forces et sans courage, on le transporta dans une litière.

Alors une réaction s'opéra parmi les volontaires à la vue de leur chef bien-aimé, réduit à cet état misérable et presque mort de douleur; ils se pressèrent autour de lui, en lui jurant obéissance et fidélité et lui promettant de se faire tuer jusqu'au dernier pour lui.

Un sourire mélancolique glissa sur les lèvres pâlies du moribond. Ces preuves de dévoûment venaient trop tard. Le comte, abreuvé d'outrages, avait bu le calice jusqu'à la lie : il n'avait pas foi en ses compagnons.

La retraite commença.

Malgré l'engagement solennel du général, ce fut une suite non interrompue d'escarmouches ; mais un dernier rayon de gloire vint se refléter sur les Français. Les aventuriers, réveillés par l'odeur de la poudre, retrouvèrent toute leur énergie pour repousser victorieusement les attaques des Mexicains, qu'ils contraignirent à s'éloigner honteusement et à renoncer à les inquiéter plus longtemps.

La compagnie campa à trois lieues de Guaymas, résolue à s'ouvrir passage et à entrer le lendemain de gré ou de force dans ce port.

Le comte un peu ranimé par l'espoir d'un combat prochain, s'était endormi après avoir fait tous ses préparatifs.

Vers minuit, on le réveilla en lui annonçant des parlementaires.

Ces parlementaires étaient le senor Pavo et un négociant de Guaymas. Ils venaient de la part du général Guerrero. Ils étaient porteurs d'un armistice de quarante-huit heures et d'une lettre du général, qui priait instamment le comte de se rendre auprès de lui, afin de traiter directement de la paix.

— Je consens à l'armistice, répondit le comte. Que le général m'envoie une escorte, je me rendrai auprès de lui.

Ses compagnons se récrièrent :

— Pourquoi ne pas prendre votre cavalerie? lui dit l'un d'eux.

— A quoi bon? répondit-il avec découragement, c'est à moi seul qu'on en veut; si c'est un piége qui m'est tendu, eh bien! j'y tomberai seul.

Les aventuriers insistèrent, il fut inébranlable.

— Nous ne nous entendons plus, leur dit-il.

Se tournant alors vers les parlementaires.

— Retournez à Guaymas, messieurs, et veuillez dire au général Guerrero que je le remercie et que j'attends son escorte.

L'escorte arriva en effet au point du jour, et le comte partit après avoir jeté un dernier et triste regard sur ses compagnons, qui assistaient à son départ le cœur serré et les larmes aux yeux.

Désormais le divorce était accompli entre la compagnie et son chef.

Le général Guerrero, à son entrée à Guaymas, fit rendre au comte de Prébois-Crancé les honneurs dus à un général en chef.

Don Luis sourit avec dédain. Que lui importait ce vain appareil!

Le comte et le général eurent entre eux une longue conversation.

Le général n'avait pas renoncé à ses projets de séduction. Comme la première fois, don Luis répondit par un refus positif.

La compagnie était désormais livrée sans défense aux machinations du senor Pavo. Cet homme ne perdit pas de temps : d'après ses conseils, les aventuriers députèrent vers le comte, avec ordre d'en finir et de traiter coûte que coûte, deux matelots ignorans comme des carpes.

Ces deux émissaires avaient été choisis par le senor Pavo; le digne homme savait bien ce qu'il faisait.

Les deux marins se présentèrent au comte, qui leur fit dire qu'il ne pouvait les recevoir en ce moment, et qu'il les priait d'attendre *un peu*.

Les ambassadeurs, froissés dans leur amour-propre, et gonflés de l'importance de la mission dont ils étaient chargés, quittèrent immédiatement la maison du comte, en jurant contre son *insolence*, et s'en allèrent tout droit à la demeure du général Guerrero.

Celui-ci, prévenu d'avance, savait ce qui arriverait; il les attendait avec impatience.

Il les fit entrer aussitôt qu'ils eurent décliné leurs noms, les reçut de la façon la plus gracieuse; puis, lorsqu'il les eut ainsi enivrés de fumée, il les fit signer (c'est apposer une croix que nous devrions presque dire) un traité par lequel ils reconnaissaient qu'ayant été *lâchement trompés et abandonnés* par leur chef, ils s'engageaient à mettre bas les armes et à quitter le pays moyennant la somme de *onze mille piastres*, c'est-à-dire à peu près cinquante-cinq mille francs; il faut avouer que c'était pour rien et que le général Guerrero faisait une bonne affaire, d'autant meilleure que les armes de la compagnie lui restaient. Oh ! les Mexicains sont de fameux négocians et surtout de bien profonds diplomates !

Ne pouvant vaincre la compagnie, les Mexicains l'avaient achetée à deux misérables par l'entremise d'un troisième dont le devoir était de la défendre.

Ainsi la compagnie Atrevida s'était suicidée elle-même; elle avait seule opéré sa dissolution, sans même avoir cherché à revoir ce chef qui avait été son idole, et qu'elle abandonnait, se tordant sur un lit de douleur.

Nous devons constater pour l'honneur des plénipotentiaires français que, dans le traité qu'ils avaient signé, la liberté du comte avait été formellement garantie.

Maintenant, par quel concours inouï de circonstances le comte, dans une position aussi critique, avait-il été abandonné ainsi de tous ses amis?

Comment le général Guerrero, son ennemi acharné, s'était-il montré si benin et presque généreux à l'égard de don Luis lors des derniers événemens que nous avons rapportés?

C'est ce que nous allons expliquer; mais pour cela il nous faut reprendre les événemens de plus haut et revenir à Valentin et à ses compagnons, que nous avons laissés galopant à toute bride sur la route de l'hacienda.

XXIII.

La route d'Hermosillo à l'hacienda del Milagro est parfaitement tracée, droite et large dans tout son parcours.

Bien que la nuit fût sombre et sans lune, comme les cinq cavaliers galopaient de front, il leur aurait été impossible de dépasser don Cornelio sans le voir s'ils l'eussent rencontré dans le trajet, mais ils atteignirent l'hacienda sans en avoir eu de nouvelles.

La route avait été tellement foulée dans tous les sens depuis quelques jours soit par les Français, soit par les Mexicains, qu'il fut impossible à ces chasseurs expérimentés de distinguer ou de relever aucune empreinte qui servît à les guider dans leurs recherches.

Les traces de chevaux, de chariots et d'hommes étaient tellement enchevêtrées les unes dans les autres qu'elles étaient complétement indéchiffrables, même pour l'œil le plus expérimenté.

A plusieurs reprises, Valentin avait essayé, mais vainement, de lire dans ce livre du désert.

Aussi, plus ils avançaient vers le but de leur course, plus les chasseurs étaient-ils inquiets et soucieux.

Il était environ huit heures du matin lorsqu'ils atteignirent l'hacienda.

Ils avaient voyagé toute la nuit sans s'arrêter, autrement que pour chercher les traces de l'homme qu'ils poursuivaient.

L'hacienda était calme; les peones se livraient à leurs travaux ordinaires; le ganado paissait en liberté dans les prairies.

Les chasseurs entrèrent.

Don Rafaël se préparait à monter à cheval pour aller, selon toute apparence, faire une tournée aux environs.

Un peon tenait en bride, devant lui, un magnifique mustang qui broyait son mors et piétinait d'impatience d'être si longtemps maintenu.

Lorsque l'haciendero aperçut les arrivans, il accourut vers eux en les menaçant gaiment de son chicote.

— Ah ! dit-il en riant, voilà mes déserteurs de retour. Bonjour, messieurs !

Ceux-ci, étonnés de cette joyeuse réception à laquelle ils ne comprenaient rien, demeurèrent muets.

Don Rafaël s'aperçut alors de leur air sombre et embarrassé.

— Ah! ça, qu'avez-vous donc? leur demanda-t-il sérieusement. Seriez-vous porteurs de mauvaises nouvelles?

— Peut-être, répondit tristement Valentin. Dieu veuille que je me trompe!

— Parlez, expliquez-vous. Je montais justement à cheval pour aller en quête de nouvelles; puisque vous voilà, c'est inutile.

Les chasseurs échangèrent un regard d'intelligence.

— Parfaitement, nous vous fournirons tous les renseignemens que vous désirerez.

— Tant mieux. D'abord, mettez pied à terre et entrons dans la maison, nous causerons plus à notre aise.

Les chasseurs descendirent de cheval et suivirent don Rafaël dans une vaste pièce qui servait de salon et de cabinet à l'haciendero.

Lorsqu'ils furent entrés, Valentin s'opposa à ce que la porte fût fermée.

— De cette façon, dit-il, nous ne craindrons pas les oreilles indiscrètes.

— Pourquoi tant de précautions?

— Je vais vous le dire. Où sont en ce moment dona Luz et dona Angelina?

— Elles dorment probablement encore.

— Très bien. Dites-moi, Cœur-Loyal, n'avez-vous reçu aucune visite depuis vingt-quatre heures?

— Je n'ai vu âme qui vive depuis le départ du comte de Prébois-Crancé.

— Ah! fit le chasseur; ainsi vous n'avez pas reçu un courrier cette nuit?

— Aucun.

— De sorte que vous ignorez les événemens qui se sont accomplis hier.

— Complétement.

— Vous ne savez pas que le comte a livré bataille?

— Non.

— Qu'il s'est emparé d'Hermosillo?

— Non.

— Et que l'armée du général Guerrero est en complète déroute?

— Pas davantage. Ce que vous m'annoncez là est-il donc vrai?

— De la plus grande vérité.

— Ainsi, le comte est vainqueur?

— Oui, et maintenant il est installé à Hermosillo.

— C'est inouï! Maintenant, mon ami, que j'ai répondu à toutes vos questions, franchement et sans commentaires, voulez-vous me faire le plaisir de m'apprendre dans quel but vous me les avez adressées?

— Hier, à peine maître d'Hermosillo, le comte a pensé à vous, et probablement aussi à une autre personne; il vous a expédié un courrier chargé de vous remettre une lettre.

— A moi? Voilà qui est étrange; ce courrier était un homme du pays, sans doute, un Indien?

— Non, ce courrier était don Cornelio Mendoza, un gentilhomme espagnol que peut être vous vous rappellerez.

— Certes! un excellent compagnon, jovial, et pinçant continuellement de la vihuela.

— C'est cela même, dit Valentin d'un ton ironique; eh bien! cet excellent compagnon jovial et qui pinçait continuellement de la vihuela, mon cher Cœur-Loyal, est tout simplement un traître qui vendait bel et bien nos secrets à l'ennemi.

— Oh! Valentin, il faut être bien sûr pour porter une telle accusation contre un caballero!

— Malheureusement, reprit tristement le chasseur, le plus léger doute à cet égard n'est pas possible; le comte a entre les mains toute sa correspondance avec le général Guerrero.

— Cuerpo de Cristo? s'écria don Rafaël; ceci est fort sérieux, savez-vous, mon ami?

— Je suis tellement de votre avis que, malgré la fatigue qui m'accablait, j'ai prié ces messieurs de m'accompagner, et je suis venu à toute bride, espérant le surprendre en route et m'emparer de lui, d'autant plus qu'en sus de la lettre qu'il devait vous remettre, il en a d'autres fort compromettantes adressées à plusieurs personnes influentes de la province.

—Voilà une fâcheuse affaire, dit le Cœur-Loyal d'un air pensif. Il est évident que le misérable, au lieu de se rendre ici, est allé tout droit livrer ses papiers au général.

— Cela ne fait malheureusement pas le moindre doute.

— Que faire? murmura machinalement don Rafaël.

Il y eut un instant de silence; chacun songeait au moyen à employer pour neutraliser l'effet de cette trahison.

Curumilla et la Tête-d'Aigle se levèrent et se préparèrent à sortir de la salle.

— Où allez-vous? leur demanda Valentin.

— Pendant que leurs frères délibèrent, répondit l'Araucan, les chefs indiens iront à la découverte.

— Vous avez raison, chef; allez, allez, dit le chasseur. Je ne sais pourquoi, ajouta-t-il avec tristesse, mais j'ai le pressentiment d'un malheur.

Les deux Indiens sortirent.

— Connaissez-vous le contenu de la lettre que m'adressait le comte? demanda don Rafael au bout d'un instant.

— Ma foi, non; mais il est probable qu'il vous faisait part de sa victoire et qu'il vous priait d'amener dona Angela à Hermosillo. Dans tous les cas, cette missive était assez compromettante.

— Quant à cela, je m'en inquiète peu; le général Guerrero y regardera à deux fois avant que de s'attaquer à moi.

— A quoi bon délibérer si longtemps et perdre inutilement un temps précieux? Nous n'avons qu'une chose à faire, c'est de nous rendre à Hermosillo et d'y conduire dona Angela, dit Belhumeur.

— En effet, c'est le plus simple, appuya Valentin.

— Oui, fit don Rafaël, le comte ne pourra que nous savoir gré de cette démarche.

— Alors, mettons sans plus tarder ce projet à exécution, reprit Belhumeur ; pendant que l'Elan-Noir et moi, nous préparerons tout pour le voyage, chargez-vous, Cœur-Loyal, d'annoncer à dona Angela la détermination que nous avons prise.

— Faites donc et surtout hâtez-vous, dit Valentin ; je ne sais pourquoi, mais je voudrais déjà être parti.

Sans plus de paroles ils se séparèrent, et le chasseur demeura seul.

Valentin était malgré lui en proie à une inquiétude poignante ; il marchait avec agitation dans la salle, s'arrêtant parfois pour prêter l'oreille ou pour jeter un regard à travers les fenêtres, comme s'il se fût attendu à voir surgir un ennemi.

Enfin, n'y pouvant plus tenir, il sortit.

Les deux chasseurs s'occupaient activement de lacer les chevaux et de les seller, tandis que des peones amenaient des mules pour transporter les bagages.

Valentin sentait son inquiétude augmenter d'instant en instant : il aidait ses compagnons avec une impatience fébrile et engageait chacun à se hâter.

Une heure s'écoula ; tout était prêt, on n'attendait plus que dona Angela ; elle arriva accompagnée de dona Luiz et de don Rafaël.

— Enfin ! s'écria Valentin, à cheval ! à cheval et partons !

— Partons, répétèrent les assistans.

Chacun se mit en selle.

Tout à coup, un grand bruit se fit entendre au dehors, et Curumilla parut les traits décomposés, la poitrine haletante.

— Fuyez ! fuyez ! s'écria-t-il ; ils arrivent.

— En avant ! s'écria Valentin.

Mais un obstacle insurmontable se dressa devant eux ; au moment où ils allaient franchir la porte de l'hacienda, elle se trouva subitement encombrée par les bestiaux que les peones ramenaient en toute hâte des champs, probablement afin d'éviter qu'ils ne fussent enlevés par les maraudeurs.

Les pauvres bêtes se pressaient toutes à la porte, comme pour entrer à la fois, en poussant de lamentables mugissemens, et piqués par derrière par les peones.

Il était inutile de songer à sortir avant que tout le ganado fût rentré ; l'obliger à rétrograder afin de débarrasser la porte, il n'y fallait pas songer ; aussi, bon gré mal gré, les fugitifs furent-ils contraints d'attendre.

Valentin était comme fou de colère.

— Je le savais, je le savais ! murmurait-il d'une voix étranglée, en serrant les poings avec rage.

Enfin, au bout de près d'une heure — car don Miguel possédait de nombreux troupeaux — la porte s'ouvrit :

— Allons, au nom du ciel ! s'écria Valentin.

— Il est trop tard, dit la Tête-d'Aigle en apparaissant tout à coup sur le seuil de la porte.

— Malédiction ! hurla le chasseur, et il se précipita en dehors.

Le chasseur jeta un regard autour de lui et poussa un cri de découragement.

L'hacienda était complétement cernée par plus de cinq cents cavaliers mexicains, au milieu desquels on distinguait le général Guerrero.

— Oh ! le misérable traître ! s'écria le chasseur.

— Voyons, ne nous laissons pas abattre, dit le Cœur-Loyal ; cuerpo de Cristo ! il n'y a pas assez longtemps que j'ai renoncé à la vie du désert pour en avoir oublié les ruses. Ne donnons pas à ces gens le temps de se reconnaître ; chargeons-les et faisons une trouée !

— Non, dit avec autorité Valentin, cela ne se peut. Fermez et barricadez la porte, Belhumeur.

Le Canadien se hâta d'obéir.

— Mais... fit don Rafaël.

— Cœur loyal, reprit Valentin, vous n'êtes plus maître d'agir à votre guise et de vous jeter dans des entreprises désespérées, vous devez vivre pour votre femme et vos enfans ; d'ailleurs, pouvons-nous exposer dona Angela à être tuée au milieu de nous ?

— C'est vrai, répondit-il ; pardonnez-moi. j'étais fou !

— Oh ! s'écria dona Angela, que m'importe de mourir, si je ne dois pas revoir celui que j'aime ?

— Senorita, dit sentencieusement le chasseur, laissez les événemens suivre leur cours : qui sait s'il ne vaut pas mieux qu'il en soit ainsi. Quant à présent, rentrez dans la maison, et laissez-nous conduire cette affaire.

— Venez, mon enfant, venez, lui dit affectueusement dona Luz, votre présence est inutile ici, et peut-être que bientôt elle sera nuisible.

— Je vous obéis, senora, répondit tristement la jeune fille.

Et elle s'éloigna à pas lents, appuyée sur le bras de dona Luz, qui lui prodiguait toutes les consolations que lui dictait son cœur.

Don Rafaël avait donné l'ordre à tous ses

serviteurs de s'armer et de se tenir prêts à opposer une vigoureuse existence, si l'hacienda était attaquée, éventualité à laquelle, d'après les mouvements ordonnés par le général à ses troupes, on devait s'attendre d'un moment à l'autre.

Les peones de l'hacienda étaient nombreux, dévoués à leur maître; la lutte menaçait d'être sérieuse.

Tout à coup on frappa à coups redoublés contre la porte.

Valentin, qui depuis quelques minutes semblait profondément réfléchir, se pencha à l'oreille de don Rafaël et lui dit quelques mots.

— Oh! répondit celui-ci, c'est presque une lâcheté que vous me proposez, don Valentin.

— Il le faut! dit le chasseur avec insistance.

Et pendant que le Cœur-Loyal se dirigeait d'assez mauvaise humeur vers la porte, il entra vivement dans la maison.

Don Rafaal ouvrit un guichet pratiqué dans la porte et demanda qui était là et ce qu'on voulait; puis, au grand étonnement de tous les assistans, après avoir parlementé quelques instans avec ceux qui demandaient si péremptoirement à entrer, il ordonna de débarricader la porte et de l'ouvrir.

En un instant, elle fut ouverte.

Le général parut alors accompagné de plusieurs officiers et s'avança résolûment dans l'intérieur.

— Je vous demande pardon de vous avoir fait attendre, général; mais j'ignorais que ce fût vous, lui dit don Rafaël.

— Caramba, amigo, répondit le général en souriant tout en jetant un regard autour de lui, vous avez une nombreuse garnison ici, à ce que je vois?

— Depuis les derniers événemens qui ont eu lieu en Sonora, les routes sont infestées de maraudeurs, dit don Rafaël; il est bon de prendre certaines précautions.

Le général hocha la tête.

— Fort bien, caballero, reprit-il sèchement; mais il ne me plaît pas à moi de voir tant d'hommes armés sans motif légal. Jetez vos armes, messieurs.

Les peones regardèrent leur maître: celui-ci se mordit les lèvres, mais il leur fit signe d'obéir.

Toutes les armes furent alors jetées sur le sol.

— J'en suis fâché, don Rafaël, mais je vais laisser une garnison dans votre hacienda. Vous et toutes les personnes qui sont ici, vous êtes mes prisonniers; préparez-vous à me suivre à Guaymas.

— Est-ce ainsi que vous me récompensez de vous avoir introduit dans ma maison, dit amèrement don Rafaël.

— J'y serais entré de gré ou de force, reprit sévèrement le général; et maintenant, faites venir ma fille à l'instant.

— Me voici, mon père, dit la jeune fille en apparaissant sur les marches supérieures du perron.

Dona Angela descendit lentement dans la cour, marcha vers son père et s'arrêta à deux pas de lui.

— Que me voulez-vous? lui dit-elle.

— Vous intimer l'ordre de me suivre, répondit-il sèchement.

— Je ne puis faire autrement que de vous obéir, reprit-elle; seulement vous me connaissez, mon père, ma résolution est inébranlable; j'ai entre les mains les moyens de me soustraire à votre tyrannie lorsqu'elle me paraîtra trop lourde à souffrir; votre conduite règlera la mienne. Maintenant, partons!

La seule affection qui restât vive et pure dans le cœur racorni de l'ambitieux, c'était son amour pour sa fille, mais cet amour était immense, sans bornes. Cet homme, qui ne reculait devant aucune action si cruelle qu'elle fût pour atteindre le but qu'il s'était proposé, tremblait devant le froncement de sourcils de cette enfant de seize ans qui, sachant le pouvoir tyrannique qu'elle exerçait sur son père, en abusait sans scrupule. De son côté, don Sébastian connaissait la volonté de fer et le caractère indomptable de sa fille; aussi trembla-t-il intérieurement en écoutant sa froide déclaration, bien qu'il n'en laissât rien paraître.

Il se détourna d'un air de dédain et donna l'ordre du départ.

Un quart d'heure plus tard, tous les prisonniers étaient en route pour Guaymas, et il ne restait dans l'hacienda que le général don Ramon et dona Luz, surveillés par une garnison de cinquante hommes, commandée par un officier qui avait ordre de ne les laisser communiquer avec personne.

Valentin, en voyant le général sitôt remis de sa défaite, avait jugé la position d'un seul coup; avec sa perspicacité habituelle il avait compris que, grâce à la trahison de don Cornelio, les pueblos ne se soulèveraient pas, que les hacienderos qui avaient engagé leur parole au comte resteraient à l'écart, que la révolte avorterait, et que le comte, malade et abandonné de tout le monde, en serait peut-être réduit bientôt à traiter avec l'homme qu'il avait vaincu. Voilà pourquoi il avait engagé don Rafaël à ne pas tenter une résistance inutile qui n'aurait pu que le compromettre, et du même coup il avait persuadé à dona Angela de feindre de consentir à accepter les conditions de son père et à retourner avec lui.

On voit que le chasseur avait bien raisonné et que ses prévisions étaient justes.

Cependant il s'était trompé en supposant qu'il parviendrait à avertir son frère de lait de ce qui s'était passé; les ordres donnés par le général à l'égard des prisonniers furent exécutés avec une si grande ponctualité qu'il lui fut impossible même de donner de ses nouvelles au comte.

Maintenant que nous avons rapporté les faits qui s'étaient passés à l'hacienda, nous reprendrons notre récit et nous arriverons au dénoûment de ce long drame.

XXIV.

C'est à Guaymas que nous prions le lecteur de nous suivre un an environ après les événemens que nous avons rapportés dans notre dernier chapitre.

Un homme, revêtu d'un costume militaire se rapprochant beaucoup de l'uniforme mexicain, se promenait de long en large, les bras derrière le dos, dans un salon somptueusement meublé.

Cet homme paraissait être fortement préoccupé; ses sourcils se fronçaient, et parfois il jetait, d'un air d'impatience, les yeux sur une pendule placée sur une console.

Cet homme attendait évidemment quelqu'un qui n'arrivait pas, son impatience et sa mauvaise humeur croissaient d'instant en instant; il venait de reprendre son chapeau jeté sur un meuble, probablement dans l'intention de se retirer, lorsqu'une porte s'ouvrit et un domestique annonça :

— Son Excellence le général don Sebastian Guerrero.

— Enfin! grommela entre ses dents le visiteur.

Le général parut. Il était en grand uniforme.

— Pardonnez-moi, mon cher comte, dit-il d'un ton affectueux, pardonnez-moi de vous avoir fait aussi longtemps attendre; j'ai eu une peine infinie à me débarrasser des importuns qui m'obsédaient ; enfin me voici tout à vous et prêt à écouter avec l'attention convenable les communications qu'il vous plaira de me faire.

— Général, répondit le comte, deux motifs m'amènent aujourd'hui : d'abord le désir d'obtenir de vous une réponse claire et catégorique au sujet des propositions que j'ai eu l'honneur de vous faire il y a déjà quelques jours; ensuite les plaintes que j'ai à vous adresser au sujet de certains faits fort graves qui ont eu lieu au préjudice du bataillon français, et dont sans doute, ajouta-t-il avec une certaine ironie dans la voix, vous n'avez pas eu connaissance.

— En voici la première nouvelle, monsieur le comte; croyez que je suis résolu à rendre bonne et entière justice au bataillon français, dont je n'ai eu qu'à me louer depuis son organisation, tant à cause de la bonne conduite de tous ses membres indistinctement, que pour les services qu'il n'a cessé de rendre.

— Voilà de bonnes paroles, général; pourquoi faut-il qu'elles soient stériles?

— Vous vous trompez, comte; bientôt j'espère vous prouver le contraire. Mais laissons cela quant à présent et venons aux griefs dont vous avez à vous plaindre. Expliquez-vous.

Les deux personnes qui causaient sur ce ton amical et se prodiguaient les sourires étaient, l'un le général Guerrero, l'autre le comte Louis de Prébois-Crancé, ces deux hommes que nous avons vus ennemis si acharnés.

Que s'était-il donc passé depuis le traité de Guaymas? Quelle raison assez puissante leur avait fait oublier leur haine? Quelle communauté d'idées pouvait-il exister entre eux pour avoir produit un changement si extraordinaire et si inexplicable?

C'est ce que nous demandons au lecteur la permission de lui expliquer avant d'aller plus loin, d'autant plus que les faits que nous allons rapporter montrent le caractère mexicain dans tout son jour.

Le général, après le succès du traité de Guaymas, et la façon dont, grâce à la trahison de don Cornelio, le soulèvement des pueblos avait été arrêté, crut avoir complétement gagné sa cause et être à tout jamais débarrassé du comte de Prébois-Crancé.

Celui-ci, malade presqu'à l'extrémité, incapable de rassembler deux idées, avait reçu l'ordre de quitter immédiatement Guaymas.

Ses amis, rendus à la liberté après la signature du traité, s'étaient hâtés de se rendre auprès de lui. Valentin l'avait fait transporter à Mazatlan, où le comte s'était peu à peu rétabli; puis tous deux étaient partis pour San-Francisco, laissant en Sonora Curumilla, chargé de les tenir au courant des événemens.

Le général s'était fait un mérite auprès de sa fille de la *générosité* avec laquelle il avait traité le comte; puis il l'avait, en apparence, laissée libre de ses actions, espérant qu'avec le temps elle oublierait son amour et consentirait à seconder certains projets qu'il ne lui laissait pas encore entrevoir, mais qui consistaient à la marier à un des personnages les plus influens du Mexique.

Cependant, des mois s'étaient écoulés; le général, qui comptait sur l'absence du comte et surtout sur le manque de nouvelles de lui, pour guérir sa fille de ce qu'il nommait sa folle passion, fut tout étonné lorsqu'il voulut, un jour, causer avec elle des projets qu'il nourrissait en secret et du mariage qu'il projetait pour elle, de l'entendre lui répondre nettement ceci :

— Mon père, je vous ai dit que j'épouserai le comte de Prébois Crancé; nul autre n'obtiendra ma main, vous même aviez consenti à cette union; je me considère donc comme liée à lui, et tant qu'il vivra je lui demeurerai fidèle.

Le général fut d'abord assez interloqué de cette réponse. Bien qu'il connût la fermeté du caractère de sa fille, il était loin de s'attendre à une persistance si obstinée; cependant au bout d'un instant il reprit sa présence d'esprit, et se penchant vers elle il la baisa au front en lui disant avec une feinte bonhomie :

— Allons, méchante enfant, je vois qu'il faut que je fasse ce que tu veux, quoiqu'il m'en coûte beaucoup ; eh bien! je tâcherai, j'essaierai, il ne tiendra pas à moi que tu revoies celui que tu aimes.

— Oh! mon père, serait-il possible? s'écria-t-elle avec une joie qu'elle ne put contenir, parleriez-vous sérieusement?

— On ne peut plus sérieusement, mauvaise ; ainsi séchez vos larmes, reprenez votre gaîté et vos belles couleurs d'autrefois.

— Ainsi je le reverrai?

— Je te le jure.

— Ici?

— Oui, ici, à Guaymas.

— Oh! s'écria-t-elle avec élan, en lui jetant les bras autour du cou, et l'embrassant avec tendresse, en même temps qu'elle fondait en larmes, oh! que vous êtes bon, mon père, et que je vous aimerai si vous faites cela!

— Je le ferai, te dis-je, répondit-il, ému malgré lui de cet amour si vrai et si passionné.

Le général avait déjà formé son plan dans sa tête, plan que nous allons voir se dérouler dans toute sa hideur.

De la réponse que sa fille lui avait faite, don Sebastian n'avait retenu que ceci :

Tant que le comte vivra, je lui demeurerai fidèle.

La pauvre dona Angela venait sans s'en douter de faire germer dans le cerveau de son père le plus horrible projet qui se puisse imaginer.

Deux jours plus tard, Curumilla partait pour San-Francisco, chargé d'une lettre de la jeune fille pour le comte, lettre qui devait avoir une influence immense sur les déterminations ultérieures de don Luis.

Les Mexicains avaient été si magnifiquement battus par les Français à Hermosillo, qu'ils avaient conservé d'eux le plus touchant et le plus respectueux souvenir. Le général Guerrero, qui, ainsi que le lecteur a été à même de le voir, était rempli d'imagination, avait fait une réflexion pleine de logique et de bon sens à ce sujet ; il s'était dit que si les Français avaient battu à plate couture les Mexicains, qui, on le sait, sont des soldats extrêmement redoutables, à plus forte raison ils battraient les Indiens, et même au besoin les yankees, ces gringos, comme les nomment les Sud-Américains, dont ils ont une terreur affreuse, et qu'ils s'attendent à chaque instant à voir envahir le Mexique. En conséquence de son raisonnement, le général Guerrero avait formé à Guaymas même un bataillon entièrement composé de volontaires français commandés par des officiers français, et dont le service se borna provisoirement à faire la police du port et à maintenir l'ordre dans la ville.

Malheureusement, le chef de ce bataillon, homme probe et bon soldat, n'était peut-être pas complétement l'homme qui aurait dû se trouver à la tête de ces volontaires. Ses idées un peu étroites et mesquines n'étaient pas à la hauteur de la position qu'il occupait, et des mésintelligences graves ne tardèrent pas à éclater entre les Mexicains et les étrangers, mésintelligences probablement encouragées en dessous main par certaines personnes influentes, mais qui placèrent le bataillon, malgré l'esprit conciliant de son chef et les efforts qu'il tenta pour rétablir le bon accord, dans une position assez difficile et qui naturellement devait s'aggraver de jour en jour.

Deux partis se formèrent dans le bataillon : l'un, hostile au commandant, parlait avec affection du comte, dont le souvenir était encore palpitant en Sonora, regrettait son absence et formait des vœux pour son retour; l'autre, sans être dévoué au commandant, lui restait cependant attaché à cause de l'honneur du drapeau; mais le dévouement était tiède, et nul doute que s'il arrivait un événement imprévu, ces hommes se laisseraient entraîner par les circonstances.

Sur ces entrefaites, le général Alvarez s'était *prononcé* contre Santa-Anna, président de la république, et appelait à la révolte tous les chefs de corps disséminés dans les provinces.

Le général Guerrero hésitait, ou du moins semblait hésiter à se déclarer pour l'un ou pour l'autre.

Tout à coup on apprit avec étonnement, presque avec stupeur, que le comte de Prébois-Crancé avait débarqué à Guaymas.

Voilà ce qui était arrivé :

Aussitôt après sa conversation avec sa fille, conversation que nous avons en partie rapportée, le général avait été faire une visite au senor don Antonio Mendez Pavo; cette visite avait été longue, les deux personnages avaient longtemps et secrètement causé ensemble; puis le général avait regagné sa maison en se frottant les mains.

Cependant le comte était à San-Francisco, triste et sombre, honteux du résultat d'une expédition si bien commencée, furieux contre les traîtres qui l'avaient fait avorter, et, avouons-le, brûlant, malgré les sages exhortations de Valentin, de prendre sa revanche.

De plusieurs côtés à la fois, des personnes influentes engageaient le comte à faire une seconde expédition; on lui proposait l'argent nécessaire pour acheter des armes et enrôler des volontaires; Louis avait eu des entrevues secrètes avec deux aventuriers hardis, le colonel Walker et le colonel Fremont, qui plus tard se porta candidat à la présidence des Etats-Unis. Ces deux hommes lui avaient fait des offres avantageuses, mais le comte les avait repoussées, grâce à la toute puissante intervention du chasseur.

Cependant le comte était tombé dans une mélancolie noire; lui si doux et si bienveillant, était devenu cassant, sardonique; il doutait de lui et des autres. Les trahisons dont il avait été victime avaient aigri son caractère à un point tel que ses meilleurs amis commençaient à s'inquiéter sérieusement.

Jamais il ne parlait de dona Angela, jamais son nom n'arrivait de son cœur à ses lèvres; mais sa main cherchait souvent sur sa poitrine la relique qu'elle lui avait donnée lors de leur première rencontre, et quand il était seul, il la baisait avec amour en versant des larmes.

L'arrivée de Curumilla à San Francisco produisit un véritable coup de théâtre; le comte parut subitement avoir recouvré toutes ses espérances et toutes ses illusions, le sourire reparut sur ses lèvres et de fugitifs reflets de gaîté éclairèrent son front.

A la suite de Curumilla arrivèrent deux hommes que nous ne nommerons pas afin de ne pas souiller les pages de ce livre.

En quelques jours ces hommes, suivant sans doute les instructions qu'ils avaient reçues, s'emparèrent complétement de l'esprit du comte et le rejetèrent dans le torrent dont son frère de lait avait eu tant de peine à le retirer.

Un soir que tous deux assis dans la chambre d'une maison qu'ils habitaient en commun, ils fumaient après avoir pris leur repas,

— Tu viens avec moi, n'est-ce pas, frère? dit le comte en se tournant vers Valentin.

— Tu pars donc décidément? répondit celui-ci avec un soupir.

— Que faisons-nous ici ?

— Rien, c'est vrai; la vie m'y pèse comme à toi, mais nous avons devant nous le désert sans bornes, les immenses horizons des prairies; pourquoi ne pas reprendre notre heureuse vie de chasse et de liberté, au lieu de se fier aux fallacieuses promesses de ces Mexicains sans cœur, qui t'ont déjà fait tant souffrir et dont les infâmes trahisons t'ont conduit où tu en es?

— Il le faut, reprit le comte avec résolution.

—Ecoute, dit Valentin, tu n'as plus cet enthousiasme ardent qui te soutenait dans ta première expédition; la foi te manque; toi-même, tu ne crois pas à la réussite.

— Tu te trompes, frère; aujourd'hui plus qu'à cette époque, je suis certain du succès, car j'ai pour auxiliaires ceux-là mêmes qui jadis étaient mes ennemis les plus acharnés.

Valentin partit d'un éclat de rire railleur.

— Tu en es encore là ? lui dit-il.

Le comte rougit.

— Eh bien ! non, dit-il, je ne te cacherai rien. Mon destin m'entraîne ; je sais que ce n'est pas à la conquête, mais à la mort que je marche ! Mais, peu m'importe, il le faut, je veux la revoir! Tiens, lis.

Le comte tira de sa poitrine la lettre que lui avait apportée Curumilla, et la remit à Valentin.

Celui-ci la lut.

— Bien, dit-il, je préfère que tu sois franc avec moi. Je te suivrai.

— Merci! Mon Dieu, ajouta-t-il avec mélancolie, je ne me fais pas illusion ; je connais ce vieux proverbe latin qui dit : *Non bis in idem*; ce qui une fois est manqué l'est pour toujours ; je ne me laisse pas tromper par les protestations hypocrites du général Guerrero et de son digne acolyte le senor Pavo; je sais parfaitement que tous deux me trahiront à la première occasion. Eh bien, soit! j'aurai revu celle qui m'attend, qui m'appelle, qui est tout pour moi, enfin ; et si je tombe j'aurai une mort digne de moi, et la route que j'aurai tracée, d'autres plus heureux la suivront et porteront la civilisation dans ces contrées que toi et moi nous avions rêvé de rendre libres.

Valentin ne put s'empêcher de sourire tristement à ces paroles, qui résumaient complétement pour lui le caractère du comte, composé étrange des élémens les plus divers et où la passion, l'enthousiasme et l'orgueil s'entrechoquaient comme à plaisir.

Le lendemain Louis ouvrit des bureaux d'enrôlement, et quelques jours plus tard il s'embarquait sur une goëlette avec ses volontaires.

Le voyage commença sous de mauvais auspices, les aventuriers firent naufrage; sans Curumilla, qui le sauva au péril de sa vie, c'en était fait du comte.

Les aventuriers demeurèrent une douzaine de jours abandonnés sur un îlot.

— Des Romains auraient vu un présage dans notre naufrage, dit le comte en soupirant, et ils auraient renoncé à une expédition si malheureusement commencée.

— Nous serions sages de suivre leur exemple, répondit Valentin avec tristesse, il en est temps encore.

Le comte haussa les épaules sans répondre. Quelques jours plus tard ils arrivèrent à Guaymas.

Le senor Pavo reçut admirablement le comte et voulut lui-même le présenter au général.

— Je veux faire votre paix, lui dit-il.

Don Luis se laissa conduire. Le cœur lui battait en songeant qu'il allait peut-être revoir dona Angela.

Il n'en fut rien.

Le général fut extrêmement gracieux pour le comte; il lui parla avec une feinte franchise et parut prêt à accepter ses propositions.

Don Luis lui amenait deux cents hommes, des armes, et mettait son épée à sa disposition, s'il avait l'intention de se joindre au gouverneur général Alvarez.

Le général Guerrero, sans répondre positivement à ces avances, laissa cependant voir qu'elles ne lui déplaisaient pas; il alla même plus loin, car il promit presque au comte de lui donner le commandement du bataillon français, promesse que le comte eut de son côté l'air d'accueillir avec le plus grand plaisir.

Cette entrevue fut suivie de plusieurs autres, où à part les protestations sans nombre que le général prodigua au comte, celui-ci ne put rien obtenir, excepté une espèce d'autorisation tacite d'exercer, de concert avec le chef du bataillon, le commandement des volontaires.

Cette autorisation fut du reste plus nuisible qu'utile au comte, car elle indisposa contre lui une grande partie des Français, qui ne voyaient qu'avec peine le nouveau chef que le général prétendait leur imposer.

Depuis huit jours que le comte était à Guaymas, le général ne lui avait pas dit un mot de dona Angela, et il lui avait été impossible de la voir.

Le jour où nous le retrouvons chez don Sebastian, les choses, entre les habitans et les Français, en étaient arrivées à un tel point qu'une répression immédiate était urgente, afin d'arrêter peut-être de grands malheurs. Plusieurs Français avaient été insultés, deux avaient même été poignardés en pleine rue; les *civicos* et les habitans proféraient de sourdes menaces contre les volontaires, il y avait dans l'air ce je ne sais quoi qui présage les grandes catastrophes, et que l'on ressent sans qu'il soit possible de l'expliquer.

Le général feignit de ressentir vivement l'insulte faite aux Français; il promit au comte que bonne et prompte justice serait faite et que les assassins seraient arrêtés.

La vérité était que le général, avant que de frapper le grand coup qu'il méditait, voulait laisser arriver les nombreux renforts qu'il attendait d'Hermosillo afin d'écraser les Français et qu'il ne cherchait qu'à gagner du temps.

Le comte se retira.

Le lendemain les insultes recommencèrent et les Français aperçurent, se promenant et se paradant dans les rues, les assassins que la veille le général avait promis de punir.

Alors une sourde fermentation commença à agiter le bataillon et une nouvelle députation, à la tête de laquelle fut placé le comte, fut envoyée au général.

Le comte demanda péremptoirement que justice fût rendue, que deux canons fussent livrés au bataillon pour sa sûreté, et que les civicos fussent immédiatement désarmés car c'étaient surtout ces hommes, gens sans aveu pour la plupart et sortis de la lie du peuple, qui occasionnaient tous les désordres.

Encore une fois, le général protesta de son bon vouloir pour les Français, leur promit de leur remettre deux canons, mais il ne voulut pas entendre parler du désarmement des civicos, disant que cet acte pourrait indisposer la population et produire un mauvais effet.

En accompagnant les Français jusqu'à la porte de son salon, il leur annonca que pour leur prouver la confiance qu'il avait en eux, il irait lui-même et sans suite écouter leurs griefs à leur caserne.

La démarche que tentait le général était hardie, par cela même elle devait réussir, surtout avec des Français, connaisseurs en bravoure et justes appréciateurs de tout ce qui est audacieux.

Le général tint sa promesse, il se rendit en effet seul au quartier français, malgré les recommandations de ses officiers ; il répondit même à ce sujet un mot qui prouve combien il connaissait le caractère de notre nation et celui du comte

Un colonel, entre autres, lui remontrait l'imprudence de se livrer ainsi sans défense entre les mains d'hommes exaspérés par les vexations de toutes sortes qu'ils souffraient depuis si longtemps.

— Vous ne savez pas ce que vous dites, colonel, les Gaulois ne ressemblent nullement aux Mexicains; chez eux le point d'honneur est tout. Je sais fort bien qu'on agitera la question de me retenir prisonnier; mais il est un homme qui n'y consentira pas et qui me défendra quand même ; cet homme est le comte de Prébois-Crancé.

Le général avait deviné juste, tout arriva comme il l'avait dit ; ce fut le comte qui s'opposa avec énergie à son arrestation, qui déjà était presque résolue.

Don Sebastian sortit comme il était entré, sans que nul osât faire entendre une parole de reproche contre lui ; au contraire, grâce à la mielleuse éloquence dont il était doué, il parvint à retourner si bien les esprits en sa faveur, que chacun l'accabla de protestations de dévouement et qu'on lui fit presque une ovation.

Le résultat de cette audacieuse visite fut immense pour le général ; car, grâce à l'effet qu'il était parvenu à produire sur la masse des volontaires, la division se mit entre eux aussitôt après son départ, et ils ne purent plus s'entendre ; les uns voulaient la paix quand même, les autres demandaient la guerre à grands cris, soutenant qu'on les trompait et qu'ils seraient encore une fois dupes des Mexicains.

Ceux-là avaient raison, ils voyaient juste; mais, ainsi que cela arrive toujours, ils ne furent pas écoutés, et pour en finir on prit un moyen mixte, ce qui est toujours mauvais en pareille circonstance, c'est-à-dire qu'on institua une commission chargée de s'entendre avec le gouvernement pour régler les intérêts du bataillon.

Comme on le voit, la mine était bourrée ; une étincelle suffisait pour allumer un incendie immense.

XXV.

Il était nuit ; dans une petite maison de Guaymas, Louis et Valentin causaient à la lueur d'un maigre candil, qui ne répandait qu'une clarté fumeuse et tremblotante ; ils discutaient entre eux les moyens à employer pour brusquer le dénouement des sombres machinations dans lesquelles, avec un art diabolique, le général Guerrero était parvenu à les envelopper, tandis que dans un coin de la salle Curumilla dormait paisiblement.

— Je l'avais prévu, dit Valentin ; maintenant il est trop tard pour reculer. Il faut agir énergiquement; sans cela, tu es perdu.

— Eh ! mon ami, je le suis de toutes façons.

— Allons, vas-tu maintenant te laisser abattre quand a sonné l'heure du danger?

— Ce n'est pas lui que je redoute, il sera le bienvenu. Je voudrais mourir, frère.

— Voyons, sois homme ; reprends courage. Seulement, hâte-toi. As-tu remarqué ces armes et ces munitions qui arrivent continuellement ? Crois-moi, finissons-en, d'une façon ou d'autre, le plus tôt possible.

— Oui, je sais comme toi que le général nous trompe ; mais ces volontaires ne sont pas ceux que j'avais à Hermosillo. Ceux-ci hésitent, ils ont peur, que sais-je ? Leur commandant est incapable d'agir ; c'est un homme mou et sans initiative. Avec de pareilles gens, nous n'arriverons à rien.

— J'en ai peur ; cependant mieux vaut savoir à quoi s'en tenir de suite que de continuer plus longtemps à demeurer dans une telle incertitude.

— Demain, les délégués doivent aller trouver le général.

— Qu'ils aillent trouver le diable, ils seront au moins certains d'avoir une réponse catégorique, dit Valentin avec impatience.

En ce moment, deux coups légers furent frappés à la porte de la rue.

— Qui peut venir si tard? dit le comte, je n'attends personne.

— C'est égal, voyons toujours, fit Valentin; ce sont souvent ceux qu'on n'attend pas qui sont les plus agréables à recevoir.

Et il alla ouvrir la porte.

A peine fut-elle entr'ouverte, qu'une femme se précipita dans la maison en criant au chasseur, d'une voix entrecoupée par la terreur :

— Voyez, voyez! on me suit!

Valentin s'élança au dehors.

Bien que cette femme fût *tapada*, c'est-à-dire que ses traits fussent entièrement cachés sous son rebozo, cependant le comte la reconnut aussitôt. Quelle autre femme que dona Angela pouvait venir ainsi le voir?

C'était elle, en effet.

Le comte la reçut à demi évanouie dans ses bras, l'étendit sur une butacca et se mit en devoir de lui prodiguer tous les soins qu'exigeait son état.

— Au nom du ciel! parlez, qu'avez-vous? s'écria-t-il; que vous est-il arrivé?

Au bout d'un instant la jeune femme se redressa, elle passa à plusieurs reprises sa main sur son front, et regardant le comte avec une expression de bonheur immense :

— Enfin je vous revois, mon amour! s'écria-t-elle en fondant en larmes et en se jetant éperdue dans ses bras.

Don Luis lui rendit ses caresses et chercha à la calmer.

La jeune fille était en proie à une surexcitation nerveuse étrange; ses grands yeux noirs étaient hagards, son visage pâle comme celui d'une morte, et tout son corps agité de tressaillemens convulsifs.

— Mais enfin, mon enfant, qu'avez-vous? Au nom du ciel, expliquez vous; je vous en supplie, parlez, Angela, parlez si vous m'aimez.

— Si je vous aime, pauvre chéri de mon cœur (*pobre querido de mi corazon*)! dit-elle avec un soupir en pressant sa main dans les siennes. Si je vous aime! Hélas! je vous aime à en mourir, don Luis, et cet amour me tuera!

— Ne parlez pas ainsi, mon ange bien-aimé! Chassez ces sombres pensées; ne songeons qu'à notre amour.

— Non, don Luis, je ne suis pas venue pour vous parler d'amour; je suis venue pour vous sauver.

— Pour me sauver! dit-il avec une feinte gaîté; me croyez-vous donc dans un si grand péril?

— Don Luis, vous courrez un danger immense demain; prenez garde à mes paroles, ne me regardez pas ainsi en souriant, demain vous serez perdu. Toutes les mesures sont prises, j'ai tout entendu : c'est horrible! Et moi qui ignorais votre retour à Guaymas, voilà comment je l'ai appris. Alors je suis accourue folle, éperdue vers vous, afin de vous dire : Fuyez! fuyez, don Luis!

— Fuir! reprit-il pensif. Et vous, Angela, faudra-t-il donc encore vous perdre, pour toujours cette fois? Non, je préfère mourir!

— Mais je pars avec vous, moi. Ne suis-je pas votre fiancée, votre femme devant Dieu? Venez, venez, don Luis; partons, ne perdons pas une minute, pas une seconde; votre cheval negro nous aura, en deux heures, mis hors de toute atteinte. Surtout prenez vos armes, car j'ai été espionnée par un homme pendant le trajet de chez mon père ici.

Elle parlait ainsi, comme on parle dans la fièvre, avec une volubilité étrange. Le comte ne savait à quoi se résoudre. Tout à coup, un bruit assez fort se fit entendre dans la rue, et la porte, qui n'était que poussée, s'ouvrit toute grande.

— Sauvez-moi! sauvez-moi! s'écria la pauvre enfant en proie à une terreur indicible.

Don Luis sauta sur ses pistolets et se plaça résolûment devant elle.

— Oh! tu viendras, misérable! dit au dehors la voix de Valentin. Tu ne m'échapperas pas. Allons, marche, ou je te larde avec mon poignard!

Et, par un vigoureux effort, le chasseur entra dans la salle en traînant après lui un homme qui faisait de vains efforts pour se sauver.

— Ferme la porte, Luis, reprit Valentin. Maintenant, mon digne espion, tu vas me montrer ta face de traître, afin que je te reconnaisse,

Valentin s'était hâté d'obéir à son frère de lait.

Curumilla avait quitté le coin où il dormait précédemment, et il avait, sans prononcer une parole, entraîné dona Angela derrière un moustiquaire qui la cachait complétement; puis il avait pris le candil dans sa main et s'était approché de ses amis.

Cependant le prisonnier opposait une résistance désespérée pour empêcher qu'on ne distinguât les traits de son visage, mais il ne proférait pas une parole, se contentant de pousser de sourdes et indistinctes exclamations de rage.

Enfin, après une lutte assez longue, l'inconnu sembla comprendre que tous ses efforts seraient vains; il se releva, se débarrassa de son manteau et croisant les bras sur la poitrine.

— Eh bien! regardez-moi donc, puisque vous y tenez tant, dit-il d'un ton de sarcasme.

— Don Cornelio! s'écrièrent les Français.

— Moi-même, messieurs. Comment vous êtes-vous portés depuis que je n'ai eu le plaisir de vous voir? reprit-il avec un aplomb superbe.

— Misérable traître! s'écria Valentin en s'élançant sur lui.

Le comte l'arrêta.

— Attends, dit-il.

— Je vous ai trahis, c'est vrai, répondit don Cornelio; après? C'est que probablement j'avais intérêt à le faire. Je sais ce que vous allez me dire, que vous m'avez rendu de grands services. Qu'est-ce que cela prouve, si vous m'avez en un seul jour fait plus de mal que vous ne m'avez fait de bien dans tout le cours de nos relations?

— Je vous ai fait du mal, moi? Vous mentez, misérable!

— Monsieur le comte, répondit don Cornelio d'un ton de hauteur, je vous ferai observer que je suis gentilhomme et que je ne puis admettre que vous me parliez comme vous le faites.

— Ce drôle est fou, sur mon âme, s'écria le comte avec un rire de pitié; laisse-le aller, frère, il est indigne de notre colère et ne mérite que notre mépris.

— Non pas! répliqua vivement Valentin; cet homme est l'âme damnée du général; nous ne pouvons le renvoyer ainsi.

— Mais qu'en ferons-nous? tôt ou tard nous serons obligés de le relâcher.

— C'est possible, provisoirement nous le confierons à Curumilla, qui se chargera de le garder.

L'Indien fit un geste d'assentiment et saisissant don Cornelio, il l'entraîna.

Celui-ci se laissa faire sans opposer la moindre résistance.

— Au revoir, messieurs, dit-il avec un sourire railleur.

L'Indien lui jeta un regard d'une expression indéfinissable et le fit passer dans une autre pièce.

Dona Angela sortit de derrière le moustiquaire qui la cachait.

— Je vous attends, don Luis, dit-elle.

Celui-ci secoua tristement la tête.

— Hélas! dit-il, je ne puis pas fuir, ma vie ne m'appartient pas; j'ai juré à mes compagnons de ne pas les abandonner; si je fuyais, je serais un traître.

Dona Angela s'approcha de lui, et penchant gracieusement sa tête:

— Adieu, don Luis, dit-elle, vous agissez en caballero, suivez votre destin; votre honneur est autant à moi qu'à vous; je veux qu'il soit sans tache: je n'insiste pas, adieu. Donnez-moi un baiser sur le front; nous ne nous reverrons que le jour de notre mort.

Tout à coup, un cri s'éleva dans la rue, tellement horrible, que les trois personnes tressaillirent de terreur.

La porte s'ouvrit, et Curumilla entra; son visage était calme et sa marche aussi tranquille que de coutume.

— Vous êtes donc sorti par la porte du coral, chef? lui demanda Valentin.

— Oui.

— Mais don Cornelio, qu'en avez-vous fait?

— Libre! dit l'Indien.

— Comment libre! s'écria don Luis.

— Il doit y avoir quelque chose là-dessous, reprit le chasseur. Pourquoi avez-vous rendu la liberté à cet homme?

Curumilla retira de sa ceinture son couteau, dont la lame était rouge de sang.

— Il n'est plus à craindre, dit-il.

— Vous l'avez tué? s'écrièrent les trois personnes.

L'Indien secoua négativement la tête.

— Non, dit-il, il est muet et aveugle.

— Oh! s'écrièrent-ils avec un geste d'horreur.

Curumilla avait tout simplement, avec son couteau à scalper, crevé les yeux et arraché la langue de don Cornelio; puis, il l'avait conduit de l'autre côté de la ville et l'avait abandonné à son sort.

Valentin et Louis pensèrent qu'il était inutile d'adresser au chef des reproches qui ne remédieraient à rien, et que, du reste, l'Araucan ne comprendrait pas. En conséquence, ils s'abstinrent de toute observation.

Dona Angela, malgré les vives instances du comte, ne voulut pas consentir à ce qu'il l'accompagnât pour retourner chez son père, et elle se retira, après lui avoir fait, en se penchant à son oreille, cette dernière recommandation :

— Prenez garde à demain, don Luis!

Le comte sourit, et elle s'envola comme un oiseau, laissant bien triste et bien nue cette pauvre petite chambre que, pendant quelques instans, elle avait illuminée de sa présence.

— Allons, dit le comte en se laissant tomber sur une butacca dès qu'elle fut partie, il paraît que c'est demain la fin; tant mieux. Seulement, celui qui me prendra le paiera cher.

Le lendemain, ainsi que cela avait été convenu, les délégués des volontaires se présentèrent chez le général; celui-ci les reçut comme à l'ordinaire : il leur prodigua les protestations et les promesses.

Les délégués insistèrent pour obtenir une solution. Don Sebastian, qui, sans doute, était prêt à frapper le coup que depuis longtemps il méditait, changea de ton subitement et les renvoya en leur enjoignant d'attendre son bon plaisir.

Les délégués se retirèrent exaspérés de la fourberie de l'homme auquel ils avaient eu la faiblesse de se fier, et qui maintenant leur prouvait qu'il les avait constamment joués.

Les volontaires attendaient avec anxiété la réponse que devaient leur apporter leurs délégués. Lorsque ceux-ci eurent rapporté ce qui s'était passé, l'exaspération fut à son comble; le cri aux armes fut poussé et chacun se prépara au combat.

Le chef du bataillon ne savait auquel entendre.

— Faites former le carré, lui dit le comte.

L'ordre s'exécuta.

Le comte se plaça au centre du carré et leva la main pour demander le silence.

Chacun se tut.

Le moment était solennel, tous le comprenaient. Malgré lui, une certaine hésitation se peignait sur son noble visage; non pas qu'il craignît pour lui personnellement, mais il sentait que c'était sa dernière partie qu'il allait jouer, que cette partie devait être décisive. Chacun avait les yeux fixés sur lui.

— Vous hésitez, comte, lui dit un officier. Pourquoi êtes-vous donc venu? N'êtes-vous plus l'homme d'Hermosillo?

A cette piquante interpellation, une vive rougeur empourpra les traits du comte, il tressaillit violemment.

— Non, s'écria-t-il, non, vive Dieu! je n'hésite pas! Mes amis, réfléchissez, il en est temps encore; songez que l'épée une fois hors du fourreau, nous sommes hors la loi. Que voulez-vous?

— Bataille! bataille! crièrent les volontaires en brandissant leurs armes avec enthousiasme.

Alors le comte se redressa, il dégaina son épée, et l'agitant au dessus de sa tête :

— Vous le voulez? cria-t-il.

— Oui! oui!

—Eh bien! en avant! Vive la France!

— Vive la France! répondirent les volontaires.

Le bataillon, divisé en quatre compagnies, sortit résolûment du quartier et se dirigea au pas de charge vers la caserne mexicaine.

Malheureusement, nous l'avons dit, la division s'était mise parmi les Français; beaucoup d'entre eux ne marchaient qu'à contre-cœur, entraînés par leurs camarades.

Le chef du bataillon, bien que fort brave personnellement, n'était pas l'homme qu'il fallait pour tenter un coup de main comme celui que tentaient en ce moment les volontaires.

Le comte, par excès de délicatesse et afin de maintenir l'unité d'action, avait commis la faute de ne pas accepter le commandement que lui offraient les soldats et les officiers.

Le bataillon se dirigeait vers la caserne mexicaine par trois côtés différens.

Mais le général Guerrero avait pris ses dispositions de longue main; il s'était enfermé dans cette caserne avec trois cents hommes de troupe de ligne; les maisons voisines avaient été couronnées par les civicos, et quatre pièces de canon étaient braquées sur les quatre côtés par lesquels on pouvait seulement tenter l'assaut.

Les Français n'étaient en tout que trois cents hommes, à demi découragés; les Mexicains étaient près de deux mille.

Le combat s'engagea cependant vigoureusement de tous les côtés à la fois; le premier élan fut ce qu'il devait être, c'est-à-dire admirable,

Les canons mexicains balayaient les assaillans, dont ils faisaient un carnage affreux; cependant, ceux-ci tenaient bon et continuaient à avancer, soutenus par l'exemple du comte, qui à quinze pas en avant de la colonne, son rifle d'une main et son épée de l'autre, s'avançait au milieu d'une grêle de balles, en criant de sa voix puissante :

— En avant! en avant!

Tout à coup, le chef de bataillon qui devait soutenir le mouvement sur la droite, voyant sa compagnie décimée par la mitraille, perdit complétement la tête et se replia en désordre du côté de son quartier.

Vainement le comte chercha à rallier les volontaires; le désordre s'était mis parmi eux, tous ses efforts furent impuissans.

Ce fut alors que le comte comprit la faute qu'il avait commise en n'acceptant pas le commandement en chef.

Cependant les canons mexicains ne tiraient plus; tous les artilleurs étaient morts.

— En avant! à la baïonnette! cria le comte, et il s'élança en avant suivi de Valentin et de Curumilla, qui ne le quittaient pas d'une semelle; une vingtaine de volontaires se précipitèrent à sa suite.

Le comte se rua contre le mur de la caserne, qu'il parvint à escalader et sur la crète duquel il se maintint tout droit, exposé tout entier au feu de l'ennemi.

— En avant! en avant! répétait-il. Son chapeau, criblé de balles, fut enlevé de sa tête. Plusieurs coups de baïonnette trouèrent ses habits.

Une lutte terrible s'engagea corps à corps.

Malheureusement les Français n'étaient qu'une quinzaine en tout. Après une résistance héroïque pour se maintenir, ils furent contraints de reculer: mais ils reculaient, ainsi que font les lions, pas à pas, la face tournée vers l'ennemi, et sans cesser de combattre.

Le comte rugissait, des larmes de rage inondaient ses joues de se voir ainsi abandonné, il voulait mourir; vainement il se jetait au plus fort de la mêlée, ses deux amis le préservaient malgré lui des coups qui lui étaient adressés.

Enfin, la déroute commença; le comte brisa son épée en jetant un regard de colère impuissante vers ces ennemis que, s'il avait été bravement soutenu, il aurait pu vaincre et qui lui échappaient.

Valentin et Curumilla l'entraînèrent vers le port.

Le navire qui l'avait amené avait appareillé pendant le combat; la fuite était impossible.

Dans cette extrémité, une seule maison pouvait offrir un refuge aux vaincus. C'était celle de l'agent français; les volontaires y coururent.

Le senor Pavo promit que tous ceux qui remettraient leurs armes entre ses mains seraient placés sous la protection du drapeau français.

Le comte était entré dans la maison et s'était jeté sur une chaise, insensible à tout ce qui se faisait et se disait autour de lui; mais Valentin veillait.

—Un instant, dit-il, senor Pavo. Le comte de Prébois-Crancé aura-t-il la vie sauve?

Le Mexicain jeta un regard louche sur le chasseur, mais il ne répondit pas.

— Point de tergiversation, monsieur, reprit Valentin, il nous faut une réponse catégorique, ou nous recommençons la bataille!

Il n'y avait plus à hésiter, le senor Pavo se décida.

— Messieurs, dit-il d'une voix claire et accentuée, sur mon honneur, je vous jure que le comte Louis de Prebois-Crancé aura la vie sauve.

— Nous enregistrons votre parole, monsieur, dit Valentin d'une voix sévère.

Don Antonio Pavo arbora le drapeau blanc en signe de paix; presque tout le bataillon des volontaires était réfugié dans sa maison.

La bataille était finie, elle avait duré trois heures.

Les Français avaient eu trente-huit hommes tués et soixante-trois blessés sur trois cents combattans.

Les Mexicains avaient perdu trente-cinq hommes pendant l'action, et avaient eu cent quarante-sept blessés, sur environ deux mille soldats.

La bataille avait été chaudement disputée et les vainqueurs payaient cher une victoire obtenue par trahison.

XXVI.

Aussitôt après le combat, une comédie charmante commença entre don Antonio Pavo et le général Guerrero.

Le général ne voulait écouter aucune proposition tendant à faire obtenir aux Français une capitulation écrite; il se borna à donner sa *paro e d'honneur* d'officier général que si les armes lui étaient immédiatement remises, grâce de la vie serait faite à *tous* les révoltés.

Don Antonio fut *contraint* d'en passer par ce que voulait le général, les armes furent rendues et les Français faits prisonniers de guerre et écroués.

Aussitôt que la nuit fut tombée, le colonel Juarez, accompagné par quatre autres officiers, se présenta chez don Antonio Pavo réclamant au nom du général Guerrero, que le comte de Prébois-Crancé lui fût immédiatement livré.

Don Antonio s'empressa d'obéir en intimant au comte l'ordre de sortir de chez lui.

Celui-ci, sans lui répondre, se contenta

de lui lancer un regard de souverain mépris et se rendit au colonel.

Un quart d'heure plus tard il était écroué seul et mis au secret.

De tous les combattans deux seulement avaient échappé, Valentin et Curumilla, et ce n'avait été que sur l'ordre péremptoire du comte.

Nous le répétons ici : bien que les noms soient changés, et que certains faits aient aient été exprès, et à cause de certaines convenances, dénaturés, ce n'est pas un roman que nous écrivons, c'est l'histoire d'un homme dont le noble caractère doit être cher à tous ses compatriotes ; il y a donc certaines choses que nous ne pouvons pas et que nous ne devons point passer sous silence, bien que souvent dans le cours de ce long récit nous ayons adouci certains faits qu'il nous répugnait de montrer dans toute leur hideur.

Malgré la promesse solennelle faite par don Antonio Pavo devant tous les volontaires, quelques jours après son arrestation illégale, le comte de Prébois-Crancé fut mis en jugement et l'instruction commença.

Les Européens s'émurent de cette déloyauté, plusieurs d'entre eux allèrent trouver don Antonio Pavo pour lui rappeler sa promesse et le sommer de la tenir.

Alors don Antonio répondit que jamais il n'avait rien promis, et que cette affaire ne le regardait pas.

Cependant l'instruction du procès du comte se poursuivait activement, tous les officiers du bataillon, le commandant compris, furent interrogés; tous, un excepté, cherchèrent, nous sommes contraint de l'avouer, à rejeter le blâme de leur conduite sur le comte.

Aucun témoin à décharge ne fut entendu. Qu'en était-il besoin ? l'accusé était condamné d'avance.

Lorsque le comte avait été arrêté, il portait en ceinture les pistolets qu'il avait pris pour marcher au combat. Le général Guerrero ordonna qu'on les lui laissât; il espérait sans doute que Louis, poussé par le désespoir, se ferait dans un moment d'oubli sauter la cervelle, et lui éviterait ainsi la honte de signer son arrêt de mort. Mais il ne connaissait pas le caractère de son ennemi : le comte avait l'âme trop fortement éprouvée par cette pierre de touche sublime qu'on nomme le malheur, pour recourir au suicide et ternir la fin de sa carrière.

Cependant Valentin n'était pas demeuré inactif ; s'il avait consenti à conserver sa liberté, ce n'avait été que dans l'espoir de sauver son frère de lait.

Deux ou trois jours après que le secret du comte avait été levé, vers le soir, la porte de sa prison s'ouvrit.

Il tourna machinalement la tête pour reconnaître la personne qui entrait, poussa un cri de joie et s'élança vers elle; cette personne était Valentin.

— Toi, toi ici, lui dit-il, oh! merci d'être venu!

— Ne m'attendais-tu pas, frère? répondit le chasseur.

— J'espérais ta visite sans oser y compter; tu dois être en butte à mille vexations, contraint de te cacher ?

— Moi? pas le moins du monde.

— Tant mieux; tu ne peux t'imaginer combien je suis heureux de te voir; mais quelle est la personne qui t'accompagne?

En effet, Valentin n'était pas seul; un autre individu était entré avec lui dans la prison, et se tenait immobile contre la porte, que le geôlier avait refermée, après avoir introduit les visiteurs.

— Ne t'occupe pas de cette personne quant à présent, dit Valentin, causons d'affaires.

— Soit, parle.

— Tu sais que tu seras condamné à mort, n'est-ce pas ? dit nettement le chasseur.

— Je le présume.

— Bien ! Maintenant, écoute-moi, et surtout ne m'interrompts pas; le temps est précieux, il faut le mettre à profit. Tu comprends bien que si je t'ai obéi quand tu m'as ordonné de me sauver, c'est que je me doutais de quelle façon tourneraient les choses. Maintenant, le moment d'agir est venu; tout est préparé pour ta fuite, les geôliers sont gagnés et ne te verront pas sortir de la prison ; un navire est frété par moi ; prends ton chapeau et viens. Dans dix minutes, nous serons à bord; dans une demi-heure, sous voiles, et nous laisserons la justice mexicaine s'arranger comme elle pourra Hein, j'ai bien manœuvré, n'est-ce pas, frère ? tu vois que je n'ai pas perdu de temps et que tout cela est très simple.

— Fort simple, en effet, répondit le comte du ton le plus calme; je te remercie de ce que tu as fait.

— Cela n'en vaut pas la peine, frère, en vérité.

Le comte lui posa la main sur le bras pour l'interrompre.

— Seulement, continua-t-il, je ne puis accepter ta proposition.

— Hein ? s'écria Valentin avec un bond

de surprise, que me dis-tu donc là, frère? tu plaisantes, je suppose?

— Nullement, frère : ce que je dis est la vérité; ma volonté inébranlable est de léguer au peuple mexicain l'iniquité de ma condamnation, la tache indélébile de ma mort. Je ne fuirai pas, je ne le puis, ni ne le dois, ce serait lâche de ma part. Un soldat n'abandonne pas son poste; un gentilhomme ne souille pas son blason; un Français n'a pas le droit de déshonorer son nom. Je meurs pour une idée noble et grande, l'émancipation et la régénération d'un peuple. Cette idée avait besoin du baptême du sang pour prospérer et porter des fruits plus tard ; je lui donne le mien sans regret, sans arrière-pensée, avec joie, je dirai presque avec bonheur. Frère, en prison les pensées mûrissent vite : c'est probablement parce qu'on est plus près de la tombe et que la vie apparaît alors ce qu'elle est réellement, un rêve. J'ai beaucoup pensé, beaucoup réfléchi, j'ai pesé avec la plus grande impartialité le pour et le contre des deux questions, je préfère la mort. Je savais ce que tu tenterais pour moi. Ta vie n'a été qu'un long dévoûment, mais ce dévoûment doit aller aujourd'hui jusqu'à accomplir le plus grand sacrifice, me laisser mourir ! et non pas chercher à me sauver. Un homme comme moi ne doit pas chicaner sa vie ; j'avais engagé ma tête comme enjeu dans la partie que j'ai jouée ; j'ai perdu, je la donne.

— Frère ! frère ! ne parle pas ainsi, s'écria Valentin avec désespoir ; tu me navres.

— Réfléchis, mon bon Valentin, à la position dans laquelle je me trouve : je suis jugé contre le droit des gens ; donc, ma position est belle, mes juges supporteront toute la honte de ma condamnation : si je fuis, je ne serai plus qu'un aventurier vulgaire, un pirate, comme ils disent, prodigue du sang de ses compagnons et avare du sien. Tous mes amis, qui sont morts pour défendre ma cause, ne dois-je donc pas acquitter la dette que j'ai contractée envers eux? Allons, frère, ne cherche pas à me convaincre, ce serait inutile. Je te le répète, ma résolution est inébranlable.

— Ah! s'écria de nouveau Valentin, avec un accent de colère qu'il ne put réprimer, tu veux absolument mourir; songes-tu qu'en mourant tu entraînes avec toi une autre personne dans la tombe? Crois-tu qu'elle consentira à vivre lorsque...

— Silence! interrompit le comte avec agitation, ne me parle pas d'elle. Pauvre Angela! Hélas! pourquoi m'a-t-elle aimé?

— Pourquoi? s'écria en s'avançant tout à coup la personne qui avait accompagné Valentin, et était jusqu'à ce moment demeurée immobile, parce que vous êtes grand, don Luis, parce que votre cœur est immense.

— Oh ! s'écria-t-il avec douleur, Angela ! Frère, frère, qu'as-tu fait?

Le chasseur ne répondit pas, il pleurait. Cette nature de fer était brisée, cet homme si fort pleurait comme un enfant.

— Ne lui reprochez pas de m'avoir amenée, don Luis, c'est moi qui l'ai voulu, j'ai exigé qu'il me conduisît près de vous.

— Hélas! répondit le comte avec une ineffable tristesse, vous me brisez le cœur, pauvre enfant chérie ; voilà que devant vous toute ma résolution, tout mon courage m'abandonnent. Oh ! pourquoi, pourquoi êtes-vous venue raviver par votre présence des regrets que rien ne pourra calmer désormais?

— Vous vous trompez, don Luis, répondit-elle avec une énergie fébrile, et vous me croyez une femme faible et sans courage. Mon amour pour vous est trop vrai et trop pur pour que je vous conseille jamais rien contre votre honneur et contre votre gloire. Tout à l'heure, cachée dans ce coin obscur, j'écoutais avidement vos paroles, j'étais heureuse de vous entendre parler comme vous l'avez fait. Je vous aime, don Luis, oh! comme jamais homme n'a été aimé sur la terre; mais je vous aime pour vous, non pour moi; votre gloire m'est aussi chère qu'à vous-même, votre mémoire doit rester sans tache comme votre vie a été sans souillure. Don Luis, moi pour qui vous êtes tout, vous l'homme pour lequel je sacrifierais ma vie s'il le fallait, je suis venu vous dire : Mourez, comte, mourez noblement, tête haute; tombez comme un héros, votre mémoire restera comme celle d'un martyr.

— Oh! merci, merci de me dire cela, Angela, s'écria le comte en la pressant dans ses bras avec une ivresse passionnée, vous me rendez tout mon courage !

— Maintenant, au revoir, comte, à bientôt.

Le comte s'approcha de Valentin :

— Ta main, frère, lui dit-il, pardonne-moi de ne pas vouloir vivre.

Le chasseur se jeta dans les bras de son frère de lait, et tous deux demeurèrent enlacés pendant quelques minutes.

Enfin, le comte se détacha par un héroïque effort de cette affectueuse étreinte. Valentin sortit sans avoir la force d'articuler une parole, soutenant dona Angela, qui, malgré le courage qu'elle avait montré, se sentait sur le point de s'évanouir.

La porte se referma, et le comte demeura seul.

Il se laissa tomber sur un équipal, appuya les coudes sur la table, cacha sa tête dans ses mains, et demeura ainsi la nuit entière.

Le lendemain de bonne heure on vint chercher don Luis, pour le conduire au tribunal; les interrogatoires étaient finis, la plaidoirie allait commencer.

Le comte avait choisi pour défenseur un jeune capitaine nommé Borunda, qui, lors de la prise d'Hermosillo, avait été fait prisonnier par les Français à l'attaque de la tête du pont.

Borunda avait conservé le souvenir de la façon généreuse dont l'avait traité le comte à cette époque. Son plaidoyer fut ce qu'on devait attendre de ce jeune et noble officier, simple, pathétique, et empreint de cette éloquence qui part du cœur, et que rien ne peut égaler. Certes, le comte eût été acquitté si sa mort n'avait pas été résolue d'avance.

Don Luis, qui pendant tous les débats était demeuré calme et impassible, écoutant les fausses déclarations et les imputations calomnieuses des témoins sans tressaillir et sans adresser un reproche à ces ingrats qui le sacrifiaient lâchement, se sentit ému malgré lui de la chaude parole de son défenseur; il se leva, et lui tendant la main avec une grâce inimitable :

— Merci, monsieur, lui dit-il; je suis heureux, parmi tant d'ennemis, d'avoir rencontré un homme tel que vous. Votre plaidoyer a été ce qu'il devait être, on ne paie pas de telles paroles.

Alors tirant de son doigt la bague chevalière à ses armes que depuis son départ de France il avait toujours portée, il la passa au doigt du capitaine en ajoutant :

— Acceptez cette bague et conservez-la en souvenir de moi.

Le capitaine serra la main qui pressait la sienne sans pouvoir articuler une parole (1).

Les juges se retirèrent pour délibérer. Ils rentrèrent au bout de cinq minutes.

Le comte Louis de Prébois-Crancé, reconnu coupable à l'unanimité des voix, était condamné à être passé par les armes.

L'interprète-juré du tribunal fut alors sommé par le président de traduire sa sentence au condamné, mais alors il se passa une chose étrange.

Cet interprète se leva, et s'adressant au tribunal :

— Non, messieurs, dit-il résolûment, je ne traduirai pas cette sentence inique que bientôt vous regretterez vous-mêmes d'avoir prononcée.

Cette énergique protestation interdit un instant les juges.

Séance tenante l'interprète fut révoqué. C'était un Espagnol.

— Messieurs, dit alors le comte avec le plus grand-froid, je comprends assez bien votre langue pour savoir que vous m'avez condamné à mort; que Dieu vous pardonne comme je le fais.

Il salua le tribunal en souriant, et se retira aussi calme qu'il était arrivé.

Le comte fut immédiatement mis en *capilla*.

En Espagne et dans toute l'Amérique du Sud, les condamnés à mort sont placés dans une chambre au fond de laquelle est un autel. Près du lit du condamné est placé le cercueil dans lequel, après l'exécution, doit être enfermé son corps, et les murs sont tendus de draps noirs, semés de larmes d'argent et d'inscriptions funèbres. Cette coutume assez cruelle, à notre avis, et qui est évidemment un reste des temps barbares du moyen-âge, a probablement pour objet de rappeler le condamné à des idées pieuses.

Le comte ne se laissa nullement influencer par cet appareil lugubre, et il s'occupa avec la plus grande tranquillité à mettre ordre à ses affaires.

Le jour même qu'il fut mis en capilla, Valentin entra dans sa prison, suivi du père Séraphin.

De tous les prêtres dont il aurait désiré d'être assisté à ses derniers momens, le digne missionnaire était celui qu'il aurait demandé s'il avait su qu'il fût possible de le faire venir.

Mais Valentin pensait à tout. Par son ordre, Curumilla s'était mis en quête, et le brave Indien n'avait pas tardé à rencontrer le missionnaire, qui, en apprenant de quoi il s'agissait, s'était hâté de le suivre.

Cependant la condamnation du comte avait causé une émotion extraordinaire. Tandis que les civicos et les autres bandits de la ville se livraient à une joie indécente en parcourant les rues musique en tête, la haute société et la classe saine de la population manifestaient une tristesse extrême; on ne parlait de rien moins que de s'oppo-

(1) Nous sommes heureux de constater ici que le capitaine Borunda, malgré les offres brillantes qui plus tard lui furent faites, ne voulut pas consentir à se dessaisir de cette bague. *(Note de l'auteur).*

ser à l'exécution de la sentence, et pendant quelques heures le général Guerrero trembla que sa victime ne lui échappât.

Le vice-consul des Etats-Unis, indigné de ce jugement inique, mais n'ayant pas qualité pour agir officiellement, se rendit auprès de don Antonio Pavo afin de le déterminer à agir énergiquement et à sauver le comte. Don Antonio refusa, tout en protestant de la douleur qu'il éprouvait. Rien ne put le faire revenir de son refus.

Cependant, don Antonio comprit qu'il ne pouvait pas se dispenser de faire une visite au comte.

Valentin était auprès de lui, ainsi que le père Séraphin. Le chasseur avait obtenu de ne pas quitter son frère de lait jusqu'à son dernier soupir.

Le comte reçut don Antonio avec un visage glacial; il se contenta de hausser les épaules avec mépris, lorsque celui-ci voulut chercher à se disculper et à atténuer ce que sa conduite avait eu de répréhensible.

Il lui remit divers papiers, et l'interrompant brusquement au milieu d'une phrase assez embrouillée, dans laquelle il cherchait à prouver combien il était innocent de tout ce qu'on lui imputait :

— Ecoutez-moi, monsieur, lui dit-il sèchement, je veux bien, si cela peut vous servir à quelque chose, vous donner une lettre dans laquelle je reconnaîtrai que vous avez toujours été parfait pour moi, mais à une condition...

— Laquelle, monsieur le comte ? dit-il vivement.

— Je ne veux pas être fusillé à genoux et les yeux bandés; vous m'entendez, monsieur : je veux regarder la mort en face! Arrangez cela avec le gouverneur. Allez!

— Cette faveur vous sera accordée, je vous le certifie, monsieur le comte, répondit-il, heureux d'en être quitte à si bon compte.

Il sortit et tint parole.

Qu'importait aux ennemis du comte qu'il mourût debout ou à genoux, les yeux bandés ou non? Le principal pour eux était qu'il mourût.

Le général Guerrero profita de cette occasion pour paraître généreux à peu de frais.

Le surlendemain, Valentin amena avec lui dona Angela; la jeune fille avait revêtu cette robe de moine qu'elle avait déjà portée dans une circonstance grave.

— C'est aujourd'hui ? demanda le comte.

— Oui, répondit Valentin.

Louis prit son frère de lait à part.

— Jure-moi de protéger cette enfant lorsque je ne serai plus là pour le faire.

— Je te le jure, répondit Valentin d'une voix brisée.

Dona Angela entendit ces paroles; la jeune fille sourit tristement en essuyant une larme.

— Maintenant, frère, il est un autre serment que j'exige de toi.

— Parle, frère.

— Jure d'accomplir ce que je te demanderai, quoi que ce puisse être.

Valentin regarda son frère de lait; il vit une telle anxiété peinte sur son visage, qu'il baissa la tête.

— Je le jure! dit-il d'une voix sourde.

Il avait deviné ce que don Lon Luis allait exiger de lui,

— Je ne veux pas que tu me venges! Crois-moi, frère, Dieu se chargera de cette vengeance, et tôt ou tard il punira mes ennemis d'une façon plus terrible que tu ne pourrais le faire. Me promets-tu de m'obéir?

— Tu as ma parole, frère, répondit le chasseur.

— Merci. Maintenant, laisse-moi dire adieu à cette pauvre enfant.

Et il alla vers dona Angela, qui, de son côté, s'avança vers lui.

Nous ne rapporterons pas leur entretien. Ils oublièrent tout pendant une heure pour vivre un siècle de joie en s'isolant à eux deux et en se parlant cœur à cœur.

Tout à coup un bruit assez fort se fit entendre au dehors : la porte de la capilla s'ouvrit, le colonel Juarez parut.

— Je suis à vos ordres, colonel, dit le comte, sans laisser à celui-ci le temps de lui parler.

Il passa une dernière fois ses doigts dans ses moustaches, lissa ses cheveux, prit son chapeau de Panama, qu'il garda à la main, et après avoir jeté un mélancolique regard autour de lui, il sortit.

Le père Séraphin marchait à sa droite, dona Angela, le capuchon rabattu, à sa gauche; Valentin venait ensuite, chancelant comme un homme ivre, malgré les efforts qu'il faisait, les yeux hagards et le visage baigné de larmes.

Il y avait quelque chose de navrant dans l'aspect de cet homme aux traits énergiques et au teint bronzé en proie à une telle douleur, d'autant plus profonde qu'elle était muette.

Il était six heures du matin, le soleil venait de se lever, la matinée était magnifique, l'atmosphère était remplie de senteurs âcres et enivrantes, la nature semblait en joie, et un homme plein de vie, de santé, d'intelligence, allait mourir, mourir brutalement frappé par des ennemis indignes.

Une foule immense couvrait le lieu de l'exécution, les troupes étaient rangées en bataille.

Le général Guerrero, en grand uniforme tout resplendissant de broderies, paradait à la tête des troupes.

Le comte marchait doucement, causant avec le missionnaire, et de temps en temps adressant la parole à l'héroïque jeune fille qui n'avait pas voulu l'abandonner à cette heure suprême. Il tenait son chapeau devant son visage, afin de se garantir des rayons du soleil, et s'éventait nonchalamment.

Arrivé sur le lieu de l'exécution, il s'arrêta, se tourna du côté du peloton chargé de son exécution, jeta son chapeau à terre et attendit.

Un officier lut la sentence.

Lorsque cette lecture fut finie, le comte embrassa affectueusement le missionnaire, en fit autant de Valentin, et se penchant à son oreille :

— Souviens-toi ! lui dit-il.

— Oui ! répondit celui-ci d'une voix inarticulée.

Alors ce fut le tour de dona Angela. Ils demeurèrent longtemps embrassés; enfin, par un commun accord, ils se séparèrent.

— Séparés sur la terre, bientôt nous serons unis au ciel. Courage, mon bien-aimé ! lui dit-elle avec exaltation.

Il lui répondit par un sourire qui déjà n'avait plus rien de la terre.

Le père Séraphin et Valentin s'éloignèrent d'une quinzaine de pas, s'agenouillèrent sur la terre et, joignant les mains, ils prièrent avec ferveur.

Dona Angela, son capuchon toujours rabattu, alla se placer à quelques pas seulement du général, qui suivait tous les préparatifs de l'exécution avec un sourire de triomphe.

Le comte jeta un regard autour de lui afin de s'assurer que ses amis s'étaient éloignés, fit un pas en avant afin de se rapprocher du peloton dont il n'était cependant qu'à sept ou huit pas, et croisant ses mains derrière le dos, la tête droite, le regard assuré et le sourire assuré.

— Allons, mes braves, dit-il d'une voix claire et accentuée, faites votre devoir, visez au cœur !

Alors il se passa une chose étrange : l'officier commanda le feu en balbutiant, et les soldats, tirant les uns après les autres, n'atteignirent pas le patient.

— Finissons-en, caraï ! s'écria le général.

Le comte attendait, toujours calme, toujours souriant.

Les soldats rechargèrent leurs fusils ; le commandement de feu se fit entendre de nouveau.

Une décharge éclata comme un coup de tonnerre, et le comte tomba la face contre terre.

Il était mort : le progrès, l'idée, comptaient un martyr de plus.

— Mon père, adieu ! cria une voix aux oreilles du général, je tiens ma promesse.

Don Sebastian se retourna avec effroi : il avait reconnu la voix de sa fille.

Dona Angela venait de rouler sur la grève.

Son père se précipita vers elle. Il était trop tard, il ne serra dans ses bras qu'un cadavre.

Sa punition commençait déjà. A peine le comte fut-il tombé, que Valentin s'élança vers lui, suivi du missionnaire.

— Que nul n'approche de ce corps ! dit-il d'une voix qui fit reculer les plus braves; et, s'agenouillant à sa droite tandis que le missionnaire se plaçait à sa gauche, il pria.

Curumilla avait disparu.

A ceux qui me diront que le comte de Prébois-Crancé était un aventurier, je demanderai ce qu'était Hernando Cortez la veille de la prise de Mexico.

Le succès est la consécration du génie.

FIN DE LA DEUXIÈME SÉRIE.

Imprimerie SCHILLER aîné, faubourg Montmartre, 11.

www.ingramcontent.com/pod-product-compliance
Lightning Source LLC
LaVergne TN
LVHW020609110826
845149LV00002B/420

* 9 7 8 2 0 1 1 8 5 8 7 2 6 *